LA REVISION DU PROCÈS 

DÉBATS

DE LA

COUR DE CASSATION

RAPPORT DE M. BALLOT-BEAUPRÉ
CONCLUSIONS DE M. LE PROCUREUR GÉNÉRAL MANAU
MÉMOIRE ET PLAIDOIRIE DE Me MORNARD
ARRÊT DE LA COUR

PARIS
P.-V. STOCK, ÉDITEUR
(Ancienne Librairie TRESSE & STOCK)
8, 9, 10, 11, GALERIE DU THÉATRE-FRANÇAIS
PALAIS-ROYAL

1899

DÉBATS

DE LA

COUR DE CASSATION

Sceaux. — Imp. E. Charaire.

LA REVISION DU PROCÈS DREYFUS

DÉBATS

DE LA

COUR DE CASSATION

RAPPORT DE M. BALLOT-BEAUPRÉ
CONCLUSIONS DE M. LE PROCUREUR GÉNÉRAL MANAU
MÉMOIRE ET PLAIDOIRIE DE Me MORNARD
ARRÊT DE LA COUR

PARIS
P.-V. STOCK, ÉDITEUR
(Ancienne Librairie TRESSE & STOCK)
8, 9, 10, 11, GALERIE DU THÉATRE FRANÇAIS
PALAIS-ROYAL

1899

JUSTICE CRIMINELLE

COUR DE CASSATION

CHAMBRES RÉUNIES

PRÉSIDENCE DE M. LE PREMIER PRÉSIDENT MAZEAU

Audiences solennelles du 29 et du 30 Mai 1899.

AFFAIRE DREYFUS

REVISION DU PROCÈS DE 1894

PREMIÈRE PARTIE

RAPPORT DE M. BALLOT-BEAUPRÉ

Monsieur le Premier Président,
Messieurs,

Le 19 décembre 1894, Alfred Dreyfus, âgé de 35 ans, capitaine breveté au 14e régiment d'artillerie, stagiaire à l'État-major général de l'armée, comparaissait, devant le 1er Conseil de guerre du Gouvernement militaire de Paris, comme accusé « d'avoir, en 1894, à Paris, livré à une puissance étrangère ou à ses agents un certain nombre de documents, secrets ou confidentiels, intéressant la défense nationale, et d'avoir ainsi entretenu des intelligences avec cette puissance ou avec ses agents, pour lui procurer les moyens de commettre des hostilités ou d'entreprendre la guerre contre la France », crime puni par l'article 76 du Code pénal.

— Voici quelles étaient, d'après le dossier judiciaire, les charges relevées par l'accusation :

Entre le 20 et le 25 septembre 1894, la section de statistique, ou service des renseignements, du ministère de la Guerre, était mise en possession d'un document, dont l'envoi, au destinataire qui l'avait reçu, constituait un acte de haute trahison; c'était une ettre missive, non datée, non signée, écrite sur papier pelure quadrillé, et ainsi conçue :

« Sans nouvelles m'indiquant que vous désirez me voir, je vous adresse cependant, monsieur, quelques renseignements intéressants :

« 1° Une note sur le frein hydraulique du 120 et la manière dont s'est conduite cette pièce ;

« 2° Une note sur les troupes de couverture (quelques modifications seront apportées par le nouveau plan);

« 3° Une note sur une modification aux formations de l'artillerie ;

« 4° Une note relative à Madagascar;

« 5° Le projet de manuel de tir de l'artillerie de campagne (14 mars 1894).

« Ce dernier document est extrêmement difficile à se procurer, et je ne puis l'avoir à ma disposition que très peu de jours.

« Le ministère de la Guerre en a envoyé un nombre fixe dans les corps, et ces corps en sont responsables. Chaque officier détenteur doit remettre le sien après les manœuvres.

« Si donc vous voulez y prendre ce qui vous intéresse et le tenir à ma disposition après, je le prendrai. A moins que vous ne vouliez que je le fasse copier in extenso et ne vous en adresse la copie.

« Je vais partir en manœuvres. »

— Les énonciations du « bordereau » que nous venons de lire firent penser que son auteur était un officier d'artillerie attaché à l'État-major de l'armée, particulièrement un stagiaire ayant déjà passé par les différents bureaux.

Mais on n'avait de soupçons, jusque-là, contre aucune personne déterminée, pas plus Dreyfus que tout autre.

— Dreyfus, qui était sorti de l'École de guerre en novembre 1892 avec la mention « très bien » et le n° 9 sur 81, avait, pendant le 1er semestre de 1893, travaillé au 1er bureau, dont le chef, colonel de Germiny, avait dit de lui (cote 75) : « Officier très intelligent, rédige très bien, a déjà des connaissances fort étendues, et est en mesure de traiter bien des questions avec ses idées personnelles : veut et doit arriver. »

Au contraire, il avait été, pendant le 2e semestre de 1893, apprécié peu favorablement par le chef du 4e bureau, colonel Fabre, qui lui avait donné cette note : « Officier incomplet, très intelligent et très bien doué, mais prétentieux, et ne remplissant pas, au point de vue du caractère, de la conscience et de la manière de servir, les conditions nécessaires pour être employé à l'État-major de l'armée. »

Pour le premier semestre de 1894, le chef du 2e bureau (colonel de Sancy), avait été bien moins sévère : « Officier très intelligent, saisissant vite les affaires, travaillant facilement, et peut-être un peu trop sûr de lui ; sait très bien l'allemand et a utilisé consciencieusement son stage au 2e bureau. »

Enfin, il se trouvait, depuis le 1er juillet 1894, au 3e bureau (colonel Boucher), lorsque le bordereau fut saisi.

— On présenta la photographie de la pièce aux chefs des quatre bureaux ; et on leur demanda s'ils reconnaissaient l'écriture.

Le colonel Fabre répondit négativement en ce qui concernait les officiers à ce moment-là sous ses ordres.

Mais, quelques jours après, causant avec son sous-chef, le lieutenant-colonel d'Aboville, il songea au stagiaire de l'année précédente, Dreyfus ; et il eut l'idée de consulter la feuille d'inspection, dont celui-ci avait rempli l'en-tête :

« L'idée me vint, a dit le colonel Fabre (cote 78), de comparer cette photographie avec l'écriture d'un officier stagiaire qui avait passé l'an dernier par le bureau, et qui n'avait pas produit une bonne impression sur ses camarades et sur les officiers sous les ordres desquels il avait été directement employé, — à telles enseignes, qu'ayant eu à noter cet officier d'après les renseignements qui m'avaient été fournis sur son compte par le commandant Bertin, son chef direct, et par le lieutenant-colonel Roget, à cette époque sous-chef du bureau, je l'avais signalé sur son folio du personnel comme ne remplissant pas les conditions voulues pour être employé à l'État-major de l'armée. Pour comparer cette photographie avec l'écriture de cet officier, je pris d'abord une feuille d'inspection, dont il avait rempli l'en-tête ; et je fus immédiatement frappé par la similitude absolue du mot « artillerie » qui figurait, à la fois, sur la pièce photographiée et sur la feuille d'inspection.

« Je me suis alors fait présenter certaines autres pièces écrites par cet officier, qui existaient à la Commission du réseau de l'Est, où il avait fait son stage. Ce nouvel examen comparatif m'ayant révélé de nouvelles similitudes, je suis allé rendre compte du soupçon qui en résultait dans mon esprit au général Gonse, sous-chef d'État-major général, qui en a rendu compte lui-même au général de Boisdeffre, etc. »

— C'est ainsi que fut soupçonné Dreyfus.

Le ministre de la Guerre, général Mercier, chargea d'un examen graphique l'expert de la Banque de France, M. Gobert, qui, le 13 octobre, fit cette réponse (cote 32) :

« L'écriture de l'anonyme en cause présente, avec celle de comparaison, exactement le même type graphique.

« L'analyse des détails montre des analogies assez sérieuses ; mais elle révèle en même temps des dissimilitudes nombreuses et importantes, dont il convient de tenir compte.

« Dans ces conditions, et étant donnée la rapidité de nos examens, commandée par une extrême urgence, je crois devoir dire : la lettre anonyme incriminée pourrait être d'une personne autre que celle soupçonnée. »

Mais, d'un autre côté, par l'intermédiaire du Préfet de police, un rapport avait été demandé administrativement à M. Bertillon, chef de service de l'identification judiciaire, qui, le 13 octobre, avait conclu en ces termes :

« Si l'on écarte l'hypothèse d'un document forgé avec le plus grand soin, il ressort manifestement pour nous de la comparaison des points signalés ci-dessous, que c'est la même personne qui a écrit la lettre et les pièces communiquées. »

— Le 14 octobre, le général Mercier rendait une ordonnance portant (cote 1) :

« Déléguons M. le commandant Du Paty de Clam, attaché à l'état-major de l'armée, pour procéder, en qualité d'officier de police judiciaire, à l'instruction à suivre contre le capitaine Dreyfus, inculpé de haute trahison (art. 76 et suiv. du Code pénal), en l'invitant à nous transmettre tous actes et procès-verbaux établis conformément à la loi en exécution de la présente délégation; M. le commandant Du Paty de Clam sera assisté par M. Gribelin, archiviste principal de 2e classe, qui remplira les fonctions de greffier. »

Le lendemain 15 octobre, à neuf heures du matin, Dreyfus, convoqué sous prétexte d'inspection générale, se présentait au ministère de la Guerre, dans le cabinet du général de Boisdeffre, où il trouvait réunis le commandant Du Paty de Clam, l'archiviste Gribelin, et, assisté d'un secrétaire, le chef du service de la Sûreté, M. Cochefert, qui avait été requis par le général Mercier. On lit dans le procès-verbal dressé par le commandant Du Paty de Clam (cote 2) :

« Avons fait comparaître devant nous M. Alfred Dreyfus, capitaine breveté au 14e d'artillerie, stagiaire à l'État-major de l'armée, à l'effet de *procéder à son arrestation.*

« M. le capitaine Dreyfus ayant été introduit, nous l'avons invité à remplir une feuille de notes et à écrire, sous notre dictée, une note commençant par ces mots : « ayant le plus grave intérêt », et finissant par ceux-ci : « une note sur Madagascar », ces deux pièces jointes au dossier.

« L'écriture de cette lettre s'étant trouvée incorrecte à partir de la quatrième ligne, nous avons interpellé M. le capitaine Dreyfus pour lui en demander les motifs; il nous a répondu : « J'ai froid aux mains. » Nous avons aussitôt procédé à son arrestation, au nom de M. le ministre de la Guerre. »

Après un interrogatoire sommaire, dans lequel il protesta de son innocence, Dreyfus fut écroué.

L'officier supérieur chargé de le conduire en voiture à la prison du Cherche-Midi était un chef de bataillon d'infanterie attaché à la section de statistique, le commandant Henry, qui dressa de sa conversation avec lui le compte rendu suivant :

« En descendant les escaliers de l'État-major pour prendre une voiture à la porte du 231 du boulevard Saint-Germain, le capitaine Dreyfus, se tournant vers moi, me dit : « Mon commandant, c'est effrayant, je suis accusé d'une chose épouvantable ! »

« Je ne répondis rien; mais aussitôt après avoir fait monter le capitaine Dreyfus dans la voiture, je lui dis : « De quelle chose épouvantable parliez-vous tout à l'heure? De quoi s'agit-il ? Racontez-moi votre affaire ? »

« La conversation s'établit alors de la façon suivante :

« *Le capitaine Dreyfus.* — Mon commandant, je suis accusé du crime de haute trahison.

« *Moi.* — Diable, mais pourquoi? — R. Je n'en sais rien, je suis comme fou; je préférerais une balle dans la tête. Je ne suis pas coupable, cette accusation est la mort de ma vie (textuel).

D. Si vous n'êtes pas coupable, il ne faut pas perdre la tête. Un innocent est toujours fort. Avez-vous de la famille? — R. Oui, j'ai femme et enfants, j'ai de la fortune.

« D. Alors, que concluez-vous? — R. Mon commandant, il faut me faire rendre justice.

« D. Je n'ai pas qualité pour cela, mais certainement on vous fera rendre justice. Du reste, vous ne me dites pas sur quoi est basée l'accusation dont vous êtes l'objet? Le savez-vous? — R. Oui, le commandant Du Paty m'a dit que j'étais accusé d'avoir livré des documents à une puissance étrangère.

« D. De quels documents s'agit-il, le savez-vous? — R. Non, mon commandant; le commandant Du Paty m'a parlé de documents secrets et confidentiels, sans m'indiquer lesquels.

« D. Qu'avez-vous répondu? — R. J'ai répondu qu'ayant été employé dans différents bureaux pendant mon stage à l'État-major général, j'avais eu beaucoup de documents secrets et confidentiels entre les mains, mais que jamais je n'avais rien livré à personne.

« D. Le commandant Du Paty ne vous a pas énuméré les documents que l'on vous accusé d'avoir livrés ? Il ne vous a pas indiqué la puissance étrangère à qui vous les auriez livrés? — R. Non, mon commandant, il ne m'a parlé que de documents secrets ou confidentiels. C'est une accusation épouvantable, elle est complètement fausse.

« D. Cependant, vous devez bien comprendre que pour porter contre vous une accusation semblable, on doit avoir des preuves? — R. Oui, évidemment, mon commandant; je comprends bien qu'au ministère on n'a pas agi sans preuves; elles doivent être convaincantes pour eux et accablantes pour moi, mais elles sont fausses.

« D. Pourquoi voulez-vous que les preuves soient fausses? Vous avez donc des ennemis capables de les avoir fabriquées? — R. Des ennemis... Je ne crois pas avoir d'ennemis capables de me poursuivre d'une haine semblable.

« D. Alors? — R. Mon commandant, je n'y comprends rien, c'est la mort de ma vie. Je demande qu'on me rende justice.

« A ce moment, la voiture s'est arrêtée devant la porte de la prison militaire, et la conversation a cessé.

« Je crois devoir faire ressortir que l'affirmation de M. le capitaine Dreyfus, en ce qui concerne la non-énumération des documents livrés, est absolument inexacte; attendu qu'avant de quitter le ministère, et alors que je me trouvais dans une pièce contiguë à celle où cet officier était interrogé, j'ai parfaitement et très distinctement entendu M. le commandant Du Paty dire au capitaine Dreyfus :

« Vous êtes accusé d'avoir livré à une puissance étrangère une note sur les troupes de couverture, une note sur Madagascar, un projet de manuel sur le tir de l'artillerie. »

« Donc, lorsque le capitaine Dreyfus affirme que le commandant

Du Paty ne lui a énuméré aucun des documents en question et qu'il s'est borné à lui parler de documents secrets ou confidentiels, le capitaine Dreyfus voile sciemment la vérité.

« A Paris, le 16 octobre 1894.

« *Signé* : HENRY. »

— M. Du Paty de Clam, en interrogeant Dreyfus, lui avait-il dit, comme l'atteste le commandant Henry :

« Vous êtes accusé d'avoir livré, à une puissance étrangère, une note sur les troupes de couverture, une note sur Madagascar, un projet de manuel sur le tir de l'artillerie ? »

Voici l'interrogatoire du 15 octobre, 9 heures du matin :

« D. Vous êtes inculpé de haute trahison, crime prévu et puni par les articles 76 et suivants du Code pénal, qu'avez-vous à dire pour votre justification ? — R. Je ne sais pas de quoi on m'accuse et je demande des explications.

« Je jure sur ce que j'ai de plus sacré au monde n'avoir jamais eu aucune relation avec les agents d'une puissance étrangère, n'avoir jamais écrit, n'avoir jamais enlevé un document des bureaux de l'État-major de l'armée.

« D. Avez-vous été en voyage d'État-major, et à quelle époque ? — R. Dans la deuxième quinzaine de juin.

« D. Vous avez surveillé un tirage de documents au service géographique ? — R. Oui.

« D. Quels documents ? — R. Des instructions relatives aux troupes de couverture.

« D. A quelle époque ? — R. Au mois de septembre.

« D. Avez-vous eu connaissance, alors que vous étiez employé à l'État-major de l'armée (2e et 3e bureaux), d'une note relative à Madagascar ? — R. Non, je n'ai jamais eu connaissance d'une note sur Madagascar.

« D. Avez-vous quelque ennemi susceptible d'avoir par machination établi les documents saisis, et qui ont motivé votre arrestation ? — R. Je ne me connais pasd'ennemis.

« D. Avez-vous connaissance de nos débarquements, de notre concentration et de notre couverture ? — R. Je reconnais seulement avoir eu, entre les mains, un document secret sur la couverture.

« D. Votre réponse est absolue sur ce point ? — R. Oui, je nie absolument avoir jamais eu connaissance d'un document secret concernant la concentration et les débarquements.

« D. Avez-vous connaissance de nos débarquements, de nos concentrations et de notre couverture? — R. Non.

« D. Des personnes affiment, cependant, que vous connaissez par cœur notre plan de débarquement? — R. Cette affirmation est inexacte; je ne connais pas notre plan de débarquement.

« D. Avez-vous connaissance du projet de manuel du tir de l'artillerie de campagne du 14 mars 1894? — R. Non, je n'en ai jamais entendu parler; je ne savais même pas qu'on en fît un.

« D. Avez-vous des relations avec la section technique de l'artillerie? — R. Étant au deuxième bureau, on m'a chargé de faire un travail sur l'artillerie allemande, que j'ai communiqué au colonel Naquet. Je suis allé, une deuxième fois, étant au troisième bureau, à la section technique de l'artillerie, voir le colonel Naquet. »

— M. Cochefert avait, à son tour, et en présence de M. du Paty de Clam et de M. Gribelin, questionné Dreyfus :

« Je suis absolument innocent et je proteste énergiquement contre les mesures de rigueur qui sont prises contre moi. Jamais je n'ai communiqué à qui que ce soit la plus petite note intéressant mon service à l'État-major.

« Je ne suis en relation avec aucune ambassade étrangère, et si les faits qu'on me reproche étaient établis, je serais un misérable et un lâche.

« C'est mon honneur d'officier que je défends ; et, si douloureuse que soit ma situation, je me défendrai jusqu'au bout.

« Je sens pourtant qu'un plan épouvantable a été préparé contre moi dans un but qui ne m'apparaît pas; mais je veux vivre pour établir mon innocence.

« D. Nous vous adjurons de dire toute la vérité.

« Des pièces écrites de votre main, ainsi que cela a été constaté après expertise, sont au pouvoir de l'autorité militaire. Ces pièces, ou tout au moins l'une de ces pièces est parvenue à la personne étrangère à laquelle elle était destinée, et elle donne des indications sur la défense militaire de notre territoire.

« N'avez-vous jamais confié à quelques personnes étrangères à l'armée, à une femme notamment, des notes et documents de la nature de ceux dont nous parlons et dont il aurait pu être fait mauvais usage contre la patrie? — R. Jamais, je l'affirme à nouveau, je n'ai commis la plus légère faute ni même un acte de légèreté dans le sens que vous m'indiquez. »

— Une fois Dreyfus écroué, MM. du Paty de Clam et Cochefert se rendirent dans l'après-midi à son domicile, avenue du Trocadéro, n° 6.

« Nous y avons rencontré — portent leurs procès-verbaux (cotes 24 et 25) — Mme Dreyfus, à laquelle nous avons fait connaître nos qualités respectives, le but de notre visite, et, en vertu de quels ordres nous agissions. Nous avons ensuite, en présence de Mme Dreyfus, et sans qu'elle nous eût quittés un seul instant pendant toute notre opération, procédé à une perquisition minutieuse dans toutes les pièces de l'appartement, les meubles les garnissant et les placards ; et nous y avons saisi les livres, cartons, dossiers, papiers et objets divers que nous avons placés sous scellés numérotés... »

— M. Du Paty de Clam commença ensuite son enquête, qui ne comprend aucune déposition de témoins, mais seulement des expertises, des investigations sur la vie privée de l'inculpé, et une série d'interrogatoires.

Il interrogea Dreyfus le 18 octobre ; et, après lui avoir dicté plusieurs pièces de comparaison dans des postures diverses, assis, — debout, — assis avec un gant, — debout avec un gant, — assis avec une plume de ronde, — etc., etc., il lui présenta la photographie d'une ligne « je vais partir en manœuvres » ; il lui fit écrire à plusieurs reprises les mots « manœuvres » et « je vais », puis les phrases, « je vais en manœuvres », et « je vais partir en manœuvres » ; enfin, il lui posa cette question :

« D. — Connaissez-vous quelqu'un ayant l'écriture incriminée ? — R. Je le crois.

« D. — Pourriez-vous désigner cette personne ? — R. Il me semble vaguement que c'est l'écriture de Bro.

« D. Comment expliquez-vous que les experts constatent l'identité de votre écriture avec celle du document dont je viens de vous montrer une ligne ? — R. La ligne d'écriture que vous m'avez montrée, c'est-à-dire « je vais partir en manœuvres », n'est pas de moi, il n'y a pas de doute. — Quant au reste du document, que je ne connais pas, ou les experts se trompent, ou bien on a pris, dans un panier de vieux papiers, des morceaux détachés de manuscrits de moi, pour en faire un ensemble.

« D. — Avez-vous un motif pour croire qu'on ait, en vue de détourner des soupçons, et au moyen de fragments détachés, de vous, imité votre écriture et composé le document ? — R. Je n'ai pas de motifs particuliers ; mais il est possible que quelqu'un ait essayé d'imiter mon écriture pour détourner les soupçons. »

Pour rendre hommage à la vérité, nous sommes obligé de faire, ici, une observation :

M. Du Paty de Clam qui, le 15 octobre, avait parlé à Dreyfus des « documents saisis », lui annonce, le 18 que « les experts » constatent l'identité de son écriture avec celle du bordereau.

Or, sur les deux experts consultés à ce moment, M. Gobert et M. Bertillon, ce dernier s'était seul prononcé contre l'inculpé.

Ce fut le 22 octobre que, par ordonnance du préfet de police agissant en vertu de l'article 10 du Code d'instruction criminelle, des expertises furent confiées à :

MM. Teyssonnières, ancien conducteur des Ponts et chaussées;
Charavay, archiviste-paléographe;
Et Pelletier, expert en écritures près le Tribunal de la Seine.

Opinion de M. Teyssonnières (Rapport du 29 octobre, cote 36) :

(Pages 3 et 4.) « La pièce incriminée, nº 1, émane de la même écriture qui a tracé les pièces de comparaison nº 2 à nº 30. En effet, l'ensemble de l'écriture et le graphisme donnent pour la pièce nº 1 comme pour les pièces de comparaison, et particulièrement la pièce nº 8, l'impression d'une même écriture. »

Et plus loin (page 7) : « L'écriture de la pièce nº 1 présente tous les caractères d'un déguisement, mais dans laquelle le naturel reprend quand même le dessus. »

Et enfin (page 16) : « Nous déclarons, sur notre honneur et conscience, que l'écriture de la pièce incriminée nº 1 émane de la même main qui a tracé l'écriture des pièces 2 à 30. »

Opinion de M. Charavay (Rapport du 29 octobre, cote 37) :

« En somme, les ressemblances d'aspect général et de détails, malgré une évidente préoccupation de déguiser l'écriture, sont si frappantes, et l'emportent tellement sur les dissemblances, qu'il est raisonnable d'attribuer la pièce nº 1 à la même main qui a tracé les pièces 2 à 30. Pour soutenir l'hypothèse contraire, il faudrait admettre une coïncidence extraordinaire de graphisme. Mais, s'il existe, en effet, dans les écritures comme dans les physionomies, des sosies, on n'a chance d'en rencontrer que dans un ensemble considérable de documents émanés de nombreuses personnes, et non dans un cercle restreint.

« Conclusion : étant données les constatations notées dans le présent rapport, je, expert soussigné, conclus que la pièce incriminée nº 1 est de la même main que les pièces de comparaison 2 à 30. »

Opinion de M. Pelletier (Rapport du 25 octobre, cote 38) :

(Page 4.) « Le document en cause ne semble nullement déguisé ;

il a toute l'apparence d'une pièce écrite franchement et d'une façon normale; en d'autres termes, il doit représenter, pensons-nous, le graphisme usuel de son auteur. »

Et plus loin (page 5) : « Il est évident que l'on peut retrouver entre les pièces de comparaison et le document incriminé quelques analogies de détail; mais on remarquera qu'elles sont banales, c'est-à-dire qu'elles pourraient se retrouver sous la main de beaucoup d'autres écrivains expérimentés... A côté de ces analogies vagues, on pourrait citer de sérieuses dissemblances. »

Et (page 9) : « En résumé, nous ne nous croyons pas autorisé à attribuer, ni à l'une ni à l'autre des personnes soupçonnées, le document incriminé. »

(On avait soumis à M. Pelletier, pour servir de comparaison, des pièces écrites par Dreyfus et par une autre personne.)

Quant à M. Bertillon, il avait, le 20 octobre (cote 33), affirmé l'identité entre l'écriture du bordereau et celle de Dreyfus, mais en indiquant que Dreyfus avait, dans le bordereau, contrefait son écriture par une combinaison particulière, pour se ménager « la possibilité d'arguer d'une pièce forgée, d'une pièce calquée. »

Cependant, M. Du Paty de Clam avait continué, du 20 au 30 octobre, ses interrogatoires. — Il montrait, le 22, à Dreyfus, la photographie de plusieurs mots du bordereau : — « Quelques modifications », — « troupes de couverture », — « Madagascar », — et, le 29, la photographie du bordereau entier, mais non l'original :

« D. Voici la photographie d'une lettre qui vous est attribuée. Cette lettre a été prise à l'étranger au moyen d'un portefeuille photographique, et nous en possédons le cliché pellicule. Reconnaissez-vous cette lettre pour être de votre écriture? — R. J'affirme d'abord que je n'ai jamais écrit cette lettre infâme. Un certain nombre de mots ressemblent à mon écriture; mais ce n'est pas la mienne; l'ensemble de la lettre ne ressemble pas à mon écriture: on n'a même pas cherché à l'imiter... »

— Le 31 octobre, M. Du Paty de Clam adressait au ministre de la Guerre un rapport, dont je vous lis seulement les passages essentiels (cote 70) :

« Je me trouvais avec MM. Gribelin, archiviste principal, faisant fonctions de greffier, et Cochefert, chef du service de la Sûreté, dans la pièce où fut introduit M. le capitaine Dreyfus.

« Je l'invitai à écrire une lettre dans laquelle il était question d'une partie des documents adressés à un agent étranger, visés par la lettre incriminée.

« Après avoir écrit les quatre premières lignes d'une façon normale, M. le capitaine Dreyfus commença à écrire irrégulièrement. Je lui en fis l'observation à mi-voix. L'écriture continua à être irrégulière. Interrogé sur les motifs de ce trouble, il répondit, avec une sorte de rictus nerveux qui fut observé par les assistants, qu'il avait froid aux doigts. Il est à remarquer que M. le capitaine Dreyfus était entré au ministère depuis près d'un quart d'heure, que la température des bureaux était très normale, et que l'écriture des quatre premières lignes ne décèle pas ce froid aux doigts, qu'il a invoqué quand il a reconnu l'objet de la lettre.

« La dictée terminée, je procédai à l'arrestation de M. le capitaine Dreyfus, et je lui lus l'article 76 du Code pénal.

« L'inculpé protesta vivement de son innocence et se laissa fouiller sans résistance, en disant : « Prenez mes clefs, ouvrez tout chez moi, vous ne trouverez rien. »

« Puis, il recommença ses serments et ses protestations.

« Je laissai passer ce flot auquel je m'attendais, et qui pouvait être chose préparée pour le cas d'une arrestation.

« L'attitude un peu théâtrale de l'inculpé, ses gestes contrôlés du coin de l'œil dans une glace ne produisirent pas une impression favorable sur les témoins de cette scène.

« M. Cochefert interrogea M. le capitaine Dreyfus à son tour : l'inculpé, se sentant entre les mains d'une personne plus pressante et plus expérimentée, eut une révolte violente.

« A deux reprises, je simulai une sortie sous prétexte de faire porter à l'agent étranger, à qui aurait été adressé le document incriminé, la lettre que M. le capitaine Dreyfus venait d'écrire sous ma dictée. Chaque fois il m'arrêta au moment où j'ouvrais la porte.

« La troisième fois seulement, étant redevenu maître de lui, il me dit : « Eh bien ! essayez. »

« L'inculpé m'insinua ensuite qu'il était victime d'une machination, que déjà, à sa sortie de l'École de guerre, on avait commis une infamie à son égard.

« A onze heures et demie, voyant que je ne tirerais rien de l'inculpé, qu'il avait repris son assurance et parlait même de compensations pour l'affront qui lui était fait, je le remis entre les mains de l'officier supérieur chargé de le faire écrouer.

« ... A midi, le même jour, je me rendis avec MM. Gribelin et Cochefert au domicile de M. le capitaine Dreyfus, 6, avenue du Trocadéro.

« Le premier mot que m'adressa Mme Dreyfus fut : « Mon mari est tué? » Sur ma réponse négative, elle dit : « Blessé alors? » puis : « Une chute de cheval? »

« Je lui appris, avec tous les ménagements possibles, que son mari venait d'être incarcéré pour des faits d'ordre militaire.

« Je procédai ensuite à la perquisition, pendant laquelle Mme Dreyfus nous accompagna en faisant preuve d'une force de caractère et d'un sang-froid remarquables.

(Et plus loin)... « Le capitaine Dreyfus est né à Mulhouse en 1859;

« Son père, Raphaël Dreyfus, d'origine badoise, dit-on, était un homme intelligent, énergique, fils de ses œuvres. Après avoir débuté très modestement, il est mort l'année dernière, laissant à ses sept enfants une grosse fortune industrielle, sur laquelle 225,000 francs ont été attribués à son fils Alfred, actuellement en cause.

« Alfred Dreyfus opta pour la nationalité française par voie d'option paternelle en 1872. Il alla à l'École polytechnique et devint officier d'artillerie.

« En avril 1890, le capitaine Dreyfus épouse Mlle Hadamard, fille d'un négociant en diamants.

« Le ménage dispose de 25 à 30,000 francs de revenus; il est ordonné, et mène un train de vie apparent proportionné à ses ressources.

« Toute la fortune, y compris la dot de Mme Dreyfus, est employée, à 40,000 francs près, dans la filature de Mulhouse.

« D'après les renseignements recueillis, le capitaine Dreyfus est intelligent, doué d'une mémoire remarquable, il est tenace, a le sentiment de sa valeur; il est ambitieux.

« Il concourt pour l'École de guerre, est admis, et vise à la 1re place.

« Un déboire cruel l'attendait à sa sortie de l'Ecole. Du 1er rang rêvé, du 3e rang assuré dans son esprit, le capitaine Dreyfus est rejeté au 9e rang.

« La blessure fut profonde, cruelle, elle saigne encore, elle est incurable.

« Mme Dreyfus m'a dit en présence de M. Gribelin, mon greffier, que son mari avait été malade de cette déception, qu'il en avait eu des cauchemars, et qu'il en souffre toujours : « C'est bien la peine de travailler, disait-il, dans cette armée, où, quoi qu'on fasse, on n'arrive pas selon son mérite! »

« Lui-même a exhalé une grande amertume en me parlant de ce qu'il appelle « une infamie ».

« Quoi qu'il en soit, le capitaine Dreyfus obtient d'être employé comme stagiaire à l'État-major de l'armée.

« L'année 1894 arrive. Le capitaine Dreyfus fait la connaissance d'une femme mariée ; — on échange, à l'insu de Mme Dreyfus, une correspondance dont la dernière lettre se termine par ces mots : « A la vie et à la mort. »

« Jusqu'où a été cette liaison? Le capitaine Dreyfus déclare que, s'étant aperçu qu'on en voulait plus à sa bourse qu'à son cœur, il a rompu.

« A-t-il tout dit? La bourse a-t-elle résisté aussi bien que, d'après lui, le cœur?

« En tout cas, il avoue des liaisons intimes passagères, mais sans préciser, sans citer un nom.

« Dans un ménage ordonné comme le ménage Dreyfus, un trou au budget ne saurait passer inaperçu.

« Si ce trou a existé à un moment donné, soit par le jeu, soit par les femmes, comment le boucher? On a pu se confier à une amie. Il s'en trouve une, ignorée également de la femme légitime. C'est une étrangère : le capitaine Dreyfus la déclare suspecte. Il a même dit qu'elle recevait des espions, mais il a rétracté bien vite cette parole.

« ... Dans les interrogatoires que j'ai fait subir à l'inculpé, je me suis attaché à lui faire avouer qu'il avait eu connaissance des documents énumérés dans la lettre incriminée.

« J'y suis parvenu en ce qui concerne le frein hydraulique, le plan de transport et de couverture, et le projet de manuel de tir du 14 mai 1894.

« Sur ces deux derniers points, l'inculpé s'est absolument contredit dans les interrogatoires successifs que je lui ai fait subir.

« Par contre, il a nié formellement avoir jamais rien écrit sur Madagascar, évitant même de reconnaître d'une façon positive comme écrit de sa main le mot Madagascar, emprunté à son écriture authentique. Ce fait résulte probablement de ce qu'il aurait livré, copiée par une main étrangère, la note sur Madagascar dont il est fait mention dans la note incriminée.

« J'ai soumis le capitaine Dreyfus à différentes épreuves avant de lui montrer en entier le document incriminé.

« Très en défiance, il est toujours resté dans le vague quand je lui ai présenté des fragments d'écriture isolés.

« Son premier soin était de regarder au verso pour s'assurer s'il s'y trouvait des mots compromettants ; et, comme je me servais d'épreuves photographiques dont le verso était en blanc, il refusait de se prononcer.

« Quand enfin, je lui ai montré le document en entier, il a nié d'abord que l'écriture ressemblât à la sienne.

« Je lui dictai alors la lettre, et bien qu'il eût, dans cette copie, altéré son écriture habituelle, il fut bien forcé de se rendre à l'évidence, de convenir que les deux écritures avaient des caractères communs absolument frappants, et que cela justifiait, dans une certaine mesure, à ses yeux, les soupçons dont il était l'objet.

« Alors il s'est dit victime d'une fatalité, d'une ressemblance d'écritures inexplicable, d'une machination ; il a même dit : « On m'a volé mon écriture. »

« J'ajoute enfin qu'il s'est livré à mon égard à des manifestations emphatiques et déplacées, me maudissant, appelant la malédiction de Dieu sur moi et les miens, criant que sa race se vengerait sur la mienne.

« Je n'ai pas cru devoir relever ces propos, me contentant de le rappeler à la question. Mais j'ai pu constater que, malgré ses grands gestes, l'inculpé avait tout son sang-froid. Il m'a semblé que, dans cette circonstance, son but avait été de créer une diversion à des questions gênantes en me faisant sortir du calme et de la modération dont je ne me suis pas départi envers lui au cours de mes interrogatoires.

« Ma mission me paraissant terminée, j'ai l'honneur de vous adresser, monsieur le Ministre, le dossier de cette affaire, afin que vous lui donniez telle suite que vous jugerez convenable. »

Le 2 novembre, le ministre de la Guerre transmit le dossier au gouverneur militaire de Paris ; et, le 3, le général Saussier donna l'ordre d'informer.

Le commandant d'Ormescheville, rapporteur près le 1er Conseil de guerre, entendit 23 témoins, parmi lesquels le commandant Henry, qui se borna à dire (cote 82) : « Je maintiens exactement les termes de mon compte rendu. »

Je ne vous lis pas les autres dépositions ; elles sont imprimées dans les annexes de l'enquête (pages 569 à 595) ; et voici comment elles ont été résumées par M. d'Ormescheville, — accentuées, d'ailleurs, bien plutôt qu'affaiblies, — dans son rapport du 30 décembre, tendant à la mise en jugement (pages 595 à 603) :

« Il appert des témoignages recueillis par nous que le capitaine

Dreyfus, pendant les deux années qu'il a passées comme stagiaire à l'État-major de l'armée, s'est fait remarquer dans différents bureaux par une attitude des plus indiscrètes, par des allures étranges; qu'il a, notamment, été trouvé seul à des heures tardives ou en dehors de celles affectées au travail, dans des bureaux autres que le sien et où il n'a pas été constaté que sa présence fût nécessaire.

« Il ressort aussi de plusieurs dépositions qu'il s'est arrangé de manière à faire souvent son service à des heures en dehors de celles prévues par le règlement, soit en demandant l'autorisation à ses chefs, pour des raisons dont on n'avait pas alors à vérifier l'exactitude, soit en ne demandant pas cette autorisation. Cette manière de procéder a permis au capitaine Dreyfus de se trouver souvent seul dans les bureaux auxquels il appartenait et d'y chercher ce qui pouvait l'intéresser. Dans le même ordre d'idées, il a pu aussi, sans être vu de personne, pénétrer dans d'autres bureaux que le sien pour des motifs analogues.

« Il a été aussi remarqué par son chef de section que, pendant son stage au 4e bureau, le capitaine Dreyfus s'était surtout attaché à l'étude des dossiers de mobilisation, et cela au détriment des questions du service courant, à ce point qu'en quittant ce bureau il possédait tout le mystère de la concentration sur le réseau de l'Est en temps de guerre.

« En somme, il résulte de la déposition de plusieurs témoins que le capitaine Dreyfus a souvent attiré sur lui la juste suspicion de ses camarades, qui le lui ont montré d'une façon bien nette : Comme le capitaine Boullenger, en ne répondant pas aux questions indiscrètes qu'il lui posa sur des affaires secrètes ou confidentielles qu'il traitait; ou encore comme le capitaine Besse qui, le voyant travailler dans son bureau, le 8 septembre dernier, sur du papier particulier au lieu de le faire sur un document similaire à celui qu'il avait à mettre à jour, lui en fit l'observation; ou encore le capitaine Maistre, lui disant qu'il lui communiquerait des travaux confidentiels dont il pourrait être chargé, mais sur place et dans son bureau seulement. Il semble que ce système de furetage, de conversations indiscrètes voulues, d'investigations en dehors de ce dont il était chargé, que pratiquait le capitaine Dreyfus, était surtout basé sur la nécessité de se procurer le plus de renseignements divers possibles, oraux ou écrits, avant de terminer son stage à l'État-major de l'armée. Cette attitude est louche et, à nombre de points de vue, présente une grande analogie avec celles des personnes qui pratiquent l'espionnage. Aussi, en dehors de la similitude remarquable de l'écriture du capitaine Dreyfus avec celle du document incriminé, cette attitude a été un facteur sérieux à son passif lorsqu'il s'est agi de le mettre en état d'arrestation et d'instruire contre lui. »

— Le commandant d'Ormescheville fit subir à Dreyfus, entre le 5 et le 29 novembre, de longs interrogatoires (cote 73) au cours desquels il lui mit sous les yeux l'original du bordereau; et il lui dit :

Le 27 novembre :

« D. Maintenez-vous la déclaration faite, le 24 octobre dernier, dans vos interrogatoires devant M. l'officier de police judiciaire : « On m'a volé mon écriture ; » et, dans ce cas, développez la pensée qui vous l'a dictée ? — R. Je n'avais pas vu le document incriminé; dans les fragments qu'on m'a montrés, je n'ai pas reconnu mon écriture; d'autre part on m'affirmait que des experts prétendaient que c'était mon écriture; dès lors ma pensée était que c'était l'œuvre d'un faussaire; et je l'ai exprimée par ces mots : On m'a volé mon écriture. »

Et le 29 novembre :

« D. La lettre missive incriminée vous a été mise sous les yeux ; nous vous la représentons en vous invitant à nous dire, après l'avoir examinée au grand jour, ce que vous jugerez à propos sur chacun des documents suivants qui y sont énumérés. 1° Une note sur le frein hydraulique, etc. — R. J'affirme n'avoir jamais écrit cette lettre, et je vais prouver même que, matériellement, il m'était impossible de l'écrire. En effet, la personne qui a écrit cette lettre a ajouté à la fin « je vais partir en manœuvres ». Or, je n'ai pas été aux manœuvres en 1894; je n'ai fait qu'un voyage d'État-major, fin juin de la même année. Si l'on admet, ce qui est déjà très discutable, que « je vais partir en manœuvres » et aller en voyage d'état-major puissent être employés indifféremment l'un pour l'autre, il faudrait attribuer à cette lettre la date du mois de juin. Partant de cette hypothèse, examinons les différents documents énumérés dans la lettre incriminée :

« 1° *Une note sur le frein hydraulique du 120 et la manière dont s'est conduite cette pièce.* Jamais, à aucune époque de ma carrière, je n'ai possédé aucun document sur le frein hydraulique du 120. La dernière fois que j'ai vu la pièce de 120, c'était pendant mon séjour à l'École de guerre, je l'ai vue au repos, je n'ai jamais vu tirer la pièce.

« 2° *Une note sur les troupes de couverture (quelques modifi-*

cations seront apportées par le nouveau plan). Depuis le 1er janvier 1894 jusqu'aux premiers jours de juillet de la même année, j'ai travaillé au deuxième bureau de l'État-major de l'armée; dans toute cette période, je n'ai jamais eu à m'occuper d'aucun travail sur la couverture, je n'ai jamais possédé aucun document sur cette question. Ce n'est qu'au mois de juillet de la même année que je suis entré au troisième bureau de l'État-major de l'armée; et ce n'est qu'au mois de septembre que j'ai été chargé de surveiller le tirage de documents relatifs à la couverture.

« 3° *Une note sur les modifications aux formations de l'artillerie*. Au mois de juin, je ne savais qu'une chose : c'est la suppression des deux régiments d'artillerie pontonniers et la création de vingt-huit batteries nouvelles. Quant aux formations de campagne de l'artillerie, je les ignorais alors comme je les ignore encore aujourd'hui. D'ailleurs, d'après ce qui m'a été demandé dans un interrogatoire, ces formations de campagne de l'artillerie ne sont parvenues à l'État-major que dans le courant du mois de juillet.

« 4° *Une note relative à Madagascar*. Jamais, à aucune époque, je n'ai rien lu, je n'ai rien eu entre les mains sur Madagascar.

« 5° *Le projet de manuel de tir de l'artillerie de campagne* (14 *mars* 1894). Jamais, à aucune époque, je n'ai possédé ce manuel de tir, j'ignorais même sa publication. »

Et le 29 novembre encore :

« D. La lettre missive incriminée... vous est attribuée; vous en avez examiné l'écriture à votre aise. Sur quoi repose cette négation? — R. Je sais, en mon âme et conscience, que je ne l'ai pas écrite : donc ce ne peut être mon écriture.

« J'ai bâti mille hypothèses sur l'origine de cette lettre : ce n'est certainement pas tout seul avec mon cerveau que je puis déchiffrer cette affaire. Mais certainement je consacrerais volontiers toute ma fortune et toute ma vie à découvrir le misérable auteur de cette lettre. Est-ce un faussaire? ou est-ce autre chose? ce n'est pas moi qui peux résoudre cette énigme.

« Voilà plus de six semaines que je suis au secret; voilà six semaines que je souffre le martyre le plus épouvantable qu'un innocent puisse supporter. Alsacien, d'une famille protestataire, j'ai abandonné ma situation en Alsace pour venir servir mon pays avec dévouement. Aujourd'hui comme hier, je suis digne de mener mes soldats au feu... »

Le commandant d'Ormescheville, en ce qui touche les interrogatoires, s'exprime ainsi : « Les réponses du capitaine Dreyfus ont toujours été obtenues avec une grande difficulté, et il est facile de s'en rendre compte par le nombre considérable de mots rayés nuls et de renvois en marge qui figurent sur le procès-verbal.

« Quand le capitaine Dreyfus hasardait une affirmation, il s'empressait généralement de l'atténuer par des phrases vagues ou embrouillées, essayant toujours, malgré toutes nos observations, de questionner ou d'engager la conversation sans être d'ailleurs invité à formuler une réponse. Ce système, si nous nous y étions prêté, aurait pu avoir des conséquences fâcheuses pour la forme même de l'interrogatoire, étant donnée l'habileté du capitaine Dreyfus. Si on compare les réponses que nous a faites le capitaine Dreyfus avec les dépositions de quelques témoins entendus, il en résulte cette pénible impression, c'est qu'il voile souvent la vérité, et que toutes les fois qu'il se sent serré de près, il s'en tire sans trop de difficulté, grâce à la souplesse de son esprit. »

— Quant à la vie privée de Dreyfus, voici les appréciations du rapport de M. d'Ormescheville :

« La conduite privée du capitaine Dreyfus est loin d'être exemplaire : avant son mariage, depuis 1884 notamment, on le trouve en relations galantes avec une femme Bodson, plus âgée que lui, mariée, riche, donnant des repas auxquels il est convié, car il est l'ami de M. Bodson, négociant. Les relations dont il vient d'être parlé durèrent fort longtemps. A la même époque, le capitaine Dreyfus est également en relations avec une femme Dida, aussi plus âgée que lui, mariée, fort riche, qui a la réputation de payer ses amants, et qui, à la fin de 1890, fut assassinée à Ville-d'Avray par Wladimiroff. Le capitaine Dreyfus, qui était alors à l'École de guerre et qui venait de se marier, fut cité comme témoin dans cette scandaleuse affaire, qui fut jugée par la Cour d'assises de Versailles, le 25 janvier 1891. Pendant son séjour à Bourges, il a eu pour maîtresse une femme mariée ; il en a une autre à Paris, également mariée, et qu'il y rencontre quand il y vient. En dehors de ces relations, avouées par le capitaine Dreyfus parce qu'il n'a pu les nier, il était, avant son mariage, ce qu'on peut appeler un coureur de femmes ; il nous l'a d'ailleurs déclaré au cours de son interrogatoire. Depuis son mariage, a-t-il changé ses habitudes à cet égard ? Nous ne le croyons pas, car il nous a déclaré avoir arrêté la femme Déry dans la rue, en 1893, et avoir fait la connaissance de la femme Cron au Concours hippique en 1894. La première de ces femmes est Autrichienne, parle très bien plusieurs langues, surtout l'allemand ; elle a un frère, officier au service de l'Autriche ; un autre est ingénieur ; elle reçoit des officiers; c'est une femme galante, quoique déjà âgée, le commandant Gendron nous l'a déclaré. La femme Déry figure, en outre, depuis plusieurs années, sur la liste des personnes suspectes d'espionnage. Le capitaine Dreyfus lui a indiqué sa qualité, l'emploi qu'il occupait, lui a écrit et fait des visites, et finalement s'est retiré parce qu'elle ne lui avait pas paru catholique; ensuite il l'a traitée de sale espionne; et, après son arrestation, son esprit est hanté par l'idée qu'elle l'a trahi.

« En ce qui concerne la femme Cron, bien que le capitaine Dreyfus prétende n'avoir jamais eu avec elle que des relations passagères, il est permis de croire le contraire, si on se réfère aux deux faits ci-après, reconnus exacts par lui au cours de son interrogatoire : 1° une lettre écrite par cette femme en juillet ou août dernier au capitaine Dreyus, se terminant par ces mots : « A la vie et à la mort! »; 2° il y a environ quatre mois, il a proposé à la femme Cron de lui louer une villa pour l'été, à la condition qu'elle serait sa maîtresse. L'idée du capitaine Dreyfus, en lui faisant cette offre, était sans doute de faire cesser ses relations avec un médecin qui l'entretenait. La femme Cron était mariée ou passait pour l'être. Le capitaine Dreyfus nous a déclaré avoir rompu avec elle parce qu'il s'était aperçu qu'elle en voulait plutôt à sa bourse qu'à son cœur.

« Bien que le capitaine Dreyfus nous ait déclaré n'avoir jamais eu le goût du jeu, il appert cependant des renseignements que nous avons recueillis à ce sujet qu'il aurait fréquenté plusieurs cercles de Paris où l'on joue beaucoup. Au cours de son interrogatoire, il nous a bien déclaré être allé au Cercle de la Presse, mais comme invité pour y dîner : il a affirmé n'y avoir pas joué. Les cercles-tripots de Paris, tels que le Washington-Club, le Betting-Club, les cercles de l'Escrime et de la Presse n'ayant pas d'annuaire, et leur clientèle étant en général peu recommandable, les témoins que nous aurions pu trouver auraient été très suspects : nous nous sommes par suite dispensé d'en entendre. »

— Relativement aux mobiles qui auraient pu inspirer à Dreyfus l'idée du crime, le rapport dit :

« Lors des examens de sortie de l'École de guerre, le capitaine Dreyfus a prétendu qu'il devait à la cote, dite d'amour, d'un général examinateur, d'avoir eu un numéro de sortie inférieur à celui qu'il espérait obtenir; il a alors cherché à créer un incident en réclamant contre cette cote, et partant contre le général qui la lui avait donnée. Il prétendit alors que cette cote, qui était 5, lui avait été donnée de parti pris et en raison de la religion à laquelle il appartient ; il attribua même au général examinateur en question des propos qu'il aurait tenus à ce sujet. L'incident qu'il créa n'eut pas la suite qu'il espérait ; mais, depuis cette époque, il n'a cessé de se plaindre, se disant victime d'une injustice, qu'il traite même à l'occasion d'infamie. Il est à remarquer que la cote dont s'est plaint le capitaine Dreyfus étant secrète, on s'étonne à bon droit qu'il ait pu la connaître, si ce n'est par une indiscrétion qu'il a commise ou provoquée.

« Comme l'indiscrétion est le propre de son caractère, nous n'avons pas lieu de nous étonner qu'il ait pu connaître cette cote secrète. »

Le rapport ajoute :

« En ce qui concerne les voyages du capitaine Dreyfus, il résulte de ses déclarations à l'interrogatoire qu'il pouvait se rendre en Alsace en cachette, à peu près quand il le voulait, et que les autorités allemandes fermaient les yeux sur sa présence. Cette faculté de voyager clandestinement qu'avait le capitaine Dreyfus contraste beaucoup avec les difficultés qu'éprouvaient à la même époque et de tout temps les officiers ayant à se rendre en Alsace pour obtenir des autorisations ou des passe-ports des autorités allemandes ; elle peut avoir une raison que le peu de temps qu'a duré l'enquête ne nous a pas permis d'approfondir. »

Le rapport se termine par ces mots :

« En dehors de ce qui précède, nous pouvons dire que le capitaine Dreyfus possède, avec des connaissances très étendues, une mémoire remarquable, qu'il parle plusieurs langues, notamment l'allemand, qu'il sait à fond, et l'italien, dont il prétend n'avoir plus que de vagues notions; qu'il est, de plus, doué d'un caractère très souple, voire même obséquieux, qui convient beaucoup dans les relations d'espionnage avec les agents étrangers.

« Le capitaine Dreyfus était donc tout indiqué pour la misérable et honteuse mission qu'il avait provoquée ou acceptée, et à laquelle, fort heureusement peut-être pour la France, la découverte de ses menées a mis fin. »

— Sur les conclusions conformes du commandant Brisset, commissaire du gouvernement, le général Saussier, le 4 décembre, ordonnait la mise en jugement et la convocation, pour le 19, du Conseil de guerre, qui, le 22, après des débats à huis clos, et à l'unanimité, condamnait Dreyfus à la déportation dans une enceinte fortifiée et à la dégradation militaire.

Le 31, le Conseil de revision, à l'unanimité également, rejetait le recours formé contre ce jugement :

« Attendu que la procédure est régulière, et que la peine a été bien appliquée au fait légalement qualifié et déclaré constant. »

II

La condamnation prononcée avait, dès lors, force de chose jugée : elle était irrévocable en principe.

Mais, malgré l'autorité qui s'attache aux décisions de ce genre, le Code d'instruction criminelle, exceptionnellement, et sous des conditions limitativement déterminées, permet de les attaquer devant la Cour de cassation, et de les faire tomber au profit des condamnés, — soit par voie *d'annulation* (art. 441), — soit par voie de *revision* (art. 443), — ces deux dispositions ayant été étendues aux sentences des tribunaux militaires (Code du 9 juin 1857, art. 82), et à celles des tribunaux de la Marine (Code du 4 juin 1858, art. 112).

L'annulation est possible, par cela seul qu'un arrêt a été rendu « contrairement à la loi », alors même qu'en fait il paraîtrait entièrement justifié.

La *revision*, au contraire, suppose une erreur judiciaire commise au fond par un arrêt, même régulier en la forme.

Nous n'avons pas à nous occuper ici d'annulation, pour deux motifs : 1° parce que le Garde des Sceaux a, seul, qualité pour exercer à cet effet un recours, et qu'il n'en a exercé aucun ; 2° parce que nos Chambres réunies seraient incompétentes, l'article 441, qui attribue exclusivement juridiction à la Chambre criminelle, n'étant pas modifié par la loi du 1er mars 1899.

C'est, uniquement, de revision qu'il s'agit.

— La revision a pour objet la rétractation, s'il y a lieu, d'une erreur judiciaire.

Assurément, dans l'acception absolue du mot, l'erreur judiciaire résulte aussi bien de l'acquittement d'un coupable que de la condamnation d'un innocent.

Mais, à la différence de plusieurs Codes étrangers, la législation française n'admet pas qu'un acquittement soit revisable :

Article 360 du Code d'instruction criminelle :

« Toute personne, acquittée légalement, ne pourra plus être reprise ni accusée à raison du même fait. »

La revision ne s'applique donc qu'aux jugements de condamnation.

— Nous ne nous attarderons pas à faire devant vous l'historique de cette institution.

Bornons-nous à constater qu'originairement enserrée en d'étroites limites par le législateur de 1808, qui craignait d'ouvrir trop facilement la porte à d'abusives réclamations contre les décisions de justice, — élargie, dans un sens plus libéral, mais insuffisamment encore, par la loi du 29 juin 1867, — elle est actuellement régie par la loi du 8 juin 1895, combinée avec celle du 1er mars 1899.

La loi du 29 juin 1867 disait, article 443 : « La revision pourra être demandée, en matière criminelle ou correctionnelle, quelle que soit la juridiction qui ait statué, dans chacun des cas suivants : 1° lorsque, après une condamnation pour homicide, des pièces seront représentées propres à faire naître de suffisants indices sur l'existence de la prétendue victime de l'homicide; 2° lorsque, après une condamnation pour crime ou délit, un nouvel arrêt, ou jugement, aura condamné, pour le même fait, un autre accusé ou prévenu, et que, les deux condamnations ne pouvant se concilier, leur contradiction sera la preuve de l'innocence de l'un ou de l'autre condamné; 3° lorsqu'un des témoins entendus aura été, postérieurement à la condamnation, poursuivi et condamné pour faux témoignage contre l'accusé ou le prévenu; le témoin ainsi condamné ne pourra pas être entendu dans les nouveaux débats » — et article 444 : « Le droit de demander la revision appartiendra : 1° au ministre de la Justice; 2° au condamné; 3° après la mort du condamné, à son conjoint, à ses enfants, à ses parents, etc. »

Ainsi, la demande ne pouvait réussir que si elle s'appuyait sur l'une des « preuves légales » strictement énumérées dans les trois paragraphes de l'article 443 : sinon, elle devait échouer, quelque certaine d'ailleurs que semblât l'innocence du condamné.

Mais ce système de « preuves légales », qui enchaînait la conscience du juge, était contraire aux idées générales du droit moderne.

Et la loi du 8 juin 1895, pensant qu'il fallait, dans une juste mesure, tenir compte aussi des « preuves morales », a inséré dans l'article 443 un quatrième paragraphe, qui autorise la demande « lorsque, après une condamnation, un fait viendra à se produire ou à se révéler, ou lorsque des pièces inconnues lors des débats seront représentées, de nature à établir l'innocence du condamné. »

« Dans ce quatrième cas — porte le nouvel article 444 — le droit de demander la revision appartiendra au ministre de la Justice seul, qui statuera après avoir pris l'avis d'une Commission, composée des directeurs de son ministère et de trois magistrats de la Cour de cassation, annuellement désignés par elle, et pris en dehors de la Chambre criminelle... La demande sera non-recevable si elle n'a été inscrite au ministère de la Justice, ou introduite sur la demande des parties, dans le délai d'un an à dater du jour où celles-ci auront connu le fait donnant ouverture à revision. »

C'est en vertu des dispositions additionnelles, ainsi consacrées par la loi du 8 juin 1895, que la Cour de cassation, dans l'espèce, a été saisie.

La lettre de M. le Garde des Sceaux Sarrien est datée du 27 septembre 1898.

Après un résumé très rapide de l'information suivie en 1894 contre Dreyfus, elle dit :

« Vous connaissez, monsieur le Procureur général, les polémiques passionnées qui se sont déchaînées à l'occasion de cette condamnation, et qui, depuis plus de deux ans, ont agité si violemment l'opinion publique.

« Je rappelle notamment l'accusation portée en 1897 par M. Mathieu Dreyfus, frère du condamné, contre le commandant Esterhazy, qu'il dénonçait formellement comme étant le véritable auteur du bordereau, ainsi que le jugement du Conseil de guerre en date du 11 janvier 1898, qui a acquitté cet officier.

« Ce fut ensuite le procès en diffamation et injures, motivé par l'article intitulé « J'accuse » que M. Zola a publié dans le journal *L'Aurore* du 13 janvier 1898.

« Enfin, tout récemment, à la séance de la Chambre des députés du 7 juillet 1898, M. Cavaignac, ministre de la Guerre, répondant à une interpellation de M. Castelin, était amené à lire à la tribune, entre autres documents, une lettre, parvenue en 1896 au Service des renseignements, et qui, désignant nominativement Dreyfus, paraissait confirmer, de la façon la plus certaine, la culpabilité du condamné.

« Des doutes étant nés postérieurement sur l'authenticité de cette pièce, M. Cavaignac prescrivit une enquête, et, le 30 août 1898, le lieutenant-colonel Henry, chef du Service des renseignements, interrogé par le ministre de la Guerre, finit, après de longues dénégations, par reconnaître qu'il avait fabriqué ce document. Mis aussitôt en état d'arrestation et conduit au Mont-Valérien, le lieutenant-colonel Henry s'y donnait la mort le lendemain, 31 août 1898.

« A la suite de cet événement, Mme Alfred Dreyfus adressait, le 3 septembre 1898, une requête enregistrée à la chancellerie le lendemain 4 septembre, et aux termes de laquelle, invoquant les dispositions des articles 443, paragraphe 4, et 444 du Code d'instruction criminelle, elle me demande de saisir la Cour de cassation d'un pourvoi en revision contre le jugement du 22 décembre 1894.

« Cette requête est fondée sur deux ordres de faits nouveaux, inconnus lors du procès de 1894, et qui, d'après Mme Dreyfus, seraient de nature à établir l'innocence de son mari.

« Mme Dreyfus allègue d'abord que l'expertise à laquelle a été soumis le bordereau au cours des poursuites exercées devant le Conseil de guerre contre le commandant Esterhazy en novembre-décembre 1897 et janvier 1898 n'a pas abouti aux mêmes conclusions que celles de 1894; en second lieu, elle soutient que le faux commis en 1896 par le lieutenant-colonel Henry frappe de suspicion légitime l'origine même du bordereau, ainsi que les dépositions faites par cet officier lors du procès de 1894.

« En ce qui concerne ce dernier fait, il est certain que le bordereau saisi le 15 octobre 1894 par M. le commandant Du Paty de Clam entre les mains de M. le général Gonse, sous-chef de l'État-major général, avait été remis à cet officier général par le lieutenant-colonel Henry, alors chef de bataillon et sous-chef du bureau des renseignements.

« D'autre part, au moment de son arrestation, le 30 août 1898, le lieutenant-colonel Henry a déclaré au général Roget, chef du cabinet du ministre de la Guerre, que c'était à lui qu'un agent, que l'on ne nomme pas, avait apporté le bordereau, venu, ajoutait-il, par la voie ordinaire.

« Il résulte, en outre, de deux lettres que M. le ministre de la Guerre m'a adressées, les 10 et 16 septembre 1898, que le commandant Henry avait été délégué pour déposer aux débats du procès Dreyfus, au nom du Service des renseignements.

« Il appartiendra à la Chambre criminelle d'apprécier si, dans ces conditions, le faux commis par le lieutenant-colonel Henry en 1896 peut jeter sur son rôle dans l'affaire Dreyfus une suspicion de nature à justifier de ce chef le pourvoi en revision.

« Le premier ordre de faits invoqués par Mme Dreyfus dans cette requête tendrait à établir que son mari ne serait pas l'auteur du bordereau. En effet, il semble bien résulter de la procédure que les conclusions des experts de 1894, affirmant que le bordereau est de l'écriture de Dreyfus, ont constitué le principal élément de preuve contre lui.

« Or, les experts chargés, à la fin de 1897, de comparer l'écriture du bordereau avec celle du commandant Esterhazy, inconnue des experts de 1894, constatent sans doute certains contrastes dans la physionomie générale des deux écritures, mais ils reconnaissent qu'il existe cependant, dans certains mots entiers et dans le détail de certaines lettres, des similitudes telles qu'ils en arrivent à l'hypothèse d'un décalque.

« Nous reconnaissons bien dans le bordereau, — disent-ils, — des formes de lettres qui sont caractéristiques de l'écriture de M. le commandant Esterhazy; mais là s'arrête la ressemblance. »

« Peut-on admettre, disent-ils plus loin, que le commandant ait pris à tâche de les reproduire (ces mots, ces lettres, identiques à son écriture) en les traçant avec une application soutenue, dans un écrit qu'il voulait faire imputer à une autre personne? N'est il pas plausible, au contraire, qu'une personne possédant quelque spécimen de l'écriture du commandant a imité cette écriture, pour dissimuler sa personnalité graphique derrière celle du commandant? »

« Et plus loin encore : « Peut-on supposer qu'un homme, intelligent comme il l'est, ayant étudié l'écriture d'un autre homme pour l'imiter, n'ait pas remarqué que lui-même donnait à l's double une forme toute spéciale, et qu'il fallait, pour déguiser sa personnalité graphique, adopter une autre forme, soit ss., soit ſſ? N'est-il pas probable, au contraire, que l'auteur du bordereau, ayant l'intention de faire imputer à M. Esterhazy la fabrication de ce document, et ayant remarqué la forme spéciale de l's double, ne s'en soit pas emparé pour l'imiter? »

« Il importe d'ailleurs de remarquer que jamais Dreyfus n'a songé à imputer le bordereau au commandant Esterhazy. Et, d'autre part, au cours de l'information pour faux, usage de faux et complicité, suivie en 1898 contre Esterhazy et la fille Pays, M. le juge d'instruction Bertulus a saisi, au domicile de cette dernière, un document (scellé nº 1), que le commandant Esterhazy reconnaît être le brouillon de notes écrites par lui et destinées à quelqu'un qu'il a refusé de nommer (interrogatoire du 16 juillet 1898).

« Ce document est ainsi conçu :

« Que dois-je faire tout à l'heure, puisque les experts se refusent à conclure comme vous l'espériez? Dois-je demander, comme Tézenas le voulait tout d'abord, comme c'est mon droit, l'expertise avec l'écriture de Dreyfus et reparler du décalque?

« Comment ni Charavay, ni Varinard, que vous connaissez, n'ont-ils pas conclu pour moi, dans la lettre Boulancy, manifestement truquée? Belhomme est un idiot. Il n'y a qu'à le regarder. Dois-je exiger une contre-expertise Bertillon pour les lettres B? Tous ces gens-là vont m'assassiner. Ne peut-on, cependant, démontrer à Ravary et aux experts que je n'ai pas pu écrire les termes de la grande lettre à la Boulancy?

« Si les experts concluent que l'écriture est de moi, il m'est impossible, pour ma défense, de ne pas m'efforcer de démontrer que c'est Dreyfus qui est l'auteur du bordereau.

« Comprenez donc bien que, si vous êtes véritablement les maîtres de l'instruction et des experts, je ne puis que m'en rapporter absolument à vous; mais que, si cela vous échappe, comme je le crains, je suis dans l'obligation absolue de démontrer que le bordereau est calqué par Dreyfus avec mon écriture. »

« Ce document, rapproché des constatations des experts de 1897, tendrait à laisser supposer que le bordereau serait non pas, comme l'ont déclaré les experts de 1894, de l'écriture de Dreyfus, mais, en partie au moins, de l'écriture décalquée ou très habilement imitée du commandant Esterhazy.

« La Cour de cassation, saisie du pourvoi, après avoir procédé, s'il y a lieu, à toutes enquêtes et vérifications pour lesquelles l'article 445 du Code d'instruction criminelle lui donne les pouvoirs les plus étendus, aura à examiner si les contradictions et si les faits ci-dessus relevés présentent les caractères prévus par l'article 443, paragraphe 4, du Code d'instruction criminelle.

« En conséquence, et après avoir, conformément aux dispositions de l'article 444 du Code d'instruction criminelle, pris l'avis de la Commission instituée près la Chancellerie, je vous charge, monsieur le Procureur général, de déférer à la Chambre criminelle de la Cour de cassation le jugement du Conseil de guerre en date du 22 décembre 1894. »

L'avis de la Commission consultative était formulé en ces termes :

« Attendu que l'article 443, paragraphe 4, exige, pour que la revision puisse avoir lieu, qu'après la condamnation un fait vienne à se produire ou à se révéler, ou que des pièces inconnues lors des débats soient représentées, de nature à établir l'innocence du condamné;

« Attendu que des documents produits à la Commission ne résulte aucun fait nouveau, et qu'il n'est représenté aucune pièce qui soit de nature à établir l'innocence du condamné Dreyfus;

« Que ce fait ne peut se voir dans la fabrication d'une pièce fausse par le colonel Henry, — d'abord parce que cette pièce, postérieure de deux ans à la décision du Conseil de guerre, ne peut avoir influé sur cette décision, — ensuite parce que le commandant Henry est resté étranger à la détermination de poursuivre Dreyfus, et qu'il résulte de la procédure que son rôle y a été insignifiant;

« Qu'il ne peut se trouver non plus ni dans les divergences d'appréciations d'écritures, soit qu'elles émanent d'experts, soit qu'elles émanent de personnalités quelconques, ces divergences, en matière aussi conjecturale, ne pouvant être sérieusement invoquées comme constituant le fait nouveau de nature à établir l'innocence du condamné, ni dans les deux pièces saisies, alors qu'aucune de ces pièces ne peut démontrer que la condamnation qui a frappé Dreyfus est le résultat d'une erreur;

« Par ces motifs, la Commission n'est pas d'avis qu'il y ait lieu à revision. »

M. le Procureur général, en transmettant à la Chambre criminelle, le 4 octobre 1898, la lettre de M. le Garde des Sceaux, prit des réquisitions tendant à ce qu'il :

« Plaise à la Cour,

« Déclarer recevable la demande en revision formée d'ordre de M. le Garde des Sceaux,

« Et statuant au fond,

« Casser et annuler le jugement du premier Conseil de guerre de Paris, en date du 22 décembre 1894, qui a condamné le nommé Alfred Dreyfus à la déportation dans une enceinte fortifiée et à la dégradation militaire,

« Renvoyer ledit Alfred Dreyfus devant tel Conseil de guerre qu'il plaira à la Cour désigner,

« ... Très subsidiairement, et pour le cas seulement où la Cour le jugerait nécessaire, ordonner avant faire droit un supplément d'information, conformément à l'article 445. »

La Chambre criminelle avait ainsi à vérifier si la demande en revision réunissait toutes les conditions — les unes de forme, les autres de fond — requises par la loi.

Les conditions de forme? Ce sont : la lettre du Garde des Sceaux, l'observation du délai d'un an, le visa de l'un des cas énoncés dans l'article 443.

Les conditions de fond? Ce sont : — ou bien la production de pièces propres à faire naître de suffisants indices sur l'existence de la prétendue victime de l'homicide (§ 1er), — ou bien l'impossibilité démontrée de concilier entre elles deux condamnations prononcées contre deux individus pour un même crime (§ 2), — ou bien la circonstance que l'un des témoins entendus contre l'accusé a été postérieurement condamné pour faux témoignage (§ 3), — ou bien enfin (§ 4), des faits nouveaux, ou des pièces nouvelles, de nature à établir l'innocence du condamné.

La Chambre criminelle, tenant pour remplies les conditions de forme, a, le 29 octobre, déclaré recevable en la forme la demande.

Mais quant aux conditions de fond, elle a estimé que l'affaire n'était pas en état; et, usant du droit que lui conférait, dans le quatrième cas de l'article 443 comme dans les trois autres, l'article 445, § 1er, d'après lequel « si l'affaire n'est pas en état, la Cour procède, directement ou par commissions rogatoires, à toutes enquêtes sur le fond, confrontations... etc. » — elle a dit :

« Sur la recevabilité de la demande en revision,

« Attendu que la Cour est saisie, par son Procureur général, en vertu d'un ordre exprès du ministre de la Justice agissant après avoir pris l'avis de la Commission instituée par l'article 444 du Code d'instruction criminelle,

« Que la demande rentre dans les cas prévus par le dernier paragraphe de l'article 443,

« Qu'elle a été introduite dans le délai fixé par l'article 444,

« Qu'enfin le jugement dont la revision est demandée a force de chose jugée ;

« Sur l'état de la procédure,

« Attendu que les pièces produites ne mettent pas la Cour en mesure de statuer au fond, et qu'il y a lieu de procéder à une instruction supplémentaire ;

« La Cour,

« Déclare la demande recevable en la forme,

« Dit qu'il sera procédé par elle à une instruction supplémentaire,

« Dit n'y avoir lieu de statuer, quant à présent, sur la demande de M. le Procureur général tendant à la suspension de la peine. »

— L'enquête a eu lieu ; et, le 9 février dernier, elle a été close.

C'est donc aux Chambres réunies, appelées à statuer par la loi du 1er mars 1899, qu'il appartient de résoudre la question, restée entière, de savoir si la demande, recevable en la forme, est également recevable au fond.

— Cette question, messieurs, je commencerai par l'étudier, d'une manière générale, et sans me préoccuper de l'affaire Dreyfus.

J'examinerai, en droit, ce que, dans le langage de la loi du 8 juin 1895, il faut entendre par des « faits qui viennent à se produire ou à se révéler, des pièces inconnues lors des débats qui sont représentées, de nature à établir l'innocence du condamné ».

J'examinerai, en droit aussi, quelle est, après la déclaration de recevabilité, l'étendue de vos pouvoirs, et par qui la revision doit être effectuée.

III

Messieurs, s'il est de principe, en matière criminelle, que le doute profite à l'accusé, présumé innocent, l'autorité de la chose jugée entraîne nécessairement cet effet inverse, que le condamné est, au contraire, présumé coupable.

De là il ressort, *a priori*, que de simples doutes — souvent faciles à soulever lorsque l'auteur de l'infraction n'a pas été pris en flagrant délit — ne sauraient être considérés par le législateur comme suffisants pour faire tomber la condamnation, sauf l'exercice du droit de grâce par le chef de l'État.

Aussi, on s'explique très bien la modification subie, avant le vote définitif, par le texte du projet qui est devenu la loi du 8 juin 1895.

Il portait d'abord un article 443 § 4 : « Lorsqu'un fait vient à se produire ou à se révéler, d'où parait résulter la non-culpabilité de celui qui a été condanmné ».

La formule était trop large ; car elle eût, en réalité, permis de donner pour base à la demande en revision la survenance de doutes, même légers.

On l'a donc restreinte, sur la proposition du Conseil d'État, dans les termes que vous savez : ..... de « nature à établir l'innocence du condamné ».

Les deux rédactions, suivant l'observation très juste de M. Le Poitevin, professeur à la Faculté de droit de Paris (*Bulletin de la Société générale des prisons*, juillet 1895, page 956), ne sont pas l'équivalent l'une de l'autre : en effet, de simples doutes peuvent faire déclarer un individu non coupable, tandis que l'affirmation de l'innocence implique une certitude.

Mais, est-ce à dire que pour la recevabilité de la demande en revision, il faille une « affirmation de l'innocence » et, partant, une « certitude »?

Non.

A la vérité, dans un passage du rapport présenté par M. Jacquin au Conseil d'État (Annexes parlementaires, Sénat 1892, page 393), on lit : « ... Nous sommes amenés à proposer, pour le nouveau cas de revision, une formule qui soit assez générale pour comprendre toutes les hypothèses d'erreur possibles, assez restreinte pour n'autoriser la revision que quand elle sera commandée *par la certitude de l'erreur.* »

Mais un passage qui précède (page 391) était beaucoup moins absolu : « La chose jugée ne doit pouvoir être attaquée qu'en présence d'une certitude ou, tout au moins, *d'une présomption particulièrement grave d'erreur.* »

Une « présomption particulièrement grave d'erreur » est suffisante, nous le croyons aussi.

Et c'est pourquoi la loi ne dit pas que les faits nouveaux « doivent établir l'innocence ».

Si elle le disait, on ne comprendrait pas l'article 445, qui, sans distinction entre les quatre cas de l'article 443, pose — vous le verrez tout à l'heure — dans une mesure que nous aurons à préciser, le principe d'une cassation avec renvoi — avec renvoi devant un autre juge (Conseil de guerre, par exemple, ou jury de Cour d'assises), qui, librement, dans l'indépendance de sa conscience, prononcera un verdict d'acquittement ou de condamnation.

Les deux dispositions ne seraient pas conciliables :

Car, s'il était vrai que, pour être caractérisés dans le sens de l'article 443, § 4, les faits nouveaux dussent « établir l'innocence », s'il était vrai que cette démonstration immédiate rendît seule la demande recevable, la déclaration de recevabilité se confondrait, par la force des choses, avec la revision même, de telle sorte que le renvoi serait sans objet, ou plutôt présenterait l'inconvénient grave d'une contradiction à craindre entre votre arrêt et la décision ultérieure qui interviendrait définitivement.

Aussi la loi de 1895 parle-t-elle uniquement de « faits qui sont de nature à établir l'innocence du condamné », qui sont de « nature à l'établir », mais qui peut-être, en dernière analyse, ne l'établiront pas.

Dans ce système, aucune contradiction juridiquement n'existe entre votre arrêt déclarant la demande recevable et la décision ultérieure d'un autre jury, ou d'un autre Conseil de guerre, maintenant la condamnation : la recevabilité est déclaree parce qu'en l'état, d'après les documents soumis à votre examen, d'après l'enquête (s'il en a été ordonné une), des faits nouveaux vous semblent de nature à établir l'innocence ; la condamnation est maintenue parce qu'à la suite de nouveaux débats la culpabilité a été reconnue.

Voilà, selon moi, le sens de la loi du 8 juin 1895.

Et remarquez l'analogie qu'à ce point de vue l'on trouve entre deux des anciens cas de revision et celui qui nous occupe :

Lorsque (§ 1) se produisent des révélations « propres à faire naître de suffisants indices sur l'existence de la prétendue victime de l'homicide », est-ce que l'erreur judiciaire est certaine ? Nullement, car il est possible que les « indices », regardés par vous comme « suffisants », soient, devant le juge de renvoi, détruits par une preuve contraire : il n'y a donc là qu'un fait de nature à établir l'innocence, mais sans exclure l'hypothèse de la culpabilité.

De même, lorsque (§ 3) l'un des témoins entendus a été postérieurement condamné pour faux témoignage, ce fait nouveau prouve-t-il, d'une façon certaine, que l'accusé ait été victime d'une erreur judiciaire ? Pas davantage ; car, en dehors de la déposition de celui qui a été condamné pour faux témoignage, d'autres charges justifiaient peut-être, et justifieront encore le verdict. La loi de 1867 exigeait, ainsi, une condamnation pour faux témoignage, d'où la conséquence que si, après avoir avoué son crime, le faux témoin était mort sans avoir été jugé, il n'y avait pas matière à revision. C'était une lacune regrettable, que la loi de 1895 (cela résulte de la discussion) a voulu précisément combler par la généralité des expressions employées dans le paragraphe 4 : « Faits de nature à établir l'innocence du condamné. »

Ces expressions, en résumé, signifient non pas, je le répète, que l'erreur judiciaire doive apparaître comme dès à présent certaine, non pas que l'innocence doive être immédiatement établie, mais que de simples doutes sur la culpabilité ne suffisent pas, qu'il faut « les doutes les plus sérieux », comme l'a dit, au rapport de M. Vetelay, le 25 janvier 1896, dans l'affaire Naudin, la Chambre criminelle, saisie en vertu du quatrième paragraphe de l'article 443 : « Attendu que de l'ensemble des dépositions des témoins entendus (la Chambre criminelle avait ordonné une instruction supplémentaire [1]) et des autres documents du dossier, il *paraît* résulter que Naudin n'a pas commis le délit d'abus de confiance qui lui a été

1. Qui avait été faite par M. le conseiller Vetelay lui-même.

imputé, et que le demandeur *semble* n'avoir été condamné à la peine de quinze jours d'emprisonnement, ainsi qu'à 200 francs de dommages-intérêts envers la partie civile, que par suite de l'impossibilité où il s'est trouvé d'établir son innocence au moment où le Tribunal correctionnel de la Seine a statué sur la poursuite dont il a été l'objet; *que les doutes les plus sérieux existent sur sa culpabilité;* attendu qu'il est possible de procéder à de nouveaux débats oraux, etc., casse... et renvoie Naudin devant le Tribunal correctionnel de Versailles. »

« Les doutes les plus sérieux sur la culpabilité ! »

Ou, en d'autres termes, de graves présomptions d'erreur, puisées dans des faits ou dans des pièces inconnus à l'époque des premiers débats.

L'article 443, § 4, n'exige pas davantage.

— Mais quand ces doutes seront-ils assez sérieux, ces présomptions d'erreur assez graves, pour autoriser une déclaration de recevabilité au fond? Le législateur laisse à votre sagesse le soin de trancher, dans chaque espèce, en fait, la difficulté.

Et c'est ce qui constitue, entre le quatrième paragraphe de l'article 443 et les paragraphes précédents, une différence essentielle : dans les premiers, la revision est obligatoire, et vous ne pouvez vous refuser à la prononcer, du moment où vous vous trouvez en présence des preuves légales : ici, au contraire, tout dépend de votre appréciation souveraine ; et vous avez le droit de retenir, comme étant « de nature à établir l'innocence », les faits qui vous paraissent avoir ce caractère, quels qu'ils soient, quels qu'en soient les auteurs, quelle qu'en soit la date, pourvu (s'ils sont antérieurs à la condamnation) qu'ils n'aient été révélés que depuis.

— Plaçons-nous, maintenant, dans l'hypothèse où la demande est déclarée recevable en la forme et au fond.

Est applicable, alors, l'article 445, dont le texte, remanié par les lois des 8 juin 1895 et 1er mars 1899, a été, sauf quelques modifications de détail, emprunté à la loi du 29 juin 1867 :

« ... Lorsque l'affaire sera en état, si la Chambre criminelle... ou les Chambres réunies reconnaissent... qu'il peut être procédé à de nouveaux débats contradictoires, elles annuleront les jugements ou arrêts, et tous actes qui feraient obstacle à la revision, elles fixeront les questions qui devront être posées, et renverront les accusés ou prévenus, selon les cas, devant une Cour ou un Tribunal autres que ceux qui auront primitivement connu de l'affaire. Dans les affaires qui devront être soumises au jury, le procureur général près la Cour de renvoi dressera un nouvel acte d'accusation.

« Lorsqu'il ne pourra être procédé de nouveau à des débats oraux contre toutes les parties, notamment en cas de décès, de contumace ou de défaut d'un ou plusieurs condamnés, d'irresponsabilité pénale ou d'excusabilité, en cas de prescription de l'action ou de celle de la peine, la Cour de cassation, après avoir constaté expressément cette impossibilité, statuera au fond sans cassation préalable ni renvoi, en présence des parties civiles, s'il y en a au procès, et des curateurs nommés par elle à la mémoire de chacun des morts; dans ce cas, elle annulera seulement celle des condamnations qui avait été injustement prononcée et déchargera, s'il y a lieu, la mémoire des morts. Si l'annulation de l'arrêt à l'égard d'un condamné vivant ne laisse rien subsister qui puisse être qualifié crime ou délit, aucun renvoi ne sera prononcé. »

Quelle est la portée de cet article ?

Le législateur de 1867 se trouvait en présence de trois systèmes, qu'indique l'exposé des motifs signé de M. le conseiller d'État Pinard : le premier, instituant la Cour de cassation juge de la revision dans tous les cas; le second, instituant dans tous les cas juge de la revision le jury pour les crimes de droit commun, le Tribunal correctionnel pour les délits, le Conseil de guerre pour les condamnations encourues par des militaires; le troisième, auquel on s'est arrêté, reposant sur une distinction fondamentale.

Si le condamné, ou les condamnés, dont le procès est à reviser, sont tous vivants, tous à la disposition de la justice, tous dans une situation qui permette, en fait et en droit, de les juger oralement, la Cour de cassation renverra, pour la revision, à une autre Cour d'assises, à un autre Tribunal correctionnel, à un autre Conseil de guerre.

Au contraire, il n'y aura pas de renvoi et la Cour de cassation revisera elle-même, si le condamné unique, ou si l'un des condamnés, ne peut, ni en fait, ni en droit, être soumis à des débats oraux devant un juge de répression, par exemple s'il est mort, ou si à ce moment la prescription de l'action publique est acquise, si la peine est prescrite ou si elle a été subie; car, d'une part, il n'y a plus contre lui de poursuites légalement possibles; et, d'autre part, la procédure de revision est indivisible, notamment lorsque deux condamnations inconciliables ont été successivement prononcées à raison du même crime contre deux individus; il faut, évidemment, qu'une juridiction unique statue en même temps à l'égard de tous deux pour dire lequel est coupable et lequel est innocent : cette juridiction unique ne pouvant plus, si l'un d'eux est mort, être la Cour d'assises, le Conseil de guerre, ou le Tribunal correctionnel, sera la Cour de cassation.

Ainsi s'explique le texte de l'article 445.

Donc, en cas de recevabilité, vous avez à vous demander si des débats oraux devant un juge de répression sont possibles, ou si un obstacle, comme le décès, la contumace, la prescription, s'y oppose : vous cassez avec renvoi dans la première hypothèse, sans renvoi dans la seconde; et même, quoique les condamnés soient tous vivants et présents, quoiqu'il n'y ait pas de prescription acquise, vous cassez encore sans renvoi lorsque (paragraphe final de l'article 445) « l'annulation ne laisse rien subsister qui puisse être qualifié crime ou délit » ; il va de soi, en effet, qu'aucun fait punissable ne se rencontrant plus dans la cause, aucun tribunal de répression ne saurait être, à nouveau, saisi : c'est ainsi que la Chambre criminelle, sur une demande en revision formée en vertu de l'article 443, paragraphe 4, a, le 22 janvier 1898, au rapport de M. Roulier, cassé, sans renvoi, un jugement du Conseil de guerre d'Alger, qui, le 30 mars 1893, par suite des affirmations mensongères de l'accusé lui-même, avait condamné celui-ci à trois ans de prison, comme étant un soldat du 1er régiment de tirailleurs, déclaré déserteur le 12 février 1892, alors que, le 12 février 1892, il était soldat au 2e régiment et présent à son corps :

« Attendu... que l'annulation du jugement à l'égard de Taïeb-ben-Amar ne laissera rien subsister qui puisse être qualifié crime ou délit en ce qui concerne les faits pour lesquels cet individu a été condamné le 30 mars 1893. »

Mais, lorsque subsiste un fait, qui, juridiquement, peut, à la charge du demandeur en revision comme d'un autre, être qualifié crime ou délit, et lorsque la question reste seulement de savoir si c'est le demandeur en revision lui-même, ou si c'est un autre qui est le coupable, la cassation avec renvoi, je le répète, est la règle; et il n'y a d'exception que dans le cas où les débats oraux, *devant* un Tribunal de répression, sont impossibles, contradictoirement entre le ministère public et la *défense*, quand une seule condamnation est à reviser, contradictoirement entre toutes les parties, quand la revision porte sur plusieurs condamnations.

Cette interprétation de l'article 445 est, à mon avis, seule exacte.

J'ai lu, toutefois, dans une dissertation récente, émanée d'un savant jurisconsulte, une théorie différente sur laquelle je dois appeler votre attention.

On soutient qu'il y a lieu à cassation sans renvoi, dès qu'il ne peut y avoir de débats oraux contradictoires entre le demandeur en revision, seul condamné, et le « vrai coupable possible » qui a été acquitté, ou le « faux témoin possible » qui est mort sans avoir été jugé.

Et l'on s'appuie sur la rédaction de l'article 445 : « Lorsqu'il ne pourra être procédé de nouveau à des débats oraux entre toutes les parties, notamment... en cas de prescription de l'action, ou de celle de la peine. » On ne conçoit, dit-on, la prescription de l'action publique que pour une personne non condamnée ; pour celle qui a été condamnée, il ne s'agit que de la prescription de la peine : donc le mot « parties », qu'emploie l'article 445, désigne même ceux qui, étant, bon gré mal gré, intéressés à l'instance de revision, ne peuvent, pour un motif quelconque, être déférés à un Tribunal de répression, — ce qui se produit, non seulement lorsque l'action publique à leur égard est prescrite, mais aussi lorsqu'ils ont été acquittés ou sont morts avant toutes poursuites.

Le point de départ de cette argumentation est inadmissible.

Rien de plus simple à imaginer, en effet, que l'hypothèse d'un « condamné » pouvant encore bénéficier de la prescription de l'action publique : par l'effet de la cassation, si la recevabilité est déclarée, ne redevient-il pas un simple « prévenu » ou « accusé » ?

Évidemment, dans l'article 445, le mot « parties », rapproché du mot « condamnés » qui vient ensuite, ne s'applique qu'aux personnes *dont la condamnation est à reviser* ; car, ce sont les seules pour lesquelles on ait à se demander quel sera *le juge de la revision*, si ce sera un Tribunal de renvoi, ou si ce sera la Cour de cassation elle-même.

La jurisprudence de la Chambre criminelle est, du reste, en ce sens.

Et laissez-moi vous citer un précédent, dans lequel on relevait, comme dans l'affaire Dreyfus, la contradiction entre deux expertises concernant deux personnes, successivement poursuivies, dont l'une avait été condamnée et l'autre acquittée :

Un sieur Vallé avait été traduit devant le Tribunal correctionnel de Vervins pour avoir adressé à un sieur Lebrun une lettr anonyme contenant des menaces d'attentat criminel.

Des experts avaient déclaré que, malgré de nombreux points de dissemblance, apparaissait une similitude suffisante pour inspirer la conviction qu'il était l'auteur de l'écrit incriminé.

Mais, il avait toujours protesté de son innocence ; et, dix-huit mois plus tard, apprenant qu'un sieur Hivin, dans une conversation avec un tiers, se serait avoué coupable, il signala le fait au Parquet.

Des poursuites furent dirigées contre Hivin, auquel deux autres experts, MM. Charavay et Pelletier, attribuèrent la « paternité graphique » de cet écrit.

Hivin, cependant, fut acquitté en première instance et en appel.

Mais le Tribunal et la Cour constatèrent eux-mêmes, outre la contradiction entre les deux expertises, diverses circonstances favorables à Vallé.

Demande en revision, à raison de « faits nouveaux de nature à établir l'innocence de Vallé ».

Et, le 18 juin 1898, arrêt, au rapport de notre très regretté collègue, M. de Larouverade :

« Attendu qu'il *paraît* résulter de l'information, ouverte, sur la plainte de Vallé, contre Gaston Hivin, et des décisions de première instance et d'appel qui ont prononcé l'acquittement de ce prévenu, que Vallé n'est pas l'auteur de la lettre anonyme adressée le 22 mars 1894 au sieur Lebrun ;

« Qu'en effet, il est dit dans les motifs du jugement susvisé du Tribunal correctionnel de Vervins, du 28 août 1897, « que de l'ex« pertise ordonnée au cours de l'instruction il *semble* bien résulter « que la lettre incriminée ne doit pas être attribuée à Vallé » ;

« Que, d'autre part, il est dit dans les motifs de l'arrêt de la Cour d'Amiens, en date du 13 novembre 1897, que l'appréciation des juges de première instance est « corroborée par les faits nou« veaux révélés, par les vérifications des experts et par les pièces « produites dans les instructions postérieures au jugement du 8 « août 1894 :

« Que ces constatations si graves sont autant de faits nouveaux *pouvant* être de nature à établir l'innocence dudit Vallé :

« Casse et annule..., et pour être statué à nouveau sur le fait relevé contre ledit Vallé par ordonnance du juge d'instruction du 27 juillet 1894, renvoie ce prévenu et les pièces du procès devant le Tribunal correctionnel de Laon... »

Ainsi, cassation, bien que l'innocence ne fût pas d'ores et déjà établie, bien qu'il y eût, seulement, des « faits nouveaux *pouvant* « être de nature à l'établir ».

Et, cassation avec renvoi, bien qu'il n'y eût plus de débats oraux possibles contre la personne soupçonnée qui avait été acquittée.

Tels sont, messieurs, les principes que nous aurons à appliquer dans la cause.

Le sujet que j'ai à traiter devant vous est singulièrement vaste. Soyez sûrs que je n'en franchirai pas les limites, pour aborder les questions, si irritantes, hélas ! qui s'agitent à l'entour.

J'entends rester sur un terrain exclusivement judiciaire, circonscrit par la loi même, en recherchant :

1° Si la demande introduite dans l'intérêt de Dreyfus, recevable en la forme aux termes de l'arrêt du 29 octobre dernier, est également recevable au fond en vertu de l'article 443, § 4 ;

2° Au cas d'affirmative, s'il échet de casser avec ou sans renvoi.

Et, comme la décision du Conseil de guerre a pour elle, jusqu'à preuve contraire, la présomption légale de vérité qui protège la chose jugée, j'exposerai, d'abord, les moyens sur lesquels on se fonde pour l'attaquer, puis ceux qui peuvent servir à la défendre : je donnerai ensuite mon opinion personnelle.

IV

La requête adressée par la dame Dreyfus à la Chancellerie, le 3 septembre 1898, et la lettre du 28 septembre par laquelle le Garde des Sceaux a saisi la Cour de cassation, alléguaient deux « faits nouveaux » : le premier, le « faux Henry » ; le second, la contradiction entre les experts de l'affaire Dreyfus (1894) et les experts de l'affaire Esterhazy (1897).

Mais, dans des conclusions du 28 octobre, devant la Chambre criminelle, Me Mornard en ajoutait un autre, par l'examen duquel débute le mémoire imprimé, distribué en son nom aux Chambres réunies.

Ce fait, c'est la révélation du vice d'illégalité dont serait entachée la décision du Conseil de guerre, prononcée sur le vu de pièces secrètes, qui n'auraient pas été communiquées à la défense, et qui ne seraient même pas applicables au condamné.

Voici le raisonnement du mémoire sur ce point.

Le dossier judiciaire ne relevait, en définitive, qu'une charge unique contre Dreyfus : certaines ressemblances de son écriture avec celle du bordereau ; car, auparavant, on ne l'avait pas soupçonné ; et, si les dépositions de quelques témoins, entendus par le commandant d'Ormescheville, indiquaient chez lui une tendance à se renseigner, même indiscrètement, sur des questions militaires étrangères à son service actuel, il était impossible, sans autres preuves, de prétendre que sa curiosité ne fût pas simplement celle d'un stagiaire avide de s'instruire.

D'autre part, ni sa vie privée, ni sa situation de fortune, ni ses relations de familles, ni les incidents de sa carrière militaire ne fournissaient une explication quelconque du mobile qui l'aurait poussé à un acte aussi infâme.

Mais son écriture présentait, à côté de différences sensibles, des ressemblances avec celle du bordereau : encore une fois, c'est l'unique charge !

Prenez le rapport de l'officier de police judiciaire, M. Du Paty de Clam : « La base de l'accusation portée contre le capitaine Dreyfus est une lettre missive établissant que des documents militaires confidentiels ont été adressés à une puissance étrangère. »

De même le rapport du commandant d'Ormescheville : « La base de l'accusation portée contre le capitaine Dreyfus est une lettre missive, écrite sur du papier pelure, etc. »

Or, cette « base » n'était pas très solide, puisque, sur cinq experts consultés, deux, MM. Gobert et Pelletier, déclaraient ne pouvoir attribuer le bordereau à l'accusé.

Un acquittement, dès lors, était à prévoir.

Pour l'éviter, on n'a pas reculé devant la violation la plus flagrante des droits de la défense.

Le fait avait été signalé au public, en 1896, par une note insérée au journal *L'Eclair* (numéro du 15 septembre).

Il avait été l'objet d'une question adressée au Gouvernement par M. le député Jaurès, le 24 janvier 1898.

Il avait été affirmé, en Cour d'assises, dans le procès Zola, (Sténographie, tome I, page 382, et t. II, p. 177).

Mais, il n'était pas, alors, judiciairement prouvé : selon le mémoire, il l'est aujourd'hui.

Le général Mercier, ministre de la Guerre en décembre 1894, avait délégué, pour assister à l'audience et lui rendre compte, jour par jour, des débats qui se passaient à huis clos, le chef de bataillon Picquart, alors sous-chef du 3e bureau, aujourd'hui lieutenant-colonel en réforme.

Le 6 septembre 1898, M. Picquart écrivait au Garde des Sceaux (liasse no 1, 1er dossier, cote 5) :

« J'ai été initié à la genèse de l'affaire Dreyfus ; j'ai été tenu au courant, au jour le jour, plus ou moins directement, de toutes les phases de l'instruction ouverte contre l'ex-capitaine ; j'ai assisté, par ordre du ministre de la Guerre, aux débats du Conseil de guerre de 1894 et à la séance du Conseil de revision qui a suivi ; j'étais présent, sur ordre du ministre, à la dégradation de Dreyfus ; j'ai eu entre les mains toutes les pièces du dossier secret et j'en ai discuté la valeur avec mes chefs; j'ai lu toute la correspondance échangée entre Dreyfus et sa famille pendant que j'étais chef du service des renseignements, de juillet 1895 à novembre 1896, etc. »

Le Garde des Sceaux, M. Sarrien, ayant donné, le jour même, connaissance de cette lettre au ministre de la Guerre, général Zurlinden, recevait de celui-ci, le lendemain 7, une réponse où on lit : « Il est exact que M. Picquart a joué, pendant et après l'affaire Dreyfus, le rôle qu'il s'attribue. »

Mais M. Picquart, le 6 septembre, avait ajouté :

« J'affirme qu'au moment où j'ai quitté mon service au bureau des renseignements, le 14 novembre 1896, il n'existait, contre Dreyfus, que les charges suivantes : 1° le dossier juridique du procès devant le Conseil de guerre — ce dossier, très volumineux, ne renfermait comme pièce sérieuse que le bordereau ; —2° le dossier secret : ce dossier comprenait deux parties, l'une, *communiquée aux juges en Chambre de Conseil*, etc. »

Sur cette partie de la lettre, le ministre de la Guerre ne s'était pas prononcé dans sa réponse du 7.

Le 11 septembre, le Garde des Sceaux lui écrivit :

« Dans votre lettre du 7 septembre, en me renvoyant la lettre du lieutenant-colonel Picquart en date du 6, que je vous avais communiquée, vous me dites « qu'il est exact que M. Picquart a joué, « pendant et après l'affaire Dreyfus, le rôle qu'il s'attribue ». Or, dans cette lettre, M. Picquart affirme qu'une partie d'un dossier secret, concernant Dreyfus, aurait été communiquée aux juges en Chambre du Conseil, et que cette partie se composait de quatre pièces, parmi lesquelles l'une écrite en langue étrangère et une autre contenant le passage « ce canaille de D... ». Cette affirmation de M. Picquart, non contredite par vous dans votre réponse, a paru assez grave pour que je croie nécessaire d'attirer votre attention sur ce point, et de vous prier de me dire si le fait, allégué formellement par M. Picquart, est exact ou non. »

Le général Zurlinden répondit aussitôt :

« En réponse à votre lettre de ce jour, j'ai l'honneur de vous faire connaître qu'il n'y a pas trace, au ministère de la Guerre, de la communication de pièces en Chambre du Conseil aux juges du Conseil de guerre qui a condamné Dreyfus. »

Mais, dans une seconde lettre, datée du 14 septembre, M. Picquart maintint ses affirmations, et expliqua que lui-même, ayant représenté aux généraux Mercier et de Boisdeffre l'acquittement comme possible après les dépositions contradictoires des experts, on avait communiqué aux juges, avec un commentaire rédigé par le commandant Du Paty de Clam, quatre pièces :

1° Un memento de l'agent A..., de janvier 1894 (n° 23 du dossier secret actuel);

2° Une lettre de l'agent B. à l'agent A., concernant « un ami » sous les ordres du colonel Davignon (n° 40);

3° Une note relative au départ d'un agent étranger (n°s 33 et 34);

4° La plus importante (n° 25), contenant les mots « ce canaille de D... »; c'est celle qu'Esterhazy a appelée, plus tard, le document libérateur.

Elle n'a pas de date, mais elle est inscrite comme arrivée au service des renseignements le 16 avril 1894. Elle est ainsi conçue :

« Je regrette bien de ne pas vous avoir vu avant mon départ. Du reste, je serai de retour dans huit jours. Ci-joint douze plans directeurs de *Nice* que ce canaille de D... m'a donnés pour vous. Je lui ai dit que vous n'aviez pas l'intention de reprendre les relations. Il prétend qu'il y a eu un malentendu et qu'il ferait tout son possible pour vous satisfaire. Il dit qu'il s'était entêté et que vous ne lui en voulez pas. Je lui ai répondu qu'il était fou et que je ne croyais pas que voudriez reprendre les relations avec lui. Faites ce que vous voudrez. »

Au sujet de cette communication, M. Picquart, dans une troisième lettre, du 15 septembre, donnait les détails suivants :

« Je ne suis pas entièrement fixé sur la personne qui a remis le dossier au colonel Maurel, président du Conseil de guerre; ce peut être moi, ce peut être Du Paty. Cette hésitation peut paraître étrange; elle est cependant naturelle, parce que j'ai eu plusieurs plis à remettre, à différentes reprises, au colonel Maurel, et qu'à ce moment je ne connaissais pas l'aspect extérieur du dossier secret. Où a été faite la communication? dans les locaux du 2e Conseil de guerre à Paris. La version courante était que le pli a été remis au colonel Maurel au début de la dernière séance du Conseil, et qu'il l'a ouvert en Chambre du Conseil. A quel moment? Sûrement après la clôture des débats; car, rendant compte de l'impression générale au ministre, pendant la délibération, je lui ai dit que cette impression n'était pas en faveur de l'accusation, mais qu'au moment où je parlais, les juges devaient être fixés par le dossier secret. Il n'a pas contredit cette allusion. Cette version a, d'ailleurs, été toujours admise au ministère. »

Devant la Chambre criminelle, M. Picquart a persisté dans ses déclarations (page 89).

Elles ont été confirmées par l'enquête.

D'abord, le commentaire dont il parlait a incontestablement existé.

M. Du Paty de Clam en a convenu (page 305) :

« Il est exact que le colonel Sandherr m'a prié d'écrire une note sous ses yeux, et avec sa collaboration, en vue d'établir la concordance entre certaines pièces qu'il m'a montrées. Le colonel Sandherr m'a pris cette note : j'ignore ce qu'il en a fait.

« Ce fait a dû se passer au commencmeent de décembre 1894.

« *Demande posée par un conseiller.* — Quel est le sens exact que le témoin attache à ce mot de « concordance » auquel il a réduit tout à l'heure l'intérêt de la note dont il était question? Est-ce seulement la concordance des pièces entre elles, destinée à établir l'authenticité par une communauté d'origine? Ou bien est-ce la concordance de ces pièces, destinées à démontrer plus ou moins la culpabilité de Dreyfus?

« *Le lieutenant-colonel Du Paty.* — C'était pour établir la concordance entre ces pièces, en vue d'établir qu'il y avait une trahison à l'État-major de l'armée.

« *Le président.* — Pourriez-vous nous dire quelles étaient les pièces qui figuraient dans ce dossier et qui étaient l'objet de la note?

« *Le lieutenant-colonel Du Paty.* — Je n'ai pas vu le dossier ; j'ai vu un certain nombre de pièces tirées d'un dossier et qui ont été mises successivement sous mes yeux. Les pièces énumérées par le colonel Picquart faisaient partie de celles qui ont passé sous mes yeux; je ne m'en souviens pas assez pour pouvoir les énumérer moi-même; le nom de Dreyfus n'a pas été écrit par moi dans cette note, autant que je puis m'en souvenir. »

M. Du Paty de Clam ne se souvient pas d'avoir écrit, dans son travail du « commencement de décembre 1894 », le nom de Dreyfus; il avoue, d'ailleurs, avoir eu pour but « d'établir qu'il y avait une trahison à l'État-major de l'armée », mais une trahison imputable à qui? Evidemment à Dreyfus, qui, arrêté depuis le 15 octobre, allait être jugé à la fin de décembre.

La rédaction de ce commentaire serait donc intéressante à connaître.

Malheureusement, il n'est pas au dossier.

Et le général Gonse a indiqué pourquoi (page 396) :

« Cette note (ou commentaire) avait été rédigée, au mois de ovembre ou décembre 1894, par ordre du ministre de la Guerre ;énéral Mercier) et pour lui seul.

« Le ministre de la Guerre avait donné l'ordre au colonel andherr de détruire cette pièce. Le colonel Sandherr n'avait xécuté qu'en partie l'ordre du ministre, puisque l'original en avait té détruit et qu'il en avait gardé une copie.

« C'est cette copie — qui était la propriété de M. le général lercier — qui lui a été remise par moi sur l'ordre du chef d'État-ıajor général, fin 1897.

« Ce commentaire s'appliquait, autant qu'il m'en souvienne, au ıemento de l'agent A, qui commence par les mots : « Doute — 'reuve » ; à la lettre de B à A, où il est question de « Ce canaille e D. », et enfin à une autre lettre de B à A, lettre où il est quesion du colonel Davignon (alors chef du 2e bureau).

« Dans les différents rapports faits successivement sur le dosier secret, il a été tenu compte des indications de la note de Du 'aty de Clam, et les pièces visées sont restées au dossier. »

La Cour avait demandé communication de la copie remise au énéral Mercier.

Mais celui-ci, le 24 avril dernier, a écrit au ministre de la uerre :

« Monsieur le Ministre,

« En réponse à votre lettre en date de ce jour, j'ai l'honneur de ous informer que le général Gonse m'a, en effet, remis, à la fin de 897, la copie d'une note que j'avais fait établir à la fin de 1894 our mon usage personnel. Cette note contenait une classification es pièces qui composaient à cette époque le dossier secret de affaire Dreyfus, avec un commentaire relatif à ces pièces. Elle vait été établie pour moi personnellement et ne faisait aucuneıent partie du dossier. Aussi j'avais donné l'ordre de la détruire n janvier 1895, quand j'ai quitté le ministère de la Guerre ; et original a, en effet, été détruit devant moi. Il paraît cependant u'une copie avait été conservée, contrairement à mes ordres. Le énéral Gonse me l'a remise en 1897 en m'informant qu'une autre assification et un autre commentaire avaient été établis par ordre u général Billot, alors ministre de la Guerre. Je l'ai immédiatement tée au feu, en présence du général Gonse et dans son cabinet. »

Le général Gonse a, de son côté, écrit le 30 avril :

« Monsieur le Ministre,

« Par votre lettre du 29 avril 1899, vous voulez bien me

demander de préciser mes souvenirs au sujet de la remise en 1897, au général Mercier, de la copie d'une note, ou commentaire, se rapportant à des pièces secrètes de l'affaire Dreyfus. J'ai l'honneur de vous faire connaître, ainsi que je l'ai dit devant la Chambre criminelle de la Cour de cassation, dans ma déposition du 27 janvier 1899, que j'ai remis la copie de la note dont il s'agit au général Mercier à la fin de l'année 1897 sur l'ordre que j'en avais reçu du chef d'État-major général de l'armée. La remise a eu lieu dans mon cabinet, et M. le général Mercier détruisit immédiatement cette pièce en la jetant au feu en ma présence. Le fait s'est passé en décembre 1897, à une date qu'il m'est impossible de préciser complètement. Le général Mercier, qui commandait alors le quatrième corps d'armée, était à Paris déjà depuis un certain temps pour les travaux de la Commission supérieure de classement. Je donne ce dernier renseignement pour répondre avec le plus de précision possible, n'ayant pas d'autres points de repère pour fixer la date exacte à laquelle le document a été remis par moi au général Mercier.

« Quant aux autres détails, je m'en réfère à ma déposition précitée du 27 janvier 1899. »

La déposition précitée ne parle pas de copie jetée au feu dans le cabinet du général Gonse.

Et le mémoire s'étonne que le général Mercier ait considéré comme sa propriété personnelle une pièce qui devait faire partie du dossier secret.

— Il n'en est pas moins vrai que le commentaire a existé.

Et la communication qu'a reçue du dossier secret, en partie au moins, le Conseil de guerre, n'est pas douteuse non plus.

En effet, M. Casimir-Perier, qui était en décembre 1894 président de la République, a fait, le 28 décembre dernier, devant la Chambre criminelle, cette déclaration (page 227) :

« *Le président.* — Le général Mercier ne vous aurait-il pas parlé, postérieurement au jugement, de pièces secrètes qui auraient été communiquées au Conseil de guerre, qui auraient été décisives comme preuves de la culpabilité de Dreyfus?

« *M. Casimir-Perier.* — Je n'ai entendu parler que d'une seule pièce, celle souvent citée : « Ce canaille de D... devient réellement trop exigeant. »

« Je n'ai pas eu connaissance d'autres pièces secrètes. Le général Mercier m'a dit que cette pièce avait été mise sous les yeux du Conseil de guerre.

« *Le président.* — A quelle date à peu près et à quelle occasion le général Mercier aurait-il tenu ce propos?

« *M. Casimir-Perier.* — C'est, je crois, avant la condamnation, mais je n'avais pas compris que cette communication dût être limitée aux juges eux-mêmes. »

— Quelles ont été à cet égard les explications des généraux Mercier et de Boisdeffre?

Le général Mercier (page 7) :

« D. — N'y a-t-il pas d'autres faits ou documents étrangers à la procédure judiciaire, qui auraient été soumis au Conseil de guerre avant la condamnation et en dehors de l'accusé?

« R. — Je ne crois pas avoir à m'expliquer sur ce point; la demande en revision est limitée aux moyens tirés de faux commis par Henry et de la contradiction des expertises, et c'est sciemment que M. le Garde des Sceaux n'a point relevé la communication qui aurait été faite de pièces secrètes, malgré la demande que lui en avait adressée Mme Dreyfus.

« D.—La Cour de cassation a mission d'arriver à la manifestation complète de la vérité. Si elle admettait les moyens de revision, elle ferait disparaître certains éléments de culpabilité; mais il pourrait en exister d'autres de nature à la déterminer à rejeter la demande, et c'est sur ces autres éléments qu'elle doit être éclairée et savoir s'ils ont été soumis au Conseil de guerre?

« R. — Je persiste dans ma déclaration. Je ne crois pas que la Cour de cassation ait à s'occuper de cette question.

« D. — M. Cavaignac, dans son discours a cité deux pièces dans lesquelles figure l'initiale D; ces pièces, qu'il applique à Dreyfus, ont-elles figuré dans la procédure judiciaire?

« R. — Non.

« D. — Ces pièces ont-elles été soumises au Conseil de guerre?

« R. — Je ne puis pas vous répondre par le même motif que j'ai donné. »

Le général de Boisdeffre (page 176) :

« D. — Savez-vous si un dossier secret a été communiqué au Conseil de guerre?

« R. — Je vous demanderai de ne pas répondre à cette question, qui n'est pas soumise en ce moment au jugement de la Cour. »

Le mémoire constate que ce refus de répondre, loin d'être une dénégation, a toute la force d'un aveu. Si aucune illégalité n'avait été commise, est-ce que les deux généraux ne se seraient pas empressés de le proclamer bien haut? Est-ce qu'ils n'auraient pas saisi cette occasion de démentir expressément les bruits qui, propagés depuis plus de deux années par la presse, avaient trouvé un écho, et à l'audience de la Cour d'assises et à la tribune du Parlement? On ne viole pas un secret professionnel, quand on affirme qu'on n'a pas violé la loi. S'ils se sont tus, c'est qu'ils ne pouvaient pas nier!

Au surplus, un autre témoignage a été recueilli dans l'enquête, celui de M. Laroche (page 327) :

« En 1896, alors que j'étais résident général à Madagascar, avant que l'on parlât d'erreur judiciaire dans le procès Dreyfus, au cours d'une conversation, il m'arriva de demander si quelqu'un connaissait la nature de sa trahison.

« Mon officier d'ordonnance, le capitaine du génie Duprat (actuellement à Grenoble), entendant ma question, répondit aussitôt : « Dreyfus a été condamné pour avoir livré à l'étranger les « plans de forteresses de la région de Nice. Il y a ici même un « des juges de Dreyfus, le capitaine Freystœtter, de l'infanterie de « marine; nous le voyons quelquefois, et il nous a dit publiquement : « Cette canaille de Dreyfus a livré à l'étranger des plans de forte- « resses de la région de Nice. Voilà pourquoi nous l'avons con- « damné. »

« A diverses reprises, depuis cette époque, je suis revenu sur ce sujet avec mon officier d'ordonnance, et il m'a toujours répété, dans les mêmes termes, la révélation que le capitaine Freystœtter avait faite devant lui. J'en ai gardé la conviction que, de toutes les charges qui avaient pu être relevées contre Dreyfus, celle-là seule ou celle-là surtout avait frappé l'un de ses juges. »

La déclaration de M. Laroche concorde, vous le voyez, avec celle de M. Casimir-Perier, d'après lequel le Conseil de guerre a eu, de l'aveu même du général Mercier, connaissance de la pièce « ce canaille de D... », relative à la livraison de « douze plans directeurs de Nice ».

Or, ce document, qui, grâce au commentaire de M. Du Paty de Clam, a pu exercer sur la condamnation une influence décisive, non seulement il ne figurait pas au dossier de l'information, non seulement il n'a pas été communiqué à la défense, mais il ne s'appliquait même pas à Dreyfus.

Pendant plusieurs années, l'opinion courante au service des renseignements, sur la foi du commentaire, avait été que les mots « ce canaille de D... » signifiaient « cette canaille de Dreyfus ».

Mais déjà, à la Chambre des Députés, dans la séance du 7 juillet 1898, M. Cavaignac, ministre de la Guerre, avait admis « qu'il subsistât un certain doute, dans l'esprit, du fait que le nom n'est désigné que par une initiale ».

Et, devant la Chambre criminelle, le 10 novembre, il avait ajouté (page 24) que :

« Il est frappé, dans une certaine mesure, de ce que le ton sur lequel il est parlé de Dreyfus dans ces pièces ne concorde pas très exactement avec la situation des agents étrangers vis-à-vis d'un officier leur livrant les secrets essentiels de la défense; malgré les indices qui permettraient d'attribuer à Dreyfus la livraison des plans directeurs, il pense que cet acte de trahison ne s'adapte pas, aussi bien que les autres, avec les conditions que remplissait Dreyfus. »

Le commandant Cuignet, chargé par le ministre de communiquer à la Chambre criminelle le dossier secret, a dit également (page 245) : « Quant à la pièce « Ce canaille de D... », rien ne prouve qu'elle désigne Dreyfus; et je serais plutôt de l'avis de Picquart, qui estime qu'elle ne peut s'appliquer à lui, étant donné le sans-gêne avec lequel l'auteur de la lettre traite ce D... »

C'est l'observation qu'avait faite M. Picquart (page 93) :

« D. — Quelle interprétation avez-vous donnée à ce moment à ces mots : « Ce canaille de D... » ? Les avez-vous appliqués à Dreyfus?

« R. — En aucune façon, pour les raisons suivantes :

« D'abord à cause des documents fournis et de l'explication invraisemblable donnée par le commentateur au sujet de la manière dont ils auraient été pris.

« Ensuite Dreyfus, s'il avait fait de l'espionnage, aurait été une personne tellement précieuse pour un gouvernement étranger qu'il est inadmissible qu'on l'ait traité aussi légèrement.

« D'ailleurs, les espions importants ont leur nom démarqué dans le pays de B.

« J'ai personnellement eu connaissance d'un espion double, envoyé à B., dont l'initiale véritable était C., qui s'est présenté sous le nom de L., et que l'on a appelé M. »

Le mémoire fait remarquer, du reste, que, suivant une conversation de M. Trarieux avec le comte Tornielli (page 323), « ce canaille de D... » était un pauvre hère, connu sous le nom de guerre de Dubois ; et, en effet, le dossier secret porte (n°s 254, 320 et 322) la trace d'actes d'espionnage commis par un « Dubois ».

Voilà donc la pièce, qui, sans être communiquée à Me Demange, a été présentée au Conseil de guerre comme s'appliquant à Dreyfus !

Or, le respect des droits de la défense a toujours été énergiquement consacré par la jurisprudence de la Cour de cassation :

« Attendu, — disait déjà un arrêt du 14 mai 1835 (Bull. n° 180), — que la communication des pièces sur lesquelles peut s'appuyer la prévention est nécessaire pour que la défense soit libre et complète, et est, par conséquent, *de droit naturel...* »

Aussi, lorsqu'un jugement a été rendu sur pièces occultes, est-il frappé d'une nullité d'ordre public.

La preuve de l'illégalité peut se rencontrer dans les motifs du jugement lui-même, quand il émane d'une juridiction correctionnelle ; et les parties intéressées n'ont, alors, qu'à se pourvoir pour obtenir justice.

Mais, quand les verdicts sont non motivés (comme ceux du jury ou du Conseil de guerre), la preuve, forcément, ne résultera que de circonstances extrinsèques ; elle sera donc possible, même par témoins, puisqu'il s'agit d'une fraude à la loi ; et si, à l'égard des parties, les délais de pourvoi sont expirés, il restera au ministre de la Justice le droit de poursuivre, à quelque époque que ce soit, l'annulation, aux termes de l'article 441 ; il lui restera un autre droit que lui confère l'article 443, § 4, celui de demander la revision du procès, à raison du fait ainsi révélé.

Objectera-t-on que, si la communication d'un dossier secret, reçue par les juges en dehors de la défense, constitue, en la forme, une irrégularité susceptible de donner lieu à annulation, elle n'est pas un « fait de nature à établir l'innocence du condamné » ?

L'objection se comprendrait, si le document, communiqué indûment, était contre l'accusé une charge, indiscutable en réalité.

Elle ne se comprend plus, du moment où le contraire est démontré.

Appliqué à Dreyfus, dont il a contribué à entraîner la condamnation, le document qui contient les mots « ce canaille de D... » est — aujourd'hui — comme une pièce reconnue fausse, dont la production, devant le Conseil de guerre, a vicié le jugement, non pas simplement en la forme, mais au fond.

C'est, par suite, un cas de revision.

Et, n'y eût-il que ce chef, la demande, aux yeux du mémoire, serait justifiée.

V

Passons aux deux moyens énoncés dans la lettre du Garde des Sceaux.

Le premier consiste à prétendre que le faux commis en 1896 par le lieutenant-colonel Henry frappe d'une suspicion légitime le rôle joué par lui en 1894, et que la révélation de ce crime en 1898 est un fait rentrant dans les prévisions de l'article 443, § 4.

Mais, depuis l'enquête de la chambre criminelle, le moyen s'est élargi : au « faux Henry » le mémoire rattache, comme connexes, d'autres actes, procédant de la même idée et tendant au même résultat, accomplis par Henry, de concert avec le lieutenant-colonel du Paty de Clam, pour accumuler rétrospectivement des charges contre Dreyfus, de telle sorte que la suspicion frappe, aujourd'hui, la part prise au procès de 1894 par ces deux officiers.

Il importe donc (vous dit le mémoire) de préciser nettement quel a été dans ce procès leur rôle, et quelle influence il a pu avoir sur le verdict de condamnation.

— En 1894, on les voit tous deux apparaître dès le début des poursuites, le jour même de l'arrestation de Dreyfus, 15 octobre.

Depuis la veille, du Paty de Clam est délégué par le ministre pour remplir les fonctions d'officier de police judiciaire ; il fait venir Dreyfus, imagine la scène de la dictée, et, sous prétexte qu'en écrivant certains mots la main de l'inculpé a tremblé, il le met en état d'arrestation.

Or, vous savez quel jugement a porté, sur le lieutenant-colonel du Paty de Clam, le commandant Cuignet (page 230) :

« Du Paty est un garçon orgueilleux, vaniteux même, dont la vanité est encore accrue par des succès de carrière ; il a toujours été, au dire de ceux qui le connaissent, à l'affût de toutes les circonstances susceptibles de le mettre en lumière; il était en même temps d'un caractère souple, d'un esprit insinuant, sachant se faire bien venir de ses chefs, ce que nous appelons, en argot militaire, un fumiste.

« Il était au mieux avec le général de Boisdeffre; et lorsque l'affaire Dreyfus se produisit, c'est lui qui poussa à l'arrestation et qui se fit désigner comme officier de police judiciaire.

« Lorsque Dreyfus fut arrêté dans le bureau du général de Boisdeffre, M. Cochefert, présent à l'arrestation, dit au général :

— Laissez-moi un temps que je ne puis fixer ; mais d'ici une ou deux heures, je saurai ce qu'il a dans le ventre.

« Du Paty se récria, fit remarquer que l'affaire était purement militaire ; il craignait évidemment que l'honneur de l'aveu lui échappât, et il imagina, séance tenante, la scène de la dictée, espérant par ce moyen obtenir les aveux de Dreyfus. »

Dreyfus est donc arrêté séance tenante ; et il est conduit à la prison du Cherche-Midi par l'officier entre les mains duquel le bordereau était arrivé au service des renseignements, Henry, qui en voiture le fait parler et dresse de leur conversation un compte rendu dans le but de lui imputer un mensonge : « Alors que je me trouvais dans une pièce contiguë à celle où il (le capitaine Dreyfus) était interrogé, j'ai parfaitement et très distinctement entendu le commandant du Paty lui dire : « Vous êtes accusé d'avoir livré à une puissance étrangère une note sur les troupes de couverture, une note sur Madagascar, un projet de manuel sur le tir de l'artillerie » ; donc, lorsque le capitaine Dreyfus affirme que le commandant du Paty ne lui a énuméré aucun des documents en question et qu'il s'est borné à lui parler de documents secrets ou confidentiels, le capitaine Dreyfus voile sciemment la vérité. »

Le mémoire déclare que, s'il y a eu un mensonge, ce n'est pas Dreyfus qui l'a commis, mais Henry lui-même.

En effet, — selon le texte formel de l'interrogatoire qui, le 15 octobre, avait précédé l'incarcération — Dreyfus n'avait été que d'une manière vague inculpé de haute trahison

Du Paty de Clam ne lui avait pas dit : « Vous êtes accusé d'avoir livré à une puissance étrangère une note sur les troupes de couverture, une note sur Madagascar, un projet de manuel sur le tir de l'artillerie. »

Du Paty de Clam ne le lui avait pas dit davantage, dans les interrogatoires subséquents des 18, 22 et 24 octobre, au cours desquels il lui avait simplement montré quelques mots détachés, sans préciser encore l'accusation.

Le 24, notamment, le colloque suivant s'était engagé entre eux.

« D. — Vous savez donc ce dont vous êtes accusé, alors que vous disiez tout à l'heure ne pas le savoir?

« R. — On me dit toujours que j'ai volé des documents, sans me montrer les bases de l'accusation : je demande qu'on me montre les pièces accablantes ; et je comprendrai peut-être alors la trame infernale qui se noue autour de moi. »

Ce fut seulement le 29 octobre que, dans des termes du reste volontairement inexacts, du Paty de Clam lui dit : « Voici la photographie d'une lettre qui vous est attribuée ; cette lettre a été prise à l'étranger au moyen d'un portefeuille photographique, et nous en possédons le cliché pellicule. Reconnaissez-vous cette lettre pour être de votre écriture ? »

Et, le 31, il adressait au ministre un rapport contenant des constatations qui ne figurent pas à l'interrogatoire signé de Dreyfus, par exemple : « A deux reprises, je simulai une sortie, sous prétexte de faire porter à l'agent étranger à qui aurait été adressé le document incriminé la lettre que le capitaine Dreyfus venait d'écrire sous ma dictée. Chaque fois, il m'arrêta au moment où j'ouvrais la porte ; la troisième fois, seulement, étant redevenu maître de lui, il me dit : « Eh bien ! essayez. »

— Néanmoins, (continue le mémoire), M. du Paty de Clam se demandait si le ministre trouverait les charges suffisantes et transmettrait le dossier au gouverneur militaire de Paris : Henry, de son côté, avait la même préoccupation.

Il fallait, dans ces conditions, forcer la main au général Mercier, en ébruitant l'affaire qui était jusque-là demeurée absolument secrète.

Le 28 octobre, un rédacteur du journal *La Libre Parole*, M. Papillaud, recevait cette lettre : « Mon cher ami, je vous l'avais bien dit ; c'est le capitaine Dreyfus, celui qui habite 6, avenue du Trocadéro, qui a été arrêté le 15 pour espionnage et qui est en prison au Cherche-Midi ; on dit qu'il est en voyage ; mais c'est un mensonge, parce qu'on veut étouffer l'affaire. Tout Israël est en mouvement.

« A vous,

« HENRY.

Faites compléter ma petite enquête au plus vite. »

Le 31, l'*Éclair* annonçait l'arrestation d'un officier israëlite.

Et le 1er novembre, en tête de la *Libre Parole*, dont un numéro est produit par la défense, on lisait en grosses lettres : *Haute trahison, arrestation de l'officier juif A. Dreyfus.*

« Comme les journaux commençaient à ébruiter l'affaire, a dit le général Mercier devant la Chambre Criminelle (page 3), je demandai au Président du Conseil de convoquer le Cabinet, qui décida, le jour de la Toussaint, de déférer Dreyfus à la justice militaire. »

Est-ce Henry lui-même qui avait écrit la lettre du 28 octobre ?

M. Papillaud, dans le numéro de la *Libre Parole*, du 3 avril 1899, également produit, déclare : « Cette lettre n'avait pour moi que la valeur d'une lettre anonyme, puisque je ne connaissais pas le signataire.

Mais le commandant Cuignet croit (page 235) que l'indiscrétion provient de du Paty de Clam, lequel d'ailleurs le nie (page 306) : « En ce qui concerne spécialement l'affaire Dreyfus depuis son origine, du Paty s'est livré, à son occasion, à des agissements répréhensibles : c'est lui qui, à l'insu de ses chefs, a fait connaître à la presse l'arrestation de Dreyfus, tenue cachée par le Gouvernement pendant quinze jours; il a voulu, ainsi, forcer la main au Gouvernement et avoir le procès. »

Cette manœuvre — quel qu'en fût l'auteur (du Paty de Clam ou Henry) — avait donc réussi.

Le 3 novembre, l'ordre d'informer était donné.

Et le commandant d'Ormescheville entendait, dans son instruction, Henry qui, sous la foi du serment, « maintint exactement les termes de son compte rendu », c'est-à-dire l'imputation de mensonge dirigée contre Dreyfus, alors que, suivant le mémoire, c'était l'imputation elle-même qui était mensongère.

L'instruction terminée, le Conseil de guerre fut convoqué pour le 19 décembre, et pendant quatre jours siégea à huis clos.

Du Paty de Clam et Henry furent, tous deux, cités comme témoins.

L'attitude du premier est caractérisée dans une note qu'avant la plaidoirie Dreyfus avait fait passer à son défenseur, Me Demange. Cette note est, en entier, de la main de l'accusé, et elle est produite par Me Mornard :

« Sans le commandant du Paty, toute l'accusation serait déjà tombée : c'est lui qui attise la haine. A-t-il le droit de venir, ainsi, constamment intervenir dans les débats? On dirait vraiment que c'est lui qui les dirige. »

Henry a eu une attitude plus significative encore.

Il était délégué par le ministre de la Guerre pour déposer au nom du service des renseignements.

C'est ce qu'explique le général Zurlinden (page 631) : « Comme dans tous les procès d'espionnage, un officier du service des renseignements avait été délégué par le ministre de la Guerre pour déposer au nom du service : l'officier désigné fut Henry. »

Le général Zurlinden ajoute : « Mais sa déposition aurait pu être faite dans le même sens par le colonel Sandherr, chef du service des renseignements, comme par le sous-chef et le chef de l'Etat-major de l'armée, comme par le ministre lui-même ».

Le mémoire trouve là précisément la preuve de l'extrême gravité de ce témoignage.

C'est au nom du service des renseignements, au nom du chef d'Etat-major général, au nom du ministre lui-même, qu'Henry parlait au Conseil de guerre.

Sa parole devait donc peser d'un poids considérable dans la balance !

Et qu'a-t-il dit?

Voici la note de Dreyfus :

« Après la déposition du commandant Henry, assez anodine, le commandant du Paty de Clam l'a fait appeler à la barre. Le commandant Henry a, alors, fait une déclaration terrible, mais sans aucune preuve. C'est une infamie que de venir faire une déclaration pareille, sans apporter aucun témoignage à l'appui. Accuser un officier à la barre sans apporter aucune preuve, c'est monstrueux ! »

Et Me Demange a joint ce commentaire :

« Le commandant Henry a été entendu deux fois à l'audience. Une première fois, il n'a rien dit de nouveau ; puis il a demandé à être entendu une seconde fois ; il a déclaré alors avec un ton solennel que, dès le mois de février, une personne absolument honorable lui avait affirmé qu'un officier du ministère de la Guerre trahissait, et qu'au mois de mars la même personne avait renouvelé son affirmation en ajoutant que c'était un officier du deuxième bureau.

« Dreyfus qui, dans le premier semestre de 1894, était au deuxième bureau, a demandé avec violence que la personne honorable fût appelée par le conseil de guerre ; j'ai insisté à mon tour avec énergie, réclamant le nom de cette personne honorable, sommant le témoin, au nom du serment qu'il avait prêté, de dire la vérité tout entière. Le commandant Henry m'a répondu : « Quand un officier a dans la tête un secret redoutable, il ne le confie pas même à son képi » ; puis, se tournant vers Dreyfus : « J'affirme, moi, que le traître le voilà ! »

Or, lorsque le capitaine Freystœtter, un des juges de 1894, a été entendu par vous le 24 avril dernier, lecture lui a été donnée de cette déclaration de Me Demange ; et on lui a demandé ce qu'il avait à en dire ; il a répondu : « C'est exact » !

Lui-même, d'ailleurs, s'était expliqué déjà :

« D. — Quelle a été la déposition du colonel Henry devant le Conseil de guerre ?

R. — Dans une première déposition, il prétendit qu'il tenait d'une personne très honorable, qu'il ne pouvait pas nommer, que l'officier de l'Etat-major général vendant des documents à l'étranger n'était autre que le capitaine Dreyfus. C'est pressé par une question posée par le commandant Gallet, je crois, qu'il déclara que certains secrets, appartenant à un officier, doivent être ignorés de son képi.

« D. — Cette déclaration a-t-elle eu de l'influence sur vous?

« R. — Cette déclaration a eu sur moi une influence considérable, en raison de l'attitude de Henry, qui, se tournant vers Dreyfus, le désigna du doigt comme étant le traître. »

Et M. le Conseiller d'Etat Lépine qui, en qualité de préfet de police, avait assisté aux débats, s'est exprimé, le même jour, 24 avril, en ces termes :

« La déposition du commandant Henry... elle fut très courte ; elle dura quelques minutes à peine : elle porta sur les soupçons de l'Etat-major, sur la découverte du bordereau. Quelques phrases brèves, catégoriques : il me serait impossible de citer de mémoire les termes de cette déposition sensationnelle; mais le ton, le geste, l'attitude du commandant, je les vois encore. C'était l'apparition du justicier. Quand je me remémore au bout de quatre ans cette vision d'Henry levant la main, la croix de la Légion d'honneur sur sa large poitrine, il me semble qu'il n'y ait eu que deux mots dans sa déposition : « C'est lui, je le sais, je le jure ! »

Mais, comment Henry savait-il que, pendant le premier semestre de 1894, un officier du 2e bureau trahissait ?

C'était — d'après le général Roget (page 40) — par un agent du service des renseignements, qui, dans deux rapports des 28 mars et 6 avril 1894, avait déclaré tenir d'une personne honorable, occupant à Paris une belle situation, M. de B..., que, parmi les officiers de l'Etat-major, appartenant ou ayant appartenu récemment au 2e bureau, était un traître; et M. de B... personnellement avait, en juin suivant, fourni, dans le même sens, des renseignements verbaux à Henry.

Le mémoire fait observer :

1° Que dans la déposition Picquart (page 88), on lit : « Je connais parfaitement la personne dite honorable, et s'il m'est impossible de la nommer sans en demander l'autorisation au ministre, je pourrais, du moins si vous le désirez, dire un mot à son sujet : cette personne, je l'ai caractérisée de rastaquouère, et, à mon avis, ce n'est pas autre chose ; elle était en relations avec le monde diplomatique étranger, et racontait à Henry, soit directement, soit par l'intermédiaire d'un policier de bas étage, nommé Guénée, ce que disaient entre eux les attachés militaires, et elle le répétait, sans se rendre compte bien souvent de la valeur de ce qu'elle entendait: j'ai d'ailleurs donné à cet homme, par l'intermédiaire d'Henry, une somme de 1,200 francs pour rémunérer ses services.

2° Que dans les rapports de l'agent Guénée, des 28 mars et 6 avril (nos 33 et 34 du dossier secret), il n'est pas question d'un officier du 2e bureau;

3° Que dans une note adressée au Garde des sceaux le 10 septembre 1898, le ministre de la Guerre, général Zurlinden, dit simplement (liasse n° 1, dossier 1, cote 3):

« Deux mois plus tard, en 1894, dans une conversation avec le commandant Henry, M. de B... revint sur cette même question, il renouvela son accusation en la précisant et en spécifiant que le correspondant de A. et de B. était un officier appartenant ou ayant appartenu récemment au 2e bureau. »

M. de B... avait-il réellement fourni ces renseignements?

Rien ne l'établit.

Mais la déposition d'Henry, qui l'affirmait comme délégué du ministre de la Guerre, avait à ce titre, plus encore que celle de Du Paty de Clam, une exceptionnelle importance.

Reste à examiner si la conduite ultérieure des deux témoins n'a pas enlevé toute valeur, toutes garanties de sincérité, aux déclarations qu'en 1894 ils avaient faites devant le Conseil de guerre, et si l'autorité de la chose jugée ne s'en trouve pas, dès lors, nécessairement ébranlée.

Les faits qui leur sont reprochés ont, tous, pour origine et pour cause première les soupçons qu'en 1896 le lieutenant-colonel Picquart, chef de la section de statistique depuis le 1er juillet précédent, avait conçus, et exprimés, sur le compte du chef de bataillon Walsin-Esterhazy, considéré par lui comme l'auteur du bordereau.

De quelle manière ces soupçons étaient-ils nés réellement? Avaient-ils été provoqués par la découverte d'un télégramme, d'un « petit bleu », reçu au service des renseignements en mars 1896, et présenté en août par M. Picquart au général Gonse comme compromettant pour Esterhazy, à qui un agent étranger l'aurait adressé?

Le télégramme était-il authentique, ou constituait-il un faux?

Picquart avait-il pris, dans ces circonstances, pour confident un de ses amis, M. Leblois, avocat, et lui avait-il montré des pièces secrètes, intéressant la sûreté de l'Etat ?

Ce sont là des questions que nous n'avons pas à résoudre : elles seront soumises à une autre juridiction : on est donc, en parlant de lui, obligé à la plus grande réserve.

On ne doit pas oublier non plus, en parlant des deux autres lieutenants-colonels, que l'un, Henry, est mort; que l'autre, du Paty de Clam, est sous le coup de très graves accusations : aussi convient-il de n'insister que sur les faits actuellement établis à leur charge.

Ce qu'il importe de retenir, au point de vue de la demande en revision, c'est que Picquart, — ayant recueilli des informations fâcheuses sur la moralité d'Esterhazy et sa situation de fortune obérée — ayant appris, en outre, à la suite d'une entrevue organisée hors de France entre le commandant Henry, assisté du capitaine Lauth, et un agent étranger R. C., qu'un chef de bataillon français, âgé de 45 à 50 ans, était signalé pour avoir, en 1893 ou 1894, livré des renseignements sur un fusil en essai au camp de Châlons, sur le nouveau canon à tir rapide, et sur des ouvrages de fortifications de l'Est — étant parvenu, enfin, à se procurer des lettres de l'écriture d'Esterhazy, — avait voulu faire partager au chef d'Etat-major et au ministre sa conviction que l'auteur du bordereau était Esterhazy et non pas Dreyfus.

Ce qu'il importe de retenir, d'autre part, c'est que les officiers sous ses ordres, à la section de statistique, s'étaient émus de ses démarches; que, notamment, le commandant Henry avait résolu de contrecarrer son œuvre, de ruiner aux yeux des généraux Gonse et de Boisdeffre son autorité, et que, dans ce but (telle est, du moins, la prétention du mémoire), il s'était uni avec l'officier de police judiciaire du procès Dreyfus, le lieutenant-colonel du Paty de Clam.

Alors, pour répondre à la production du « petit bleu » et à une note du 1er septembre 1896, dans laquelle le lieutenant-colonel Picquart formulait son opinion sur la culpabilité d'Esterhazy, apparurent successivement deux faux.

L'un, le 4 septembre, le « faux Weyler » (n° 372 du dossier secret) : il s'agit d'une lettre envoyée au ministère des colonies pour être expédiée à Dreyfus ; dans cette lettre, dont les caractères sont bizarrement contournés, le signataire, un prétendu Weyler, annonçait le prochain mariage de sa fille; mais dans les interlignes était écrite à l'encre sympathique cette phrase : « Impossible comprendre dernière communication; nécessaire revenir à l'ancien système; faites connaître le mot des armoires et où se trouvaient les documents enlevés : acteur prêt à agir aussitôt. »

Le commandant Cuignet a déclaré, devant la Chambre criminelle (page 236), que, dans sa pensée, cette pièce, frauduleusement fabriquée pour augmenter les charges contre Dreyfus, était l'œuvre de du Paty de Clam.

Mais ce dernier le nie.

Le second faux (31 octobre-2 novembre 1896), c'est le faux Henry: nous y reviendrons.

Entre temps, était inséré, dans l'*Éclair* (numéro du 15 septembre), l'article relatant la communication qui, au Conseil de guerre de 1894, avait été faite de la pièce « ce canaille de D... »: les mots « ce canaille de D... » y étaient remplacés par « cet animal de Dreyfus ». Le commandant Cuignet (page 235), attribue encore cet article à du Paty de Clam, qui le nie également (page 306).

Cependant on avait réussi à obtenir du général Billot que Picquart, envoyé en mission, eût pour successeur, comme chef de la section de statistique, Henry lui-même.

Et, un mois après son départ, une lettre, qui était censée lui être adressée, signée « Speranza », faite d'ailleurs pour lui nuire, était retenue au ministère de la Guerre (il ne l'a connue qu'un an après); c'était encore un faux auquel du Paty de Clam prétend être demeuré étranger.

Mais, déjà, l'on sentait qu'une campagne allait être entreprise pour la revision du procès Dreyfus. M. Bernard Lazare avait publié une brochure intitulée: *Une erreur judiciaire*; les parents et les amis du condamné se remuaient; et M. le sénateur Scheurer-Kestner, convaincu de son innocence, avait, le 12 septembre 1897, se trouvant à Belfort, annoncé à un officier supérieur de l'État-major son intention de poursuivre la revision.

Comme l'indique une récente lettre de lui, imprimée avec son autorisation, il avait été, par cet officier, prié, le 16 octobre, au nom du ministre, de ne rien commencer sans l'avoir vu.

Or, dès le 16 octobre, à l'État-major, on se décidait à prévenir Esterhazy, afin qu'il pût se tenir sur ses gardes.

Une lettre anonyme, signée P. D. C. (est-ce Paty de Clam?) avait été envoyée au ministre pour le mettre en demeure d'agir; et une réunion avait lieu, dans laquelle on agitait la question de savoir si on n'écrirait pas sous le voile de l'anonyme à Esterhazy, dont Henry avait fait prendre par l'archiviste Gribelin l'adresse dans la Marne (page 299) : « Il est exact — a dit du Paty de Clam (page 308) — qu'il y a eu une réunion dans laquelle on a agité la question des moyens de prévenir Esterhazy, et parmi ces moyens celui d'une lettre anonyme dont la rédaction a été modifiée deux fois. Une de ces lettres était la copie presque textuelle d'une lettre anonyme écrite à l'adresse du ministère. L'autre était beaucoup plus brève et a été rédigée par le colonel Henry.

« Les lettres doivent exister encore; elles n'ont pas été envoyées. La dernière fois que j'ai vu les dossiers dans lesquels elles devaient se trouver, ces dossiers étaient à l'Etat-major. »

« Un jour — a dit également le général Billot (page 380) — un jour, dont je ne me rappelle pas la date exacte, M. le général Gonse, au rapport de midi, en me communiquant divers documents anonymes, annonçant qu'une campagne allait être faite pour accuser le commandant Esterhazy d'être l'auteur de la trahison pour laquelle Dreyfus avait été condamné, le général Gonse, dis-je, m'a demandé, ainsi que M. le conseiller vient de me le rappeler, et ainsi que le mentionnait une note établie par M. Gonse, qu'il avait demandé au ministre s'il ne conviendrait pas de faire prévenir cet officier par une lettre anonyme.

« Je répondis au général Gonse que non seulement je n'autorisais pas une communication de cette nature, mais que je l'interdisais d'une manière formelle.

« Le soir, à six heures, je prévins de cet incident le général de Boisdeffre, au moment du rapport, et je lui prescrivis de renouveler au général Gonse l'ordre que je lui avais donné.

« Le lendemain, au rapport de midi, le général Gonse, questionné par moi, me répondit qu'il avait reçu du général de Boisdeffre la confirmation de mes ordres. »

Esterhazy n'en reçut pas moins, le 18 ou le 20, une lettre signée « Espérance », que voici (cote 102 du dossier de l'instruction Bertulus) :

« Votre nom va être l'objet d'un grand scandale. La famille *Dreffus* va vous accuser publiquement comme étant l'auteur de l'écrit qui servit de base au procès *Dreffus*. Cette famille possède de nombreux modèles de votre écriture pour servir de points d'examen. C'est un colonel qui était au ministère l'année dernière, M. Picart, qui a remis les papiers à la famille Dreffus. Ce monsieur est maintenant parti pour le Tonkin, je crois. La famille Dreffus compte vous affoler en publiant votre écriture dans les journaux, et que vous vous enfuirez en Hongrie chez vos parents. Cela indiquera que vous êtes le coupable; et alors on demandera la revision du procès pour proclamer l'innocence de Dreffus. C'est M. Picart qui a donné les renseignements à la famille. Ce M. Picart a acheté votre écriture à des sous-officiers de Rouen l'année dernière. Je tiens tout cela d'un sergent de votre régiment, auquel on a donné de l'argent pour avoir votre écriture. Vous voilà bien averti de ce que ces scélérats veulent faire pour vous perdre. C'est à vous maintenant de défendre votre nom et l'honneur de vos enfants. Hâtez-vous, car la famille va faire agir pour vous perdre.

« Amie dévouée,

« ESPÉRANCE.

« Ne montrez jamais cette lettre à personne, C'est pour vous seul et pour vous sauver de grands dangers qui vous menacent. »

M. du Paty de Clam, devant la Chambre criminelle, le 12 janvier dernier, a déclaré n'être pas l'auteur de cette lettre (page 309).

Mais n'avait-il pas lui-même reconnu le contraire, le 10 septembre précédent, devant le général Renouard qui, dans son rapport du lendemain au ministre de la guerre (page 683), disait : « Questionné sur les circonstances qui l'ont mis au courant de la campagne projetée ou entreprise contre Esterhazy, le lieutenant-colonel du Paty de Clam prétend qu'ayant reçu l'ordre de ses chefs de préparer successivement deux projets de lettres anonymes destinées à prévenir Esterhazy, lettres qu'il reconnaît, d'ailleurs, n'avoir pas été envoyées, il en a conclu qu'on s'était proposé, en le chargeant de ce travail, de le mettre au courant de l'affaire pour l'inciter à prévenir lui-même Esterhazy. »

Le général Roget, d'ailleurs, n'hésite pas (page 69) : « J'ai pu me procurer la certitude que la lettre du 20 octobre 1897, signée « Espérance »..., est de du Paty ».

Quoi qu'il en soit, Esterhazy est prévenu; il accourt à Paris; et alors se passent des scènes incroyables.

Il avait d'abord raconté (page 611) que, peu après son arrivée, il avait reçu un télégramme lui donnant un rendez-vous dans la soirée, pour une communication très importante à lui faire, derrière la palissade du pont Alexandre, de l'autre côté de la gare, sur l'esplanade des Invalides »; qu'il s'y était présenté; que là, il avait trouvé dans une voiture « une dame emmitouflée de manière à ne pas montrer son visage », et qu'elle lui avait parlé d'un complot ourdi contre lui par le colonel Pic uart; qu'il avait ensuite été convoqué pour un nouveau rendez-vous « à côté de l'église du Sacré-Cœur à Montmartre »; qu'il y avait rencontré la même dame et qu'elle lui avait dit (page 612) : « Pour votre défense, prenez cette enveloppe, vous y trouverez la preuve de la culpabilité de Dreyfus, et la reproduction, en fac-similé, de l'écriture de cette pièce, pourrait avoir les conséquences les plus graves... N'hésitez pas, si le torchon brûle, à faire paraître cette pièce dans les journaux. »

Esterhazy ajoutait (page 612) qu'il avait « immédiatement » envoyé le document « en lieu sûr à Londres ».

Mais, devant la Chambre criminelle, le 23 janvier, il n'a pas maintenu ce récit (page 402) :

« En octobre 1897, j'étais à la campagne, quand j'ai reçu, le 18 octobre (on m'avait prescrit de dire que c'était le 20) une lettre; cette lettre était signée « Espérance ».

« Au reçu de cette lettre, dont je ne connais pas l'écriture, je fus très surpris et je partis pour Paris.

« Je descendis rue de Douai; je ferai remarquer que, jusque-là, j'avais caché, de la façon la plus absolue, mes relations avec Mme Pays, et que je pensais que personne, à part un très petit nombre de gens au ministère de la Guerre, et dans des conditions que j'expliquerai plus tard, ne pouvait les connaître.

« J'avais télégraphié à Mme Pays, en Normandie, de revenir.

« Le lendemain de mon arrivée, j'étais très occupé de cette lettre, et le soir, en rentrant vers l'heure du dîner, j'appris par la concierge (animée à cette époque d'autres sentiments que ceux qu'elle a manifestés depuis) qu'un monsieur était venu me demander. J'en fus très surpris; personne, en effet, ne connaissait cette adresse.

« La concierge me dit qu'elle avait déclaré à ce monsieur que j'étais inconnu; celui-ci avait répondu qu'il savait très bien que j'étais dans la maison; que, du reste, il venait dans mon plus grand intérêt, et qu'il avait absolument besoin de me voir; il avait annoncé qu'il reviendrait dans la soirée.

« Je me rendis alors à mon domicile, 27, rue de la Bienfaisance, où je ne pouvais pas entrer, ayant laissé les clefs à Dommartin.

« Je demandai à ma concierge si on était venu s'informer de ma présence; je pensais, en effet, que quelqu'un qui eût eu à me voir se serait d'abord rendu à mon seul domicile connu.

« Le concierge me dit qu'elle n'avait vu personne.

« Je rentrai alors rue de Douai, et j'attendis toute la soirée.

« Personne ne vint.

« Le lendemain matin, de très bonne heure (sept heures du matin), le concierge monta et me dit que le monsieur qui était venu la veille attendait dans la rue, près du square Vintimille.

« Je descendis, et je trouvai quelqu'un avec des lunettes bleues, et dont la tournure, malgré ses efforts, dénotait un militaire.

« Ce monsieur m'aborda et me dit :

— Commandant, je suis chargé d'une très grave communication dans votre intérêt urgent. »

« La tournure de ce monsieur, la certitude que j'avais que personne ailleurs qu'au ministère ne pouvait savoir que je pouvais être rue de Douai, me fit tout de suite penser que j'étais en présence d'un envoyé du ministère de la Guerre.

« Je répondis à ce monsieur que je croyais savoir le motif de sa démarche et que j'avais reçu à la campagne une lettre contenant un avertissement très singulier. Cette personne me dit alors :

« — Ne vous préoccupez pas, mon commandant, on sait ce qu'il y a dans tout cela ; vous avez des défenseurs et des protecteurs très puissants et au courant de tout, Voulez-vous venir ce soir au rendez-vous que je vais vous indiquer ? »

« Je lui dis : « Très volontiers ! »

« Et alors, il me montra un bout de papier, indiquant l'angle du réservoir des eaux de la Vanne, en face du parc de Montsouris.

« Le rendez-vous était pour cinq heures.

« Je me rendis au lieu indiqué, et, à cinq heures précises, je vis s'arrêter à une centaine de mètres du point où j'étais une voiture dans laquelle il y avait trois personnes.

« Deux de ces personnes descendirent ; la troisième resta dans la voiture ; les deux autres vinrent à moi ; dans l'une je reconnus le monsieur que j'avais vu le matin ; l'autre avait une fausse barbe et des lunettes ; cette dernière personne m'adressa brusquement la parole et me dit :

« — Commandant, vous savez de quoi il s'agit ? »

« Et très rapidement, avec beaucoup de volubilité, elle se mit à me raconter tout ce qui avait été fait depuis 1894 contre moi par le colonel Picquart, entrant dans de nombreux détails sur les manœuvres de beaucoup de personnages importants, toutes choses qui, à cette époque, étaient absolument nouvelles pour moi.

« Ce monsieur m'assura encore, devant la profonde surprise que je lui témoignais de toutes ces nouvelles, que toutes ces machinations étaient connues, prévues ; me répéta que j'avais les défenseurs les plus puissants et que je devais seulement obéir strictement aux instructions qui me seraient données; que mon nom ne serai même pas prononcé.

« Je cherchai, à diverses reprises, à faire dire à mon interlocuteur qui il était, sans pouvoir y arriver.

« Je voyais bien que c'était un officier; j'aurais bien voulu savoir qui il était et de la part de qui il venait.

« Il me dit, au bout d'une conversation d'une demi-heure, de ne point me préoccuper; qu'on me tiendrait au courant, et que j'eusse à me trouver tous les jours, à cinq heures, dans le salon d'attente du Cercle militaire, où le premier monsieur passerait si on avait quelque chose à me dire.

« Ils me quittèrent, me disant de m'en aller dans telle direction; eux, repartirent du côté de leur voiture, de sorte que je ne pus voir la figure de la troisième personne restée dans la voiture.

« Le lendemain matin, à la même heure que la veille, le concierge me monta un mot au crayon, me disant :

« Dans le fiacre, devant tel numéro de la rue Vintimille. »

« J'y allai en toute hâte; je trouvai le monsieur à fausse barbe, qui me dit : « Montez vite! » et me demanda de lui indiquer un endroit où l'on pourrait parler longtemps sans être dérangé.

« Je lui dis :

« — Je ne vois pas d'autre endroit par ici, que le cimetière Montmartre, si vous voulez y aller. »

« Nous nous y rendîmes, et alors, là, ce monsieur me dit :

« — Il faut demander tout de suite une audience au ministre de la Guerre et nous allons établir ce que vous lui direz (parce que je lui avais dit : « Demander une audience au ministre, pour quoi lui dire? Pour lui montrer cette lettre que j'ai reçue? Il m'avait répondu alors :

« — Non! nous allons établir ce que vous lui direz. »

« Alors, je lui dis :

« — Mais tout cela est très bien, je vois que vous êtes officier. Je prévois que vous venez du ministère, je voudrais bien savoir qui vous êtes? »

« Ce monsieur me dit :

« — Je suis le colonel du Paty de Clam, de l'état-major de l'armée. Et vous n'avez qu'à faire ce que je vous dirai. »

« Je ne connaissais pas le colonel du Paty de Clam.

« Je l'avais rencontré une fois pendant une heure, il y a seize ou dix-sept ans, dans une rencontre de deux colonnes en Afrique; devant son grade et sa qualité, je lui dis :

« — Ça suffit, mon colonel, vous pouvez compter sur mon obéissance absolue. »

« Alors le colonel du Paty de Clam me dicta, dans le cimetière même, une demande d'audience au ministre, me laissa entendre qu'il avait besoin de rendre compte de ce qui venait de se passer, et me donna rendez-vous pour le même soir.

« Comme il ne m'avait pas parlé du rendez-vous du cercle militaire, je m'y rendis néanmoins ; je trouvai le premier monsieur, qui me fit monter dans une voiture et m'emmena au pas jusqu'au Cirque d'hiver.

« Il me raconta ,avec beaucoup de détails, toutes les machinations que j'ignorais, et insista beaucoup sur ce que j'étais parfaitement connu et sur les très hautes protections dont il m'avait parlé la veille.

« J'avais adressé ma lettre au ministre.

« Le soir, je revis, au rendez-vous indiqué, le colonel du Paty, qui me fit écrire sous sa dictée des notes sur ce que je devais dire à M. le général Billot. Le même soir, je trouvai devant ma porte dans une voiture, le colonel Henry.

« Le colonel Henry était un de mes camarades ; j'avais été avec lui depuis près de vingt ans au service des renseignements, peu de temps après la création de ce service ; j'y étais comme lieutenant, et Henry y était également avec le même grade et le même emploi que moi ; je l'avais revu très fréquemment depuis.

« J'ai su, plus tard, que la troisième personne restée dans la voiture au parc de Montsouris était le colonel Henry ; Henry me dit alors très brièvement de ne pas me tourmenter, que tout ce que m'avait dit le colonel du Paty était parfaitement exact, et que, en haut lieu, on savait très bien tout ce qu'il en était et qu'on était résolu à me défendre à outrance contre ce qu'il appelait « des abominables manœuvres ».

Ces assertions d'Esterhazy sont-elles exactes?

Est-il exact que, par une aberration d'esprit inexplicable, des officiers de l'Etat-major se soient commis en de pareilles équipées ?

Il est impossible, malheureusement, de concevoir le moindre doute, en présence des aveux de l'archiviste Gribelin, qui les accompagnait (page 300), en présence des aveux de du Paty lui-même (page 310).

— Mais continuons la déposition d'Esterhazy (page 404) :

« Le lendemain, je fus avertis que je serais reçu le surlendemain par M. le général Millet, directeur de l'infanterie, au nom du ministre.

« Je vis le colonel du Paty, et je lui dis :

« — Pourquoi le général Millet? Un chef de direction d'arme n'a rien à voir en pareille matière. Si le ministre ne veut pas me recevoir, il aurait dû me faire recevoir ou par son chef de cabinet ou, beaucoup plutôt, par le chef de l'Etat-major de l'armée. »

« En effet, le texte même de ma demande d'audience expliquait que c'était une affaire qui relevait du chef de l'État-major.

« Le colonel me répondit qu'il ne fallait pas engager M. le général de Boisdeffre; par conséquent, il fallait qu'il restât en réserve, indiquant ainsi que le général de Boisdeffre ne voulait pas prendre position pour pouvoir agir.

« Je me rendis chez le général Millet; je lui présentai la lettre et lui fis le récit que j'avais reçu l'instiuction de faire.

« Le général m'écouta, et me dit qu'il trouvait fort étrange ce que je venais de lui dire; que c'était la première nouvelle qu'il en avait; qu'il ne comprenait pas du tout cette histoire; que j'attachais, à son avis, bien de l'importance à une lettre anonyme, et qu'il n'avait qu'un conseil à me donner, c'était de faire par écrit le récit que je venais de lui faire, d'y joindre la lettre anonyme que j'avais reçue, et d'adresser le tout au ministre.

« Je rendis compte le soir même à M. le colonel du Paty de Clam de la réponse de M. le général Millet, et il me dicta le texte de la lettre à adresser au ministre; cette lettre, ainsi que tout ce que j'ai écrit en 1897, a été donnée mot à mot et ordonnée.

« Cette lettre m'a été dictée mot à mot.

« Elle contient une série d'explications convenues, et on m'a donné le texte pour que je l'approuve, ainsi que le prescrit une note de la main du colonel du Paty. (Je vous dépose ce texte, qui m'a été donné, et je vais vous déposer la note) ».

Nous reviendrons sur le texte tout à l'heure.

Voici d'abord la note :

« Copiez votre lettre et cachez-la bien; réclamez le manuscrit de la plaquette. »

Esterhazy reprend :

« En même temps, le colonel du Paty me disait : « Le ministre ne peut pas faire autrement que de saisir le général de Boisdeffre de cette lettre, et alors nous allons marcher. »

« Le lendemain, au bureau de poste de la rue du Bac, en face le Bon Marché, le colonel Henry me prévint que le général de Boisdeffre n'avait pas encore reçu de M. le général Billot communication de ma lettre.

« J'insiste sur ce fait, parce que si le colonel Henry était informé que le général de Boisdeffre n'avait pas été prévenu par le ministre de la lettre que j'avais écrite à ce dernier, il n'avait pu en être averti que par le général de Boisdeffre, attendant donc l'effet de ma lettre, et par conséquent en connaissant l'envoi.

« Henry me dit :

« — Le ministre va garder ça pendant cinq ou six jours avant de prendre une décision, suivant son habitude. On vous dira ce soir ce qu'il faut faire. »

« Le soir, je vis le colonel Du Paty sur l'esplanade des Invalides, et il me dit :

« — Il est décidé que vous allez écrire au général de Boisdeffre directement ; votre lettre permettra alors au général de Boisdeffre d'intervenir personnellement et de parler au ministre de la lettre que vous avez adressée à ce dernier. »

« Autrement dit, on provoquait la remise de ma lettre au général de Boisdeffre, pour que cet officier général pût entrer en scène lui-même, grâce à la lettre que je lui écrivais.

« A cette époque, le colonel Du Paty me dit un soir :

« — Les grands chefs se préoccupent d'avoir avec vous des moyens de communication qui ne soient pas dévoilés, parce qu'il est probable que vous êtes filé ; étant donné tout ce qui se prépare, il serait préférable d'avoir, au besoin, une transmission indirecte. Le général de Boisdeffre a pensé au marquis de Nettancourt, votre beau-frère. »

« Je lui dis :

« — Non. Mon beau-frère est à la campagne ; je ne veux pas du tout lui demander de revenir pour pareil service. »

« Alors il me dit :

« — On a pensé aussi à un de vos camarades de régiment. »

« Et il me demanda de lui en indiquer un. Je dis :

« — Vraiment, on ne peut pas demander à un ami de courir comme cela à toute heure du jour et de la nuit. »

« Et je pensai, inspiration malheureuse, du reste, à mon cousin Christian ; mais, comme il était à Bordeaux et que je ne pouvais pas le faire venir, je dis :

« — Je vous proposerais bien quelqu'un du dévouement de qui je suis sûr ; mais je n'ose vraiment vous faire cette proposition. »

« Et je nommai Mme Pays.

« Le colonel Du Paty m'a dit qu'il en rendrait compte, et, le lendemain, il me dit qu'on acceptait Mme Pays comme intermédiaire.

« Au cours de ces différentes entrevues, le colonel Du Paty me présenta un soir à une dame que je crois inutile de nommer, et qui a également servi d'intermédiaire à diverses reprises.

« A ce moment, je vis le colonel Henry, qui me dit :

« — Tous ces gens-là ne marchent pas; Méline e tBillot et tout le gouvernement sont pris par l'approche des élections et par les voix que représentent MM. Scheurer-Kestner, Reinach, » etc., etc.

« Il fut même très violent; je ne répéterai pas les termes militaires avec lesquels je fis chorus; il termina en me disant :

— Si on ne met pas la baïonnette dans le derrière de tous ces gens-là, ils sacrifieront toute l'armée française à leur siège de sénateur ou de député. »

« Il me dit en me quittant :

« — Sabre à la main! Nous allons charger! »

« Ceci se passait la veille de ma première lettre au Président de la République, c'est-à-dire le 28 octobre.

« M. le colonel Du Paty dicta le texte de la lettre au Président de la République.

« Je lui fis même remarquer que le texte de cette première lettre était bien extraordinaire. (Tous les détails de cette lettre m'ont été dictés mot à mot; cette dictée a eu lieu sur l'esplanade des Invalides, et j'écrivais au crayon.)

« M. Du Paty me répondit :

« — Tout le monde sait que vous êtes un emballé; de vous, ça ne paraîtra pas extraordinaire. C'est dans votre note. »

« Je me souviens très bien que je lui dis :

« — Puisque c'est comme cela, je m'en f... Du moment que vous commandez, j'obéis. »

Nous vous donnons lecture de cette lettre (liasse 1, dossier 2, cote G.) :

« Paris, le 29 octobre 1897.

« Monsieur le Président de la République,

« J'ai l'honneur de vous adresser le texte d'une lettre anonyme qui m'a été envoyée le 20 octobre 1897.

« C'est moi qui suis visé dans cette lettre comme étant la victime choisie. Je ne veux pas attendre que mon nom ait été livré à la publicité pour savoir quelle sera l'attitude de mes chefs. Je me suis donc adressé à mon chef et protecteur naturel, M. le ministre de la Guerre, pour savoir s'il me convoquerait au moment où mon nom serait prononcé.

« M. le ministre n'a pas répondu. Or, ma maison est assez illustre dans les fastes de l'histoire de France et dans celles des grandes cours européennes, pour que le gouvernement de mon pays ait le souci de ne pas laisser traîner mon nom dans la boue.

« Je m'adresse donc au chef suprême de l'armée, au Président de la République. Je lui demande d'arrêter le scandale, comme il le peut et le doit.

« Je lui demande justice contre l'infâme instigateur de ce complot, qui a livré aux auteurs de cette machination les secrets de son service pour me substituer à un misérable.

« Si j'avais la douleur de ne pas être écouté du chef suprême de mon pays, mes précautions sont prises pour que mon appel parvienne à mon chef de blason, au suzerain de la famille Esterhazy, à l'empereur d'Allemagne. Lui est un soldat et saura mettre l'honneur d'un soldat, même ennemi, au-dessus des mesquines et louches intrigues de la politique.

« Il osera parler haut et ferme, lui, pour défendre l'honneur de dix générations de soldats.

« A vous, monsieur le Président de la République, de juger si vous devez me forcer à porter la question sur ce terrain. Un Esterhazy ne craint rien ni personne, sinon Dieu. Rien ni personne ne m'empêchera d'agir comme je le dis, si on me sacrifie à je ne sais quelles misérables combinaisons politiques.

« Je suis avec le plus profond respect, etc.

« Esterhazy
« Chef de bataillon d'infanterie. »

Esterhazy ajoute : « Le lendemain, ou jours suivants, comme le Président de la République n'avait pas répondu, on me fit faire la lettre du *document libérateur* (liasse 5, dossier 2, cote H.) :

« 31 octobre 1897.

« Monsieur le Président de la République,

« J'ai la douleur de constater que ni le chef de l'État ni le chef de l'armée n'ont eu un mot d'appui, d'encouragement ou de consolation à envoyer en réponse à un officier supérieur qui mettait entre leurs mains son honneur menacé. Je sais que des considérations de politique parlementaire empêchent le gouvernement de faire une déclaration franche et nette, me mettant hors de cause et arrêtant pour jamais les défenseurs de Dreyfus.

« Je ne veux pas que les services rendus à la France pendant cent soixante ans par cinq officiers généraux dont je porte le nom, que le sang versé, que la mémoire des braves gens tués en face de l'ennemi, le dernier tout récemment encore, tout cela soit payé d'infamie, pour servir de pareilles combinaisons et sauver un misérable. Je suis acculé à user de tous les moyens en mon pouvoir.

« Or, la généreuse femme qui m'a prévenu de l'horrible machination ourdie contre moi par les amis de Dreyfus, avec l'aide du colonel Picquart, a pu me procurer depuis, entre autres documents, la photographie d'une pièce qu'elle a réussi à soutirer à cet officier. Cette pièce, volée dans une légation étrangère par le colonel Picquart, est des plus compromettantes pour certaines personnalités diplomatiques. Si je n'obtiens ni appui ni justice, et si mon nom vient à être prononcé, cette photographie, qui est aujourd'hui en lieu sûr à l'étranger, sera immédiatement publiée.

« Excusez-moi, monsieur le Président, d'avoir recours à ces moyens si peu dans mon caractère, mais songez que je défends bien plus que ma vie, plus que mon honneur, l'honneur d'une famille sans tache, et dans cette lutte désespérée où tous les appuis me manquent, où ma cervelle éclate, je suis obligé de faire arme de tout.

« Je suis, avec le plus profond respect, etc.

« ESTERHAZY,
« chef de bataillon d'infanterie. »

— Le 5 novembre, enfin, troisième lettre :

« Paris, 5 novembre 1897.

« Monsieur le Président de la République,

« Excusez-moi de vous importuner encore une fois, mais je crains que M. le ministre de la guerre ne vous ait pas communiqué mes dernières lettres, et je tiens à ce que vous connaissiez bien la situation. C'est d'ailleurs la dernière fois que je m'adresse aux pouvoirs publics. La femme qui m'a mis au courant de l'odieuse machination ourdie contre moi m'a remis entre autres une pièce qui est une protection pour moi, puisqu'elle prouve la *canaillerie de Dreyfus*, et un danger pour mon pays, parce que sa publication avec le fac-simile de l'écriture forcera la France à s'humilier ou à faire la guerre.

« Vous qui êtes au-dessus des vaines querelles de parti où mon honneur sert de rançon, ne me laissez pas dans l'obligation de choisir entre deux alternatives également horribles.

« Forcez les Ponce-Pilate de la politique à faire une déclaration nette et précise, au lieu de louvoyer pour conserver les voix des amis de Barrabas. Toutes les lettres que j'ai écrites vont arriver entre les mains d'un de mes parents, qui a eu l'honneur, cet été, de recevoir deux empereurs.

« Que pensera-t-on dans le monde entier, quand on va connaître la lâche et froide cruauté avec laquelle on m'a laissé me débattre dans mon agonie, sans un appui, sans un conseil! Mon sang va retomber sur vos têtes. Et lorsque sera publiée la lettre que le gouvernement connaît, et qui est une des preuves de la culpabilité de Dreyfus, que dira le monde entier de cette misérable tactique parlementaire qui a empêché d'imposer silence à la meute par quelques mots énergiques?

« Je pousse le vieux cri français : « Haro à moi, mon prince, à ma rescousse! » Je vous l'adresse à vous, monsieur le Président, qui, avant d'être le chef de l'État, êtes un honnête homme et qui devez au fond de votre âme être profondément écœuré de la lâcheté que vous voyez.

« Qu'on me défende, et je renverrai la pièce au ministre de la Guerre sans que personne au monde y ait jeté les yeux; mais qu'on me défende vite, car je ne puis plus attendre, et je ne reculerai devant rien pour la défense ou la vengeance de mon honneur indignement sacrifié,

« Je suis, etc.

« Esterhazy. »

— Les trois lettres étaient odieuses : que penser, en effet, d'un officier cherchant à exercer sur le chef de l'État un véritable chantage par cette menace de recours à un souverain étranger et par cette perspective d'une divulgation de nature à amener des complications internationales!

Elles étaient odieuses à un autre point de vue encore; car elles tendaient à faire croire que le document dont Esterhazy se disait en possession avait été emporté du ministère par M. Picquart et dérobé chez lui par une femme : le but était de perdre le colonel, que, peu de temps après, on essayait en outre de compromettre par l'envoi à son adresse en Tunisie de deux télégrammes faux, signés l'un « Blanche », l'autre « Speranza » ; mais, en fait, on atteignait une de ses amies, une dame X..., sur laquelle se sont injustement égarés des soupçons qui ont eu pour elle des conséquences graves.

M. Du Paty de Clam savait pourtant — si l'on en croit le général Roget et le commandant Cuignet — à quoi s'en tenir sur la remise du « document libérateur ».

Le général Roget (page 68) : « Je suis... en ce qui me concerne, persuadé que la pièce appelée « document libérateur » a été remise à Esterhazy par Du Paty.

« Je suis persuadé aussi que c'était une pièce qu'il avait conservée du procès de 1894.

« Je m'appuie, pour établir cette affirmation, sur les faits suivants :

« Lorsque les journaux, au début de l'affaire Esterhazy, ont commencé à parler de la pièce dont il s'agit, la conversation suivante eut lieu dans les bureaux du général Gonse, entre le général, Henry et Du Paty.

« Le général Gonse demandait quelle pouvait être la pièce dont parlait Esterhazy, et on se demandait vainement de quoi il s'agissait, lorsque Du Paty dit incidemment : « A moins que ce ne soit la pièce « Ce canaille de D... » Or, ni le général Gonse, ni Henry, ni personne n'aurait pensé spontanément à cette pièce.

« Henry a même dit, sur le moment : « Que pourrait-il faire de cette pièce? Et en quoi établirait-elle son innocence? »

« C'est l'étonnement exprimé par Henry dans cette circonstance qui a fait qu'il s'est souvenu du fait pour me le révéler, quand je faisais mon enquête, et j'en ai obtenu confirmation auprès du général Gonse. »

Le commandant Guignet (page 236) : « La femme voilée n'est autre que du Paty ».

« — M. du Paty savait à quoi s'en tenir aussi, sur les lettres elles-mêmes, envoyées au Président de la République.

Écoutez le procès-verbal de la confrontation qui eut lieu, entre lui et Esterhazy, le 24 août 1898, devant le conseil d'enquête présidé par le général Florentin (page 668) :

« Le témoin (Du Paty de Clam). — Esterhazy voulait écrire à l'empereur d'Allemagne ; je lui ai dit qu'il valait mieux écrire au président de la République, qui était le père de tous les Français. Cette lettre, je la connais, puisque j'en ai pris plus tard copie au ministère de la Guerre. M. Esterhazy m'a dit qu'on la lui avait dictée.

« M. Esterhazy. — Je tiens à ce que le lieutenant-colonel dise qui me l'a dictée.

« Le témoin. — Ah! je n'en sais rien!... Voudriez-vous dire que c'est moi?

« M. Esterhazy. — Dites la vérité.

« Le témoin. — Ce n'est pas moi.

« M. Esterhazy. — Alors, comment les choses se sont-elles passées?

« Le témoin. — Il voulait chercher un secours à l'étranger, près de ses parents, et faire demander par eux à l'empereur d'Allemagne s'il avait jamais eu des relations avec lui et le prier de défendre son honneur de membre d'un ordre dont ce souverain était grand-maître.

« M. Esterhazy. — C'est cela! J'en appelais à l'empereur d'Autriche comme vassal. Étant décidé à me tuer, je voulais auparavant en appeler à tous ceux qui avaient intérêt à défendre un Esterhazy.

« Le témoin. — Oui, c'est alors que je l'en ai détourné et l'ai engagé à écrire au président de la République.

« Le président. — Mais ces lettres contiennent un sentiment de menace?

« Le témoin. — A mes yeux, Esterhazy relevait plutôt du conseil de santé. J'ai vu au ministère la lettre, et lui ai dit que cette lettre, qu'il déclarait lui avoir été dictée, était charentonnesque. Ce n'est pas moi, certainement, qui la lui ai dictée.

« Le président. — Mais alors, qui lui a dicté cette lettre? Et d'ailleurs, si elle lui a été dictée, que pouvait bien faire son état d'esprit à la rédaction de la lettre?

« Le témoin. — Ce n'est pas moi. Esterhazy était admirablement renseigné; mais tout ce qu'on lui faisait savoir était toujours de nature à le décourager. On voulait, disait-il, faire sauter surtout Du Paty et le général de Boisdeffre. Quant à faire connaître au conseil si mes relations avec Esterhazy étaient ordonnées ou n'étaient qu'un fait personnel, je me refuse à répondre devant Esterhazy.

« Le président. — En tout cas, qu'avez-vous fait personnellement, et dans quelle mesure êtes-vous intervenu?

« Le témoin. — En ce qui concerne les articles de journaux, on l'a aidé à répondre à l'article « Vidi ». J'ai même corrigé la réponse.

« Le président. — Il n'a donc pas agi seul, mais avec le concours d'officiers de l'armée active?

« Le témoin. — Oui.

« Le président. — Nous avons besoin de savoir dans quelle mesure il était guidé et, par conséquent, responsable.

« Le témoin. — Esterhazy n'a jamais su qu'il était défendu par l'État-major, mais seulement par des individualités; j'étais un des plus intéressés à la manifestation de la vérité, et c'est pourquoi je l'ai aidé. Je n'ai vu la lettre au président de la République qu'au ministère, après qu'elle a été reçue.

« Le président. — Vous avez approuvé l'envoi de cette lettre?

« Le témoin. — Oui, et je lui en ai donné la carcasse; mais, après avoir lu la lettre, j'en ai blâmé la rédaction.

« M. Esterhazy. — Mais dites donc la vérité! Dites comment ces lettres ont été dictées!

« Le témoin. — Je dis ce que je sais.

« Le président. — Est-ce vous qui avez inspiré celle qui contient la menace?

« Le témoin. — Il m'a parlé en effet de l'écrire.

« Le président. — Vous ne savez pas qui l'a dictée?

« Le témoin. — Non.

« Le président, à Esterhazy. — Où ont-elles été écrites?

« M. Esterhazy. — Une, derrière le pont Caulaincourt; une autre, au pont des Invalides; la troisième, je ne sais plus où. Je les ai écrites au crayon, sous la dictée de quelqu'un; je les ai recopiées tranquillement chez moi.

« Le président, à Esterhazy. — Savez-vous si Du Paty connaît ce quelqu'un?

« M. Esterhazy. — Oui, le colonel le sait.

« Le témoin. — Je le connaîtrais, je ne le dirais pas, n'étant pas un mouchard. D'ailleurs, je ne sais que par Esterhazy qu'on la lui a dictée.

« M. Esterhazy. — J'adjure le colonel de dire qu'il connaît l'auteur de la lettre, qu'il le connaît aussi bien que moi, qu'il est absolument exact que ces lettres ont été dictées par quelqu'un qu'il connaît, de même que l'article « Dixi » (dans la *Libre Parole*).

« Le président, au témoin. — Je vous pose la question.

« Le témoin. — J'ai dit tout ce que j'avais à dire.

« Le président. — Alors, si vous ne le savez que par Esterhazy, ce n'est plus un témoignage de vous. Vous ne faites que rééditer les affirmations de M. Esterhazy?

« Le témoin. — Il est impossible que l'article « Dixi » ait été fait par Esterhazy; donc, on le lui a donné.

« Le président. — Ce n'est pas un témoignage, mais une appréciation. Nous n'en avons pas besoin.

« Le témoin. — Je n'ai rien à dire.

« Le président. — En résumé, vous aidiez le commandant Esterhazy. Est-ce sur votre initiative?

« Le témoin. — Je ne veux pas le dire devant Esterhazy.

« Le président. — Esterhazy ment-il en disant que la lettre lui a été dictée?

« Le témoin. — Il ne ment pas... ou plutôt.., Je retire ce que j'ai dit.

« M. Esterhazy. — J'affirme que l'article m'a été apporté tout écrit, et que les lettres m'ont été dictées.

« Le témoin. — Je suis sûr qu'il ne ment pas, en ce qui concerne l'article. Quant aux lettres, je ne sais pas... Je n'ose pas confirmer le dire du commandant, je ne dis pas le contraire. »

Du Paty de Clam avait donc pris une part indéniable à la rédaction des trois lettres, qui, au lieu d'entraîner contre leur signataire un châtiment immédiat, eurent au contraire pour résultat — suivant le mémoire — de lui faire obtenir la satisfaction à laquelle il aspirait.

Le mémoire soutient que cette satisfaction lui fut accordée par la publication d'une note officielle, remise le 9 novembre à l'Agence Havas (la dernière lettre était du 5); et Me Mornard produit un numéro du journal *Le Temps*, paru le 9 au soir, portant aux « Dernières nouvelles » : « A l'issue du Conseil, la note officielle suivante a été communiquée à la presse : Le président du Conseil et le ministre de la guerre ont informé le Conseil des intentions que leur ont manifestées MM. Castelin et Mirman, députés, de leur poser une question relative aux polémiques de presse engagées à l'occasion de l'affaire Dreyfus. M. Méline et le général Billot ont indiqué au Conseil la réponse qu'ils ont faite. « Le capitaine Dreyfus a été régulièrement et justement condammé par le Conseil de guerre. La condamnation subsiste avec ses pleins effets; elle ne pourrait être infirmée que par un arrêt de revision, etc. »

Esterhazy, se trouvant couvert par cette affirmation de la culpabilité de Dreyfus, restitua, le 14, la pièce dont il avait menacé de faire usage; et le chef du cabinet du ministre de la Guerre lui en accusa, purement et simplement, réception le 16 (liasse nº 2, annexes au nº 74).

— Mais, le 16, M. Mathieu Dreyfus, frère du condamné, le dénonçait publiquement comme l'auteur du bordereau.

Le même jour, Esterhazy écrivait au général Billot :

« Monsieur le ministre, je lis dans les journaux de ce matin l'infâme accusation portée contre moi. Je vous demande de faire faire une enquête et me tiens prêt à répondre à toutes les accusations. »

Une enquête fut, en effet, ordonnée et confiée au général de Pellieux.

— Quelle est, à partir de ce moment, l'attitude de MM. Henry et Du Paty de Clam?

Déposition Esterhazy :

« Dans les derniers jours d'octobre, j'avais reçu du colonel Du Paty une *grille* destinée à correspondre soit avec lui, soit avec le colonel Henry en cas de besoin ; c'est celle qui a été saisie par M. Bertulus.

« Le 16 novembre, je lis le matin la dénonciation de M. Mathieu Dreyfus.

« Je me rends chez le gouverneur de Paris; je lui rends compte que je vais réclamer une enquête du ministre.

« Je suis averti d'abord immédiatement que c'est le général de Pellieux qui sera chargé de l'enquête; cette enquête s'ouvre; mon cousin était arrivé subitement, et j'ai eu la sottise de m'en servir comme intermédiaire ; mais le véritable intermédiaire pendant tout ce temps a été Mme Pays.

« Dès que l'enquête est commencée, je suis tous les soirs tenu au courant de ce qui a été fait dans le jour; je ferai remarquer que les résultats de l'enquête ne peuvent pas être communiqués à des officiers d'un grade aussi inférieur que celui du colonel Henry ou du colonel Du Paty; ils ne peuvent être communiqués qu'à des officiers généraux; le général de Pellieux ne pouvait faire part de ses investigations à ces officiers d'un grade inférieur.

« Or, les résultats de cette enquête ne me sont régulièrement transmis qu'avec l'indication, sous forme de prescription, de ce que je dois dire lorsque je suis interrogé.

« Je reçois tous les jours des prescriptions écrites, souvent plusieurs fois par jour, et je transmets moi-même des observations et des remarques destinées à répondre aux communications qui me sont faites.

« J'avais reçu l'ordre de brûler ces notes au fur et à mesure de leur réception; j'en ai donc brûlé beaucoup.

« Fort heureusement, et sans m'en rien dire, Mme Pays en a mis de côté plusieurs.

« En voici une qui était dans les papiers remis au concierge; c'est une note que le colonel Du Paty a reconnu venir de lui.

« A ce moment, j'avais écrit qu'il était nécessaire que tous les officiers, au moins les principaux, qui avaient été mêlés à l'affaire Dreyfus vinssent témoigner devant le général. Le colonel Du Paty avait reçu une citation et, avant de comparaître, il m'écrivait la note en question.

« Cette note établit que toutes les dépositions qui étaient faites devant M. le général de Pellieux étaient faites d'accord avec moi.

« Voici cette note (celle qu'on appelle la « note aux deux écritures », liasse n° 2, annexe au n° 74) :

« Dans le cas où le général de Pellieux me demanderait si j'ai eu des rapports avec vous, j'ai l'intention de dire ceci, qui est sensiblement vrai :

« Dès que nous avons été informés anonymement de la trame ourdie contre le commandant Esterhazy, je compris l'importance qu'il y aurait à le prévenir, pour empêcher un acte de désespoir.

« Je suis donc entré en rapports avec lui par des moyens que je désire taire, pour ne pas compromettre des tiers vis-à-vis desquels je suis lié d'honneur. Je dois dire cependant que la dame voilée est tout à fait étrangère à ces relations.

« Mes rapports avec le commandant Esterhazy ont eu pour effet de l'empêcher de prendre des mesures extrêmes : car il avait été prévenu de son côté. Dès que j'ai su qu'il avait en sa possession une pièce secrète, tous mes efforts ont tendu à la lui faire rendre en faisant appel à ses sentiments patriotiques; et j'y ai réussi, d'ailleurs, sans difficulté. Mon intervention a donc été employée à modérer une exaspération. Je me suis abstenu de lui rien faire communiquer ayant un caractère secret. Les renseignements de cette nature qu'il a pu avoir lui sont venus d'une autre source. Je suis étranger à la campagne contre Picquart. Le général de Boisdeffre n'est pas sans savoir d'ailleurs que j'ai eu des relations indirectes avec le commandant Esterhazy. A partir du moment où le commandant Esterhazy a eu des appuis et un avocat, et a écrit dans les journaux, j'ai cessé mes relations, devenues inutiles. Comme il a pris un engagement d'honneur vis-à-vis de moi, je le dégagerai de sa parole par un mot, si vous le désirez. Car, sans cela, il se croira obligé de nier les relations, mais sa parole subsistera comme la mienne vis-à-vis des tiers.

« En conséquence :

« 1° — Tant que vous n'aurez pas une lettre officielle de moi, vous n'êtes pas censé me connaître. — 2°. Restez muet sur la nature des rapports que nous avons eus, en vous retranchant derrière des engagements vis-à-vis de tierces personnes. — 3°. Maintenez que ces rapports ont été purement des encouragements, des conseils de modération et des appels à vos bons sentiments pour rendre la pièce et sont complètement étrangers à l'affaire de la femme voilée. — 4°. Jamais je ne vous ai rien divulgué de confidentiel; et ce n'est pas moi qui vous ai dénoncé Picquart.

« Voilà le terrain sur lequel je me placerai ; pénétrez-vous bien de tout ce que je coche en rouge, et détruisez. Vous comprenez combien il est important d'être bien d'accord, pour vous comme pour moi. Tout va bien ; la personne qui a été chercher les fameuses lettres de Picquart en style convenu est précisément l'auteur du télégramme signé Blanche, lequel est de son écriture un peu déguisée. La police a mis la main dessus. C'est une amie de Curé. »

M. Du Paty de Clam, devant le général Renouard, le 9 septembre 1898, a reconnu avoir écrit cette note (page 680) :

« D. — ... Esterhazy a reçu une direction pour l'interrogatoire qu'il devait subir devant le général de Pellieux...

« R. — Parfaitement ; j'ai dit à Esterhazy de ne pas parler de nos relations ; je lui disais que je ne pouvais pas le voir, et que, si on l'interrogeait sur nos entrevues, il devait dire qu'il était lié par des promesses ; et, si on insistait, il devait demander à être tout d'abord dégagé.

« D. — Cette lettre était à deux écritures ?

« R. — Oui, j'avais commencé à écrire en capitales, puis j'ai repris mon écriture habituelle. Cette note est de moi. »

Il l'a reconnu, aussi, devant la Chambre criminelle, le 12 janvier 1899 (page 314).

— Telles sont les conditions dans lesquelles se fit l'enquête préliminaire du général de Pellieux, qui, entre autres témoins, entendit le lieutenant-colonel Picquart, rappelé de Tunisie.

— Un ordre d'informer fut ensuite donné le 4 décembre, et le commandant Ravary, rapporteur près le 1er Conseil de guerre, commença, le 7, son instruction.

Nous laissons la parole à Esterhazy (page 408) :

« ... L'instruction a commencé plus complète, plus longue, plus détaillée que l'enquête de M. le général de Pellieux, mais menée de la même manière, c'est-à-dire que je recevais journellement des instructions formelles sur ce que je devais dire ; une fois, pour obéir à Me Tézenas (qui, à cette époque, ne savait pas ce qui se passait), j'avais fait une démarche de mon chef; je fus très vertement rappelé à l'ordre. Le commandant Ravary fut mandé à l'État-major de l'armée, et on lui donna communication de certaines pièces ; tous les jours également, j'étais prévenu et de la marche de l'instruction et de ce que je devais dire, toujours par les mêmes personnes, soit le colonel Henry, soit le commandant Du Paty; mais il est bien évident que ces communications sur les détails journaliers de l'instruction n'étaient pas faites à ces officiers, qui n'étaient considérés absolument que comme des témoins; elles étaient faites au chef d'État-major, ou plus probablement au sous-chef d'État-major pour le chef d'État-major. Il est intéressant pour moi de constater que ces communications, faites beaucoup plus haut qu'aux officiers, me parvenaient dans la soirée même. »

— Le mémoire, ici, croit devoir insister sur les mesures qui, dans les bureaux de l'État-major, tout au moins entre Henry et Du Paty de Clam, avaient été, dès le principe, combinées pour sauver Esterhazy.

On n'avait fait de perquisition ni chez lui ni chez la demoiselle Pays, sa maîtresse.

Il est vrai que, prévenu depuis plusieurs semaines, il avait eu le temps déjà de prendre ses précautions; et lui-même, dans sa lettre du 25 octobre 1897 au ministre de la Guerre, dictée par Du Paty de Clam, était allé au-devant des soupçons que pouvaient faire naître et ses relations avec un attaché militaire étranger et la ressemblance de son écriture avec celle du bordereau.

Dans cette lettre (liasse n° 2, annexes au n° 74), il avait dit, d'une part : « Ma situation gênée et connue depuis longtemps dans le monde israélite, mes relations de famille dans le monde diplomatique, mes rapports peu fréquents, mais très ouverts, avec le colonel de Schw..., qui a connu mes parents à Carlsbad, tout cela me désignait pour être la victime de cette affreuse machination. »

Il avait dit, d'autre part : « Dans l'un des documents publiés à ce propos, j'ai lu que le bordereau avait été écrit sur du papier calque. Je fus donc amené tout naturellement à penser qu'on s'était procuré de mon écriture, et que Dreyfus s'en était servi pour fabriquer sa correspondance occulte, et détourner sur moi les soupçons en cas de surprise. Je ne connais pas Dreyfus; mais, malheureusement pour moi, depuis longtemps mon écriture traîne chez les banquiers, les prêteurs d'argent, les marchands bijoutiers, et autres gens avec lesquels Dreyfus pouvait avoir des accointances. Néanmoins, cette explication ne me satisfaisait pas. Au moment des duels Morès, Crémieux, Mayer, etc., j'ai reçu de nombreuses lettres d'officiers israélites, auxquelles j'ai répondu par un mot de remerciement. Dreyfus était peut-être du nombre; mais je ne m'en souviens pas. D'ailleurs, cette explication ne me suffit pas non plus; car il fallait avoir possédé beaucoup de mon écriture pour arriver à avoir les mots du bordereau. Je me souvins alors qu'au commencement de 1894, à une époque que je puis très bien préciser pour des motifs d'ordre intime, j'ai reçu d'un officier du ministère une demande de renseignements circonstanciés sur le rôle joué pendant la campagne de Crimée par la brigade de cavalerie que commandait mon père; cet officier avait un travail à faire sur les opérations autour d'Eupatoria. Je lui ai fait une notice assez volumineuse et je la lui ai envoyée, bien que, sur demande, je ne la lui aie pas adressée au ministère; il est possible qu'il l'y ait apportée et qu'elle soit tombée sous les yeux ou entre les mains de Dreyfus, soit qu'il la lui ait prêtée ou autrement. Il serait facile de se renseigner auprès de cet officier, M. le capitaine Bro. »

Ce moyen de défense avait été suggéré à Esterhazy par Du Paty de Clam, qui se rappelait avoir, comme officier de police judiciaire, le 18 octobre 1894, montré la photographie de quelques mots du bordereau à Dreyfus, lequel lui avait répondu : « Il me semble vaguement que c'est l'écriture de Bro. »

Esterhazy, en conséquence, avait adressé à Toulouse, où ne se trouvait pas le capitaine Bro, une lettre et un télégramme, sous prétexte de demander à cet officier si ce n'était pas à lui qu'il avait envoyé, au commencement de 1894, chez un ami, demeurant « rue de La Fayette ou rue de Châteaudun » (rue de Châteaudun, où habite M. Hadamard), une notice sur la guerre de Crimée. — Le capitaine Bro, à qui la lettre et le télégramme avaient fini par arriver, fut absolument stupéfait et répondit à Esterhazy : « ... Aucun de mes amis ou connaissances ne demeure rue de Châteaudun; n'ayant pas l'honneur de vous connaître, même de nom, je ne vous ai rien demandé, ni verbalement ni par écrit. »

Dreyfus n'avait donc pu emprunter au capitaine Bro la prétendue notice, pour calquer l'écriture d'Esterhazy.

Mais, dans l'information, cette hypothèse de calque subsista ; et c'est elle qui, en partie au moins, amena les experts Belhomme, Couard et Varinard, commis le 14 novembre par le commandant Ravary, à conclure que le bordereau contenait « une imitation maladroite de l'écriture d'Esterhazy », mais « n'était pas son œuvre ».

Cependant, au cours de l'expertise et malgré la protection dont il était entouré, Esterhazy n'était pas sans concevoir de vives inquiétudes, comme le prouve un brouillon de lettre, saisi plus tard dans une potiche japonaise au domicile de la demoiselle Pays par M. le juge d'instruction Bertulus : « Que dois-je faire tout à l'heure, puisque les experts se refusent à conclure comme vous l'espériez ? Dois-je demander, comme Tézenas le voulait tout d'abord, comme c'est mon droit, l'expertise avec l'écriture de Dreyfus et reparler du décalque? Comment ni Charavay ni Varinard, que vous connaissez, n'ont-ils pas conclu pour moi dans la lettre Boulancy, manifestement truquée ? Belhomme est un idiot : il n'y a qu'à le regarder. Dois-je exiger une expertise Bertillon pour les lettres B. ? Tous ces gens vont m'assassiner. Ne peut-on, cependant, démontrer à Ravary et aux experts que je n'ai pas pu écrire les termes de la grande lettre à la Boulancy? Si les experts concluent que l'écriture est de moi, il m'est impossible, pour ma défense, de ne pas m'efforcer de démontrer que c'est Dreyfus qui est l'auteur du bordereau. Comprenez donc bien que, si vous êtes véritablement les maîtres de l'instruction et des experts, je ne puis que m'en rapporter absolument à vous, mais que, si cela vous échappe, comme je le crains, je suis dans l'obligation absolue de démontrer que le bordereau est calqué par Dreyfus avec mon écriture. »

— Le 31 décembre, le commandant Ravary dressait un rapport tendant à une ordonnance de non-lieu.

Et, faisant allusion aux machinations pratiquées non par ceux qui, comme Henry et Du Paty de Clam, voulaient à tout prix sauver Esterhazy, mais par ceux qui, avec la famille Dreyfus, cherchaient à obtenir la revision du procès de 1894, il terminait par ces mots : « En résumé, que reste-t-il de cette triste affaire, si savamment machinée? Une impression pénible qui aura un écho douloureux dans tous les cœurs vraiment français. Des acteurs mis en scène, les uns ont marché à découvert, les autres sont restés dans la coulisse, mais tous les moyens employés avaient le même but, la revision d'un jugement légalement et justement rendu. »

La revision « d'un jugement légalement et justement rendu » !

Le mémoire vous demande de ne pas oublier que c'est, à peu près textuellement, la formule de la note officielle publiée par l'Agence Havas le 9 novembre.

Comment, en effet, cette note n'aurait-elle pas exercé d'influence sur la conviction du général de Pellieux, sur celle des experts, sur celle du commandant Ravary, sur celle du Conseil de guerre lui-même, lorsque le général Saussier, au lieu de rendre une ordonnance de non-lieu, eût donné, le 2 janvier 1898, un ordre de mise en jugement?

Le Conseil de guerre, devant lequel Mme Dreyfus, *in limine litis*, avait voulu intervenir, rejeta ses conclusions en disant (Sir. 98,2,56) :

« En ce qui concerne la dame Dreyfus :

« Attendu que le Conseil de guerre n'a pas à s'occuper de l'affaire de l'ex-capitaine Dreyfus, *sur laquelle il a été justement et légalement statué ;*

« Que le Conseil de guerre ne saurait admettre la dame Dreyfus comme partie plaignante aux débats, sans sortir des règles de sa compétence;

« Qu'en cas de huis clos, le Conseil ne peut autoriser la dame Dreyfus, pas plus que son défenseur, à prendre part aux débats. »

Du moment où, convaincu de la culpabilité de Dreyfus, il proclamait ainsi, par avance, qu'à son égard « il avait été justement et légalement statué », le Conseil de guerre ne pouvait, ensuite, qu'acquitter Esterhazy.

C'est ce qu'il fit le 11 janvier 1898.

Et, le 12, Esterhazy écrivait à un général qu'il n'a pas voulu nommer une lettre, dont le brouillon a été saisi par M. Bertulus (scellé 1, cote 2) : « Mon général, je venais de vous écrire pour vous exprimer bien mal — car je ne trouve pas de mots pour dire ce que j'éprouve — toute la profonde gratitude, toute l'infinie reconnaissance que j'ai au cœur pour vous. Si je n'ai pas succombé dans cette monstrueuse campagne, c'est à vous, et à vous seul, que je le dois, lorsque je trouve votre lettre... »

— Le mémoire conclut de là que les manœuvres relatives au document libérateur (la pièce « ce canaille de D... ») avaient, en somme, réussi pleinement.

— Du reste, ce document, que l'on présentait comme applicable à Dreyfus, n'était pas demeuré inconnu lors des débats, puisqu'à l'audience il avait été l'objet d'une discussion entre le lieutenant-colonel Picquart d'un côté, et, de l'autre, MM. Henry et Gribelin.

C'est ce qu'a déclaré le général de Pellieux devant M. le juge d'instruction Fabre, le 21 juillet 1898.

A l'inverse, et contrairement à ce que l'on avait pensé d'abord, il résulte d'une déposition du général Gonse, reçue par la Chambre criminelle le 13 décembre dernier (page 173), que, ni le Conseil de guerre, ni le commandant Ravary, ni le général de Pellieux lui-même, n'avaient eu, avant l'acquittement d'Esterhazy, connaissance de la pièce appelée « le faux Henry », à laquelle nous arrivons maintenant.

— Le 7 février 1898, commençait le procès Zola.

A l'audience du 18, le général de Pellieux s'exprimait en ces termes (sténographie, t. I, page 118) : « Au moment de l'interpellation Castelin, il s'est produit un fait que je tiens à signaler. On a eu, au ministère de la Guerre — et remarquez que je ne parle pas de l'affaire Dreyfus — la preuve absolue de la culpabilité de Dreyfus, absolue : et cette preuve, je l'ai vue! Au moment de cette interpellation, il est arrivé au ministère de la Guerre un papier dont l'origine ne peut être contestée et qui dit — je vous dirai ce qu'il y a dedans — : « Il va se produire une interpellation sur l'affaire Dreyfus; ne dites jamais les relations que nous avons eues avec ce juif ». — Et, messieurs, la note est signée! elle n'est pas signée d'un nom connu, mais elle est appuyée d'une carte de visite, et, au dos de cette carte de visite, il y a un rendez-vous insignifiant, signé d'un nom de convention, qui est le même que celui qui est porté sur la pièce, et la carte de visite porte le nom de la personne. Eh bien! messieurs, on a cherché la revision du procès par une voie détournée; je viens vous donner ce fait. Je l'affirme sur mon honneur; et j'en appelle à M. le général de Boisdeffre pour appuyer ma déposition. »

Et, le lendemain, le général de Boisdeffre disait : « Je confirme de tous points la déposition de M. le général de Pellieux, comme exactitude et comme authenticité. »

Quatre mois plus tard, le 7 juillet 1898, à la tribune de la Chambre des députés, le ministre de la Guerre, M. Cavaignac, donnait le texte même de ce document : « J'ai lu qu'un député va interpeller sur Dreyfus. Si... je dirai que jamais j'avais des relations avec ce juif. C'est entendu. Si on vous demande, dites comme ça, car il faut qu'on sache jamais, personne, ce qui est arrivé avec lui. »

Et M. Cavaignac ajoutait (*Journal Officiel* du 8 juillet, page 1957, colonne 3) :

« Son authenticité matérielle résulte, pour moi, non seulement de tout l'ensemble des circonstances dont je parlais il y a un instant, mais elle résulte, entre autres, d'un fait que je veux indiquer : elle résulte de la similitude frappante avec un document sans importance écrit par la personne, et écrit comme celui-là au crayon bleu sur le même papier, assez particulier, qui servait à la correspondance habituelle de cette même personne, et qui, daté de 1894, n'est pas sorti depuis cette date des archives du ministère de la Guerre.

« Son authenticité morale résulte d'une façon indiscutable de ce qu'il fait partie d'un échange de correspondances qui eut lieu en 1896. La première lettre est celle que je viens de lire. Une réponse contient deux mots qui tendent évidemment à rassurer l'auteur de la première lettre. Une troisième lettre, enfin, qui dissipe bien des obscurités, indique, avec une précision absolue, avec une précision telle que je ne puis pas en lire un seul mot, la raison même pour laquelle les correspondants s'inquiétaient. »

Or, de ces trois pièces, la première est un faux.

Le mémoire en tire la conséquence que la seconde, étant une réponse à la première, et la troisième, étant une réplique à la seconde, sont des faux également.

La première — avons-nous dit — est un faux : c'est le « faux Henry »; et le commandant Cuignet, devant la Chambre criminelle, a indiqué comment il l'avait découvert. (Pages 233 et 234.)

Vous savez quelles furent les explications du lieutenant-colonel Henry.

Introduit, le 30 août, à deux heures et demie, par le général Gonse, devant M. Cavaignac, qu'assistaient les généraux de Boisdeffre et Roget, il commença par nier énergiquement son crime, jurant à diverses reprises qu'il n'était pas coupable; enfin, pressé de questions, il avoua, tout en s'écriant : « J'ai agi pour le bien du pays ».

Je ne vous lis pas cet émouvant interrogatoire, qui est très long, et qui a été intégralement publié au mois d'octobre dernier.

Le général Roget avait été chargé de prendre, pour le reconstituer ensuite, des notes, qui sont au dossier 1 (liasse n° 1).

Mais la reconstitution n'a été faite que le 3 septembre ; et Henry n'était plus là pour y apposer sa signature !

Le 30 août, M. Cavaignac l'avait fait mettre en état d'arrestation.

Et l'officier supérieur qui le conduisit en voiture au Mont-Valérien, le colonel Féry, major de la place de Paris, a raconté (liasse n° 1, dossier 1, cote 4) :

« ... Lorsque nous quittons le salon pour sortir du ministère, le lieutenant-colonel Henry dit au général Gonse : « Je ne sais pas ce qui me retient de prendre mon revolver pour me casser la tête... »

« Je fis observer au lieutenant-colonel que c'était là un moyen extrême qui prouverait péremptoirement sa culpabilité, que sa femme et son enfant ne demandaient pas une aussi fatale détermination.

« Je quittai le ministère avec le lieutenant-colonel vers cinq heures du soir. Le fiacre 10,071 nous conduisit, 13, avenue Duquesne. J'accompagnai le lieutenant-colonel chez lui, où eut lieu une scène douloureuse avec Mme Henry et le petit garçon. Le lieutenant-colonel, qui avait pris un air calme, disait à sa femme : « Je ne veux pas te voir pleurer. Tout cela s'arrangera, tu verras. Ma conscience est tranquille. Tu sais que je suis un honnête homme. Il faut télégraphier pour dire que nous ne pouvons plus partir. Allons, donne-moi quelques effets. Le ministre m'envoie au Mont-Valérien. Il faut que j'y aille. Tu vois bien que le colonel m'attend. »

« Après avoir mis quelques objets dans une valise et pris son pardessus, le lieutenant-colonel embrassa une dernière fois son enfant et sa femme en répétant : — « Tu sais, toi, que je suis un honnête homme et que je n'ai rien à me reprocher. » Puis il me dit : « Descendons vite, mon colonel, j'en ai assez. »

« Le fiacre 10,071 nous conduisit sans arrêt au Mont-Valérien.

« Au cours du trajet, le lieutenant-colonel semblait atterré et n'avoir pas conscience de sa situation. Il monologuait à demi-voix, en répétant plusieurs fois les mêmes paroles : « C'est inconcevable. Que veut-on? C'est à devenir fou. Ma conscience ne me reproche rien; ce que j'ai fait, je suis prêt à le faire encore; c'était pour le bien du pays et de l'armée. Je n'ai jamais fait de mal à personne; j'ai toujours fait mon devoir. *Quel malheur d'avoir rencontré sur mon chemin de pareils misérables!* (sans prononcer de noms). *Ils sont cause de mon malheur!* Ma pauvre femme, mon pauvre petit garçon! Tout s'écroule en une seconde. Je ne ferai pas l'ouverture de la chasse. Tout le monde nous attend là-bas, que vont-ils penser? quel malheur! »

« Au moment où nous entrons au Mont-Valérien, à 6 h. 30 du soir, le lieutenant-colonel me demande si sa femme et son enfant seront utorisés à venir le voir pendant ses arrêts. Je lui répondis que je transmettrais sa demande à M. le gouverneur militaire de Paris, ce que j'ai fait.

« Le commandant d'armes du Mont-Valérien, chef d'escadron

d'artillerie Walter, prévenu par lettre du gouverneur de Paris, se trouvait à notre arrivée. Je lui remis la garde du lieutenant-colonel Henry; ma mission était terminée... »

Le lendemain 31, vers 7 heures du soir, on trouvait (liasse 1, dossier 1, cote 7), le lieutenant-colonel Henry, dans sa chambre, mort, « étendu sur son lit, après s'être ouvert la gorge avec un rasoir qu'il tenait encore dans sa main gauche. »

Près de lui, sur une table, étaient deux lettres à l'adresse de sa femme.

L'une, ouverte : « Ma Berthe bien-aimée, je suis comme fou, une douleur épouvantable m'étreint le cerveau, je vais me baigner dans la Seine. »

L'autre, fermée : « Ma Berthe adorée, je vois que, sauf toi, tout le monde va m'abandonner; et cependant *tu sais dans l'intérêt de qui j'ai agi*. Ma lettre est une copie, et n'a rien, absolument rien, de faux. Elle ne fait que confirmer les renseignements verbaux qui m'avaient été donnés quelques jours auparavant. Je suis absolument innocent; on le sait; et tout le monde le saura plus tard; *mais en ce moment je ne puis parler*. Prends toujours bien soin de notre petit Joseph adoré; et aime-le toujours comme je l'aime et comme je t'aime. Au revoir, ma chérie, j'espère que tu pourras venir me voir bientôt. Je vous embrasse tous deux du plus profond de mon cœur. »

Dans l'intérêt de qui Henry avait-il agi? Et pourquoi, en ce moment, ne pouvait-il parler?

Quels étaient, d'autre part, les « misérables » qu'il se plaignait d'avoir rencontrés sur sa route?

Le mémoire pense qu'Henry avait agi, et dans l'intérêt d'Esterhazy, et dans le sien peut-être aussi.

Tous deux se connaissaient depuis longtemps.

Rappelez-vous la déposition d'Esterhazy (page 404) : « Le colonel Henry était un de mes camarades; j'avais été avec lui, il y a près de 20 ans, au service des renseignements, très peu de temps après la création de ce service; j'y étais comme lieutenant : Henry y était également avec le même grade et le même emploi; je l'avais revu très fréquemment depuis. »

Et une lettre à M. Jules Roche (page 494) : « Le commandant Henry est mon débiteur depuis 1876; je lui ai prêté quelque argent, qu'il ne m'a jamais rendu. »

Et le témoignage de M. Grenier (page 498) : « J'avais rencontré à la Sûreté générale le colonel Henry, et, lui ayant dit : « Donnez donc un coup d'épaule à Esterhazy », il m'avait répondu : « Je l'aide de tout mon pouvoir, et cela très affectueusement. » Je répétai le propos à Esterhazy, qui s'écria : « Eh bien! il ne manquerait plus qu'Henry ne fût pas gentil! »

Cependant, au ministère de la Guerre, Henry dissimulait le plus possible ses relations avec Esterhazy; le général Roget les ignorait; et, devant la Chambre criminelle, répondant à cette question : « Savez-vous si le colonel Henry et Esterhazy se connaissaient et avaient des rapports ensemble? » il disait (page 66) : « Je ne peux l'affirmer d'une façon absolue, mais je ne le crois pas. D'après tout ce que je sais de l'affaire et des premiers rapports qui ont existé entre Esterhazy et Du Paty, je suis porté à croire, d'une façon très ferme, qu'Henry et Esterhazy ne se connaissaient pas. Henry n'a été en rapports, à ma connaissance, avec Esterhazy que postérieurement au procès Zola. »

Si Henry dissimulait avec tant de soin ses relations avec Esterhazy, n'est-ce pas parce qu'elles avaient un caractère suspect?

Le mémoire ne veut pas faire état des allégations d'un nommé Decrion, poursuivi actuellement pour espionnage, qui a prétendu avoir collaboré avec Henry à la fabrication d'un grand nombre de faux et avoir reçu de lui le dépôt d'un sac noir, caché depuis en Belgique, et contenant quatre paquets, scellés à la cire rouge, dont un « renferme notamment des lettres du commandant Esterhazy ». — D'un autre côté, la Cour sait qu'une nommée Élodie Wathier, condamnée pour escroquerie et détenue à Amiens, a prétendu aussi avoir caché dans la forêt de Marly, au pied d'un arbre, un coffret avec des papiers secrets dont elle aurait donné connaissance à Henry.

Le mémoire, je le répète, ne fait pas état de ces déclarations.

Mais il invoque le témoignage de M. le juge d'instruction Bertulus, au sujet d'un incident grave qui s'est passé dans son cabinet le 18 juillet 1898.

M. Bertulus avait saisi un mémento, de la main d'Esterhazy, portant : « Le dossier est connu, — l'ordre des témoins, — huis clos, donnera renseignements, — Picquart, — agents de Bâle, — Henry et Gonse » (liasse n° 2).

Les mots « agents de Bâle » désignaient l'agent R. C. qui, à Bâle, dans une entrevue avec Henry et le capitaine Lauth, avait signalé comme traître un chef de bataillon français, et qui, plus tard, d'après une note ministérielle du 3 février 1898 jointe au dossier de l'instruction Tavernier, aurait déclaré, causant avec d'autres personnes, que le chef de bataillon français était Henry lui-même; d'où la note ministérielle concluait que R. C. était un agent provocateur (ce que le mémoire regarde comme très contestable).

Le mémento portait, en outre, ces mots, bien faits pour attirer l'attention : « Homme de paille ayant fourni les documents du bordereau. »

M. Bertulus, en dehors de l'exercice de ses fonctions, interrogea, à ce sujet, Henry, qui « s'effondra dans un fauteuil, se mit à pleurer à chaudes larmes, puis se leva, enlaça le magistrat, lui prit la tête dans les deux mains, l'embrassait au front et aux joues, s'écriant : « Sauvez-nous! »

Devant la Chambre criminelle, M. Bertulus, le 6 décembre, ajoutait (page 152) : « Tout à coup, comme se réveillant, il me dit : « Esterhazy est un bandit. » — Sans lui laisser le temps de continuer sa phrase (si tant est qu'il en eût le dessein), je lui ripostai : « Esterhazy est l'auteur du bordereau ». Alors Henry ne répondit ni oui ni non. Il se contenta de me répéter : « N'insistez pas, n'insistez pas; avant tout, l'honneur de l'armée. »

Ce récit a été, devant les Chambres réunies, maintenu par M. Bertulus le 25 avril.

Sans doute, il a été contredit par les généraux Gonse et Roget, attestant qu'Henry, lorsqu'il était rentré au ministère, le 18 juillet, n'était nullement troublé ni ému, et avait fait, au contraire, un récit absolument inverse (page 434) : c'est le juge d'instruction lui-même qui, après lui avoir dit : « Vous croyez que je suis contre l'armée, vous avez tort; je marche avec vous, etc. » — s'était mis « à fondre en larmes » et à « l'embrasser » en parlant de sa « robe rouge » qu'il allait perdre », etc.

Le mémoire accepte la déposition des généraux Roget et Gonse aussi bien que celle de M. Bertulus.

Et il est persuadé qu'on peut les concilier aisément.

Henry avait été violemment effrayé de se voir soupçonné par le juge d'instruction; et, désirant qu'une démarche personnelle du général Roget dissipât les soupçons, il alla l'avertir que M. Bertulus voulait l'entretenir; puis, très habilement, il intervertit les rôles et prêta au magistrat sa propre attitude.

Et le général Roget le crut, comme le général Gonse.

Car on est frappé de l'ascendant qu'avait pris, dans les bureaux de l'État-major, cet officier, qu'on se plaît aujourd'hui à représenter comme un homme peu intelligent et sans conséquence : il n'avait pas d'instruction, c'est vrai; mais sorti des rangs et ne connaissant aucune langue étrangère, il était parvenu, non seulement à évincer Picquart, mais à le remplacer comme chef du service des renseiments!

Le mémoire estime, en résumé, qu'Henry avait eu des rapports très suspects avec Esterhazy, dans l'intérêt duquel, en commettant le faux, il a certainement agi.

Quant aux « misérables » auxquels faisait allusion sa conversation avec le colonel Féry, c'étaient — suivant le général Zurlinden (page 32) — « Picquart et peut-être Leblois », — c'étaient, suivant le général Roget (page 83), « Picquart et Du Paty du Clam ».

Picquart! on le conçoit, puisque c'est lui qui, le premier, avait accusé Esterhazy.

Du Paty de Clam! on le conçoit également, si, comme l'a affirmé le commandant Cuignet (page 235), Du Paty de Clam est le véritable auteur du faux :

« Je me suis demandé si Henry, ainsi qu'il l'a déclaré dans son interrogatoire devant M. Cavaignac, a agi seul, et s'il n'a pas eu de complices. M. Cavaignac, qui m'a souvent parlé des divers incidents de cet interrogatoire, m'a dit à ce sujet : « Quand j'ai posé à Henry la question : « Avez-vous agi seul? » j'ai saisi une hésitation dans son regard. Il m'a répondu d'abord en hésitant, et en assurant peu à peu sa voix: « Oui, j'étais seul. » — Eh bien! je suis convaincu qu'Henry n'a pas dit la vérité; je crois qu'il est facile d'établir que non seulement Henry n'a pas agi seul, mais qu'il n'a été lui-même que le complice de l'auteur principal, et que l'auteur principal du faux Henry est le lieutenant-colonel Du Paty de Clam. »

Vous avez entendu, le 29 avril, la protestation de M. Du Paty de Clam : « .... Je ne puis m'empêcher d'exprimer ma stupéfaction et mon indignation profonde en voyant cet officier (le commandant Cuignet) pousser son audacieuse désinvolture jusqu'à voir, dans un clignement d'œil, le fait que j'ai commis un acte, avoué par le coupable, reconnu par lui avoir été fait sans complicité, et pour lequel le coupable s'est tué. — Ainsi, la simple fantaisie du commandant Cuignet me fait choisir par lui pour être l'auteur de cet acte. M. Cuignet a-t-il ce qu'il croit être des preuves? Qu'il les produise : on verra ce que cela vaut; et, pour ma part, j'en serai enchanté. Mais j'entends par preuves autre chose que des hypothèses fantaisistes... Je tiens à rappeler ce fait, que je suis le premier à avoir signalé les doutes que m'inspirait le faux Henry, au mois de février 1898. Je les ai exprimés devant le général Gonse seul, puis devant le général Gonse et le colonel Henry. Je croyais qu'on avait pu glisser un papier apocryphe au service des renseignements. Ainsi que je l'ai constaté devant la Chambre criminelle, c'est à partir de ce jour que des manœuvres détournées ont été employées contre moi pour me compromettre et m'écarter. Et je constate que ces manœuvres ont survécu au malheureux Henry, et que la malveillance continue à s'acharner après moi. »

Mais vous avez, aussi, entendu le même jour le commandant Cuignet : « Je déclare maintenir, d'une façon absolue, ma déposition devant la Chambre criminelle, au sujet de M. le lieutenant-colonel Du Paty de Clam. Je prends la responsabilité pleine et entière de mes dires. Je suis prêt à les justifier par des preuves matérielles et par des arguments qui, je le crois, sont de nature à faire pénétrer, chez ceux qui sont appelés à m'entendre, la même conviction qui m'anime. Mais la Cour voudra bien comprendre que cette justification doit être faite à l'aide de documents qui nécessitent une véritable instruction, et non une simple audition d'un témoin. »

Et plus loin :

« Je voudrais maintenant répondre à certains reproches qui ont été formulés à l'occasion de ma déposition. On a dit que j'avais manqué à la discipline militaire en portant des accusations contre un de mes supérieurs hiérarchiques. Mais à ce compte, je ne devais pas plus dénoncer le faux du lieutenant-colonel Henry au ministre que je ne devais dénoncer les actes du lieutenant-colonel Du Paty à la Justice. Et, dans ce cas, que devient mon serment de parler sans haine et sans crainte, de dire la vérité et toute la vérité? — On a dit encore que j'avais manqué à la solidarité entre camarades. Mais la solidarité ne consiste pas à couvrir des fautes individuelles. Tout au contraire! Pour la garantie des droits et de l'honneur de la collectivité, chacun a le devoir de faire connaître les fautes individuelles, quand elles sont de la nature de celles qui sont reprochées au lieutenant-colonel Cu Paty. Sans doute il serait préférable qu'il n'y eût pas de scandale, qu'on pût laver son linge sale en famille. Mais était-ce possible dans l'espèce? Est-ce que nos adversaires n'accusaient pas le lieutenant Du Paty de la plupart des faits que je lui attribue? Pouvais-je leur dire qu'ils se trompaient? — Enfin, et je demande pardon à la Cour de citer ce détail, on a reproché à ma déposition d'avoir été maladroite; on a dit qu'en chargeant le lieutenant-colonel Du Paty, je mettais moi-même en cause le procès de 1894, dont le lieutenant-colonel Du Paty a été, non le juge d'instruction, mais l'officier de police judiciaire. En ce qui concerne le procès de 1894, il faudrait d'abord démontrer que des irrégularités ont été commises par l'officier de police judiciaire, et cette preuve n'a pas été faite, et elle ne sera pas faite, parce qu'il n'y a pas eu d'irrégularités commises. De plus, l'enquête de l'officier de police judiciaire n'appartient pas à la procédure qui, pour les militaires, ne commence qu'à l'ordre d'informer. Et d'ailleurs, je n'ai pas à me préoccuper de savoir si ma déposition est adroite ou maladroite : dire la vérité et toute la vérité, c'est, à mon sens, la tactique la plus habile en même temps que la seule honnête ! »

— Mais le « faux Henry » n'est pas le dernier dont Dreyfus ait à se plaindre.

Deux autres sont encore relevés par le mémoire.

M. Cavaignac, le 7 juillet 1898, avait — outre le faux Henry — indiqué avec la pièce « ce canaille de D... », comme preuve de culpabilité, une lettre (n° 371 du dossier secret), au sujet de laquelle le commandant Cuignet s'est expliqué devant la Chambre criminelle (page 254).

« Cette pièce est une lettre authentique, écrite au crayon noir sur papier quadrillé, par l'agent B... à l'agent A... ; son texte est le suivant :

« Mon très cher ami, hier au soir j'ai fini par faire appeler le médecin, qui m'a défendu de sortir. Ne pouvant donc aller chez vous, demain, je vous prie de venir chez moi dans la matinée, car D... m'a porté beaucoup de choses très intéressantes, et il faut partager le travail, ayant seulement dix jours de temps. Tâchez donc de dire (*sic*) à... que vous ne pouvez pas monter. Tout à vous, (*Signature.*) »

« Ce qui constitue à mes yeux le caractère suspect de cette pièce, qui porte la date de mars 1894 (date du Bureau des renseignements), c'est que l'initiale D me paraît recouvrir une autre initiale ou lettre majuscule qui aurait été effacée à la gomme.

« De plus, l'intervalle qui sépare cette initiale de la première lettre du mot suivant me paraît d'une étendue absolument anormale, lorsqu'on se contente de mettre une initiale.

« Il me semble que cet intervalle a dû être occupé par des lettres faisant suite à la lettre majuscule qui paraît avoir été effacée à la gomme.

De plus, les trois points qui font suite à l'initiale D... me paraissent appuyés et grossis, beaucoup plus gros en tout cas que les points de ponctuation que l'on trouve dans le texte authentique.

« Enfin, en examinant cette pièce à la loupe, il m'a paru que le quadrillage voisin de la lettre qui m'a semblée gommée a été atteint lui-même par la gomme, ce qui me confirme qu'on a utilisé la gomme pour effacer une lettre ou un mot.

« Il m'a semblé également, en continuant mon examen à la loupe, que les points qui accompagnent l'initiale D... recouvraient des lettres dont il m'a paru voir quelques éléments sans que j'aie pu reconstituer ces lettres.

« Pour ces divers motifs, la pièce, dont l'ensemble du texte est authentique, m'a paru éminemment suspecte. »

M. Bertillon a examiné ce document : il y reconnaît, comme le commandant Cuignet, « un grattage, ou gommage, suivi de retouche » ; il croit, cependant, que, sous le D majuscule, était déjà un autre D.

— Mais à quoi bon, alors, les altérations constatées ? Il est manifeste qu'on a voulu frauduleusement créer une nouvelle charge contre Dreyfus.

— C'est aussi ce qu'on a voulu faire avec la pièce (n° 44 du dossier secret) qui a donné lieu à trois dépositions de M. le secrétaire d'ambassade Paléologue.

Le 2 novembre 1894, à trois heures 4 minutes du soir, alors que l'arrestation de Dreyfus était, depuis la veille au matin, annoncée par la presse, une dépêche chiffrée, remise au bureau de la rue Montaigne, était adressée, à son gouvernement, par un agent étranger. Le décalque en fut pris à l'Administration des télégraphes sur un papier pelure, donnant la reproduction complète de l'original, lequel fut renvoyé au bureau expéditeur, pour être, l'année suivante, livré à la Direction des domaines et détruit, conformément aux règlements.

Ce décalque a été communiqué à la Cour, sur la demande de M. le Premier Président ; il est au dossier.

Aucun doute n'est possible sur son authenticité.

Aucun doute, non plus, sur sa traduction. C'est ce qui résulte du procès-verbal suivant : « Les soussignés, MM. le général Chamoin et le commandant Cuignet, délégués du ministre de la Guerre, d'une part, et M. Paléologue, secrétaire d'ambassade, délégué du ministre des Affaires étrangères, d'autre part, se sont réunis, le 27 avril 1899, dans le cabinet de M. le Premier Président, à l'effet de procéder au déchiffrement du décalque du télégramme du 2 novembre 1894, tel qu'il a été remis à M. le Premier Président de la Cour de cassation par l'Administration des postes et télégraphes, avec les explications contenues dans la lettre du chef du cabinet, sous-secrétaire d'État de cette administration, en date du 22 avril 1899. La traduction, opérée de concert par les trois délégués précités, a fait ressortir la version suivante : « Si le capitaine Dreyfus n'a pas eu de relations avec vous, il serait bon de charger l'ambassadeur de publier un démenti officiel, afin d'éviter les commentaires de la presse. »

Le général Chamoin et le commandant Cuignet ont ajouté que, dans leur pensée, l'écriture (texte et signature) n'étaient pas de la main de l'agent étranger.

C'est possible, car chacun sait que souvent les télégrammes chiffrés étant assez longs à composer, l'on charge de ce travail un secrétaire.

Mais, au début, l'on ne possédait pas, comme aujourd'hui, la clef du chiffre ; on avait hésité sur les derniers mots ; et le ministère des Affaires étrangères avait donné au Service des renseignements, *sous toutes réserves,* une première version, qui se terminait ainsi : « Démenti officiel, notre émissaire prévenu. » — Peu de jours après, le colonel Sandherr recevait la version exacte : « Démenti officiel, afin d'éviter les commentaires de la presse ».

Ce texte définitif, M. Paléologue affirme l'avoir « vu entre les mains du colonel Sandher et lui en avoir parlé à diverses reprises » (page 267).

Mais, au ministère de la Guerre, on n'a plus, ni la deuxième version, ni même la première; elles ont disparu.

Et M. Paéologue a dit devant la Chambre criminelle, le 9 janvier (page 267) :

« Dans les derniers jours d'avril ou les premiers jours de mai 1898, le colonel Henry vint me voir au ministère des Affaires étrangères et me demanda, d'un air un peu embarrassé, si je pouvais lui procurer une copie du télégramme du 2 novembre 1894. Je ne compris pas bien d'abord sa question et je lui répondis : « Mais vous l'avez, ce document ! Je l'ai vu entre les mains de Sandherr; qu'est-il donc devenu? » Henry repartit : « Je ne sais ; nous ne le retrouvons pas. Les pièces du dossier ont été disséminées entre plusieurs coffres-forts. Bref, je ne l'ai plus. »

« Je lui répondis qu'il ne m'appartenait pas de lui remettre une pièce de cette nature, et qu'il n'avait qu'à la faire réclamer au ministère des Affaires étrangères par le ministre de la Guerre. Il me demanda alors si je ne pouvais au moins lui en remettre officieusement une copie. Ma réponse fut que l'écriture d'un agent des

Affaires étrangères conférerait à cette pièce une apparence d'authenticité que je n'avais pas qualité pour donner : « Toutefois, ajoutai-je, je vous ai récité tant de fois ce télégramme que je peux bien vous le réciter une fois de plus. Libre à vous de l'écrire sous ma dictée. »

« Il prit un crayon et une feuille de papier, et écrivit sous ma dictée le texte que j'ai indiqué. L'entretien finit là. »

— Ce qu'est devenu l'écrit dicté à Henry par M. Paléologue, on l'ignore.

Ce qu'il y a de certain, c'est que — le général Gonse n'ayant pu obtenir du sous-secrétariat des postes et télégraphes l'original même, puisque, conformément aux règlements, on l'avait détruit depuis 1895, et n'ayant pas voulu sans doute se contenter d'une copie certifiée d'après le décalque pris sur papier pelure — l'on fit appel, en mai 1898, à M. Du Paty de Clam pour reconstituer le texte du télégramme ; et c'est la pièce n° 44 du dossier secret : « Le capitaine Dreyfus est arrêté ; le ministre de la Guerre a la preuve de ses relations avec l'Allemagne ; toutes mes précautions sont prises. »

M. Paléologue déposant le 29 mars devant les Chambres réunies, a déclaré que « sa conscience et ses instructions l'obligeaient à dire qu'aucune erreur de mémoire ne saurait justifier les différences qui existent entre le texte en question et le texte conservé au ministère des Affaires étrangères : « *la pièce n° 44 n'est pas seulement erronée, elle est fausse* ».

— C'était encore un faux, dû à la collaboration d'Henry avec Du Paty de Clam, et destiné à faire une arme, contre Dreyfus, d'une dépêche chiffrée qui lui était au contraire favorable, puisqu'il en résultait la preuve que le signataire ne le connaissait pas.

— Quels mobiles ont donc déterminé ces deux hommes à s'acharner ainsi sur le condamné de 1894 ?

Pour Henry, le mémoire s'est demandé déjà si un sentiment d'intérêt personnel, et peut-être une complicité inavouée, ne liaient pas sa cause à celle d'Esterhazy.

Quant à Du Paty de Clam, il aurait été, d'après le commandant Cuignet (page 237) guidé par « la vanité », — souffrant de voir « attaquer une œuvre qu'il considérait comme son œuvre à lui (le procès de 1894) » — et aussi par « la haine de Picquart et l'espoir de perdre ce dernier en dévoilant ses agissements et en augmentant encore leur gravité ; à cet effet, il a employé des moyens, tour à tour odieux et grotesques, qui lui étaient inspirés par son imagination malade et sa haine. »

Mais cette haine, Du Paty de Clam la nie (page 315).

Et il a dit devant les Chambres réunies : « En réalité, il n'y a qu'un mobile à mon intervention auprès d'Esterhazy. Il consiste dans les considérations que le général Gonse m'a fait valoir quand il m'a révélé l'affaire Esterhazy : considérations d'ordre extérieur, que j'expose à la Cour sans les faire consigner par écrit, considérations d'ordre intérieur, qui existent, quoi que dise M. le général Roget en prétendant que je m'abrite derrière elles ; considérations dont on connaît la nature et dont nul démenti n'empêchera l'existence. En terminant, je dirai combien je suis attristé d'avoir été abandonné par mes chefs. Jamais je n'aurais cru que le général Gonse me désavouerait après m'avoir lancé en avant. Jamais je n'aurais cru qu'un ancien ministre, après m'avoir dit : « Vous avez rendu un grand service au pays », laisserait mon appel sans réponse. Jamais je n'aurais cru qu'un général, auquel je me suis dévoué sans réserve, m'abandonnerait après m'avoir dit : « Moi vivant, vous ne serez jamais sacrifié ». Tant qu'on n'a touché qu'à ma personnalité militaire et à ma carrière, je suis resté dans la plus grande réserve vis-à-vis de mes chefs. Aujourd'hui, on fait attaquer mon honneur par un officier qui ose qualifier ses supérieurs de la façon la plus inconcevable et m'accuse depuis de longs mois de faits sur lesquels je n'ai jamais été interrogé. On conçoit que mon indignation est grande. Mais cependant, dans l'intérêt de mon pays, je ne me défends que dans la mesure strictement nécessaire pour expliquer mes actes. »

Les *actes* sont là.

Aux yeux du mémoire, leur révélation détruit toute la foi due à la chose jugée en 1894.

Si Dreyfus a été condamné, c'est qu'Henry, comme délégué du ministre, est venu apporter au Conseil de guerre une déposition passionnée au nom du Service des renseignements ; c'est que Du Paty de Clam, après avoir, dans une enquête combinée pour produire dans l'esprit de l'inculpé un véritable affolement, est venu peser sur les débats avec l'ardeur dont s'est plaint Dreyfus.

Mais leur témoignage est, aujourd'hui, nécessairement vicié par la longue série d'inqualifiables manœuvres qu'ils ont pratiquées pour assurer l'acquittement d'Esterhazy, pour empêcher qu'une condamnation d'Esterhazy fît naître un moyen de revision obligatoire (article 443, § 2).

Du Paty de Clam et Henry ne peuvent plus, dès lors, être réputés avoir, en 1894, parlé sans haine et sans crainte, disant la vérité, rien que la vérité.

Or, le vice du témoignage, qui constitue, lui aussi, un moyen de revision obligatoire (article 443, § 3), lorsque le faux témoin a été condamné, devient, en vertu de la loi de 1895, un moyen de revision permis, même en l'absence de poursuites dirigées contre le faux témoin.

Et le mémoire invoque les arrêts rendus le 16 décembre 1897 dans l'affaire Vaux, le 7 avril 1898, dans l'affaire Jamet et Léger.

VI

Le dernier moyen se fonde sur l'examen du bordereau.

Lorsqu'on veut savoir quel est l'auteur d'un document anonyme, il est indispensable de consulter, d'abord, les éléments matériels dont se compose le document lui-même, — l'écriture, le papier et le texte, — ensuite les éléments moraux, ou, en d'autres termes, les mobiles qui l'ont inspiré.

Le premier des éléments matériels, c'est l'écriture.

Ce qui a fait soupçonner Dreyfus, c'est que son écriture présente, avec celle du bordereau, à côté de différences nombreuses, des ressemblances incontestables.

Mais vous vous souvenez du désaccord qui, en 1894, s'était élevé entre les cinq experts, Gobert, Pelletier, Charavay, Teyssonnières et Bertillon.

Tandis que MM. Gobert et Pelletier déclaraient ne pouvoir attribuer à Dreyfus la pièce incriminée, dont l'écriture d'ailleurs leur paraissait « naturelle, nullement déguisée », M. Charavay pensait qu'il y avait « des signes évidents de déguisements » et concluait que : « en somme, les ressemblances d'aspect général et de détails, malgré une évidente préoccupation de déguiser l'écriture, sont si frappantes, et l'emportent tellement sur les dissemblances, qu'il est raisonnable d'attribuer la pièce n° 1 (le bordereau) à la main qui a tracé les pièces 2 à 30 (Dreyfus). »

M. Teyssonnières arrivait aux mêmes conclusions, en constatant que « l'écriture de la pièce n° 1 présente tous les caractères d'un déguisement d'écriture, mais dans laquelle le naturel reprend quand même le dessus. »

Quant à M. Bertillon, il avait, le 13 octobre 1894, exprimé l'avis que : « Si l'on écarte l'hypothèse d'un document forgé avec le plus grand soin, il appert manifestement... que c'est la même main qui a écrit la lettre et les pièces communiquées. »

Et, le 20 octobre, il écrivait au préfet de police que, lors du premier travail auquel il s'était livré le 13 : « Les coïncidences étaient déjà trop nombreuses pour laisser le moindre doute sur l'identité des deux écritures ; j'ajoute même qu'elles étaient beaucoup trop nombreuses, et que l'esprit était stupéfait d'être amené à constater avec évidence qu'un homme, incontestablement très instruit et très intelligent, avait pu écrire un billet de cette gravité sans déguiser manifestement son écriture... » Et plus loin : « Par quel plan machiavélique ce criminel comptait-il se défendre en cas de découverte ? Car il est inadmissible qu'il ne se fût pas ménagé une retraite, pratique ou non. Pourquoi, par exemple, n'avait-il pas employé l'écriture renversée, ou l'écriture de la main gauche, ou l'écriture avec un gant, debout en tenant son cahier à la main, etc., à la façon dont sont confectionnées 99 0/0 des lettres anonymes que reçoit la Préfecture de police ? *Et pourquoi l'emploi du papier pelure pour une lettre dont le prix se chiffrait peut-être par millions ?* C'était d'une mesquinerie déconcertante. Ce point m'avait tellement frappé que j'en parlai dès le premier jour à M. Cochefert, lequel, sans me convaincre, m'allégua la nécessité de dissimuler le document sous la tunique. »

Aussi, partant de cette idée que l'auteur du bordereau, « homme incontestablement très instruit et très intelligent », avait dû déguiser son écriture, M. Bertillon estimait que les divergences, comme les ressemblances mêmes, entre cette écriture et celle du bordereau, décelaient « le futur plan de défense du traître ».

« L'identité de l'écriture a été conservée volontairement par notre criminel, qui compte s'en servir, comme sauvegarde, justement à cause de son absurdité même.

« Il l'aurait déguisée, que la nature des documents énumérés aurait suffi pour révéler la qualité de l'arme à laquelle il appartient et la nature de ses fonctions.

« Les soupçons, qu'il avait dû certainement mettre en éveil par des démarches inconsidérées, auraient achevé de le désigner.

« Son écriture, analysée, l'aurait certainement trahi ; car il est pratiquement impossible de la déguiser complètement durant des travaux aussi volumineux que ceux énumérés dans la lettre.

« Aussi s'est-il ménagé, dès le début, la possibilité d'arguer d'une pièce forgée, d'une pièce calquée. Et c'est en vue de rendre son moyen de défense plus plausible qu'il a employé du papier pelure pour sa missive, tandis qu'un vrai faussaire aurait prévu l'objection et aurait écrit sa pièce au moyen d'un carreau sur un bristol épais et translucide. De là, la disparition voulue des déliés initiaux et l'addition des déliés finaux..., etc.

« De là aussi, ces quelques tremblements, accentués dans l'écriture, qui m'avaient tant intrigué le premier jour. Le mot « responsables » en est un bon exemple : en tremblant volontairement les deux dernières syllabes, il pensait à sa propre responsabilité, et voulait pouvoir dire : « Regardez donc, comme c'est tremblé! donc c'est calqué »; mais il était si pressé qu'il ne nous en a donné que quelques exemples. »

On a dit, souvent, que l'art des experts en écriture est essentiellement conjectural.

Les lignes que nous venons de lire ne sont pas pour démontrer le contraire.

— Le 22 décembre 1894, intervient la condamnation.

Trois ans après, en 1897, on dénonce une écriture, que le Conseil de guerre n'avait pas connue, celle du commandant Esterhazy.

Et l'on y remarque, entre autres particularités, celles-ci:

Dans le bordereau, la forme donnée aux « doubles *s* » est très caractéristique : prenez les mots « adresse », « intéresse », « intéressants », « fasse », vous verrez que, dans chacun d'eux, la première *s* est petite, la seconde allongée.

M. Bertillon, devant la Chambre criminelle, a déclaré (page 339), que, d'après une statistique, cette forme, d'origine étrangère, ne se rencontre que trois ou quatre fois pour cent dans les écritures françaises contemporaines.

Elle ne se rencontre dans aucune des pièces de comparaison écrites, avant ou après le procès, par Dreyfus, qui fait tantôt les deux *s* petites, tantôt la première, mais non la seconde, allongée.

Esterhazy, au contraire, donne habituellement aux doubles *s* une forme analogue à celle du bordereau.

Ce n'est pas tout.

Dans le bordereau, les alinéas ne sont pas marqués.

Les mots qui commencent chaque paragraphe : — « Sans nouvelles »; — « 1° une note sur le frein »; — « 2° une note sur les troupes »; — « 3° une note sur une modification »; — « 4° une note relative »; — « 5° le projet de manuel »; — « ce dernier document »; — « si donc vous voulez »; — ne forment pas alinéas, ils ne « rentrent » pas sur les autres lignes.

Toutefois, le mot « je » qui commence la phrase finale « je vais partir en manœuvres » « rentre » un peu.

Les écrits de Dreyfus, non seulement ceux qui ont suivi, mais ceux qui ont précédé sa condamnation, se distinguent au contraire par des alinéas très fréquents et très marqués.

Or, si vous vous reportez aux lettres authentiques d'Esterhazy, et elles sont nombreuses, si vous vous reportez notamment à celles qui, antérieures au mois d'août 1894 ou contemporaines, offrent les éléments d'appréciation les plus sûrs, vous constaterez qu'il n'existe pas d'alinéas marqués : la première ligne de chaque nouveau paragraphe est au même niveau que les autres.

Il n'y a d'exception que pour les phrases finales contenant les salutations, « veuillez agréer, etc. »

Et précisément, la phrase finale qui dans le bordereau remplace les salutations, « je vais partir en manœuvres », se détache légèrement du reste, en alinéa.

Les ressemblances étaient trop saillantes pour être contestées par les trois experts qu'en 1897 avait commis le commandant Ravary, MM. Couard, Belhomme et Varinard.

Ils ont, cependant, déclaré que le bordereau n'était pas d'Esterhazy. Pourquoi ?

Leur raisonnement se réduit, en définitive, à ceci :

La pièce incriminée a toutes les apparences d'un document suspect, fabriqué frauduleusement, car elle est écrite sur du *papier pelure* qui permettait de calquer des mots entiers ou des parties de mots pour toutes les lignes du recto et pour plusieurs du verso.

On y trouve l'imitation de l'écriture d'Esterhazy.

Or, on ne peut admettre qu'Esterhazy se soit donné la peine de calquer, ou imiter, sa propre écriture.

Donc, le bordereau est l'œuvre d'une autre personne qui voulait le lui faire attribuer.

Et l' « *s* double » fournit un argument :

« L' « *s* double » est celle qu'emploie habituellement Esterhazy... Mais peut-on supposer qu'un homme intelligent comme il l'est, ayant étudié l'écriture d'un autre homme pour l'imiter, n'ait pas remarqué que lui-même donnait à l's double une forme spéciale ; qu'il fallait, pour déguiser sa personnalité graphique, adopter une autre forme, soit deux *s* ordinaires, soit une *s* longue et une simple ? N'est-il pas probable, au contraire, que l'auteur du bordereau, ayant l'intention de faire imputer à Esterhazy la fabrication de ce document, et ayant remarqué la forme spéciale de l'*s* double, s'en soit emparé pour l'imiter ? »

Par conséquent, d'après l'avis unanime des experts de 1897, l'écriture d'Esterhazy est dans le bordereau, contrefaite, mais par un autre que lui, tandis que, d'après la majorité des experts de 1894, c'est l'écriture de Dreyfus qui y est déguisée, mais par lui-même.

La contradiction saute aux yeux.

Il y a là — pour le mémoire — un fait nouveau, qui doit contribuer à détruire l'autorité du jugement de 1894.

En effet, si l'écriture d'Esterhazy a été l'objet d'une contrefaçon, comment le contrefacteur pourrait-il être Dreyfus ?

D'abord, rien n'établit que ces deux officiers aient jamais eu de rapports ensemble.

La Chambre criminelle, dans l'enquête, a posé la question au général Roget, qui a répondu (page 67) : « Je l'ignore absolument, et serais porté à ne pas le croire. »

D'un autre côté, Dreyfus, ni pendant le procès, ni depuis, n'a prononcé le nom d'Esterhazy.

Le 18 octobre, lorsque M. Du Paty de Clam lui avait montré la photographie de quelques mots, il avait dit : « Il me semble vaguement que c'est l'écriture de Bro. »

Il n'aurait pas manqué de dire : « Il me semble que c'est l'écriture d'Esterhazy », si, afin de détourner les soupçons sur ce dernier, il s'était adonné à ces opérations considérables de calque ou de décalque, qui impliquaient la nécessité d'avoir, entre les mains, des documents en assez grand nombre pour y puiser, éparses dans les uns et dans les autres, les expressions techniques qui se trouvent réunies dans le bordereau.

Mais, ce n'est pas seulement la contradiction entre les experts de 1897 et la majorité de ceux de 1894 qui constitue un fait nouveau.

Il en est un autre, qui résulte de la contradiction, plus frappante encore, entre ces deux expertises d'une part, et celle qu'en 1899 la Chambre criminelle a confiée à MM. Paul Meyer, membre de l'Institut, directeur de l'École des chartes, professeur au Collège de France ; Molinier, professeur à l'École des chartes ; Giry, membre de l'Institut, professeur à l'École des chartes et à l'École des Hautes-Etudes, qui, entendus déjà dans le procès Zola, ne connaissaient alors le bordereau que d'après un fac-similé.

M. Paul Meyer (page 449) : « L'examen de l'original du bordereau a confirmé l'opinion que je m'étais formée d'après l'examen du fac-similé. Cette opinion, c'est que le document en question est de l'écriture du commandant Esterhazy.

« De plus, cet examen me permet, pour la première fois, d'affirmer ce que je n'avais pas encore affirmé, à savoir que ce document est non seulement de l'écriture, mais de la main du commandant Esterhazy.

« J'avais, en effet, établi une réserve au sujet de la main qui avait écrit ce document, lorsque je témoignai en Cour d'assises.

« Il n'est, en effet, pas impossible, *a priori*, d'admettre qu'une certaine main puisse imiter l'écriture d'autrui. Pour vérifier si une écriture est naturelle, ou contrefaite, il faut examiner de près l'original même. Sur l'original, en effet, on peut voir, en cas d'imitation, des traces de reprises. Chacun sait qu'on ne peut pas imiter une écriture « main courante »; or, ces traces de reprises ne peuvent guère être saisies sur un fac-similé un peu grossier.

« J'étais à peu près certain, pour des motifs d'ordre historique, résultant de raisonnements, que le bordereau était de la main d'Esterhazy.

« J'en suis maintenant tout à fait certain, à la suite d'un examen, fait à la loupe, de l'original qui est écrit d'une main courante, sans reprises, ce qui est d'autant plus notable que la nature du papier employé ne s'y prête pas absolument. »

M. Molinier (page 451) : « L'année dernière, au moment du procès Zola, je n'avais entre les mains, pour asseoir ma conviction, que des fac-similés en ce qui touche le bordereau.

« J'avais pu consulter des originaux de Dreyfus, des fac-similés de l'écriture d'Esterhazy, et c'était d'après ces éléments que je m'étais convaincu de l'identité de l'écriture du bordereau et de celle d'Esterhazy. Seulement, j'avais dû, n'ayant que des fac-similés, m'attacher uniquement aux caractères essentiels, à ceux qui ne peuvent être altérés, quelque imparfaite que soit la reproduction.

« L'examen que j'ai pu, aujourd'hui, faire de l'original du bordereau m'a permis de conclure que les fac-similés utilisés par moi étaient, en somme, absolument exacts.

« Tous les traits essentiels que j'y avais observés se retrouvent, et je puis aujourd'hui, sans aucune restriction, affirmer qu'en mon âme et conscience le bordereau est de la main d'Esterhazy. »

M. Giry (page 453) : « Ce que je puis affirmer à la Cour, c'est que l'examen auquel je me suis livré confirme, de tout point, les conclusions que j'avais tirées de l'étude du fac-similé du bordereau et d'autres pièces de comparaison : l'écriture du bordereau est une écriture naturelle et courante. Ce n'est pas l'écriture de Dreyfus, mais, au contraire, c'est tout à fait l'écriture d'Esterhazy. »

Et M. Giry a complété sa déposition par une note, très développée, qu'il a adressée le 11 mai à M. le Premier Président, dans laquelle il étudie avec un soin minutieux toutes les parties du bordereau, et spécialement chacune des lettres minuscules ou majuscules, pour les comparer à celles des pièces émanées soit de Dreyfus, soit d'Esterhazy.

Et ses conclusions sont les suivantes :

« 1° Le document connu sous le nom de bordereau est d'une écriture courante, naturelle, et non déguisée.

« 2° Cette écriture n'est pas celle de Dreyfus.

« 3° Elle est certainement celle d'Esterhazy. »

Ainsi, contrairement à l'opinion exprimée par les experts de 1897 et par la majorité de ceux de 1894, MM. Meyer, Molinier et Giry sont d'avis que l'écriture du bordereau est naturelle, courante, non déguisée.

Ils sont du reste d'accord *en cela* avec le général Zurlinden, qui, attribuant le document incriminé à Dreyfus, disait (page 30) : « L'examen que j'ai fait moi-même des différentes pièces du dossier judiciaire renfermant l'écriture de Dreyfus m'a montré que le bordereau avait été écrit par cet officier, et que c'était bien son *écriture courante et rapide;* le style du bordereau est d'ailleurs un peu lâche, comme celui d'un document écrit rapidement. Quant aux différences signalées entre le recto et le verso du bordereau, il m'a semblé qu'on pouvait admettre l'explication suivante : en écrivant la liste des différentes notes qu'il envoyait, l'auteur du bordereau était obligé de se servir de sa main gauche pour prendre successivement ses notes et pour en transcrire exactement le titre. Au moment où il a tourné le feuillet, sa nomenclature était terminée; il avait sa main gauche à sa disposition, et *son écriture est devenue tout à fait normale.* »

Mais, cette « écriture tout à fait normale », MM. Meyer, Molinier et Giry la considèrent comme identique à celle d'Esterhazy.

— Il est vrai que, devant la Chambre criminelle, le 18 janvier, M. Bertillon a proclamé plus forte que jamais sa conviction de la culpabilité de Dreyfus.

Il a fait une déposition très longue (imprimée pages 334 à 345), qui est le résultat de travaux énormes, effrayants par leur complication même, et aussi par la difficulté de les bien comprendre.

Il croit (page 335) que le bordereau a été « écrit au moyen d'une espèce d'*écriture de sûreté*, qui, bien qu'ayant été tracée relativement rapidement, présente l'apparence, lorsqu'on l'examine au moyen des procédés spéciaux de l'expertise en écritures, d'être un document forgé au moyen de mots décalqués et mis bout à bout. »

Il déclare (page 337) que le traître a combiné « le déguisement avec l'auto-forgerie » — et que l'auto-forgerie a consisté « à écrire sur un canevas composé d'un même mot de longueur déterminée et d'après un règlement déterminé. »

Il prétend, ensuite, avoir été, à force de recherchés, « amené à trouver que le bordereau avait été écrit sur le mot « intérêts », mis bout à bout. »

Ce mot « intérêts » serait un « mot-clef », avec lequel aurait été confectionné un « gabarit », ou « tracé sous-jacent », qui aurait été employé pour écrire sur papier pelure le contenu du bordereau.

Et il aurait été pris dans une lettre de Mathieu Dreyfus, frère du condamné!

— Comme l'écriture de Mathieu Dreyfus a des ressemblances avec celle d'Esterhazy, des esprits sceptiques se demanderont peut-être si M. Bertillon n'aurait pas abouti aux mêmes constatations en prenant le mot « intérêts » dans une lettre d'Esterhazy, au lieu de le prendre dans une lettre de Mathieu Dreyfus.

D'autres aussi, peut-être, feront observer qu'il est bien difficile de s'imaginer Dreyfus combinant « le déguisement » avec une « auto-forgerie » si longue et si laborieuse, pour fabriquer une « écriture de sûreté » qui, du premier coup, l'a fait soupçonner et arrêter!

Ils feront observer, en outre, que, si la lettre de Mathieu Dreyfus contenant le mot « intérêts » avait réellement servi à l'accomplissement du crime, Alfred Dreyfus n'aurait pas manqué de la faire disparaître, tandis qu'elle a été remise à M. Du Paty de Clam dans cette perquisition au sujet de laquelle le rapport du commandant d'Ormescheville exprimait des regrets en ces termes : « Tout ce qui aurait pu être en quelque façon compromettant avait été caché ou détruit. »

— Quoi qu'il en soit, M. Bertillon conclut (page 343), que : *En réalité, le bordereau n'est ni calqué, ni à main courante, tout en étant les deux à la fois; c'est une invention personnelle à Dreyfus.*

« Son triple objet serait :

« 1° De combiner des dénégations, pour le cas de retour sans certificat d'origine (c'est le cas actuel), en invoquant des divergences pratiques de détails et le changement dans l'aspect général de l'écriture, résultant du gabarit;

« 2° De prouver (fallacieusement) une conjuration de la part de ses collègues pour le cas de saisie sur lui-même (ou en un ensemble de circonstances équivalentes), en mettant en avant l'hypothèse d'un document forgé dans le genre du testament Labussinière ;

« 3° De dévoiler une machination??? basée sur l'imitation (et si besoin est) le décalque de l'écriture de son frère, pour les cas de saisie à domicile, où les allégations précédentes n'auraient pu être valablement produites. »

Enfin, M. Bertillon raconte (page 345), qu'au Conseil de guerre de 1894, pendant sa déposition, il a saisi quelques paroles, murmurées par Dreyfus avec colère : « Ah ! le misérable ! »

La colère de Dreyfus, ses angoisses, comme sa stupéfaction, ne s'expliquent-elles pas, quand on songe qu'il entendait, deux heures durant, développer contre lui un système d'accusation, auquel il lui était impossible de rien comprendre ?

On ne saurait, en somme, d'après le mémoire, s'arrêter aux conclusions hypothétiques de M. Bertillon.

— Mais, si, devant la Chambre criminelle, il a persisté dans ses appréciations du premier jour, au contraire l'un des experts qui avaient formé la majorité en 1894, M. Charavay, a modifié les siennes (page 347) :

« Étant donné qu'actuellement une écriture qui ne m'a pas été produite en 1894 et qui a une parenté avec l'écriture du bordereau et avec celle de Dreyfus m'a été présentée, je ne peux pas maintenir dans les mêmes termes les conclusions de mon rapport, et je ne puis actuellement dire qu'une chose, c'est qu'il y a deux écritures se rapportant à celle du bordereau.

« Je ferai toutefois remarquer qu'une des dissemblances typiques relevées par moi entre l'écriture du bordereau et celle des pièces de comparaison (le double *s*) n'existe pas entre le bordereau et la nouvelle écriture. Autrement dit, le double *s* se retrouve dans l'écriture d'Esterhazy qui vient de m'être communiquée. »

Et il accentue encore l'expression de sa pensée dans une lettre, adressée le 23 avril à M. Gabriel Monod, membre de l'Institut, qui l'a transmise à M. le Premier Président :

« De cette vérification, il résulte :

« 1° Que le bordereau reproduit exactement le graphisme d'Esterhazy ;

« 2° Que les parties du bordereau, qui, en 1894, avaient attiré les soupçons de l'autorité militaire sur Dreyfus et avaient impressionné les experts, ressemblent tout autant à l'écriture naturelle d'Esterhazy qu'à celle de Dreyfus ;

« 3° Que les dissemblances constatées dans mon rapport entre l'écriture de Dreyfus et celle du bordereau sont précisément les analogies caractéristiques des écritures du bordereau et d'Esterhazy.

« Dans ces conditions, j'estime que la confection graphique du bordereau ne peut plus être attribuée à l'ex-capitaine Alfred Dreyfus, mais doit être restituée à l'ex-commandant Esterhazy. »

— Donc (continue le mémoire), si l'on se réfère à ce premier élément matériel — l'écriture — des faits nouveaux tendent à établir que le bordereau, « base » de l'accusation de 1894, n'est pas l'œuvre de Dreyfus.

Mais, en admettant que les contradictions mêmes, relevées entre les diverses expertises, laissent dans l'esprit trop de place à l'incertitude, reste le second élément, — le papier ; — et, à cet égard, l'enquête de la Chambre criminelle a amené la saisie des deux pièces, jusqu'alors inconnues de la justice, qui sont décisives.

Le bordereau est écrit sur un papier pelure, de nuance jaunâtre, filigrané au canevas après fabrication de rayures en quadrillage de 4 millimètres.

C'est un papier spécial, qui, d'après les renseignements consignés au dossier de 1894, se vendait seulement sur commande et n'était plus « courant dans le commerce ».

On n'a pu démontrer que Dreyfus en eût employé de pareil.

Et Esterhazy, dans son interrogatoire du 7 décembre 1897, devant le commandant Ravary, avait déclaré « n'avoir jamais écrit sur du papier calque » (page 620).

Or, les pièces saisies en décembre 1898 sont deux lettres, l'une du 17 avril 1892, datée de Courbevoie, l'autre du 17 août 1894, datée de Rouen, toutes deux de la main d'Esterhazy qui, le 24 janvier 1899, devant la Chambre criminelle, n'en a pas contesté l'authenticité, toutes deux sur un papier pelure filigrané et quadrillé, que trois spécialistes, commis pour l'examiner, MM. Putois, Choquet et Marion, ont affirmé être complètement semblable à celui du bordereau !

Les deux lettres, particulièrement celle du 17 août 1894, contemporaine du bordereau lui-même, ne prouvent-elles pas que, parmi les nombreux experts successivement consultés, ceux-là seuls ont raison qui, dans le document incriminé, reconnaissent l'écriture d'Esterhazy ?

Il y a là encore un fait nouveau, sur lequel je serai obligé de revenir avec plus de détails à la fin de mon rapport.

— Le troisième élément matériel, c'est le texte.

« Sans nouvelles indiquant que vous désirez me voir, je vous envoie cependant, monsieur, quelques renseignements intéressants :

« 1° Une note sur le frein hydraulique du 120 et la manière dont s'est conduite cette pièce ;

« 2° Une note sur les troupes de couverture (quelques modifications seront apportées par le nouveau plan) ;

« 3° Une note sur une modification aux formations de l'artillerie ;

« 4° Une note relative à Madagascar ;

« 5° Le projet de manuel de tir de l'artillerie de campagne (14 mars 1894).

« Ce dernier document est extrêmement difficile à se procurer, et je ne puis l'avoir à ma disposition que très peu de jours. Le ministère de la Guerre en a envoyé un nombre fixe dans les corps, et ces corps en sont responsables ; chaque officier détenteur doit remettre le sien après les manœuvres. Si donc vous voulez y prendre ce qui vous intéresse, et le tenir à ma disposition après, je le prendrai. A moins que vous ne vouliez que je le fasse copier *in extenso* et je vous en adresse la copie.

« Je vais partir en manœuvres. »

— Avant de passer en revue chacune de ces énonciations, il importe de vous soumettre une remarque préliminaire :

On admet généralement, à l'heure actuelle, que le bordereau est du mois d'août 1894 : il serait de la fin d'août d'après M. Cavaignac (page 15), d'après le commandant Cuignet (page 243), et aussi, d'après une note du ministère de la Guerre, datée du 28 mai 1898, (liasse 5, dossier 5, cote 10), où on lit (page 21) : « Tout concourt à démontrer que c'est *au mois d'août, dans les derniers jours du mois*, que le bordereau a été écrit. »

Mais, lors du procès de 1894, on le regardait comme écrit au mois d'avril ou mai.

Car, on savait bien que Dreyfus n'avait pas assisté aux manœuvres de septembre, tandis qu'il était allé en voyage d'État-major au mois de juin ; et l'on considérait alors l'expression « partir en manœuvres » comme l'équivalent de « partir en voyage d'État-major ».

Cela résulte de la déposition du colonel d'Aboville : « Il fallait chercher l'auteur parmi les officiers ayant fait partie d'un voyage d'État-major aux mois de juin et juillet 1894. »

Mais la note ministérielle du 28 mai 1898, commentant la phrase finale du bordereau, dit (page 13) : « Il ne peut pas être question des écoles à feu, d'un voyage d'État-major d'armée, de corps d'armée ou de division. Il n'y a pas un officier d'armée française qui, partant pour les écoles à feu ou pour un voyage d'État-major, dirait : « Je vais partir en manœuvres. »

On le pensait pourtant en 1894, puisqu'on donnait au bordereau la date d'avril ou mai, ce qui était même devenu un moyen de défense pour Esterhazy devant le commandant Ravary (page 621) : « J'ai été aux écoles à feu du 5 au 9 août ; comment aurais-je pu fournir, en avril 1894, des renseignements que je n'ai eus qu'en août ou en septembre ? »

Dreyfus était donc accusé d'avoir « livré des documents secrets ou confidentiels », *antérieurs à avril ou mai* 1894.

Mais on a changé de système ; et maintenant l'on soutient que, sauf pour le projet de manuel du 14 mars (qui n'était d'ailleurs ni secret ni confidentiel), le bordereau viserait des documents postérieurs à juillet.

Et, en réalité, c'est par des arguments nouveaux, sur lesquels l'attention du Conseil de guerre n'avait pas été appelée, que l'on cherche, après coup, à démontrer la culpabilité.

Le bordereau parle « d'une note sur le frein hydraulique du 120 » ; c'est en effet le frein hydraulique du 120 que mentionnait le rapport du commandant d'Ormescheville : aujourd'hui la discussion porte sur le frein hydropneumatique du 120 court.

Le bordereau parle d'une « note sur les troupes de couverture (quelques modifications sont apportées par le nouveau plan) ». — Le rapport du commandant d'Ormescheville expliquait qu'il s'agissait de modifications datant du mois d'avril : « Il nous paraît impossible que le capitaine Dreyfus n'ait pas eu connaissance des modifications apportées au fonctionnement des troupes de couverture au mois d'avril dernier, le fait ayant eu un caractère confidentiel, mais non absolument secret, et les officiers employés à l'État-major de l'armée ayant, par suite, pu s'en entretenir entre eux et en sa présence. » — Aujourd'hui, le général Roget (page 51) déclare « qu'il s'agit de la couverture du nouveau plan, et du travail qui a été fait en août ».

Le bordereau parle d'une « note sur une modification aux formations de l'artillerie ». — Le rapport du commandant d'Ormescheville disait : « Il doit s'agir de la suppression des pontonniers et des modifications en résultant ; il est inadmissible qu'un officier d'artillerie ayant été employé au 1er bureau de l'État-major de l'armée ait pu se désintéresser des suites d'une pareille transformation quelques semaines avant qu'elle ne devienne officielle. » (Or, elle est « devenue officielle » par la promulgation (le 29 juin) de la loi du 21 mai 1894).

— Aujourd'hui, le général Roget déclare (page 51) « qu'il n'a été apporté, en 1894, de modifications aux formations de l'artillerie que postérieurement au vote de la loi ».

Enfin, le bordereau parle d'une « note relative à Madagascar ». Le commandant d'Ormescheville disait :

« Pour ce qui est de la note sur Madagascar, qui présentait un grand intérêt pour une puissance étrangère, si, comme tout le faisait déjà prévoir, une expédition y avait été envoyée au commencement de 1895, le capitaine Dreyfus a pu facilement se la procurer. En effet, au mois de février dernier, le caporal Bernolin, alors secrétaire de M. le colonel de Sancy, chef du 2e bureau de l'État-major de l'armée, fit une copie d'un travail d'environ vingt-deux pages sur Madagascar, dans l'antichambre contiguë au cabinet de cet officier supérieur. L'exécution de cette copie dura environ cinq jours, et pendant ce laps de temps, minute et copie furent laissées dans un carton placé sur la table-bureau du caporal précité à la fin de ses séances de travail. En outre, quand, pendant les heures de travail, ce gradé s'absentait momentanément, le travail restait ouvert, et pouvait, par suite, être lu, s'il ne se trouvait pas d'officiers étrangers au deuxième bureau ou inconnus de lui dans l'antichambre qu'il occupait. Ce gradé nous a déclaré dans sa déposition, mais sans préciser de dates, que le capitaine Dreyfus, qu'il connaissait, était venu quatre ou cinq fois dans cette antichambre pour voir M. le colonel de Sancy, pendant qu'il faisait son stage à la section allemande. Ce document a encore pu être lu par le capitaine Dreyfus quand il a été réintégré à la section anglaise, qui s'occupait alors de Madagascar, en raison de ce qu'il a été placé temporairement dans un carton non fermé. »

— Aujourd'hui (déposition Cavaignac, page 13), il n'est plus question que « des études qui se poursuivaient en août ».

Donc, on n'a pas cru pouvoir maintenir le débat sur le terrain où l'avait placé l'accusation en 1894.

Car il eût été impossible de continuer à prétendre que l'auteur du bordereau eût livré des renseignements secrets et confidentiels intéressant la défense nationale.

Pour Madagascar, par exemple, M. Cavaignac déclare (page 13):

« La note de février (1894), à laquelle on a fait allusion, et qui aurait été recopiée par le caporal Bernolin, est une note faite par le commandant Mollard, et contenant des renseignements géographiques sur Madagascar qui ne pouvaient présenter aucun intérêt quelconque. »

De même pour la future suppression des pontonniers : en quoi l'annonce de ce projet de loi, qui ne faisait mystère pour personne, et que le Parlement, après les débats publics, a voté dès le 21 mai, pouvait-elle compromettre la sécurité de l'État?

De même encore pour les troupes de couverture : ce n'étaient pas des modifications passées qui étaient intéressantes, c'étaient les modifications nouvelles que l'on étudiait.

De même, enfin, pour le « frein hydraulique du 120 ». — Comme l'indique le général Roget (page 56), « ce frein était connu depuis 11 ans », et « sa description complète se trouve dans un règlement paru... en 1889. » Le général Roget pense, dès lors, que le bordereau nécessairement visait le « frein hydropneumatique du 120 court », lequel (ajoute-t-il, page 56) « était, en 1894, presque inconnu de la masse des officiers d'artillerie, et à plus forte raison des officiers des autres armes ». — C'est peut-être ce qui explique pourquoi, dans le rapport de M. d'Ormescheville, il n'est fait mention que « du frein hydraulique du 120 ». Remarquez, du reste que sur les sept membres titulaires du Conseil de guerre, pas un n'appartenait à l'artillerie : il y en avait cinq d'infanterie, un de cavalerie, et un d'infanterie de marine.

Voilà les conditions dans lesquelles a été condamné Dreyfus!

Mais le mémoire accepte la discussion sur ce nouveau terrain ; et il soutient que les arguments, par lesquels, *a posteriori*, on s'efforce d'établir la culpabilité, ne peuvent être retenus.

D'abord, est-on fixé sur la nature et la valeur des renseignements qui accompagnaient le bordereau?

Suivant M. Cavaignac (page 13), c'étaient des « documents extrêmement importants », parce que l'auteur de la trahison annonçait l'envoi d'une « note » sur le frein hydraulique, « note » sur les troupes de couverture, « note » sur une modification aux formations de l'artillerie, « note » relative à Madagascar : or (page 13), « le mot note s'applique, dans les usages courants du ministère, à des documents extrêmement importants ».

Le général Roget dit également (page 53) : « ... Dans l'intérieur du ministère, toute la correspondance de bureau à bureau se fait sous forme de notes et porte ce nom, de sorte que, sous l'appellation de note, on peut désigner un document original ».

Mais il reconnaît (même page), que « le document original n'est pas, le plus souvent, le meilleur moyen de renseigner. Le plus souvent, il n'existe pas, en tant que vue d'ensemble sur une question : *il est certain, en tout cas, qu'il n'y a pas eu de rapport sur le frein hydraulique du 120 en 1894*. Quiconque a feuilleté un dossier sait combien il faut lire et analyser de pièces pour se faire une opinion sur le fond d'une question; une note très courte suffit pour résumer le dossier, et je me chargerai, pour mon compte (j'en ferai tout à l'heure l'expérience devant la Cour), de donner, dans une note de dix lignes, tout le secret de la concentration de nos armées; enfin, le document original, pour peu qu'il ait de l'actualité, ne peut pas être déplacé, parce qu'on peut avoir besoin de s'y reporter à chaque instant et qu'on s'apercevrait de sa disparition... Quant à dire qu'une œuvre personnelle ne signifie rien, *cela dépend de la personne qui l'a faite*, etc. »

Par conséquent, le mot « note » qu'emploie le bordereau ne doit pas nécessairement s'entendre dans le sens de « document original », ni même de « copie d'un document original » ; il peut désigner une « œuvre personnelle ».

Et c'est bien le sens qu'il a réellement ici : car l'auteur ne qualifie de « document » que le projet de manuel de tir de l'artillerie; pour le reste, il se sert de l'expression générale « renseignements » :

« Sans nouvelles m'indiquant que vous désirez me voir, je vous adresse, cependant, monsieur, quelques *renseignements* intéressants. »

C'est donc une œuvre purement personnelle, dont la valeur « dépend de la personne qui l'a faite. »

Ce sont des « renseignements », que l'auteur juge « intéressants », mais qui peut-être, pour le correspondant étranger, n'ont eu que médiocrement ce caractère, qui, peut-être pour le correspondant étranger, ont eu peu d'importance, qui peut-être avaient été précédés d'autres, peu importants aussi. Et n'est-ce pas la raison pour laquelle on le laissait « sans nouvelles indiquant qu'on désirât le voir »? Cette phrase même ne montre-t-elle pas que le traître n'est pas Dreyfus, car on ne concevrait pas qu'un capitaine d'artillerie breveté, stagiaire à l'État-major de l'armée, ne fût pas l'objet d'un plus grand empressement ? Cette phrase même ne confirme-t-elle pas, au contraire, l'allégation de l'agent R. C., dénonçant dans l'entrevue de Bâle un chef de bataillon, âgé d'environ 50 ans, qui aurait fourni des documents de peu de valeur et qu'on aurait fini par remercier (voir page 102 de l'*enquête*)?

— Au surplus, le mémoire espère prouver qu'envisagé dans sa teneur même, le bordereau ne peut servir de base à une accusation contre Dreyfus.

— Parmi les énonciations qu'il renferme, prenons d'abord, pour les écarter, les deux qui n'ont pas directement trait à l'artillerie.

Elles concernent les troupes de couverture et Madagascar.

1° *Une note sur les troupes de couverture (quelques modifications seront apportées par le nouveau plan).*

On prétend qu'elle désigne forcément un officier de l'État-major de l'armée.

Oui, si elle donne des renseignements, tellement secrets, tellement confidentiels, que, seul, un officier de l'État-major ait pu les connaître.

Non, si ce sont des renseignements, plus ou moins sérieux, recueillis au courant de conversations tenues dans des cafés ou ailleurs, par exemple avec des stagiaires :

« ... Les stagiaires (déposition du général Roget, page 54) viennent à l'État-major, désignés simplement par leur numéro de sortie, sans qu'on ait aucune connaissance ni de leur caractère, ni de leur valeur morale ; ce sont habituellement des jeunes gens qui, un peu par gloriole, ou par le désir de se montrer bien renseignés, ne sont pas toujours très discrets ; ils restent en relations avec leurs camarades de l'École de guerre et je sais qu'il y a un café, près de l'École militaire, où des jeunes gens ont parlé des travaux de l'État-major de l'armée. »

Or, *on ne sait pas ce que contenait en réalité la note annoncée par le bordereau.*

Cela posé, nous lisons dans les déclarations de M. Cavaignac (page 12) :

« L'élaboration d'un nouveau plan avait été décidée par une délibération du Conseil supérieur de la guerre du 5 février 1894. Cette décision avait été portée pour la première fois à la connaissance des commandants de corps d'armée le 20 juin 1894.

« En même temps, les idées s'étaient modifiées sur l'emploi des troupes de couverture ; les troupes de couverture sont celles qui sont chargées, en première ligne, dans les premières heures, de protéger la mobilisation et la concentration des armées.

« Les idées nouvelles ayant été adoptées sur l'emploi de ces troupes, on résolut, au printemps de 1894, de modifier le dispositif des troupes de couverture, c'est-à-dire l'emplacement, aux premières heures de la déclaration de guerre, de ces troupes. On résolut même, ces modifications paraissant capitales, et d'autres considérations secondaires aidant, d'appliquer le nouveau dispositif sans attendre l'adaptation du nouveau plan qui ne devait être mis en vigueur qu'au printemps de 1895. On prévoyait bien des difficultés, mais un accord fut établi entre les différents chefs de bureau de l'État-major, le 22 mai, et les renseignements nécessaires furent donnés aux commandants des corps d'armée. »

Dès lors on possédait, dans les corps d'armée, des éléments suffisants pour l'élaboration d'une note qui donnât des renseignements (jugés par son auteur « intéressants ») sur les troupes de couverture.

Et ce n'est pas seulement dans les corps d'armée.

Déposition du général Roget (page 59) : « Le chef d'état-major décida que l'on établirait la couverture pour l'automne. Les difficultés que l'on avait prévues se présentèrent. J'en sais quelque chose pour mon compte, puisque j'eus toutes les peines du monde à obtenir des compagnies de chemins de fer qu'elles se prêtassent à ce travail; et, malgré la bonne volonté que chacun y mit, il fut impossible de réaliser, dans ce travail, toutes les modifications que devait apporter le nouveau plan. »

D'ailleurs, Dreyfus était au 2e bureau pendant le 1er semestre de 1894 : or, d'après le général Roget (page 59), c'est dans les 1er, 3e et 4e bureaux qu'eurent lieu les conférences à la suite desquelles l'accord fut, d'après M. Cavaignac (page 12) « établi le 22 mai ».

2° *Une note relative à Madagascar.* — M. Cavaignac nous apprend (page 13) que « des études se poursuivaient au ministère de la Guerre pour la préparation de l'expédition de Madagascar, dans le courant d'août..., qu'elles pouvaient fournir des renseignements intéressants, soit sur les dispositions projetées pour l'expédition elle-même, soit sur les troupes qui seraient prélevées sur l'armée de terre ».

Il reconnaît « qu'il n'est évidemment pas impossible, les renseignements étant plutôt confidentiels que tout à fait secrets, qu'une indiscrétion fût commise ».

Mais il ajoute « qu'elle l'aurait été plus vraisemblablement au sein de l'État-major général, où les études se poursuivaient... ».

Le mémoire répond que les études se poursuivaient également au ministère de la Marine, et que les journaux en parlaient (numéro du *Gaulois* du 14 juillet 1894, et numéro de la *France militaire* du 15 août, cités dans la déposition du chef d'escadron d'artillerie Hartmann). Tout homme à l'affût des nouvelles militaires était ainsi en mesure de rédiger une note sur Madagascar; un officier de l'État-major de l'armée n'eût pas eu l'idée d'envoyer des renseignements si peu secrets.

— Quant aux énonciations du bordereau, ayant trait à l'artillerie, elles s'appliquent à deux « notes » et un « document ».

Commençons par le document :

« Le projet de manuel de tir de l'artillerie de campagne (14 mars 1894). Ce dernier document est extrêmement difficile à se procurer et je ne puis l'avoir à ma disposition que très peu de jours : le ministère de la Guerre en a envoyé un nombre fixe dans les corps, et ces corps en sont responsables; chaque officier détenteur doit remettre le sien après les manœuvres. Si donc vous voulez y prendre ce qui vous intéresse, et le tenir à ma disposition après, je le prendrai. A moins que vous ne vouliez que je ne le fasse copier *in-extenso* et ne vous en adresse la copie. »

Quoi qu'en dise l'auteur du bordereau, le document n'était pas « difficile à se procurer »; et il n'était, ni secret, ni même confidentiel.

Le mémoire s'appuie sur la déposition du général Roget (page 61): « Le projet de manuel de tir de l'artillerie de campagne est un document autographié portant la date du 14 mars 1894... Il n'était pas secret. Les exemplaires n'étaient pas numérotés, ils ne portaient même pas la mention « confidentiel »; seuls les bordereaux d'envoi aux corps d'armée portaient cette mention. »

Et le commandant Cuignet (page 241) : « Il avait été distribué dans une large mesure aux corps de troupes d'artillerie ; on en avait même pourvu, sur les champs de tir, les officiers de la réserve et de l'armée territoriale; or, il est bien certain qu'on n'aurait pas distribué ainsi un document particulièrement secret. » Et « il était relativement facile à un officier de troupes, quelle que fût son arme, d'avoir par devers lui le projet de manuel de tir ».

Du reste, le capitaine Moch a produit devant la Chambre criminelle l'exemplaire qui lui avait été remis avant le mois de juin 1894 (page 355).

Et M. Bruyère, ex-officier d'artillerie territoriale, a dit (page 428): « Il y en avait un très petit nombre dans les corps, un par batterie, je crois... Comme il n'était pas possible de se contenter d'un ou deux exemplaires dans chaque batterie, on fit autographier le manuel par l'employé de la presse du régiment, et on en distribua des exemplaires aux officiers et sous-officiers qui le demandèrent. Chacun pouvait se le procurer moyennant 20 centimes, qu'on versait pour le papier... L'exemplaire que je vous dépose est un de ceux qui ont été tirés à la presse régimentaire en mai 1894. »

Tel est le document (*du 14 mars* 1894), qu'un capitaine d'artillerie, stagiaire à l'État-major de l'armée, aurait, *en août suivant*, offert de livrer comme étant « extrêmement difficile à se procurer » !

En fait, Dreyfus l'a-t-il eu entre les mains?

Ses interrogatoires de 1894, qui le nient, ne concordent pas avec le témoignage du lieutenant-colonel Jeannel, qui devant la Chambre criminelle a déclaré lui avoir, pendant quarante-huit heures, prêté un exemplaire (page 233).

Mais Me Mornard objecte que le lieutenant-colonel Jeannel a pu sur ce point commettre une erreur de mémoire, puisqu'il a ajouté « avoir été, en 1894, entendu à l'instruction » : or, l'examen du dossier démontre qu'il n'a été entendu, ni à l'instruction, ni à l'audience; il ne figure, ni parmi les témoins appelés par le commandant d'Ormescheville, ni parmi ceux qui mentionnent le procès-verbal des débats.

D'ailleurs, un stagiaire de l'État-major n'aurait pas dit : « On en a envoyé un nombre fixe dans les « corps »; car il pouvait se procurer sur place un exemplaire, sans avoir besoin de recourir à un « corps ».

Et un officier d'artillerie n'aurait pas dit : « Ces corps en sont responsables, chaque officier détenteur doit remettre le sien après les manœuvres » : comme le fait observer le commandant Hartmann (page 374), « à aucun moment les officiers n'ont été prévenus qu'ils auraient à rendre leur projet de manuel; ce n'est qu'un officier étranger à l'artillerie qui peut se tromper à ce point, et cela, parce qu'attribuant au document plus d'importance qu'il n'en a, il croit réellement qu'il est l'objet de mesures spéciales de précautions, qu'il ne connaît pas et qu'il invente ».

Autre observation du commandant Hartmann (page 375) : « L'auteur du bordereau, en finissant sa lettre, s'aperçoit que l'envoi de l'original va lui faire courir un danger. Ce danger provient de ce qu'il n'est pas dans la même ville que son correspondant, de ce qu'il communique avec lui par la poste, et que l'envoi du projet de manuel ne peut se faire que par un paquet qui sera forcément suspect.

« Il préfère les simples lettres. Il enverra d'abord les quatre premières notes et sa missive qui, étant sur papier pelure, ne dépasseront pas quinze grammes. Il en sera de même, plus tard, pour la copie du projet, expédiée en plusieurs fois s'il le faut.

« De plus, on pourrait lui demander inopinément le projet de Manuel, et il aimerait mieux l'avoir toujours sous la main.

« Rien de tout cela ne s'applique à Dreyfus : il était à Paris, pouvait remettre ou reprendre un document en quelques heures, et cela par lui-même.

« En définitive, il ne peut s'agir d'un officier d'artillerie de l'État-major de l'armée, parce qu'il aurait eu certainement un projet de manuel à sa disposition, ne fût-ce qu'une journée, et c'était suffisant; qu'il n'aurait pas eu besoin, dès lors, d'inventer la fable relative à la responsabilité des corps et à la restitution des projets; qu'il n'aurait pas supposé, enfin, que des troupes d'artillerie pouvaient rester sans manuels de tir.

« Il s'agit certainement d'un officier d'une autre arme, qui ne peut avoir de projet de manuel par son emploi, et qui s'est trouvé ou mis en rapport avec un régiment d'artillerie (et ce ne peut être qu'aux écoles à feu), ce régiment devant prendre part à des manœuvres, comme c'est le cas de la 3e brigade.

« Il ne paraît pas être à Paris quand il a écrit. Il peut faire copier, ce qui implique l'idée de scribe dont il dispose, et ce qui exclut l'hypothèse d'un officier de l'État-major de l'armée, qui n'aurait pu faire copier dans les bureaux, sans éveiller l'attention, un document qu'il pouvait se procurer facilement.

« Comme, d'ailleurs, l'auteur du bordereau ne peut faire copier que dans sa garnison et qu'il ajoute de suite qu'il en adressera la copie, il semble que sa garnison n'est pas à Paris. »

Le mémoire estime, en conséquence, que les énonciations du bordereau, relatives au projet de manuel de tir, ne peuvent émaner de Dreyfus.

De même en ce qui concerne les deux « notes » sur l'artillerie :

Une note sur le frein hydraulique du 120 *et la manière dont s'est conduite cette pièce :* Un officier d'artillerie, aussi instruit que Dreyfus, ne se serait certainement pas servi des expressions « frein hydraulique du 120 », s'il avait voulu parler du « frein hydropneumatique du 120 court ».

« Il ne me paraît pas possible, — dit le capitaine Moch (page 353), — qu'un artilleur confonde le canon de 120 avec le canon de 120 court, et le frein hydraulique avec le frein hydropneumatique;

cela d'autant plus qu'il avait tout intérêt à faire valoir l'importance, toute relative, du renseignement fourni. »

Et le commandant Hartmann (page 369) : « Ce n'est qu'un officier d'une autre arme qui peut appliquer le mot « hydraulique » à un frein hydropneumatique. »

Et le général d'artillerie de marine Sebert (page 328) : « Ma première impression, à la lecture de la note, a été qu'elle n'émanait pas d'un officier d'artillerie par suite même des termes employés, notamment pour la désignation du « canon de 120 », qu'un officier d'artillerie devait forcément appeler « de 120 court de campagne », et des mots employés, « la façon dont la pièce s'est conduite »; un artilleur emploiera toujours l'expression « la façon dont la pièce (ou le frein) s'est comportée ». Quant au frein, il n'aurait pas employé l'expression frein hydraulique, etc... Il me paraissait d'autre part, que les renseignements énumérés ne pouvaient pas présenter un réel intérêt pour un gouvernement étranger, tout ce matériel, qui avait déjà subi des essais prolongés dans les écoles d'artillerie, devant être connu des gouvernements intéressés ».

En effet, le commandant Hartmann, — après avoir attesté que lui-même connaissait « le frein hydropneumatique » en 1881, date à laquelle il était adjoint, comme capitaine, à la fonderie de Bourges (page 361), — constate que le premier spécimen du matériel du 120 court était complètement terminé en 1890 et que, par la trahison d'un employé civil de la section technique, nommé Boutonnet, condamné plus tard de ce chef, « pendant toute une année entière, de 1889 à 1890, les archives de l'artillerie ont été à la discrétion d'une puissance étrangère » (page 362), ce qui prouve, entre autres choses (page 364), « qu'une fuite de documents d'artillerie, même très secrets, n'implique pas forcément la trahison d'un officier d'artillerie ».

A la vérité, le général Deloye, directeur de l'artillerie au ministère de la guerre, déclare (page 774) que « il y a présomption pour croire que, bien après 1890, le gouvernement étranger, que renseignait le sieur Boutonnet, ne possédait que des indications incomplètes sur le matériel du 120 court.

« Cette présomption résulte des faits suivants :

« 1° Un document, transmis le 18 juin 1892 à la 3e direction, établit qu'à cette date un agent du gouvernement susindiqué paraissait chercher à connaître les modèles des obus de 120 court, en service :

« 2° Un autre document, parvenu le 10 août 1894 à la 3e direction, énumère les questions posées à un agent de renseignements opérant en France pour le compte du susdit gouvernement. Ce questionnaire, qui était parvenu à son destinataire le 6 août 1894, renfermait, entre autres choses, la mention suivante : « On a fait des essais avec les obusiers de 120 m/m. Les a-t-on adoptés? Peut-on fournir un règlement qui démontre la capacité de cet obusier pour les différents projectiles? »

Mais, si ce questionnaire est parvenu à son destinaire en France le « 6 août », comment se fait-il qu'à « la fin d'août » l'auteur du bordereau ait écrit : « Sans nouvelles de vous m'indiquant que vous désirez me voir » ? L'auteur du bordereau n'était donc pas Dreyfus; car, à lui, capitaine d'artillerie, on n'eût pas manqué de s'adresser « immédiatement » pour avoir les renseignements réclamés.

Le général Deloye continue :

« 3° Un autre questionnaire, adressé le 20 septembre 1894 à un autre agent semblable, contenait le passage suivant : « Le *Bien public*, 1er septembre 1894. Le général Saussier compte utiliser quelques batteries de 120 court pour les manœuvres de siège, pour l'attaque du fort de Vaujours. Deux de ces batteries viennent de quitter le camp de Châlons pour renforcer l'artillerie des 4e et 11e corps pendant les manœuvres de la Beauce.

« Le *Temps*, 10 septembre (dans un article sur les manœuvres de forteresse). — « Il existe également des batteries de 120 court destinées à suivre les armées pour surmonter les obstacles trop forts pour les canons de campagne; de forts attelages de percherons les traînent sans trop de difficultés.

« On désire la description exacte de ces canons de 120 court, mentionnés dans les deux articles; (*a*) le canon (tube); (*b*) l'affût; (*c*) combien de chevaux; (*d*) servants d'une pièce; (*e*) combien de pièces par batterie : 6 ou 4?; (*f*) quels projectiles est-ce qu'on emploie pour ces canons? (*g*) le mécanisme.

« Enfin, tout ce qu'on peut savoir ! »

M. Cavaignac, dans une lettre du 18 avril à M. le premier président de la Cour de cassation, fait remarquer que le questionnaire du 20 septembre ne mentionne pas le « frein »; et il se demande si l'on ne doit pas voir une explication de ce silence dans le fait que la note, accompagnant le bordereau, aurait fourni, quant au frein, des renseignements suffisants.

Mais le commandant Hartmann a répondu par avance (page 365) : « La situation, au commencement de 1894, était celle-ci : le canon de 120 court était partiellement en service; le canon était loin d'être nouveau; datant de 1890, son frein hydropneumatique était également loin d'être nouveau. Ce frein n'avait pas été tenu secret, et ses dispositions essentielles, ainsi d'ailleurs que la construction de l'affût, avaient été données dans des documents qu'on ne peut pas considérer comme confidentiels ».

Du reste, le général Deloye ajoute : « 4° A la date du 27 septembre 1894, la 3e direction a reçu la copie d'une note adressée par un agent du susdit gouvernement à l'un de ses agents en France. Cette note est ainsi conçue : « Quelle est la composition des batteries du régiment de corps à Châlons? Combien de batteries de 120? Quels obus tirent-elles? Quels sont les effectifs des batteries? Manuel de tir de l'artillerie de campagne? Réglette de correspondance? Mobilisation de l'artillerie? Le nouveau canon? Le nouveau fusil? Formation des armées, divisions et brigades de réserve? Le fort de Manonviller? Projet de règlement sur les manœuvres des batteries attelées? »

« En admettant même qu'une partie des questions énumérées ci-dessus n'aient été posées que pour fournir des recoupements, le nombre et la nature même de ces questions permettent d'inférer qu'en 1894 le gouvernement dont il s'agit n'était pas suffisamment renseigné sur le matériel de 120 court, et qu'il attachait alors un grand intérêt à connaître tous les détails de ce matériel. ».

— Or, l'auteur du bordereau envoyait une note, non seulement sur le « frein du 120 », mais « sur la manière dont s'est conduite la pièce » : les renseignements donnés par lui n'étaient donc pas suffisants; ils l'auraient été, s'ils étaient venus de Dreyfus; ils pouvaient ne pas l'être, venant d'Esterhazy.

Le commandant Hartmann dit, en effet (page 366), « qu'en 1894 un officier d'une arme quelconque a pu parfaitement fournir une note personnelle sur le canon de 120 court et sur le frein hydropneumatique », que, par exemple, « au polygone d'Auvours, près du Mans, après le tir des deux batteries de 120 court du 31e régiment au printemps de 1894, une conférence a été faite sur le matériel de ces batteries à tous les officiers présents sans exception d'armes. »

— Ainsi, la note du bordereau n'est pas nécessairement d'un officier d'artillerie. En tout cas elle n'est pas de Dreyfus, qui avait été, à l'École de pyrotechnie de Bourges, *de* 1889 *à* 1890 : on s'explique difficilement (déposition Hartmann, page 369), « comment, trahissant et déjà antérieurement en communication avec son correspondant, il ait attendu 1894 pour donner un matériel qu'il connaissait depuis 1890! Dreyfus, d'après ce qu'on dit de lui, se serait plutôt occupé de la nouvelle pièce de campagne, alors en étude dans l'artillerie; et je sais à ce sujet, par le commandant Ducros, qu'il n'a jamais trouvé le temps d'aller le voir à l'atelier de construction de Puteaux, où l'on étudiait et où l'on fabriquait le matériel de 75, — et cela, malgré des offres réitérées ». — C'est ce que déclare le commandant Ducros (page 357) :

« Comme j'étais très occupé, j'engageai Dreyfus à venir me voir à l'heure du déjeuner; nous pourrions causer ensemble à table; je pourrais lui faire visiter l'atelier et le mettre un peu au courant de ce qui se faisait. Cette offre, que j'eus l'occasion de faire d'ailleurs à d'autres camarades, ne fut pas acceptée par Dreyfus, qui ne vint jamais me voir à l'atelier de Puteaux. »

— Dreyfus n'eût pas manqué d'aller voir le commandant Ducros s'il avait été réellement en quête de secrets pour les livrer à l'étranger.

— Enfin, une *note sur une modification aux formations de l'artillerie.*

De quelles modifications s'agit-il? et quel est le sens du mot « formations? »

M. Cavaignac explique (page 12) que « le mot « formation » est pris dans un sens particulier : dans le langage militaire courant, lorsqu'on dit « formation », on vise la formation matérielle des troupes, leur formation sur le champ de manœuvres, etc. ; il s'agit ici de la répartition des différentes unités des batteries entre les unités de l'ordre supérieur, division, corps d'armée, etc. Le mot « formation » est pris ici dans ce que j'appellerai son sens d'état-major général. C'est, à proprement parler, une modification à l'organisation du temps de guerre. Ces modifications sont les seules auxquelles le paragraphe du bordereau puisse se référer. »

C'est pareillement l'avis du général Roget (page 61) : « Le mot formation, employé dans l'acception qu'il a dans le bordereau, ne s'emploie qu'à l'état-major de l'armée. »

Mais précisément la question est de savoir quelle est l'acception qu'il a dans le bordereau.

Le mémoire croit que le bordereau concerne, suivant le sens usuel et normal, les « formations » sur le champ de manœuvres, et une « modification » qui avait été expérimentée au camp de Châlons en août 1894 :

« En 1894 (déposition Hartmann, page 371), quelques brigades d'artillerie, dont la troisième (Versailles), ont été chargées d'expérimenter un projet de règlement sur les manœuvres de l'artillerie. Quelques-unes d'entre elles constituaient des nouveautés, qui changeaient totalement les habitudes de l'artillerie; ce projet de règlement a été appliqué par les deux régiments de la 3e brigade, d'abord à Versailles, et ensuite au camp de Châlons, pendant les écoles à feu et durant les manœuvres de masse. »

Et le mémoire cite deux numéros du journal la *France Militaire*, l'un du 11, l'autre du 15 août.

Numéro du 11 : « Ce qu'on va expérimenter aux manœuvres de masse de cette année, ce n'est rien moins que le projet de manuel de tir et le projet de règlement sur les manœuvres de batteries attelées. »

Le projet de manuel de tir est celui dont nous avons parlé déjà.

Le projet de règlement sur les manœuvres de batteries attelées contenait des dispositions nouvelles, tant pour les « formations de marche » que pour les « formations de parc ». C'est la « modification » aux « formations de l'artillerie ».

« Et le numéro du 15 août les discute, et il ajoute : « Les allocations en munitions des batteries de 120 ne comportent que la charge maximum des obus ordinaires chargés en poudre, alors que leur approvisionnement normal comprend des charges réduites pour le tir en bombe, des obus à balles et des obus allongés. Aussi n'aurons-nous pas occasion de juger entièrement de l'efficacité du tir de nos bouches à feu. *Par contre, nous espérons nous rendre compte de la façon dont elles se comportent en tant que véhicules*. On leur reproche certains vices de construction, etc. »

— Ainsi, les trois articles, qui, dans le bordereau, ont trait à l'artillerie (projet de manuel de tir, note sur le frein hydraulique de 120 et la manière dont cette pièce s'est conduite, note sur une modication aux formations de l'artillerie), sont signalés, par les numéros du 11 et du 15 août de la *France Militaire* comme les sujets d'expériences faites au camp de Châlons en août 1894.

Ajoutons : 1° Que, dans ce même numéro du 15 août, la *France Militaire* entreprend une série d'articles sur l'expédition de Madagascar. — Et le bordereau accompagne une « note relative à Madagascar! » ;

2° Que, pour les troupes de couverture, également mentionnées dans le bordereau, « une source d'informations, dit le commandant Hartmann (page 376), ce sont les conversations avec des officiers des régiments frontières, et, à ce point de vue, le camp de Châlons est l'endroit où l'on peut le mieux se renseigner sur la destination des troupes stationnées dans la 6e région. »

Or, au camp de Châlons, Dreyfus n'était pas en août 1894, c'est un fait constant; Esterhazy au contraire y était. Car, le 11 août, (page 460), Esterhazy, du camp de Châlons, écrivait : « Je quitte le camp dans cinq jours (il m'est impossible de partir plus tôt) et passerai de suite au Crédit Foncier. » — Et, de Rouen, le 17 août, (page 462), il écrivait (sur papier pelure) : « J'ai reçu du camp de Châlons, où j'ai été passer quinze jours, etc. »

Ce qu'envoie l'auteur du bordereau, à la fin d'août, ce sont donc, tout simplement, des renseignements, plus ou moins intéressants, qu'il a empruntés aux numéros du 11 et du 15, et aux numéros suivants, du journal *La France Militaire*, ou qu'il a recueillis au camp de Châlons entre le 5 et le 17.

— C'est une hypothèse, dira-t-on! Mais n'est-ce pas sur une hypothèse, aussi, que se fonde l'accusation?

L'accusation suppose qu'il s'agit de notes trahissant des secrets dont la révélation ne pouvait être faite que par un officier d'artillerie attaché à l'État-major de l'armée, — et c'est pourquoi Dreyfus serait le coupable! Or, nous ignorons absolument quelle était, en réalité, la valeur et l'importance des notes envoyées. Il n'est, dès lors, possible de raisonner que d'après des conjectures.

Celles de la défense sont, d'ailleurs, corroborées par la phrase finale : « Je vais partir en manœuvres ».

Dreyfus n'est pas parti pour les manœuvres de septembre 1894.

Mais l'on objecte que, jusqu'aux derniers jours d'août, il pouvait croire à son prochain départ.

M. Cavaignac le dit (page 22) : « J'ai expliqué comment les stagiaires, durant leurs deux années de stage, passaient successivement par les quatre bureaux de l'état-major; les stagiaires (ceux de l'état-major et les autres) doivent faire, pendant la durée du stage, trois mois de service dans les corps de troupes; mais l'habitude s'était prise jusqu'en 1894 de substituer à cette obligation, pour les stagiaires de l'État-major, l'envoi aux grandes manœuvres. Les stagiaires de l'État-major demandaient à faire leurs trois mois de troupes; et en 1894, à la dernière heure, à la veille même des manœuvres, on modifia les règles suivies jusqu'alors, et le désir d'utiliser les stagiaires pour les travaux du plan en préparation aidant — on résolut, à la dernière heure, de ne pas les envoyer en manœuvres. »

Et le général Zurlinden (page 30) : « Il y a lieu de remarquer que, d'habitude, les officiers stagiaires assistaient aux manœuvres d'automne, mais qu'exceptionnellement, le 27 août 1894, on leur annonça que, cette année, ils n'iraient pas à ces manœuvres. »

Or, une note, remise par Dreyfus pendant les débats à Me Demange (elle est produite par Me Mornard), affirmait que les stagiaires de deuxième année, comme lui, avaient été, bien avant le mois d'août, avertis officiellement qu'ils n'iraient pas aux manœuvres : « au mois d'août, il ne pouvait y avoir aucun doute sur l'époque de mon stage dans l'infanterie; les stagiaires de première année étaient dans les régiments depuis le 1er juillet; ils devaient y rester jusqu'au 1er octobre, époque à laquelle nous devions les y remplacer pour rester dans les régiments jusqu'au 1er janvier. La note officielle qui fixait la date de nos stages dans l'infanterie était sans ambiguïté aucune, il n'y avait pas de doute possible. On n'a pas voulu faire venir cette note, malgré mes demandes réitérées. »

Vous avez désiré, messieurs, savoir ce qu'il en était. Et, des pièces communiquées sur votre demande par le ministre de la Guerre (lettre du 28 avril 1899), il résulte qu'en effet, « le service de troupe (stage régimentaire) fut, à la date du 15 mai 1894, fixé à une période de trois mois, au lieu d'un mois comme précédemment : ce service de troupe devait être accompli, en 1894, par les stagiaires de deuxième année, pendant le quatrième trimestre, c'est-à-dire après les manœuvres d'automne ».

Sans doute, en 1895, deux stagiaires de deuxième année, les capitaines Hellot et Robert, furent désignés pour faire partie, pendant les manœuvres, du grand quartier général. Mais l'exception de 1895 confirme la règle qui, pour 1894, avait été prise dès le 15 mai, et qui était certainement connue des intéressés avant le 1er juillet, époque où la décision du chef d'état-major général fut mise à exécution par l'envoi, dans les régiments, des stagiaires de première année.

Dreyfus, par conséquent, n'a pas écrit, au mois d'août, qu'il irait aux manœuvres.

Quant à Esterhazy, dont le régiment, le 74e d'infanterie, y est allé, il ne devait pas, en sa qualité de major, y assister officiellement; mais il pouvait avoir l'intention de s'y rendre en amateur.

Ce qui est caractéristique, en effet, ce sont ces expressions, qualifiées par le mémoire de solécisme, et qu'on rencontre dans d'autres lettres de lui : « partir en manœuvres », au lieu de « partir pour les manœuvres ».

Dans une lettre d'avril 1886 (liasse 3, dossier 4), on lit : « Non seulement je pars pour le camp, mais *je pars en manœuvres.* »

Dans une lettre du 29 juin 1894 (liasse 3, dossier 6), on lit égament : « En garnison à Marseille (en 1888), ne connaissant rien aux affaires, je confiai, au moment de *partir en manœuvres*, etc. »

— Le mémoire se résume en disant que les trois éléments matériels dont se compose le bordereau (écriture, papier et texte), accusent, non pas Dreyfus, mais Esterhazy.

Il en est de même des éléments moraux, c'est-à-dire des mobiles qui ont pu inspirer le crime :

— En ce qui touche Dreyfus, on avait raconté que, pendant plusieurs années avant son mariage, il avait fréquenté une femme, Mme Bodson, chez laquelle, un jour, il aurait eu une discussion violente avec un commandant étranger qui lui aurait reproché d'être trop exigeant. Le fait avait été allégué par l'agent de renseignements Guénée, qui en 1894, avait rédigé sur son compte des notes de police anonymes. Mais Guénée, devant M. le Juge d'instruction Josse (page 506), a été questionné :

« D... — Pouvez-nous nous faire connaître d'où vous vient cette information, et comment il serait possible de la contrôler? Pouvez-vous nous citer des noms de personnes qui pourraient appuyer de leurs déclarations celles que vous faites? — R. Je ne puis citer aucun nom. J'ai été mis au courant de cette scène par des racontars...

« D. — Vous nous avez déclaré qu'après l'arrestation de Dreyfus, vous vous étiez rendu compte que certains renseignements, que vous aviez été à même de fournir, se rapportaient à Dreyfus... — R. Ces renseignements pouvaient se rapporter aussi bien à Dreyfus qu'à un autre ; mais, comme seul, Dreyfus était inculpé, tout retombait sur lui : *c'était la tête de Turc.* »

Donc, rien de sérieux à cet égard.

Quels sont, en effet, les motifs qui auraient déterminé Dreyfus? Est-ce le besoin d'argent? Mais le rapport même, dressé le 31 octobre 1894 par M. Du Paty de Clam, constate que lors de son mariage, en 1890, avec Mlle Hadamard, « le ménage disposait de 25 à 30,000 francs de revenu, qu'il était ordonné, et menait un train de vie apparent, proportionné à ses ressources ». Et malgré les recherches faites, soit alors, soit depuis, il a été impossible d'établir qu'il eût compromis sa fortune avec des femmes ou au jeu.

On avait prétendu que, dans un cercle, il avait perdu, au jeu, de fortes sommes. M. Lépine a dit devant vous le 24 avril dernier : « Il est exact que M. le ministre de la Guerre, désirant contrôler des renseignements sur des habitudes de vie de l'accusé, renseignements qui lui avaient été fournis par une police étrangère à la mienne, me demanda, vers le commencement de novembre 1894, je crois, si Dreyfus avait perdu de fortes sommes au cercle Washington et si son beau-père était intervenu pour rembourser le prêteur ; j'établis, par un rapport, en réponse à cette demande, qu'il y avait eu confusion de noms et que Dreyfus était inconnu dans les grands cercles de jeux de Paris. »

Le dossier de 1894 renferme bien, sur la question jeu, des notes fournies par la « police étrangère à celle de M. Lépine », une notamment, du 4 novembre, portant : « Il y a pas mal de temps déjà que Dreyfus fréquentait le cercle Washington, situé 4, place de l'Opéra. Ce cercle, qui n'était qu'un tripot tenu par un usurier du jeu, nommé Charles Bertrand, avait attiré dans ses salons plusieurs officiers, notamment le capitaine Dreyfus. Il y perdit beaucoup d'argent, nous assure-t-on : le sieur Charles Bertrand lui fit faire des billets, qui furent en partie payés par le sieur Hadamard, son beau-père. »

Mais, le rapport des agents de M. Lépine ne figure pas au dossier de 1894.

Cependant, M. le préfet de police Charles Blanc en a communiqué une copie, certifiée conforme : « 9 novembre 1894. Il résulte de renseignements recueillis que nulle part, dans aucun cercle, les membres les plus connus comme fréquentant tous les cercles de Paris n'ont souvenir de la présence du capitaine Dreyfus (Alfred) dans un de ces établissements. En ce qui concerne particulièrement le « Franco-Américain », où il est dit qu'à la suite de pertes considérables au jeu, le capitaine Dreyfus souscrivit à un sieur Charles Bertrand des billets qui furent en partie payés par le sieur Hadamard, beau-père de Dreyfus, il y a lieu d'établir qu'une confusion doit exister entre Alfred Dreyfus et les Dreyfus, au nombre de quatre, qui ont fait partie du Franco-Américain, et qui ont les prénoms suivants, etc. »..... et plus loin : « En somme, il ressort de l'enquête, à laquelle il a été procédé avec la plus grande circonspection, que les allégations tendant à laisser supposer que le capitaine Dreyfus a perdu de fortes sommes au Washington ne paraissent pas fondées. »

Dans sa lettre d'envoi, du 10 mai courant, M. le Préfet de police dit : « Ce rapport ne porte pas d'indication qu'une transmission en ait été faite à la guerre. Mais il se peut qu'il ait été remis, directement, de la main à la main, par M. Lépine, à un représentant du ministère de la Guerre; c'est un point que mon prédécesseur, seul, pouvait préciser. »

M. Lépine, le 24 avril, s'en est expliqué : « Je crois, d'après la pratique journalière, mais sans pouvoir l'affirmer dans l'espèce, que la demande de renseignements a dû m'être apportée par le commandant Henry, et que j'ai dû faire parvenir ma réponse par le même canal. »

Ce n'est donc pas le besoin d'argent qui a poussé Dreyfus.

Est-ce le dépit, la rancune, la colère?

D'après M. d'Ormescheville, il n'aurait pas eu, en sortant de l'École de guerre, le rang auquel il aspirait; et, depuis lors, il n'aurait cessé de protester contre ce qu'il qualifiait d'injustice et même d'infamie.

Le mémoire répond qu'entré avec le n° 67, sorti deux ans après avec le n° 9 et la mention « très bien », admis comme stagiaire à l'État-major de l'armée, où ses notes étaient excellentes, sauf les restrictions contenues dans celles que le colonel Fabre lui avait données, à l'instigation du lieutenant-colonel Roget — ayant à 35 ans un avenir militaire tout tracé devant lui, marié, père de famille, jouissant d'une fortune indépendante, — il n'avait certes pas à se plaindre de la destinée!

Et c'est une pareille situation qu'il aurait risquée, et perdue, dans l'espoir d'acquérir on ne sait quels avantages pécuniaires!

Le mémoire soutient que, considéré comme espion et comme traître, Dreyfus serait un être « psychologiquement incompréhensible ».

— Peut-on en dire autant d'Esterhazy?

Né à Paris le 16 décembre 1847, le commandant Walsin-Esterhazy, après avoir fait ses études en Autriche, mais obtenu en France les diplômes de bachelier ès-lettres, bachelier ès-science, et licencié en droit, avait d'abord servi dans la Légion romaine, où il fut sous-lieutenant de mai 1869 à mars 1870; puis il entra, avec le même grade, le 24 juin 1870, au régiment étranger, et le 29 septembre suivant, au 2e zouaves dans lequel il fut, en moins de deux mois, nommé lieutenant le 17 novembre et capitaine le 27 décembre.

La Commission de revision des grades, par décision du 31 décembre 1871, le replaça sous-lieuteuant : il ne devint, par la suite, major qu'en 1892, et chef de bataillon que le 24 décembre 1894.

En non-activité pour infirmités temporaires depuis le 17 août 1897, il a été mis en réforme, pour inconduite habituelle, le 27 août 1898.

Doué d'une très vive intelligence, plein d'imagination, instruit, parlant plusieurs langues, et (selon l'expression d'un ancien préfet, M. Grenier, dont le père, le général Grenier, l'avait eu pour officier d'ordonnance), « exerçant une indéfinissable attraction » (page 497), ayant à la fois « les qualités et tous les vices d'un condottière » (ce que, d'ailleurs, il se vantait d'être), lui-même s'est dépeint en ces termes dans une lettre que, vers la fin de 1896, il adressait à M. le député Jules Roche, en le priant d'intervenir auprès du général Billot (page 495) : « Je suis, moi aussi, tout comme un Romain de bonne époque, au point de ne rien craindre, en état de tout faire ! »

« En état de tout faire », c'est-à-dire capable de tout.

Les retards qu'il avait subis dans sa carrière lui avaient depuis longtemps aigri le caractère à tel point que, dans l'excès de ses ressentiments, il se laissait aller à tenir un langage révoltant contre ses chefs et contre la France elle-même.

Les lettres, bien connues, écrites par lui à sa cousine, Mme de Boulancy, il y a plus de 15 ans, en sont la preuve : je ne parle pas de celle qu'il nie, que sa cousine pourtant affirme être de lui, et dans laquelle il regrettait de n'être pas un capitaine de uhlans sabrant des Français ; mais rappelez-vous celles mêmes qu'il ne nie pas, où il disait de ceux qu'il traitait de « généraux grotesques » : « Tous ces gens-là ont encore la botte prussienne marquée plus bas que le dos ; et ils tremblent de peur devant leur ombre. »

Et encore :

« De grands événements se préparent, j'espère ; et à la première vraie guerre, tous ces grands chefs, ridiculement battus, car ils sont à la fois poltrons et ignorants, iront une fois de plus peupler les prisons allemandes qui, encore une fois, seront trop petites pour les contenir ; car toutes les farces de tous ces sauteurs sont de peu de poids devant les beaux régiments prussiens si bien commandés. — Je serais curieux de savoir quelle est la limite, si tant est qu'il y en ait une, de la patience de ce stupide peuple français, qui est bien la plus antipathique race que je connaisse. »

Et, à la fin de 1896, c'étaient de nouveau des récriminations outrageantes, surtout contre le général Billot, ministre de la Guerre (lettres à M. Jules Roche, pages 489 à 495).

Il est vrai que le général Billot, malgré toutes les recommandations, refusait de le prendre au ministère de la Guerre ; et

M. Grenier raconte : « Je me présentai chez le général Billot qui, au premier mot que je lui dis d'Esterhazy, entra dans une épouvantable colère, jetant en l'air les dossiers qu'il avait sur la table, bousculant les meubles et me disant : « Vous vous êtes donc tous entendus pour vous faire rouler par cette canaille, par ce gredin, par ce bandit ; d'abord, comment est-il à Paris ? Je vais mettre aux arrêts Giovanninelli, qui le laisse s'absenter irrégulièrement pour venir m'embêter. C'est trop fort que Giovanninelli, Montebello, vous maintenant, et bien d'autres, vous vous accrochiez à ce vilain monsieur. »

Naturellement, après cela, je n'ai pas insisté. »

« Tout est possible, a dit le général Roget (page 73), avec un homme comme Esterhazy » : il n'est pas « défendable » sous le rapport de « la vie privée, dettes, affaires véreuses, etc. ».

La vie privée ! Le mémoire insiste, — d'une part, sur ses relations avec la demoiselle Pays, pour laquelle le domicile conjugal avait fini par être à peu près abandonné; d'autre part, sur d'immorales démarches, entreprises par lui auprès d'un agent matrimonial afin de marier un de ses parents à une jeune fille ayant « une tache personnelle » mais beaucoup de fortune, — enfin, sur une association qu'il aurait formée avec la tenancière d'une maison de débauche.

Mais, pour ce dernier point, la preuve de l'association ne résulte que de déclarations faites par cette femme et relatées dans un rapport de police : c'est pourquoi le Conseil d'enquête n'en a pas tenu compte lorsqu'il a prononcé la mise en réforme.

Quant aux dettes ! lui-même s'avoue ruiné; les pièces saisies dans plusieurs établissements financiers, comme le Crédit Foncier, le Crédit Lyonnais, la Banque Rousseau, montrent qu'il jouait à la Bourse; et il était tellement réduit à la misère que, le 29 juin 1894, il demandait un secours à M. de Rothschild (Liasse 3, Dossier 6) :

« Monsieur le Baron, je n'ai pas l'honneur d'être connu de vous; je ne vous ai jamais vu; peut-être mon nom est-il venu jusqu'à vous il y a deux ans, au moment des duels de la *Libre Parole*; mais vous êtes tout puissant ; et, *dans le désespoir où me met l'acte terrible que je vais être obligé de commettre*, je m'adresse à vous dans une prière suprême, etc. », et plus loin : « Il ne me reste plus qu'un parti à prendre, c'est de tuer les miens et de me tuer avec eux. »

C'était là sa situation, le 29 juin 1894, quelques semaines avant la date que l'on indique comme celle du bordereau !

Le mémoire pense que, capable à ce moment de « commettre

un acte terrible », Esterhazy a pu chercher des ressources dans l'espionnage et la trahison.

On comprend d'autant mieux que le général de Galliffet (page 145) certifie avoir entendu dire au général anglais Talbot : « Nous tous, attachés militaires en France, nous savions qu'avec un ou deux billets de mille francs, le commandant Esterhazy nous procurerait les renseignements que nous ne pouvions pas nous procurer directement au ministère. »

Et le mémoire vous rappelle la déposition de M. Paléologue, faisant part, dans l'enquête (pages 271 et 272), des bruits parvenus au quai d'Orsay sur les sommes qu'à diverses reprises Esterhazy aurait reçues de l'étranger pour prix de sa trahison.

Il vous rappelle encore, que, d'après les dépositions non seulement de M. Trarieux, reproduisant une conversation avec le comte Tornielli (page 322), mais aussi de M. Desvernines, commissaire de police spécialement attaché au ministère de la Guerre (page 511), — lesquelles concordent avec l'interrogatoire subi par M. Du Paty de Clam devant le général Renouard le 9 septembre 1898 (page 679). Esterhazy, apprenant que Mathieu Dreyfus allait le dénoncer, avait été si affolé, qu'il avait couru dans une ambassade étrangère pour demander protection à un attaché militaire et pour le prier de dire « qu'il n'était pour rien dans l'affaire du bordereau. »

Cet affolement n'est-il pas comme un aveu implicite ?

Au surplus, deux témoins ont déclaré qu'en leur présence, il avait avoué expressément être l'auteur du bordereau : — M. Chincholle (page 180), et M. Strong (page 518).

Et lui-même, dans la lettre que, le 13 janvier dernier, il a fait parvenir à M. le Premier Président (page 424), reconnaît les relations qu'il a eues avec un agent étranger : il s'efforce seulement de les présenter comme autorisées par ses chefs en vue d'actes d'amorçage et de contre-espionnage.

Mais il reçoit, à cet égard, un démenti formel des généraux Billot, de Boisdeffre, Gonse et Roget (pages 381, 388, 396 et 437).

Ajoutons, enfin, que, si l'on peut reprocher à Dreyfus une curiosité, parfois indiscrète, Esterhazy n'était pas moins à l'affût de toutes les nouvelles militaires, fréquentant, même quand il était major, les champs de manœuvres et les écoles à feu, cherchant surtout à se renseigner sur « les choses de l'artillerie » (page 430), et, pour mieux réussir, feignant au besoin une ignorance grossière, comme dans une lettre au capitaine Le Rond, du 7 juillet 1895, où il émettait une véritable hérésie sur le tir des obus allongés de 90 (pages 54 et 432). De tout cet ensemble de circonstances, le mémoire tire la conséquence qu'entre Dreyfus et Esterhazy aucune hésitation n'est possible : le traître, incontestablement, n'est pas Dreyfus !

Mais Esterhazy a été acquitté ! N'est-il pas dès lors protégé par l'autorité de la chose jugée? Oui, assurément, en ce sens qu'il ne peut plus être déclaré coupable du crime de haute trahison, pour lequel il avait été traduit en Conseil de guerre. Mais il vous appartient de rechercher, dans ses actes ou dans ses écrits, tout ce qui serait de nature à établir l'innocence de Dreyfus. Car, en ce qui touche la réparation des erreurs judiciaires, l'article 445 vous confère les pouvoirs les plus étendus ; il vous laisse le choix de « tous moyens propres à mettre la vérité en évidence ».

Et l'on doit appliquer au cas où, après un acquittement, surviennent des faits nouveaux, ce que M. Bérenger, rapporteur au Sénat, et M. Pourquery de Boisserin, rapporteur à la Chambre des députés, ont dit du cas où la personne, soupçonnée d'un crime pour lequel une autre a été condamnée, ne peut plus elle-même être poursuivie, à cause de la prescription de l'action publique par exemple.

M. Bérenger et M. Pourquery de Boisserin ont formellement proclamé le droit de la Cour de Cassation. (Voir annexes à la séance de la Chambre des députés, du 21 juin 1894).

Et, à ce sujet, M. Le Poitevin (*loco citato*) a dit :

« Sans doute, il y a quelque inconvénient dans une revision qui met en jeu l'honneur d'un tiers, quand ce tiers n'est plus là pour se défendre ou *ne doit plus être mis en cause.* La décharge de l'un impliquera peut-être moralement la culpabilité d'un autre que la loi ne peut point *on ne veut plus atteindre.* Mais, à mon avis, ce qui domine, c'est l'intérêt essentiel de l'innocent condamné ; il ne faut point l'abandonner au gré des hasards qui ne touchent en rien au fond de l'affaire. Si la prescription sauve le vrai coupable, si l'action publique est désarmée par son décès, est-ce que cela change la situation de ceux qui tiennent sa place au bagne ou à la maison centrale ? Il ne s'agit pas de punir les tiers protégés par la prescription, ou de les flétrir judiciairement après leur mort ; mais il s'agit, pour un homme qui porte le poids d'une condamnation imméritée, de conquérir enfin sa réhabilitation ». (Bulletin de la Société Générale des Prisons, juillet 1895, page 951.)

Ce qui est vrai pour le tiers que couvre la prescription de l'action nublique, doit l'être également pour celui que couvre un acquittement.

En résumé (vous dit le mémoire), Dreyfus a été condamné pour avoir, en 1894, adressé à un gouvernement étranger un bordereau accompagné de documents secrets ou confidentiels.

Des faits nouveaux prouvent que le bordereau a été écrit par Esterhazy : ils sont donc évidemment « de nature à établir l'innocence du condamné » ;

La demande en revision doit, dès lors, être accueillie.

— Que lui oppose-t-on, cependant?

A coup sûr, ce n'est pas le dossier diplomatique ; car on y trouve, au contraire, l'attestation officielle des représentants de puissances étrangères, qui affirment n'avoir eu, directement ou indirectement, aucune relation avec Dreyfus.

Et le mémoire se prévaut, en outre, des informations recueillies par M. Gabriel Monod (page 318) et M. Trarieux (page 321), informations démontrant, selon lui, que, dans toute l'Europe, s'est produit en faveur de Dreyfus, par un sentiment de justice et de pitié, un mouvement général d'opinion qu'auraient été impuissants à créer la haine de la France et l'or de ce qu'on appelle « le Syndicat » !

Mais l'accusation se retranche derrière le dossier secret du ministère de la guerre et les aveux du condamné.

Le dossier secret ! Une légende autour de lui s'était formée, d'après laquelle il suffisait de l'ouvrir pour avoir aussitôt la certitude absolue de la culpabilité ! Comme c'est loin de la réalité !

Quand on en a retiré : le faux Henry — la traduction fausse de la dépêche chiffrée du 2 novembre 1894, — la pièce dans laquelle un nom a été gratté et remplacé par un D majuscule, — la pièce « ce canaille de D », qui est authentique, mais inapplicable à Dreyfus, — que reste-t-il? rien que des hypothèses et des inductions vivement contestées.

Le commandant Cuignet, devant la Chambre criminelle (page 239) disait : « Je dois déclarer à la Cour sur quoi s'est fondée, jusqu'à présent, ma conviction de la culpabilité de Dreyfus ; cette conviction est basée sur trois ordres de faits ou de documents que je classe ainsi qu'il suit, dans l'ordre de l'importance qu'ils ont à mes yeux : 1° les aveux ; 2° la discussion technique du bordereau ; 3° ce qu'on est convenu d'appeler le dossier secret. »

Ainsi, les aveux, d'abord (nous en parlerons tout à l'heure) ;

puis, en seconde ligne, la discussion technique du bordereau, c'est-à-dire non pas l'écriture, mais seulement le texte (nous en avons parlé déjà); et, en dernière ligne, le dossier secret! Voyons ce qu'il renferme :

On prétend en induire que, spécialement, Dreyfus aurait commis des actes d'espionnage concernant : 1° l'obus Robin; 2° le chargement des obus à mélinite; 3° les cours de l'École de guerre; 4° l'attribution de l'artillerie lourde aux armées.

Le mémoire fait observer que, sur aucun des quatre points, Dreyfus, en 1894, n'a été ni interrogé ni mis en demeure de se défendre, puisque, à l'égard de chacun d'eux, l'information était muette.

La réponse à ces accusations tardives n'en est pas moins facile :

1° *Obus Robin.* — En 1889 et 1890, on poursuivait à l'École de Bourges des expériences qui, en 1895, ont conduit à l'adoption d'un obus, dit Robin : or, en 1891, une puissance étrangère avait adopté un projectile qui offrait, avec celui-ci, de très grandes ressemblances.

Dreyfus était à l'École de pyrotechnie depuis le 12 septembre 1889 jusqu'au 1er novembre 1890. Et, une fois à l'École de guerre, il avait écrit, pendant l'hiver 90-91, au capitaine Rémusat (qui d'ailleurs ne lui répondit pas), pour demander, au nom de ses professeurs du cours d'artillerie (qui ne l'en avaient nullement chargé), quels étaient les résultats des dernières expériences relatives à l'obus Robin.

Cette préoccupation d'obtenir des renseignements confidentiels sous des prétextes mensongers n'est-elle pas l'indice d'une trahison qui lui serait imputable?

Pour montrer combien le raisonnement est peu solide, il y a lieu de remarquer que, d'après le dossier secret lui-même (pièce n° 69), la France n'a adopté l'obus Robin qu'en 1895, après « des études datant du milieu de l'année 1887 » (note du général Deloye, page 781) : au contraire, la puissance étrangère dont il est question avait, dès 1891, l'obus que l'on prétend semblable. Dès 1891! Cela suppose une période d'essais ayant commencé avant le séjour de Dreyfus à Bourges. En tout cas, les essais qui se faisaient en France avaient été l'objet (note du général Deloye, *loco citato*), d'articles insérés au « Bulletin des questions à l'étude », dans le numéro du 1er juillet 1888; et ce Bulletin (déposition Hartmann, page 362) était à la disposition de Boutonnet, l'employé civil, dont la trahison a été découverte et punie en 1890.

9

Quant à la lettre adressée au capitaine Rémusat, elle n'est pas produite, et nous n'en savons pas les termes précis : certainement, Dreyfus y demandait des renseignements, mais pas *au nom* de ses professeurs; il les demandait *pour* ses professeurs : il aimait, en effet, à faire parade, surtout devant ses maîtres, de ses connaissances au sujet d'inventions nouvelles; — et le général Roget a témoigné de cet état d'esprit (page 57);

2° *Chargement des obus à mélinite.* — En 1890, le Service des renseignements reçut des fragments de papier pelure calcinés, sur lesquels se trouvaient des traces de la copie d'une instruction ayant trait au chargement des obus à mélinite. L'enquête, à cette époque, révéla que le document venait de l'École de pyrotechnie de Bourges. Dreyfus y était en 1890!

Mais, d'une part, cette instruction avait été autographiée à 200 exemplaires (pièce n° 57 du dossier secret). D'autre part, les fragments étaient de papier pelure ordinaire, et non de papier pelure quadrillé comme celui du bordereau (déposition Cuignet, pages 252 et 253), et enfin M. Bertillon (pièce n° 82), s'est senti dans l'impossibilité complète de déclarer que l'écriture fût de Dreyfus;

3° *Cours de l'École de guerre.* — Au Service des renseignements, on a appris, en juillet 1894 (pièces n° 27), que l'agent étranger A avait eu la copie d'un cours professé à l'École de guerre en 1893-94. Mais Dreyfus avait quitté celle-ci en novembre 1892, et les cours sont tirés à 150 exemplaires. Pourquoi est-ce lui qu'on accuse?

4° *Attribution de l'artillerie lourde aux armées.* — Pendant le premier semestre de 1893, le commandant Bayle, du 1er bureau, où était Dreyfus, avait fait sur l'attribution de l'artillerie lourde à la 9e armée une note dont la minute a disparu (pièce n° 84). Le Service des renseignements a été averti, le 28 décembre 1895 (pièce n° 83), que l'agent A venait d'avoir « connaissance qu'un certain nombre de batteries de 120 avaient été attribuées à la 9e armée ». Or, quand l'agent A a reçu cette communication, Dreyfus était en état d'arrestation depuis plus d'un an!

L'existence d'informateurs et d'espions autres que lui est ainsi démontrée nettement pour la période postérieure au procès de 1894.

Et déjà, avant le procès même, plusieurs avaient été condamnés : Boutonnet, le 31 août 1890 (page 773), Greiner en 1892 (page 37), la veuve Millescamp, le 31 janvier 1894.

Déposition du commandant Cuignet (page 255) — « Il devait y avoir d'autres agents que Dreyfus qui fournissaient des renseignements à B... et à A... pendant que Dreyfus était au ministère de la Guerre, de même qu'après l'arrestation de Dreyfus les agents B... et A... ont continué à se livrer à des menées d'espionnage et à avoir à leur disposition des indicateurs ou des individus leur apportant des renseignements. »

Donc, sur les quatre points spéciaux que nous venons d'examiner, il n'y a rien de sérieux à retenir.

Le dossier secret, dans ses autres parties, ne renferme en général que des textes incomplets, dont la reconstitution et la traduction s'opèrent à l'aide de raisonnements purement hypothétiques.

Ces pièces « donnent toutes — dit le général Roget (page 47) — une preuve indirecte de la culpabilité de Dreyfus par prétérition de son innocence ». C'est peu, vous en conviendrez.

— Prenons les principaux exemples que l'on invoque :

— Pièce n° 14 : « Dreyfus-Bois... » (un morceau de papier manque, sur lequel se trouvait la fin du nom commençant par Bois... (Boisdeffre)... Je ne peux pas ici.... » (un autre morceau de papier manque) « la pièce est arrivée entre les mains de l'attaché militaire ou du grand État-major à B. Ce que je puis affirmer verbalement, c'est qu'elle est réellement arrivée entre les mains d'un des attachés militaires et qu'elle a fait ensuite retour au bureau des renseignements. — Berger, Constantinople, Bogoluboff, Discours. Je porte un toast chaleureux à la réunion des drapeaux franco-russes sur le prochain champ de bataille. — Régiment n° 48. — Giovaninelli, Saussier, de Négrier, Hervé, 19e corps, recrutement des zouaves. — 6e corps bis écarté cette année. Je ne comprends pas pourquoi on est si circonspect à B... Officiers russes. »

Cette pièce est postérieure au 17 septembre 1895 (car c'est ce jour-là qu'un discours a été prononcé par le général Bogoluboff dans un dîner à Mirecourt, après la fin des manœuvres françaises).

Suivant le général Roget (page 42), elle serait le brouillon ou le canevas d'un rapport qu'allait adresser à son gouvernement l'agent A... Et c'est l'agent A... qui, après avoir énoncé (on ne voit pas pourquoi) le nom du général de Boisdeffre, dirait, en parlant de lui-même, à propos de Dreyfus : « La pièce (le bordereau) est arrivée entre les mains de l'attaché militaire » (au lieu de « entre mes mains »).

Et c'est l'agent A... qui *écrirait :* « Ce que je puis affirmer *verbalement...* »

Cette traduction est inacceptable. Et voici le véritable sens.

L'auteur cite, en le résumant, le discours du général Bogoluboff :

« Je porte un toast chaleureux à la réunion des drapeaux franco-russes sur le prochain champ de bataille. »

De même il cite, en la résumant, une conversation du général de Boisdeffre, relative au procès Dreyfus, jugé un an auparavant : « Je ne peux pas ici dire comment la pièce est arrivée entre les mains de l'attaché militaire ou du grand État-major à B...: ce que je puis affirmer verbalement, c'est qu'elle est réellement arrivée entre les mains d'un des attachés militaires, et qu'elle a fait ensuite retour au Bureau des renseignements. »

C'est le général de Boisdeffre qui parle, ce n'est pas l'agent A.

Mais en quoi cela prouve-t-il la culpabilité de Dreyfus?

— Les pièces nos 22 et 23 ne sont pas plus probantes :

Pièce 22 (un télégramme, envoyé le 27 décembre 1893, de la capitale d'un pays voisin à un agent étranger, à Paris) : « Chose... aucun signe d'État-major » (en langue étrangère, mais en clair).

Pièce 23 (un mémento saisi en janvier 1894) : « Doute, Preuve. — Lettre de service ou brevet situation dangereuse pour moi avec un officier français. Ne pas conduire personnellement de négociations. Apporter ce qu'il a. Absolu... Bureau des Renseignements (en français)... Aucune relation... corps de troupes. Importance seulement... sortant du ministère. Déjà quelque part ailleurs. »

Que signifie ce texte obscur? Plusieurs versions en sont proposées. Aucune ne paraît satisfaisante. Mais aucune ne permet d'accuser Dreyfus; car l'agent A n'aurait pu avoir de doutes sur l'origine des documents livrés, si le traître avait été Dreyfus, qui n'aurait pas manqué, pour faire valoir ses services, d'indiquer sa qualité de capitaine d'artillerie attaché à l'État-major de l'armée.

N'est-ce pas plutôt Esterhazy qui est visé par ces mots : « Aucune relation... corps de troupes... », c'est-à-dire : Je n'ai pas de relations à établir avec les corps de troupe, il n'y a d'important que ce qui vient du ministère? »

Pièce no 40. (Lettre de l'agent B à A, arrivée au Service des renseignements dans les premiers jours de janvier 1894) : « J'ai écrit encore au colonel Davignon, et c'est pour ça que je vous prie, si vous avez l'occasion de vous occuper de cette question avec votre ami, de le faire particulièrement en façon que Davignon ne vient pas à le savoir. »

L'agent B avait demandé, officiellement, au colonel Davignon, sous-chef du deuxième bureau, un renseignement, qui n'avait rien de confidentiel; mais, prévoyant que l'agent A pourrait s'occuper de la même question avec son *ami*, il lui recommande de s'arranger pour que le colonel Davignon n'en sache rien.

« Il est évident — lisons-nous dans la déposition du commandant Cuignet (page 248) — que l'agent B met en garde l'agent A contre une indiscrétion possible, dans le cas où A aurait fait demander par son ami le même renseignement que B demande officiellement au sous-chef du 2e bureau ; il me paraît résulter de cette préoccupation de l'agent B :

« 1° Que l'ami dont il est question est au 2e bureau, sous les ordres du colonel Davignon : autrement, on ne comprendrait pas comment le colonel Davignon pourrait apprendre les démarches que ferait l'ami. On saisit très bien, au contraire, la préoccupation de B, si l'ami est au 2e bureau; il est évident, en effet, que si Davignon apprenait qu'un autre officier s'occupe de trouver un renseignement sur une question aussi spéciale, aussi en dehors des attributions propres au 2e bureau que la question dont s'occupe B, et dont il a parlé officiellement à Davignon, ce dernier en conclurait immédiatement que des relations existent entre B ou quelque autre agent de même ordre et cet officier;

« 2° Constatation qui, à mes yeux, est peut-être plus grave; B et A, d'après le ton de la lettre, ont évidemment intérêt à dissimuler ces relations. Cependant, au vu et au su de tout le monde, ils ont des relations personnelles quelquefois très étroites avec un certain nombre d'officiers de l'État-major de l'armée. Pourquoi faut-il cacher les relations avec cet ami ? C'est que, dans le cas où ces relations seraient connues, il ne serait pas possible de faire croire qu'il s'agit de relations purement mondaines. »

— Mais le commandant Cuignet lui-même constate (page 247) que le Service des renseignements a reçu cette lettre « dans les premiers jours de janvier 1894 » : elle a donc été écrite par l'agent B à l'agent A dans le mois de décembre 1893 au plus tard. Or, en décembre 1893, *Dreyfus n'était pas au 2e bureau, il était au 4e* (voir État nominatif, pièce n° 13 du dossier 5, communiqué par le ministère de la Guerre, liasse n° 5).

L'agent A avait, par conséquent, au 2e bureau, un *ami* autre que Dreyfus. N'est-ce pas cet *ami* qui lui aurait fait connaître le départ, pour la Suisse, d'un attaché militaire étranger (pièces nos 33 et 34) ?

— Il y a d'autres pièces encore, quelques-unes informes.

A quoi bon en poursuivre l'examen?

Leur discussion ne peut — selon le mémoire — être, de part et d'autre, qu'un « pur jeu d'imagination ».

Le dossier secret étant écarté, nous arrivons à ce que l'on considère comme la charge la plus sérieuse, la plus décisive, les aveux que Dreyfus aurait faits, le 5 janvier 1895, devant le capitaine Lebrun-Renault avant la dégradation, et après devant le brigadier Depert.

Lui qui n'avait cessé, depuis son arrestation, de protester contre les accusations dont il était l'objet, — qui, le 5 janvier même, protestait encore, *pendant la dégradation*, comme le racontent plusieurs témoins (pages 189 et 264), et *après la dégradation*, comme l'affirme le directeur du Dépôt, M. Durlin (page 214), — lui qui, durant plus de quatre ans, a toujours crié son innocence, — il se serait démenti, par deux fois, dans cette seule matinée du 5 janvier 1895, pour réserver la confidence de ses aveux à la Garde républicaine!

Le brigadier Depert a, par un rapport du 13 novembre 1898 (remarquez la date), révélé à ses chefs le fait suivant (liasse 5, dossier 4, cote 6) :

« L'ex-capitaine Dreyfus fut conduit, en compagnie du chef du bureau des prisons, à la Souricière. Dans ce parcours de quatre cents mètres environ, la conversation s'engagea entre M. Rocher, chef du bureau des prisons, et l'ex-capitaine Dreyfus; elle portait sur les faits qui venaient de se produire et sa culpabilité ; j'ai entendu les paroles suivantes prononcées par l'ex-capitaine Dreyfus : « Pour être coupable, je suis coupable, mais je ne suis pas seul. »

« Sur cette réponse, M. le chef du bureau des prisons lui fit cette observation : « Mais pourquoi ne donnez-vous pas les noms de ceux que vous connaissez? »

« L'ex-capitaine répondit : « Avant deux ou trois ans, on les connaîtra. »

Pourquoi le brigadier Depert n'en avait-il pas, auparavant, parlé à ses chefs?

Une lettre adressée, le lendemain 14 novembre 1898, par son colonel au gouverneur de Paris, l'explique : « Depert, ancien sous-officier au 76e de ligne, était tout jeune garde au moment du procès en question, ce qui augmentait encore à cette époque sa réserve et sa timidité naturelles. »

Interrogé par commission rogatoire le 8 janvier 1899, Dreyfus a répondu : « *Je n'ai pas tenu ces propos, qui sont absurdes ; j'ai crié mon innocence partout;* j'ignore si le directeur du Dépôt se trouve parmi les personnes qui m'ont entouré dans la journée. »

Or, l'enquête a établi que le chef du bureau des prisons, M. Rocher, décédé depuis, n'accompagnait pas le condamné dans le « parcours de 400 mètres »; c'était le directeur du Dépôt lui-même, M. Durlin, qui était là ; et M. Durlin, devant la Chambre criminelle, a dit le 24 décembre (page 214) :

« Dreyfus fut amené au Dépôt le 5 janvier 1895, à neuf heures et demie. Au greffe, en remettant l'ordre d'écrou au greffier, je fis cette réflexion qu'il était triste d'écrouer un officier français pour un motif semblable.

« Dreyfus me fit cette réponse :

« — Je comprends votre indignation, monsieur le directeur, mais je suis innocent. »

« J'ai quitté le greffe à ce moment, et je suis allé m'assurer si l'escalier qui conduit à l'anthropométrie était libre.

« Je suis revenu prendre Dreyfus ensuite. Je l'ai accompagné avec des gardes républicains que m'avait envoyés M. Bertillon. Il a passé à la mensuration, à la photographie, il a été muet tout le temps.

« Je repris Dreyfus, escorté par les gardes de Paris, et je l'ai amené à la « Souricière » en traversant le Dépôt et les passages souterrains du Palais.

« En arrivant à l'escalier qui précède la montée de la « Souricière », je me suis effacé pour laisser monter l'escorte; mais là Dreyfus, croyant probablement que je partais, m'a dit :

« — Vous verrez plus tard, dans quelques ans (je ne peux pas dire s'il a prononcé deux ou trois ans), qu'on reconnaîtra que je ne suis pas coupable. »

« J'ai continué à monter l'escalier de la « Souricière », et je l'ai remis entre les mains de M. Rocher, chef du bureau des prisons.

« Le président. — Ce n'est donc pas M. Rocher qui a accompagné Dreyfus au travers du souterrain ?

« M. Durlin. — Non. C'était moi. M. Rocher nous attendait dans la « Souricière » même. L'escalier intérieur précède la « Souricière ».

« Le président. — La Cour a entendu tout à l'heure l'un des gardes qui ont accompagné Dreyfus; et celui-ci a déclaré avoir entendu Dreyfus, au moment précisément de monter l'escalier de la « Souricière », tenir le propos suivant :

« — Pour être coupable, je suis coupable; mais je ne suis pas seul. »

« Sur quoi, le chef du bureau des prisons, M. Rocher, qui avait avec lui traversé le souterrain, à la droite de Dreyfus, lui aurait fait cette observation :

« — Mais pourquoi ne donnez-vous pas les noms de ceux que vous connaissez ? »

« L'ex-capitaine aurait répondu :

« — Avant deux ou trois ans, on les connaîtra. »

« Voudriez-vous vous expliquer sur cette contradiction ?

« M. Durlin. — Ainsi que je vous l'ai dit, le chef du bureau des prisons, Rocher, n'était pas dans le souterrain avec nous. Le garde doit se tromper quant à la position qu'il occupait. J'étais, moi, à la gauche de Dreyfus, un brigadier à sa droite ; et d'autres gardiens (2 ou 3), dont celui qui devait conduire Dreyfus à la Santé, par derrière.

« Il n'a pas été tenu d'autres propos que celui que je vous ai rapporté.

« Si Dreyfus avait fait un aveu de culpabilité, je l'aurais immédiatement rapporté à mes chefs.

« Dreyfus a ajouté :

« — J'ai confiance en Dieu. »

« A quoi j'ai répondu :

« — C'est beaucoup, sans doute, mais ce n'est pas suffisant. »

Confronté, le brigadier Depert a alors prétendu que la conversation, relatée par lui, avait été tenue non pas pendant le trajet, ni avant d'arriver à l'escalier montant, mais au bas de l'escalier descendant qui conduit directement à la Souricière, dans un endroit où l'on marchait à la file, et où les paroles prononcées par Dreyfus pouvaient ne pas parvenir jusqu'à M. Durlin.

— Je passe.

Et je mets sous vos yeux la déposition du capitaine Lebrun-Renault (page 186) :

« Le samedi 5 janvier 1895, j'étais commandé avec mon escadron pour aller prendre au Cherche-Midi le capitaine Dreyfus, qui devait être dégradé, à neuf heures, dans une des cours de l'École militaire. Partis à sept heures quinze, nous arrivâmes à sept heures quarante-cinq au lieu indiqué.

« On me désigna le bureau de l'adjudant de garnison pour y garder le condamné jusqu'à l'heure de la parade d'exécution.

« Il commença par protester de son innocence, par dire qu'avec la fortune importante dont il jouissait et le bel avenir qui lui était réservé, il ne pouvait avoir eu aucun intérêt à trahir.

« Il ajouta :

« — Je suis innocent. Dans trois ans on reconnaîtra mon innocence. Le ministre le sait et le commandant Du Paty de Clam est venu me voir il y a quelques jours, dans ma cellule, et m'a dit que le ministre le savait. Le ministre savait que si j'avais livré des documents à l'Allemagne, ils étaient sans importance et que c'était pour en obtenir de plus importants. »

« Le capitaine d'Attel était présent lorsque cette déclaration fut faite; il allait et venait. »

Voici maintenant les explications de Dreyfus devant le président de la Cour d'appel de la Guyane, commis rogatoirement (page 565): « Je n'ai pas prononcé les paroles telles qu'elles sont relatées : j'ai dit ceci ou à peu près, dans un monologue haché : « Je suis innocent, je vais crier mon innocence en face du peuple; le ministre sait que je suis innocent; il m'a envoyé Du Paty de Clam pour me demander si je n'aurais pas livré quelques pièces sans importance pour en obtenir d'autres en échange. J'ai répondu non, que je voulais toute la lumière, qu'avant deux ou trois ans mon innocence serait reconnue. »

Les deux versions concordent en somme.

Dans ce monologue, — duquel on prétend faire résulter une reconnaissance de culpabilité, alors qu'il contient une protestation d'innocence, — Dreyfus répète au capitaine Lebrun-Renault ce que lui a dit M. Du Paty de Clam; c'est M. Du Paty de Clam qui, voulant provoquer des aveux, lui a dit : « Le ministre sait que « si vous avez livré des documents, ils étaient sans importance, » etc.

Or, le capitaine Lebrun-Renault a répété, à son tour, les paroles prononcées devant lui par Dreyfus; mais l'on n'a plus tenu compte que du dernier membre de phrase, comme si c'était le condamné lui-même qui avait déclaré avoir livré des documents sans importance.

C'est, en effet, ce dernier membre de phrase qui, seul, figure dans la déposition du colonel Guérin (page 189), dans celle du contrôleur de l'armée Peyrolle (page 190), et qui seul, d'après le commandant Anthoine (page 191), aurait frappé l'attention du commandant d'Attel, aujourd'hui décédé.

Mais la pensée de Dreyfus est ainsi dénaturée complètement.

Inutile d'ajouter qu'en droit, — dans les matières criminelles comme dans les matières civiles, — l'aveu, indivisible de sa nature, n'est opposable que s'il est signé ou s'il n'est pas contesté.

Et celui dont en excipe non seulement n'a pas été signé, mais est nié absolument par Dreyfus!

— D'ailleurs, le capitaine Lebrun-Renault lui-même l'avait, dans le principe, considéré comme insignifiant.

Car, le 5 janvier, il n'en avait pas informé son colonel; dans son rapport de service, relatif à la dégradation, il s'était contenté de mettre à la colonne d'observations: « Rien à signaler; » et le lendemain 6 janvier, il n'en avait parlé ni au Président de la République, M. Casimir-Perier, ni au président du conseil, M. Dupuy, lorsqu'il avait été envoyé à l'Élysée par le ministre de la Guerre.

Cette prétendue preuve de culpabilité disparaît donc comme les autres.

— Ainsi tombent, une à une, quand on les examine de près, toutes les accusations, si laborieusement échafaudées contre Dreyfus.

Et l'on comprend le mot de M. Dupuy à M. Poincaré: « Je me demande si nous n'avons pas été victimes, en 1894, d'une mystification! »

Telles sont les raisons pour lesquelles Me Mornard conclut à la revision[1].

1. A propos de la déposition du général de Galliffet, invoquée par Me Mornard, je dois donner connaissance à la Cour d'une lettre rectificative que M. le premier Président a reçue, le 23 mai, par l'intermédiaire de l'ambassadeur d'Angleterre à Paris, du ministre des Affaires étrangères, du ministre de la Guerre et du Garde des Sceaux:

« Le major général Talbot,
commandant en Egypte,
à Lord Salisbury.

« Le Caire, 21 avril 1899

J'ai l'honneur de vous adresser ci-joint un extrait du *Times*, du 12 courant, donnant la déposition faite, le 5 décembre 1898, par le général de Galliffet, devant la Chambre criminelle de la Cour de cassation.

Le général de Galliffet a jugé à propos de faire allusion à une conversation privée, tenue environ trois ans après que j'ai eu cessé de remplir les fonctions d'attaché militaire près l'ambassade de Sa Majesté à Paris. Si l'on s'en rapporte aux paroles que l'on m'attribue: « Comme nous tous, les attachés militaires, en France, nous savions, etc. », on doit conclure que j'ai obtenu des renseignements du commandant Esterhazy. Je tiens à déclarer que je n'ai jamais connu cet officier, et que je n'ai eu, avec lui, ni relations, ni communications. J'ajouterai de plus que, pendant toute la durée de mes fonctions, je n'ai jamais obtenu, ou cherché à obtenir aucune information d'un officier français, ou de toute autre source, contre paiement d'une somme d'argent, petite ou grande. Le général de Galliffet a dû se méprendre sur le sens de mes observations, qui tendent seulement à établir ce fait, que le caractère du commandant Esterhazy était connu des attachés militaires;

VII

Je rechercherai maintenant, afin de vous les soumettre, les arguments principaux que pourrait développer un mémoire de la partie adverse, s'il y en avait une dans l'instance.

C'est ce mémoire supposé que je vais en quelque sorte analyser devant vous : je serai ici plus bref, n'ayant pas à reprendre le récit des faits.

Pour soutenir que l'on se trouve dans le cas prévu par l'article 443, paragraphe 4, du Code d'instruction criminelle, Me Mornard s'appuie sur trois ordres d'idées :

1o La communication qu'aurait reçue, de pièces secrètes, le Conseil de guerre en dehors de l'accusé et de son défenseur ;

2o Les actes accomplis dans l'intérêt d'Esterhazy par les lieutenants-colonels Du Paty de Clam et Henry, l'un officier de police judiciaire, et tous les deux témoins dans le procès de 1894 ;

3o Les expertises de 1897 et 1899, comparées avec celle de 1894, et les révélations qui s'y rattachent.

Abordons successivement ces trois points.

Le Conseil de guerre a-t-il eu irrégulièrement connaissance de quatre pièces du dossier secret : la pièce « ce canaille de D... » (no 25), dont parle la déposition de M. Casimir-Perier, et trois autres énumérées par le colonel Picquart (page 91), le mémento de l'agent A (no 23), la lettre de B à A (no 40), les renseignements relatifs au départ pour la Suisse d'un agent étranger (no 33), — ces quatre pièces étant d'ailleurs les seules qui, d'après le colonel Picquart (page 94), auraient été communiquées au Conseil de guerre et commentées par M. Du Paty de Clam ?

A supposer que le fait puisse, judiciairement, être considéré comme certain, — à supposer aussi qu'il ne doive pas être écarté par une fin de non-recevoir immédiate, tirée de ce qu'il ne se liérait pas, comme connexe, aux deux moyens de revision énoncés dans la lettre du Garde des Sceaux, il ne constitue véritablement

mais c'est un fait postérieur à mon départ de Paris, car je ne me rappelle pas avoir entendu son nom quand j'étais attaché militaire.

« J'ai l'honneur de prier Votre Seigneurie, si elle le juge convenable, de vouloir bien transmettre aux autorités militaires françaises la substance de ces remarques. J'ai toujours été traité par l'Etat-major de l'armée avec la plus grande courtoisie et la plus grande confiance ; je regretterais vivement qu'on pût penser que j'aie jamais eu des relations illicites avec des officiers de l'armée française. »

qu'un vice de forme; car il n'est pas, par lui-même, de nature à établir l'innocence de Dreyfus, c'est-à-dire une erreur judiciaire; il est seulement la preuve d'une violation de loi.

Or, une violation de loi peut (article 441) donner lieu à un pourvoi en *annulation*, de la part du Garde des Sceaux, devant la Chambre criminelle, tandis que la *revision* a pour objet (article 443) la rétractation d'une erreur judiciaire; et ce sont les Chambres réunies qui, après enquête, statuent (article 445).

— Mais, dit-on, il ne s'agit pas purement et simplement d'une communication irrégulière : ce dont on se plaint, c'est que, par exemple, la pièce « ce canaille de D... » ait été présentée au Conseil de guerre comme applicable à Dreyfus et ait exercé ainsi une influence véritable sur sa condamnation, alors qu'elle est reconnue ne pas s'appliquer à lui.

— Messieurs, si, en 1894, on a cru pouvoir, dans un procès de trahison qui intéressait au plus haut degré la défense nationale et la sécurité du pays, ne pas placer sous les yeux de Dreyfus des documents qu'il paraissait dangereux de lui montrer ; si les juges du Conseil de guerre, qui ne sont pas des légistes, ont de très bonne foi pensé que, dans une affaire de ce genre, la raison d'État domine tout, et que devant elle s'effacent les considérations d'ordre purement juridique, ils se sont mis, sans doute, en contravention avec la loi qui, à tous les accusés, quelque grave, quelque infamante que soit l'accusation, accorde, pour la liberté de la défense, les mêmes garanties.

Mais de là ne résulte aucun moyen de « revision ».

En effet, l'article 443, paragraphe 4, implique nécessairement ou bien la révélation de faits, ou bien la représentation de pièces, qui, inconnus des juges au moment de la condamnation, sont de nature à établir l'innocence du condamné.

Mais la pièce « ce canaille de D... », si elle n'est pas de nature à établir la culpabilité de Dreyfus, n'est pas de nature, non plus, à établir, je le répète, son innocence. A plus forte raison, les trois autres pièces, sur la portée desquelles on discute encore aujourd'hui.

Ces quatre documents, les juges, par hypothèse, les ont connus en dehors de la défense. Soit ! c'est un vice de forme.

Mais, au fond, ils les ont connus; ils les ont appréciés bien ou mal.

Et, s'ils ont eu tort d'admettre que « ce canaille de D... » était Dreyfus, s'ils se sont trompés à cet égard, « l'erreur d'appréciation » par eux commise, au sujet d'un documeut qui, remarquez-le, n'est pas faux, qui est authentique, ne saurait autoriser la revision.

C'est ce qu'indiquait M. Jacquin dans son rapport au Conseil d'Etat (*Annexes parlementaires*, Sénat 1892, page 392): « Les pièces ou les faits, qui formeront la conviction (de la Cour de cassation), doivent n'avoir pas été connus lors du premier procès, car ce n'est pas pour erreur d'appréciation des juges que la revision doit être permise. »

D'ailleurs, est-il certain qu'il y ait eu dans l'espèce une erreur d'appréciation? A-t-on, en tout cas, le droit d'affirmer qu'elle ait pesé d'un poids quelconque dans la sentence du 22 décembre 1894?

M. Cavaignac et le commandant Cuignet sont d'avis que « ce canaille de D... » n'est pas Dreyfus. Mais, il y a quatre ans, on pouvait avoir une opinion différente.

Et le général Roget (page 38) se borne à cette réflexion pleine de réserve : « Tout ce que je peux en dire, c'est que l'initiale D. peut désigner Dreyfus, et que Dreyfus à eu la possibilité d'avoir les plans directeurs dont il est question : c'est tout ce que je peux en dire. »

M. Laroche, il est vrai, a déclaré, devant la Chambre criminelle (page 327), qu'à Madagascar, en 1896, un des membres du conseil de guerre, le capitaine d'infanterie Freystœtter, aurait dit publiquement : « Cette canaille de Dreyfus a livré à l'étranger des plans de forteresse de la région de Nice, voilà pourquoi nous l'avons condamné. »

Mais, en regard de la déposition de M. Laroche, il convient de placer la lettre que M. André Honorat, rédacteur au *Rappel*, a adressée le 15 avril dernier à M. le premier Président :

« Il me semble que je manquerais aux devoirs les plus imprescriptibles de la conscience, si je ne transmettais pas à la Justice la part de vérité dont le hasard m'a fait détenteur; et, puisque M. le capitaine Freystœtter m'a dégagé de toute obligation par sa lettre à M. le ministre de la Marine, je vous demande la permission de vous dire très brièvement quelles sont les graves déclarations que cet officier a faites devant moi et qui m'ont amené à solliciter l'honneur d'être entendu par la Cour. J'affirme donc sous la foi du serment que M. le capitaine Freystœtter a déclaré en ma présence, le 12 mars dernier :

« 1° Que les juges du Conseil de guerre de 1894 avaient reçu communication, en chambre du conseil, d'une sorte de biographie de

Dreyfus, dans laquelle on avait réuni toutes les charges, et à laquelle était jointe la pièce « ce canaille de D... »; 2° que ce n'est point, cependant, cette communication qui a entraîné sa conviction; 3° que sa conviction a été faite d'abord par les experts, qui attribuaient le bordereau à Dreyfus; 4° mais qu'elle a été faite surtout par la déposition du commandant Henry, qui a dit que les chefs savaient que Dreyfus était coupable, et qui a juré sur l'honneur que Dreyfus était un traître. »

Vous n'avez pas voulu, messieurs, interroger à cet égard les membres du Conseil de guerre, parce qu'il vous a semblé que vous n'aviez pas le droit de pénétrer dans la salle des délibérations pour demander à des juges compte des motifs qui les auraient déterminés.

Mais le capitaine Freystœtter, qui avait exprimé le désir d'être entendu par les Chambres réunies, a dit le 24 avril : « Cette déclaration (celle d'Henry) a eu sur moi une influence considérable en raison de l'attitude d'Henry qui, se tournant vers Dreyfus, le désigna du doigt comme le traître. La conviction de la culpabilité de Dreyfus fut amenée par les affirmations de deux experts en écriture qui attribuèrent nettement le bordereau au capitaine Dreyfus; deux autres experts trouvèrent qu'il y avait de grandes ressemblances et des dissemblances; les dissemblances furent expliquées par M. Bertillon au moyen de mots grossis par la photographie, empruntés au bordereau et à une lettre de Mathieu Dreyfus. »

Comment donc prétendre que ce soit la pièce « ce canaille de D...» qui ait entraîné la conviction et du capitaine Freystœtter et des six autres membres du Conseil de guerre?

Dès lors, en admettant qu'il y ait eu une communication irrégulière, comment soutenir que ce fait rentre dans les prévisions de l'article 443, § 4, du Code d'instruction criminelle?

VIII

Des deux moyens qu'énonce la lettre du Garde des Sceaux, le premier est fondé sur la suspicion dont seraient rétroactivement entachés, dans le procès de 1894, les témoignages d'Henry et de du Paty de Clam à raison de faits accomplis par eux depuis 1896, en vue de sauver Esterhazy.

Mais quel a été, pendant l'enquête préliminaire, puis dans l'information, et enfin à l'audience, le rôle des deux lieutenants-colonels, en 1894?

— Le 14 octobre, veille de l'arrestation de Dreyfus, M. Du Paty de Clam était chargé, par ordonnance ministérielle, des fonctions d'officier de police judiciaire.

Les avait-il sollicitées auprès du général de Boisdeffre, avec qui — selon le commandant Cuignet (page 236) — « il était au mieux »?

Il a dit, devant la Chambre criminelle (page 303), — et il l'a répété devant les Chambres réunies : — « Ces fonctions, je ne les ai pas recherchées, loin de là ; elles m'ont été imposées par le général de Boisdeffre, mon chef. »

Et celui-ci a déclaré (page 175) : « Je ne me souviens pas exactement si le commandant Du Paty de Clam a été désigné directement par le ministre ou sur ma proposition ; son choix. du reste, était indiqué par sa situation d'ancienneté au 3e bureau, dont faisait partie Dreyfus. »

— Le 15 octobre, ayant convoqué Dreyfus au ministère de la Guerre, M. Du Paty de Clam procédait à cette scène de la dictée, qu'on lui a reprochée depuis ; mais elle avait été combinée avec M. Cochefert ; M. Cochefert était présent et a, de son côté, signé le procès-verbal ; rien n'était, du reste, plus naturel, plus légitime, que ce moyen employé pour arriver à la découverte de la vérité.

— Le 18 octobre, M. du Paty de Clam faisait écrire Dreyfus « assis, debout, avec un gant, avec une plume de ronde, etc. » ; mais c'est M. Bertillon, c'est M. Gobert lui-même, qui le lui avaient conseillé. M. Bertillon, dans son rapport du 20 octobre 1894 (dossier de 1894, cote 33), nous apprend que l'écriture de 99 0/0 des lettres anonymes reçues par la préfecture de police est « renversée, ou de la main gauche, ou avec un gant, debout, en tenant un cahier à la main, etc. » Et M. Gobert, dans sa première déposition (page 183), a reconnu « qu'il avait conseillé de faire tracer un corps d'écriture à l'officier soupçonné, en le faisant écrire debout, assis, sur l'angle d'une table, la main gantée, etc. »

Sans doute, M. Paty du Clam, dans les interrogatoires qui ont suivi, ne montra à Dreyfus que peu à peu et par fragments détachés le contenu du bordereau, en photographie seulement : il lui donnait même à entendre qu'il n'avait pas l'original en sa possession.

Mais peut-on induire de là qu'il se soit acharné contre lui avec une passion blâmable? Nullement. Car, le 31 octobre, il dressait un rapport qui, s'il relevait les charges résultant de l'enquête, ne concluait pas d'une façon directe et expresse à un ordre d'informer.

Il finissait par cette phrase : « Ma mission me paraissant terminée, j'ai l'honneur de vous adresser, monsieur le Ministre, le dossier de cette affaire, afin que vous lui donniez telles suites que vous jugerez convenables. »

Et l'on prétend (c'est l'opinion du commandant Cuignet, page 235) que, désireux « d'avoir le procès » pour se mettre en évidence, il aurait, pour « forcer la main au gouvernement », fait « connaître à la presse l'arrestation de Dreyfus, tenue cachée pendant quinze jours! » Mais il se défend contre cette inculpation, de laquelle on ne rapporte aucune preuve.

Du reste, la lettre qui, le 28 octobre, avait averti un rédacteur de la *Libre Parole*, M. Papillaud, était signée « Henry ». Et M. Papillaud, qui y était traité de « cher ami », déclare l'avoir considérée comme une lettre anonyme, parce qu'il ne connaissait pas la signature.

On ne saurait, dès lors, affirmer que la divulgation fût l'œuvre de Du Paty de Clam ou d'Henry.

Quant à ce dernier, son rôle, dans l'enquête préliminaire, a été très effacé.

Le bordereau lui était parvenu entre les mains au Service des renseignements par la voie ordinaire; et la Cour sait, par les communications qu'elle a reçues dans la chambre du conseil en présence du défenseur, ce qu'est la voie ordinaire.

Henry a donc eu, en septembre, le bordereau, sur la provenance duquel aucun doute n'est possible.

Et, le 15 octobre, il fut chargé de conduire Dreyfus à la prison du Cherche-Midi. Le lendemain, il rédigea le compte rendu d'une conversation que tous deux avaient eue en voiture.

On lui fait grief d'avoir, pour accabler Dreyfus, faussement constaté qu'il avait entendu l'officier de police judiciaire dire : « Vous êtes accusé d'avoir livré à une puissance étrangère : 1° une note sur les troupes de couverture; 2° une note sur Madagascar; 3° un projet de manuel de tir de l'artillerie. »

Il est exact que l'interrogatoire porte seulement, au début : « Vous êtes accusé de haute trahison, crime prévu et puni par les articles, etc. »

Mais ensuite : « Vous avez surveillé un tirage de documents au service géographique? — R. Oui. — D. Quels documents? — R. Des instructions relatives aux troupes de couverture. — D. A quelle époque? — Au mois de septembre. — D. Avez-vous eu connaissance d'une note relative à Madagascar ? — R. Non. —

D. Avez-vous connaissance d'un projet de manuel du tir de l'artillerie de campagne du 14 mars 1894? — R. Non. »

Henry, par conséquent, ne se trompait pas quand il déclarait avoir ouï ces mots « note sur les troupes de couverture, note sur Madagascar, projet de manuel de tir de l'artillerie ».

Et, de très bonne foi, il avait dû comprendre que Dreyfus, arrêté pour haute trahison, étant questionné spécialement au sujet de ces trois documents, était par cela même accusé de les avoir livrés.

Henry s'est, ensuite, contenté de maintenir son compte rendu, sans rien y ajouter, dans l'information dirigée par le commandant d'Ormescheville, lequel n'a même pas entendu M. Du Paty de Clam.

A l'audience, les deux lieutenants-colonels ont été cités.

M. Du Paty de Clam, d'après la note remise par Dreyfus à Me Demange, serait intervenu passionnément dans les débats.

Et il aurait eu, avec M. Gobert, au dire de celui-ci (page 184), une discussion vive à l'occasion d'une pièce, « la feuille signalétique », qu'il aurait voulu lui cacher afin que l'expert, trop curieux d'après le rapport du commandant d'Ormescheville, ne sût pas le nom de l'officier soupçonné.

Mais la déposition de M. Du Paty de Clam n'a fait aucune impression sur M. Lépine, qui la range dans la catégorie des « dépositions incolores ».

Écoutez M. Lépine : « En en jugeant d'après le retentissement exceptionnel de l'affaire Dreyfus, beaucoup de gens s'imaginent que les débats du procès ont dû offrir un intérêt considérable et leur prêtent rétrospectivement une solennité particulière. C'est une erreur... Il est peut-être arrivé à quelques-uns d'entre vous, comme à moi-même, de plaider, au cours de leur stage d'avocat, l'affaire classique du militaire traduit en Conseil de guerre pour « désertion « en temps de paix avec emport d'effets de petit équipement ». Eh bien! je n'exagère pas beaucoup en disant que, toutes proportions gardées, les débats dont je parle se sont déroulés, se sont traînés, en grande partie, dans la note terne, grise, d'une affaire vulgaire. Aussi je vous demande la permission de glisser rapidement sur les dépositions incolores, pour ne m'attacher qu'aux faits saillants. Et j'ai, pour cela, une bonne raison, c'est que, soit défaut de mémoire de ma part, soit en raison de leur insignifiance, je n'ai rien retenu de la plus grande partie des débats que leur insignifiance même. »

Puis : « Je ne vais donc parler que de trois faits qui m'ont frappé : la déposition du commandant Henry, d'abord... la déposition de M. Bertillon... la plaidoirie de Me Demange. »

Rien de Du Paty de Clam!

Pour la déposition d'Henry, vous vous rappelez ce qu'en a dit M. Lépine : « Elle a été sensationnelle, par le ton, le geste, par cette attitude de justicier s'écriant : « C'est lui, je le sais, je le jure ! »

Mais, suivant l'observation du général Zurlinden (page 631), ce n'était pas Henry, personnellement, qui parlait ainsi, c'était le délégué du ministre de la Guerre attestant, comme l'aurait fait le colonel Sandherr ou le général de Boisdeffre, ou le général Mercier lui-même, que des rapports écrits, reçus par la section de statistique en mars et avril 1894, signalaient un traître parmi les officiers de l'État-major, et que des renseignements, fournis verbalement au mois de juin, désignaient cet officier comme étant du 2e bureau — d'où la conséquence que Dreyfus, stagiaire au 2e bureau à cette époque, et dénoncé en octobre par la ressemblance de son écriture avec celle du bordereau, était bien le traître!

Or, ce qui prouve combien la section de statistique, au nom de laquelle déposait Henry, était peu suspecte de partialité et d'animosité contre Dreyfus, c'est qu'ayant été, dès le mois de mars, informée des actes d'espionnage imputables à un officier de l'État-major, et ayant, dès le mois d'avril, saisi la pièce qui contenait les mots : « Ce canaille de D... », initiale de Dreyfus, elle n'avait pas songé cependant à incriminer celui-ci ; elle n'avait pas songé à l'incriminer non plus, lors de l'arrivée du bordereau, en septembre; et, pour attirer les soupçons sur lui au mois d'octobre, il avait fallu la révélation faite, en dehors de la section de statistique elle-même, par le colonel Fabre, chef du 4e bureau, qui avait découvert la ressemblance des écritures!

Henry, à cette époque, était donc, comme Du Paty de Clam, entièrement de bonne foi.

Mais on prétend que le contraire résulte de leur conduite ultérieure.

Vous connaissez les faits établis à leur charge :

Henry, vers la fin d'octobre ou le commencement de novembre 1896, a commis un faux, qu'il a expié par sa mort, et duquel son collègue Du Paty de Clam nie avoir été complice.

Il l'a commis, pourquoi?

Déposition Roget (page 81) : « J'ai une opinion sur la genèse de ce faux : Henry était un très brave soldat, d'extraction humble, qui n'avait qu'une instruction primaire, qui était certainement inférieur à la situation qu'il occupait, et qui s'y est trouvé surtout inférieur à l'époque de crise qu'il a traversée.

« Les chefs d'Henry, le général de Boisdeffre, parce qu'il ne voyait pas les services de près (sa fonction s'y opposait d'abord), le général Gonse, par le scrupule d'une conscience timorée, étaient dans un état particulier devant les agissements de Picquart.

« Henry, qui connaissait ces agissements, et qui connaissait bien aussi son chef direct et les scrupules de sa conscience, a pensé, sans doute, qu'il n'opposerait pas une résistance suffisante à ce qu'il croyait être une machination dangereuse, et il a fait cette pièce, sans se rendre compte de l'énormité de l'acte, pour rasséréner ses chefs, comme il l'a dit lui-même dans son interrogatoire. Et il ne croyait pas commettre un si grand crime, parce que son acte, postérieur de deux ans au procès Dreyfus, ne changeait en rien la situation du condamné (pour lui), parce qu'il croyait, le malheureux, que la pièce ne sortirait jamais de son service, et enfin (de cela je suis sûr) parce qu'il croyait ne faire que consigner par écrit la conversation qui s'échangeait à ce moment entre les deux correspondants.

« Il me l'a dit en propres termes, et voici sur quoi il se basait : il savait par le rapport d'un de ses agents qu'il y avait échange de vues journalières à ce moment-là entre les deux correspondants.

« On avait une lettre qui prouvait l'intérêt qu'ils avaient à se rencontrer et à se concerter; on en avait une autre qui semblait encore plus significative, bien qu'aucun nom ne fût prononcé.

« Il a vu dans ces indices un état d'esprit qui correspondait à la lettre qu'il a fabriquée, et qui s'encadrait d'ailleurs tellement bien dans la correspondance qu'elle a trompé M. Cavaignac, qui avait pourtant étudié la question avec soin.

« Si on a donné à la Cour d'autres explications (ce que je ne sais pas), les témoins qui auraient exprimé une opinion différente n'étaient certainement pas en mesure de connaître comme moi la personnalité d'Henry et les mobiles qui ont pu l'inspirer. »

En un mot, Henry était persuadé que Dreyfus était coupable, et que le chef du Service des renseignements, le colonel Picquart, entreprenait de réhabiliter un traître.

Alors, au « petit bleu », qu'il regardait comme un faux, il a eu la déplorable idée de répondre, pour en détruire l'effet, par un faux également.

Mais cette action criminelle, postérieure de deux ans au procès, n'infirme en aucune façon le témoignage, que, comme délégué du ministre, il avait apporté au Conseil de guerre. Elle a eu pour but d'ajouter, après coup, contre le condamné, une charge de plus à celles qui existaient déjà. Cette charge nouvelle doit disparaître ; les autres restent.

— Quant au faux Weyler, et aux altérations subies par une pièce sur laquelle a été apposé un D majuscule, rien ne démontre quant à présent qu'Henry, ou Du Paty de Clam en soit l'auteur.

A la vérité, tous deux en 1897 se sont livrés, dans l'intérêt d'Esterhazy, à des actes, éminemment répréhensibles, à la fois ridicules et odieux, qui ont porté la plus grave atteinte à leur dignité d'officiers, mais dont on ne saurait, sans une criante iniquité, rendre l'armée solidaire.

Dans les conditions où ils les ont accomplis, ces actes engagent-ils d'autres personnes qu'eux-mêmes? Et faut-il ajouter foi, sur ce point, aux récriminations de M. Du Paty de Clam ?

Le désaveu du chef de l'état-major est formel : « Je n'ai eu connaissance (2e déposition du général de Boisdeffre, page 388) des démarches du colonel Du Paty auprès du commandant Esterhazy que bien après le procès Zola.

« Au mois d'octobre 1897, me parvinrent, ainsi qu'au ministre, des lettres anonymes exposant la campagne qui se préparait pour substituer Esterhazy à Dreyfus.

« Vers la même époque arrivèrent également des lettres d'Esterhazy au président de la République, au ministre de la Guerre et à moi. Je me rappelle qu'à ce moment le colonel Du Paty me fit part des inquiétudes de M. de Nettancourt, membre du même cercle que lui (l'Union, je crois), et j'ai dû certainement lui répondre qu'il pouvait être parfaitement tranquille, qu'il n'était pas possible de substituer Esterhazy à Dreyfus, puisque nous avions la conviction absolue de la culpabilité de Dreyfus, ce que j'ai toujours proclamé bien haut.

« Je me rappelle également que des officiers de la section de statistique avaient soumis au général Gonse l'idée de prévenir Esterhazy, par une lettre anonyme, des indications contenues dans les lettres anonymes envoyées au ministre et à moi.

« Le général Gonse, bien entendu, soumit cette idée au général Billot, qui ne l'autorisa nullement ; le général Gonse transmit sa défense avec ordre formel de l'exécuter, et ledit avis ne fut jamais envoyé.

« Le général Gonse avait pris comme auxiliaire pour copier toutes ces pièces, dont le ministre voulait avoir le double, le commandant Du Paty, qui lui semblait le plus indiqué, comme ayant déjà été mêlé à l'affaire Dreyfus.

« Je n'ai pas souvenir de ce qui a pu se passer ensuite : je me rappelle seulement que, à la suite de diverses insinuations de la presse, il en fut émis une, prétendant que j'aurais télégraphié à Esterhazy à Londres, où il aurait été chercher, soi-disant, le document libérateur : « Revenez, je vous couvre ».

« J'écrivis à M. le ministre de la Guerre, le 4 décembre, une lettre pour le prier de faire démentir les faits en question et constater que je n'avais ni vu, ni connu M. Esterhazy (le ministre estima utile de communiquer la lettre entière).

« Au moment où j'allais porter cette lettre au ministre, le général Gonse, qui me l'a raconté depuis, entra dans son bureau, où se tenait le colonel Du Paty, et lui dit : « Voilà ce que le général vient d'écrire au ministre. Vous n'avez rien fait, n'est-ce pas, qui ait pu prêter aux insinuations de la presse? »

« Le colonel Du Paty lui en donna l'assurance formelle.

« Comme je l'ai dit au début, je n'ai appris les agissements qui se sont produits, qu'imparfaitement, par suite d'absence ou de maladie, et ce que je me rappelle parfaitement, comme incidents se rapportant à cet ordre de faits, c'est qu'au moment où il était question de traduire Esterhazy devant un conseil d'enquête, pour une mise en réforme que j'approuvais pleinement, le général de Pellieux vint me trouver et me dit :

« Je viens vous rendre compte qu'Esterhazy vient de me déclarer que, si on le traduisait devant un conseil d'enquête et si on le mettait en réforme, il allait déclarer qu'il était l'homme de l'État-major, qu'il n'avait agi que d'après les ordres de ses chefs et qu'il en avait les preuves.

« Je répondis au général de Pellieux que de pareilles menaces étaient, pour moi, un motif de plus, et suffiraient seules pour que je demandasse sa comparution devant un conseil d'enquête; et je prescrivis au général de Pellieux d'aller en rendre compte au ministre.

« Le lendemain, il me fit dire qu'il venait de recevoir une lettre d'Esterhazy, lui déclarant que tout ce qu'il avait dit la veille était faux et rétractant ses dires ; je n'ai du reste pas vu la lettre. »

De même, le général Gonse (deuxième déposition, page 395) :

« La conduite du colonel Du Paty ne peut être attribuée qu'à une véritable aberration.

« Il y a eu, de sa part, excès de zèle, mais aussi de démarches imprudentes, et même inqualifiables, que j'aurais formellement interdites, si j'avais pu les soupçonner, d'autant plus que je lui avais toujours formellement défendu toute démarche auprès d'Esterhazy.

« Il le savait si bien que, lorsque le chef d'État-major général écrivit sa lettre du commencement de décembre 1897, — pour déclarer qu'il n'avait fait ou fait faire aucune démarche auprès d'Esterhazy, — je fis venir le colonel Du Paty pour lui montrer la lettre que le chef d'État-major allait envoyer, et lui demandai si la lettre pouvait être lancée, s'il n'y avait rien dans ses démarches de contraire aux affirmations indiquées dans la lettre. Il me répondit affirmativement, et la lettre fut lancée.

« En ce qui concerne le colonel Henry, en dehors de la démarche de Montsouris, je n'ai jamais connu aucune démarche de sa part vis-à-vis d'Esterhazy. »

Et le 5 mai courant, M. le général Gonse a écrit à M. le premier président : « Bien que mes dépositions antérieures devant la Chambre criminelle réfutent par avance la plupart des allégations que le *Figaro* du 2 mai prête au lieutenant-colonel Du Paty de Clam dans sa déposition du 29 avril dernier, je crois nécessaire de protester contre le rôle que me font jouer les récits du *Figaro*, contre les conversations qu'ils me prêtent, et notamment contre le fait monstrueux que le lieutenant-colonel Du Paty de Clam m'aurait fait part de ses soupçons au sujet de l'authenticité de la pièce Henry. En tout état de cause, j'affirme une fois de plus que ni M. le général de Boisdeffre ni moi, n'avons jamais invité le lieutenant-colonel Du Paty de Clam à entrer en relations avec le commandant Esterhazy, *a fortiori* à faire faire auprès de ce dernier une démarche personnelle quelconque, d'une nature quelconque. J'affirme également que rien, dans l'attitude du chef d'État-major général ou la mienne, n'a pu laisser croire au lieutenant-colonel Du Paty de Clam qu'il était autorisé à faire les démarches incorrectes, auxquelles il s'est livré auprès du commandant Esterhazy et de différentes personnes de son entourage, etc. »

— Mais, par eux-mêmes, les faits, ainsi désavoués, ne peuvent pas plus que le faux Henry, servir de base à une demande de revision ; car, pas plus que lui, ils n'impliquent le mal fondé de la condamnation prononcée en 1894.

Que prouvent-ils ? Uniquement ceci : c'est qu'en 1897, au bout du délai de trois ans fixé par Dreyfus, les lieutenants-colonels Henry et Du Paty de Clam voyaient, aussi bien que leurs chefs, s'ouvrir, contre le jugement du Conseil de guerre, une campagne, où allaient dans les mêmes rangs combattre — à côté d'hommes dont les intentions étaient sincères et désintéressées — d'autres, n'obéissant qu'à l'esprit de race et à la volonté de faire, coûte que coûte, innocenter un des leurs — d'autres, guidés par des sentiments d'hostilité ou de haine contre l'État-major de l'armée, contre l'armée elle-même — puis, des étrangers, heureux de faire cause commune contre la France — et enfin, ceux qu'achetait et payait l'or de ce « syndicat », sur lequel M. le député de Grandmaison est venu, dans l'enquête (page 513), donner des renseignements!

Henry et Du Paty de Clam ont pensé que cette campagne désorganiserait notre service de renseignements militaires, qu'elle compromettrait la défense nationale, qu'elle entraînerait pour notre patrie (sans qu'il soit nécessaire d'insister davantage) des conséquences graves à tous égards; et, comme ils ne doutaient pas de la culpabilité de Dreyfus, ils sont accourus à l'aide d'Esterhazy, de l'innocence duquel ils ne doutaient pas non plus!

Ils l'ont averti, ils l'ont appelé à Paris, ils ont eu avec lui des entrevues, et l'ont mis en garde contre les machinations qui se préparaient.

De pareilles démarches auprès d'un officier supérieur de l'armée, qu'ils tenaient pour injustement soupçonné, paraîtraient licites, s'ils lui avaient écrit en signant de leurs noms et s'ils lui avaient franchement donné rendez-vous, ou chez eux, ou même au ministère de la Guerre.

Elles ne sauraient se transformer en une démonstration de l'innocence de Dreyfus, parce qu'au lieu de procéder ouvertement, ils ont eu recours à des manœuvres bizarres, évidemment inspirées par l'esprit romanesque et l'imagination maladive de Du Paty de Clam, qui déjà en avait pratiqué d'analogues, en 1892, dans une affaire d'ordre privé, où il était question d'une femme voilée, et où un « document libérateur » d'un autre genre avait été mystérieusement remis en un endroit désert.

— Donc, ils ont envoyé à Esterhazy une lettre signée « Espérance »; ils lui ont donné, le soir, à côté du parc de Montsouris ou du cimetière Montmartre, des rendez-vous, pour lesquels ils ont mis de fausses barbes noires et ont pris des lunettes bleues; en quoi est-ce de nature à établir que Dreyfus ne soit pas l'auteur du bordereau?

— Esterhazy, sur leur conseil, ou tout au moins sur celui de Du Paty de Clam, a ensuite adressé au Président de la République, avec une copie de l'écrit anonyme signé : « Espérance », trois lettres qu'il dit lui avoir été dictées, dans lesquelles cependant on reconnaît bien son style même, et que tout le monde est unanime à flétrir.

Ces lettres prouvent d'abord qu'il voulait, à tout prix, même par d'indignes menaces, obtenir que l'on apportât immédiatement un terme aux attaques dont il imputait la responsabilité à Picquart; elles prouvent également qu'il cherchait à compromettre celui-ci en l'accusant d'avoir détourné et de s'être laissé voler par une femme la pièce secrète « Ce canaille de D... »; mais elles ne prouvent pas que l'auteur du bordereau soit un autre que Dreyfus.

— Puis, le général de Pellieux commence son enquête : Du Paty de Clam, qui avait reçu de ses chefs (il l'a reconnu, page 307, l'ordre de ne plus voir Esterhazy, continuait avec lui des relations par intermédiaire et lui envoyait la note « aux deux écritures », afin de s'entendre sur les déclarations à faire devant le général. Mais quels étaient les points que ces recommandations concernaient? Du Paty de Clam ne voulait pas être convaincu de désobéissance à ses chefs, et il disait à Esterhazy : « Restez muet sur la nature des rapports que nous avons eus ensemble... jamais je ne vous ai rien divulgué de confidentiel, et ce n'est pas moi qui vous ai dénoncé Picquart, etc. » — C'était donc dans un intérêt exclusivement personnel que la note « aux deux écritures » était rédigée par lui.

— Esterhazy, il est vrai, a raconté que, soit devant le général de Pellieux, soit ensuite devant le commandant Ravary, il recevait, journellement, de Du Paty et d'Henry, des instructions sur ce qu'il avait à répondre. Mais son témoignage, isolé, n'est pas suffisant.

Et il n'est pas permis de supposer, avec le mémoire de Me Mornard, que, si Esterhazy n'a pas été condamné, si, par suite, le cas de revision obligatoire, dérivant de deux condamnations inconciliables (article 443, § 2), n'a pu se produire, les actes imputables à Du Paty de Clam et Henry en soient la cause.

Non : reportez-vous, par la pensée, au mois de décembre 1897, après la dénonciation de Mathieu Dreyfus, et avant le procès Zola : combien étaient-ils en France ceux qui, à cette époque, ne croyaient pas Dreyfus coupable? Un bien petit nombre. Dans l'opinion générale, on n'admettait pas que le Conseil de guerre se fût trompé. C'était un état d'esprit qui n'avait besoin, ni d'une note de l'agence Havas pour s'affirmer, ni des menées de Du Paty de Clam ou d'Henry pour entraîner un acquittement!

— On objecte qu'Esterhazy, au cours de l'expertise, était très inquiet, comme l'attesteraient deux brouillons de lettres, saisis chez sa maîtresse par M. le juge d'instruction Bertulus.

Mais il est indispensable de bien préciser la date de la saisie: 12 juillet 1898.

Or, le 7 juillet précédent, à la tribune de la Chambre, le ministre de la guerre, M. Cavaignac, avait dit de lui : « Un officier qui sera frappé, demain, des peines disciplinaires qu'il a méritées. » Esterhazy n'a-t-il pas, dès ce moment, combiné, pour se venger de l'État-major, le plan qu'il a exécuté plus tard ? Et n'a-t-il pas fabriqué, pour les placer dans la potiche japonaise, les deux prétendus brouillons, afin que le magistrat, chargé de l'information déjà ouverte sur les faux télégrammes « Blanche et Speranza », pût, le cas échéant, les découvrir aisément ? Esterhazy n'est pas homme à laisser traîner, par mégarde et involontairement, des papiers de ce genre ; et l'on conçoit que le général Roget ait dit (page 443) :

« Je trouve son rôle bien singulier : il cherche tout d'abord à compromettre l'État-major, c'est-à-dire, dans son esprit, le général de Boisdeffre et le général Gonse ; on trouve chez Mme Pays, en y perquisitionnant, des brouillons de lettres qui semblent y avoir été mis tout exprès. Esterhazy dit, paraît-il, à M. Bertulus que l'une de ces lettres était destinée au général de Boisdeffre ; seulement il ne veut pas en signer la déclaration.

« Il est à ma connaissance que le général de Boisdeffre n'a reçu aucune lettre d'Esterhazy, qu'il ne connaissait pas.

« Au moment du Conseil d'enquête, on fait d'abord des tentatives de chantage sur le général de Pellieux, puis sur moi ; et enfin, Esterhazy adresse à son avocat cette fameuse dépêche en clair, qui paraît avoir été faite tout exprès pour compromettre l'État-major.

« Comme si Esterhazy ne savait pas que les originaux des télégrammes de cette nature sont toujours portés à la Sûreté générale qui les communique au gouvernement ! »

Nous le répétons donc, les actes de Du Paty de Clam et de Henry n'ont pas eu la portée qu'on leur attribue.

Soutiendra-t-on qu'Henry était personnellement intéressé à sauver Esterhazy, qu'il lui devait de l'argent, qu'il avait avec lui des relations suspectes, etc. ?

Mais quelles preuves en a-t-on ?

Est-ce la lettre, dans laquelle (page 494) Esterhazy écrivait à M. Jules Roche : « Le commandant Henry est mon débiteur depuis 1876 ; je lui ai prêté quelque argent, qu'il ne m'a pas rendu, qu'il me doit encore » ? Simple allégation, qui n'est pas justifiée.

Est-ce la déposition de M. Bertulus, narrant la scène de larmes du 18 juillet dernier ? Mais cette scène ne s'explique guère ; on ne voit pas pourquoi la présence du mot « Bâle » sur un mémento d'Esterhazy pouvait déterminer une pareille crise. Car, l'entrevue de Bâle et la déclaration de l'agent étranger R. C. avaient contribué à faire naître les soupçons du colonel Picquart ; rien d'étonnant, dès lors, à ce qu'Esterhazy en ait été informé par Henry ou Du Paty de Clam.

La déposition de M. Bertulus est, du reste, contredite par celle du général Roget et, devant les Chambres réunies, il a reconnu que, n'ayant pas agi en qualité de juge d'instruction, il n'avait pas porté, comme il l'avait déclaré devant la Chambre criminelle, l'incident à la connaissance du procureur de la République, ni du procureur général.

— En résumé, si, dans la lutte engagée entre ceux qui attaquaient le jugement de 1894 et ceux qui voulaient le défendre, Henry et Du Paty de Clam ont pris parti avec une coupable ardeur, s'ils ont eu recours même au crime, sans se rendre compte du mal incalculable qu'ils allaient ainsi faire à la cause même qu'ils entendaient servir, il est impossible d'en conclure qu'ils aient été en 1894 de faux témoins.

Or, le faux témoignage ne constitue que dans le cas où il est certain un « fait de nature à établir l'innocence du condamné ».

Avant la loi de 1895, la certitude du faux témoignage ne pouvait (article 443, § 3) résulter que d'une condamnation prononcée contre le faux témoin.

Elle peut résulter aujourd'hui (article 443, §4) d'une enquête ou d'autres documents, indépendamment même de toutes poursuites. Mais encore faut-il qu'elle existe, encore faut-il que le faux témoignage soit non pas simplement allégué ou soupçonné, mais démontré,

Eh bien ! supposez qu'Henry vive encore ; assurément, il serait passible d'une peine pour le faux qu'il a fabriqué en 1896.

Mais quels juges, militaires ou civils, auraient une conviction assez forte pour le condamner, lui ou Du Paty de Clam, comme ayant commis en 1894 un faux témoignage ?

Le moyen de revision, reposant sur cette idée qu'ils auraient été de faux témoins, est, dès lors, inadmissible.

IX

Le dernier moyen n'est pas mieux fondé.

On ne peut nier que l'écriture de Dreyfus, celle d'Esterhazy, et celle du bordereau se ressemblent. On ne peut nier davantage que les experts commis en 1899 par la Chambre criminelle soient en contradiction avec ceux qui, dans le procès de 1897, avaient déclaré ne pouvoir attribuer à Esterhazy le document incriminé, et avec la majorité de ceux qui, en 1894, l'attribuaient à Dreyfus.

Mais, dans une matière où, par la force même des choses, les experts sont essentiellement sujets à erreur, une contradiction de ce genre ne peut pas être une présomption d'innocence assez puissante pour ébranler l'autorité de la chose jugée.

D'ailleurs, M. Bertillon, avec une conscience, un soin, une persévérance minutieuse, a accompli une série de travaux, trop longs pour que la lecture vous en soit donnée, mais témoignant d'une foi profonde, et dans lesquels, à la suite d'expériences répétées, il se fait fort de démontrer que le bordereau a été forgé avec une écriture artificielle, invention personnelle de Dreyfus.

Or, devant la Chambre criminelle, questionné sur l'attitude que, pendant sa déposition au Conseil de guerre, avait eue l'accusé, M. Bertillon a dit (page 345) :

« Pour comprendre les renseignements que je vais vous donner, il faut connaître cette circonstance, peu ordinaire, que la défense, comme l'accusation d'ailleurs, ignorait au moment de ma déposition ce que j'allais dire : en effet, la base de ma conviction judiciaire, non pas de police, reposait, vous ai-je dit, sur l'interprétation de la lettre dite du buvard (la lettre de Mathieu Dreyfus) que je n'avais mise au jour et réussi à interpréter que peu de jours avant l'audience.

« Aussi, aucuns rapports verbaux ou écrits n'avaient pu être établis par moi sur ce complément de mes recherches.

« Au début de ma déposition, je remarquai que l'accusé était très maître de lui. Ayant fait allusion à l'angoisse qui peut étreindre le cœur d'un honnête homme qui se rend complice d'une erreur judiciaire, l'accusé me regarda narquoisement et me dit :

« — Ces angoisses, monsieur, vous n'y échapperez pas, soyez-en sûr. »

« Quelques instants après j'annonçai, conformément au rapport écrit de la première heure, et insuffisamment justifié, que le bordereau était forgé, « et, ajoutai-je, la preuve de cette confection artificielle, je vais vous la donner : elle m'a été révélée par le petit instrument dont je me sers journellement ». En disant ces mots, je sortis de ma poche le décimètre et montrai comment il m'avait conduit à griller le bordereau par demi-centimètres, sur lesquels tous les mots redoublés se repéraient semblablement.

« Au mot de grille, la figure de l'accusé se contracta : il se renversa en arrière, saisissant la table de ses mains, et murmura, d'une voix distincte pourtant, qui fut entendue par d'autres que par moi : « Oh! le misérable! »

« Cette exclamation, prononcée à l'occasion d'une remarque (la forgerie du bordereau) qui aurait dû le remplir d'espoir s'il avait été innocent, me frappa énormément; elle frappa mes voisins, et le mot me fut répété, d'une source étrangère, plus de deux ans après. On y ajouta même ce détail : « Oh! misérable! tu m'as donc vu « écrire! ». En réalité, cette dernière phrase se réfère à la question que l'accusé pria le président de m'adresser à la fin de sa déposition : « Que le témoin, dit-il, veuille bien jurer qu'il m'a vu écrire le bor« dereau. » Cette demande ne me fut pas transmise, mais me frappa d'autant plus que j'avais d'avance annoncé au commis qui me servait d'auxiliaire dans mes recherches que j'amènerais Dreyfus à me faire cette question. J'étais tellement sûr d'avoir reconstitué, en grande partie, la façon dont il s'y prenait pour composer son document, qu'il me semblait qu'il pourrait laisser échapper cette demande.

« J'ai remarqué également, durant tout le cours de ma déposition, qu'après son exclamation : « Oh! le misérable! » il ne chercha pas une seule fois à contrôler, à s'assurer ou même à comprendre les observations que je présentais. Quand je signalai, par exemple, la présence d'une petite encoche sur le bord droit du papier comme indice de confection artificielle, tandis que les juges, le défenseur, le ministère public, se penchaient sur le bordereau pour en constater la présence (qui avait échappé aux experts qui m'avaient précédé), Dreyfus restait figé dans son immobilité, qu'il semblait s'être imposée depuis sa première exclamation.

« Pourtant l'angoisse qu'il éprouva lorsque je superposai, sous les yeux du Conseil, différents mots du bordereau sur le mot « intérêt », était manifeste. Je l'ai constatée, et d'autres témoins m'en ont également parlé. »

Cette déclaration (il faut en convenir), n'a pas été entièrement confirmée par M. Lépine devant les Chambres réunies : « Je connaissais Bertillon pour un esprit réfléchi et consciencieux, d'une ingéniosité confinant par certains côtés au génie, je le dis sans croire exagérer; et lorsque le ministre de la guerre me demanda de l'adjoindre aux experts désignés, j'accédai volontiers à son désir dans la pensée que le travail personnel de Bertillon pourrait servir à la manifestation de la vérité. Les conclusions auxquelles il aboutit après un labeur acharné étaient très savantes; mais, à l'audience, ses déductions parurent embrouillées, ses raisonnements compliqués et nuageux; il n'a pas de facilité d'élocution; il ne fut pas compris. Me Demange ne fit, dans sa plaidoirie, qu'une dédaigneuse allusion à cette déposition; le ministère public n'en fit pas mention; quant aux juges, il me semblait lire sur leurs figures cette pensée que je vous demande la permission de traduire en langage familier : « Il nous ennuie, ce civil, nous n'avons pas besoin de tant de raisonnements pour savoir de qui est le bordereau. » — D. La déposition de M. Bertillon n'a-t-elle pas paru impressionner vivemement Dreyfus? Est-il dans les souvenirs du témoin qu'elle ait arraché une exclamation à l'accusé? — R. La déposition de M. Bertillon a duré deux heures; et ce n'est qu'à un passage de cette déposition que j'ai entendu dans la bouche de Dreyfus une exclamation indistincte; c'est à cela que je faisais allusion tout à l'heure quand je parlais d'une contraction de la figure de l'accusé. Quant à l'expression : « Ah! le misérable! » que M. Bertillon, dans sa déposition devant la Cour, place à ce moment dans la bouche de l'accusé, j'en ai entendu parler depuis, mais par M. Bertillon lui-même. »

Les travaux de M. Bertillon n'en subsistent pas moins; et, aux conclusions qui en découlent, il n'y a aucune raison de préférer celles d'autres experts.

— Quant au papier pelure du bordereau, certainement il est pareil à celui des deux lettres d'Esterhazy.

Mais il n'était pas hors du commerce, puisqu'au mois d'octobre 1894, pendant l'enquête de M. Du Paty de Clam, on en a trouvé un échantillon semblable, quoique de format différent, chez M. Marion, marchand en gros, cité Bergère; et les papetiers, interrogés alors par les agents de M. Cochefert, ont déclaré qu'il leur était possible d'en fournir sur commande dans un délai de vingt-quatre heures.

Par conséquent, Dreyfus a pu en avoir aussi, d'autant mieux que les trois spécialistes, commis par délégation de la Chambre criminelle en novembre 1898, ont dit dans leur rapport (page 476) : « Nous avons cherché à nous éclairer sur la provenance de ces papiers; mais nous n'avons pas tardé à reconnaître l'impossibilité de déterminer avec certitude l'usine où ils avaient été fabriqués, aucune indication spéciale, telle que marques ou vestiges de marques de fabrique, ne nous en ayant fourni les moyens, aucun caractère particulier ne nous ayant mis à même de préciser cette origine. Ce que nous avons reconnu, c'est que les papiers de cette espèce avaient un certain écoulement à Paris, dans les départements et à l'étranger, il y a une dizaine d'années, et que, depuis cette époque, cet écoulement s'était progressivement amoindri, sans cependant être arrivé à disparaître, car il existe à Paris, et vraisemblablement dans d'autres villes, des maisons qui possèdent encore cet article dans leurs magasins et le vendent assez régulièrement. »

— La culpabilité de Dreyfus est d'ailleurs démontrée par la teneur même du bordereau.

Ce document, lors du procès, avait été, par erreur, indiqué comme datant du mois d'avril ou mai 1894.

Mais, à l'heure actuelle, aucun doute n'existe : sa date doit être placée en août, dans les derniers jours.

Je ne vous en relis pas le texte; et je passe rapidement sur la phrase finale : « Je vais partir en manœuvres. »

Ce qu'il est permis d'en dire, c'est qu'elle peut émaner de Dreyfus; car, bien qu'il n'ait pas assisté aux manœuvres de septembre, il a dû, jusqu'aux derniers jours d'août, croire qu'il partirait. Les stagiaires de deuxième année espéraient, en effet, qu'on ne leur appliquerait pas en 1894 la décision prise le 15 mai par le chef d'État-major général : c'est le 27 août seulement que leur espoir fut déçu.

Déposition Zurlinden (page 30) : « Le 27 août, on leur annonça que, cette année, ils n'iraient pas aux manœuvres. »

Déposition Cuignet (page 241) : « Cette décision les surprit beaucoup; et je me rappelle avoir entendu dire à l'un d'eux, le capitaine Junck, qui était camarade de stage de Dreyfus, qu'il avait déjà fait sa cantine pour partir aux manœuvres, quand il apprit qu'on maintenait les stagiaires à l'État-major de l'armée. »

Et — d'après un renseignement transmis par M. le ministre de la Guerre, le 13 mai courant, sur la demande de M. le premier président — c'est à la date seulement du 25 septembre 1894 qu'a été envoyée au troisième bureau, pour être verbalement communiquée aux six stagiaires qui y étaient détachés (parmi eux, Dreyfus), la note de service indiquant les régiments dans lesquels ils compléteraient leur instruction à compter du 1er octobre. — La copie de cette note est au dossier.

Mais, à l'inverse, il est constant qu'Esterhazy, en sa qualité de major, n'a pas été officiellement aux manœuvres, et l'on n'établit pas qu'il s'y soit rendu en amateur.

La phrase finale n'est donc pas un argument contre lui : elle peut en être un contre Dreyfus.

— Les autres énonciations désignent nécessairement un officier d'artillerie stagiaire de 2e année à l'État-major de l'armée, par conséquent Dreyfus.

Pourquoi lui, alors qu'à là même époque se trouvaient, avec lui, des camarades dans les mêmes conditions?

C'est qu'aucun d'eux n'avait, comme la sienne, une écriture ressemblant à celle du bordereau.

— Nous venons de dire que, nécessairement, le traître était un officier d'artillerie, stagiaire de deuxième année à l'État-major.

En effet, sur les cinq sujets visés par le bordereau, trois avaient trait à des questions d'artillerie, et tous impliquaient une connaissance variée des questions traitées dans les différents bureaux de l'État-major.

Or, à la fin de la première année, un stagiaire n'a encore passé que par deux bureaux sur quatre, tandis que Dreyfus allait terminer son stage quand il a été arrêté.

Quels étaient ces cinq sujets?

1° *Une « note sur le frein hydraulique du 120 et la manière dont s'est conduite cette pièce »*. Il s'agit là, manifestement, du canon de 120 court et de son frein hydropneumatique, qui seul, en 1894, pouvait avoir un intérêt de nouveauté pour les agents de l'étranger. Car le frein hydraulique à glycérine, modèle 1883, dont la description complète figure dans le « Règlement sur les bouches à feu de siège du 6 avril 1889 », était dans le domaine public.

Il n'est pas, d'ailleurs, particulier au 120; et, ainsi que l'indique une note du ministère de la Guerre (liasse 5, dossier 5, cote 12, page 2), « son seul objet est de limiter le recul de l'affût sur la plate-forme; il remplace à cet effet l'ancien sabot d'enrayage; le coup tiré, l'affût est ramené en batterie à bras d'hommes ».

Au contraire, le frein hydropneumatique assurait, pour la première fois, « la remise en batterie automatique au moyen de l'air comprimé. Grâce à lui (déposition Roget, page 56), le canon qui recule dans une sorte de berceau est ramené de lui-même en batterie sans aucune intervention des servants ». Mais, en 1894, il était nouveau : et le canon de 120 court (matériel de campagne) en était, alors, seul muni.

Le frein, spécifié dans le bordereau, était donc, non pas le frein hydraulique, depuis longtemps en usage, qui était du 155 aussi bien que du 120, mais le frein hydropneumatique nouveau qui, spécialement, était du 120 court. Ce canon, que l'on construisait à la fonderie de Bourges, avait été tiré aux écoles à feu de la 8e brigade, à Bourges, en 1891 (déposition Roget, page 56).

Vers la fin de 1893, on décida d'en doter les armées comme artillerie de campagne; et huit régiments, appartenant aux 1er, 2e, 4e, 8e, 9e, 11e, 16e et 17e corps, reçurent chacun deux batteries, avec lesquelles ils firent des écoles à feu en 1894.

« Mais — continue le général Roget (page 56) — le frein de ce canon était inconnu de la masse des officiers d'artillerie; il ne pouvait être connu que par les officiers qui l'avaient construit à la fonderie de Bourges et par les officiers appartenant aux commissions d'expériences de Calais et de Bourges. Actuellement encore, les officiers d'artillerie eux-mêmes ne connaissent ni les procédés de construction, ni l'organisation des parties essentielles du frein. Les règlements interdisent de le démonter; et, au cas de mauvais fonctionnement, le canon doit être renvoyé en manufacture. Il existe un règlement, datant de 1895, qui donne la description du frein, mais c'est une description purement schématique. En 1894, ce règlement même, avec cette description, n'existait pas et les officiers d'artillerie, autres que ceux dont j'ai parlé, ne pouvaient avoir normalement aucune connaissance du frein. »

Or, Dreyfus avait été, à Bourges, attaché à l'École de pyrotechnie, du 12 septembre 1889 au 1er novembre 1890, c'est-à-dire pendant les essais, en sorte qu'il avait pu, étant donnée surtout sa curiosité pour les inventions nouvelles, recueillir des renseignements intéressants sur le frein. Au contraire, un officier d'infanterie comme Esterhazy eût été incapable d'en fournir.

— On fait cependant deux objections :

La première, c'est qu'un artilleur aurait dit « frein hydropneumatique », et non « frein hydraulique »; qu'il aurait dit « canon de 120 court » et non « canon de 120 »; qu'il aurait dit « la manière dont la pièce s'est comportée », et non « la manière dont s'est conduite cette pièce ».

Mais, questionné par le ministre de la Guerre, le général Deloye, directeur de l'artillerie, a répondu (page 779) :

« On dit aussi bien « s'est conduite » que « s'est comportée ». C'est affaire d'habitude individuelle; l'expression n'a rien de technique.

« On dit très souvent « canon de 120 ». On joint comme preuve à l'appui la copie d'un bordereau dont la première partie a été écrite en 1894 par le commandant Guipon, de la troisième direction, chargé de la répartition des 300 exemplaires du règlement dont il a été question ci-dessus (§ VIII).

« Dans le langage courant on dit, plus souvent, « batterie de 120 » que « batterie de 120 court ». Autant qu'on en peut juger, l'expression « 120 court » est plus employée par les officiers d'artillerie des services techniques que par les officiers d'artillerie placés dans les troupes ou les états-majors.

« Quant au terme « hydraulique », il a pu très bien être employé en 1894 par un artilleur pour désigner le frein « hydropneumatique » du canon de 120 court. Les études du frein étaient, en effet, confidentielles. On savait que le frein contenait un liquide ; de là cette expression « hydraulique » employée longtemps par ceux qui n'étaient pas mêlés directement aux questions techniques. »

La seconde objection, c'est que l'auteur du bordereau n'a livré aucun secret, puisque, dès 1890, grâce à la trahison de Boutonnet, condamné le 30 août, le canon de 120 court était connu de l'étranger dans tous ses détails, frein compris.

Le général Deloye a encore répondu (page 773) : « Comme documents susceptibles de renseigner sur le 120 court, la section technique ne possédait à cette date (30 août 1890), que les deux rapports de la Commission d'expériences de Calais des 17 janvier et 14 mars 1890, et les procès-verbaux des séances de ladite commission. Mais ces divers documents, rédigés à un point de vue théorique, ne donnent que de vagues renseignements sur les tracés et la construction du matériel; il en est de même du bulletin des questions à l'étude rédigé d'après ces documents. En 1890, la section technique ne possédait, sur l'organisation du frein du 120 court, aucune donnée précise. Ce n'est que par la lettre n° 205, du 6 mars 1894, que le général Ladvocat, alors président du comité, demanda au ministre d'adresser à la section technique de l'artillerie les « tables de construction provisoires du canon de 120 court, du niveau fixe, du frein hydropneumatique et de la pompe de rechargement ». Ces documents, qui n'existaient pas au ministère de la Guerre, furent demandés à la fonderie de Bourges par dépêche n° 9997, du 13 mars 1894. Le directeur de la fonderie les adressa au ministre par lettre n° 606, du 29 mai 1894. Le ministre les transmit le 7 juin 1894 par dépêche n° 359, au président du comité, qui les reçut le lendemain, 8 juin 1894. C'est seulement à partir de cette date, que la section technique de l'artillerie possède les tracés du matériel de 120 court; il y avait près de quatre ans que les agissements du sieur B... avaient cessé... En second lieu, il n'a jamais été prouvé que le sieur B... ait livré tous les documents qui lui passaient par les mains : en raison du volume même de ces documents, il était obligé de faire un choix. »

Le général Deloye indique, ensuite, comment on a eu la conviction que l'étranger, en 1894, n'était pas encore suffisamment renseigné sur le matériel du 120 court et attachait un grand intérêt à en connaître tous les détails.

Il ajoute (page 777), à l'occasion d'assertions émises par le commandant Hartmann, que le cours de l'École d'application, professé en 1892-93, ne contenait « aucune description du canon ni du frein de 120 court »; que la conférence faite le 30 avril 1892 par le lieutenant-colonel Orcel aux élèves de deuxième année de Saint-Cyr, « ne donne aucun renseignement sur la disposition et les tracés des organes du frein de 120 court, qu'elle est absolument insuffisante... etc. »; qu'en 1894 « il n'y avait dans le commerce aucun règlement sur le canon de 120 court »; qu'un règlement, approuvé par le ministère le 28 mai 1895, « n'a été publié par les éditeurs militaires qu'à la fin de 1895 ou au commencement de 1896, etc. »; que, du reste, pour un étranger, d'autres questions intéressantes se présentaient : « la mobilité de ce matériel, la puissance des projectiles, la facilité du réglage de son tir », toutes choses rentrant dans la formule générale « manière dont s'est conduite cette pièce »; qu'enfin « en ce qui concerne le matériel de 120 court, la troisième direction (artillerie) a envoyé à l'état-major général de l'armée (4e bureau), par note, nº 15097, du 30 novembre 1893, des renseignements confidentiels sur les points suivants : effectif en hommes, chevaux et voitures de la batterie de 120 court et de la section de munition... A cette note était joint un exemplaire des tables de construction de l'affût et du caisson de 120 court ».

Et précisément, Dreyfus était au 4e bureau, de juillet 1893 à janvier 94 !

Quant à Esterhazy, il était au camp de Châlons pour les écoles à feu, du 5 au 9 août 1894; mais les manœuvres de masse d'artillerie n'ont commencé que le 16; le 17, il écrivait de Rouen : en admettant qu'il se trouvât encore à Châlons le 16, quels renseignements aurait-il pu fournir ?

Le capitaine Le Rond, qui était officier d'ordonnance du général Thiou, directeur des manœuvres, a déclaré (page 431) que « il était impossible, à qui que ce fût, de pénétrer dans les batteries, ou même de s'en approcher, à tel point que je fus, un jour, envoyé, au galop de mon cheval, auprès de trois colonels d'artillerie (officiellement admis à suivre ces manœuvres, et qui s'étaient approchés des batteries dans un rayon de quelques mètres) pour leur rappeler les prescriptions du général directeur. En dehors de leur présence sur le champ de tir, les batteries étaient sous la surveillance de factionnaires. J'ajoute que, malgré la situation que j'occupais dans ces manœuvres, il ne me fut jamais donné de voir un canon de 120 court de plus près que du haut de mon cheval ; et que, lors même que j'aurais pu tourner autour de la pièce, il m'eût été impossible, comme à tout officier technicien et compétent, de me rendre compte de la construction et du fonctionnement du frein de 120. »

2° *Une note sur les troupes de couverture (quelques modifications seront apportées par le nouveau plan).*

Que faut-il entendre par là ?

« Le bordereau, dit le général Roget (page 58), ne parle pas de la couverture au point de vue théorique; il parle des « troupes » qui font partie de la couverture, non de telles ou telles troupes qui seraient connues de l'auteur, mais des troupes en général, c'est-à-dire d'un dispositif d'ensemble. Le bordereau parle aussi de modifications qui seront apportées par un nouveau plan ; il s'agit donc de modifications futures, non de celles qui ont été apportées à l'ancien. Je crois devoir appeler l'attention aussi sur l'expression « nouveau plan ». Il ne s'agit pas d'un plan prochain, dont la date n'est pas encore déterminée; il s'agit du nouveau plan, c'est-à-dire de celui qu'on prépare. C'est là tout à fait le langage de l'État-major de l'armée, où l'on dit « prochain plan » tant qu'il n'y a pas de plan en élaboration, et « nouveau plan » dès que le plan est à l'étude, bien que les études durent quelquefois un an. Non seulement ce langage est tout à fait celui de l'État-major, mais encore il répond exactement à des travaux qui y ont été faits en 1894, et qui y ont été faits à titre d'exception dans la forme où ils ont été faits. »

Et le général explique (page 59), qu'on avait décidé d'élaborer « un nouveau plan pour le printemps de 1895 », qu'on le mit « peu après à l'étude », et qu'à la suite de conférences entre les 1er, 3e et 4e bureaux, on résolut « d'établir la couverture pour l'automne », mais qu'il se produisit des difficultés considérables pour « faire à l'automne les transports en fonction d'un plan nouveau », et qu'on fut ainsi conduit à « prendre des solutions provisoires en se disant que la solution définitive serait donnée quand on mettrait en vigueur le plan lui-même ».

Le général Roget conclut (page 59) que « l'on pouvait savoir à l'État-major, et que l'on savait effectivement, en faisant le travail de préparation de la couverture, que des modifications y seraient apportées par le nouveau plan. Comment quelqu'un, non mêlé à ces travaux, aurait-il pu savoir qu'un nouveau plan, non encore commencé, apporterait des modifications à des travaux en cours d'élaboration ? »

En effet, dans le dossier communiqué à la Cour par le ministre de la guerre, il existe (liasse 5, dossier 5), un document officiel, daté du 15 octobre 1894, indiquant (comme le déclare le général Roget, page 60), que, « pour un certain nombre de divisions, pour cinq bataillons de chasseurs, pour une compagnie du génie, etc., la solution serait modifiée par le nouveau plan, en raison de l'obligation où l'on avait été de maintenir jusqu'au printemps les transports de l'ancien plan ».

Ce document n'a pu, en dehors de l'État-major, être connu qu'après le 15 octobre ; mais le commandant Cuignet fait observer (page 243), qu'à la fin d'août, « le travail relatif à la couverture était terminé au 3e bureau », et que, déjà à ce moment, « l'on prévoyait que certaines modifications seraient apportées à ce travail lors de la mise en vigueur du nouveau plan en ce qui concernait la composition, la répartition et les emplacements initiaux des troupes de couverture ».

Et Dreyfus, en août 1894, était depuis le 1er juillet au 3e bureau !

Il était, du reste, si bien au courant que, plusieurs mois auparavant, causant un jour avec ses camarades, il avait, de mémoire, tracé au tableau noir un schéma reproduisant tous les détails de la concentration.

3o *Une note sur une modification aux formations de l'artillerie.* — Comme l'explique le ministre de la Guerre dans le document que nous venons de citer (page 4), « dans la terminologie militaire, le mot « formation » désigne, soit la façon dont une troupe est ordonnée, distribuée, arrangée pour l'exercice ou la manœuvre, formations en bataille, en colonne, à rangs serrés, en ordre dispersé, formations de combat, etc., soit la répartition des unités des différentes armes dans les divisions et les corps d'armée au moment de la mobilisation ; c'est dans ce dernier sens qu'il faut comprendre le terme « formations » employé par l'auteur du bordereau. En 1894, aucune modification au règlement de manœuvres de l'artillerie (datant de 1888) n'était mise à l'essai, ni même projetée. Par contre, des changements considérables furent apportés, dans le courant de l'année 1894, à l'organisation de l'artillerie et aux formations de cette arme prévues en cas de guerre, par suite du passage des pontonniers au génie et de la création de deux nouveaux régiments d'artillerie »; et (page 18) : « la loi, promulguée le 29 juin seulement, avait été votée le 21 mai... C'est donc après le 21 mai que le premier bureau de l'État-major de l'armée put commencer à préparer l'organisation de l'artillerie dans le plan à l'étude. Cette organisation fut l'objet d'une lettre confidentielle, en date du 4 juillet, adressée aux commandants de corps d'armée; la lettre, autographiée au premier bureau, fut envoyée aux autres bureaux de l'État-major de l'armée, dans le courant de juillet. »

Dreyfus était donc, à la différence d'Esterhazy, en mesure de se renseigner complètement.

4° Pour la *note relative à Madagascar*, le général Zurlinden dit (page 29) qu'au troisième bureau un travail sur le projet d'expédition avait été terminé le 20 août 1894, et que des épreuves définitives en avaient été tirées le 29.

Dreyfus était depuis le 1er juillet au 3e bureau.

Il a pu, en conséquence, emprunter à ce travail des données du plus haut intérêt « sur le plan d'expédition, les lieux de débarquement, l'administration, l'organisation des approvisionnements ».

5° Reste le dernier article du bordereau : *le projet du manuel de tir de l'artillerie de campagne* (14 *mars* 1894).

Le général Roget reconnaît (page 61) que « le document n'était pas secret, les exemplaires n'étaient pas numérotés, ils ne portaient même pas la mention « confidentiels », mais « ce projet avait de l'intérêt en 1894, parce qu'il instituait une méthode nouvelle pour le réglage du tir des canons de campagne ».

Dreyfus, au deuxième bureau, s'était avec raison étonné de ce qu'on n'eût pas envoyé à l'État-major des exemplaires pour les stagiaires.

L'État-major finit cependant par recevoir, pour les vingt-quatre stagiaires, dix exemplaires, dont un fut, pendant quarante-huit heures, prêté par le lieutenant-colonel Jeannel (qui l'affirme), à Dreyfus (dont les dénégations à cet égard paraissent suspectes).

On ne prouve pas qu'Esterhazy ait eu un exemplaire entre les mains. Mais il n'eût pas rencontré de difficultés à s'en procurer, puisque le document n'était pas secret, et que les corps de troupes d'artillerie en avaient eu à raison d'un au moins par officier ; on en avait même distribué sur les champs de tir aux officiers de la réserve et de l'armée territoriale.

Mais, en le transmettant à un agent étranger, Esterhazy, s'il avait fait le bordereau, ne se fût pas servi de phrases qui ne se comprennent que provenant d'un officier d'Etat-major.

Il n'eût pas commis cette inexactitude de dire que « chaque officier détenteur devait rendre son exemplaire à la fin des manœuvres » ; car, aucun officier de troupe n'était tenu à cette restitution : « seul — lisons-nous dans la déposition du général Roget (page 62) — un officier de l'État-major de l'armée, qui n'avait pas d'exemplaire personnel, et à qui l'on pouvait confier un des exemplaires, indivis, pour la période des manœuvres, aurait été obligé de le rendre cette période terminée. »

Esterhazy n'aurait pas ajouté : « Le ministère en a envoyé un nombre fixe dans les corps » mais bien « dans les régiments d'artillerie » ; seul, un homme dans la situation de Dreyfus pouvait parler de « corps » par opposition à « État-major », et ne pas employer les mots « corps d'artillerie », parce qu'un artilleur sous-entend naturellement la désignation de l'arme (déposition Roget, page 63).

Ainsi est justifiée la proposition, énoncée tout à l'heure, à savoir, que l'auteur du bordereau est un officier d'artillerie stagiaire de 2e année à l'État-major de l'armée.

Et tout démontre :

1o Que les renseignements sur le frein du 120 ont été puisés dans des souvenirs rapportés de l'École de pyrotechnie de Bourges, où Dreyfus a passé plus d'un an, et dans une note envoyée le 30 novembre 1893 par la direction de l'artillerie au 4e bureau, où était Dreyfus !

2o Que les renseignements sur les troupes de couverture ont été puisés dans un travail terminé fin août au 3e bureau, où était Dreyfus !

3o Que les renseignements sur une modification aux formations de l'artillerie ont été puisés dans une lettre confidentielle, du 4 juillet 1894, préparée et autographiée au 1er bureau, communiquée le même mois aux trois autres, notamment au 3e, où était Dreyfus !

4o Que les renseignements sur l'expédition de Madagascar ont été puisés dans un rapport terminé le 20 août au 3e bureau, où était Dreyfus !

Ce sont de bien graves coïncidences !

— Il y en a d'autres encore, qui l'accusent :

Vous vous rappelez ce qui s'est passé relativement à l'obus Robin, pour lequel des études se poursuivaient à Bourges depuis 1887.

Une puissance étrangère adopte, en 1891, un obus semblable : « Ce qu'il y a de singulier, dit le général Roget (page 44), c'est que la construction de l'obus Robin n'est pas due à des calculs de savants pouvant se rencontrer en deux pays différents, mais à un tour de main de contremaître. »

Dreyfus était à l'École de pyrotechnie de Bourges, en 1889-90; et, quand il l'eut quittée pour entrer à l'École de guerre, il fit, au nom de ses professeurs, qui ne l'y avaient pas autorisé, une indiscrète démarche auprès du capitaine Rémusat pour avoir des renseignements sur les expériences en cours.

— Il était encore à l'École de pyrotechnie de Bourges, lorsque fut livrée en 1890, à une puissance étrangère, une copie d'une instruction très confidentielle sur le chargement des obus à mélinite. Les fragments, calcinés, de papier pelure ordinaire, parvenus au service des renseignements, ne permettent pas de soutenir que l'écriture soit la sienne; mais le fait ne mérite pas moins d'être signalé, — comme, aussi, la disparition de la minute d'une note qu'au 1er bureau, où était Dreyfus, le commandant Bayle avait rédigée concernant l'affectation de l'artillerie lourde aux armées. Sans doute, pour cette affectation, la preuve d'un acte de trahison ne ressort que d'une pièce reçue le 28 décembre 1895 seulement, à la section de statistique, mais il se peut que cette pièce y soit arrivée très tardivement et que son envoi au destinataire remonte à une époque de beaucoup antérieure.

En somme, on aboutit toujours à la conclusion formulée par le commandant Cuignet (page 254), que partout où a passé Dreyfus, on a constaté des fuites de renseignements sur l'artillerie.

— Toutes ces présomptions de culpabilité sont encore fortifiées par l'examen du dossier secret.

Quelques mots d'abord, sur la pièce nº 44, que le mémoire de Me Mornard reproche à M. Du Paty de Clam d'avoir, de concert avec Henry, frauduleusement fabriquée pour créer un nouvel obstacle à une demande éventuelle en revision du procès Dreyfus.

Cette pièce est la reconstitution, faite de mémoire en mai 1898, du télégramme envoyé à un gouvernement étranger le 2 novembre 1894.

M. Paléologue, dans sa déposition du 29 mars dernier, a déclaré qu'elle était, non pas seulement erronée, mais fausse.

Le général Chamoin, le 21 avril, a protesté contre cette qualification :

« Je ne puis laisser passer ces paroles, qui ont peut-être excédé la pensée de M. Paléologue. La Cour voudra bien se rappeler les conditions dans lesquelles j'ai présenté les divers documents du dossier secret du ministère de la Guerre; je me suis attaché à parler toujours avec la plus grande réserve et avec la plus grande modération, m'abstenant de porter aucune appréciation, m'abstenant de conclure. Au sujet de la pièce 44, j'ai dit qu'elle avait été placée dans le dossier en mai 1898, non comme une pièce probante, mais pour rappeler l'existence du télégramme du 2 novembre 1894, qu'elle n'avait aucun caractère d'authenticité puisqu'elle était reconstituée de mémoire et d'après les indications des officiers qui avaient connu les événements de 1894. Elle rappelait la première version du télégramme, dont le souvenir était conservé au ministère. J'ajoutai que deux versions absolument différentes de ce télégramme avaient été données au ministère de la Guerre, que la Chambre criminelle avait reçu à ce sujet plusieurs dépositions contradictoires, et qu'il appartenait à la Cour de statuer. J'exprimai, en outre, l'avis que le télégramme original pourrait être facilement procuré à la Cour, soit par le ministère des Affaires étrangères, soit par l'Administration des télégraphes, et que, dès lors, la Cour pouvait en obtenir le déchiffrement exact.

« J'en reviens maintenant aux deux versions successives du télégramme, fournies en 1894 par le ministère des Affaires étrangères lui-même. Elles sont ainsi conçues : « Si le capitaine Dreyfus n'a pas eu de relations avec vous, il conviendrait de charger l'ambassadeur de publier un démenti officiel » ; puis, la première version se termine par « notre émissaire est prévenu », tandis que la deuxième se termine par « pour éviter les commentaires de la presse ».

Après de laborieux essais au bureau du chiffre des affaires étrangères, on avait trouvé la clé pour traduire définitivement, dès la première ébauche, la partie principale du télégramme ; il n'y avait indécision que pour les trois derniers groupes. Ce fait a paru anormal ; en effet, quand le chiffre n'est pas sûr et que la traduction est incomplète, le texte obtenu offre des lacunes et des parties inintelligibles. Or, ce n'était pas ici le cas ; les deux versions successivement données étaient également claires ; seulement, elles se contredisaient mutuellement. C'est ce qui explique l'hésitation du ministre de la Guerre à accepter la deuxième version du ministère des Affaires étrangères, hésitation qu'il aurait été bien facile de faire cesser en présentant le texte original que le ministre de la

Guerre avait demandé à plusieurs reprises et devant lequel il a toujours été prêt à s'incliner. »

M. Paléologue répondit le même jour, 21 avril :

« ... En ce qui concerne l'exacte traduction, j'espère que les Chambres réunies sont édifiées par l'examen des pièces originales conservées au dossier du ministère des Affaires étrangères. Je rappellerai seulement qu'il suffit de regarder le texte de la première version remise au colonel Sandherr pour en reconnaître le caractère provisoire et conjectural. Les variantes, les surcharges, les ratures, les points d'interrogation, tout révèle, dans cette pièce, le travail d'hypothèses et d'approximations que comporte la découverte progressive d'une table de chiffres. »

Le général Chamoin répliqua :

« Comme délégué du ministre de la Guerre et après avoir pris connaissance de la nouvelle déposition de M. Paléologue, délégué du ministre des Affaires étrangères, je tiens à rappeler la partie de ma déposition précédente dans laquelle je disais que peut-être les paroles de M. Paléologue avaient excédé sa pensée. M. Paléologue a bien voulu me confier la minute du télégramme sur lequel le bureau du chiffre des affaires étrangères a travaillé pour arriver au déchiffrement de la dépêche ; j'y retrouve les mots « arrêté, ambassade, germania » qui figurent d'une part sur la pièce 44, et d'autre part dans la déposition du général Gonse. Comme je l'ai exposé, la pièce 44, rédigée de souvenir, n'est pas un document authentique ; elle a été placée dans le dossier pour rappeler le souvenir de la première ébauche apportée au ministère de la Guerre par le colonel Sandherr. Comme je trouve dans la minute du télégramme des Affaires étrangères les mêmes mots que dans la déposition de M. le général Gonse et dans la pièce 44, j'estime qu'il est difficile d'admettre que cette pièce n° 44 constitue un faux. »

Mais M. Paléologue : « Je ne peux que me référer à ce que j'ai déclaré le 29 mars, au sujet de la phrase : « Le ministre de la Guerre a la preuve de ses relations avec l'Allemagne ». Cette phrase, les cryptographes du ministère des Affaires étrangères protestent ne l'avoir jamais ni écrite, ni suggérée, ni même imaginée, parce qu'elle était impossible à constituer avec les éléments chiffrés. »

La Cour a eu, depuis lors, officiellement communication du décalque conservé à l'Administration centrale des télégraphes ; et elle connaît la traduction exacte. Mais n'est-il pas permis de penser qu'en reconstituant de mémoire, au bout de quatre ans, un texte, dont la première ébauche, avec les variantes, les surcharges et les ratures, portait réellement les mots « arrêté, ambassade et germania », le lieutenant-colonel Du Paty de Clam n'a pas commis sciemment le faux qui lui est reproché?

— Il est vrai que le lieutenant-colonel Henry avait, à cette même époque, écrit la traduction exacte sous la dictée de M. Paléologue (page 268). Et il l'aurait fait disparaître.

Mais une autre pièce, qui, elle, était défavorable à Dreyfus, a disparu aussi. C'est ce que signale le général Gonse dans une lettre adressée à M. le premier Président le 13 mai courant.

M. Paléologue, devant la Chambre criminelle, le 3 février (page 273), avait cité une lettre adressée, d'un port italien, le 16 juin 1895, par une dame étrangère à un agent secret, et dans laquelle se trouvent ces mots :

« La vérité est qu'il (le major Z) va deux fois par année à Toulon, Breste (*sic*) et Havre, et qu'il est ami depuis quatre ans du ex-capitaine Dreyfus, voilà la pure vérité. Il y a chez le C. C. C. (un officier supérieur italien) deux lettres de Dreyfus écrite (*sic*) à l'adresse du major avec la date 22 décembre 1892, et une lettre avec la date de mai 1893. Les deux lettres en question, le C. C. C. as (*sic*) chez lui dans son bureau. »

« La nature des renseignements, continuait M. Paléologue, que la dame en question se croyait en mesure de procurer, avait déterminé le ministre de la Guerre à employer ses services; le ministre des Affaires étrangères n'a servi qu'occasionnellement d'intermédiaire; la lettre ci-dessus a été communiquée au ministère de la Guerre le 2 juillet 1895. »

M. Paléologue ajoutait bien :

« Cette missive, qui était parvenue au quai d'Orsay par l'entremise de son destinataire, était accompagnée de la note suivante, émanant de ce dernier : « Après bien des hésitations, je me décide à communiquer cette lettre, mais sous les plus extrêmes réserves. Ma correspondante, sous la poussée de ce qui lui a été envoyé, me paraît emballée dans une voie où le zèle et l'imagination font les frais. Je lui ai écrit d'ailleurs pour canaliser ce zèle sur les points précis qui lui ont été indiqués, en lui signalant des jalons utiles pour contrôler C. C. C. Mais ce qui me décide à communiquer la lettre, c'est que tout ou partie est possible, et que, par expérience, je sais que l'invraisemblable approche parfois de près la vérité... S'il y avait seulement un seul point de vrai! Et c'est sous cette impression que j'envoie la missive. »

Et dans une note du 3 mai courant, transmise le 6 à M. le premier Président, ce même « destinataire » affirme « qu'aucune créance ne saurait être accordée à sa correspondante. »

Le général Gonse n'en constate pas moins que cette pièce n'a jamais été versée au dossier secret, et qu'elle n'a jamais été montrée, ni à lui, ni aux autres officiers du service des renseignements, par celui qui l'avait reçue du ministère des Affaires étrangères.

Et il croit devoir, dans sa lettre du 13 mai, faire savoir à la Cour que, « s'il est bien informé, la communication a été faite, directement et en mains propres, au lieutenant-colonel Picquart, qui venait de prendre la direction du service, par un attaché des Affaires étrangères; M. Paléologue a confirmé le fait, tout dernièrement, à un officier du service des renseignements, le capitaine Fritsch, qui sera sans doute prêt à en témoigner ».

Mais revenons au dossier secret :

La pièce n° 22, qui est du 29 décembre 1893 (« les choses... aucun signe de l'état-major général »), et la pièce n° 23 (du commencement de 1894), qui se termine par les mots « aucune relation corps de troupes, important seulement sortant du ministère, déjà quelque part ailleurs » montrent bien que l'agent A... à qui était adressée la première, et qui a écrit la seconde, n'avait de relations qu'avec un officier du ministère.

« Il a paru généralement — dit le commandant Cuignet (p. 246) — et il me paraît à moi, encore aujourd'hui, que ces deux pièces 22 et 23 se complètent l'une et l'autre, et peuvent se commenter ainsi qu'il suit : on dit à l'agent A... que les documents produits par lui ne portent aucun signe prouvant qu'ils sortent de l'État-major général, et l'agent A... répond que, lui aussi, a éprouvé ou éprouve des doutes ; il semble bien, cependant, qu'il s'agit d'un officier, et l'agent A... ajoute que l'officier ou lui-même n'a aucune relation avec le corps de troupes, qu'il n'attache d'importance qu'aux pièces sortant du ministère : il faut donc que l'officier, dans l'esprit de l'agent A... appartienne au ministère. »

— D'ailleurs, peu de temps après, l'agent B... informait l'agent A... qu'il allait recevoir l'organisation militaire des chemins de fer français : or, le service des chemins de fer dépend du 4e bureau, dans lequel Dreyfus avait passé six mois, du 1er juillet 1893 au 1er janvier 1894.

« Dreyfus était — dit le général Roget (page 39) — stagiaire au réseau de l'Est, le plus important de tous puisque tous les mouvements de concentration aboutissent sur ce réseau : l'on avait fait aux stagiaires, dans ce semestre (décembre 1893), des conférences sur l'organisation militaire des chemins de fer, conférences auxquelles je présidai. »

— La présence d'un traître au ministère de la Guerre ressort, en outre, des pièces 33 et 34, sur lesquelles le commandant Cuignet s'exprime ainsi (page 247) : « Les fuites qui avaient été signalées en 1893 continuaient à l'État-major. Diverses enquêtes avaient été faites et n'avaient fourni aucun résultat, quand, fin mars 1894, un de nos agents reçut une confidence particulièrement grave.

« On disait à cet agent que les enquêtes seraient sans résultat tant qu'on se bornerait à surveiller le personnel subalterne du ministère de la Guerre. On ajoutait, à titre de renseignements, qu'un agent étranger avait reçu une mission secrète, en Suisse, et qu'il s'y était rendu sans être accrédité auprès du gouvernement de ce pays.

« Quelques jours après, le 6 avril, la même personne disait au même agent que cet agent secret, envoyé en Suisse, avait été subitement accrédité, par télégramme, près du gouvernement helvétique. Il en concluait que la puissance pour laquelle cet agent accomplissait sa mission secrète avait été prévenue, et il disait, qu'à son sentiment, l'avis devait venir du deuxième bureau de l'État-major de l'armée, où, par suite, existerait un traître.

« Or, il est vrai, en effet, qu'à la suite de la première confidence, le service des renseignements informa le deuxième bureau de la mission secrète confiée en Suisse à un agent étranger ; et, dans le deuxième bureau, le service des renseignements informa également la section dans les attributions de laquelle se trouvaient les relations avec la puissance pour le compte de laquelle devait agir l'agent étranger ; à cette section appartenait Dreyfus, au moment où la confidence fut faite. »

— La pièce n° 40 est celle où est prononcé le nom du colonel Davignon, sous-chef du deuxième bureau, sous les ordres duquel a été Dreyfus pendant le premier semestre de 1894.

Il est exact que cette pièce n'est arrivée au service des renseignements que dans les premiers jours de janvier 1894 ; mais elle pouvait avoir été écrite la veille ou l'avant-veille ; il n'est donc pas certain que sa date remonte au mois de décembre 1893, pendant lequel Dreyfus était au quatrième bureau.

— La Cour connaît l'interprétation que propose le commandant Cuignet pour : — la pièce n° 46, lettre adressée à l'agent A... par un fonctionnaire étranger, le 17 janvier 1895, après la démission de M. Casimir-Perier, et portant les mots : « En ce qui concerne

Dreyfus, on est tranquillisé... » ; — la pièce n° 53, mémento de l'agent A... (de juin 1895), où se trouve la phrase : « Hanotaux retors, se réjouit de ce qu'administration démentit, administration doit démentir » ; — les pièces n°s 57 et 58, dans lesquelles l'agent B... déclare n'avoir pas eu de rapports avec Dreyfus et ignorer les relations d'espionnage de l'agent A...

La Cour pourra se reporter à ces commentaires (pages 249, 250 et 251) : je ne crois pas nécessaire d'en donner lecture.

— Enfin la pièce n° 66 établit qu'à Bruxelles se concentrent des opérations d'espionnage.

Or, en novembre 1897, un infirmier de l'hôpital de Nancy, nommé Schérier, racontait à un commissaire de police de cette ville, qu'un malade, soigné dans la salle n° 1, le sieur Auguste Pomier, Alsacien, ouvrier mécanicien, lui avait déclaré, trois ans auparavant, en décembre 1894, avoir été au service d'un attaché militaire à Bruxelles, chez lequel il avait vu « des plis, venant de Paris, relatifs à la mobilisation de l'armée française, et portant la signature Dreyfus ».

L'infirmier Schérier est mort le 14 juin 1898; il passait pour avoir l'habitude de boire ; et Pomier, interrogé à Paris le 27 février 1899, par M. le juge d'instruction Josse, commis rogatoirement, a affirmé n'avoir pas tenu ce propos. D'autre part, l'enquête faite à Nancy en avril dernier auprès des malades qui se trouvaient en 1894 dans la salle n° 1 n'a pas produit de résultats, en ce sens qu'aucun d'eux n'a entendu Pomier prononcer le nom de Dreyfus; mais deux d'entre eux lui ont entendu dire — le nommé Devalt : « que son patron, quand il était à Paris, voyait des officiers français » ; — le nommé Liébault : « que son patron avait souvent des relations avec des officiers des autres pays, que souvent il se mettait en civil et avait des rendez-vous avec des officiers français aussi. »

Et Dreyfus est allé à Bruxelles, comme l'a attesté devant la Chambre criminelle, le 19 janvier, un ingénieur de Boulogne-sur-Mer, M. Lanquety (page 356) : « J'ai rencontré Dreyfus au restaurant de la Taverne royale, à Bruxelles, à une époque qu'il m'est difficile de fixer. — Il me semble, sans pouvoir l'assurer, que c'était au courant de l'été 1893 ; je ne me souviens pas de lui avoir parlé, et nous sommes restés à distance l'un de l'autre. Il était seul, et sa présence ne m'a inspiré aucune réflexion particulière. »

Cependant, Dreyfus, dans l'instruction du commandant d'Ormescheville, n'avait parlé que d'un voyage en Belgique fait par lui après son mariage en 1890. Pourquoi cette inexactitude volontaire, après tant d'autres, après celle qu'il commettait, par exemple, lorsqu'il niait avoir eu entre les mains le Projet de manuel de tir de l'artillerie de campagne, que le lieutenant-colonel Jeannel lui avait prêté pendant quarante-huit heures ?

Ce n'est pas là l'attitude d'un innocent !

Du reste, à l'audience du Conseil de guerre — a dit M. Lépine devant les Chambres réunies — « il niait tout, d'une voix atone, paresseuse, blanche ; au cours des débats, sa figure se plissait convulsivement; parfois un soubresaut le soulevait; mais, pas un mouvement d'indignation, pas un cri du cœur, pas d'émotion communicative ! »

Ce n'est pas là, encore, l'attitude d'un innocent !

Puis, quand, le 5 janvier, revêtu pour la dernière fois des insignes militaires qu'on allait publiquement lui arracher, il défila devant les troupes, « j'ai constaté, — a dit devant la Chambre criminelle le commandant de Mitry (page 191) — que, ne se trouvant pas au même pas que le brigadier qui commandait l'escorte, il en changea ; et ce détail m'a paru étrange dans une telle circonstance... Son attitude m'a produit un profond dégoût ».

Tout l'accuse donc !

Et il est une dernière preuve qui, à elle seule, suffirait : les aveux qu'il a faits dans cette matinée même du 5 janvier 1895.

Il a, devant le capitaine Lebrun-Renault, qui les a entendues, devant le commandant d'Attel, qui les a entendues aussi, prononcé ces paroles : « Si j'ai livré des documents, ils étaient sans importance, c'était pour en obtenir de plus importants » ; et il ajoutait que « le ministre le savait », ce qui était un mensonge.

N'est-ce pas décisif ? Et n'y a-t-il pas lieu de se référer sur ce point aux appréciations de M. Cavaignac (déposition du 10 novembre 1898, page 26) :

« On a dit, pour infirmer la déclaration du capitaine Lebrun-Renault, que celui-ci avait, à l'époque même de la dégradation de Dreyfus, déclaré qu'il ne savait rien. Je ne sais pas quelle est la valeur des témoignages ainsi allégués : je ne les connais point; mais, quel qu'en soit le caractère, j'estime que la portée en est détruite par les faits que je vais signaler.

« Le bruit des aveux de Dreyfus avait été répandu parmi les personnes qui se trouvaient là ; ils avaient été publiés sous une forme à laquelle on pouvait trouver et à laquelle on trouva des inconvénients. Le capitaine Lebrun-Renault reçut les semonces les plus vives (et le mot n'est peut-être pas assez fort). Une lettre du colonel Risbourg établit que son chef direct lui adressa des remontrances et lui prescrivit de dire qu'il ne savait rien.

« Un autre argument a été allégué; c'est que Dreyfus a continué, après ses aveux, à faire des protestations d'innocence.

« Et ici, je suis amené à m'expliquer sur le caractère même des aveux.

« Prenons-les dans la forme même la plus favorable à Dreyfus.

« Ces aveux ne sont évidemment pas l'acte d'un coupable qui se déclare brisé et qui avoue tout son crime; il est amené à laisser échapper l'aveu de son crime en essayant de l'excuser, et il déclare qu'il est innocent en même temps qu'il avoue.

« Il a placé à côté de cet aveu deux excuses, que je voudrais examiner successivement :

« La première, c'est qu'il n'a livré de documents que pour s'en procurer d'autres.

« Ce ne serait qu'une atténuation; mais, en outre, il est impossible d'admettre qu'on livre des documents pour s'en procurer d'autres : on peut bien mettre des agents en rapport avec l'étranger pour tâcher de savoir quels sont les renseignements qu'il désire ou quels sont les agents qu'il emploie, mais la pensée que le fait d'avoir reçu des renseignements d'un agent d'espionnage pourrait déterminer un gouvernement à lui en livrer d'autres est inadmissible.

« Quant à l'autre excuse, qui serait effectivement une excuse complète, « le fait que le ministre serait au courant », elle est encore plus manifestement inadmissible.

« L'acte est donc bien celui-là : c'est un condamné qui laisse échapper l'aveu de son crime, en essayant de l'expliquer par des excuses impossibles.

« Eh bien! je déclare que, quant à moi, je ne puis admettre qu'un homme, condamné à tort pour crime de trahison, qu'un innocent eût laissé échapper la phrase qui contient les mots : Si j'ai livré des documents...

« On a quelquefois quelque peine, quand la conviction de l'esprit est formée par un ensemble d'éléments, à discerner si tel ou tel de ces éléments suffirait à lui seul à faire la conviction. En ce qui concerne les aveux de Dreyfus, je puis dire qu'ils me paraissaient à eux seuls un élément de conviction, car il y a eu un moment où je n'ai eu que la connaissance des faits qui se rattachaient aux aveux, et ils avaient fixé mon esprit. »

— Quant aux mobiles qui ont pu déterminer Dreyfus, le général Roget a émis son opinion (2e déposition, page 439) :

« Dreyfus s'attendait à sortir de l'École de guerre tout à fait dans les premiers. Il en sortit neuvième parce qu'un des présidents des commissions d'examen lui avait donné une note très basse comme note d'aptitude générale au service d'État-major.

« Dreyfus eut connaissance de cette note et il alla réclamer auprès du général Lebelin de Lionne, qui commandait l'École supérieure de la guerre.

« Le général reconnut que la note donnée à Dreyfus était un peu sévère et insista auprès de l'examinateur pour qu'elle fût relevée, sans pouvoir l'obtenir.

« Il fit alors appeler Dreyfus et lui tint le langage suivant : « Je reconnais que M. X... vous a traité avec quelque sévérité. Je pourrais rétablir l'équilibre en relevant la note que je me proposais de vous donner moi-même. Mais je ne le ferai pas, pour les trois raisons suivantes : 1° vous êtes détesté de tous vos camarades; 2° vous avez, un jour, dans une discussion un peu vive, tenu ce propos qui dans votre bouche et devant le milieu où il se produisait, était au moins d'une très grande maladresse : « En somme, les Alsaciens-« Lorrains sont beaucoup plus heureux sous la domination de l'Alle-« magne que sous celle de la France » ; 3° vous avez eu une conduite « scandaleuse pendant la durée de votre séjour à l'École. »

« Deux ans après, au moment du procès, M. Mathieu Dreyfus vint trouver le général de Lionne pour lui demander de venir au procès comme témoin à décharge. Le général répéta alors à M. Mathieu Dreyfus le discours qu'il avait tenu à son frère, en ajoutant : « C'est tout ce que je pourrai dire devant le Conseil de guerre. »

« M. Mathieu Dreyfus excusa son frère pour le troisième grief, en disant que les femmes de l'École militaire ne devaient pas lui coûter bien cher; mais il n'insista pas pour obtenir le témoignage du général.

« Dreyfus arriva ainsi à l'État-major de l'armée, déjà ulcéré par ce qu'il considérait comme un déni de justice dû à sa qualité d'israélite. Dans ce nouveau milieu, il se fit détester, comme ailleurs, par son caractère arrogant et vaniteux.

« Il était, de cette façon, dans des dispositions excellentes pour trahir.

« Extrêmement ambitieux, il a pu aussi chercher à nouer des relations avec des agents étrangers dans un but d'amorçage. Il serait allé ensuite plus loin qu'il n'aurait voulu d'abord.

« Enfin, rien ne m'empêche de croire qu'il n'ait trahi pour de l'argent. »

Et le général Roget croit qu'il dépensait beaucoup avec les femmes et au jeu.

X

— J'ai exposé, messieurs, aussi impartialement que j'ai pu, le *pour* et le *contre*, en ce qui concerne la recevabilité, au fond, de la demande présentée dans l'intérêt de Dreyfus.

— Mais il reste, pour le cas où cette demande paraîtrait recevable, une question qui d'ailleurs, dans l'espèce, ne soulèverait, de part et d'autre, aucune difficulté.

C'est celle de savoir s'il y aurait lieu à cassation, avec ou sans renvoi. Lorsque le condamné unique est vivant et à la disposition de la justice, l'article 445 exige le renvoi devant d'autres juges, à moins que « l'annulation ne laisse rien subsister qui puisse être qualifié crime ou délit ».

Or, en présence des documents soumis à notre examen, il n'est pas possible d'affirmer que l'envoi du bordereau — quel qu'en soit l'auteur — ne constitue ni crime ni délit.

Le mémoire de Me Mornard le reconnaît (page 181) ; « Dans l'hypothèse d'un document forgé, parvenu au ministère par les soins d'Henry, il est hors de doute que les faits nouveaux ne ruineraient pas seulement la base de la condamnation prononcée contre Dreyfus; ils feraient même disparaître toute base d'accusation possible; mais il faut reconnaître que l'hypothèse présentant le bordereau comme document forgé, et présentant Henry comme recevant ou apportant lui-même cette pièce au ministère, ne peut plus guère se concilier avec les résultats de l'instruction. »

Aussi Me Mornard, tout en appelant votre attention sur la qualification juridique que comporte l'acte incriminé, conclut-il à la cassation avec renvoi devant un autre Conseil de guerre.

C'est à quoi tendent également les réquisitions écrites de M. le Procureur général, en date du 27 mai courant.

(M. le Président rapporteur donne lecture de ces réquisitions[1].)

— Mais, messieurs, devez-vous casser?

XI

Avant d'examiner si la demande en revision se justifie par des faits nouveaux de nature à établir l'innocence du condamné, je dois

1. Le texte de ces réquisitions est reproduit dans l'Arrêt.

me préoccuper, tout d'abord, d'un fait nouveau en sens inverse, qui, s'il était constant, faciliterait singulièrement notre tâche.

Je veux parler des aveux qu'aurait faits Dreyfus le 5 janvier 1895 devant le capitaine Lebrun-Renault.

A eux seuls ils constitueraient, d'après la déposition de M. Cavaignac (page 26), un élément de conviction suffisant.

Et le commandant Cuignet — qui avait été délégué par le ministre de la Guerre pour communiquer à la Chambre criminelle le dossier secret, pour assister ensuite le général Chamoin dans la communication aux Chambres réunies — a déclaré (page 239) qu'à ses yeux les preuves de culpabilité se classaient ainsi, dans l'ordre de leur importance : 1° les aveux ; 2° la discussion technique du bordereau ; 3° le dossier secret.

Il est, en effet, manifeste que, si Dreyfus s'était lui-même reconnu coupable, la demande en revision ne pourrait plus être sérieusement soutenue.

Mais est-il vrai que Dreyfus — ayant toujours protesté de son innocence depuis son arrestation jusqu'au 5 janvier, n'ayant pas cessé, depuis le 5 janvier, de protester encore, — ait, cependant, ce jour-là, confessé, plus ou moins complètement son crime?

Est-il vrai qu'à l'heure suprême où il allait, lui officier de l'armée française, subir, devant les troupes assemblées, l'effroyable supplice de la dégradation militaire, il ait eu un moment d'involontaire abandon, pendant lequel un aveu quelconque lui serait échappé?

Je ne le crois pas.

Voici pourquoi :

Le 31 décembre 1894, après le rejet du recours qu'il avait formé contre le jugement du Conseil de guerre, Dreyfus avait adressé au général Mercier, qui a reconnu (page 6) l'avoir reçue, la lettre suivante :

« Monsieur le Ministre,

« J'ai reçu par votre ordre la visite du commandant Du Paty de Clam, auquel j'ai déclaré que j'étais innocent, et que je n'avais même pas commis la moindre imprudence. Je suis condamné, je n'ai aucune grâce à demander ; mais, au nom de mon honneur qui, je l'espère, me sera rendu un jour, j'ai le devoir de vous prier de vouloir bien poursuivre vos recherches. Moi parti, qu'on cherche toujours, c'est la seule grâce que je sollicite. »

A quoi Dreyfus faisait-il allusion par ces mots « je n'avais même pas commis la moindre imprudence »?

Il l'a expliqué dans une note, écrite par lui le jour même à Me Demange (elle est produite par Me Mornard) :

« Le commandant Du Paty est venu, aujourd'hui lundi 31 décembre 1894, à 5 h. 1/2 du soir, après le rejet du pourvoi, me demander de la part du ministre si je n'avais pas été peut-être la victime de mon imprudence, si je n'avais pas voulu simplement amorcer... puis, que je me sois trouvé entraîné dans un engrenage fatal. Je lui ai répondu que je n'avais jamais eu de relations avec aucun agent ni attaché, que je ne m'étais livré à aucun amorçage, que j'étais innocent. »

M. Du Paty de Clam, en effet, avait été envoyé auprès de lui, dans un but que précise la déposition du général Mercier (page 5) : « Après le jugement, désireux de savoir quels documents avaient pu être transmis à l'étranger, je chargeai le commandant Du Paty d'aller trouver Dreyfus et de lui dire que sa condamnation était un fait acquis, mais que l'application de la peine pourrait être mitigée, soit par le choix du lieu de déportation, soit par ses relations avec sa famille, s'il consentait à révéler ce qu'il avait fait; Dreyfus n'a point voulu parler. Dreyfus ne voulut entrer dans aucune explication; et cependant, il importait de savoir ce qu'il avait livré, au point de vue du remaniement du plan de mobilisation, dont on s'occupait alors. »

Telle était la mission dont le commandant Du Paty de Clam était chargé par le ministre. Il est, dès lors, facile de se représenter ce qui a dû, en réalité, se passer :

M. Du Paty de Clam se sera efforcé de faire avouer par Dreyfus le crime de haute trahison, mais en vain; il aura essayé, alors, de provoquer, tout au moins, l'aveu d'actes d'amorçage, analogues à ceux qu'Esterhazy reconnaît avoir pratiqués lui-même (page 424), et il aura dit : « Vous avez eu, n'est-ce pas? des relations avec un agent ou attaché militaire étranger, vous lui avez livré des documents pour en avoir de plus importants; convenez-en; *le ministre le sait;* si vous indiquez les documents que vous avez livrés, l'application de votre peine sera mitigée, etc. » — Mais Dreyfus persista.

Cependant M. Du Paty de Clam prétend n'avoir pas parlé d'amorçage (pages 304 et 305) : « Le 31 décembre 1894, j'ai eu, avec Dreyfus, postérieurement au rejet de son pourvoi, et par ordre du ministre de la Guerre, un entretien, qui a donné lieu, de ma part, à un compte rendu détaillé que je lui ai adressé le jour même; » — et plus loin : « Je rappelle que j'ai dit que j'avais établi un compte rendu détaillé de cet entretien : *dans ce compte rendu se trouvent exposés les motifs pour lesquels le ministre m'envoyait auprès de Dreyfus et les détails de l'entretien.* J'estime la question trop grave pour m'en rapporter à des souvenirs vieux de plus de quatre ans, là où chaque expression a une importance des plus grandes. Je demande donc qu'on se reporte à ce compte rendu ; et on pourra y voir que, ni dans ce compte rendu ni dans la lettre officielle adressée le même jour par Dreyfus au ministre, il n'est question d'amorçage. »

Mais le compte rendu détaillé qu'invoque M. Du Paty de Clam ne figure pas au « dossier des aveux », communiqué par le ministère de la Guerre; il y est remplacé par une note, que M. Du Paty de Clam lui-même rédigea, trois ans plus tard, le 24 septembre 1897 ; c'est la pièce nº 252 : « Au cours de l'information préliminaire de l'affaire Dreyfus, le terme « attaché militaire » n'a été ni écrit ni prononcé. On s'est servi uniquement de l'expression « agent d'une puissance étrangère », laquelle figure seule dans le jugement. Cependant, le mot « attaché militaire » a été prononcé une fois, postérieurement à la condamnation, dans les circonstances suivantes : c'était trois ou quatre jours avant l'exécution du jugement ; le ministre de la Guerre voulait tenter un dernier effort pour connaître les complices de Dreyfus ; par son ordre, j'allai trouver le condamné, et nous eûmes une *conversation d'environ une heure*, sans témoins. Au cours de cette conversation, je dis à Dreyfus : « Comment expliquez-vous que certains agents de l'étranger aient pu s'entretenir d'un « ami » qu'ils auraient eu dans le personnel du ministère ? » Dreyfus se leva brusquement, la face rouge, montrant le poing dans le vide, et s'écria avec rage : « Oh ! ces deux misérables attachés militaires, si je pouvais eur enfoncer un poignard dans la gorge ! — Qui vous parle d'attachés militaires? répondis-je: Et comment savez-vous qu'ils seraient deux à avoir tenu ce propos? — Mais on sait bien que la triple alliance... — Alors, ils seraient trois? — L'Autriche ne compte pas. » — Il y a lieu d'ajouter que les deux attachés militaires, allemand et italien, qui n'ignorent pas les fonctions dont j'ai été chargé dans cette affaire, sont restés en très bons termes avec moi, très heureux sans doute que j'aie évité tous les pièges tendus pour les mettre personnellement en cause. »

Cette note, assurément, n'est pas le « compte rendu détaillé » de l'entretien qui, au sujet de la « mission spéciale confiée par le ministre », avait duré « environ une heure ».

M. Du Paty de Clam, devant la Chambre criminelle, a ajouté, en effet (305): « De ce compte rendu a été extraite, *de mémoire*, une note, en date du 24 septembre 1897, qui m'a été demandée *dans un but dont je ne me souviens plus.* Je maintiens, sinon la lettre, au moins le sens, de ce qui a été dit dans cette note. »

Veuillez, maintenant, messieurs, vous reporter à la déposition qu'a faite dans l'enquête (page 186), le capitaine Lebrun-Renault, le 19 décembre dernier; elle a été dictée par lui comme l'ont été par les autres témoins toutes les dépositions : « Dreyfus commença par protester de son innocence, par dire qu'avec la fortune importante dont il jouissait et le bel avenir qui lui était réservé, il ne pouvait avoir eu aucun intérêt à trahir. Il ajouta : « Je suis innocent, dans trois ans on reconnaîtra mon innocence. Le ministre le sait; et le commandant Du Paty de Clam est venu me voir il y a quelques jours dans ma cellule; *il m'a dit que le ministre le savait. Le ministre savait que, si j'avais livré des documents... ils étaient sans importance et c'était pour en obtenir de plus importants.* »

Dreyfus rapportait les paroles que lui avait adressées le 31 décembre 1894 M. Du Paty de Clam, et auxquelles il avait répondu par une affirmation de son innocence.

C'est M. Du Paty de Clam qui, pour provoquer des aveux, lui avait dit : « Le ministre sait que vous êtes innocent, le ministre sait que, si vous avez livré des documents, c'était pour en avoir de plus importants. »

Et le capitaine Lebrun-Renault a compris, comme venant de Dreyfus, ce que Dreyfus, dans un monologue « coupé », « haché », indiquait comme venant de Du Paty de Clam. Là est certainement le malentendu.

Par conséquent, il ne faut pas séparer, des derniers membres de phrase, le premier, qui concernait Du Paty de Clam.

Or, M. Lebrun-Renault avait fait, du premier, abstraction complète lorsque, devant le général Gonse et le lieutenant-colonel Henry, le 20 octobre 1897, il avait écrit une attestation, qui est au « dossier des aveux » (pièce n° 254) : « Le capitaine Lebrun-Renault, de la garde républicaine, déclare que, le 5 janvier 1895, le capitaine Dreyfus, qu'il était chargé de garder dans une des pièces de l'École militaire, lui a fait l'aveu suivant : « Je suis innocent; dans trois ans mon innocence sera prouvée. Le ministre sait que, si j'ai livré des documents sans importance, c'était pour en obtenir de sérieux... » Paris, le 20 octobre 1897 (signé, Lebrun-Renault). » — Et au-dessous : « Le capitaine Lebrun-Renault, de la garde républicaine, a fait la déclaration ci-dessus en présence du général Gonse et du lieutenant-colonel Henry, et l'a écrite de sa main. Paris, 20 octobre 1897 (signé, Gonse et Henry). »

Il n'est plus question, vous le voyez, de ce qu'avait dit M. Du Paty de Clam.

Le capitaine Lebrun-Renault en avait fait abstraction aussi, dans une autre note, qui est au « dossier des aveux » (pièce n° 254 bis).

« Paris, 4 juillet 1898 (c'est de la main de M. Cavaignac) :

« Le capitaine Lebrun-Renault m'a apporté aujourd'hui, à 2 h. 3/4, une feuille, déchirée de son calepin, où il m'a déclaré avoir écrit, le lendemain de la dégradation de Dreyfus, la note que j'ai copiée et dont copie est ci-jointe : la copie a été faite d'après la feuille même du calepin, que j'ai eue sous les yeux (signé, Cavaignac). » — « Hier, dégradation du capitaine Dreyfus. Chargé de le conduire de la prison du Cherche-Midi à l'École militaire, je suis resté avec lui, de huit à neuf heures. Il était très abattu, m'affirmait que dans trois ans son innocence serait reconnue. Vers huit heures et demie, sans que je l'interroge, il m'a dit : « Le ministre sait bien que, si je livrais des documents... ils étaient sans valeur et que c'était pour m'en procurer de plus importants. » Il m'a prié de donner l'ordre à l'adjudant, chargé de le dégrader, d'accomplir cette mission le plus vite possible. »

— Mais, le 19 décembre dernier, devant la Chambre criminelle, M. Lebrun-Renault, sous la foi du serment, a réparé l'omission et rétabli le texte, qui comporte la mention expresse de l'entretien avec M. Du Paty de Clam.

En comblant cette lacune au bout de quatre ans, a-t-il commis une erreur?

Non ; car, le 6 janvier 1895, le lendemain de la dégradation, le général Gonse, qui venait de l'interroger, écrivait au général de Boisdeffre la lettre que voici (pièce n° 253) : « Mon général, je m'empresse de vous rendre compte que j'ai conduit moi-même le capitaine de la garde républicaine Lebrun-Renault chez le ministre, qui l'a envoyé, après l'avoir entendu, chez M. le Président. D'une façon générale, la conversation du capitaine Lebrun-Renault avec Dreyfus était surtout un monologue de ce dernier, qui s'est coupé et repris sans cesse. Les points saillants étaient les suivants : en somme, on n'a pas livré des documents originaux, mais simplement des copies. Pour un individu qui déclare toujours ne rien savoir, cette phrase était au moins singulière. Puis, en protestant de son innocence, il a terminé en disant : *Le ministre sait que je suis innocent, il me l'a fait dire par le commandant Du Paty de Clam dans la prison il y a trois ou quatre jours ; et il sait que, si j'ai livré des documents, ce sont des documents sans importance, et que c'était pour en obtenir de sérieux*... Le capitaine a conclu en exprimant l'avis que Dreyfus faisait des demi-aveux ou des commencements d'aveux mélangés de réticences ou de mensonges. Je ne sais rien depuis ce matin, et je vous prie d'agréer, etc. »

Il est donc bien exact que Dreyfus avait parlé de M. Du Paty de Clam au capitaine Lebrun-Renault.

Mais voyez comme, passant de bouche en bouche, les propos se déforment — avec une entière bonne foi de la part des personnes qui les reproduisent : ce n'est plus, seulement, le membre de phrase concernant M. Du Paty de Clam qui va désormais disparaître, c'est également celui qui visait le ministre lui-même.

Le lieutenant-colonel Guérin, sous-chef d'État-major du gouvernement militaire de Paris, dressait, le 14 février 1898, un rapport (pièce nº 255) où nous lisons : « Dreyfus fut conduit dans le bureau (de l'adjudant de garnison) et y fut gardé par le capitaine commandant l'escorte jusqu'au moment où, toutes les troupes étant en position, le capitaine-adjudant de garnison vint le relever (cinq minutes environ avant 9 heures) pour conduire lui-même, au premier coup de neuf heures, le condamné à la place marquée pour sa dégradation. — Me rencontrant, à la sortie du bureau, le capitaine Lebrun-Renault me rendit compte aussitôt de son entretien avec Dreyfus. Dès les premiers mots, cet entretien me parut ne pas devoir rester circonscrit entre nous deux ; et, comme un groupe d'officiers se trouvait tout près, je priai le capitaine Lebrun-Renault de leur raconter les confidences que lui avait faites Dreyfus en raison de leur importance et de leur intérêt. Cet officier avait dit, alors, qu'il avait causé avec Dreyfus de Tahiti, lieu où il serait probablement envoyé, lui en avait vanté le climat, qui conviendrait très bien à sa femme et à ses enfants s'il pouvait les y faire venir. Cette idée lui avait souri. — Ainsi mis en confiance, Dreyfus, lui montrant les galons de son dolman, lui avait avoué que c'était son orgueil de ces galons qui l'avait perdu, et avait ajouté cette grave déclaration (ceci souligné) : *Si j'ai livré des documents, ces documents étaient sans aucune valeur, et c'était pour en avoir d'autres bien plus importants*... (Je garantis la rigoureuse exactitude des mots soulignés et le sens strict de ces paroles : elles étaient trop caractéristiques pour que je les oublie jamais.) »

Donc, plus rien de M. Du Paty de Clam, plus rien du ministre! Plus rien que cette phrase isolée « si j'ai livré des documents, c'était, etc. »

Et c'est cette phrase isolée que M. Peyrolle, contrôleur de l'armée, a entendu répéter par le colonel Guérin (page 190 de l'enquête), que le capitaine Anthoine a entendu répéter par le commandant d'Attel (page 191), aujourd'hui décédé, que le capitaine Anthoine a répétée lui-même au commandant de Mitry (page 191).

C'est cette phrase isolée que, dans la séance de la Chambre des députés, le 7 juillet 1898, le ministre de la Guerre, M. Cavaignac, a fait particulièrement ressortir à la fin de son discours (*Journal officiel* du 8, page 1958, 2e colonne) :

« Ainsi, il résulte de témoignages décisifs, concordants, — dont les plus décisifs sont à mes yeux ceux qui datent de l'heure même, ou bien le témoignage humain n'aura jamais de valeur, — il résulte de ces témoignages précis et concordants que Dreyfus a prononcé cette phase : « Si j'ai livré des documents... » Eh bien! je pèse ces mots dans ma conscience. On a nié ces aveux; on dira peut-être demain qu'ils ont été arrachés par des menaces et par des promesses. Quelque mobile qu'on veuille imaginer, je déclare que dans ma consdience je ne puis admettre qu'un homme ait prononcé ces mots : « Si j'ai livré des documents... », s'il ne les avait pas livrés en effet ».

— L'observation, incontestablement, serait fondée dans le cas où Dreyfus aurait dit, de lui-même : « Si j'ai livré des documents... »; elle ne l'est plus, au contraire, dans le cas où il n'a fait que rapporter des paroles prononcées par un autre.

Les prétendus aveux ne sont donc pas, pour l'admission de la demande en revision, un obstacle.

— La discussion technique du bordereau, laquelle viendrait en deuxième ligne dans l'ordre des preuves relevées contre Dreyfus, ne me paraît pas plus décisive.

En effet, nous ne sommes nullement fixés sur la nature et la valeur réelles soit des renseignements fournis, soit des documents transmis, par l'auteur de la trahison, ou du moins nous ne sommes fixés que sur un point, en ce qui touche le « projet de manuel de tir de l'artillerie de campagne » ; tout le monde s'accorde à reconnaître qu'il n'était ni secret ni même confidentiel, et qu'Esterhazy a pu, aussi bien que Dreyfus, l'avoir entre les mains.

Mais, pour le surplus, — pour la « note sur le frein hydraulique du 120 et la manière dont s'est conduite cette pièce » — pour la « note sur les troupes de couverture », — pour la « note sur une modification aux formations de l'artillerie », — pour la « note relative à Madagascar », on en est réduit aux conjectures.

Les renseignements fournis étaient-ils, en fait, d'une importance et d'une gravité telles, qu'ils dussent nécessairement émaner d'un officier de l'État-major de l'armée, comme Dreyfus? Ou bien pouvaient-ils, à raison de leur médiocre valeur et de leur insuffisance, émaner d'une autre personne?

Il faudrait, pour s'arrêter à une solution certaine, avoir sous les yeux les notes elles-mêmes; et on ne les a pas!

Dans le « questionnaire », adressé par le ministre de la Guerre au général Deloye, directeur de l'artillerie, on lit (page 780) : « De quelles formations pouvait-il être question dans la note du bordereau? »

Le général Deloye a répondu, le 12 février 1899 : « On ne peut faire que des suppositions, puisqu'on n'a pas vu ladite note. »

Rien de plus juste! Mais, par la même raison, on ne peut faire que des « suppositions » aussi pour les autres notes, puisqu'on ne les a pas vues davantage.

Et cela est si vrai que, dans le procès de 1894, on *supposait* (le rapport du commandant d'Ormescheville l'indique) qu'il s'agissait de documents antérieurs à avril ou mai, date présumée alors du bordereau, tandis qu'on *suppose* aujourd'hui qu'il s'agissait de documents postérieurs à juillet, la date du bordereau étant placée au mois d'août.

Par conséquent, de la discussion technique à laquelle donne lieu, de part et d'autre, le texte de la pièce incriminée, ne résulte pas une preuve qui soit, par elle-même, assez forte pour faire rejeter — pas plus, d'ailleurs, que pour faire admettre — la demande en revision.

J'en dirai autant du dossier secret.

En réalité, il ne contient pas une seule preuve directe, précise, de culpabilité contre Dreyfus, mais seulement des inductions, contestées, que l'on tire ingénieusement de pièces, parfois incomplètes, sur l'interprétation desquelles il est permis de n'être pas d'accord.

Et à l'inverse, on y trouve ce que constate le commandant Cuignet (page 255) : « Il devait y avoir d'autres agents que Dreyfus fournissant des renseignements à B. et A. pendant que Dreyfus était au ministère de la Guerre; de même que, après l'arrestation de

Dreyfus, les agents B. et A. ont continué à se livrer à des menées d'espionnage et à avoir à leur disposition des indicateurs ou des individus leur apportant des renseignements. Dans la correspondance de B. avec A., qui est classée à la deuxième partie, et qui comprend la période du commencement de 1892 à la fin de 1897, il y a de nombreuses lettres prouvant l'exactitude de ce que je viens de dire. »

A mon avis, et au point de vue strictement juridique où je me place, le débat doit spécialement porter sur l'examen du bordereau, envisagé dans ces deux éléments matériels : l'écriture et le papier pelure quadrillé.

Là est le véritable terrain de la discussion.

En effet, si Dreyfus, au mois d'octobre 1894, a été arrêté, c'est à cause de la ressemblance de son écriture avec celle du bordereau.

On ne l'avait soupçonné ni en mars ou avril 1894, lorsque la section de statistique avait reçu deux rapports signalant, d'après « une personne honorable », la présence d'un traître à l'État-major, ni en juin suivant, lorsque cette personne, dit-on, aurait ajouté que le traître appartenait ou avait appartenu récemment au 2e bureau. La pièce même « ce canaille de D... », arrivée en avril, n'avait fait exercer de surveillance que sur le personnel subalterne, les huissiers et les garçons de bureau, un notamment dont le nom est mentionné (liasse 5, dossier 5, cote 42), dans une note du ministère de la Guerre, qui se termine par ces mots : « Aucune idée préconçue de culpabilité n'existait contre Dreyfus : ce fut à la suite de recherches personnelles, et par une circonstance fortuite, que le colonel Fabre fut mis sur la trace... »

Or, ce qui mit sur la trace le colonel Fabre, ce fut précisément la ressemblance qu'il trouva entre l'écriture de Dreyfus et celle du bordereau.

Et la même cause entraîna la condamnation.

Car la déposition du lieutenant-colonel Henry se rattache bien à la même cause :

Henry n'était pas venu déclarer que la « personne honorable » lui avait dénoncé Dreyfus comme ayant livré à l'étranger une « note sur le frein hydraulique du 120 », « sur les troupes de couverture », etc. Nullement ! Elle avait parlé seulement d'un officier du ministère qui trahissait.

Me Demange l'atteste, de son côté, dans la lettre produite par Me Mornard : « Le commandant Henry a été entendu deux fois à l'audience ; une première fois, il n'a rien dit de nouveau ; puis, il a demandé à être entendu une seconde fois; il a déclaré alors avec un ton solennel que, dès le mois de février, une personne absolument honorable lui avait affirmé qu'un officier du ministère de la Guerre trahissait, et qu'au mois de mars, la même personne avait renouvelé son affirmation en ajoutant que c'était un officier du deuxième bureau, » etc.

Mais pourquoi cet officier du deuxième bureau était-il Dreyfus? Toujours pour cette raison que son écriture ressemblait à celle du bordereau. La similitude, que proclamaient trois experts sur cinq, était, dès lors, sans contredit, la base de l'accusation.

Aussi la demande en revision doit-elle, pour réussir, s'attaquer directement à cette base même par la révélation d'un fait tendant à prouver que le bordereau n'est pas de la main de Dreyfus.

En effet, si ce n'est pas lui qui l'a écrit, je ne vois pas — du moins dans l'état actuel de la procédure — comment il serait possible d'affirmer que c'est par lui qu'ont été envoyés à un agent étranger les documents ou notes accompagnant le bordereau.

Vainement on objecterait que sa culpabilité a pu, même dans cette hypothèse, sembler au Conseil de guerre démontrée par des pièces secrètes, remises dans la Chambre du conseil sans avoir été communiquées à la défense.

Sans doute, j'estime, pour ma part, que cette communication ne rentrerait dans aucun des cas prévus par l'article 443; et — sans me prononcer sur la question d'annulation, pour laquelle la Chambre criminelle seule aurait compétence, — j'admets que l'on ne puisse pas vous dire: « Des pièces secrètes ont été remises au Conseil de guerre, donc il faut reviser; » mais c'est à la condition que l'on ne puisse pas vous dire non plus: « La culpabilité de Dreyfus a été, en Chambre de conseil, démontrée par des pièces secrètes; donc il ne faut pas reviser. »

Nous devons, puisque nous ne sommes pas juges de l'annulation, raisonner comme si tout s'était passé régulièrement.

— Eh bien! le bordereau, base principale, et de l'accusation et de la condamnation, — est-il, oui ou non, de la main de Dreyfus?

Si oui, on aura beau insister sur la conduite criminelle d'Henry en 1896, sur celle de Du Paty de Clam, sur les machinations pratiquées *per fas et nefas* dans l'intérêt d'Esterhazy, la demande en revision sera insoutenable, du moment où le bordereau aura été reconnu émaner de Dreyfus.

Au contraire, si un fait nouveau est de nature à établir que l'écriture est bien celle d'Esterhazy, la demande alors sera par cela seul justifiée, sans qu'on ait besoin de rechercher si le faux Henry, le faux Weyler, ou autres faux commis postérieurement à 1896, ont pu rétroactivement vicier le jugement de 1894.

— Messieurs, après un examen approfondi, j'ai acquis, pour ma part, la conviction que le bordereau a été écrit non par Dreyfus, mais par Esterhazy.

Je le crois, avec M. Chavaray, l'un des trois experts qui, en 1894, l'avaient attribué à Dreyfus, mais qui s'est déjugé depuis qu'il a étudié l'écriture d'Esterhazy.

Je le crois, avec les trois professeurs de l'École des Chartes, désignés en 1899 par la Chambre criminelle, MM. Meyer et Giry, membres de l'Institut, et M. Molinier, lesquels sont unanimes à conclure dans le même sens.

— Mais — dira-t-on — ce ne sont là que des opinions personnelles; et il est plus d'une fois arrivé, même aux experts les plus savants, de se tromper!

Je le reconnais, et je conçois très bien que, le 23 septembre 1898, la Commission consultative de revision ait, à l'appui de son avis, exprimé ce motif (page 634) que « le fait nouveau ne peut se trouver dans les divergences d'appréciations des écritures, soit qu'elles émanent d'experts, soit qu'elles émanent de personnalités quelconques, ces divergences, en matière aussi conjecturale, ne pouvant être sérieusement invoquées ».

Mais, postérieurement à l'avis de la Commission, dans l'enquête de la Chambre criminelle, en novembre 1898, un fait nouveau — qui n'a rien de conjectural, celui-là — a été révélé par la production de deux lettres, l'une du 17 avril 1892, l'autre du 17 août 1894, signées Esterhazy, et écrites sur un papier pelure filigrané et quadrillé, pareil à celui du bordereau.

— Dès l'arrestation de Dreyfus, en octobre 1894, on s'était naturellement empressé de vérifier s'il n'avait pas eu en sa possession un papier de ce genre. On n'avait rien découvert, ni chez lui ni chez son beau-père, M. Hadamard, qui aurait pu (pensait-on) s'en servir pour le commerce des pierres fines.

M. Cochefert avait alors fait opérer des recherches chez les papetiers; et, le 19 octobre, il recevait de l'inspecteur Brissard ce rapport (cote 69) : « J'ai l'honneur de rendre compte à M. le commissaire de police, chef du service, que les investigations faites en vue de découvrir le fabricant ou le détenteur de papier dont échantillon est ci-joint sont demeurées négatives. Ce papier, dénommé papier pelure, se trouve généralement chez tous les marchands de papier en gros, mais sans être filigrané, ce qui ne se fait alors que sur commande. Le papier a, alors, le format in-quarto coquille, et non le format papier à lettres qui est de l'in-octavo coquille. La Chambre syndicale des « fabriques de papiers », rue de Lancry, 10, consultée, fait connaître qu'elle ne peut fournir aucune indication utile à nos recherches, attendu, comme il est dit ci-dessus, que tout marchand de papier, qui détient ordinairement la pelure, peut en 24 heures en livrer une rame dans laquelle on aura ajouté le filigranage; qu'il est donc difficile d'établir, sur un échantillon de papier aussi petit, ne portant aucune marque, quel en est le fabricant. Il en est de même de l' « Union professionnelle des fabricants de papier de France », 6, rue du Pont-de-Lodi. — Quoi qu'il en soit, des recherches minutieuses ont été faites, dans le quartier du Trocadéro, ainsi que dans les alentours des Invalides, chez les différents papetiers de ces endroits. Aucun n'est actuellement possesseur et ne se rappelle avoir eu une commande de pelure filigranée, tout en offrant d'en faire livraison dans les 24 heures. » — Le rapport expose ensuite que les recherches aussi ont été infructueuses à la maison Laroche-Joubert, rue des Archives, 11; à la Chambre syndicale des ingénieurs civils, 10, cité Rougemont; dans diverses papeteries anglaises, Old England, boulevard des Capucines, 12; boulevard des Capucines, 6; avenue de l'Opéra, 19; avenue de l'Opéra, 37.

Il ajoute : « Les différentes personnes, consultées dans ces maisons, sont unanimes à dire que ce papier est de provenance anglaise, en format papier à lettres, in-8°; qu'elles pourraient s'en procurer en s'adressant aux maisons de Londres, mais qu'il n'est pas en vente dans les maisons de Paris, etc. »

M. Bertillon, toutefois, ne s'était pas tenu pour satisfait; et, le 20 octobre, un de ses agents trouvait un échantillon de papier pelure quadrillé chez M. Marion, marchand en gros, cité Bergère, 14 et 16 : « J'ai l'honneur de faire connaître à M. le chef du service que, chargé de rechercher du papier pelure quadrillé semblable à l'échantillon ci-joint, du papier, en tout point semblable au modèle, a été trouvé chez M. Marion, marchand de papier en gros, cité Bergère, 14 et 16. Le directeur de la maison Marion nous a, en outre, affirmé que l'échantillon était de fabrication française, mais que ce modèle n'était plus courant dans le commerce. »

En fait, ce n'est pas le directeur même de la maison Marion qui avait parlé à l'agent de M. Bertillon, c'est M. Guibout, son associé, et M. Chevalier, son employé (page 470.)

Ils affirmaient donc, en octobre 1894, que « ce modèle n'était plus courant dans le commerce ».

Or, les deux lettres d'Esterhazy, saisies en novembre 1898, ont été, je le répète, écrites sur un papier pareil.

Une expertise a été, en effet, confiée, par délégation de la Chambre criminelle, à MM. Putois, président de la Chambre syndicale du papier et des industries qui le transforment; Choquet, membre de la Chambre de commerce de Paris, président honoraire de la Chambre syndicale du papier; et Marion, marchand de papier en gros.

Dans un rapport, du 26 novembre 1898 (page 474), où ils reconnaissent que « les papiers de cette espèce avaient un certain écoulement, à Paris, dans les départements et à l'étranger, *il y a une douzaine d'années*, et que, depuis cette époque, *cet écoulement s'était progressivement amoindri, sans cependant en être arrivé à disparaître*, car il existe, à Paris, et vraisemblablement dans d'autres villes, des maisons qui possèdent encore cet article dans leurs magasins et le vendent assez régulièrement », MM. Putois, Choquet et Marion constatent que le papier pelure du bordereau est, comme celui des deux lettres d'Esterhazy, « filigrané au canevas après fabrication de rayures en quadrillage, » et « de nuance jaunâtre ». Et ils concluent en ces termes (page 476) :

« Les divers examens, expériences et recherches qui précèdent nous ont amené à formuler les conclusions suivantes :

« 1° Les mesures extérieures des trois documents examinés sont les mêmes, représentant la feuille pliée in-octavo coquille du format français façonné;

« 2° Les mesures du quadrillage sont les mêmes et dites à 4 millimètres, mesures usuelles en France, faites au canevas;

« 3° La nuance du papier du bordereau et celle de la lettre de Rouen du 17 avril 1894 sont identiques;

« 4° La nuance du papier de la lettre de Courbevoie du 17 avril 1892 est d'une nuance plus légèrement blanche;

« 5° Au toucher, nous n'avons pas trouvé de différence appréciable;

« 6° Ces papiers ont la même transparence;

« 7° L'épaisseur ne varie, sur chaque échantillon, que de deux centièmes à deux centièmes un quart de millimètre et est la même pour les trois;

« 8° Le poids peut être considéré comme identique;

« 9° Le collage est le même;

« 10° Les matières premières employées à la fabrication sont composées dans les trois pièces de cellulose, de bois chimique avec un très faible mélange de chiffon;

« 11° Quant à la provenance, il ne nous est pas possible de la préciser exactement; toutefois nous la supposons française.

« En résumé, la pièce dite du « bordereau », la lettre du 17 août 1894 et la lettre du 17 avril 1892 nous présentent les caractères de la plus grande similitude. »

Ainsi, le 17 août 1894, à une date contemporaine du bordereau, Esterhazy, pour sa correspondance, employait un papier pelure, — « de la plus grande similitude », — qui n'était pas, alors, d'un usage ordinaire, puisque chez un certain nombre de papetiers au détail, les agents de M. Cochefert n'en avait pas trouvé, et que, d'après l'associé de M. Marion, marchand en gros, « il n'était plus courant dans le commerce ».

Et, le 7 décembre 1897, Esterhazy, interrogé au sujet du bordereau par le commandant Ravary, avait dit (page 620) : « J'ai toutoujours eu une écriture irrégulière; c'est l'affaire des experts; j'écris comme j'écris; et en tout cas, *je n'ai jamais écrit sur du papier calque.* » — Et (page 623) : « Je reconnais qu'il y a des mots (dans le bordereau) qui ressemblent à mon écriture; et je déclare qu'il y en a d'autres, très nombreux et très dissemblables. Je nie de la façon la plus formelle être l'auteur de ce bordereau et m'en rapporte aux experts. *Je tiens à faire remarquer qu'il est sur papier calque. Ordinairement on n'écrit pas sans raison sur papier calque.* »

Mais, devant la Chambre criminelle, le 24 janvier 1899, il a bien été obligé de se rétracter (page 415) :

« J'ai lu qu'on avait saisi des lettres de moi écrites sur du papier analogue à celui du bordereau. J'ignore si le fait est exact.

« J'ai toujours eu et je cherche encore à avoir du papier mince; et, comme militaire, j'avais toujours de ces papiers minces et quadrillés qu'on trouve à bon marché, qui sont très commodes parce qu'ils offrent un petit volume, et qui permettent au besoin, avec leurs quadrillages qui tiennent lieu de graduation, et leur transparence, de décalquer aux manœuvres un bout de carte, ou de faire un travail analogue.

« J'ai lu dans un journal anglais qu'on avait trouvé que le papier du bordereau et celui des lettres qu'on aurait saisies de moi étaient semblables.

« J'ai lu qu'ils étaient de la même cuvée.

« Je me suis renseigné chez un marchand de papier à Londres et, étant donné ce que représente une cuvée, j'affirme que je n'ai eu de cette cuvée (si identité de cuvée il y a) qu'une partie infinitésimale.

« Je ferai remarquer seulement que j'écris presque toujours sur du papier mince, et si, par hasard, on avait eu l'idée de vouloir se servir du même papier que moi, il n'eût pas été difficile de s'en procurer.

« D. Je vous représente une lettre datée de Courbevoie du 17 avril 1892, signée de votre nom et adressée par vous au sieur Rieu, tailleur, 21, rue Richelieu. La reconnaissez-vous? — R. Oui, je la reconnais.

« D. Je vous en soumets une seconde, datée de Rouen du 17 août 1894, également signée de vous, et qui a été saisie chez Me Callé, huissier. La reconnaissez-vous? — R. Oui, je crois que cette lettre est de moi.

« D. Ces deux lettres sont écrites sur du papier pelure quadrillé.

« Elles ont été soumises à l'examen de trois experts qui se sont expliqués dans un rapport en date du 26 novembre 1898, des conclusions duquel je vous donne lecture, conclusions dont je consigne ci-après le résumé : « La pièce dite du bordereau, la lettre du 17 août 1894 et la lettre du 17 avril 1892 nous présentent les caractères de la plus grande similitude. » Avez-vous quelques observations à présenter sur ce raport?

R. En ce qui concerne ce point, je m'en réfère aux déclarations de mes lettres, c'est-à-dire aux deux jugements des Conseils de guerre.

« Quant aux dires des experts, je n'y connais absolument rien.

« Je puis dire seulement que le papier que vous m'avez présenté comme venant de moi était du papier très bon marché, très commun et tel qu'on en trouve partout. »

Pourquoi donc avait-il nié s'en être jamais servi?

L'importance de la découverte n'a pas échappé au général Roget, puisqu'on lit dans sa deuxième déposition (page 443) : « J'ai vu dans les journaux qu'on avait saisi des lettres d'Esterhazy sur papier pelure; j'ai cru voir la confirmation de ce fait dans le rapport de M. le conseiller Atthalin sur l'affaire en règlement de juges; je n'ai pas pu m'empêcher de faire la remarque suivante : On a entre les mains depuis longtemps des lettres qu'écrivait Esterhazy il y a quinze ans; depuis trois ans on fouille sa correspondance; les agents du Syndicat sont à l'affût de ses moindres papiers; et on trouve des lettres de lui sur papier pelure, quand? Après que l'original du bordereau a été entre les mains de Me Mornard. Je trouve surprenant que ces pièces soient restées introuvables jusqu'à présent; et je me demande si Esterhazy ne les a pas faites après coup. C'est une *hypothèse*, j'en conviens. Il y a des choses si extraordinaires en cette affaire et des machinations telles qu'il est permis de tout envisager. »

Mais « l'hypothèse » à laquelle s'arrêtait le général Roget est absolument inadmissible.

A la vérité, M. Lhotte, expert-chimiste, dans un rapport du 13 février dernier, a déclaré que, scientifiquement, il n'était pas possible de juger, d'après l'examen des encres, à quelle époque les deux lettres auraient été écrites.

Mais celle du 17 avril 1892, datée de Courbevoie, fait partie d'un dossier que, pour le recouvrement d'une somme de 1,089 fr. 80, depuis longtemps due par Esterhazy, M. Rieu fils, tailleur, rue Richelieu, avait remis à Paul Schmidt, agent d'affaires; ce dossier, contenant une vingtaine de pièces, se trouvait (page 462) « entre les mains de Me Chartier, avoué, et, depuis le 24 octobre, chez Me Prévost, avocat à la Cour d'appel ».

M. Rieu fils a produit (page 470) son copie de lettres de 1892, où l'on voit que, le 14 avril, son père, alors chef de la maison, écrivait à Esterhazy : « J'ai l'honneur de vous adresser votre facture complète », et, à la fin : « Si j'avais beaucoup de clients comme vous, je ne serais plus rue Richelieu depuis longtemps. Je vous salue et vous prie de recevoir mes salutations empressées. »

A quoi Esterhazy, le 17 avril 1892, avait répondu de Courbevoie : « Je reçois votre lettre et le compte qui l'accompagne; un très rapide examen de ce compte me permet tout d'abord de constater que vous avez, par erreur sans doute, négligé de porter à mon avoir certaines sommes envoyées de Tunisie, etc ». (page 470). — C'est là une des lettres sur papier pelure; on y remarque deux mentions, que la dame Rieu mère reconnaît avoir apposées elle-même en 1892; — au recto, en bas, la soustraction : 1425 — 45 = 1380, — et, au verso, en haut, « Esterhazy, 12 avril ».

Quant à la lettre du 17 août 1894, elle était chez Me Callé, huissier.

Cet officier ministériel avait poursuivi, en paiement de termes échus, plusieurs locataires d'une maison, rue des Cascades, 42, qui appartenait à Esterhazy; il en avait été chargé par le gérant, le sieur Lefébure, à qui il s'adressa pour se faire rembourser ses frais de poursuites. Le 9 août 1894, il reçut, du sieur Lefébure, une réponse, qui est au dossier 1, liasse 3 :

« Monsieur,

« En rentrant à Paris, d'où j'étais absent depuis quelques jours, je trouve votre honorée du 6, dans laquelle vous me prévenez que, pour vous couvrir des frais faits dans les affaires Esterhazy contre divers, vous faites traite sur moi de 113 fr. 80, au 17 courant (août). Depuis les premiers jours de juillet, je ne m'occupe plus des affaires, ni de la gérance des propriétés de M. Esterhazy, rue des Cascades, 42 et 42 *bis*, etc. »

L'huissier Callé s'était alors retourné contre Esterhazy, qui, le 17 août, lui écrivait (sur papier pelure) : « Monsieur, j'ai reçu du camp de Châlons, où j'ai passé quinze jours, votre lettre. Je ne comprends pas que M. Lefébure ne m'ait jamais parlé de ce qui vous était dû, etc. » (page 462).

Cette lettre était restée dans le dossier de l'étude.

Mais, au moment de l'affaire Zola, quand on parla du papier pelure sur lequel était écrit le bordereau, l'huissier eut l'idée de la regarder.

Et il la montra à plusieurs personnes, notamment à son confrère Me Lelong, qui a dit (page 480) :

« Mon confrère Callé m'a montré la lettre que vous me représentez... à l'époque du procès Zola, autant que je me le rappelle. Comme, à cette époque, les journaux disaient que le bordereau Dreyfus était écrit sur un papier pelure, mon confrère Callé me dit qu'il possédait une lettre signée Esterhazy, écrite sur papier pelure, et il me la montra. La lettre que vous me représentez est bien celle que Callé m'a montrée. Cette lettre m'a d'autant plus frappé qu'elle commence par ces mots : « J'ai reçu, en revenant du camp de Châlons », alors que les journaux de l'époque prétendaient que le commandant Esterhazy n'avait pas quitté sa garnison. »

L'hypothèse, émise par le général Roget, doit, en conséquence, être écartée.

Les deux lettres sont incontestablement authentiques.

Et, selon moi, elles ont, pour la demande en revision, une gravité considérable.

Elles prouvent, en premier lieu, qu'Esterhazy employait du papier pelure pour sa correspondance, en août 1894 comme en avril 1892. Et, certes, il ne calquait ni ne déguisait son écriture quand il répondait aux demandes d'argent de son tailleur ou de son huissier.

C'est, cependant, l'emploi du papier pelure qui avait, dès le principe, éveillé les soupçons de M. Bertillon : « Pourquoi (rapport du 20 octobre 1894, cote 33, page 2) l'emploi du papier pelure, qui n'est utilisé d'habitude que pour faire des économies de timbres-poste? Pour une lettre, dont le prix se chiffrait peut-être par millions, c'était d'une mesquinerie déconcertante : ce point m'avait tellement frappé que j'en parlai le premier jour à M. Cochefert, lequel, sans me convaincre, m'allégua la nécessité de dissimuler le document sous la tunique. »

Et c'est encore l'emploi du papier pelure qui, en décembre 1897, avait inspiré aux trois experts, Couard, Varinard et Belhomme, l'idée que l'écriture d'Esterhazy avait été, dans le bordereau, imitée, calquée par une autre personne :

« Cette pièce, sans date et sans signature, lacérée en morceaux de forme irrégulière, nous apparaît, au premier coup d'œil, *comme un document suspect*. Elle est *tracée sur papier pelure*, d'une telle transparence qu'elle nous suggère immédiatement l'idée qu'elle a pu être *calquée* sur d'autres documents, auxquels on aurait emprunté, soit des mots entiers, soit des parties de mot. Remarquons, toutefois, qu'il ne peut y avoir eu calque pour certaines lignes du verso, qui sont superposées à des lignes du recto. Mais le procédé de calque a pu être employé pour le recto tout entier et pour les lignes du verso qui ne correspondent pas à des lignes du recto, etc. »

Dans leur opinion donc, l'auteur du bordereau avait calqué; et, ce n'était pas Esterhazy, parce qu'on ne calque pas sa propre écriture.

Ils le disent expressément : « L'*s* double est celle qu'emploie habituellement Esterhazy. Mais peut-on supposer qu'un homme intelligent comme il l'est, ayant étudié l'écriture d'un autre homme pour l'imiter, n'ait pas remarqué que lui-même donnait à l'*s* double une forme spéciale, qu'il fallait pour déguiser sa personnalité graphique adopter une autre forme, soit deux *s* ordinaires, soit une *s* longue et une simple? N'est-il pas probable, au contraire, que l'auteur du bordereau, ayant l'intention de faire imputer à Esterhazy la fabrication de ce document, et ayant remarqué la forme spéciale de l'*s* double, s'en soit inspiré pour l'imiter? »

Mais, du moment où il est démontré qu'en 1892, et le 17 août 1894, Esterhazy se servait de papier pelure pour écrire, à main courante, des réponses aux demandes d'argent de son tailleur et de son huissier, la contradiction s'accentue de plus en plus entre l'expertise de 1894, qui attribuait le bordereau à Dreyfus à cause des ressemblances de son écriture, et l'expertise de 1897, qui, tout en y reconnaissant des signes de l'écriture d'Esterhazy, refusait de l'attribuer à celui-ci parce que l'emploi du papier pelure impliquait un déguisement ou un calque.

L'argument de MM. Couard, Belhomme et Varinard disparaît, ou plutôt se retourne : l'emploi du papier pelure ne rend plus le bordereau nécessairement suspect de déguisement; et la forme spéciale, la forme si exceptionnelle en France de l'*s* double, a pu être tracée naturellement : or, elle décèle Esterhazy, comme le décèlent encore bien d'autres particularités, dans l'examen complet desquelles il m'est impossible d'entrer à l'audience.

Et qu'on n'objecte pas qu'entre l'écriture d'Esterhazy et celle du bordereau il y a des dissemblances!

Il y en a, également, entre la lettre du 17 avril 1892 et celle du 17 août 1894; pourtant, elles sont authentiques l'une et l'autre.

C'est que l'écriture d'Esterhazy est très irrégulière; et, à première vue, l'on remarque quelque disparité dans l'ensemble.

Mais nombre de détails donnent aux moins experts une impression d'entière certitude.

Je cite seulement quelques exemples :

Le mot « Monsieur » (3e ligne du bordereau et en tête de la lettre du 17 avril 1892).

Surtout, le mot « adresse » (2e ligne du bordereau, et 1re ligne d'une lettre du 23 octobre 1893, écrite au tailleur Rieu et saisie avec celle du 17 avril 1892, — 3e ligne d'une lettre du 10 décembre 1893, écrite au sieur Durand, gérant de propriétés, saisie en décembre 1898, dossier 4, liasse 3 — la Cour a les photographies sous les yeux).

Le mot « disposition » (avant-dernière ligne au recto et 7e ligne au verso du bordereau, — et 13e ligne de la lettre du 17 avril 1892).

Le mot « je », avec ou sans majuscule (1re, 16e, 25e, 27e et dernière lignes du bordereau, 7e, 10e 12e, 15e lignes de la lettre du 17 avril 1892,— et 3e, 7e et 11e lignes de la lettre du 17 août 1894.)

L'*s* double, dans le mot « intéressants » (3e ligne du bordereau), — dans le mot « connaissance » (8e ligne de la lettre du 17 août 1894) — dans le mot « pardessus » (12e ligne d'une autre lettre au tailleur Rieu — la Cour a également la photographie parmi celles qui lui ont été distribuées).

Et les deux *f*, l'une longue, l'autre courte, dans le mot « officier »

(3e ligne au verso du bordereau), et dans le mot « affaire » (12e ligne de la lettre du 17 avril 1892), etc., etc.

Trouverez-vous, dans l'écriture de Dreyfus, des similitudes aussi frappantes? Je ne le pense pas. Mais, admettons qu'il y en ait :

Voilà un document dont on place la date *en août* 1894, et dont on cherche l'auteur. Deux personnes ont été accusées, à raison des ressemblances de leur écriture, Dreyfus et Esterhazy. On hésite entre les deux, les experts n'étant pas d'accord.

Mais on découvre que, le 17 *août* 1894, Esterhazy écrivait sur un papier pareil, un papier qui n'était pas ordinaire, qui n'était pas d'un usage courant et qu'il prétendait, en 1897, n'avoir jamais employé!

N'y a-t-il pas, dans la réunion de ces deux éléments matériels, (l'écriture et le papier des deux lettres saisies en 1898), un fait « de nature à établir » que le bordereau est de la main, non pas de Dreyfus, mais d'Esterhazy, — conséquemment, un fait « de nature à établir l'innocence du condamné », puisqu'on n'aperçoit pas (quant à présent du moins) comment — Esterhazy ayant écrit le bordereau — Dreyfus aurait commis le crime de haute trahison?

Si, par hypothèse, les deux lettres sur pelure quadrillée, saisies en 1898, étaient signées « Dreyfus », ne serait-ce pas une charge accablante contre lui?

La justice veut que ce soit, en sa faveur, un argument d'une force et d'une énergie égales lorsqu'elles sont signées « Esterhazy ».

Encore une fois, l'article 443, § 4, du Code d'instruction criminelle ne subordonne nullement son application à la démonstration immédiate, définitive, de l'innocence : il se contente d'un « fait de nature à l'établir ».

En mon âme et conscience, il ne m'est pas possible de contester l'existence de ce fait, que ne connaissaient pas les membres du Conseil de guerre quand ils ont, le 22 décembre 1894, prononc la condamnation.

***

— Messieurs, la solution que je propose semblerait, j'en suis persuadé, naturelle à tout le monde, si cette lamentable affaire se présentait dans des conditions normales.

Hélas! il n'en est rien.

Le bruit qui, depuis plus de deux ans, s'est fait autour d'elle, les discussions passionnées auxquelles elle a donné lieu, les commentaires quotidiens de la presse, les indiscrétions, les divulgations de documents secrets, le débat porté en quelque sorte sur la place publique avant l'audience même, tout prouve que, malheureusement, l'affaire n'est pas ordinaire.

Et puis, la cause de la revision a eu des défenseurs, bien dangereux pour elle, qui, par leurs criminelles attaques contre l'armée, ont blessé profondément et irrité jusqu'à l'exaspération le sentiment national. Elle a eu aussi des adversaires qui, de leur côté, poussaient jusqu'aux plus grossières violences de langage les excès de leurs polémiques.

Et cette campagne, dans laquelle l'armée, d'une part, la magistrature, de l'autre, ont été l'objet d'abominables outrages, n'a pas eu pour résultat seulement de jeter, dans notre pays, entre d'honnêtes gens qui étaient faits pour s'estimer, entre amis, entre membres d'une même famille, entre enfants de la même patrie, des germes inquiétants de discordes et de haines, — elle a eu pour résultat encore de troubler et de fausser les esprits à tel point qu'aux yeux de bien des personnes aujourd'hui, la question pour nous est de savoir, non pas si nous considérerons Dreyfus comme coupable ou non, mais si nous rendrons un verdict en faveur de l'armée ou contre elle.

C'est un état d'esprit qui n'a plus rien de commun avec l'idée de justice; et, en vérité, l'on ne peut faire à l'armée, ni à nous-mêmes, une plus cruelle injure!

Non, l'armée, devant nous, n'est pas en cause; elle n'est pas notre justiciable; elle est, Dieu merci! bien au-dessus de ces discussions qui ne sauraient l'atteindre, et son honneur, assurément, n'exige pas que l'on maintienne à l'île du Diable un condamné innocent!

L'innocence de Dreyfus, messieurs, je ne vous demande pas de la proclamer. Mais je dis qu'un fait, inconnu des juges de 1894, est de nature à l'établir, — que cela suffit, aux termes de l'article 443, — et que, par suite, il y a lieu, en vertu de l'article 445, d'ordonner le renvoi devant un nouveau Conseil de guerre, appelé à statuer, définitivement, en pleine connaissance de cause. Je le dis, avec une conviction ferme, avec le sentiment très vif des devoirs qui m'incombent et de la responsabilité que j'assume : je mentirais à ma conscience si je vous proposais une autre solution.

Me trompé-je dans mes appréciations? Vous le déciderez, messieurs : je m'incline d'avance, respectueusement, devant votre arrêt, quel qu'il soit.

DEUXIÈME PARTIE

CONCLUSIONS

DE

M. LE PROCUREUR GÉNÉRAL MANAU

Audiences solennelles du 30 et du 31 mai 1899.

Messieurs,

L'heure de la justice suprême est enfin venue. Vous allez rendre, sur l'affaire Dreyfus, cette sentence attendue depuis si longtemps et avec tant d'angoisse par le pays! Quand vous aurez prononcé, nous aimons à espérer que tout le monde s'inclinera devant votre arrêt, quel qu'il soit. Fruit d'une sérieuse étude, d'un examen approfondi des documents si importants, et quelques-uns si décisifs, qu'a révélés une longue, patiente, et quoi qu'on en ait osé dire, *très impartiale enquête*, dictée et signée par chacun des témoins; éclairée par une discussion publique qui aura mis en pleine lumière tous les coins restés obscurs et inconnus, jusqu'à ces derniers temps, de ce dramatique procès, votre œuvre devra s'imposer au respect de tous et assurer l'apaisement des esprits.

L'apaisement des esprits! Comme on les a égarés et pervertis! Comme on les a aveuglés! Comment, dans ce noble et généreux pays de France, dont le renom mérité repose sur son bon sens et sur son amour passionné de la vérité, a-t-on pu parvenir à troubler la conscience de tant d'honnêtes gens et à créer des divisions si regrettables?

En 1894, un homme, un officier avait été condamné comme traître sur des preuves dont nous aurons tout à l'heure à discuter la valeur.

En 1898, des faits et des documents inconnus lors du procès, les uns antérieurs, les autres postérieurs, ont paru de nature à provoquer une demande en révision. Et immédiatement, sans rien connaître des éléments de l'affaire, deux camps ennemis se sont formés, échangeant à l'envi les outrages les plus méprisables, les calomnies les plus odieuses, sans respect pour rien ni pour personne. Et depuis que ces éléments ont été publiés, tout le monde a entrepris d'en donner la solution.

Ne valait-il pas mieux attendre respectueusement la décision des Magistrats? Savait-on bien, sait-on bien encore quels ont été les documents qui ont servi de base à la condamnation de 1894? Savait-on bien, sait-on bien encore quels sont ceux qui pourraient servir de base à une révision? Comment l'aurait-on su, comment le saurait-on?

Pour nous faire une opinion, nous avons dû, nous, consacrer, depuis six mois, presque tout notre temps à l'examen de sept volumineux dossiers. Depuis trois mois, notre labeur s'est augmenté de l'étude d'une formidable enquête à laquelle, par parenthèse, nous n'avons dû jamais assister et nous n'avons jamais assisté, quoi qu'on en ait dit.

Au moment où nous commencions l'examen de ces innombrables pièces, nous y apportions, ce qui étonnera peut-être bien des gens qui ont créé contre nous la légende d'un *parti pris* imaginé par eux, nous y apportions, disons-nous, la conviction absolue de la culpabilité de Dreyfus, par cela seul qu'elle avait été proclamée par les sept honnêtes membres du Conseil de Guerre. Mais nous étions résolu à soumettre notre conviction à l'épreuve d'un contrôle sévère, à l'aide des documents que nous avions sous les yeux. C'est grâce à ce contrôle rigoureux que nous avons découvert les preuves d'une erreur judiciaire qui nous paraît avoir été commise en 1894. Et alors, oui, nous avons eu un *parti pris* (celui qui s'impose à la conscience de tout magistrat soucieux de son devoir), celui de faire triompher, sans nous laisser troubler par rien, ce que nous croyons être juste, ce que nous croyons être vrai!

C'est cette tâche, Messieurs, que, malgré tous les obstacles accumulés sur notre route pour essayer vainement de nous fermer la bouche, nous avons la joie et l'honneur de pouvoir enfin remplir devant vous aujourd'hui.

Puisse notre parole convaincue pénétrer vos esprits et vos consciences! Et, plus heureux que Titus, nous ne dirons pas : *Diem perdidi!*

Ceci dit, et au moment d'aborder une discussion, qui eût été plus d'une fois délicate, si nous n'avions résolu de ne pas franchir les limites du procès judiciaire dont vous êtes exclusivement saisis, de ne pas dire un mot de ce qui, étant en dehors, ne nous regarde pas, nous trouvons un puissant encouragement dans une parole digne et élevée qui sera la meilleure préface de nos réquisitions. Vous la connaissez, Messieurs, mais le moment est venu de la reproduire. Elle en vaut la peine. La voici :

« Je demande à la Cour de Cassation la permission d'affirmer que cette armée, dont on a dit tant de mal tous ces temps-ci, se joint à tout le pays pour demander que la lumière soit faite complètement, maintenant que la Cour de Cassation est saisie de l'affaire Dreyfus. — L'armée a un intérêt grave, considérable, à ce qu'on éloigne de ses rangs les traîtres et les faussaires, comme tous ceux dont le contact est humiliant ou répugnant. — Elle attend, avec une vive anxiété, mais aussi avec un profond respect, l'arrêt de la Cour de Cassation. Mais, ce qui lui tient le plus au cœur, c'est de voir cesser toute cette agitation malsaine, de voir oublier ces discussions qui finiraient par tourner aux haines de religion. Elle est toute prête à donner à cet égard le meilleur exemple. Dans ses rangs, autour de ses drapeaux, tous les enfants de la France, *quelle que soit leur conviction*, pourront continuer à venir, certains de ne pas être froissés, grouper leur dévouement et leur énergie pour la patrie. »

Messieurs, ce que nous venons de vous lire, vous le savez, c'est l'éloquente et patriotique péroraison par laquelle le général Zurlinden, gouverneur militaire de Paris, terminait la déposition qu'il venait de faire, le 14 novembre dernier, devant la Chambre Criminelle. Vous ne saurions vous offrir une fin d'exorde plus appropriée à la grave affaire sur laquelle vous avez aujourd'hui à statuer. Qu'on vienne, après de telles paroles, traiter *d'insulteurs de l'armée*, *de traîtres ou de vendus*, comme on l'a fait jusqu'ici, avec une violence de langage inouïe, tous ceux qui, citoyens ou magistrats, ont, en même temps que nous, voué leurs efforts à la réparation de l'erreur judiciaire de 1894, et en ont recherché les preuves !

Aussi, nous voilà bien à l'aise aujourd'hui. Nous pouvons aller droit au but, sans avoir à craindre de blesser des sentiments respectables, avec la certitude, au contraire, de répondre aux vœux des grands chefs militaires, et de défendre le véritable honneur de l'armée.

Limites légales du procès de Révision.

Ceci dit, précisons clairement les limites légales du procès.

De quoi s'agit-il ?

Nous avons été chargé, par une lettre du 27 septembre de M. le Garde des Sceaux, « de déférer à la Chambre Criminelle de la Cour de Cassation le jugement du Conseil de Guerre, en date du 22 décembre 1894 ».

Quelle est la base de ce jugement ? — *Le bordereau*. — Cela est reconnu par tout le monde dans l'enquête. Mais cela est formellement constaté par l'acte d'accusation lui-même.

Voici, en effet, ce que porte le rapport de M. d'Ormescheville, dès la première ligne : « La base de l'accusation portée contre le capitaine Dreyfus est une lettre missive écrite sur du papier pelure, non signée et non datée, qui se trouve au dossier ». — Et, à la fin de ce rapport, cela est formellement déclaré dans les termes suivants :

« Les éléments matériels de l'accusation consistent dans la lettre missive incriminée, dont les examens par *la majorité des experts, aussi bien que par nous et par les témoins qui l'ont vue*, ont présenté, sauf des dissemblances... volontaires, une similitude complète avec l'écriture authentique du capitaine Dreyfus. »

Ainsi le bordereau a été attribué à Dreyfus, parce que les juges ont admis la similitude de son écriture avec celle du bordereau.

Ce bordereau contient l'énumération de *cinq documents* très nettement précisés, qui auraient été envoyés par son auteur à une puissance étrangère. Ils constituent cinq faits de trahison parfaitement déterminés. Dreyfus, étant considéré comme l'auteur du bordereau, a été jugé et condamné comme étant coupable de ces cinq faits de trahison.

Voilà le terrain légal, le terrain unique du jugement de 1894. Si donc il pouvait être démontré, d'après les documents antérieurs à l'enquête ordonnée par la Cour, ou d'après ceux qu'elle a recueillis, que Dreyfus ne peut pas être l'auteur du bordereau, il ne pourrait être l'auteur d'aucun des cinq actes de trahison dont on l'a cru coupable, et pour lesquels il a été condamné.

S'il en était ainsi, le jugement de 1894, qui vous est déféré, n'aurait plus de base. La révision s'imposerait. Il devrait être cassé.

Nous ajoutons que, s'il en était ainsi, il ne resterait plus rien des questions multiples qui se sont posées autour de cette question capitale, décisive : Dreyfus est-il ou n'est-il pas l'auteur du bordereau?

Elles deviendraient accessoires.

Et, en effet, s'il n'était pas l'auteur du bordereau, qu'importeraient tous les soupçons que l'attribution du bordereau a fait peser sur lui?

Qu'importerait la *possibilité* qu'il aurait eue de se procurer les renseignements que l'auteur du bordereau a livrés à une puissance étrangère? Le véritable auteur du bordereau en aurait eu non seulement *la possibilité*, mais *la réalité*. Par quels moyens?

On pourrait, à cet égard, faire toutes les hypothèses qu'on voudrait. Mais cela importerait peu. On les connaîtra peut-être un jour, ces moyens, d'une manière certaine. Mais pour faire casser le jugement de 1894, aujourd'hui, cela n'est pas nécessaire.

Qu'importerait même qu'il fût établi, que non seulement Dreyfus a eu la *possibilité* de connaître tous les secrets livrés par l'auteur du bordereau, *possibilité* relevée seule contre lui en dehors du bordereau, et sous laquelle il a succombé, ne l'oublions pas, mais qu'il les a parfaitement connus (aussi bien, par exemple, que le Directeur de l'artillerie ou que tous autres officiers de l'Etat-Major général)?

En quoi cette connaissance pourrait-elle le compromettre, s'il n'est pas l'auteur du bordereau?

Allons plus loin.

On a beaucoup parlé de pièces secrètes et décisives qui auraient été communiquées au Conseil de Guerre, dans la Chambre des délibérations, et que la défense n'aurait pas connues. Nous l'ignorons légalement, et, quoi que puisse indiquer l'enquête à cet égard, nous n'avons pas le droit d'en tenir compte, *pas même au point de vue d'une nullité de forme*, dont nous n'avons pas reçu mandat de vous saisir. Mais nous avons le droit de dire que, si cela était vrai, vous n'auriez pas à en tenir compte vous-mêmes pour la solution de la question de révision. Et cela, pour deux raisons.

La première, c'est que les Chambres réunies de la Cour de Cassation n'admettront jamais qu'un homme puisse être condamné sur des pièces qu'il n'aurait pas été admis à discuter. Les droits de la justice et de la défense priment tout ici. Et la procédure secrète n'est plus de notre temps.

La seconde, c'est que, pour avoir une valeur quelconque, au fond, à part leur infirmité légale, en la forme, il faudrait que ces pièces pussent être de nature à faire échec à la preuve supposée acquise que le bordereau n'est pas de Dreyfus. C'est ce que nous aurons à examiner.

Il y a, à côté de ces pièces secrètes, les deux dossiers secrets — le dossier militaire et le dossier diplomatique.

Nous aurons à en parler plus tard, dans la mesure permise, puisque quelques-unes de ces pièces ne sont plus secrètes, grâce à la publicité qu'elles ont reçue de la part des témoins qui les ont discutées dans l'enquête, et qu'ainsi elles appartiennent au débat.

Mais, quant à présent, nous disons d'une manière générale que ni celles que nous avons le droit de discuter, ni celles sur lesquelles nous devrons laisser le voile de la discrétion ne pourraient être de nature à faire échec à la preuve une fois faite que le bordereau n'est pas de Dreyfus.

Veut-on admettre, par hypothèse, que ces pièces soient de nature à faire supposer que Dreyfus aurait commis d'*autres actes de trahison* que ceux que précise le bordereau? Cette hypothèse, admise ou même justifiée, ne pourrait encore faire obstacle à la révision du procès de 1894. — Et cela est évident. Car ce serait un *autre crime de trahison*, commis par d'*autres moyens*, portant sur d'*autres secrets d'Etat*. Et si ce nouveau crime pouvait servir de base à une nouvelle poursuite, il serait monstrueux de l'opposer *actuellement* à la demande en révision du procès de 1894.

Il ne suffirait pas que l'avocat les connût. Il faudrait que Dreyfus les connût lui-même et fût appelé à se défendre contre elles dans un nouveau débat.

Aussi pouvons-nous leur opposer aujourd'hui une fin de non-recevoir absolue. — On peut les discuter pour en démontrer l'inanité. Mais fussent-elles probantes, elles ne pourraient servir de base à un arrêt de rejet. — Elles sont inexistantes, elles ne peuvent être aujourd'hui *pièces du procès*, elles ne peuvent faire obstacle à la révision.

Nous les répudions aussi, au nom des droits sacrés de la défense, et, nous ajoutons, pour l'honneur de la justice française, dont vous êtes, Messieurs, la plus haute incarnation!

Continuons :

Mais si le bordereau n'était pas de Dreyfus, ou, du moins, si des faits nouveaux, de nature à établir qu'il n'est pas de lui, étaient aujourd'hui acquis, qu'importerait enfin que, dans un moment d'affolement et de désespoir, il eût fait des aveux formels, indiscutables? Les juges de renvoi auraient sans doute à apprécier si ces aveux avaient une valeur quelconque et s'ils seraient conformes à la vérité du fait. Faut-il rappeler les aveux de la femme Doise?

Mais quant à vous, encore une fois, aujourd'hui, vous n'auriez pas à en tenir compte.

Tout cela nous paraît indiscutable. Toutes ces questions, du reste, touchent, vous le voyez, au fond du procès, et ce n'est pas à vous qu'il appartiendra de les trancher. Elles constituent le domaine des juges devant lesquels vous les renverrez, si, comme nous venons vous le demander, d'accord avec M. le Rapporteur, vous cassez le jugement de 1894. Là s'arrête votre compétence. Nous vous en rappellerons, à notre tour, les motifs, en quelques mots, dans un instant.

Et maintenant, après ces prémisses nécessaires, nous arrivons au procès.

§ I. — Faux Henry.

La première question qui se pose est celle du faux Henry. Elle domine la révision, sans exclure toutes les autres qu'elle a fait légalement surgir.

En 1896, Henry a fait un faux, duquel il résultait, de la façon la plus évidente, que Dreyfus était coupable. Ce faux peut-il constituer un fait nouveau de nature à établir l'innocence du condamné?

Disons, d'abord, que ce faux est établi par les aveux d'Henry, mais que, contrairement à toutes les règles d'une procédure régulière, le procès-verbal de ces aveux n'a été dressé qu'après sa mort (le 3 septembre), et que M. Cavaignac a eu à faire sur le procès-verbal certaines rectifications en marge. Il y a au dossier les notes au crayon d'après lesquelles ce procès-verbal aurait été dressé après coup.

Un autre procès-verbal le constate.

Passons, et tenons pour certain l'aveu d'Henry, non signé de sa main, mais contresigné de son sang!

On a pensé que ce faux avoué, étant postérieur de deux ans au procès de 1894, ne pouvait constituer un fait nouveau, dans les conditions de la loi.

Nous répondons que la loi admet aussi bien les faits postérieurs à la condamnation, que les faits antérieurs. Il suffit qu'ils *se produisent ou qu'ils se révèlent après*. Ce sont les termes mêmes de la loi. — Le faux et le suicide d'Henry se *sont produits après la condamnation*.

Nous ajoutons que, dans le débat solennel qui a eu lieu à la Chambre, M. Cavaignac a produit ce faux comme la confirmation absolue du jugement de 1894, en dehors même du bordereau, dont il n'a pas dit un mot, ce qui est bien remarquable, alors que ce bordereau a servi de base à ce jugement.

Voilà donc une preuve péremptoire qui disparaît, aujourd'hui que le faux est certain.

Et alors, une première question se pose, et nous la posons de nouveau, car elle a inspiré nos premières réquisitions, dont nous n'avons pas un mot à retrancher.

Si les preuves existant en 1894 étaient suffisantes pour justifier la condamnation intervenue, pourquoi ce faux?

Il n'y a qu'une réponse à cette question, et c'est le bon sens et la logique la plus élémentaire qui la fournissent.

Il a fait un faux, parce qu'il a jugé que les preuves antérieures étaient insuffisantes.

L'enquête de la Cour nous apprend que ce faux avait pour but de mettre en échec les efforts que faisait Picquart pour justifier Dreyfus aux dépens d'Esterhazy, et pour *rasséréner* la conscience des chefs de l'État-Major.

Mais les efforts de Picquart ne devaient pas être redoutés, si le jugement de 1894 reposait sur des bases indestructibles.

Et on n'a à *rasséréner* que des consciences troublées par les responsabilités formidables d'une condamnation qui ne reposerait pas, soit légalement, soit en fait, sur des bases semblables.

Sous ce premier rapport donc, le faux Henry met en échec, au moins moralement, le jugement de 1894.

Mais ce n'est pas tout. Un fait très grave est établi au procès par la déclaration formelle de Picquart adressée à M. le Garde des Sceaux.

Nous la lui emprunterons, malgré la situation exceptionnelle dans laquelle il se trouve en ce moment, parce qu'elle a été reproduite par lui, comme témoin, sous la foi du serment, qu'elle nous paraît avoir une importance capitale, et qu'elle a d'ailleurs été confirmée, soit par un autre document versé à l'enquête, soit par deux témoignages que vous avez reçus.

Ce fait, le voici :

Henry, délégué par le ministre de la Guerre pour déposer dans le procès au nom du service des renseignements, après avoir fait une première déposition banale, avait demandé à être entendu une seconde fois. Cette seconde déposition théâtrale était de nature à faire la plus vive impression sur l'esprit des honnêtes membres du Conseil de Guerre.

Cette scène, nous la rappelons.

« J'assistais, dit Picquart, à toutes les séances, assis derrière les juges. On voyait que l'affaire s'annonçait *assez mal*, on résolut de frapper un coup. Henry me dit :

« — Vous qui êtes assis derrière Gallet (c'était un des membres du Conseil de Guerre), — dites-lui donc de me faire rappeler, pour me demander des renseignements », et je refusai de m'acquitter de cette commission.

« Le colonel Henry se fâcha et fit sa commission lui-même, pendant une suspension d'audience.

« Le capitaine Gallet posa la question à la reprise, et le colonel Henry fit sa seconde déposition, et dit :

— Je tiens d'une personne honorable, qu'un officier du 2e bureau trahissait, et cet officier, le voilà ! » ajouta-t-il, en montrant Dreyfus.

« On pouvait croire que la personne en question avait dénoncé Dreyfus, ce qui n'était pas vrai. Cette personne, un rastaquouère à qui j'ai payé 1 200 francs pour ses services, avait dit seulement à Henry que les attachés militaires étrangers avaient des amis au 2e bureau, par qui ils étaient renseignés. »

Combien plus saisissant est le récit fait devant vous par M. Lépine !

Ecoutons-le :

« Je n'ai rien retenu de la plus grande partie des débats que *leur insignifiance même*.

« Je range dans cette catégorie le réquisitoire même, qui m'a paru vide de faits.

« Il était court. Je ne crois pas l'avoir écouté jusqu'au bout. De même pour les dépositions de la plupart des témoins à charge ou à décharge. C'étaient des appréciations personnelles sur l'accusé, des propos tenus au mess ou recueillis dans les bureaux ; rien d'intéressant et qui touchât au fond de l'affaire.

« Quant à la déposition d'Henry, voici ce qu'elle fut :

« La déposition fut très courte.

« Quelques phrases très brèves, catégoriques. Il me serait impossible de citer, de mémoire, les termes de cette déposition *sensationnelle;* mais le ton, le geste, l'attitude du commandant, je les vois encore. C'était l'apparition du justicier! Quand je me remémore, au bout de quatre ans, cette vision d'Henry, levant la main, la croix de la Légion d'honneur sur sa large poitrine, il m'a semblé qu'il n'y avait que deux mots dans sa déposition : *C'est lui, je le sais, je le jure!* »

Ne nous étonnons pas alors que le capitaine Freystatter, membre du Conseil de Guerre, qui, par parenthèse, nous a confirmé ce fait que le *bordereau seul a été discuté dans les quatre audiences du Conseil de Guerre*, nous ait dit :

« Cette déclaration a eu *sur moi une influence considérable*, en raison de l'attitude d'Henry qui, se tournant vers Dreyfus, le désigna du doigt comme étant le traître, en disant : « J'affirme, moi, que le traître, le voilà ! »

Ce n'est donc pas un rôle *insignifiant*, comme on l'a dit dans l'avis de la Commission, qui a été joué par Henry au Conseil de Guerre. Il est prouvé jusqu'à l'évidence maintenant, qu'il a été, au contraire, le principal témoin, et, comme nous le disions déjà dans notre premier réquisitoire, le *pivot*, la *cheville ouvrière* de l'accusation portée contre Dreyfus.

Nos honorables collègues de la Commission de révision, qui n'avaient connu, comme ils l'ont dit, qu'une partie de l'affaire, se trouvent donc aujourd'hui, comme ils l'ont dit aussi, *en présence d'une affaire renouvelée par une seconde et considérable instruction.* Or, ne suffisait-il pas que ce malheureux Henry eût commis le faux de 1896 pour que son témoignage de 1894 devînt *légalement suspect?* Et alors, en droit, rappelons ce que disait le rapporteur de la loi de 1895, à la Chambre.

Voici ses paroles :

« Le Sénat a maintenu le droit formel de révision, lorsque... le témoin *soupçonné de faux témoignage* ne peut plus être poursuivi ni condamné, par suite d'irresponsabilité pénale de prescription, de décès, etc... »

Et faut-il rechercher encore le but qu'a eu Henry en commettant son faux? N'est-ce pas de défendre et de protéger *l'œuvre qu'il avait accomplie en* 1894 *devant le Conseil de Guerre?*

Demandons à M. le général Zurlinden lui-même, pour ne parler que de celui-là, ce qu'il a pensé tout d'abord, dès qu'il a connu le faux.

« Quand le faux de Henry fut connu, dit-il, j'en fus troublé, et j'ai pensé, au premier moment, que la *révision était nécessaire.* »

Il s'est ressaisi plus tard, mais qu'importe? Le faux était là, découvert le 30 août. Au mois de septembre, il devenait un des faits nouveaux retenus par M. le Garde des Sceaux, comme cause légale de la révision, et il a conservé, de plus fort, ce caractère, après l'enquête dont vous connaissez maintenant tous les éléments.

Que d'autres consciences il a troublées! La nôtre en a été profondément émue, et c'est avec une vive inquiétude sur le bien fondé d'une sentence que nous tenions encore pour juste, que nous avons abordé l'examen de cette affaire.

Aujourd'hui, nous sommes éclairé, et nous venons vous demander de retenir ce faux comme un *premier fait nouveau*, de nature à établir l'innocence du condamné. C'est lui qui a ouvert la porte à la révision; nous estimons que, fût-il seul, vous ne devriez pas la fermer.

Et maintenant, nous voici en présence de la question capitale du procès, *celle du bordereau*.

§ 2. — Origine du bordereau.

Cette question de l'origine du bordereau, question que le faux d'Henry et la suspicion de faux témoignage qui pesait sur lui ont naturellement soulevée, nous a vivement préoccupé, dès que nous avons été saisi de la demande en révision.

Voici comment :

Lors de nos premières réquisitions, à l'audience du 29 octobre, nous exprimions ainsi nos inquiétudes à ce sujet (Procès Dreyfus, p. 139) :

« Nous avons la preuve que le bordereau qui, d'après le dossier, paraît avoir servi de base à la condamnation, et qui a été saisi le 15 octobre 1894, entre les mains de M. le général Gonse, sous-chef d'état-major général, par le commandant du Paty de Clam, chargé de l'instruction du procès, avait été remis à cet officier général, savez-vous par qui? Par Henry, alors chef de bataillon et sous-chef du bureau des renseignements.

« Et alors, nous nous demandons avec une anxieuse curiosité : d'où venait ce bordereau ?

« C'est Henry qui va nous répondre.

« Au moment de son arrestation, le 30 août 1898, il a déclaré au général Roget, chef du cabinet du ministre de la Guerre, que C'ÉTAIT A LUI *qu'un agent, qu'il n'a pas nommé et que personne n'a nommé* DANS L'INSTRUCTION, avait apporté ce bordereau.

« Quel agent ? Pourquoi ne l'a-t-il pas nommé ? Singulière et troublante discrétion, permettant toutes les suppositions, autorisant toutes les inquiétudes sur ce point comme sur d'autres !

« Ces inquiétudes ne font qu'augmenter, si l'on retient les propos si étranges qu'il a tenus, au moment où on le conduisait au Mont-Valérien... » Suivent les paroles relatées par le procès-verbal officiel, finissant par ces mots :

« *Quel malheur d'avoir rencontré sur mon chemin de pareils misérables ! Ils sont cause de tous mes malheurs !* »

Et après avoir rappelé ces paroles, nous ajoutions ceci :

« Ce sont là des paroles bien graves. N'oublions pas pourtant que c'est un faussaire qui parle, et qui se défend. Dit-il la vérité ?

« Quoi qu'il dise en ce moment, il est absolument suspect. Et nous ajoutons de suite, quoi qu'il ait dit auparavant, il est suspect. *Donc, l'origine qu'il a attribuée au bordereau est devenue, grâce à lui, suspecte. C'est à cela qu'il faut aboutir.* »

Voilà ce que nous avons pensé. Voilà ce que nous avons dit au mois d'octobre.

Quel a été notre étonnement de lire le lendemain dans tous les journaux, qui la reproduisaient à l'envi, avec des commentaires malveillants renouvelés avec persistance presque jusqu'à la veille de cette audience, une lettre de M. Cavaignac adressée à M. le président Lœw !

Cette lettre nous accusait d'avoir produit une affirmation d'une *gravité exceptionnelle, qui serait matériellement inexacte.*

On en a conclu que *nous avions altéré* le rapport de M. le général Roget, au sujet de la réception par Henry du bordereau par les mains d'un agent qu'il *n'avait pas nommé.*

« Il n'avait pas à le nommer, dit la lettre. Le bordereau était arrivé *par la voie ordinaire*, et cela suffisait. Cela voulait dire que c'était l'agent *bien connu* au Ministère de la Guerre qui le lui avait remis Pourquoi le suspecter, par cela seul qu'il ne l'avait pas nommé ? »

Messieurs, par respect pour nos hautes fonctions, notre devoir est de protester enfin, à l'heure voulue, contre une accusation aussi imméritée, vous le savez bien.

Nous répondons, d'ailleurs, une chose bien simple. Tout ce que disait Henry, le faussaire, nous était suspect.

Nous ne le croyions donc pas, quand il affirmait avoir reçu lui-même le bordereau par la *voie ordinaire*, et des mains d'un agent que vous connaissiez, vous, mais que nous ne connaissions pas, nous. La *voie ordinaire*, vous savez ce que c'est. Mais nous, étranger aux habitudes et au vocabulaire du service de l'espionnage, nous ignorions que ce que nous croyions être la *voie ordinaire de la poste, c'était la voie la plus extraordinaire du monde!*

Nous le savons aujourd'hui, grâce à l'enquête où on nous a livré le vrai sens du procédé. Et alors, nous demandions et nous avions le droit de *demander*, comme nous l'avons dit, à l'*instruction*, nous tous, Garde des Sceaux, Procureur général, Rapporteur, avocat, le nom de l'agent des mains duquel Henry *disait* tenir le bordereau.

Nous ne l'y trouvions pas. Nous nous disions tous qu'il le cachait. S'il le cachait, c'est qu'il n'était pas vrai qu'il tînt la pièce de ce prétendu agent. Et alors, d'où venait-elle? Voilà notre raisonnement.

D'où vient l'erreur de ce raisonnement?

Elle ne vient pas de l'inexactitude voulue du fait. Elle vient uniquement de ce qu'aucun de nous ne savait à cette époque ce que vous saviez, vous, c'est que ce service spécial de renseignements se fait par un *agent bien connu de vous*. — Mais si nous avions su cela, nous n'en aurions pas moins douté encore de la sincérité d'Henry, même en n'ayant plus à lui reprocher d'avoir dissimulé le nom de l'agent des mains duquel il disait tenir le bordereau.

Aujourd'hui, nous sommes fixé, l'enquête nous a éclairé. Et nous admettons volontiers que le bordereau est arrivé par la voie indiquée par Henry. — Nous acceptons l'origine qu'il lui a donnée. Nous en reconnaissons l'authenticité, contestée pourtant encore par plus d'un.

Mais cela n'enlève rien à la valeur juridique du faux et de la suspicion de faux témoignage qui pèse sur Henry, au point de vue du fait nouveau. — Et maintenant qu'on juge comment nous durions altéré le rapport de M. le général Roget, en ne parlant pas ae la *voie ordinaire que nous n'admettions pas, par cela seul qu'Henry l'affirmait.*

M. Roget lui-même a été plus juste, du reste, lorsqu'il a eu à s'expliquer à ce sujet dans l'enquête.

L'un de MM. les conseillers l'a prié de vouloir bien s'expliquer sur la portée de la phrase de son rapport, relative aux déclarations qui lui auraient été faites par Henry, sur l'origine du bordereau.

Voici sa réponse, elle met toutes choses au point :

« Henry m'a dit quelle était l'origine du bordereau, que je connaissais déjà. J'ai employé, moi, l'expression, *par la voie ordinaire*, qui était absolument significative pour le Ministre, et qui me paraissait aussi significative pour toutes les personnes qui pouvaient lire mon rapport, étant donné que, depuis que l'affaire est pendante, on a tellement fait allusion à cette voie, que je *la croyais connue de tout le monde*. — Mon rapport était fait pour le Ministre. Il n'avait pas besoin d'être plus explicite, et *on en a tiré certainement des* INTERPRÉTATIONS *qu'il ne comportait pas, et qui ont pu faire porter la suspicion sur l'origine du bordereau.* » (Enquête, page 83.)

L'interprétation erronée du rapport, interprétation si facile à comprendre, ne peut pas en constituer *l'altération*.

Au surplus, la confiance qu'on pouvait avoir dans les déclarations d'Henry a été soumise à l'épreuve de l'enquête. Plusieurs des généraux ont été appelés à s'expliquer sur la possibilité de machinations organisées par Henry, et l'origine du bordereau s'est trouvée engagée dans les questions posées à ce sujet. MM. les généraux ont répondu, et nous admettons avec eux, qu'il faut rejeter toutes les hypothèses qui pouvaient faire suspecter cette origine.

Et si Esterhazy méritait qu'on ajoutât foi à aucune de ses paroles, écoutez le récit qu'il a fait dans ses *Dessous de l'affaire Dreyfus*, page 136.

« Le bordereau n'est pas arrivé au service des renseignements, déchiré en plusieurs morceaux, comme on l'a prétendu. Cette *fable du bordereau déchiré en mille pièces* a été inventée pour donner de la vraisemblance à une autre fable, celle de la découverte du bordereau dans la corbeille à papier d'un attaché militaire étranger. Le bordereau n'est nullement arrivé au service des renseignements par le cornet. Il y est venu par une tout autre voie. »

Si cela était exact, Henry aurait donc menti. Nous avions donc eu quelque droit de douter de l'origine qu'il attribuait au bordereau. Mais si nous ne croyons pas Henry, quand il affirme quoi que ce soit, à moins d'en avoir la preuve, nous croyons encore moins Esterhazy, quand sa déclaration n'a d'autre appui que lui-même.

Mais ce qui vaut la peine d'être retenu sur le point qui nous occupe (et il est vraiment heureux que la justification vienne du côté d'où est venue l'attaque), c'est la déclaration de M. Cavaignac lui-même.

Dans l'enquête, on lui a posé la question suivante :

« — Ne peut-on pas interpréter les paroles d'Henry, comme établissant que c'est à *lui* personnellement et entre ses mains, que le bordereau a été remis ?

« — Oui, répond M. Cavaignac. Le lieutenant-colonel Henry pouvait évidemment introduire un document frauduleux au ministère de la Guerre, comme provenant de la source indiquée. L'histoire du faux Henry prouve que cela était matériellement possible. »

Cette réponse est péremptoire. Elle justifie nos soupçons du premier jour sur la sincérité de la déclaration d'Henry, et, par suite, sur l'origine du bordereau.

Passons. Et terminons sur ce point par une réflexion qui s'impose à notre esprit, et que les résultats de l'enquête nous ont inspirée. Si le bordereau n'était pas parvenu aux mains d'Henry en morceaux, il aurait reconnu l'écriture d'Esterhazy, son ami de vingt ans !... Et il n'y aurait pas eu d'affaire Dreyfus, ni d'affaire Esterhazy. Celui qui a introduit plus tard un faux au dossier, pour sauver Esterhazy, n'aurait certainement pas hésité à supprimer le bordereau authentique créé par celui-ci ! Sa conduite ultérieure le prouve jusqu'à l'évidence.

§ 3. — Date du bordereau.

Après ces explications nécessaires sur l'origine du bordereau, suspecte d'abord, aujourd'hui établie par l'enquête et ne permettant plus, à notre avis, le doute sur l'authenticité de cette pièce capitale au procès, posons-nous une autre question bien importante. Vous allez en juger.

A quelle date l'acte d'accusation et le jugement de 1894 plaçaient-ils la confection du bordereau?

Au mois d'avril ou de mai au plus tard.

Cela est-il exact?

Ecoutez ces divers passages du rapport de M. d'Ormescheville.

Il s'agit, notez-le bien, pour le rapporteur, de prouver que Dreyfus a pu avoir connaissance des documents énumérés au bordereau. Et c'est la date qui va servir de base à son argumentation contre lui.

Ainsi, pour *la note sur les troupes de couverture*, voici ce que nous dit le rapport :

« Il nous paraît impossible que le capitaine Dreyfus n'ait pas eu connaissance des modifications apportées au fonctionnement du commandement des troupes de couverture au *mois d'avril dernier*, le fait ayant eu un caractère confidentiel, mais non absolument secret, et les officiers employés à l'État-Major de l'armée ayant, par suite, *pu* s'en entretenir entre eux et en sa présence. »

Ainsi encore, en ce qui concerne la *note sur une modification aux formations de l'artillerie*, que le rapport présentait comme visant la suppression projetée des pontonniers et des modifications pouvant en résulter. Nous lisons ceci :

« Il est inadmissible qu'un officier d'artillerie, ayant été employé au premier bureau de l'État-Major de l'armée, ait pu se désintéresser des suites d'une pareille transformation, au point de l'ignorer (notez bien ceci, Messieurs), *quelques semaines avant qu'elle ne devienne officielle.* »

Il ne reste plus qu'à savoir à quelle époque cette transformation a eu lieu. Ouvrons l'*Officiel*. La loi est du 29 juin 1894. Par conséquent, M. d'Ormescheville place forcément le bordereau à la date antérieure du mois d'*avril* ou de *mai*.

Nous ne parlerons pas, au sujet de la question de date du bordereau que nous examinons en ce moment, l'acte d'accusation en mains, de *la note sur le frein du 120 court*, à propos de laquelle il n'y a pas de précision pareille.

Nous y reviendrons tout à l'heure, à un autre point de vue.

Nous constatons seulement que, figurant à côté des deux documents dont nous venons de parler, elle est, évidemment, pour M. d'Ormescheville, de la même époque.

Quant au *projet de Manuel de tir de l'artillerie de campagne*, l'acte d'accusation lui donne la date du 14 mars 1894, et, par suite, cette date concorde parfaitement avec celle attribuée au bordereau, avril ou mai.

Mais ce qui nous paraît décisif, c'est ce qui concerne la note sur Madagascar.

Ecoutez le rapport sur ce point :

« Cette note, qui présentait un grand intérêt pour une puissance étrangère, si, comme tout le *faisait déjà prévoir*, une expédition y avait été envoyée au commencement de 1895, le capitaine Dreyfus a pu facilement se la procurer. »

Comment va-t-il prouver cette facilité de la part de Dreyfus?

Ceci est bien significatif, Messieurs, car, aux yeux du rapporteur, la note *présentait un grand intérêt pour une puissance étrangère*, et, par conséquent, la preuve qui va être donnée sera nécessairement d'un grand poids pour l'accusation portée contre Dreyfus.

La preuve, la voici :

« En effet, au mois de *février dernier*, le caporal Bernolin, alors secrétaire de M. le colonel de Sancy, chef du 2e bureau de l'État-Major de l'armée, fit une copie d'un travail d'environ vingt-deux pages, sur Madagascar, dans l'antichambre contiguë au cabinet de cet officier supérieur.

« L'exécution de cette copie dura environ cinq jours, et, pendant ce laps de temps, minute et copie furent laissées dans un carton placé sur la table-bureau du caporal précité, à la fin de ses séances de travail. En outre, quand, pendant les heures de travail, ce gradé s'absentait momentanément, le travail qu'il faisait restait ouvert et pouvait, par suite, être lu, s'il ne se trouvait pas d'officiers étrangers au 2e bureau ou inconnus de lui, dans l'antichambre qu'il occupait. Ce gradé nous a déclaré, dans sa déposition, mais sans préciser de dates, que le capitaine Dreyfus, qu'il connaissait, était venu quatre ou cinq fois dans cette antichambre pour voir M. le colonel de Sancy, pendant qu'il faisait son stage à la section allemande. Ce document a encore pu être lu par le capitaine Dreyfus, quand il a été réintégré à la section anglaise qui s'occupait *alors* de Madagascar, en raison de ce qu'il a été placé temporairement dans un carton de casier non fermé. »

Voilà l'accusation. Elle est formelle, du moins aux yeux du rapporteur, pour qui, comme pour tous les accusateurs de Dreyfus, généraux ou autres, du reste, Dreyfus n'est jamais accusé que parce qu'on prétend qu'il a *pu* savoir ce qui figure dans le bordereau, sans qu'aucune instruction ait pu établir qu'il *ait* su, et surtout qu'il *ait su seul* les choses dont le secret aurait été livré à une puissance étrangère.

Eh bien, cette accusation, qui a été une des causes de la condamnation de Dreyfus, et qui paraissait entourée de précisions dangereuses pour l'armée, est aujourd'hui abandonnée — par qui?

Par les principaux accusateurs de Dreyfus, aujourd'hui, par

M. Cavaignac, par M. Roget, et par M. Mercier lui-même, qui l'a fait arrêter, malgré les instances de M. Hanotaux et sur la foi du rapport de M. Bertillon.

Pour M. Cavaignac : « La note de *février* recopiée par le caporal Bernolin ne contenait que des renseignements géographiques sur Madagascar, *et cette note qui, d'après M. d'Ormescheville, présentait un si grand intérêt pour une puissance étrangère, ne pouvait présenter aucun intérêt quelconque.*

« Les seuls renseignements intéressants, soit sur les dispositions projetées pour l'expédition elle-même, soit sur les troupes qui seraient prélevées sur l'armée de terre, ne pouvaient être fournis qu'après les études qui se poursuivaient au *mois d'août.* » (Enquête, page 13.)

De même, M. le général Roget s'exprime ainsi :

« Il y a eu deux notes sur Madagascar, l'une établie en décembre 1893, comme travail d'inspection générale, par M. le commandant Mollard. C'est une note ne renfermant que des renseignements géographiques, c'est celle qui a été copiée par le caporal Bernolin, *et dont il est question au rapport de M. d'Ormescheville.*

« Il y a eu une autre note sur Madagascar, autrement plus importante (puisqu'elle donnait la composition du corps expéditionnaire, la route à suivre, le plan de campagne) et qui a été faite *au mois d'août.* Les premières expéditions du rapport sont du 19 août, et les expéditions définitives du 29 août ». (Enquête, page 52.)

Et c'est cette note du mois d'août, Messieurs, qui, aux yeux de M. Cavaignac, de M. le général Roget et de M. le général Mercier, serait aujourd'hui la base de l'accusation portée contre Dreyfus, et la justification de sa condamnation ! Et ces témoins, si convaincus de la culpabilité de Dreyfus, ne se sont pas même doutés de la portée légale de ce fait constaté par eux, *une note du mois d'août substituée à une note du mois de février,* pour laquelle Dreyfus a été condamné ! Condamné pour celle-ci, vous ne pouvez plus l'accuser de celle-là, sans faire tomber la première. Toutes vos hypothèses, à propos de celle du mois d'août, ne peuvent avoir qu'un résultat inévitable auquel vous aurez contribué plus que qui que ce soit, sans l'avoir voulu, c'est la révision de la condamnation prononcée contre Dreyfus, à propos d'un fait dont il aurait été convaincu, en raison des circonstances relevées comme décisives contre lui, par le rapporteur, alors que ce fait est, grâce à vous, et nous ajoutons à la vérité, *déclaré inexistant à cette époque.* Notez que, en même temps, la date du bordereau est déplacée. Elle ne serait plus que du mois d'août, d'après vous, et nous l'admettons. Et alors, voyez la situation.

Aux yeux des juges de 1894, le bordereau a été écrit en *avril*, et le jugement acceptant les conclusions du rapport condamne Dreyfus, parce qu'il paraît établi *qu'à cette époque* Dreyfus seul pouvait avoir les renseignements nécessaires et l'écrire.

Donc, si aujourd'hui il est accusé de l'avoir fait *plus tard*, il n'était pas possible de le condamner pour l'avoir fait *plus tôt*.

Notez que les généraux ont conclu que Dreyfus n'a pu avoir, à cette époque d'avril, les renseignements nécessaires et l'écrire. Voici, en effet, ce que dit M. le général Mercier, d'accord en cela avec ses collègues :

« Je crois que le commandant d'Ormescheville, dans son rapport, *s'est trompé* en assignant une autre date au bordereau (que celle du mois d'août). Le travail de la Commission sur Madagascar ne pouvait être connu alors (c'est-à-dire au mois d'avril), *que de l'État-Major, et le rapport de cette Commission n'a été terminé que vers le 20 août.* »

Vous le voyez, Messieurs, c'est absolument le contraire de l'accusation de 1894, suivie de la condamnation. S'il y a eu erreur de la part du rapporteur, il y a eu erreur de la part des juges, c'est-à-dire *erreur judiciaire*. Et alors se pose naturellement cette question, qui est bien celle du procès de revision : *Dreyfus a-t-il jamais écrit le bordereau?*

Que reste-t-il, en tout cas, du jugement de 1894?

Voilà, dès notre première discussion sur le bordereau, un premier fait révélé par l'enquête, fait essentiellement nouveau, qui exclut toute contradiction, au vu des termes mêmes de l'article 443 de la loi de 1895.

Nous en trouverons d'autres encore, et en assez grande quantité, pour faire réfléchir peut-être tous ceux qui ont affirmé hautement et avec persistance qu'il n'en existait *aucun* dans l'affaire qui fût de nature à établir l'innocence du condamné ! Nous dirions volontiers que les faits nouveaux y foisonnent, et que si vous ne croyez pas nécessaire de les examiner et de les viser tous dans votre arrêt, vous n'aurez que l'embarras du choix. En tout cas, il en est qui nous paraissent irréductibles. Et celui que nous venons de relever est de ce nombre.

Car ce que nous venons de dire et d'établir jusqu'à l'évidence, selon nous, met en échec, de la façon la plus incontestable, l'acte d'accusation et le jugement de 1894, qui a condamné Dreyfus. Cela devrait suffire pour faire ouvrir les portes à la révision, eussent-elles été provisoirement fermées.

Mais voici mieux encore. Cette même date du mois d'avril a été le principal argument d'Esterhazy pour se protéger, en dehors de tous autres moyens, sur lesquels nous nous expliquerons bientôt, contre l'accusation dirigée contre lui, en 1897, accusation qui a abouti à son acquittement.

Esterhazy? Oh! rassurez-vous, Messieurs, et que tout le monde se rassure. Nous nous garderons bien de faire un choix entre toutes ses déclarations. Nous risquerions trop de nous égarer dans ce labyrinthe de mensonges compliqués de faux. La *dame voilée* ne nous en assurerait sans doute pas facilement la sortie. Le fil casserait probablement en route. Nous n'accepterons de lui, pour nous en servir contre lui, que ce qui l'accuse, de son propre aveu, et, contre tous autres, ce qui sera prouvé en dehors de lui.

Mais sur la question qui nous occupe en ce moment, il nous appartient, pour compléter la démonstration que nous venons de faire, de recueillir précieusement les explications par lesquelles il s'est défendu. Et en se défendant, vous allez le voir, il a achevé de prouver que le jugement de 1894, qui a frappé Dreyfus, en acceptant le mois d'avril ou de mai, comme date du bordereau, constitue une erreur judiciaire des plus évidentes.

Que dit-il, en effet?

Ici s'imposent les citations que nous voulons éviter le plus possible, ce qui est facile, après le rapport si remarquable et si documenté que vous avez entendu et le mémoire de l'avocat que vous avez lu. Mais, en ce moment, elles sont nécessaires, autant que décisives.

Nous suivrons l'enquête (page 621).

Esterhazy, s'occupant du manuel de tir, s'est expliqué ainsi :

« Ce document, à l'époque où *je suis parti en manœuvres* (retenons cette formule, d'abord, Messieurs, vous verrez bientôt comme elle lui est familière), ce document était confidentiel. Si on prétend que j'ai pu le livrer, en mai 1894, c'est qu'un des officiers qui en était détenteur me l'a donné. Qu'on recherche cet officier. »

Pour le *canon de* 120 et le frein appelé *hydraulique* (ce qui est une double hérésie, prétend-on, en langage d'artilleur), il dit (page 621 de l'Enquête) :

« Mathieu Dreyfus m'accuse d'avoir eu, au cours des écoles à feu, des renseignements sur le frein hydraulique et la pièce de 120. Or, j'ai été aux écoles à feu, du 5 au 9 août. (Ici il ne dit pas toute la vérité. Il y est allé et il y est resté jusqu'au 16. Il nous le prouvera lui-même bientôt, dans une lettre qui le démasquera, croyons-nous, sans contestation possible, comme le véritable auteur du bordereau). Comment aurais-je pu fournir, en avril 1894, des renseignements que je n'ai eu qu'en *août et septembre?* »

Même argumentation, page 629, sur le même point.

Pour les troupes de couverture (page 622 de l'Enquête), il dit :

« Le nouveau plan, en 1894, ne peut s'appliquer qu'au nouveau plan de mobilisation, plan XIII. Or, ce plan, au *printemps* de 1894, n'était pas encore sorti des bureaux du Ministère de la Guerre. Il était encore en élaboration... »

Pour la note de Madagascar (page 627 de l'Enquête), écoutez-le...

« Il est de toute impossibilité que je sois l'auteur du bordereau. En effet, puisqu'on soutient que ce *bordereau a été écrit à peu près le 14 mars, à cette époque* il était absolument impossible à un officier quelconque, qui ne fût pas au Ministère de la Guerre, à la source même des renseignements, de pouvoir donner des indications utiles sur l'expédition de Madagascar. Personne, en dehors d'un très petit nombre d'officiers de l'État-Major de l'armée, ne pouvait savoir, *à cette époque*, qu'il y avait une expédition de Madagascar projetée, et, à plus forte raison, donner des détails sur son organisation.

« Pour les formations de l'artillerie, page 627, elles ne pouvaient être connues, *à l'époque du bordereau*, que des officiers de l'État-Major de l'armée et de la troisième direction. »

Et sur tous ces points, il finit par une déclaration bien suggestive, et que vous apprécierez :

« Il faudrait donc admettre qu'il y a eu un *officier de l'État-Major de l'armée qui m'a livré ces renseignements. Il faut trouver qui me les aurait livrés.* »

Il faut reconnaître, Messieurs, que ce n'est pas une besogne facile. Heureusement nous n'en avons pas besoin. Nous prouverons, et cela suffira, qu'il est l'auteur du *bordereau*. La découverte des complices ne nous regarde pas. Les responsabilités militaires étrangères à Dreyfus et à Esterhazy n'appartiennent pas à ce débat.

Ainsi voilà qui est clair La date du bordereau étant fixée au *mois d'avril*, Dreyfus a été condamné et Esterhazy acquitté. Or, aujourd'hui, l'on attribue au bordereau la date de fin d'août 1894. Nous l'acceptons. Mais alors, le jugement de 1894 n'a plus de base, puisqu'il est fondé sur une date *erronée*. L'erreur judiciaire est manifeste. La révision est au bout de ces constatations. Elle est d'ores et déjà justifiée. Et, en vérité, s'il s'agissait d'une affaire ordinaire, cela suffirait, et nous n'ajouterions pas un mot, car vous diriez, sans hésiter, qu'une pareille décision manquerait de *base légale*

Comment en douterions-nous, en songeant à votre juste sévérité pour de simples moyens de forme?

Il y a quelques jours à peine, la Chambre Criminelle décidait, sur le rapport de M. le conseiller Roulier, qu'il y avait nullité des débats et de l'arrêt de condamnation rendu par la Cour d'assises, lorsque le procès-verbal de l'interrogatoire subi par l'accusé, en vertu de l'art. 293 C. I. C., ne porte pas la signature du greffier.

Voilà donc un fait nouveau qui nous paraît devoir assurer la cassation du jugement de 1894.

Nous allons démontrer maintenant, avec les documents de l'enquête, que l'auteur du bordereau, et, par suite, de la communication des cinq documents qu'il mentionne, ce n'est pas Dreyfus, mais que c'est Esterhazy.

Ici, Messieurs, nous n'éprouvons qu'un embarras, celui de nos richesses en preuves.

§ 4. — Quel est l'auteur du bordereau?

C'est la question capitale du procès, ici, comme devant le conseil de guerre.

Pour la résoudre, nous examinerons le bordereau :

1° Au point de vue de l'écriture, d'abord, d'après les experts de 1894, et puis d'après ceux de 1897.

2° Au point de vue du papier sur lequel il est écrit.

3° Au point de vue de sa teneur.

4° Au point de vue de la moralité comparée de Dreyfus et d'Esterhazy.

Tout ce que vous ont appris, sur tous ces points, l'enquête, le rapport et le mémoire auxquels nous nous référons, abrègera de beaucoup nos explications. Nous ne vous soumettrons d'ailleurs que les côtés saillants de ces diverses questions.

Nous aurions voulu être bref. Mais la brièveté était le côté le plus difficile de notre tâche dans une affaire chargée de tant de détails. Tout ce que nous avons pu faire, nous l'avons fait. Nous vons écarté tout ce qui nous a paru surabondant, et surtout étranger au débat judiciaire; c'était le meilleur moyen d'obtenir la clarté, cette vertu éminemment française, ainsi que l'a si bien dit un de nos chers et éminents bâtonniers du Barreau de Paris.

C'était là surtout le moyen d'éviter les fondrières politiques ou militaires qui côtoient, à chaque instant ce grave procès. Mais cette réserve, que nous nous sommes fait un devoir de nous imposer, ne nous empêchera pas d'en remplir un autre, celui de contrôler et de discuter les dépositions et les appréciations que nous croirons erronées, quels qu'en soient les auteurs. Seulement nous apporterons dans cette discussion une modération en la forme que notre grand ancêtre Pasquier, qui vivait, lui aussi, dans des temps troublés par les passions, n'aurait peut-être pas suffi à nous inspirer. Car il disait :

« *Or ça je n'y scais point tant de détours. Je suis de ceux qui appellent pain, ce qui est pain — et vin, ce qui est vin.* »

Nous n'abuserons point de cet exemple, mais nous le suivrons, lorsque notre respect pour la vérité l'exigera, avec l'indépendance et la liberté que les traditions et la loi réservent à la parole du ministère public concluant à l'audience.

1° Écriture. — Expertises. — Dreyfus.

Ceci dit, nous abordons l'examen du bordereau, en premier lieu, au point de vue de l'écriture avec les expertises Dreyfus.

Sur ce point, nous devons tout d'abord consulter les experts.

Vous connaissez les opinions diverses qui se sont produites à cet égard.

Nous n'avons plus à en reproduire les motifs. Mais il faut constater les résultats *nouveaux* acquis depuis le procès de 1894.

En 1894, deux experts, MM. Gobert et Pelletier, excluent l'écriture de Dreyfus. Et, dans l'enquête, ils ont confirmé leur opinion première de la façon la plus formelle. Vous connaissez leurs nouvelles dépositions, bien plus motivées que la première. Nous n'en rappelons que les conclusions : *Le bordereau n'est pas de Dreyfus, il est d'Esterhazy.*

Trois experts ont déclaré, au contraire, que l'écriture est celle de Dreyfus. Ces trois experts sont MM. Charavay, Teyssonnière et Bertillon.

Nous nommons M. Bertillon le dernier, parce qu'en effet il est établi qu'il n'a été appelé dans l'expertise officielle, sur la demande de M. Mercier, ministre de la Guerre, que pour départager MM. Gobert et Pelletier d'une part, — MM. Charavay et Teyssonnière de l'autre. — Son rapport est du 20 octobre.

Mais il faut retenir que, dès le premier jour, il avait été appelé à donner son avis, après M. Gobert, et que, le 13 octobre, il attribuait à Dreyfus la paternité du bordereau. C'est sa conviction de ce jour-là qui a décidé de l'accusation et du sort de Dreyfus!!

Quant à nous, nous en demandons bien pardon à cet honnête fonctionnaire, nous refusons absolument de discuter avec lui l'application qu'il a faite de l'*Architecture militaire* à la reconnaissance des écritures. Son opinion, sur ce point, ne compte pas pour nous. Malgré notre estime personnelle pour l'homme, c'est le cas de dire : *Amicus Plato, sed magis amica veritas...*

Que voulez-vous? Si d'autres le comprennent, comme ils le prétendent, nous avouons humblement que nous ne le comprenons pas. Serez-vous plus heureux que nous et, si l'on en croit M. Lépine, que le conseil de guerre de 1894? Nous en doutons.

Pour savoir si l'écriture est de Dreyfus ou d'Esterhazy, nous reculons devant l'abri qu'il offre à notre esprit dans sa *forteresse tripartite*, symbole d'une triple imitation faite par Dreyfus de sa propre écriture, de l'écriture de son frère Dreyfus, et de l'écriture de sa femme.

Nous reculons d'autant plus qu'il place, en tête de sa déposition du 18 janvier dernier (Enquête, p. 335), ce double axiome qui a suffi pour nous éclairer sur la valeur de ses conclusions, et sur la sécurité qu'elles peuvent donner à la conscience :

« *Le bordereau n'est pas une écriture fortuite, accidentelle, des seules forces de la nature. Il a été écrit par quelqu'un.* »

Cela nous suffit. Nous sommes fixé, et nous ne suivrons pas les développements donnés par l'honorable témoin « *sur le glissement des réticules centimétriques, les grilles, les superpositions, le mesurage, le surmoulage avec recul d'une lettre, le déguisement avec auto-forgerie, le canevas graphique, l'autocalque, l'héterocalque, l'imbrication des chaînes, des gabarits, les redans, la construction kutschique du mot intérêt, servant de mot clef, et mesuré au moyen d'un sou et d'un crayon.* »

Nous avouons que nous manquons absolument de confiance

dans une démonstration qui nous paraît inaccessible à des esprits profanes. Nous disons *profanes,* car la science à laquelle nous avons affaire ici est, pour nous, une science d'*augure.*

Nous ne comprenons pas ce langage, et nous estimons qu'il n'y a pas à en tenir compte pour la solution d'une question aussi formidable que celle de la culpabilité d'un homme et de la légitimité de sa condamnation. Et nous considérons comme non avenues des conclusions ainsi conçues : « Les experts, qui ont déclaré le bordereau écrit à main courante, étaient, pour une part, dans la vérité. Mais ceux qui ont aperçu à travers les mots (*Une note sur*) une corrélation de forme et d'emplacement plus grande que d'ordinaire, et qui les ont déclarés calqués, ont *peut-être* serré la vérité de plus près. En réalité, le bordereau n'est ni calqué ni à main courante tout en étant les deux à la fois. C'est une invention personnelle à Dreyfus. »

Messieurs, nous avons cru un instant que, contrairement à l'un de ses axiomes, il allait dire qu'il *n'avait été fait par personne!*

De plus, nous trouvons que M. Bertillon n'a confiance qu'en lui-même. Il n'accorde aucune autorité aux experts en écriture, et on voit bien qu'il se fait à lui seul l'arbitre du procès, et qu'il s'écrierait volontiers :

« Moi, dis-je, et c'est assez ! »

S'il en est ainsi, nous le voulons bien. Alors l'affaire est finie. Car elle n'a plus de base sérieuse. La *preuve péremptoire* (qu'il a la prétention d'apporter à l'appui de sa conviction du premier jour) nous paraît être le fruit d'un système fantaisiste, qui ne peut que faire sourire, et ne saurait, un instant, satisfaire l'esprit, et surtout la conscience du Magistrat.

Nous aurons toutefois bientôt à nous arrêter quelques instants sur une scène dramatique qu'il raconte, et qui, à notre avis, ne mérite pas plus d'être prise en considération que le reste.

Moins exclusif que lui en matière d'expertises en écriture, nous reconnaissons toutefois que ces expertises en écriture doivent être soumises à un sévère contrôle ; et alors, nous arrivons à nous demander si, en dehors de M. Bertillon, il reste aujourd'hui quelque chose de celle de 1894.

Oui, il reste M. Teyssonnière, et M. Teyssonnière *seul,* rayé depuis, par parenthèse, de la liste des experts du Tribunal de la Seine. Nous ne rechercherons pas pourquoi. Le fait de la radiation a à nos yeux une importante signification. Il suffit à discréditer l'opinion de l'expert.

L'enquête établit d'ailleurs que c'est la photographie du bordereau restée en ses mains qui a été livrée au journal *Le Matin* (Enquête, p. 631).

Quant à M. Charavay, qui s'était rallié, en 1894, non sans hésitations, au sentiment de MM. Teyssonnière et Bertillon, il a aujourd'hui changé d'avis.

En 1894, il avait fini par attribuer le bordereau à Dreyfus, parce que les ressemblances d'écriture l'emportaient sur les dissemblances.

Dans l'enquête de la Cour, il s'est exprimé ainsi — rappelons les termes mêmes de sa déposition, c'est indispensable :

« Étant donné qu'actuellement une écriture qui n'a pas été produite en 1894 (il parle de celle d'Esterhazy) et qui a *une parenté évidente avec l'écriture du bordereau* et avec celle de Dreyfus, m'a été présentée, je ne peux pas maintenir, dans les mêmes termes, les conclusions de mon rapport, et je ne puis actuellement dire qu'une chose, c'est qu'il y a deux écritures se rapportant à celle du bordereau.

« Je ferai toutefois observer qu'une des dissemblances typiques relevées par moi, entre l'écriture du bordereau et celles de comparaison (le double *s*) n'existe pas entre le bordereau et la nouvelle écriture. *Autrement dit, le double s du bordereau se retrouve dans l'écriture d'Esterhazy, qui vient de m'être communiquée.* »

Ce double *s*, est, de l'avis de tous les experts, une révélation typique d'écriture. Or, chez Esterhazy, le premier *s* est petit, le second est grand.

« Chez Dreyfus, c'est toujours le contraire. »

Ce n'est pas tout.

Dans le procès Zola, en 1898, les paléographes les plus autorisés dont nous avons réservé la déposition, dans notre réquisitoire introductif, sont venus apporter à la justice, sous la foi du serment, la contradiction la plus absolue à l'opinion des experts de 1894. *Tous ont reconnu,* dans le bordereau, l'écriture normale d'Esterhazy.

Faut-il en rappeler les noms ? Oui, car ils suffisent à donner à leur opinion consciencieuse une autorité incontestable.

Ce sont MM. Paul Meyer, membre de l'Institut, professeur au Collège de France, et Directeur de l'École des Chartes; Auguste Molinier, professeur à l'École des Chartes; Louis Havet, membre de l'Institut, professeur à l'École des Chartes et à la Sorbonne; Paul Moriaud, professeur à l'Université de Genève; Giry, membre de l'Institut et professeur à l'École des Hautes Études; Emile Molinier, conservateur au Musée du Louvre, archiviste paléographe; Louis Franck, docteur spécial de Droit public à l'Université de Bruxelles; dont la démonstration est lumineuse.

La plupart de ces experts, si compétents, ont été entendus par la Cour de Cassation.

Ils n'avaient opéré jusque-là que sur des fac-similé. La Cour leur a soumis l'original du bordereau, ainsi que les écritures de Dreyfus et d'Esterhazy. Nous voulons éviter, autant que possible, les citations qui peuvent n'être que des redites, mais il est nécessaire de rappeler, en ce moment, les passages décisifs de leurs témoignages, fournis encore sous la foi du serment.

M. Paul Meyer :

« L'examen de l'original du bordereau a confirmé l'opinion que je m'étais formée, d'après l'examen du fac-similé... *Ce document* est non seulement de l'écriture, mais de la main du commandant Esterhazy. J'en suis maintenant tout à fait certain, à la suite d'un examen fait à la loupe, de l'original qui est écrit d'une main *courante,* sans REPRISE, ce qui est d'autant plus notable que la nature du papier ne s'y prête pas absolument. » (Enquête, page 449.

M. Auguste Molinier :

« Je puis aujourd'hui, sans aucune restriction, affirmer, qu en mon âme et conscience, le bordereau, qui est écrit *currente calamo — est de la main d'Esterhazy;* il n'existe, à mon sens, aucune différence, tandis qu'entre l'écriture du bordereau et celle de Dreyfus, il existe des différences essentielles. Je crois, en un mot, que le bordereau est de la main du commandant Esterhazy, qu'il ne porte aucune trace de maquillage, que, par suite, il faut en retirer la paternité au capitaine Dreyfus. » (Enquête, page 450.)

M. Giry :

« L'écriture du bordereau est une écriture naturelle et courante, qui n'a pas été faite de mots rapportés, et cette *écriture est tout à fait celle d'Esterhazy*. Ce n'est pas celle de Dreyfus. » (Enquête, 451.) M. Giry a développé les mêmes conclusions dans la lettre récente qu'il a adressée à M. le Premier Président.

Ces témoignages confirment de la manière la plus absolue les expertises officieuses que nous avons lues dans l'ouvrage publié en 1897, où elles sont reproduites avec les motifs à l'appui, du moins en ce qui concerne Dreyfus, dont ils ont eu les pièces de comparaison. Ils n'ont pas eu celles d'Esterhazy. L'affaire d'Esterhazy n'avait pas éclaté à l'époque de ces expertises.

Nous croyons utile d'en rappeler aussi les conclusions.

M. Crépieux-Jamin, dont M. Tarde a dit, dans la Revue Philosophique du 1er octobre 1897, qu'il *incarnait la graphologie*, déclare que : « l'écriture de la pièce en question (le bordereau) n'a pas été écrite par l'auteur *des pièces* de comparaison, c'est-à-dire par Dreyfus. »

M. Gustave Bridier, que les philosophes et les hommes de science qui se sont occupés de graphologie connaissent tous comme un très ingénieux et très subtil psychologue, déclare :

« Que toutes les pièces versées à l'expertise n'ont pas été écrites par la même main ; que la pièce en question est l'œuvre d'un écrivain inconnu, qui a laissé des traces de sa facture personnelle, et *que les pièces de comparaison* (lettres de *Dreyfus*) *sont l'œuvre d'un autre* écrivain. »

M. de Rougemont (Suisse) :

« J'affirme, sans crainte aucune de me tromper, que jamais le capitaine Dreyfus n'a été l'auteur du document incriminé. Tôt ou tard, les faits le prouveront. »

La prévision ne va-t-elle pas se réaliser aujourd'hui ?

M. de Marnesse (Belgique) :

« La conclusion qui s'impose est que le bordereau et les lettres de *Dreyfus émanent de deux mains différentes*, et que le capitaine *Dreyfus n'est pas l'auteur de l'écrit anonyme en question*.

M. de Gray-Birch (Angleterre) :

« Je suis nettement d'avis, au mieux de mon jugement et de ma conscience, que le capitaine Dreyfus n'a pas écrit le document à lui attribué, et je n'ai ni doute, ni restriction mentale à ce sujet. »

M. Gurrin (Angleterre) :

« Toutes mes observations m'ont amené à la conviction que ce document ne fut *jamais écrit par le capitaine Dreyfus*. »

M. Schooling (Angleterre) :

« J'affirme le plus fortement et le plus sérieusement que le *capitaine Dreyfus n'a pas écrit le document incriminé qui lui est attribué*. »

Enfin MM. Carvalho, Armes et Froyer aboutissent à la même conclusion : « *Le bordereau n'est pas écrit par le capitaine Dreyfus. Il n'est pas l'auteur du bordereau*. »

Nous nommons le dernier M. Paul Moriaud, professeur à l'Université de Turin, entendu par la Cour d'assises en 1898, qui écrivait ceci en 1897 :

« Il ne peut être question *d'attribuer le bordereau à Dreyfus*. — La ressemblance entre ses autographes et le document anonyme est superficielle. Elle ne résiste pas à cinq minutes d'examen. Tout ce qui est significatif diffère de son écriture. *Dreyfus n'a pas écrit le bordereau.* »

M. Moriaud n'avait pas vu alors l'écriture d'Esterhazy. Aujourd'hui qu'il la connaît, il rappelle, dans sa lettre du 6 avril 1899, écrite à M. le Premier Président, que, non seulement il est convaincu « que le bordereau n'est pas de Dreyfus, mais encore qu'il constitue une lettre d'Esterhazy, sans aucune imitation de l'écriture de Dreyfus ». Et il ajoute ceci : « J'en suis certain, tous les experts qui, dans la brochure de Bernard Lazare, en 1897, admettaient ou inclinaient à admettre une imitation, ont abandonné cette idée, aujourd'hui qu'ils connaissent l'écriture d'Esterhazy. »

Voilà, vous le penserez sans doute, Messieurs, des autorités respectables. Elles sont, ce nous semble, en assez grand nombre, d'ailleurs, pour faire échec à l'opinion de M. Teyssonnière, et, si on veut encore le compter, à M. Bertillon.

Mais, Messieurs, nous avons mieux que cela à vous proposer comme dernière et suprême épreuve. Vous n'êtes pas experts en écriture, ni nous non plus. Eh bien! nous croyons bien sincèrement que, sans suivre M. Bertillon dans son mépris absolu pour les experts en écriture (et on voit bien par là qu'il n'est pas expert lui-même, ainsi d'ailleurs qu'il l'avoue non sans vanité), vous pouvez très utilement, dans l'affaire actuelle, vous faire juges vous-mêmes de l'écriture du bordereau.

Prenez le bordereau, mettez en regard la première lettre venue d'Esterhazy, la première lettre venue de Dreyfus.

Nous vous signalons une différence capitale et décisive dans les deux écritures. Chez Esterhazy comme dans le bordereau, jamais d'alinéa rentré dans la ligne, là où tout le monde a l'habitude d'en mettre. Chez Dreyfus, les alinéas y sont toujours.

Nous vous recommandons surtout, Messieurs l'M majuscule de *Monsieur* et de *Madagascar*. C'est une forme toute particulière que vous trouverez dans la correspondance d'Esterhazy, à part une autre forme d'M aussi particulière, qu'à certaines dates on peut rencontrer. Vous ne trouverez jamais ni l'une ni l'autre chez Dreyfus. Du reste, M. Auguste Molinier en a fait la remarque, et, comme nous l'avions faite auparavant nous-même, nous avons été heureux de trouver dans sa déposition cette justification de l'impression que nous avions reçue, au premier examen de ces documents.

Nous vous signalons aussi, comme trait caractéristique, l'A

majuscule, avec l'accent grave. C'est typique chez Esterhazy. Nous vous rappelons la forme du double *sf*. Enfin, comparez la dictée faite à Dreyfus par du Paty de Clam au bordereau, et vous trouverez le trait vertical qui suit toujours les énumérations 1°/ 2°/ 3°/ chez Dreyfus et qu'on ne retrouve nulle part dans le bordereau. C'est une marque frappante, une vraie *marque de fabrique* qui révèle son auteur. Ces observations nous paraissent capitales. Bien entendu, nous maintenons toutes les autres observations faites par MM. les experts, à propos d'autres lettres de l'alphabet.

Mais nous sommes tellement convaincu de la différence manifeste qui résulte, à vue d'œil, de l'ensemble de l'écriture de Dreyfus, par rapport au bordereau, et, au contraire, de la ressemblance *effrayante*, comme le disait Esterhazy lui-même, qui existe entre son écriture et celle du bordereau que nous serions sûr du résultat de l'expérience suivante :

Supposons que, par ce temps d'affichage de choses intéressant l'opinion publique et quelquefois si peu exactes (nous l'avons vu), on affichât la photographie du bordereau encadrée dans celle d'une lettre, quelle qu'elle soit, d'Esterhazy et de Dreyfus; qu'on pût établir ensuite *un referendum* sur la désignation du véritable auteur, nous croyons qu'une immense majorité, formée des braves gens trompés jusqu'ici, et ouvrant loyalement enfin les yeux à la lumière, n'hésiterait pas et s'écrierait : *C'est clair. L'auteur du bordereau, c'est Esterhazy.*

Nous en avons fini sur ce point, Messieurs. Résumons, en deux mots, ce qui précède, et tirons-en de suite la conséquence légale qui nous paraît s'imposer.

Sur les cinq experts officiels de 1894, il n'en reste plus que deux contre Dreyfus : l'un dont l'opinion extra-fantaisiste ne se discute pas; l'autre, dont l'opinion est peut-être un peu discréditée moralement par sa radiation de la liste des experts.

Ils étaient, en 1894, trois contre deux, et c'est leur rapport qui a servi de base à la décision attaquée. Aujourd'hui, la majorité est renversée. Elle est pour Dreyfus. Cette majorité se fortifie de l'opinion des experts assermentés entendus devant la Cour d'Assises et devant la Cour de Cassation, et de l'opinion respectable des experts officieux consultés dans l'intérêt de Dreyfus.

Voilà, nous n'en doutons pas, un fait nouveau des plus importants qui s'est produit, comme le dit la loi, depuis la condamnation, et qui nous paraît être, au premier chef, de nature à établir l'innocence du condamné.

Nous le retenons. C'est le troisième révélé. Il s'est à la fois produit depuis la condamnation et il est révélé soit par les débats de la Cour d'Assises, soit par l'enquête.

Et, par conséquent, toute opinion antérieure fondée sur le premier rapport des experts n'a plus de base solide. Il nous paraît qu'il faut la laisser de côté.

Nous arrivons maintenant à l'expertise de 1897, dans l'affaire Esterhazy.

1° *bis*. — Écriture. — Expertise Esterhazy.

Ici, nous serons très bref.

D'après les experts de 1894, le bordereau est de l'écriture de Dreyfus. Ils ne connaissaient pas l'écriture d'Esterhazy.

D'après ceux de 1897, dans le procès Esterhazy, il y a bien certains contrastes dans la physionomie générale de l'écriture de Dreyfus et de celle d'Esterhazy, et, dans le bordereau, des formes de lettres qui sont caractéristiques de l'écriture d'Esterhazy. Mais il existe cependant, dans certains mots entiers et dans le détail de certaines lettres, des similitudes telles qu'ils admettent l'hypothèse d'un *décalque*.

S'il en est ainsi, sans aller plus loin, sans discussion utile, la contradiction entre les expertises nous paraît manifeste. L'écriture personnelle de Dreyfus exclut le décalque, même partiel, de l'écriture d'Esterhazy, et réciproquement le décalque, même partiel, de l'écriture d'Esterhazy exclut l'écriture personnelle de Dreyfus. Donc la base du jugement de 1894 reposant sur l'écriture personnelle de Dreyfus est renversée, tout au moins ébranlée. Il y a un fait nouveau, légalement caractérisé. Ce sera aux juges du fond, comme nous en exprimions la pensée au mois d'octobre, « à porter la lumière définitive sur ces contradictions ». Ce sera à eux qu'il appartiendra de choisir entre les deux expertises, de repousser ou d'admettre l'hypothèse du décalque, et, dans ce dernier cas, de rechercher quel en serait l'auteur.

Toutefois, il ne nous est pas possible d'oublier devant vous les révélations si graves qui résultent des deux documents saisis chez Esterhazy, l'un au moment de son procès, l'autre, le lendemain de son acquittement, et dont nous nous sommes prévalu devant la Chambre Criminelle.

Ecoutez à votre tour, Messieurs.

« Que dois-je faire tout à l'heure? ou « demain », d'après une variante d'un autre brouillon saisi.

« Puisque les experts se refusent à conclure comme vous l'espériez, dois-je demander, comme Tézenas le voulait tout d'abord, comme c'est mon droit, l'expertise de l'écriture de Dreyfus et *reparler* du *décalque?*... Si les experts concluent que l'écrit est de moi, il m'est impossible, pour ma défense, de ne pas m'efforcer de démontrer que c'est Dreyfus qui est l'auteur du bordereau.

« Comprenez que, si vous *êtes véritablement les maîtres de l'instruction et des experts*, je ne puis que m'en rapporter absolument à vous. Mais que si cela vous échappe, comme je le crains, je suis dans l'obligation absolue de démontrer que le bordereau est *calqué* par Dreyfus, avec mon écriture. »

Que s'est-il donc passé?

Quel est donc ce mystère d'influences coupables qui plane sur l'affaire de 1897? Est-ce le couronnement de cette protection étrange qui s'est étendue sur Esterhazy, dans des conciliabules nocturnes masqués, et quelque peu lugubres, puisqu'il y en a eu même dans un cimetière? Ces conciliabules, l'enquête nous les a révélés, il nous suffit de les rappeler ainsi d'un seul mot, sans entrer dans d'autres détails.

Pourquoi toutes ces manœuvres?

Ce n'est pas à nous qu'il appartient de répondre à cette question. Nous constatons, cela nous suffit.

Les experts, dont Esterhazy redoutait, paraît-il, les conclusions, ces *experts qui ont des maîtres*, ont fini par affirmer le *décalque* désiré par Esterhazy, et c'est ce *décalque* qui l'a sauvé de la poursuite intentée contre lui, à la suite de la plainte de Mathieu Dreyfus. La sentence d'acquittement enlevait à Dreyfus le cas obligatoire de revision qui serait résulté de la condamnation.

Et alors, se pose cette question :

Les juges de 1898 n'ont-ils pas aussi été induits en erreur? N'y a-t-il pas là un fait nouveau de nature à établir l'innocence de Dreyfus?

En tout cas, ce n'est pas le second document saisi chez Esterhazy, qui pourrait encourager à écarter ce fait nouveau.

Ecoutez encore comme le cœur d'Esterhazy s'épanche, le lendemain de son acquittement. C'est un cri de reconnaissance précieux à recueillir !

« Mon général,

« Je venais de vous écrire pour vous exprimer, bien mal, car je ne trouve pas de mots pour dire tout ce que j'éprouve, toute la profonde gratitude, toute l'infinie reconnaissance que j'ai au cœur pour vous. Si je n'ai pas succombé dans cette monstrueuse campagne, c'est à vous et à vous seul que je le dois, lorsque j'ai reçu votre lettre... »

Et le brouillon s'arrête là.

C'est bien assez. Ces deux documents si graves, heureusement oubliés dans la potiche de Mme Pays, sont reconnus par Esterhazy. A qui étaient-ils destinés? Esterhazy a refusé de le dire, du moins tout d'abord; a-t-il dit vrai depuis? Vous apprécierez.

En tout cas, il y a dans le dernier l'effusion d'une reconnaissance infinie pour un grand service rendu, dans ce qu'il appelle la *monstrueuse campagne* dirigée contre lui.

Quant à nous, nous sommes convaincu qu'on n'invente pas de pareils cris de reconnaissance, et qu'on n'en prépare pas la manifestation, pour se protéger par calcul contre un danger futur.

Ce service, c'est le salut.

Nous laissons à vos consciences, au point de vue seulement des éléments de la revision que nous vous demandons de prononcer, le soin d'apprécier l'importance de ces documents. Pour nous, ils diminuent singulièrement la portée de l'expertise de 1897. Mais, et cela est décisif, comment Dreyfus aurait-il pu songer à décalquer l'écriture d'Esterhazy? Il ne le connaissait pas. Esterhazy a menti, quand il a prétendu que Dreyfus lui avait demandé, sous le nom du capitaine Brault, un mémoire sur la campagne de Crimée, qui lui aurait servi pour le *décalque*.

Comment aurait-il précisément choisi, pour la décalquer, une écriture qu'on pouvait (et c'est ce qui a eu lieu) confondre avec la sienne, si on n'y regardait pas de près? Comment démarquer ainsi sa propre écriture, en en décalquant une autre, et s'exposer à ce que le correspondant habituel ne la reconnût pas?

Et enfin, comment Dreyfus, ayant décalqué l'écriture d'Esterhazy pour se protéger contre toute accusation ne se serait-il pas défendu en l'accusant? Or il ne l'a pas nommé.

Ne discutons pas l'évidence et passons.

2. — Papier pelure.

Nous voici maintenant en présence d'un témoin irrécusable.

Nous voulons parler du papier sur lequel est écrit le bordereau.

Ce papier, vous le savez, est un papier pelure de nuance jaunâtre, filigrané au canevas, après fabrication de rayures en quadrillage de 4 millimètres sur chaque sens.

Le caractère tout particulier de ce papier attira, dès la première heure, l'attention des fonctionnaires chargés de l'instruction, et provoqua les recherches les plus minutieuses. Elles furent infructueuses. On trouva bien un papier pelure. Mais la nuance et le format étaient un peu différents de celui du bordereau.

En un mot, aucun n'offrait de la ressemblance. Dreyfus avait eu beau déclarer qu'il n'avait jamais employé de papier semblable, toutes ses protestations, sur ce point si important comme sur d'autres, furent vaines.

Il fut condamné.

Heureusement pour lui et pour la justice, le faux Henry et la contradiction des experts en écriture ont déterminé la Chambre Criminelle à ordonner une enquête, conformément à nos conclusions.

Au cours de cette enquête, deux lettres d'Esterhazy, dont l'existence fut révélée par des indications précises inspirées par les scrupules de conscience les plus respectables, furent saisies, les 2 et 7 novembre 1898, chez un sieur Schmidt et chez le sieur Callé, l'une du 17 avril 1892, daté de Courbevoie, l'autre du 17 août 1894 datée de Rouen.

A vue d'œil, ces lettres paraissaient écrites sur papier pelure, absolument identique à celui du bordereau. Mais il fallait aussi une certitude absolue à cet égard. MM. Putois, Choquet, Marion, hommes spéciaux en la matière, furent chargés de l'expertise. Cette expertise, vous le savez, a affirmé que le papier du bordereau et celui des deux lettres saisies étaient de même fabrication et de même nature, et présentaient les caractères de la plus *grande similitude*.

Des conclusions semblables ont été formulées par M. Gobert, expert de la Banque de France (Enquête, p. 474 et 348).

Avant d'aller plus loin, constatons l'authenticité des dates de ces lettres. Il le faut bien, car, dans l'enquête, M. le général Roget a émis une hypothèse bien téméraire, qui donne le droit de ne pas accepter sans contrôle toutes celles qu'il a pu faire, au cours de ses nombreuses dépositions, sur la possibilité qu'aurait eue Dreyfus, à l'exclusion d'Esterhazy, de connaître les documents dont parle le bordereau.

Voici la déclaration de M. le général Roget.

« Il y a un fait qui m'a encore plus surpris que tous les autres. J'ai lu dans les journaux qu'on avait des lettres d'Esterhazy sur papier pelure. J'ai cru voir la confirmation de ce fait dans le rapport de M. le conseiller Atthalin sur l'affaire en règlement de juges. Je n'ai pas pu m'empêcher de faire la remarque suivante :

« On a entre les mains, depuis longtemps, des lettres qu'écrivait Esterhazy il y a quinze ans. On avait ses lettres de juin 1894 à M. Weil. Depuis trois ans, on fouille sa correspondance. Les agents du Syndicat sont à l'affût de ses moindres papiers, et on trouve des lettres de lui sur papier pelure, quand ? *Après que l'original du bordereau a été entre les mains de Me Mornard.*

« Je trouve surprenant que ces pièces soient restées introuvables jusqu'à présent, et je me demande si Esterhazy ne les *a pas faites après coup*. C'est une simple hypothèse, j'en conviens. *Il y a des choses si extraordinaires en cette affaire et des machinations telles qu'il est permis de tout envisager.* »

Nous retenons, au passage, cette dernière réflexion, et nous nous l'approprions. Nous sommes complètement de l'avis de M. le général Roget, et si vous aviez le droit de juger l'affaire au fond, nous aurions le devoir absolu de rechercher quelles ont été ces machinations et qui les a organisées !

Mais cette mission n'est pas la nôtre, dans l'état de l'affaire. Elle appartient à d'autres qu'à nous ! Nous ne l'usurperons pas.

Nous nous demandons, en outre, si, dans la réflexion qui concerne Me Mornard, il n'y aurait pas une insinuation, aussi regrettable qu'imméritée, dirigée contre cet honorable avocat. Si cela était, nous nous ferions un devoir de la repousser, au nom du barreau de la Cour de Cassation, dont il est membre, et où il est justement estimé. Et nous prierions M. le général Roget de vouloir bien être assuré *qu'il n'y a que d'honnêtes gens ici !*

En attendant, voici qui va calmer les inquiétudes de M. le général Roget, et lui prouver que ces lettres *providentielles n'ont pas été faites après coup*. Elles sont le *vrai coup de massue*, qu'au cours des ardentes polémiques de cette affaire, on avait attribué, il nous semble, à la déposition même de M. le général Roget.

Voici d'abord la lettre du 17 avril 1892. Elle a été saisie chez M. Schmidt, agent d'affaires, 9, rue des Archives, chargé de poursuivre Esterhazy en paiement de fournitures d'habillement (Enquête, p. 470).

« Courbevoie, 17 avril 1892.

« Monsieur,

« Je reçois votre lettre et le compte qui l'accompagne. Un très rapide examen de ce compte me permet, d'abord, de constater que vous avez, par erreur sans doute, négligé de porter à mon avoir certaines sommes envoyées de Tunisie. Fort heureusement, j'ai trouvé les reçus qui attestent ces versements. Je vous les aurais portés moi-même, si le ton de vos lettres ne me mettait dans l'impossibilité de me rendre dans vos magasins. Je ne veux point courir le risque d'y être insulté. Mais, comme je tiens à finir cette affaire, je me mets à votre disposition pour en traiter, soit avec M. votre fils, soit avec un de vos mandataires à qui je donnerai communication des reçus dont s'agit. Je suis tous les matins, à partir de jeudi, de 8 h. 1/2 à 11 heures, à mon bureau, caserne de Courbevoie, si ce lieu de rendez-vous pouvait vous agréer.

« Recevez mes salutations,

« ESTERHAZY. »

Signalons au côté droit de cette lettre les chiffres suivants :

$$\begin{array}{r} 1425 \\ 45 \\ \hline 1380 \end{array}$$

Au dos, se trouve le nom d'Esterhazy, et la mention 12 avril 1892.

Que signifient ces chiffres? Qui les a écrits? Que signifie la mention portée au dos? Qui l'a écrite?

Madame Bieu va nous répondre, dans sa déposition du 14 février 1899 (Enquête, p. 469).

« La soustraction .... $\begin{array}{r} 1425 \\ 45 \\ \hline 1380 \end{array}$

qui figure au côté droit de la première page de la lettre que vous me représentez et les mots *Esterhazy 12 avril* 1892, qui figurent au côté droit supérieur de la quatrième page, émanent bien de ma main. J'avais, en effet, l'habitude de mentionner au verso des lettres le nom du client signataire de la lettre reçue, avec la date de réception de la lettre.

« Dans l'espèce, j'ai commis une erreur de date, car j'ai porté 12 avril, au lieu de 17 avril, jour de la lettre. Ceci provient de ce que je ne portais ces dates que plusieurs jours après la réception des lettres. »

Si cela ne suffit pas pour convaincre M. le général Roget que cette lettre est bien du 17 avril 1892, qu'il apprenne que cette lettre est une réponse à celle du 14 avril 1892, par laquelle M. Rieu envoyait son compte à Esterhazy.

Cette lettre est extraite du copie de lettres de M. Rieu, représenté par ce dernier à M. Josse, juge d'instruction délégué.

Dans le procès-verbal du 14 février 1899 (Enquête, page 470), le juge constate, à la page 274, l'existence de la lettre du 14 avril 1892, adressée à Esterhazy, commençant par ces mots : « J'ai l'honneur de vous adresser votre facture complète, » et finissant par ceux-ci (Ils sont assez intéressants à retenir au passage) :

« Si j'avais beaucoup de clients comme vous, je ne serais plus rue de Richelieu depuis longtemps. Je vous salue et vous prie de recevoir mes salutations empressées. »

Cette lettre invite Esterhazy à régler définitivement son compte avec la maison Rieu. Il ne paraît pas avoir pris de meilleures habitudes depuis lors ; car le témoin Schmidt, qui a remis cette lettre à l'instruction, constate que le tailleur est en instance, à la date du 7 novembre 1898, devant le Tribunal de la Seine, à l'effet d'obtenir le recouvrement d'une somme de 1089 fr. 80, qui lui est encore due par Esterhazy. M. Rieu ajoute :

« Je tiens mon copie de lettres à la disposition de la Justice. »

Nous vous signalons, au sujet de la dette d'Esterhazy vis-à-vis de M. Rieu, un incident qui peut, en attendant mieux, vous donner une idée de la délicatesse d'Esterhazy (Déposition Rieu, page 478).

Vous venez de voir que, dans sa lettre du 17 avril, Esterhazy relève une prétendue erreur commise par M. Rieu, qui aurait oublié de porter à son avoir certaines sommes envoyées de Tunisie. Dans la discussion du compte, Esterhazy prétendit prouver, par deux talons de la poste, l'envoi de deux acomptes. M. Rieu fit des recherches à la poste.

Il n'y trouva aucune trace des deux envois. Il dit à Esterhazy de faire des recherches lui-même. Esterhazy ne lui en fit pas connaître le résutat, et il n'a jamais voulu remettre les talons dont il s'était prévalu, entre les mains d'un avoué ou d'un huissier. Voilà ce que constatent des documents versés au dossier. Vous apprécierez.

Mais cet épilogue de la correspondance de 1892, entre le créancier et le débiteur, en démontre de plus fort l'authenticité.

Passons à la seconde lettre écrite sur papier pelure.

Elle est adressée à M. Callé, huissier, relativement à des poursuites exercées contre un des locataires d'un immeuble appartenant à Esterhazy.

Mais ce qui est intéressant, ce sont (outre une date qui est capitale au procès), certaines mentions de la lettre, dont nous aurons à parler plus tard. Quant à présent, c'est la nature du papier que nous retenons, et c'est l'authenticité de la date, qui est aussi contestée, non par Esterhazy, mais par M. le général Roget, que nous allons établir jusqu'à la dernière évidence.

La voici :

« Rouen, 17 août 1894.

« Monsieur,

« J'ai reçu, *en revenant du Camp de Châlons où j'ai été passé quinze jours, votre lettre.*

« Je ne comprends pas que M. Lefébure ne m'ait jamais parlé de ce qui vous était dû, et, en quittant la gérance de mes maisons, m'ait annoncé tout réglé.

« Je n'ai jamais eu connaissance de mes comptes, et mes réclamations à ce sujet sont demeurées lettre morte, ce que je ne comprends point outre mesure; du reste, j'irai à Paris très prochainement, et j'irai rue des Cascades (C'est là qu'est une des maisons dont s'agit), et en même temps à votre étude.

« Recevez, Monsieur, mes salutations. »

Nous imaginons que le contenu seul de cette lettre prouve bien qu'elle n'a pas été faite après coup, car il y est question de choses qui se sont passées en 1894.

D'ailleurs, M. Callé, huissier, qui a remis cette lettre à l'enquête, nous apprend, dans sa déposition, qu'il est nécessaire de lire (Enquête, page 464), ce qui suit :

« Cette lettre se rapportait à des poursuites contre des locataires de l'immeuble situé rue des Cascades, à Paris, immeuble appartenant à Esterhazy.

« Ces locataires devaient des termes arriérés, et je fus chargé d'exercer des poursuites contre eux, non par Esterhazy, que je n'ai jamais vu, mais par un sieur Lefébure, concierge de l'immeuble sus-désigné.

« Les frais que j'avais faits en exerçant ces poursuites s'élevaient à 160 et quelques francs, et comme le sieur Esterhazy *n'ar-*

rivait pas à me solder (voilà, nous le pensons, qui doit faire reconnaître l'homme et qui date encore la lettre), je dus correspondre par lettre avec lui. Je dois posséder deux ou trois lettres de lui se rapportant à cette affaire, et j'ai dû lui en adresser plusieurs, sans pouvoir, quant à présent, en fixer le nombre. Ces deux ou trois lettres, précédant ou suivant (mes souvenirs me font défaut) la lettre que je vous ai déposée, ainsi que le décalque sur feuille volante des lettres que j'ai adressées à Esterhazy, forment un dossier qui se trouve à mon étude, dans le casier des dossiers terminés. »

Cela suffira-t-il pour écarter l'hypothèse qui a troublé l'esprit de M. le général Roget? Nous le croyons.

En tout cas, voici mieux encore, si c'est possible :

M. Callé nous fournit des renseignements précieux :

« Il y a sept ou huit mois, dit-il, au moment où l'affaire Dreyfus prenait les proportions que vous savez, j'ai montré, à titre de curiosité, à plusieurs confrères, la lettre du 17 août 1894 :

« 1° D'abord à cause du papier pelure quadrillé, sur lequel elle est écrite;

« 2° A cause de sa date, qui était rapprochée de celle du bordereau;

« 3° Et enfin, à cause du commencement, *la lettre parlant du camp de Châlons ou des manœuvres*, alors que des journaux avaient dit que le commandant Esterhazy n'avait pas quitté sa garnison. Parmi ces confrères, je puis citer mes confrères Lelong, Deneux et Brillet.

« Cependant, pour ces deux derniers, je ne me rappelle pas bien exactement si je leur ai montré la lettre, ou si je n'ai fait que leur en parler.

« J'ai également montré cette lettre à M. Dugas, fabricant de cannes, 82, rue Saint-Lazare. — Je vais faire rechercher, dès aujourd'hui, le dossier dont je viens de vous parler, et je vous le déposerai avec son contenu ».

(Et, en effet, ce dossier est aux pièces).

Quant aux témoins cités par M. Callé, ils ont été tous entendus et ils ont confirmé la déclaration de ce dernier. (Enquête, pages 479 à 482.)

Ainsi, l'évidence est faite. Les lettres du 17 avril 1892 et du 17 août 1894 sont bien authentiques, et quant à leur date et quant à l'écriture.

M. le général Roget ne peut plus avoir de doute aujourd'hui.

Mais quel argument nous offre cette contradiction hypothétique, imprudemment opposée à la vérité par le général, maintenant qu'elle est résolue !

Puisque la date des lettres est vraie, les lettres sont vraies, le papier pelure, sur lequel elles sont tracées, est *bien du papier d'Esterhazy*. Il en a deux feuilles au moins, l'une pour la lettre Rieu, l'autre pour la lettre Callé.

Il en a une troisième, Messieurs, c'est celle du bordereau, à une condition, c'est qu'en effet le papier des lettres et le papier du bordereau soient absolument pareils.

Le sont-ils ?

Les experts l'ont affirmé. Donc c'est certain. Il devient alors bien intéressant de savoir ce que dit à cet égard Esterhazy.

Eh bien, Esterhazy, tant qu'on n'a pas pu lui offrir une preuve décisive, a menti, pour ne pas en perdre l'habitude.

Ecoutez-le, le 17 décembre 1897, dans son interrogatoire, sans même qu'on l'ait questionné à cet égard :

« J'ai toujours eu une écriture irrégulière, dit-il. C'est l'affaire des experts ! (Vous savez, Messieurs, *les experts dont il a écrit qu'on est maître.*) J'écris comme j'écris, et, en tout cas, je n'ai *jamais écrit sur du papier calque.* » (Enquête, pages 614 et 620.)

Le lendemain il ajoute :

« Je reconnais qu'il y a des mots qui ressemblent à mon écriture, et je déclare qu'il y en a d'autres très nombreux et très dissemblables.

« Je nie, de la façon la plus formelle, être l'auteur de ce *bordereau et m'en rapporte aux experts*. Je tiens à faire remarquer qu'il est sur papier calque. Ordinairement, on n'écrit pas *sans raison* sur papier *calque.* »

Voilà sa déclaration. Elle est tellement formelle qu'on se sent naturellement disposé à se dire : « Evidemment cela doit être vrai. On ne ment pas ainsi. »

Eh bien, nous voici au 24 janvier 1899. On lui montre le bordereau, d'abord. On lui fait remarquer qu'il est écrit sur un papier d'une nature particulière. Et on lui dit : « Connaissez-vous ce papier ?

R. — Je le reconnais ; seulement il a changé de ton.

D. — Aviez-vous, à l'époque où ce bordereau a été écrit, c'est-à-dire, d'après la date qu'on lui assigne, au courant de l'été de 1894, du papier semblable à celui du bordereau ?

Ecoutez, Messieurs. Voici la réponse de l'homme qui, un an

avant, affirmait *qu'il n'avait* JAMAIS écrit sur du *papier calque :*

« J'ai lu qu'on avait saisi des lettres de moi, écrites sur du papier analogue à celui du bordereau. J'ignore si le fait est exact. J'ai TOUJOURS eu, et je cherche encore à avoir du papier très mince, et, comme militaire, j'avais TOUJOURS de ces papiers minces et quadrillés, qu'on trouve à bon marché, qui sont très commodes, parce qu'ils offrent un petit volume, et qui permettent, au besoin, avec leurs quadrillages, qui tiennent lieu de graduation, et leur transparence, de *décalquer* aux MANOEUVRES un bout de carte ou de faire un travail *analogue*... »

On lui représente alors les deux lettres du 17 avril 1892 et du 17 août 1894.

Pour la première, il répond sans réticence :

« Oui, je reconnais cette lettre. » — Pour la seconde, il daigne dire : — « Oui, je crois que cette lettre est de moi. »

Et alors, on lui dit : « Ces deux lettres sont écrites sur du papier pelure quadrillé. Elles ont été soumises à l'examen de trois experts, qui se sont expliqués dans un rapport en date du 26 novembre 1898, portant les conclusions que voici :

« La pièce dite bordereau, la lettre du 17 août 1894 et celle du 17 avril 1892, nous présentent les caractères de *la plus grande similitude.* »

Avez-vous quelques observations à présenter sur ce rapport?

Que répond-il?

« En ce qui concerne ce point, je m'en réfère aux déclarations de mes lettres, c'est-à-dire aux deux jugements du Conseil de guerre. Quant au dire des experts, je n'y connais absolument rien. Je puis dire seulement que le papier que vous m'avez présenté comme venant de moi, était du papier très bon marché, très commun, *et tel qu'on en trouve partout.* » (Enquête, pages 415 et 416.)

Ce dernier dire est un nouveau mensonge prouvé par les experts, qui disent : « Que ce papier avait un certain écoulement, il y a dix ans, mais qu'il s'est progressivement amoindri. »

En tout cas, voilà qui est bien clair. En 1894, on avait voulu, et on avait raison, faire la preuve matérielle de la culpabilité de Dreyfus, en cherchant partout chez lui, chez ses parents, et chez les principaux fabricants de papiers, du papier pareil à celui du bordereau.

On n'avait rien trouvé. Et voilà qu'après l'acquittement d'Esterhazy, au cours de l'enquête ordonnée par la Cour, on trouve deux lettres écrites sur ce genre de papier, par Esterhazy. De plus, il reconnait qu'il avait l'habitude d'écrire sur du papier pelure, après avoir nié, en 1897, qu'il s'en fût jamais servi.

C'est son papier des *manœuvres*, Messieurs!...

Il en a, en 1894, le 17 août, jour où il revient des manœuvres, et où il écrit sa lettre à Callé.

Le bordereau, d'après la nouvelle date qui lui est assignée, est de la fin août. La conclusion s'impose.

Et cette conclusion, la voici :

Le papier du bordereau est le papier d'Esterhazy. Dreyfus n'en a pas eu de pareil.

Et alors, Messieurs, ne pouvons-nous pas dire, variant la formule : *Habemus scribentem reum?* Le possesseur du papier sur lequel est écrit le bordereau n'est-il pas l'auteur du bordereau?

Qui dit cela? Le papier.

Oui, le papier a parlé. Il a nommé Esterhazy. Et voilà certes un fait nouveau indiscutable, révélé par l'enquête, qui renverse la base du jugement de 1894, celle de l'attribution du bordereau à Dreyfus.

Ce fait nouveau s'impose, semble-t-il, à l'esprit.

Mais il ne s'est pas imposé à l'esprit de M. Cavaignac.

On lui a posé la question suivante : « Si de nouveaux documents jetaient, par la similitude des écritures, ou par toute autre indication, des doutes sérieux sur l'attribution du bordereau à Dreyfus et le faisaient apparaître comme l'œuvre d'Esterhazy, il ne faudrait donc en tirer aucune conséquence, en ce qui concerne l'innocence de Dreyfus?

« R. — Oui, monsieur le Président, si vous entendez par ces mots œuvre d'Esterhazy) *l'œuvre matérielle d'Esterhazy*, je vais jusque-là. Alors même qu'il me serait démontré que le bordereau *a été matériellement écrit par Esterhazy*, je n'en déclarerais pas moins qu'il est impossible, à mes yeux, pour les raisons que je viens de donner, qu'Esterhazy ait livré les renseignements visés par le bordereau, *qu'il ait écrit, en parlant de lui, la phrase* : — JE PARS EN MANŒUVRES (il faut retenir cette partie du raisonnement, Messieurs, nous en reparlerons dans le paragraphe suivant) — *et qu'il soit l'auteur de l'acte de trahison*. Il n'y a, par conséquent, pas de conclusions à en tirer en faveur de l'innocence de Dreyfus. » (Enquête, p. 17.)

Eh bien! Messieurs, nous respectons la conviction de M. Cavaignac, mais nous ne saurions admettre son raisonnement. Nous avons évidemment une mentalité différente.

Ce qui nous rassure sur notre manière de voir, c'est l'opinion d'un homme que M. Cavaignac et MM. les généraux, anciens ministres, ne récuseront pas, car tous l'ont désigné à la Chambre Criminelle comme leur porte-parole — on a même dit, *comme leur avocat et celui de l'État-Major*. Nous voulons parler de M. le général Roget.

Or, voici la question qui lui a été posée, à la séance du 23 novembre (Enquête, page 65) :

« Dans l'hypothèse où l'attribution du bordereau à Dreyfus viendrait à être contredite, et où, par un ensemble de circonstances que je ne puis apprécier, Esterhazy serait reconnu l'auteur de ce document, quelles conséquences cette certitude pourrait-elle avoir au point de vue de votre impression de la culpabilité de Dreyfus? »

Retenez la réponse, Messieurs :

« Si on *me prouvait qu'Esterhazy a écrit matériellement le bordereau, je ne pourrais évidemment pas le contester;* mais si Esterhazy me donnait lui-même cette affirmation, je ne le croirais pas... »

La preuve demandée par M. le général Roget est faite. Il est prouvé par l'écriture même, et surtout par le papier du bordereau, qu'Esterhazy a écrit matériellement ce bordereau. Il ne peut donc plus le contester.

Nous laissons à M. Cavaignac le soin de se mettre d'accord avec M. le général Roget. Mais pour nous, nous sommes fixé. Et nous sommes heureux d'avoir pour auxiliaire, sur ce point capital, M. le général Roget lui-même.

Messieurs, si, comme nous venons de vous le prouver, Esterhazy a écrit le bordereau, que reste-t-il donc encore à démontrer, pour assurer la revision du jugement de 1894?

Ce fait, *à lui seul*, n'est-il pas de nature à établir l'innocence de Dreyfus, condamné, ne l'oublions pas, comme l'*auteur du bordereau?*

Ne sommes-nous pas en pleine lumière? Qui pourrait ne pas en être éclairé? Le procès semble donc fini! Car c'est là un fait nouveau *irréductible*, au premier chef. Et même, en vérité, si la loi vous permettait de dire le dernier mot sur l'affaire, peut-être cela vous paraîtrait-il suffisant pour statuer définitivement sur le sort de Dreyfus.

Mais vous ne le pouvez pas, ainsi que vous l'a si bien démontré M. le Rapporteur. Nous en rappelons les deux raisons péremptoires.

Il y a eu, quel que soit le coupable, un crime de trahison commis. L'enquête n'a pas démontré qu'il n'y en ait pas eu, comme cela aurait pu arriver.

16

Et comme Dreyfus est vivant, la condition légale de révision, au fond, n'existe pas.

Dreyfus étant vivant, et un crime de trahison ayant été commis, soit par lui, soit par Esterhazy, vous pourriez encore statuer au fond, si vous décidiez qu'il n'y a pas de débat contradictoire possible devant des juges de renvoi. Mais pour cela, il faudrait se trouver dans l'un des cas prévus par la loi; il faudrait, pour citer un exemple approprié à la cause, qu'Esterhazy eût été condamné par contumace, et que, son absence persistant, il ne pût être jugé contradictoirement avec Dreyfus par le nouveau Conseil de guerre. Or, Esterhazy a été acquitté, et fût-il cent fois coupable, il ne peut plus être l'objet de poursuites. La preuve de son acte de trahison rapportée aujourd'hui ne peut être relevée que comme un fait nouveau de nature à établir l'innocence de Dreyfus.

Mais cette innocence, il ne nous appartient, ni à nous ni à vous, de la proclamer, pas plus, du reste, qu'il ne nous appartient, comme on l'a soutenu par erreur, d'en exiger la *preuve absolue en ce moment,* sous peine d'irrecevabilité de la requête en révision. Ce sera là la mission du nouveau Conseil de guerre, s'il la juge établie, d'après les documents de l'affaire, soumis d'ailleurs à la discussion de la défense.

Et cependant, nous croyons qu'il est de notre devoir de jeter un coup d'œil rapide sur les autres questions du procès. Inutiles, selon nous, pour assurer la cassation du jugement de 1894, qui nous paraît déjà mis en échec par tout ce que nous venons de dire, les observations que nous avons encore à vous présenter serviront à démontrer, croyons-nous, combien sont faibles les motifs qui, en dehors de l'écriture du bordereau, ont déterminé les poursuites contre Dreyfus.

Ces explications seront peut-être de nature à appeler la sérieuse attention des nouveaux juges sur ces éléments particuliers de l'affaire et de les soumettre à un contrôle sévère, dont les résultats ne pourront qu'éclairer leur conscience et faire éclater la vérité, si elle restait encore cachée à leurs yeux.

3. — Teneur du bordereau.

La première de ces questions est celle-ci : de la teneur du bordereau.

Une première remarque domine cette partie du débat, et nous la signalons à votre attention.

Jusqu'au jour où l'on a cru reconnaître la similitude de l'écriture de Dreyfus avec celle du bordereau, et, notons-le avec soin, même après l'arrivée du bordereau au bureau des renseignements, on avait soupçonné tout le monde, personne n'avait soupçonné Dreyfus. Ni ses prétendues indiscrétions, ni sa demande, sous un prétexte inexact, d'un renseignement que M. Rémusat lui a légitimement refusé et qui exclut, par son imprudence même, toute pensée de trahison; ni sa présence tardive dans des bureaux autres que le sien, ni son instruction très étendue, qui lui a valu la faveur, très enviée par ses camarades, d'une conversation prolongée avec son chef, au camp de Charmes; ni sa connaissance de la langue allemande et de la langue italienne, ni sa qualité de stagiaire, ni son caractère souple et obséquieux qui, comme le dit le rapport d'Ormescheville, convient beaucoup dans les relations d'espionnage avec les agents étrangers, ni ses prétendues bonnes fortunes, ni ses prétendues habitudes de jeu, rien n'avait porté les recherches de son côté.

Les soupçons ne sont nés qu'au moment où on a cru que le bordereau était de lui.

C'est alors seulement qu'on s'est demandé s'il avait *pu* être en mesure de donner les renseignements indiqués au bordereau. Et, par une série de raisonnements techniques ou autres, on n'a pas hésité à conclure à *cette possibilité* et, par suite, à la culpabilité.

Donc, c'est le bordereau imputé à Dreyfus qui a fait rechercher et admettre cette possibilité.

Mais si le bordereau n'est pas de Dreyfus, toutes les possibilités, toutes les certitudes même, si elles étaient acquises, sur sa connaissance des documents indiqués au bordereau, sont inopérantes. Et nous ajoutons tout de suite, si le bordereau est d'Esterhazy, toutes les difficultés qu'il a pu avoir pour se procurer les renseignements dont il a eu besoin, il a eu un moyen quelconque de les vaincre. Il a *su*, puisqu'il a écrit au sujet de ce qu'il *savait*. — Par qui? — Nous l'ignorons. Mais M. Cavaignac et M. Roget, appelés à s'expliquer sur ces difficultés, sur ces impossibilités, si l'on veut, de la part d'Esterhazy, ont, en les affirmant, ajouté : *A moins qu'il n'eût un complice à l'État-Major...*

Et nous ajoutons, nous, au *bureau des renseignements*, n'y avait-il pas Henry, son ami de vingt ans, son débiteur, celui qui a fait le faux de 1896 et le témoignage suspect de 1894 pour sauver Esterhazy?... Qui sait s'il ne lui avait pas donné tous les renseignements, même de bonne foi, sans se douter du mauvais usage qu'en voulait faire Esterhazy?... Hypothèse, oui, mais hypothèse raisonnable !

Cela suffit.

Et cela n'intéresse plus Dreyfus, réputé étranger au bordereau.

Ceci nous dispensera, Messieurs, et nous nous en félicitons, de traiter les questions techniques qui tiennent une si large place dans l'enquête.

Deux opinions très divergentes sont en présence à cet égard.

Nous ne nous permettrons pas de faire un choix entre elles; nous laissons ce soin aux hommes du métier qui auront à juger Dreyfus. A eux de prononcer entre les anciens ministres de la Guerre et les officiers distingués qui sont venus apporter à l'enquête leurs lumières, leur science et leur expérience.

Quant à nous, nous nous bornerons à quelques observations qui nous paraissent laisser à ces discussions techniques une place secondaire dans le procès, du moins devant vous.

Et pour donner une idée des erreurs, involontaires sans doute, qu'on a pu commettre au sujet de la teneur du bordereau, pour le faire retomber sur Dreyfus, nous nous bornerons à citer deux exemples dont la gravité ne vous échappera pas, si nous ne nous trompons pas nous-même dans notre interprétation, que vous serez à même d'apprécier.

Nous vous la livrons de très bonne foi, nous n'avons pas besoin de vous le dire, à vous, vous nous connaissez assez pour cela et cela nous suffit.

Dans sa déposition du 23 novembre, M. le général Roget s'exprime ainsi, au sujet du projet de *Manuel de tir* :

« Si je commente maintenant la phrase du bordereau, j'y trouve d'abord ceci : « *Chaque officier détenteur doit remettre le sien après* « *les manœuvres.* »

« C'est une inexactitude matérielle. Jamais il n'a été question qu'on dût rendre ce projet de Manuel, ni après les manœuvres, ni à aucun autre moment... Aucun officier de troupes ne pouvait dire sans l'inventer (et on ne voit pas dans quel but), qu'on devait rendre le document après les manœuvres.

« Seul, un officier de l'État-Major de l'armée, qui n'avait pas d'exemplaire personnel, et à qui on pouvait confier un des exemplaires individuels pour la période des manœuvres, *aurait été obligé de le rendre, cette période terminée.* »

M. Roget reconnaît, du reste, que ce document était celui qu'Esterhazy aurait pu se procurer le plus facilement, parce que c'était certainement celui-là qu'il aurait trouvé partout. Il dit cela pour en faire une nouvelle charge contre Dreyfus, à propos de cette autre phrase :

« Ce document est extrêmement difficile à se procurer, et je ne peux l'avoir *à ma disposition que pour quelques jours.* »

Alors, comment expliquer ce qui suit, à propos de cette autre phrase :

« *Si vous voulez y prendre ce qui vous intéresse et le tenir à ma disposition après, je le prendrai; à moins que vous ne vouliez que je le fasse copier* IN EXTENSO *et ne vous en adresse la copie.* »

« L'auteur du bordereau a ce document à sa disposition. Il peut le prendre quand il voudra et l'envoyer à son correspondant, qui y prendra ce qui l'intéresse. La manière de procéder qu'indique cette phrase est assez compliquée.

« On écrit, on attend la réponse, on prend le Manuel. On l'envoie. Le correspondant y prend ce qui l'intéresse et le renvoie ensuite. Il faut, pour procéder ainsi, avoir tout son temps.

« *Il faut donc que l'auteur du bordereau ait le projet de Manuel à sa disposition immédiate et permanente.*

« *C'est le cas de Dreyfus.* Esterhazy pouvait s'être fait prêter un manuel; mais, s'il l'avait pour un temps probablement limité, comme semble d'ailleurs l'indiquer l'auteur du bordereau, il ne pouvait pas prendre de dispositions pareilles. Esterhazy aurait le Manuel à sa disposition immédiate, *mais non permanente.* Et tout cela n'aurait pu se faire entre le 5 et le 9 août. »

Voilà ce que dit M. le général Roget (Enquête, page 63).

Donc, ou nous nous trompons fort dans notre interprétation (et nous vous la soumettons encore une fois, car elle nous a beaucoup troublé), ou bien voilà Dreyfus qui, à propos de ce projet de Manuel, est, d'après le premier dire, *obligé de le rendre après les manœuvres;* et, d'après le second, l'a à sa disposition *immédiate* et *permanente*, tandis qu'Esterhazy ne l'a pas d'une *manière permanente.*

N'est-ce pas là une contradiction manifeste?

Et ne doit-elle pas rejaillir sur les raisonnements qui s'appliquent à d'autres documents?

Voilà notre première observation.

En voici une seconde:

Il s'agit maintenant de la dernière phrase du bordereau.

« *Je vais partir en manœuvres.* »

On a dit, dans le procès et dans l'instruction de la Cour :

« Cette phrase s'applique évidemment à Dreyfus. Il est bien vrai qu'il n'est pas allé aux manœuvres. Mais il a cru qu'il devait y aller ; ce n'est qu'au dernier moment qu'il a été averti que, par suite de dispositions nouvelles, il ne devait pas y aller. »

« En réalité, ni *Esterhazy* ni Dreyfus ne sont allés *aux manœuvres*, dit M. Cavaignac » (Enq., page 23.) Ce qui est vrai, en ce qui concerne les grandes manœuvres de septembre.

Mais il faut examiner ceci à un double point de vue.

1° Esterhazy est-il allé aux manœuvres, soit en avril, soit en août?

2° Cette formule « *Je vais partir en manœuvres* » n'est-elle pas de lui? Peut-elle être de Dreyfus?

La réponse à la première question, c'est Esterhazy qui va la faire, non par des déclarations verbales, qui ne nous suffiraient pas, puisque c'est *l'homme-mensonge incarné*, mais par des lettres authentiques, qui ne sont pas plus faites *après coup* que celles du 17 avril 1892 et du 17 août 1894.

Voici d'abord une lettre datée d'avril 1886, adressée à M. Guyot, à l'hôtel d'Orléans, restaurant Fouque, Marseille.

Notons d'abord qu'il s'agit, paraît-il, à cette date, de *manœuvres de cadre*. On a prétendu, dans l'instruction, que lorsqu'il s'agissait de ces manœuvres, Esterhazy employait toujours la formule : *manœuvres de cadre*.

Jugez-en.

« Mon cher monsieur Guyot,

« Je vous serai reconnaissant de faire dire à l'étude que j'en ai absolument assez. Deux mois pour un transfert, c'est un comble. Non seulement je pars pour le camp, mais *je pars en manœuvres*, qui, pour les chasseurs alpins, durent six mois. »

Voilà pour la formule : *Je pars en manœuvres*, rappelant celle-ci « *Je vais partir en manœuvres* » du bordereau.

Autre lettre du 4 avril 1886, du même au même :

« Nous partons immédiatement pour le camp, et de là pour les *manœuvres* dans les Alpes. »

Il s'agit des mêmes manœuvres que dans la précédente lettre : ce sont *les manœuvres de cadre dans les Alpes*.

Le mot *manœuvres* lui suffit pour exprimer sa pensée.

Voilà le vocabulaire d'Esterhazy.

Nous venons de voir qu'il est allé aux *manœuvres* d'avril.

Est-il allé aux *manœuvres* d'août?

Vous connaissez sa lettre du 17 août. Nous vous rappelons la première phrase :

« J'ai reçu, en revenant du camp de Châlons, où j'ai été *passer quinze jours*, votre lettre. »

Notons que, dans l'instruction, tous les généraux admettent le 9 août comme limite extrême de son séjour au camp de Châlons.

La lettre d'Esterhazy prouve qu'il y est resté jusqu'au 16. Or, il semble résulter de certains documents que les écoles à feu n'ont duré que jusqu'au 9; mais que, dans des manœuvres ou exercices d'artillerie, qui ont eu lieu immédiatement après, on aurait tiré le *canon 120 court* dont parle le bordereau.

Une lettre précédente, en date du 11 août, annonce le séjour d'Esterhazy au camp de Châlons, jusqu'à la date indiquée dans celle du 17 envoyée ultérieurement.

Voici le passage essentiel :

« Ecole à feu de la 3e brigade d'artillerie.

« Camp de Châlons, 11 août 1894.

« Monsieur,

« J'ai reçu hier seulement votre lettre adressée à Rouen, relative aux intérêts dus sur la maison... Quoi qu'il en soit, je quitte le Camp dans *cinq jours*, il m'est *impossible de partir plus tôt*. »

Or nous sommes au 11 août; cinq jours après, ainsi qu'il l'annonce, il quitte le camp. C'est-à-dire le 16.

Le 17, il écrit la lettre que vous savez. Donc, il est allé à ce qu'on appelle, d'un mot peut-être incorrect, *les manœuvres d'août*.

Alors, la phrase *Je vais partir en manœuvres* peut, au vu de ces lettres, lui être attribuée, mais à une condition, c'est que, comme l'a pensé l'expert Gobert, le bordereau, qui n'est pas daté, soit du mois de juillet. Et dans ce cas, on ne pourrait retenir contre lui que son vocabulaire, mais on ne pourrait pas dire qu'il ait pu prendre à Châlons ou dans la *France militaire* du 11 et du 15 août, les éléments du bordereau. Il se serait pourvu ailleurs.

Si, au contraire, on laisse les lettres de côté en consultant d'autres documents de la cause, la phrase peut encore être de lui fin août. Car, sans être obligé d'aller aux manœuvres de septembre, il est établi qu'il s'y rendait quelquefois, en amateur, en y venant avec autorisation et à ses frais. Et alors, il a pu avoir l'intention de s'y rendre et écrire sa phrase, et, de plus, il aurait pu avoir alors les documents en question.

Mais quelle que soit l'hypothèse à laquelle on s'arrête, et nous pouvons bien en émettre une, dans une affaire où l'accusation ne repose guère que sur des possibilités, ce qui importe c'est que Dreyfus n'est pas allé à ces manœuvres d'août, pas plus qu'à celles de septembre.

S'il n'est pas allé aux manœuvres, il n'a donc pu y apprendre comment s'y serait comporté le canon 120 court, s'il a été tiré. Et, par parenthèse, il paraît, d'après certains témoins, qu'il n'eût pas été facile de profiter d'une pareille leçon de tir. Remarquons, en passant, que, s'il avait été un espion, il aurait eu un moyen bien plus simple et plus sûr de se procurer des informations sur la nouvelle artillerie de campagne. Il n'aurait eu qu'à se rendre aux ateliers de Puteaux. Le commandant Ducros, l'un des officiers attachés à ces ateliers, lui avait fait plusieurs fois l'offre d'y venir assister aux études qui s'y faisaient. Chaque fois Dreyfus refusa de se laisser distraire des travaux de traduction auxquels il se livrait pour le Ministre de la Guerre.

Disons d'ailleurs qu'Esterhazy avait des copistes et des dessinateurs de plans! Dreyfus n'en avait pas. Ce n'est pas lui, par exemple, qui aurait pu offrir de faire copier le projet de Manuel de tir!

Ce n'est pas tout. Non seulement Dreyfus n'est pas allé aux manœuvres, mais, contrairement à ce qu'ont affirmé messieurs les généraux Zurlinden et Roget, ainsi que messieurs Cavaignac et Cuignet, il savait qu'il ne devait pas y aller.

Comment donc pouvait-on ignorer cela au Ministère de la Guerre et soutenir que Dreyfus n'a pu savoir que le 27 août qu'il n'irait pas aux manœuvres? Car nous savons aujourd'hui, nous, par la communication qui nous a été faite tardivement de la circulaire du 17 mai 1894, de M. le général de Boisdeffre, qu'une première série de stagiaires devait, au lieu d'assister aux manœuvres, faire un service régimentaire du 1er juillet au 1er octobre, et qu'une deuxième série, celle à laquelle *appartenait Dreyfus*, devait faire un service semblable du 1er octobre au 1er janvier. Donc, fin août 1894, Dreyfus n'a pu écrire, comme on l'a soutenu : *Je vais partir en manœuvres ;* car à cette époque, s'il n'avait pas en poche son ordre de service régimentaire, qu'il n'a eu que le 25 septembre, il devait savoir depuis longtemps que les stagiaires de la première série, ses camarades, étaient désignés pour le régiment, de juillet à octobre, qu'ils étaient partis, et qu'il devait s'y rendre, lui, en octobre. Ce n'était là évidemment un secret pour personne, dans les bureaux.

Mais si ce n'est pas lui qui a écrit cette phrase du bordereau, remarquez que le bordereau est indivisible dans ses éléments. L'auteur de l'un est donc nécessairement l'auteur de tou-. Et voilà un autre fait nouveau des plus importants, avec d'autant plus de raison qu'il est soutenu, au nom de Dreyfus, que, malgré ses réclamations, il n'a pu obtenir la production, à l'audience, de cette circulaire du 17 mai 1894, si décisive pour sa défense. Qui pourrait en contester la portée juridique et la valeur probante?

Pour nous, c'est la lumière de la vérité.

Dreyfus, qui n'est pas allé aux manœuvres, n'a donc pu apprendre comment le canon 120 *court s'y serait comporté*. Voilà que nous parlons comme un véritable artilleur, paraît-il; car, dans l'instruction, on a fait du vocabulaire incorrect du bordereau, sur ce point comme sur d'autres, une objection grave contre l'attribution de ce bordereau à Dreyfus, qui aurait employé, s'il en avait été l'auteur, un autre langage.

Ainsi, l'auteur du bordereau parle de la façon dont cette pièce *s'est conduite*. Il paraît qu'il fallait dire, en langage d'artilleur, *s'est comportée*.

Ceci nous amène à relever, en passant, les autres incorrections de langage, sur la foi de certains témoins de l'enquête.

Un officier d'artillerie, surtout un homme intelligent et expérimenté, comme Dreyfus, n'aurait pas employé, dit-on, l'expression *frein hydraulique*. — Il aurait dit *frein hydropneumatique*. — Tous les officiers étrangers à l'artillerie emploient le mot *hydraulique*. — Aucun officier d'artillerie ne peut commettre cette erreur.

De même, paraît-il, ce n'est qu'un officier étranger à l'artillerie qui a pu dire « le 120 », en parlant du 120 *court*, alors que ce canon est dit *court*, par opposition au canon de 120 de siège et de place.

Sans doute, on peut admettre cette abréviation dans un travail sur le 120 court, alors que toute ambiguïté est impossible. — Mais ici il s'agit de définir la nature d'une pièce dont il n'a pas encore été question; un officier d'artillerie n'eût pas manqué de la désigner par son nom.

Ce n'est pas nous, Messieurs, qui disons cela; nous ne connaissons pas plus le vocabulaire militaire que nous ne connaissions le vocabulaire de l'espionnage, avant de l'avoir appris par l'instruction de la Cour. Et nous n'aurions pas compétence pour relever de pareilles impropriétés de langage. Mais c'est avec d'autres témoins, du reste, M. Hartmann, chef d'escadron au 2e régiment d'artillerie à Versailles, qui les a relevées, dans sa déposition du 19 janvier 1899. Cette déposition nous paraît d'ailleurs très importante, sur toutes les parties techniques de l'affaire, et le nouveau Conseil de guerre aura à la comparer à celle de M. le général Roget et des autres généraux (Enquête, page 370).

Elle nous paraît dominer cette grave question du bordereau et des documents auxquels il se réfère.

A part le projet de Manuel de tir, qui est un document spécial, offert, soit en texte imprimé, soit en copie, au choix du destinataire, nous remarquons que l'auteur du bordereau annonce des *renseignements intéressants*, mais seulement sous *forme de notes*.

Nous admettons parfaitement que, dans le langage des bureaux de la Guerre, ce mot *note* peut s'appliquer souvent, habituellement même, si l'on veut, à de véritables mémoires. Nous en avons un exemple dans l'affaire. Nous voulons parler de la note de M. le directeur de l'artillerie, versée au dossier, par ordre de M. le Ministre de la Guerre et dont nous allons parler dans un nstant, car elle nous apporte un renseignement très intéressant, iet c'est elle qui nous a inspiré l'observation que nous vous soumettons.

La voici :

Quelle est l'importance des notes envoyées par l'auteur du bordereau? Nous savons bien sur quoi elles portaient. Mais que portaient-elles? Portaient-elles vraiment sur des choses secrètes?

Voyez. Tout le monde est d'accord sur ce point, que le projet de Manuel de tir, offert par l'auteur du bordereau, n'était pas une pièce secrète. — A peine était-il, disent quelques témoins, *confidentiel*. — D'autres nous apprennent (M. le général Roget lui-même est du nombre) qu'à un certain moment, du moins, on le trouvait partout.

Il paraît même qu'on pouvait se le procurer pour 20 centimes chez les libraires.

Pourquoi les *notes* seraient-elles plus importantes que le projet de Manuel de tir?

Par exemple, voilà le frein du 120 court. Il est constant que ce frein remonte à 1889. Il y a eu, nous l'admettons, des parties nouvelles ajoutées à ce frein et qui peuvent constituer un *secret*.

Mais qui nous dit que la note à cet égard portait sur le secret, au lieu de se borner à rappeler, à préciser peut-être, des choses déjà connues?

Personne ne le sait. Personne ne peut le savoir, si le destinataire ne parle pas...

Nous ne voulons conclure de cette observation qu'une chose.

C'est que l'accusation portée contre Dreyfus et fondée sur ce que *seul* il aurait pu connaître les choses dont parlaient les notes, n'a pas une base bien solide.

Pourquoi? parce que, étant hors d'état d'affirmer que les notes touchaient à des choses *secrètes*, vous êtes hors d'état d'affirmer que la matière de ces notes n'était pas à la portée d'un officier de troupe, et nous ajoutons tout de suite, d'un officier comme Esterhazy.

Nous rappelons, c'est le moment, ce qu'a dit de lui à l'ancien préfet de Belfort M. le général Grenier, dont il a été pendant deux ans l'officier d'ordonnance, en 1872 et 1873.

Il a dit, d'abord, qu'il était très *séduisant*. M. d'Ormescheville, qui a trouvé que le caractère *obséquieux* de Dreyfus convenait parfaitement au rôle de *traître* qu'il lui assigne, n'eût sans doute pas manqué, s'il avait eu Esterhazy à accuser, de trouver dans cette qualité que lui reconnaît M. le général Grenier un motif de suspicion.

Mais ce qui est plus important, c'est qu'Esterhazy, d'après le général Grenier, était fort au courant de toutes les questions militaires. « Il parle toutes les langues de l'Europe, dit-il. Il est au courant de toutes les inventions et de toute la science moderne. »

Concluons sur ce point.

Esterhazy était, tout au moins autant que Dreyfus, capable d'abord, en état ensuite, de se procurer les renseignements nécessaires pour dresser les notes, d'une *importance inconnue*, dont parle le bordereau.

Et voulez-vous la preuve que les notes mentionnées au bordereau étaient insuffisantes, et ne portaient pas sur des points qui pouvaient être encore *mystérieux?*

Un exemple va suffire.

La note du directeur de l'artillerie, dont nous parlions tout à l'heure, s'exprime ainsi :

(Enquête, pages 774 et 775.)

Il s'agit du 120 court.

« Un questionnaire adressé, le 20 septembre 1894, par un gouvernement étranger à un de ses agents, contenait le passage suivant :

« Le *Bien public* du 1er septembre 1894 porte ce qui suit :

« Le général Saussier compte utiliser quelques batteries de 120 « court, dans les manœuvres de siège, pour l'attaque du fort de « Vaujours.

« Deux de ces batteries viennent de quitter le camp de Châlons, « pour renforcer l'artillerie des 4e et 11e corps, pendant les manœu- « vres dans la Beauce. »

« Le *Temps* du 10 septembre, dans un article sur les manœuvres de forteresse, dit ceci :

« Il existe également des batteries de 120 court, destinées à « suivre les armées pour surmonter les obstacles trop forts pour le « canon de campagne ; de forts attelages de percherons les traînent « sans trop de difficultés. »

« On désire la description exacte de ces canons de 120 court, mentionnés dans les deux articles en haut.

« 1° Le canon (tube); 2° l'affût; 3° combien de chevaux; 4° servants d'une pièce; 5° combien de pièces par batterie? six pièces ou sept pièces? 6° quels projectiles est-ce qu'on emploie pour ces canons? 7° le mécanisme »..... Enfin tout ce qu'on pouvait savoir!

Ce n'est pas tout. La note continue ainsi :

« A la date du 27 septembre 1894, la 3e Direction a reçu la copie d'une note adressée par un agent du susdit Gouvernement à l'un de ses agents en France. Cette note est ainsi conçue :

« Quelle est la composition des batteries du régiment de corps à Châlons? Combien de batteries de 120?

« Quels obus tirent-elles?

« Quels sont les effectifs des batteries?

« Manuel de tir de l'artillerie de campagne?

« Réglette de correspondance?

« Mobilisation de l'artillerie?

« Le nouveau canon?

« Le nouveau fusil?

« Formation des armées, divisions et brigades de réserve?

« Le fort de Manouvillers?

« Projet de règlement sur les manœuvres de batteries attelées? »

Et après avoir reproduit ces deux questionnaires, M. le général Deloye, directeur de l'artillerie, ajoute :

« En admettant même qu'une partie des questions énumérées ci-dessus n'aient été posées que pour fournir des renseignements, le nombre et la répétition même de ces questions permettent d'inférer que, en 1894, le Gouvernement dont il s'agit *n'était pas suffisamment renseigné sur le matériel du 120 court, et qu'il attachait alors un grand intérêt* à connaître tous les détails de ce matériel. »

Et ceci est fourni pour contredire la demande en révision. Elle n'en est que plus fortifiée, car voilà un document nouveau qui établit que les notes antérieures n'avaient pas la portée qu'on leur donne.

En effet, le Gouvernement étranger a quelque chose à apprendre, malgré ces notes. Remarquons qu'il les a reçues en août, puisque le bordereau, d'après la date nouvelle, est de la fin d'août, et, au plus tard, du 2 septembre. Et à quelle époque demande-t-il ces renseignements si détaillés sur le 120 *court* et la manière dont il se comporte aux manœuvres de Châlons ou de Vaujours? Les 20 et 27 septembre, un mois après le bordereau.

Ainsi voilà Dreyfus, l'homme si intelligent qu'il en est devenu suspect, Dreyfus, auteur supposé du bordereau, qui, ayant les informations complètes qu'on lui attribue sur le 120 court, envoie une note telle qu'un mois après, le Gouvernement étranger pose à ses agents les questions que la note du bordereau est censée résoudre!

Supposez que ces pièces aient été connues au procès de 1894, qui n'a été jugé qu'en décembre, l'accusation résultant du bordereau n'aurait-elle pas été plus difficilement soutenue contre Dreyfus?

Nous posons la question sans insister davantage; nous laissons au Conseil de guerre le soin de l'apprécier. Il aura à examiner l'influence que peut avoir ce fait sur l'appréciation de toutes les autres notes mentionnées au bordereau.

Cet examen peut aller si loin, qu'il pourrait l'amener à se poser la question que nous ne sommes pas en mesure de résoudre nous-même, et qui nous trouble depuis que nous nous occupons de cette affaire. Y a-t-il eu vraiment un crime de trahison portant sur des pièces secrètes de nature à compromettre la sûreté de l'Etat? ou bien ne sommes-nous pas en présence de pièces sans importance, comme le pense le général Mercier, et, par suite, d'une *monstrueuse mystification,* d'une audacieuse escroquerie commise par l'auteur du bordereau, à l'égard de son correspondant étranger?

Question redoutable, au fond de laquelle s'en trouve une autre bien douloureuse, celle du martyre d'un homme dont plusieurs faits nouveaux tendent à établir l'innocence!

Et maintenant, à propos du bordereau, un dernier mot sur la moralité des deux hommes en face desquels se pose le problème de la trahison.

4. — Moralité comparée de Dreyfus et d'Esterhazy.

Pour commettre un crime, quel qu'il soit, il faut un mobile.

Quel est donc celui qui aurait pu pousser Dreyfus à l'acte infâme pour lequel il a été condamné?

Une blessure d'amour-propre qu'il aurait subie à l'occasion d'une note inférieure à celle qu'il aurait cru mériter, à l'occasion de ses examens de sortie de l'Ecole de Guerre?

Mais cette blessure n'a pas dû être bien profonde, si elle a jamais existé, car, admis à l'Ecole avec le nº 67, il en est sorti avec le nº 9 et la mention *très bien*. En tout cas, un acte de trahison ne s'explique pas facilement par un ressentiment pareil.

Au surplus, officier de mérite et d'avenir, attaché à l'État-Major général, il a toujours eu des notes bonnes, souvent excellentes, à part une restriction appuyée sur des renseignements fournis à M. le colonel Fabre par le commandant Bertin et par le lieutenant-colonel Roget, aujourd'hui général et principal accusateur de Dreyfus.

On ne compromet pas une situation comme la sienne pour quelques avantages pécuniaires qu'auraient pu procurer des actes d'espionnage.

Etait-il besogneux?

Il a reçu de la succession paternelle 235,000 francs. En 1890, il a épousé Mlle Hadamard, fille d'un négociant en diamants. Le ménage disposait de 25 à 30,000 francs de revenu. Et M. du Paty de Clam lui-même constate, dans son rapport, « que Dreyfus est ordonné et mène un train de vie apparent, proportionné à ses ressources ».

Enfin, il est prouvé par une pièce authentique du dossier, que sa fortune personnelle s'élève à 600,000 francs; et le compte de banque qui l'établit remonte à 1884.

Etait-ce un coureur de femmes?

En tout cas, s'il avait de quoi les payer, elles ne le ruinaient pas. Car on raconte qu'il aurait abandonné l'une d'elles, dès qu'il se serait aperçu qu'elle en voulait *plus à sa bourse qu'à son cœur.*

D'ailleurs que ceux de ses accusateurs qui sont sans péché lui jettent la première pierre!

Etait-ce un joueur?

Dans des notes, et même dans une de ses dépositions, l'agent Guénée a reproduit les allégations qu'il avait fournies à cet égard, en 1894. Mais, pressé de questions, dans une seconde déposition du 29 janvier 1899, il n'a pu rien préciser, — il a dit que la fréquentation des divers cercles de Paris de la part de Dreyfus, ne résultait que d'un bruit qui courait parmi les habitués des tripots, et il n'a pu affirmer qu'il eût subi des pertes importantes.

De plus, et d'une manière générale, il avait déclaré qu'après l'arrestation de Dreyfus, il s'était rendu compte que certains renseignements qu'il avait été à même de fournir se rapportaient à Dreyfus.

On lui a demandé quels étaient ces renseignements, et quelle en était la source.

Savez-vous ce qu'il a répondu?

« Ces renseignements peuvent se rapporter aussi bien à Dreyfus qu'à un autre. *Mais comme seul, Dreyfus, était inculpé, tout retombait sur lui. C'était la tête de Turc.* »

Remarquons, en outre, qu'il résultait des renseignements qu'il avait fournis que la Préfecture de police avait fait des rapports favorables à l'égard de cette question de jeu, et aussi à l'égard de la question de femmes. Alors vous avez voulu entendre M. Lépine sur ces deux points.

Que vous a-t-il dit?

Écoutez-le :

« M. le Ministre de la Guerre, désirant contrôler des renseignements sur les habitudes de vie de l'accusé, renseignements qui lui avaient été fournis par une police étrangère à la mienne (il s'agit de Guénée), me demanda, une première fois, vers le commencement de novembre 1894, je crois, si Dreyfus avait perdu de fortes sommes au cercle Washington, et si son beau-père était intervenu pour rembourser le prêteur. J'établis par un rapport, en réponse à cette demande, qu'il y avait eu *confusion de noms* et que Dreyfus était inconnu dans les grands cercles de jeux de Paris.

« En réponse à une seconde demande, relative à des relations prétendues de Dreyfus avec une femme galante, je suis arrivé à *cette conclusion* très *dubitative*, que les relations *avaient peut-être existé;* mais l'enquête sommaire à laquelle je me suis livré ne m'a pas révélé d'autres relations de Dreyfus dans le monde de la galanterie. »

Voilà la déposition.

Depuis lors, nous avons demandé et obtenu la communication

des rapports dressés sur ces deux points. Ils sont absolument conformes à la déposition. Confusion de noms pour le jeu. Incertitude sur les relations avec une dame. Offre d'un tableau signé de lui à une autre.

Nous avons le profond regret d'avoir à constater que ces documents officiels portent la date du 11 novembre 1894, que le rapport de M. d'Ormescheville porte celle du 3 décembre, et que, pour relever des arguments moraux contre Dreyfus sur la question de jeu, qui a paru la plus importante, il n'a eu sous les yeux que les notes tendancieuses du policier Guénée!

Et alors, de deux choses l'une, ou il a connu ce rapport, et pourquoi ne l'a-t-il pas préféré aux notes de Guénée, et n'en a-t-il même pas parlé?

Ou il ne l'a pas connu, et alors on se demande pourquoi il n'a pas été produit devant le Conseil de guerre.

Il y en a peut-être une raison, et nous vous la soumettons loyalement. M. Lépine termine ainsi sa déposition : « Je crois, d'après la pratique journalière, mais sans pouvoir l'affirmer, que la demande de renseignements a dû être apportée par le commandant Henry, et que j'ai fait parvenir ma réponse par le même canal. »

Alors tout s'expliquerait. Si Henry a eu en mains le rapport si favorable sur le jeu, il est très possible qu'il ne l'ait pas déposé au Ministère de la Guerre. Une suppression de pièce ne pouvait guère coûter à un futur faussaire, acharné à la perte de Dreyfus, qu'il a assurée par son témoignage dramatique et suspect.

Dans tous les cas, le défaut de production de ce rapport, quelle qu'en soit la cause, constitue une omission des plus graves, et nous la relevons comme un fait nouveau à ajouter aux autres.

N'est-ce pas pour cela que M. le général de Boisdeffre lui-même a déclaré devant la Cour qu'il avait trouvé l'*instruction insuffisante sur tous ces points?* (Enquête, page 179.)

On était allé jusqu'à dire que la famille de Dreyfus éprouvait des doutes sur la moralité du capitaine. Une note, prétendant reproduire des propos tenus par M. Hadamard, cousin de Dreyfus, à M. Painlevé, rapportés par M. d'Ocagne, avait été rédigée dans ce sens, par ordre de M. le général Gonse.

Or, les explications fournies dans l'enquête par ces honorables témoins ont établi que M. Hadamard avait déclaré à M. Painlevé, après la condamnation, qu'il croyait à l'innocence de Dreyfus. Il avait ajouté que, sans vouloir se porter garant *a priori* d'un homme qu'il avait vu une seule fois, et sur lequel les journaux répandaient des bruits défavorables, il ne pouvait trouver sérieuse la seule preuve de culpabilité relevée contre lui.

Ainsi s'est évanoui, dès qu'il a fallu le préciser et en rechercher l'origine, cet autre renseignement défavorable consigné dans la note de M. le général Gonse.

Concluons sur tous ces points. Le crime de trahison reproché à Dreyfus n'a pas de mobile connu. Il est moralement inexplicable, s'il a été commis par lui.

En est-il de même d'Esterhazy?

Voici ce que ses chefs disent de lui.

M. le général Roget a dit : Qu'il n'était pas défendable, au point de vue de la *conduite privée.*

Il y a mieux, il a émis cette opinion qu'en 1879, époque où Esterhazy était employé au service des renseignements, il n'y avait pas fait autre chose « que de disposer peut-être des fonds secrets pour son usage personnel ».

Quand on parlait de lui au général Billot, pour le lui recommander, il s'indignait contre les protecteurs de *ce vilain* monsieur, « de cette canaille, de ce gredin, de ce bandit ».

Ce dernier mot, nous le trouverons bientôt même dans la bouche d'Henry. Guénée, le policier Guénée, qui le connaît bien, savez-vous ce qu'il en dit : « Esterhazy doit être considéré comme un *misérable. Tous les moyens lui étaient bons pour avoir de l'argent !...* » (Enquête, page 504.)

S'il n'est pas prouvé qu'il fréquentât les maisons de jeu, il jouait constamment à la Bourse. Le dossier est plein de ses lettres de correspondance à ce sujet.

Il a d'ailleurs reconnu lui-même avoir dévoré, billet de mille francs par billet de mille francs, une fortune de 300,000 francs !

Dans un autre ordre d'idées, faut-il rappeler ses infâmes lettres à Mme de Boulancy? Retenons seulement cette phrase de l'une d'elles :

« Je suis curieux de savoir quelle est la limite, si tant est qu'il y en ait une, de la patience de ce stupide peuple français, qui est bien le plus antipathique que je connaisse. »

Et plus loin :

« Les Arabes vont bientôt recommencer, tout à fait appuyés par les Turcs. Si ces derniers se mêlent de la chose, vous pouvez compter que les *Français recevront ici la plus splendide tripotée du monde.* » Il faut reconnaître, Messieurs, que si un jour cet homme trahit la France, il n'aura fait que réaliser les sentiments de son cœur !

Faut-il rappeler les lettres de chantage adressées à M. le Président de la République?

Faut-il rappeler le faux ménage Pays? Que sont les prétendues bonnes fortunes de Dreyfus, à côté de ce scandale public, utilisé pourtant par les protecteurs d'Esterhazy, et servant de base à la demande en divorce de sa malheureuse et digne femme?

Savez-vous le projet de mariage qu'il avait conçu pour son neveu?

Lui, officier, promettait 10,000 francs à un agent pour trouver une jeune fille, même avec *tare*, pourvu qu'elle ne fût pas *d'une notoriété aveuglante*.

Pouvez-vous oublier qu'il vient de se reconnaître l'auteur du faux Otto, pour lequel il a eu un complice, le fameux Lemercier-Picard?

Savez-vous cet autre faux qu'il a commis pour obtenir de l'argent de M. de Rothschild, à titre de secours?

Ceci est important, Messieurs, sous plusieurs rapports. Il faut insister.

Le 2 juillet 1894, il écrit à un de ses amis, neveu de M. de Rothschild. Il lui envoie copie d'une longue lettre envoyée, le 29 juin précédent, à M. de Rothschild, et à laquelle ce dernier n'a pas répondu. Et il le prie de seconder ses démarches.

Dans cette lettre, il demandait à M. de Rothschild de venir à son aide, et pour le déterminer, il lui envoyait une prétendue lettre de M. de Beauval, son oncle, dans laquelle celui-ci lui refusait le service d'argent qu'il lui avait demandé, se plaignant de sa détresse.

Voici cette lettre. Elle est bien curieuse. Vous allez voir l'habileté et la duplicité de l'homme, et comme il spécule sur certains sentiments, tout en se donnant des torts à lui-même, parce qu'il y a intérêt :

« Mon cher neveu,

« Les nouvelles que tu me donnes sur les événements qui te frappent sont très pénibles, mais elles ne me surprennent pas. Je ne t'ai point dissimulé, il y a deux ans, ma très vive réprobation de ta conduite, lorsque tu t'es fait brusquement le champion de la bande juive (ceci fait allusion à l'intervention d'Esterhazy comme témoin dans le duel du juif Crémieux-Foa). Ce n'était pas à toi à défendre une pareille cause. Pour moi, chrétien, qui crois que Dieu punit et récompense, je vois dans les malheurs qui te frappent le poids de sa main! Tu as *défendu* les *Juifs*, et tu succombes par l'argent. C'est le doigt de Dieu...

« Ma fortune est modeste, tu le sais. Elle suffit strictement aux besoins de ma santé et de mon âge avancé. Telle qu'elle est, elle te reviendra. Aie la résignation..., d'attendre ma mort. »

Donc, voilà la lettre envoyée en communication à M. de Rothschild. Vous comprenez! Il est dans la détresse. Son oncle l'abandonne, parce qu'il a défendu la cause des Juifs! M. de Rothschild doit donc se laisser toucher, sous peine d'ingratitude envers le champion de sa race.

Oui, n'est-ce pas?... Eh bien, Messieurs, cette lettre est un faux commis à l'usage d'une pensée d'escroquerie.

En voici la preuve.

M. le juge d'instruction Bertulus, aux mains duquel sont parvenus les documents dont nous venons de parler, avec la première lettre adressée à M. de Rothschild, a fait appeler M. de Beauval en témoignage. M. de Beauval, n'ayant pu venir, s'est excusé par une lettre du 8 décembre 1898.

Elle est au dossier. Prenez-la, et comparez-la à celle que M. de Rothschild a reçue en 1894. Vous verrez éclater le faux, et vous retrouverez même dans la fausse lettre l'écriture et les habitudes du faussaire : l'*M* personnel d'Esterhazy, et l'absence d'alinéas.

Relisez en même temps la copie de la lettre du 29 juin. Outre les habitudes de graphisme que nous connaissons bien maintenant, vous y trouverez quoi? Les fameux mots : *Au moment de partir en manœuvres!* presque la phrase même du bordereau! O justice immanente, voilà de tes coups! car c'est ce nouveau faux tout à fait inattendu, et même étranger au procès, qui nous ramène à l'écriture et aux habitudes de l'auteur du bordereau et à la phrase accusatrice de ce bordereau, au moment même où nous recherchons les mobiles qui auraient pu déterminer Esterhazy à commettre le crime pour lequel Dreyfus est condamné.

Et remarquez la date de la lettre qu'il a écrite à son ami : 2 juillet 1894! — C'est un homme en détresse. Il est criblé de dettes. Le papier pelure dont se sert Esterhazy aux manœuvres est couvert par le papier timbré qu'il reçoit de tous côtés. Cet homme, c'est celui que le général Billot a traité de *bandit!* — Concluez. — N'est-ce pas clair? Où est la place au doute? Nous soumettons la question à tous les gens de bonne foi. Nous sommes sûr de la réponse.

Un dernier trait. Il nous paraît certain que le faux d'Esterhazy et sa demande d'argent en 1894 n'ont pas abouti. En tout cas, il n'y a pas trace au dossier de cette manœuvre.

Mais cet échec n'a pas découragé Esterhazy.

Vous pouvez voir au dossier, avec les pièces dont il s'agit, un reçu de 2,000 francs versés par M. de Rothschild à Esterhazy, à la date du 11 janvier 1897, au débit du *Compte pauvres*.

Est-ce pour lui qu'il a reçu comme *pauvre*?

Est-ce pour les *pauvres*, dont il aurait été ou se serait dit le mandataire? — Vous vous poserez sans doute la question, comme nous nous la sommes posée nous-même. Nous laissons de côté la commandite proposée à une proxénète. Une protestation officielle, versée récemment au dossier, s'est produite contre ce fait. Et nous n'entendons utiliser dans le procès que des documents indiscutables.

Nous ne rappelons que pour mémoire l'escroquerie de 30,000 francs que lui reproche son neveu Christian. *Sub judice lis est.*

Mais ce qui est certain, c'est que, de l'aveu même d'Esterhazy, les 30,000 francs sont définitivement perdus.

Enfin nous vous rappelons la fausse mention à l'ordre du jour de l'armée dont nous a parlé le général Guerrier.

Concluons.

Aucun mobile sérieux n'expliquerait le crime de Dreyfus.

Plusieurs mobiles expliqueraient celui d'Esterhazy.

Il appartiendra aux nouveaux juges de Dreyfus de faire un choix entre ces deux hommes.

Ceci dit, Messieurs, nous pourrions nous arrêter et conclure, car vous avez maintenant sous les yeux tous les éléments indispensables pour statuer sur la seule question qui vous soit soumise, celle de savoir s'il existe dans la causeun ouplusieurs faits *nouveaux, de nature à établir l'innocence du condamné.*

Il reste cependant à examiner des questions qui, quoique accessoires, à notre avis, à un certain point de vue, ont encore une assez grande importance.

Ne voulant déserter aucun des points du procès, nous les traiterons.

Nous regrettons d'avoir à vous donner encore, à cet égard, d'assez longues explications.

Mais il nous a été impossible de trop abréger. Nous aurions été incomplet. Nous n'avons pas eu le temps d'être bref.

Ce sera la seconde partie de notre réquisitoire.

DEUXIÈME PARTIE

La première de ces questions est relative aux pièces secrètes

I. — Pièces secrètes.

Dès les premiers mots de notre réquisitoire, nous avons opposé à ces pièces une fin de non recevoir absolue, au point de vue de la solution de la demande en révision. Nous persistons. Pour nous, elles sont inexistantes. Quelles qu'elles soient, fussent-elles probantes autant qu'elles le sont peu, à notre avis, elles ne peuvent *être pièces du procès*, en ce moment, par cela seul que Dreyfus ne les connaît pas. Les règles primordiales de la justice nous obligent tous à n'en tenir aucun compte.

Les unes auraient été, dit-on, communiquées au Conseil de guerre, sans avoir été soumises à la discussion de la défense ; les autres font partie des *dossiers dits secrets*, communiqués à la Cour en présence de l'avocat de Dreyfus, mais en l'absence de ce dernier.

N'étant pas saisi d'une question de nullité pour défaut de communication à la défense de la première catégorie de ces pièces, nous nous en référons aux documents de l'enquête qui tendraient à prouver cette grave irrégularité, surtout par le silence obstiné, mais si éloquent, de MM. les généraux.

Vous les connaissez, nous n'avons pas à y insister. Car quelle que puisse être votre impression au sujet de cette irrégularité, n'ayant pas le droit de vous la proposer comme moyen d'annulation, nous ne vous la proposerions pas, non plus, comme moyen de révision.

Mais nous la considérerons comme étant de nature à rendre plus facilement admissibles les faits nouveaux révélés depuis la condamnation.

Il est pourtant nécessaire de dire un mot de ce que l'on a appelé le commentaire des pièces secrètes de M. du Paty de Clam.

Picquart, vous le savez, a prétendu que ce commentaire avait été communiqué au Conseil de guerre et non à la défense. Ignorons-le, puisque nous ne sommes pas autorisés à le rechercher et à le savoir. Mais ce qui est certain, c'est que M. du Paty a fait ce commentaire avec la collaboration du colonel Sandherr, que ce commentaire portait sur les quatre pièces énumérées par Picquart, parmi lesquelles se trouvait la pièce « Canaille de D... », que l'original de ce commentaire a été détruit, mais qu'une copie en a été remise au général Mercier, qui, prétendant que cette copie était sa propriété, l'a détruite aussi. (Déposition du Paty de Clam à la Chambre Criminelle et devant les Chambres réunies. — Déclaration officielle du général Mercier, sur la demande que nous lui avons fait adresser par M. le Ministre de la Guerre, avec l'autorisation de la Cour.)

Voilà le fait. Il ne nous appartient pas de le qualifier. Mais vous vous demanderez peut-être avec nous pourquoi on a détruit l'original et la copie d'une pareille pièce. Et pourquoi donc l'avait-on créée?

Étrange affaire, où les pièces les plus importantes disparaissent, quand il serait si nécessaire de les avoir pour les consulter!

Passons et laissons à d'autres le soin de résoudre cette grave question.

Quelques mots maintenant sur celles de ces pièces *dites secrètes*, et qui ne le sont plus, grâce à M. le général Roget, à M. Cavaignac et à M. Cuignet, qui les ont livrées à l'enquête, et, par suite, à la discussion, car ils s'en font une arme contre Dreyfus dans le procès de révision.

Elles nous appartiennent donc. (Enquête, pages 38 et suivantes.)

On va en voir l'inanité.

M. le général Roget d'abord :

1° A la fin de l'année 1893, le 27 décembre, un télégramme rédigé en langue étrangère et envoyé de la capitale d'un pays voisin, adressé à un agent étranger à Paris, dit textuellement : « Chose. Aucun signe d'état-major! » Qu'est-ce que cela peut vouloir dire?

Nous ne comprenons pas, ni personne non plus sans doute.

2° En janvier 1894, on saisit une pièce écrite dans la même langue, qui semble être le brouillon d'un rapport adressé à un Gouvernement étranger.

Cette pièce est ainsi conçue :

« Doute — preuve — lettre de service. Situation dangereuse pour moi avec un officier français. — Ne pas conduire personnellement de négociations. — Apporter ce qu'il a. Absolu. — Bureau des renseignements. »

Ces mots, écrits en français : « *Aucune relation corps de troupe.* Importance seulement sortant du ministère ».

Quelles conclusions tirer de là? Quelle conclusion en tire M. le général Roget?

« Il semble ressortir de ce texte, dit-il, que l'agent étranger dont il s'agit répond au télégramme du 27 décembre 1893, dans lequel on paraissait manifester des doutes sur l'origine des choses envoyées.

« Il semble en ressortir aussi qu'il est en relations avec un officier français, qu'il trouve la situation dangereuse, qu'il ne veut pas continuer personnellement de négociations, mais se faire apporter ce qu'il a. »

Soit. Eh bien, après?

Qu'est-ce que cela prouve contre Dreyfus? Allez donc présenter ça à un tribunal quelconque, et demandez-lui de condamner quelqu'un pour cela!...

En tout cas, nous cherchons vainement cette pièce dans le rapport de M. d'Ormescheville.

Elle n'y figure pas, et pour cause. Et si l'on a communiqué des pièces quelconques au Conseil de guerre, en dehors de la défense, ce n'est pas certainement celle-là qui aurait fait condamner Dreyfus!

3° Dans l'ordre où elle se trouve au dossier, M. le général Roget rencontre une lettre portant la date du 16 avril 1894. C'est la fameuse pièce *canaille de D...*, celle qui aurait, dit-on, été secrètement communiquée aux juges, en Chambre du Conseil, et qui aurait eu pour la condamnation une *importance capitale.*

Rappelez-vous la déposition de M. Laroche sur ce point.

Le capitaine de génie Duprat lui aurait dit tenir du capitaine Freystatter ce propos :

« Cette canaille de Dreyfus a livré à l'étranger des plans de forteresse de la région de Nice.

« Voilà pourquoi nous l'avons condamné. »

C'est une de celles que M. Cavaignac a citées à la tribune le 7 juillet 1898.

C'est celle à propos de laquelle M. le général Mercier, après avoir répondu bénévolement à d'autres questions, a refusé de répondre, d'abord devant la Cour d'Assises, et ensuite devant la Chambre Criminelle. C'est celle, enfin, à propos de laquelle M. le général Mercier a été moins réservé avec M. Casimir-Perier, puisqu'il lui a avoué qu'elle avait été mise sous les yeux du Conseil de guerre.

Vous savez que M. Casimir-Perier n'avait pas compris que cela voulait dire qu'elle n'avait pas été soumise à la défense.

Quoi qu'il en soit, en voici le texte complet (lettre de A. à B., d'un agent étranger à un autre agent étranger) :

« Je regrette bien de ne pas vous avoir vu avant mon départ. Du reste, je serai de retour dans huit jours. Ci-joint douze plans directeurs de Nice que ce *canaille de D...* m'a donnés pour vous. Je lui ai dit que vous n'aviez pas l'intention de reprendre les relations. Il prétend qu'il y a eu un malentendu, et qu'il ferait tout son possible pour vous satisfaire. Il dit qu'il s'était entêté, et que vous ne lui en voulez pas. Je lui ai répondu qu'il était fou, et que je ne croyais pas que vous voudriez reprendre les relations avec lui. Faites ce que vous voudrez. »

Voilà la pièce.

Mettons-nous à la place des honnêtes membres du Conseil de guerre de 1894. L'audience ne les a peut-être pas suffisamment éclairés. Sérieusement troublés par la déposition théâtrale d'Henry, mais enfin hésitants peut-être encore (au moins Picquart l'a dit, et sur ce point il faut bien le croire, car c'est lui qui aurait porté au Conseil la pièce dont s'agit, avec d'autres), ils entrent dans la Chambre des délibérations. — Admettons qu'on leur ait communiqué cette pièce — *canaille de D...* Le nom vient tout seul dans leurs consciences et sur leurs lèvres. — Nous les entendons s'écrier : — *Canaille de Dreyfus!* C'est fini. C'est bien lui le coupable! Le voilà condamné!

Croyez-vous, Messieurs, que ces braves gens se soient seulement doutés qu'ils commettaient une illégalité en ne rouvrant pas le débat? Ils ont vu la trahison prouvée, et quoiqu'il ne s'agît pas des plans de Nice dans le procès (car on n'avait pas fait figurer cette accusation dans le rapport), ils ont condamné. Ils se sont dit avec le juge de la fable : *On ne saurait manquer condamnant un pervers!...*

Eh bien! si cela était vrai, ils auraient été indignement trompés, car il est certain que cette pièce ne concerne pas Dreyfus. Cela est reconnu par tout le monde, aujourd'hui, et, entre autres personnes, par le capitaine Cuignet, le commentateur du dossier secret, que

M. le Ministre de la Guerre a délégué auprès de la Cour de Cassation.

Et nous nous étonnons que M. le général Roget ait cru pouvoir se borner à dire, dans sa déposition, au sujet de cette pièce : « Tout ce que je peux en dire, c'est que l'initiale D. peut désigner Dreyfus, et que Dreyfus a eu la *possibilité* d'avoir les plans directeurs dont il est question. »

Ignore-t-il donc qu'il est établi aujourd'hui que ce *Canaille de D...* était un pauvre hère, quelque peu ivrogne et escroc, auquel les agents avaient donné le nom de guerre de Dubois ?

En tout cas, voici ce que dit M. Cuignet, page 245 de l'Enquête, à propos de cette pièce :

« Rien ne prouve qu'elle indique Dreyfus, et je serais plutôt de l'avis de M. Picquart, qui estime qu'elle ne peut s'appliquer à lui, étant donné le sans-gêne avec lequel l'auteur traite ce D... »

Et alors, Messieurs, dans l'hypothèse où vous considéreriez cette pièce comme ayant joué un rôle secret dans l'affaire de 1894, la preuve, aujourd'hui acquise pour tous, que cette pièce ne concerne pas Dreyfus, au lieu d'être un élément d'accusation contre lui, ne pourrait que contribuer à vous déterminer plus facilement à l'admission des divers faits nouveaux que nous avons relevés dans l'enquête, et que nous vous soumettons.

M. le général Roget a dit dans ses nombreuses dépositions qu'il y avait, dans le dossier secret, un certain nombre de pièces dans lesquelles le nom de Dreyfus est en toutes lettres. Contemporaines du procès ou postérieures, elles donnent toutes une preuve indirecte de la culpabilité de Dreyfus, par *prétérition d'innocence*, dit-il.

Nous avons, dans ce procès, un vocabulaire militaire curieux à étudier et précieux à retenir. Ce malheureux Dreyfus a été poursuivi, d'après l'un, le général Billot, après qu'on a eu *procédé par voie d'élimination de tous autres officiers et de recoupement*, d'après l'autre, le général Zurlinden, après qu'on a eu franchi une *triple enceinte* de recherches ou de raisonnements. C'est peut-être pour cela que M. Bertillon, l'expert indiqué par M. le général Mercier, a construit *sa forteresse* pour y enfermer Dreyfus... qui n'en est plus sorti !

Nous voici maintenant en présence de la culpabilité démontrée par *prétérition d'innocence*, pour M. le général Roget et aussi pour M. le capitaine Cuignet. — Le mot est étonnant. — Nous ne connaissons pas ce mode de preuve dans le système de nos lois pénales.

Mais puisqu'il est de mise dans ce procès, nous en faisons profiter la vérité, et nous dirons notamment, pour la pièce *canaille de D...* que l'innocence de Dreyfus serait prouvée, au premier chef, par *prétérition* de culpabilité.

Du reste, ce raisonnement nous paraît s'appliquer à toutes les pièces présentées par M. Roget, et à celles que nous n'avons pas le droit de livrer aux débats, si bien que nous serions tenté d'arrêter ici notre examen de tous ces documents, en nous bornant à donner notre appréciation à cet égard. Cette appréciation la voici :

Il n'y a rien, rien, contre Dreyfus, dans les dossiers secrets.

L'accusation, sur ce point, est impossible. Elle a pour base : le *néant!* Et nous avouons ne pas comprendre pourquoi on a tant hésité à livrer à la Cour ces dossiers. Il n'y avait même pas l'intérêt de laisser ignorer les noms des agents. La presse retentit de ces noms depuis l'origine de l'affaire. Nous seuls ne les avons désignés que par leurs initiales, même dans ce réquisitoire, par habitude d'extrême discrétion.

Et cependant, nous continuerons cet examen.

Nous taire, ce serait laisser le droit de penser et de dire, peut-être, que si nous nous taisions, c'est que nous n'aurions rien à répondre. On se tromperait fort. On va en juger.

4° M. le général Roget avait parlé d'une autre pièce, dont le sens, dit-il, est à peu près le suivant :

« Je viens d'écrire au colonel Davignon. Si vous avez l'occasion de parler de la question avec votre ami, faites-le particulièrement, de façon que Davignon ne *vient* (sic) pas à le savoir! »

Là-dessus, le général fait le raisonnement suivant :

« Cette pièce semble prouver que l'agent étranger A. (à qui cette pièce est envoyée par son collègue B.) avait au 2e bureau de l'État-Major de l'armée un *ami* avec lequel il avait des relations suspectes. »

Soit. Eh bien, après?

Quel était cet ami?

Qu'est-ce qui prouve que cet ami, c'était le capitaine Dreyfus? Est-ce que Dreyfus était le seul stagiaire au 2e bureau?

Nous avons au dossier les noms de tous les stagiaires des quatre bureaux, avec le roulement auquel ils étaient soumis par semestre. Et puis, cet ami était-il au 2e bureau?

La pièce dit seulement : *votre ami*. La discrétion recommandée auprès de Davignon, chef de ce bureau, n'aboutit pas à révéler le nom du suspect.

Passons.

5° Il y a ensuite une pièce dans laquelle B. dit à A. qu'il va recevoir l'organisation militaire des chemins de fer français.

Et alors, voici le raisonnement du général Roget :

« Cette pièce *peut* désigner Dreyfus, parce que Dreyfus avait été stagiaire au 4e bureau de l'État-Major de l'armée, dans le semestre précédent (2e semestre 1893) ; qu'il était stagiaire au réseau de l'Est, le plus important de tous, puisque tous les mouvements de concentration aboutissent sur ce réseau, et parce qu'on avait fait aux stagiaires, dans ce semestre, au mois de décembre, des conférences sur l'organisation militaire des chemins de fer, conférences auxquelles je présidai. La pièce a été saisie en avril 1894. Elle pouvait remonter à une date plus éloignée. Les stagiaires, qui étaient au 1er bureau à ce moment, 1er semestre de 1894, n'étaient pas en mesure de fournir un document de quelque valeur sur l'organisation des chemins de fer. Ils n'avaient, dans tous les cas, pas assisté aux conférences de cette organisation, qu'on leur faisait en fin de stage.

« Enfin, il n'y avait parmi les stagiaires que deux officiers de l'artillerie, les capitaines *Menu* et *Ducrocq*, et ces officiers servent actuellement comme titulaires au 4e bureau de l'État-Major, ce qui prouve suffisamment la confiance qu'ils inspirent. »

A cela nous répondons une chose bien simple, qui s'applique, du reste, à toutes les pièces à propos desquelles on ne nous indique qu'une chose, la *possibilité* qu'aurait eue Dreyfus de *savoir* et de livrer le secret de ce qu'il *savait* :

Comment donc n'a-t-on pas fourni ces *possibilités* au Conseil de guerre, en 1894 ? C'est qu'on a bien compris qu'une accusation basée sur un pareil argument était insoutenable.

Et cependant, on avait le bordereau, et on l'attribuait à Dreyfus. Et on voudrait aujourd'hui produire cette *possibilité* comme un obstacle à la révision ? C'est impossible, d'abord, parce que les *possibilités* ne sont pas des *preuves*, et qu'enfin vous ne pouvez pas, par un pareil moyen, fermer la porte à la révision de Dreyfus, qui n'a jamais connu comme cause de sa condamnation que le bordereau !

En dehors du bordereau, il ne sait rien des éléments de culpabilité qu'on relève contre lui, si ce n'est ses prétendus aveux dont nous allons parler !

Vous ne pouvez pas lui opposer des pièces qui, à l'heure où nous parlons, ne sont *secrètes* que pour lui. Ce serait inique.

6° M. le général Roget attache une grande importance, semble-t-il, à une autre pièce, qui serait le brouillon d'un rapport fait par l'agent A. en langue étrangère.

En voici la traduction :

« Dreyfus — Bois » — (un morceau de papier manque sur lequel se trouvait la fin du nom qui commence par Bois...) — « Je ne peux pas ici... » (Un nouveau morceau de papier manque sur lequel auraient pu se trouver deux mots courts.) — La pièce est arrivée entre les mains de l'attaché militaire ou du grand État-Major à B. — Ce que je puis assurer verbalement, c'est qu'elle est réellement arrivée entre ses mains. »

Le canevas continue ensuite et dit des choses qui deviennent étrangères à l'affaire.

« Berger — Constantinople, — Bogoluboff — Discours. — Je porte un toast chaleureux à la réunion des drapeaux franco-russes, sur le prochain champ de bataille — Régiment N. 128. — (Cette phrase est en français) — Giovaninelli — Saussier — de Négrier — Hervé.

« 19e corps, Recrutement des Zouaves, 6e corps *bis* écarté cette année.

« Je ne comprends pas pourquoi on est si circonspect à B.

« Officiers Russes. »

Voilà l'énigme dont il faut chercher le mot. C'est un rébus à deviner. Voici l'explication de M. le général Roget :

Les mots Dreyfus — Bois... indiquent nécessairement qu'il s'agit de l'affaire Dreyfus, puisque le mot est en toutes lettres. (Ceci est incontestable.)

Le mot *pièce* s'applique non moins évidemment au bordereau, *qui est la seule pièce dont il ait été question au procès Dreyfus*, et la seule sur laquelle l'agent étranger dont il s'agit eût à fournir des explications à son gouvernement.

« La dernière phrase du texte qui se tient, indique, d'une façon tout à fait formelle, que la pièce est arrivée réellement entre les mains d'un des attachés, et qu'elle a fait ensuite retour au bureau des renseignements. »

Qu'est-ce que tout cela prouve?

Ce document est arrivé au Ministère au mois d'octobre 1895.

Le toast dont il s'agit a été prononcé en 1895. C'est acquis au procès. Quoi d'étonnant que le nom de Dreyfus soit indiqué?

Le mot Bois... est le commencement du nom Bois...*deffre*, sur la protection duquel Dreyfus compte beaucoup. Vous le verrez par sa correspondance.

Qu'importe aussi qu'on parle du bordereau? Le jugement est du 22 décembre 1894. Ce qui est précieux à retenir, c'est ce nouvel aveu, que le bordereau *a été la seule pièce dont il a été question au procès Dreyfus.*

6° Enfin M. le général Roget parle de la copie d'une instruction relative au chargement des obus à mélinite, qui aurait été livrée à une puissance étrangère. Or, la découverte de cet acte de trahison remonte à 1890. C'est à cette époque que le service des renseignements reçut des débris de papiers calcinés sur lesquels il ne restait que l'extrémité des lignes à droite.

L'enquête faite à ce moment avait fait ressortir que le document venait de l'École de pyrotechnie. Et comme Dreyfus était alors à l'École de pyrotechnie, on l'a soupçonné depuis à cause de cela d'abord, mais surtout à cause de ce que ce document était écrit sur du *papier pelure analogue à celui du bordereau.* On l'a fait expertiser au point de vue de l'écriture, et M. le général Roget nous apprend *qu'on n'a pas abouti à un résultat décisif.*

Nous le croyons sans peine. Car, Messieurs, rappelez-vous cette pièce. Vous l'avez vue. L'écriture émane on ne sait de qui. Mais, ce qui est manifeste, c'est qu'à coup sûr ce n'est pas l'écriture de Dreyfus. C'est une écriture un peu grosse, tandis que celle de Dreyfus a un caractère tout à fait différent.

Mais ce qui est important à retenir, c'est que si l'on a soupçonné Dreyfus, c'est à cause de l'analogie du papier pelure de ce document avec celui du bordereau.

Donc, le bordereau, qui fut la base de l'accusation et de la condamnation de Dreyfus, reste toujours la seule base des soupçons contre lui.

Et alors, si le bordereau n'est pas de Dreyfus, voilà encore une hypothèse de culpabilité qui va rejoindre toutes les autres, et s'écroule avec elles.

Enfin, nous le demandons encore, pourquoi ce document qu'on relève maintenant contre Dreyfus, pour discréditer, au moins moralement, la demande en révision, n'a-t-il pas figuré dans le procès de 1894? Vous aviez alors l'attribution du bordereau à Dreyfus et, depuis 1890, vous possédiez le papier pelure de ce document, avec le papier pelure analogue du bordereau (mais) disons-le, vous le savez, qui n'est pas semblable).

Pourquoi n'en avez-vous pas parlé alors? Et pourquoi en parlez-vous aujourd'hui?

Nous en avons fini, Messieurs, avec les pièces secrètes dévoilées par M. le général Roget.

On peut maintenant juger de la faiblesse d'une accusation

posthume, appuyée sur de tels fondements et nous ajoutons sur tous autres, sans plus de valeur, qu'on peut rencontrer au cours de cette déposition.

M. Cavaignac, interpellé à son tour sur les documents secrets, n'a parlé d'abord que de la pièce commençant par ces mots : « Doute, que faire? » — et de la pièce Davignon. — L'hypothèse est la même que celle de M. le général Roget.

Nous n'y revenons pas.

M. Cavaignac fait ensuite allusion aux deux pièces qu'il a citées à la Chambre, le 7 juillet, où figure l'initiale D. Il rappelle qu'il avait dit que ces pièces pouvaient laisser subsister certains doutes, et il ajoute qu'il ne s'appuierait pas sur elles sans quelque réserve.

Il pense que la livraison des plans directeurs dont il est question dans la pièce *canaille de D.* ne s'adapte pas aussi bien que les autres avec les conditions que remplissait Dreyfus.

Il pense enfin que, à ses yeux, lorsque le lieutenant-colonel Henry a dit, en Cour d'Assises, que jamais cette pièce n'avait eu de rapport avec le dossier Dreyfus, il a seulement voulu dire qu'elle n'avait jamais figuré à la procédure.

Admettons cette interprétation, si l'on veut. Et sans autre explication, constatons encore que, comme d'autres, cette pièce est restée étrangère aux débats du procès de 1894.

N'en parlons plus.

Mais disons un mot d'une autre pièce portant l'initiale D, et que M. Cavaignac a produite aussi à la tribune.

Cette pièce porte ceci :

« Le docteur m'a défendu de sortir. Ne pouvant donc aller chez vous demain, je vous prie de venir chez moi dans la matinée. Car D. m'a porté beaucoup de choses très intéressantes, et il faut partager le travail, ayant seulement dix jours de temps. »

Eh bien, Messieurs, vous le savez, et il faut qu'on le sache, cette pièce est encore un faux. Des grossissements photographiques de la pièce, qui a passé sous nos yeux, ont démontré jusqu'à l'évidence qu'on a fait disparaître par l'estompage certaines lignes quadrillées, et que la lettre D a été substituée à une autre lettre.

A la photographie est jointe une pièce émanée d'un tiers, et dont la lettre D majuscule qui s'y trouve ressemble singulièrement à la lettre D substituée.

En fait, l'attribution à Dreyfus de ce document carbonisé n'est pas fondée. C'est formellement établi au dossier, et la constatation est précieuse, elle est de M. Bertillon, photographe seulement dans ce cas, assez mal disposé, on le sait, à l'égard de Dreyfus, qu'il croit coupable.

D'où il résulte que des trois documents écrits, sur lesquels M. Cavaignac appuyait sa démonstration de la culpabilité de Dreyfus, dénoncée à la France par voie de l'affichage,— deux sont absolument faux — (La pièce où est le D substitué et le faux Henry) — et la troisième ne s'applique pas à Dreyfus.

Il ne reste que les aveux, dont nous allons bientôt parler.

M. le capitaine Cuignet va nous parler, à son tour, des pièces secrètes. Il faut bien que nous en disions un mot.

D'ailleurs cela nous fournit l'occasion de constater, avec lui, le rôle de du Paty de Clam dans toute l'affaire Dreyfus.

On va voir comme c'est important.

M. Cuignet rappelle que, bien avant l'affaire Dreyfus, du Paty de Clam s'est livré, à l'occasion d'affaires privées, à des manœuvres louches et tortueuses, qui le montrent sous le jour le plus fâcheux.

Le récit de ces manœuvres fait l'objet d'un dossier de la Préfecture de police. Ce dossier est joint à la procédure.

Nous ne pouvons nous empêcher de verser au débat public l'extrait suivant du rapport de l'inspecteur Jaumes, en date du 5 avril 1892.

Voici ce que nous y lisons à propos d'un chantage :

« Il résulte des investigations faites, que le commandant du Paty de Clam est seul l'organisateur de tout ce chantage, dans le seul but unique de contracter mariage avec la demoiselle de C. »

Le dossier établit que du Paty de Clam avait profité d'une ou de plusieurs rencontres dans les magasins avec cette demoiselle, pour se faire écrire quelques lettres banales, et qu'il avait mis à prix la restitution d'une de ces lettres.

« Il avait organisé pour cela une mise en scène qui paraît avoir servi, plus tard, de modèle à celle de la *femme voilée.* »

Inutile d'entrer dans tous les détails. Vous les trouverez au dossier.

Seulement, au bout de tout cela, du Paty de Clam disait :

Puisque j'ai compromis Mlle de C., je dois l'épouser. Il faut que je l'épouse !

Ah ! l'honnête homme, qui veut réparer sa faute !... Malheureusement on ne peut trop le louer. La demoiselle était riche ! Bref il ne l'a pas eue.

Mais nous trouvons dans le rapport un renseignement qui donne fort à penser.

Il imitait toutes les écritures à la perfection. Il serait, dans un temps plus reculé, destiné à devenir un personnage important au Ministère de la Guerre, quoique ayant la réputation d'*un exalté.*

L'allusion, faite par le capitaine Cuignet, au rôle honteux joué dans cette affaire par du Paty de Clam, étant ainsi expliquée, voyons encore comment est jugé son rôle dans l'affaire Dreyfus.

M. Cuignet nous apprend que, depuis l'origine de cette affaire, du Paty de Clam s'est livré, à son occasion, à des agissements répréhensibles. (Nous les connaissons tous par l'enquête.)

« Et c'est lui, dit M. Cuignet, qui, à l'insu de ses chefs, a fait connaître à la presse l'arrestation de Dreyfus, tenue cachée par le Gouvernement pendant quinze jours. Il a voulu forcer ainsi la main au Gouvernement et *avoir le procès*. Il suffit de lire, pour être convaincu de ce que j'avance, le numéro de l'*Éclair* du 10 septembre 1896, intitulé *le Traître*, et dans lequel on explique la genèse du procès Dreyfus.

« La personnalité de du Paty de Clam, dans cet article, est complètement mise à jour. Dans un autre numéro, du 15 septembre 1896, du Paty cite une pièce du dossier secret.

« Laquelle?

« La pièce portant : *Canaille de D.* Et il la dénature.

« Il déclare qu'elle porte : *Cet animal de Dreyfus*. Il ajoute que la pièce était chiffrée, — ce qui est inexact. — Enfin, il insiste longuement sur ce fait que la pièce porte le nom de Dreyfus en toutes lettres.

« Il fait ressortir l'importance de cette circonstance, et fait remarquer qu'elle augmente considérablement la gravité des charges relevées contre Dreyfus.

« L'insistance de l'auteur de l'article à déclarer que le nom de Dreyfus existe en toutes lettres, et cela moins de six semaines avant la production du faux Henry, constitue, au moins, une étrange coïncidence. »

Voilà l'homme, Messieurs, qui a commencé l'instruction de l'affaire. Voilà l'homme qui, au moment de la dictée, a révélé un tremblement dans l'écriture, que l'écriture repousse à vue d'œil. Voilà l'homme qui avait fait arrêter Dreyfus, parce qu'il avait tremblé, et qui, plus tard, devant le Conseil de guerre, aurait dit :

« Je savais que j'avais à faire à un *dissimulateur*. J'étais certain qu'il s'attendait à quelque chose. J'en ai fait l'expérience. S'il n'avait pas été averti, il se serait troublé. Il n'a pas bronché. Donc il *simulait.* »

Voilà l'homme qui a voulu surprendre, la nuit, troublant son sommeil, le malheureux auquel il voulait arracher des aveux, et qui voulait découvrir l'inquiétude et le remords de celui qu'il tenait absolument à traiter comme coupable, dans les mouvements fébriles du pied !

Eh bien ! ce n'est pas tout. Rappelons ceci, c'est M. Cuignet qui parle encore :

« Je suis convaincu, qu'en disant qu'il avait seul fait le faux, Henry n'a pas dit la vérité. Je crois qu'il est facile d'établir que, non seulement Henry n'a pas été seul, mais qu'il n'a été lui-même que le complice de l'auteur principal, et que l'*auteur principal du faux Henry est le lieutenant-colonel du Paty de Clam.* Henry était, je crois, moralement et intellectuellement incapable de commettre le faux et de l'écrire dans la forme où il a écrit. » (Enq., p. 235.)

On pourrait rapprocher cela, Messieurs, de cette constatation de l'enquête de la Préfecture de police, que du Paty de Clam *imitait toutes les écritures* à la perfection.

C'est une aptitude toute particulière, et celui qui a le malheur de la posséder peut être entraîné facilement à l'occasion.

Nous nous empressons d'enregistrer la protestation énergique opposée devant vous par M. du Paty de Clam à cette accusation de faux. Mais nous enregistrons en même temps l'offre faite par M. Cuignet d'apporter des preuves dans toute instruction qui serait ouverte à ce sujet. Ceci ne nous regarde plus.

Il y a des juges ailleurs pour résoudre le problème qui se pose à ce sujet.

Cela fait, nous retenons la déposition de M. Cuignet sur tout le reste, malgré la mesure disciplinaire à laquelle il s'est exposé récemment, et nous déclarons, quant à nous, ne pas accepter une seule des dénégations de M. du Paty de Clam, que nous prenons pour un *simulateur émérite,* tant son attitude à votre audience nous a semblé *étudiée* et *voulue.*

Nous restons très fâcheusement impressionné, Messieurs, à l'égard de la moralité de l'homme, suffisamment caractérisée, d'ailleurs, par l'enquête. Nous pensons qu'elle doit éclairer, d'une façon singulière, les mystères des manœuvres de du Paty de Clam depuis 1894 jusqu'à ce jour, et faciliter l'œuvre de révision de ce qu'on a appelé *son procès.*

Nous rappelons les faux Weyler, les faux Speranza et Blanche, que

M. Cuignet n'hésite pas, non plus, à attribuer à M. du Paty de Clam, et que d'autres que nous auront aussi à apprécier sans doute. Et après avoir demandé à M. Cuignet, à l'heure où il nous a paru utile de le faire, ce qu'il pensait de M. du Paty de Clam, et constaté comment il avait démasqué l'artisan du procès Dreyfus, nous allons lui demander maintenant si, lui aussi, il a quelques pièces secrètes à opposer à ce dernier.

M. Cuignet nous prévient d'abord que la culpabilité de Dreyfus ne ressort de l'examen du dossier secret *que* par *une suite de déductions et de présomptions concordantes.*

Des présomptions ne sont pas des preuves, surtout si, d'une part, le bordereau n'est pas de Dreyfus, et si, d'autre part, ces présomptions portent sur des documents autres que ceux qui ont fait l'objet du procès qu'il s'agit de reviser.

1° Pour commencer, M. Cuignet relève des faits constatés en 1893 au Ministère de la Guerre. Des plans directeurs de places fortes parvenaient alors à une puissance étrangère. Qui les avait envoyés?

M. Cuignet ignore absolument si ces faits peuvent être attribués en tout ou partie à Dreyfus, *et rien dans le dossier ne permet, je crois, dit-il, d'affirmer quoi que ce soit à ce sujet.* Eh bien, mais puisque ce n'était pas lui, il y en avait donc d'autres que lui capables de pratiquer ces fuites! Et par exemple, les fuites des plans directeurs de Nice, qui figurent dans la pièce *canaille de D,* étrangère à Dreyfus, et nous connaissons le coupable!

Voilà qui est loin d'être à la charge de Dreyfus; bien au contraire.

Passons donc sur cette pièce et sur la pièce *canaille de D,* puis sur les pièces, *Chose, Aucun signe de l'État-Major général.* — Doute. — *Preuve, Lettre de service,* — *et la pièce Davignon,* dont il a été déjà question.

Seconde pièce :

2° L'agent B. écrit à A. qu'il va recevoir l'organisation du service militaire des chemins de fer. Et M. Cuignet fait simplement remarquer que Dreyfus, au moment où la pièce est arrivée au service des renseignements, venait de quitter le 4e bureau de l'État-major de l'armée, service militaire des chemins de fer, où il avait accompli un stage de six mois, du 1er juillet au 31 décembre 1893.

La pièce n'est pas datée par ses auteurs. Elle porte simplement à l'encre rouge, de la main d'un officier du service des renseignements, la date d'avril 1894.

Eh bien, soit. Mais qu'est-ce que cela prouve?

Etait-il donc seul, au 4e bureau? Et de plus, puisque vous aviez la pièce en avril, pourquoi, si vous soupçonniez Dreyfus, ne pas en avoir fait mention au procès?

C'est une preuve sans valeur.

3o Postérieurement, le service des renseignements reçoit trente-deux feuilles contenant la copie partielle d'un cours de l'Ecole de Guerre, sur l'organisation définitive des Etats, en juillet 1894.

Cette copie émane de l'entourage de l'agent A. Elle est de la main d'une personne qui travaille habituellement près de lui. Rapprochée du Cours professé à l'Ecole de Guerre de 1890 à 1892 et de 1893 à 1894, on constate que la copie est la reproduction littérale des moyens de défense existant autour de Lyon, ou à établir aux environs de cette place, au moment de la mobilisation.

Cette partie du cours est la troisième du cours de fortification permanente professé à l'Ecole de Guerre.

Et alors, M. Cuignet indique que, dans la collection des cours de l'Ecole de Guerre de Dreyfus, qui a été saisie chez lui après son arrestation, la troisième partie du cours de fortification n'est pas reliée, alors que les autres cours le sont tous. Non seulement cette partie n'est pas reliée, mais elle a été retrouvée incomplète entre plusieurs paquets.

Voyons. Voilà une présomption contre Dreyfus, parce que la troisième partie du cours n'est pas reliée, et qu'elle est incomplète? Puisqu'elle n'est pas reliée, il est facile de perdre des feuillets. Et puis, vous n'avez qu'un fragment de la troisième partie. Avez-vous constaté que ce fragment corresponde à une lacune de la troisième partie de Dreyfus?

Enfin, M. Cuignet constate que le cours dont il s'agit a été rédigé par le professeur et tiré à un certain nombre d'exemplaires, correspondant au nombre des élèves français, plus quelques parties prenantes, environ 150 exemplaires par an. Il nous semble que les fuites peuvent facilement venir de plusieurs côtés, et qu'il n'est pas juste, en les constatant, de songer exclusivement à Dreyfus, qui, seul d'ailleurs, et mieux que nous, peut fournir toutes explications nécessaires.

C'est assez, Messieurs.

Toutes ces pièces ont été apportées au service des renseignements avant l'arrestation de Dreyfus. On les a évidemment jugées sans valeur, puisqu'on n'a pas songé à les produire au procès de 1894. Laissons-les dans le dossier qui a cessé d'être secret.

Elles pouvaient continuer à y être enfermées, sans danger pour la vérité. Elles n'apportent aucune lumière. Elles doivent rentrer dans l'ombre. Il ne serait ni légal, ni juste, eussent-elles quelque portée, de les jeter sur la route de la révision. Il n'y a pas un tribunal au monde qui pût en tenir compte en l'état. Et ce ne sont pas les Chambres réunies de la Cour de Cassation qui leur accorderont la moindre valeur.

Et à ce sujet, qu'il nous soit permis de dire un mot du bruit qui s'est fait autour d'une demande de communication que nous avons faite de ce dossier secret.

D'abord, nous nous étonnons que M. le général Chanoine, appelé à s'expliquer sur ce point, ait oublié de constater qu'il avait d'abord reconnu, après M. le Garde des Sceaux, la convenance de cette communication, demandée *pour achever d'éclairer notre conscience, et qu'il nous avait demandé d'en fixer le jour et l'heure*. C'est ce que nous avons fait. Au lieu d'envoyer l'acceptation du jour et de l'heure fixés, il refusa la communication.

La correspondance engagée entre M. le Garde des Sceaux, M. le Ministre de la Guerre et nous, établit ceci de la façon la plus indiscutable.

Du reste, dès le premier mot de M. le Garde des Sceaux, nous disant qu'il avait surgi une difficulté, nous déclarâmes, sans savoir laquelle, que nous renoncions à notre demande.

Là-dessus l'on a dit :

Ou bien la conscience de M. le Procureur général n'était pas *éclairée* le 19 octobre, et comment pouvait-il consciencieusement conclure, le 15 octobre, formellement à la révision dans son réquisitoire écrit?

Ou bien, sa conscience était éclairée, quand le 15 octobre, il concluait à la révision, et dans quel but, le 19 octobre, demandait-il, sous prétexte d'éclairer sa conscience, la communication du dossier secret?

Ceux qui ont dit cela ignorent d'abord que le réquisitoire écrit est l'exécution de l'*ordre* reçu, aux termes de la loi, du Ministre de la Justice, de conclure à la révision. C'est la *plume serve*, d'après le vieil adage.

Mais dans le réquisitoire d'audience, le Procureur général a le droit de conclure, si c'est son opinion personnelle, contre la révision, ou de demander une enquête, si elle lui paraît nécessaire. C'est la *parole sauve*.

Et alors, n'est-il pas légitime qu'un magistrat, soucieux de son devoir, veuille s'entourer de tous les renseignements qui peuvent être de nature à servir de base à ses conclusions, dans un sens ou dans l'autre?

Or, dans cette affaire, on disait partout qu'il existait un dossier secret, qui justifiait la condamnation prononcée en 1894, et que, tant qu'on ne le connaîtrait pas, on ne pouvait savoir la vérité.

N'était-il pas de notre devoir de le connaître, sous la réserve de toutes les précautions qu'on croirait devoir prendre, pour éviter toute publicité?

Et peut-on supposer qu'ayant eu connaissance de ce dossier, quel qu'en fût le contenu, nous en eussions fait notre profit, sans mettre la Cour et la défense à même de le connaître à leur tour? Et pour cela, il y avait un moyen bien simple, c'était de demander une enquête. C'est ce que nous aurions fait, si nous avions obtenu la communication.

C'est ce que nous avons fait, ne l'ayant pas obtenue. C'est pour cela, qu'au lieu de conclure à l'enquête pour la forme, et selon l'usage, comme nous l'avions fait dans notre réquisitoire écrit, à l'audience, nous avons conclu sans doute, et c'était notre devoir, à la révision, que la Cour pouvait se croire en mesure de prononcer d'après les documents du dossier, mais nous avons dit quel était le véritable état de notre esprit, en disant à la Cour : « S'il y a encore pour vos consciences, comme pour la nôtre, quelques coins obscurs dans ce sombre drame judiciaire, dont le premier acte s'est joué en 1894, prenant en mains le flambeau de l'enquête, sondons-en les mystérieuses profondeurs... etc. »

C'est au cours de cette enquête, ordonnée sur nos conclusions, que la Cour de Cassation et la défense ont, avec nous, pu prendre connaissance de ce dossier secret, dont la communication, enfin obtenue, ne permettra plus aux passions de venir discuter l'arrêt solennel que vous allez prononcer. Nous savons tout; aujourd'hui, la lumière est faite, et les éléments de la révision établis soit par le dossier judiciaire, soit par les documents principaux du dossier secret, que MM. les généraux et M. Cuignet nous ont révélés, sont livrés à la discussion et à l'appréciation du pays et du monde entier.

Messieurs, nous pourrions fermer ici le dossier militaire, mais il est nécessaire de le laisser encore ouvert un instant.

Vous savez, Messieurs, par les pièces qui vous ont été communiquées soit par M. le capitaine Cuignet, soit par M. Paléologue, et auxquelles nous nous référons, sans entrer dans les détails qu'en donnent le rapport et le mémoire, qu'au moment où l'arrestation de Dreyfus fut rendue publique, un incident d'une gravité particulière se produisit. On apporta au Ministère de la Guerre une dépêche chiffrée émanant de l'agent B., portant la date du 2 novembre 1894, et que cet agent adressait à son Gouvernement. Cette dépêche, qui a été traduite au Ministère des Affaires étrangères, portait ce qui suit :

« Si le capitaine Dreyfus n'a pas eu de relations avec vous, il conviendrait de charger l'ambassadeur de publier un démenti *officiel, afin d'éviter les commentaires de la presse.* »

Sur la dernière partie de ce télégramme il y eut, pendant quelques jours, une indécision. On avait cru pouvoir traduire, — au lieu de : « Afin d'éviter les *commentaires de la presse* » — de la façon suivante :

« *Notre émissaire prévenu.* »

Mais le texte définitif a été celui-ci : « *Afin d'éviter les commentaires de la presse.* » Et ce texte, le colonel Sandherr l'a toujours admis.

Or, au dossier militaire (pièce 44), on ne trouve qu'une version ainsi conçue : « *Le capitaine Dreyfus est arrêté. Le ministre de la Guerre a la preuve de ses relations avec l'Allemagne. Toutes mes précautions sont prises.* »

Est-ce ce document si compromettant qu'on a opposé à Dreyfus dans son procès !

C'était bien le cas. Pas le moins du monde. Il y avait de cela une bonne raison. Il n'existait pas alors. Il a été créé de toutes pièces, de mémoire, d'après les indications du colonel du Paty de Clam et de concert avec le colonel Henry. A quelle époque? *Au mois de mai 1898 !*

Or, la veille, M. Paléologue, vous le savez, avait dicté la version exacte à Henry, qui était venu, de la part du général Gonse, demander la communication officielle du télégramme de 1894, et qui dut, à défaut de cette communication, se contenter de la dictée.

Et Henry, rentré au Ministère de la Guerre, déclara qu'au Ministère des Affaires étrangères on lui avait refusé la communication demandée, mais dissimula complètement le texte exact qu'il avait rapporté et que M. Paléologue lui avait dicté.

Pourquoi ces manœuvres? Pourquoi ces mensonges?

Le lendemain, la pièce écrite par Henry, sur les indications de du Paty de Clam, était substituée à la pièce véritable.

C'est ce que M. Paléologue nous a appris, et après avoir, par les preuves irréfragables que vous savez, justifié son dire, il a tiré lui-même la conclusion que notre devoir est de reproduire :

« *La pièce n° 44 n'est pas seulement erronée. Elle est fausse.* »

Aujourd'hui, après les confrontations qui ont eu lieu, les deux ministères sont d'accord. La seule pièce authentique, c'est celle qui porte : *Afin d'éviter les commentaires de la presse.*

C'est la seule dont il faille tenir compte.

Et alors, messieurs, nous vous faisons remarquer d'abord que cette pièce, qui innocente Dreyfus, est antérieure au procès de 1894, et n'a pas été mise au procès.

Pourquoi ? Parce que le général Mercier donna l'ordre de n'en tenir aucun compte et de n'en faire *aucun usage* au cours du procès. C'est lui-même qui l'a avoué. Et, à côté de cela, il n'est pas possible d'oublier ce que M. Casimir-Perier raconte, comme le tenant du général Mercier, la production devant le Conseil de guerre, en dehors de la défense, de la pièce *canaille de D.*, qui aurait été, si ce fait restait acquis, si fatale à Dreyfus qu'elle ne concernait pas !

En second lieu, nous vous montrons Du Paty de Clam, celui dont le dossier nous fait connaître la valeur morale, à côté d'Henry, le faussaire, mettant la main à la traduction, aujourd'hui abandonnée, et créée pour compromettre Dreyfus de la façon la plus manifeste, et, après le faux Henry, rendre impossible la revision.

Il sauvait ainsi, par une nouvelle manœuvre de la dernière heure, *son procès* de 1894, ce qu'au cours de l'enquête on a appelé sa *mise personnelle*. Peut-être que ses agissements divers, constatés par le dossier, la lui feront perdre aux yeux des juges de la partie. Nous les leur renvoyons.

Et nous concluons. Sans autre commentaire qui nous entraînerait bien facilement en dehors du procès de Dreyfus, nous constatons que le véritable télégramme du 2 novembre 1894 qui innocentait Dreyfus n'a pas été communiqué à ses juges, et nous vous demandons formellement de déclarer que voilà encore un fait nouveau de la plus haute importance, qu'il est légalement caractérisé, et de le retenir à l'appui de la demande en revision.

Nous en ajoutons un autre aussi important. C'est celui que nous fournissent les nombreux documents du dossier qui ont passé sous vos yeux, et que nous ne reproduisons pas.

Ils *établissent que jamais Dreyfus n'a eu aucune relation directe ou indirecte avec les agents des deux puissances étrangères dont il s'agit au procès.*

Un dernier mot au sujet de la lettre adressée par un fonctionnaire étranger à l'agent A., et portant la date du 17 janvier 1895.

Après une allusion à la démission de M. Casimir-Perier, la lettre porte ceci : « Pour ce qui concerne Dreyfus, on est tranquillisé, et l'on finit tout de même par trouver que j'ai bien agi. »

Vous savez, messieurs, qu'il s'agit là tout simplement de l'heureux résultat qu'ont eu les démarches faites par un ambassadeur auprès de M. Casimir-Perier, président de la République, au moment où son ambassade était très violemment impliquée par la presse dans l'affaire Dreyfus.

La déposition de M. Casimir-Perier explique tout ce qui est relatif à cet incident de la manière la plus complète.

Nous nous y référons. Et nous nous bornons à dire qu'il est bien naturel que le nom de Dreyfus figure dans cette lettre, puisque c'est à l'occasion de son procès que l'incident est né, mais qu'on chercherait vainement un argument contre lui dans l'indication de son nom.

Tout cela est bien simple, et ce ne sont pas les hypothèses hasardées par M. Cuignet, au sujet de la fin de cette lettre, qui pourraient donner une importance quelconque, au point de vue du procès en révision, à cette fin de lettre.

Nous la citons :

« Ce qui dernièrement a tout d'un coup pu mettre N... en colère, à propos de cette question, nul ne le sait ici, pas même L... C'est probablement un nigaud... qui aura jasé... A part cela, N... est gai et bien portant, mais il veut tout faire par lui-même, et sa visite à V... a causé un grand émoi. »

Si vous le voulez bien, messieurs, nous laisserons de côté L..., N... et V..., puisqu'il n'y a pas ici de D... en question, et nous ne perdrons pas notre temps à deviner cette nouvelle énigme. Il nous reste quelque chose de plus sérieux à faire, avant de finir sur tous ces points.

Toutefois, nous ne pouvons nous empêcher de vous faire remarquer, maintenant que nous en avons terminé avec toutes les pièces secrètes, que la communication d'aucune d'elles n'était de nature à créer des complications diplomatiques, et que, Dieu merci, la publication qui en a été faite n'en a créé aucune. Mais ce que nous retenons aussi, c'est qu'il n'y en a pas une seule qui accuse Dreyfus et qui pût être de nature à faire obstacle à la revision, en admettant même que ces pièces pussent être opposées légalement à Dreyfus, qui ne les connaît pas.

II

Présomptions contre Esterhazy en dehors du bordereau.

Nous voulons maintenant nous demander si, en dehors du bordereau et du papier pelure qui accusent si hautement Esterhazy, il n'y a pas dans le dossier d'autres éléments d'accusation contre lui, et même des aveux de sa part.

Nous vous rappelons d'abord l'opinion de M. le général Roget sur son compte :

« Au point de vue de sa vie dissipée, de ses dettes, de ses affaires véreuses, il n'est pas *défendable*... Au point de vue moral, *tout est possible*, avec un homme comme Esterhazy. »

Il est vrai qu'avant ce dernier certificat, M. le général Roget a dit :

« On peut être perdu de dettes, sans être un traître. » — Et nous sommes de son avis.

Mais alors, nous demanderons à M. le général Roget pourquoi il considère Dreyfus comme un traître, par cela seul qu'on lui attribue des pertes au jeu et des maîtresses de passage, à lui qui a 600,000 francs de fortune?

Vous connaissez déjà l'opinion de M. le général Billot, qui appelle Esterhazy *bandit, canaille, etc*. Mais il va plus loin que M. le général Roget.

En effet, rappelons ce que dit M. Jules Roche, au sujet de l'échec des démarches qu'il avait faites auprès de M. le général Billot, pour faire entrer Esterhazy dans les bureaux de l'état-major :

« Le ministre m'a fait, dit M. Jules Roche, comprendre, d'une façon très nette et en me montrant un dossier, que je ne pouvais plus m'occuper d'Esterhazy, non seulement pour des motifs d'ordre privé, ni de droit commun, mais pour des raisons plus décisives. *La manière dont il s'est exprimé indiquait clairement qu'il s'agissait de la plus grave de toutes les suspicions qui peut frapper un Français. Depuis lors, j'ai cessé absolument tout rapport avec Esterhazy.* »

Laissez-nous vous rappeler la déclaration d'un témoin qui a joué un rôle assez important dans l'affaire, puisque c'est sur ses renseignements de policier que M. d'Ormescheville a apprécié, en

1894, la moralité de Dreyfus. Nous voulons parler de Guénée. Il est bien permis, sans doute, de le consulter deux fois plutôt qu'une sur la valeur morale d'Esterhazy, puisqu'on n'a consulté que lui sur celle de Dreyfus.

Eh bien, vous savez ce qu'il a dit :

« Esterhazy doit être considéré comme un *misérable. Tous les moyens lui étaient bons pour avoir de l'argent.* »

Nous avions au dossier la déposition suivante de M. le général de Galliffet (enquête, page 145) :

« Au mois de mai 1898, le général anglais Talbot, qui avait été, comme colonel, attaché militaire en France pendant six ans, et avec qui j'étais en relations depuis de longues années, est venu me voir à son retour d'Egypte et m'a dit : « Mon général, je ne sais rien de l'affaire Dreyfus ; pendant tout le temps que j'ai été employé en France, je ne l'ai jamais connu. *Mais je suis étonné de voir le commandant Esterhazy en liberté, parce que nous tous, attachés militaires en France, nous savions qu'avec un ou deux billets de mille francs, le commandant Esterhazy* NOUS PROCURAIT LES RENSEIGNEMENTS QUE NOUS NE POUVIONS NOUS PROCURER DIRECTEMENT AU MINISTÈRE ! »

Cette déposition ne peut plus être retenue, du moins dans ses termes précis, car nous avons reçu, il y a quelques jours, la lettre suivante de M. le général Talbot, en date du Caire, 20 avril, et vous la trouverez au dossier. Nous en détachons l'extrait suivant :

« Je n'ai jamais connu cet officier, (il s'agit d'Esterhazy). Je n'ai jamais eu avec lui ni relations ni communications.

« Le général de Galliffet a dû se méprendre sur le sens de mes observations, qui tendaient seulement à établir ce fait, que le caractère d'Esterhazy était connu des attachés militaires. »

Nous induisons de cette rectification une seule chose, c'est que messieurs les attachés militaires jugeaient Esterhazy très capable de se laisser acheter des renseignements. Il pouvait donc s'en procurer? Cela suffit.

Enfin, et ceci est intéressant, M. le général Billot avait dit qu'Esterhazy était un *bandit*. Henry, qu'Esterhazy n'a pas dû trouver bien *gentil pour lui*, ce jour-là, contrairement à ce qu'il disait avoir le droit d'en attendre, en a dit autant devant M. le juge d'instruction Bertulus, lors de la scène dramatique qui a eu lieu, dans son cabinet, le 18 juillet dernier.

Nous voici amené à rappeler cette scène, qui, à notre avis, doit tenir une large place dans vos délibérations. Elle nous paraît jeter une lumière éclatante sur la question de revision qui vous est soumise, car elle met Esterhazy au premier plan de l'affaire, et il y est *cloué*, passez-nous l'expression, par la main d'Henry.

Nous citons, cela est nécessaire, le récit fait dans l'enquête (page 152) le 6 décembre 1898, par M. Bertulus. Il l'a du reste renouvelé devant vous, le 25 avril. On ne peut pas analyser. La vérité de la scène résulte, pour nous, des détails mêmes dont elle se compose.

Il y a des choses qu'on n'invente pas, surtout quand on est magistrat et qu'on rend compte d'une instruction à laquelle on a procédé.

« Le lundi, 18 juillet, le lieutenant-colonel Henry, entre une heure et deux heures de l'après-midi, se présente à mon cabinet, porteur d'une lettre de M. le ministre de la Guerre l'accréditant auprès de moi, pour vérifier les scellés, voir et emporter tous documents qui lui paraîtraient intéresser la défense extérieure de l'État ..

« Il fut décidé que nous choisirions le 21 juillet pour l'ouverture des scellés, en présence des défenseurs d'Esterhazy et de la fille Pays, alors arrêtés à raison des télégrammes Blanche et Speranza.

« Je me mis à causer des scellés avec Henry, dans mon arrière-cabinet.

« Je lui montrai, tout d'abord... le mémoire de Me Jeanmaire, la pièce anglaise, enfin la note sur laquelle on lisait le mot « *Bâle* » et le nom « C. ». (Ces pièces avaient été saisies, vous le savez, chez Mlle Pays.) M. Bertulus avait expliqué précédemment (il faut le noter) que, dans ce mémoire, il était dit, « que pour conjurer la *catastrophe* qui se préparait, il était indispensable de poser la question sur le terrain patriotique, de renverser au besoin le Ministère et d'obtenir que le général de Boisdeffre (à qui Esterhazy avait déclaré avoir écrit la lettre trouvée dans la potiche et portant en tête : « Mon général ») se manifestât à l'audience. » (Il s'agissait là du procès d'Esterhazy devant le Conseil de guerre.)

Quant à la pièce anglaise, elle était d'une écriture autre que celle d'Esterhazy, et parlait, entre autres choses, du général Billot, dans un sens injurieux (enquête, page 151).

Cette précision faite, continuons le récit de M. Bertulus.

« En présence de ces documents, le colonel Henry *éprouva une réelle émotion. Il me dit que je pouvais sauver l'honneur de l'armée, que je le devais.*

« Je lui fis remarquer que je ne serais jamais sourd à un pareil appel. Et je lui développai les charges écrasantes que ces documents apportaient contre Esterhazy. J'appelai son attention sur le mot « *Bâle* » et sur le nom « C. ». Ces deux mots étaient pour moi toute une révélation. *C'était la preuve qu'Esterhazy avait trouvé au bureau des renseignements des concours coupables.*

« Henry, comprenant que la lumière s'était faite à mes yeux, cessa toute dissimulation, reconnut que *Bâle* voulait rappeler un certain voyage qu'il fit avec le capitaine Lauth, pour entendre le sieur « C. ». (Vous connaissez, messieurs, tous les détails de ce voyage, et nous n'en parlerons pas, négligeant tout ce qui nous paraît accessoire pour ne mettre en relief que ce qui est essentiel.) Il finit par m'avouer que les auteurs des télégrammes *Blanche* et *Speranza* n'étaient autres qu'*Esterhazy et Du Paty de Clam.*

« Il me demanda de ne rien faire jusqu'à ce *qu'il fût allé au Ministère rendre compte de notre conversation au général Roget,* m'affirmant que ce général n'hésiterait pas à se rendre aussitôt auprès de moi.

« Je répondis que je serais à mon cabinet jusqu'à 6 h. 1/2 du soir, et j'ajoutai : « Je vous autorise à dire au général absolument tout ce qui s'est passé ici entre vous et moi. Henry se leva pour se retirer.

« A ce moment, en souvenir des relations courtoises, déjà anciennes, que j'avais eues avec Henry, je crus de mon devoir de le retenir et de lui dire : « Ce n'est pas tout. Esterhazy et Du Paty de Clam sont coupables. Que Du Paty de Clam se fasse sauter la cervelle ce soir, et qu'on laisse la Justice suivre son cours contre *Esterhazy, le faussaire* et non le traître. Mais il y a encore un danger, et ce danger, c'est vous. J'ai eu en mains, pendant deux jours, une lettre signée Esterhazy, et cette lettre n'est pas la seule de ce genre. Dans cette lettre, adressée à M. Jules Roche, Esterhazy, qui fournissait à ce député certains renseignements circonstanciés sur certains errements du Ministère de la Guerre, fait de votre caractère, de vos aptitudes, le plus détestable tableau. Il dit aussi que *vous n'êtes qu'un besogneux et que vous êtes demeuré son débiteur.* Tout cela remonterait à une date antérieure au procès Dreyfus. »

« Je lui fis remarquer que si de pareils documents venaient à tomber dans les mains de ses ennemis, on en tirerait, contre lui, les conséquences les plus graves, et *que certains esprits pourraient facilement aller jusqu'à soutenir que celui qui documentait Esterhazy n'était autre que lui, Henry.*

« Devant une pareille hypothèse, Henry s'effondra dans son fauteuil, sans dire un mot; puis tout à coup, il se mit à pleurer à chaudes larmes, pour ensuite se lever, venir à moi, m'enlacer de ses bras, puis me prendre la tête dans ses deux mains, m'embrasser au front et aux joues, à pleine bouche, me répétant : *Sauvez-nous !*

« Je poussai Henry dans son fauteuil, je laissai ses sanglots diminuer, puis, tout à coup, comme se réveillant, il me dit :

— *Esterhazy est un bandit !* » Sans lui laisser le temps de continuer sa phrase, si tant est qu'il en eût le dessein, je lui ripostai :

— *Esterhazy est l'auteur du bordereau.* Alors, Henry ne dit ni oui ni non. Il se contenta de me répéter : « *N'insistez pas, n'insistez pas, Avant tout, l'honneur de l'armée !* »

« Je ne crus pas devoir profiter davantage de la situation. Henry était dans un tel état de trouble et d'émotion, que j'eus pitié de lui. Il était *suppliant,* dans toute la force du mot. Je n'étais, en réalité, saisi que des faux *Speranza* et *Blanche.* Je n'avais pas à aller plus loin.

« Quand Henry voulut sortir de mon cabinet, il passa devant mon greffier, puis, me ramenant dans mon arrière-cabinet, il me demanda comme une faveur exceptionnelle de sortir avec lui jusque dans le couloir des témoins, pour que, disait-il, le monde vit bien dans quels termes nous nous quittions, et aussi *pour que l'on pût constater que je ne l'arrêtais pas.* J'avoue que je n'ai jamais compris la dernière partie de cette demande, car jamais pareille question ne s'était posée. Je n'en parle que pour bien montrer l'état d'esprit dans lequel se trouvait Henry, quand il m'a quitté. Je cédai à son désir. Je restai dans mon cabinet jusqu'à sept heures. Personne du ministère ne vint.

« Je n'ai revu Henry que le 21. Dès qu'il arriva dans mon cabinet, je le fis passer dans mon arrière-cabinet, et je lui demandai des nouvelles du général Roget. *Je trouvai Henry changé du tout au tout. Plus d'émotion, plus de gêne.* Il me répondit que, réflexion faite, tout ce que j'avais dans mon dossier était insuffisant. Je n'insistai pas. Je procédai à la réouverture des scellés ; Henry ne trouva rien à revendiquer, même pas la pièce anglaise, pas même la note où il est question de Bâle...

« Ce fut Esterhazy qui se paya le malin plaisir, quand Henry eut déclaré qu'il n'avait rien à prendre, de lui signaler les deux documents dont je viens de parler. Henry s'excusa, réclama ces deux documents, et je les lui remis.

« A une séance ultérieure, une vérification minutieuse et complète eut lieu de la part d'Henry et du capitaine Lunck.

« Ils ne revendiquèrent aucune pièce.

« Après le départ de ces deux officiers, je dis à mon greffer :

— Quelles pièces peuvent-ils bien chercher ? — Alors Esterhazy me répondit : « — *Oh ! je sais bien !* Ils cherchent la *Garde Impériale*, mais ils ne l'auront pas. Elle est en lieu sûr. » Esterhazy faisait allusion à une pièce qu'il considérait comme sa suprême sauvegarde, du moins je le suppose. »

Vous savez, messieurs, qu'au lieu d'être reléguée au fond d'un képi d'Esterhazy, où M. Bertulus n'a pas su la trouver, malgré une recherche pendant *laquelle Mlle Pays avait presque failli se trouver mal*, la *Garde Impériale* était cachée dans un pot à fleurs, chez un ami de la maison.

Dans cette affaire, de temps en temps le grotesque côtoie le drame. Il faudrait en rire, s'il ne fallait pas plutôt s'en affliger. Nous avons le ferme espoir qu'un jour *la Garde se rendra... sans mourir*.

En attendant, revenons à la scène dramatique racontée par M. Bertulus.

Allons droit au débat si grave qui est engagé à ce sujet.

D'après le général Roget et le général Gonse, cette scène est imaginée de tous points par M. Bertulus. Ce magistrat a *indignement menti*.

« Tout ce qu'a déclaré là M. Bertulus, dit M. le général Roget, fait plus d'honneur à son imagination qu'à sa *véracité. Et je suis indigné qu'un magistrat puisse apporter des dispositions pareilles.* » (Enquête, page 434.)

Comment messieurs les généraux justifient-ils leur accusation contre M. Bertulus ?

Le voici.

Il faut citer textuellement. Il est important de ne pas commettre d'erreur, la chose en vaut la peine. Et nous serions désolé de nous exposer, même involontairement, à la moindre rectification, fût-elle sans importance.

Voici ce que dit M. le général Roget :

« Henry se rendit, une première fois, au cabinet du juge d'instruction. Je ne sais à quelle date (celle probablement que dit M. Bertulus, le 18 juillet). En rentrant au ministère, il se rendit, je crois, chez le général Gonse. Ce que je sais, c'est que le général Gonse le conduisit après à mon cabinet, où ils se présentèrent tous les deux, en me disant que M. Bertulus désirait me communiquer l'instruction qu'il faisait en ce moment-là, et me priait de passer dans son cabinet. Le colonel Henry me raconta, en même temps, devant le général Gonse, ce qui venait de se passer entre M. Bertulus et lui.

« Je m'aperçus très vite que M. Bertulus venait de lui jouer une de ces scènes de comédie dont il est *coutumier*.

« En substance, il avait dit à Henry : — « Vous croyez que je suis contre l'armée? Vous avez tort, je marche avec vous. Je suis désolé de ce qui se passe. Mais je suis bien obligé de marcher, parce que Picquart et ceux qui sont avec lui me poussent. Mais au fond, je suis avec vous. Dites-le au ministre et au général Roget. »

« *Puis il se mit à fondre en larmes*, à *embrasser Henry*, *en lui* disant qu'il y *perdrait peut-être sa robe rouge*, et autres propos semblables. *Henry, parfaitement calme au moment où il faisait ce récit*, me parut avoir pris au sérieux les propos de M. Bertulus. Il chercha à me démontrer combien ce magistrat était de bonne foi, en me priant d'aller chez lui, comme il le désirait.

« Le général Gonse, *aussi naïf que Henry*, joignit ses instances à celles de ce dernier.

« Je refusai nettement. »

Et après avoir donné les raisons de ce refus, approuvé d'ailleurs par M. Cavaignac, le général Roget ajoute :

« Je vis, en un mot, dans la démarche que me proposait M. Bertulus, *un piège*... »

Et plus loin :

« J'avais d'ailleurs des raisons de me méfier, moi, de M. Bertulus ; j'avais été mis en relations avec ce magistrat, lors du procès Zola, par M. le général Gonse, et, un jour qu'un juge d'instruction, comme lui au Tribunal de la Seine, m'avait vu causer avec M. Bertulus, il me tint ce propos...

Nous ne reproduisons pas les outrages, immérités à notre avis, que M. le général Roget n'a pas craint de jeter à la face d'un magistrat, à propos d'une déposition faite par lui, sous la foi du serment, parce qu'il a raconté une scène de terreur, de supplication et de larmes, qui se serait produite dans son cabinet, le 18 juillet, de la part d'Henry. Nous ne reproduisons pas, non plus, les paroles de représailles de M. Bertulus, que vous avez entendues. Décidément M. le général Roget ne ménage personne, ni avocat, ni magistrat, — ni même son collègue, le général Gonse.

« Celui-ci n'est qu'un *naïf !* »

Et le général qui croit à la sincérité d'Henry, le faussaire, et au mensonge d'un juge d'instruction, n'est-il pas plus naïf encore ?

Voici maintenant ce que dit M. le général Gonse (enquête, page 399).

« Je n'ai ni à nier ni à confirmer la première scène dont a parlé

M. Bertulus, scène qui aurait eu lieu dans son arrière-cabinet. Mais il me semble que, s'il avait reçu les graves confidences qu'il attribue au colonel Henry, son premier devoir était de les faire connaître à l'autorité militaire... »

On peut comparer la modération de ce langage à la violence de celui de M. le général Roget. Cette violence ne prouve rien. Ne dirait-on pas que c'est presque de la colère? Et nous ne pouvons nous empêcher de rappeler à ce sujet ce mot de Fontenelle :

« Il n'y a point de passion qui ébranle tant la sincérité du jugement que la colère. »

Violence ou colère à part, la grave question qui se pose est celle de savoir si la scène racontée par M. Bertulus est vraie, ou si elle n'est que le fruit de son *imagination*. C'est-à-dire, pour employer le gros mot, si *c'est un mensonge*.

Heureusement, pour la convenance absolue que nous nous sommes astreint à apporter dans notre réquisitoire vis-à-vis des officiers supérieurs de l'armée, quand nous avons à discuter leur témoignage, — le débat ne se pose pas, en ce moment, entre M. le juge d'instruction Bertulus et M. le général Roget.

Il se pose entre M. le juge d'instruction Bertulus et Henry, le faussaire.

M. le général Roget s'est fait juge de la cause. Il a opté pour Henry. La *véracité* de M. le général Roget n'est donc pas en question, il s'agit seulement de la *sincérité, non de sa parole, mais de son jugement sur le fait litigieux,* dans le sens où Fontenelle employait son heureuse formule.

Nous voilà donc bien à l'aise pour dire nettement notre opinion et pour la justifier.

Nous tenons pour certaine la scène dramatique racontée par M. Bertulus.

Notre première raison est tirée des détails mêmes de cette scène.

Et, encore une fois, il y a des choses qu'on n'invente pas, à moins d'être un artisan émérite de mensonge, et on voudra bien admettre qu'il est peu vraisemblable qu'un juge d'instruction, chargé de rechercher la vérité, la viole lui-même d'une façon inqualifiable, en inventant de toutes pièces une pareille scène.

Mais ceci n'est qu'une considération morale. Cela ne suffit pas. Allons au fond des choses — nous allions dire au fond du *puits*, où est cachée, depuis cinq ans bientôt, l'auguste vérité.

Pourquoi le général Roget répudie-t-il le témoignage — entendez-bien — le témoignage fait, sous la foi du serment, par M. Bertulus?

Pour trois raisons :

La première, c'est qu'il n'admet pas que M. Bertulus ait pu montrer la pièce portant le mot « Bâle » et l'initiale C, et provoquer ainsi une forte émotion ;

La seconde, c'est le calme qu'a manifesté Henry en revenant de chez M. Bertulus, le 18 juillet, jour de la scène, et l'invitation qui lui a été transmise, de la part de M. Bertulus, de venir prendre communication de l'instruction Esterhazy ;

La troisième, c'est le récit au crayon, fait par Henry, le 21 juillet, d'une autre scène bien différente, qui aurait eu lieu le 18.

Voici notre triple réponse :

1° Pièce « Bâle ».

D'abord cette pièce a été mise sous scellé par M. Bertulus, après avoir été saisie chez Esterhazy.

Il l'avait donc sous la main.

De plus, la remise de cette pièce à Henry est attestée par M. Cuignet, dans sa déposition du 6 janvier dernier (Enquête, page 249), dans les termes suivants :

« En ce qui touche les deux pièces qui auraient été saisies au domicile d'Esterhazy, et *remises au colonel Henry*, l'une me paraît devoir être le compte rendu d'une entrevue qui a eu lieu à Bâle, entre un agent étranger d'une part, et, d'autre part, le lieutenant-colonel Henry et le commandant Lauth.

« Cette pièce serait annexée au dossier de l'instruction Tavernier.

« Quant à la deuxième pièce, en anglais, qui parle, entre autres choses, du général Billot en termes injurieux, je ne possède encore aucun renseignement à son sujet. Le ministre de la Guerre fera parvenir la pièce à la Cour. On lui fera connaître le résultat des recherches auxquelles il fait actuellement procéder à son sujet. »

M. le général Roget prétend que le capitaine Cuignet se trompe et qu'il ne connaissait pas ces pièces à ce moment-là.

Ceci est un débat entre M. Cuignet et le général Roget. Nous ne nous chargerons pas de mettre ces messieurs, ni d'autres, d'accord entre eux. Nous aurions trop à faire, plus d'une fois, dans ce procès, si nous nous engagions dans cette voie. Cela pourrait faire dérailler le procès judiciaire. Et c'est ce que nous nous sommes astreint à éviter.

Mais comment M. Bertulus aurait-il pu parler de la pièce « Bâle », s'il ne l'avait pas eue sous les yeux? — En tous cas, si ce n'était pas celle-là qu'il eût rendue à Henry, il en avait d'autres.

Nous avons vu, en présence de M. Bertulus — et il y a au dossier — deux pièces portant le nom de *Bâle*, et l'une d'elles, si nous ne nous trompons pas, porte même *Agent Bâle*. M. Bertulus a eu soin de faire observer que c'était là un commencement de preuve à l'appui de son dire.

Or, ce qu'il importe de savoir surtout, c'est si une pièce portant le nom de *Bâle* avait été montrée à Henry, l'initiale C n'étant pas absolument nécessaire, car Henry savait bien que c'était à Bâle qu'il s'était rendu avec M. Lauth, et que l'agent désigné par la lettre C était un agent étranger à la solde de la France.

Or, messieurs, il suffisait de prononcer le nom de *Bâle* devant Henry pour évoquer dans son esprit des souvenirs inquiétants, et produire chez lui une réelle émotion.

Pourquoi? Parce qu'il résulte des documents de l'enquête que le rôle d'Henry dans cette circonstance avait été singulier. Envoyé pour avoir des renseignements qu'on croyait avoir le droit d'attendre de la part de l'agent, sur les agissements d'Esterhazy, il était revenu de son expédition, en disant qu'il n'*avait pu rien obtenir*.

Or, ce qu'il avait obtenu, c'était, d'après un document de l'enquête, « *qu'on s'était trompé en France en condamnant Dreyfus, et que le véritable coupable était un autre officier*. Et, sans être prononcé, le nom d'Esterhazy était suffisamment indiqué pour Henry.

Or Esterhazy était, quoi qu'en ait pensé le général Roget, l'ami de vingt ans, le créancier qu'il avait voulu sauver, Esterhazy était l'homme avec lequel il correspondait en langage chiffré. Et M. Bertulus avait saisi la grille qui servait à cette correspondance. On comprend donc son émotion devant M. Bertulus lui rappelant son mensonge au sujet du voyage de Bâle.

Ainsi la possibilité de la première partie de la scène se bornant à l'émotion d'Henry, en présence d'une note écrite par Esterhazy, parlant de *Bâle*, avec l'initiale C, ou de toute autre note, portant simplement *Bâle*, se trouve suffisamment établie.

La déclaration de M. Bertulus ne se trouve donc pas mise en échec par l'impossibilité matérielle qui sert de base au raisonnement de M. le général Roget.

Et remarquons, messieurs, cela est important, que ce n'est pas du tout sur l'exhibition de la pièce « Bâle », qu'a eu lieu l'effondrement d'Henry. Il ne faut pas qu'il y ait erreur sur ce point.

Il y a eu bien autre chose.

A la suite de son émotion, Henry dit seulement à M. Bertulus qu'il pouvait sauver l'*honneur de l'armée et qu'il le devait.* A quoi M. Bertulus répondit *qu'il ne serait jamais sourd à un pareil appel.*

Puis, reprenons la conversation qui suit, — nous résumons :

M. Bertulus fait ressortir les charges écrasantes que les documents apportaient contre Esterhazy et contre du Paty de Clam — la preuve qui résultait pour lui des *concours coupables qu'Esterhazy aurait trouvés au bureau des renseignements* — l'attitude d'Henry, qui, voyant que la lumière s'était faite aux yeux de M. Bertulus, cesse toute discussion et lui demande de ne rien faire jusqu'à ce qu'il eût rendu compte au général Roget de la situation. M. Bertulus accepte. Henry se lève pour se retirer. Et c'est à ce moment que M. Bertulus le retient, le met directement en jeu, comme vous le savez, lui fait entrevoir que *c'était lui qui documentait Esterhazy pour la trahison,* et c'est alors que se produisit l'effondrement et le drame de vérité raconté par M. Bertulus.

2° Calme d'Henry.

« Mais, dit le général Roget, et, après lui, M. le général Gonse, comment, après une pareille scène, Henry a-t-il été aussi calme devant nous? C'eût été impossible, si la scène avait eu lieu. Et comment aurait-il pu, après une scène pareille, s'exposer au danger d'une entrevue de M. le général Roget avec le juge d'instrnction? Et cependant, non seulement il a dit à M. le général Roget que M. Bertulus l'attendrait jusqu'à six heures et demie, mais il a même insisté pour que le général se rendît au Palais. »

Ici, la réponse est trop simple.

Ce calme est celui d'un grand *simulateur*. Henry était un *homme très facile* à se reprendre. Nous l'avons fait déclarer par M. Bertulus, que ce calme n'étonne pas, *par cela seul* qu'il vient d'Henry.

Voyez avec quel calme et quelle audace il a nié six ou huit fois le faux, par lui commis!

Le désespoir ne s'est emparé de lui que le lendemain. Que de secrets le malheureux a peut-être emportés dans la tombe!

Puis, ce n'est que vers la fin de la journée (c'est M. le général Gonse qui nous l'apprend) qu'Henry s'est rendu chez ce dernier et lui a rendu compte, à sa façon, de ce qui s'était passé chez le juge d'instruction.

Combien de temps s'est écoulé entre le moment où Henry a quitté le Palais et celui où il a vu M. le général Gonse?

Ne fût-ce que le temps d'aller du Palais au Ministère, un homme qui a le plus grand intérêt à dissimuler la vérité, et qui en a poussé l'altération jusqu'au faux, est bien capable de se ressaisir.

Quant à la visite à M. Bertulus, proposée par ce dernier et transmise au général Roget, Henry, croyez-le bien, comptait sur la discrétion absolue du juge d'instruction, qui, en somme, lui avait témoigné un très vif intérêt, en lui signalant la gravité de la situation. Il ne pouvait pas, dans sa pensée, trahir sa confidence. C'est là une hypothèse de notre part, sans doute, mais dans une affaire où les hypothèses ont servi de base, pour la plus grande partie, à l'accusation contre Dreyfus, et sont indiquées aujourd'hui comme obstacle possible à la revision, il nous semble qu'elle peut être raisonnablement admise.

Pour se ressaisir, il n'aurait pas attendu si longtemps, d'ailleurs, car, quelle que soit la scène qui s'est produite entre lui et M. Bertulus (et il y en a eu une, nous allons le prouver), voyez-le à la sortie même du cabinet de M. Bertulus, très calme, se sachant protégé, devant les témoins du couloir, par la présence de M. le juge d'instruction, contre l'apparence d'une arrestation, dont il n'avait pu être nullement question.

Voilà l'état d'esprit d'Henry dans un moment si grave.

Que s'est-il donc passé, d'après lui?

Puisque les morts *parlent*, comme le dit M. le général Roget, écoutons-le, d'abord, car il a parlé, et c'est M. le général Roget qui va lui servir d'écho. Nous le lirons ensuite, *car il a écrit.*

3° Scène racontée par M. le général Roget. Scène écrite par Henry.

Vous connaissez, messieurs, la scène qu'aurait racontée Henry, le soir du 18 juillet, en revenant de chez M. Bertulus.

Nous la rappelons, c'est nécessaire (enquête, page 434) :

« Le colonel Henry me raconta, devant le général Gonse, ce qui venait de se passer entre M. Bertulus et lui. Je m'aperçus très vite que M. Bertulus venait de lui jouer *une de ces scènes de comédie dont il était coutumier.* »

En passant, nous nous permettrons de demander à M. le général Roget s'il a jamais comparu, comme témoin, devant M. Bertulus, pour se croire autorisé à affirmer que M. Bertulus est coutumier des scènes de comédie. En a-t-il joué une devant lui? Qui lui a fait part de scènes quelconques jouées dans son cabinet?

Passons.

« En substance, M. Bertulus aurait dit ceci à Henry :

— Vous croyez que je suis contre l'armée? Vous avez tort. Je marche avec vous. Je suis désolé de ce qui se passe. Mais je suis bien obligé de marcher, parce que Picquart et ceux qui sont avec lui me poussent. Mais, au fond, je suis avec vous. Dites-le au ministre et au général Roget.

« Puis il se mit à *fondre en larmes* (ne confondons pas, ce serait M. Bertulus), à *embrasser Henry, en lui disant qu'il y perdrait sa robe rouge, et autres propos semblables.* »

Ainsi, d'après le récit d'Henry, transmis le 28 janvier 1899 seulement par M. le général Roget à la Chambre criminelle, c'est M. Bertulus qui *aurait fondu en larmes devant Henry et l'aurait embrassé.*

Cette scène racontée par Henry serait du 18 juillet 1898. Nous posons une question dont vous apprécierez l'importance. Comment se fait-il que, dans les nombreuses dépositions faites par M. le général Roget, et qui, avant celle dont nous parlons en ce moment, remplissent 48 pages de l'enquête (37 à 85) et vont du 11 novembre au 24 novembre 1898, M. le général Roget n'ait pas dit un mot d'une scène pareille? Elle était assez extraordinaire pour être révélée à la Cour, ce nous semble. Pour la révéler, M. le général Roget a attendu de connaître la déposition de M. Bertulus. Il se l'est fait lire à l'audience du 28 janvier, disant que M. le ministre de la Guerre lui avait fait connaître, sans lui donner d'ailleurs d'explications, que M. Bertulus l'avait mis en cause dans sa déposition. Puisqu'il le dit, nous le croyons, quoiqu'il eût pu avoir connaissance de cette déposition remontant au 6 décembre 1898, et dont communication avait été faite depuis longtemps au ministre de la Guerre, par l'entremise de M. le général Chamoin, délégué à cet effet.

Mais il n'avait pas besoin de cette communication pour connaître le récit d'Henry, puisqu'il lui avait été fait à lui-même.

De là ce dilemme: ou son silence jusque-là s'explique, parce qu'il avait considéré comme absolument fantaisiste un pareil récit, ou bien il l'avait absolument oublié, malgré la gravité qu'il lui a donnée plus tard. Ce serait étrange de la part d'un officier dont chacun de nous ici a pu apprécier la haute intelligence.

Il y a, messieurs, une troisième hypothèse, que nous allons vérifier.

M. le général Roget n'a-t-il pas fait une confusion involontaire entre la scène racontée par M. Bertulus et celle racontée par Henry? Chose singulière, ce n'est plus Henry qui aurait fondu en larmes et se serait jeté au cou de M. Bertulus, en suppliant et en disant : « Sauvez-nous, sauvez l'honneur de l'armée, » ce serait M. Bertulus qui se serait jeté dans les bras d'Henry, versant des larmes sur sa *robe rouge perdue*. Étrange !

Or, d'abord, le récit de M. Bertulus a été entendu par le greffier, l'honorable M. André, et celui-ci a vu sortir Henry *en larmes* de l'arrière-cabinet, et revenir prendre le bras de M. Bertulus. Il a vu ensuite M. Bertulus se laver, *ne voulant pas, dit M. Bertulus, garder sur son visage les traces des larmes d'un homme qu'il n'estimait pas*. (Déposition de M. Bertulus devant les chambres réunies.) La Cour, par un sentiment de convenance facile à comprendre, n'a pas cru nécessaire d'entendre M. André, qui attendait, dans notre couloir, d'être appelé par elle.

Mais sa déposition, par cela seul qu'elle était invoquée par M. Bertulus, doit légitimement être escomptée au profit de la sincérité de ce dernier.

C'est de la justice élémentaire.

Mais il y a mieux que tout cela, et ceci nous paraît péremptoire.

M. le général Roget a fait parler le mort.

Le mort a écrit. Voyons son testament. Il porte la date du 21 juillet.

Chose singulière, d'abord. Il a écrit sur la deuxième feuille blanche d'un papier officiel venant du ministère de la Justice, et adressé à M. le ministre de la Guerre.

La première feuille porte la date du 19 juillet, et avertit M. le ministre de la Guerre que le Garde des Sceaux ne fait aucune opposition à ce qu'Henry se transporte au cabinet de M. Bertulus, pour retirer du dossier Esterhazy (poursuivi alors pour faux et usage de faux des télégrammes Blanche et Speranza) toutes pièces pouvant intéresser la défense nationale. C'est ce qui a eu lieu le 21 juillet.

Et c'est sur ce papier que Henry a écrit, à la date du 21 juillet, le récit suivant qui, d'après M. le général Roget, doit s'appliquer à la séance du 18 juillet.

Nous pourrions discuter là-dessus, car les premières lignes de ce factum débutent en rendant compte d'une séance qui, par la formule employée, pourrait très bien s'appliquer à ce jour même.

Mais comme il n'y a pas le mot « aujourd'hui », et que d'ailleurs ce jour-là, 21 juillet, Henry n'était pas seul avec M. Bertulus, nous voulons bien admettre qu'il s'agit d'un récit de choses qui se seraient passées le 18 juillet.

Quel est donc ce récit, écrit au crayon, et que l'on aurait trouvé dans les papiers d'Henry, qui avait, dit M. le général Roget, l'habitude d'écrire ainsi assez souvent de semblables mementos? Nous admettons encore cela.

Nous repoussons, nous, toutes les hypothèses. Nous ne voulons nous appuyer, comme nous l'avons fait jusqu'ici, que sur des bases sûres et indiscutables.

Voici les termes du récit : nous les avons copiés sur l'original, au crayon, autant que nous avons pu le lire.

Il va être question d'une conversation entre M. Bertulus et Henry, au sujet de l'arrestation d'Esterhazy et de la demoiselle Pays, relativement aux faux Blanche et Speranza.

Le voici :

« — *M. Bertulus.* — En arrêtant Esterhazy et la fille Pays, j'ai jeté un cri d'alarme qui n'a malheureusement pas été compris. J'espérais que le Gouvernement interviendrait et me demanderait des explications. Il n'en a pas été ainsi. — Je n'ai vu personne du Gouvernement, et on ne me faisait rien dire. Cependant, j'ai agi dans l'intérêt du pays et de l'armée, que l'on mêle, je ne sais pourquoi, à toutes ces histoires. J'ai voulu éviter un scandale.

« *Moi* (C'est Henry qui est l'interlocuteur). — Mais pourquoi cette arrestation qui, elle, cause déjà du scandale? Il me semble que vous pouviez ne pas en arriver là, surtout après, ou en même temps que celle de la fille Pays. Cela a l'air d'une sorte de défi de votre part.

« *Lui.* —Je vais vous en indiquer sommairement la cause. Et il me raconte sommairement alors que c'est Christian qui l'a mis au courant de tout. — Et il ajoute : « Mais avant de venir à mon cabinet, il avait tout raconté à la bande des dreyfusards qui en avait rédigé une sorte de procès-verbal signé d'eux (Laborie, Trarieux, etc.) et de Christian.

« C'est là qu'est le malheur. Car s'il était venu directement devant moi, Paul Bertulus, j'en eusse informé le Gouvernement, et tout était arrêté. Après la rédaction du procès-verbal dont je viens de vous parler, il n'était plus temps, etc. »

Voilà le récit substitué par Henry à la scène réelle qui s'est passée chez M. Bertulus.

Eh bien! Messieurs, nous ne perdrons pas notre temps et le vôtre à en faire ressortir les invraisemblances.

En tout cas, si cette conversation avait eu lieu au commencement de la séance, elle ne serait pas incompatible avec l'autre scène qui se placerait à la fin.

Mais nous n'hésitons pas à dire que nous n'en croyons pas un mot, et que nous ne voulons pas sacrifier la sincérité de M. Bertulus, magistrat, aux fantaisies mensongères du faussaire Henry.

Nous avons, d'ailleurs, une réflexion bien importante à vous soumettre. M. le général Roget fait dire à Henry cette chose bien extraordinaire, que c'est M. Bertulus qui l'a embrassé en versant des larmes.

Après vous être demandé avec nous pourquoi M. le général Roget n'a pas raconté cela dans ses premières dépositions, vous remarquerez qu'Henry n'en dit pas un mot dans son memento. En vérité, tout le monde conviendra que si cela avait été vrai, il valait bien la peine de le constater. Et alors nous vous posons cette question : Où M. le général Roget a-t-il trouvé un renseignement aussi important?

A vous, Messieurs, de la résoudre.

Et maintenant nous concluons sur ce point si grave du débat.

Si, comme nous, vous admettez la scène dramatique racontée par M. Bertulus, vous vous demanderez si vous ne tenez pas une des clefs du procès.

Vous vous demanderez si les cris de détresse, les supplications d'Henry ne sont pas à la fois la preuve, par l'aveu d'un des coupables, de la culpabilité d'Esterhazy. Vous vous demanderez tout au moins, et cela suffit, quant à présent, s'il n'y a pas là un autre fait nouveau décisif, de nature à établir l'innocence de Dreyfus.

C'est notre pensée, à tel point que nous jugeons complètement superflu de vous rappeler tous les témoignages versés à l'enquête, et tous les renseignements qui vous ont été fournis depuis par divers témoins, et qui tendraient à prouver qu'Esterhazy aurait avoué, plus d'une fois, être l'auteur du bordereau.

Il a une telle habitude du mensonge que si nous n'en avions la preuve manifeste par le bordereau lui-même, par le papier pelure, et par les autres documents de la cause, nous douterions de son aveu, et que nous finirions, peut-être, par le croire innocent, par prétérition d'une culpabilité légalement prouvée, pour employer cette variante d'une des formules du vocabulaire militaire versée au procès par M. le général Roget et par M. Cuignet.

III. — Légende des aveux de Dreyfus.

Nous ne pouvons terminer nos observations sans parler des aveux attribués à Dreyfus, non pas que le contrôle de ces prétendus aveux, nous dirons volontiers de cette légende, soit nécessaire pour la solution de la question de révision, au point de vue juridique, à l'heure où nous sommes, mais parce qu'il est nécessaire de dégager l'affaire de cet obstacle moral opposé aux présomptions d'innocence qui résultent de tous les faits nouveaux que nous vous avons signalés.

Pour nous, ces prétendus aveux seraient juridiquement inopérants en ce moment. Ils sont d'ailleurs inexistants. Enfin, ils sont moralement impossibles.

Nous disons d'abord que cette question des aveux ne peut avoir devant vous aucune influence sur la révision du procès. Pourquoi? — Parce que, alors même que ces aveux seraient certains, ils ne pourraient être actuellement opposés à Dreyfus.

Et pourquoi cela?

Parce que, d'abord, ils ne sont pas constatés par un procès-verbal authentique signé de Dreyfus.

Pourquoi encore?

Parce que, s'il reste démontré qu'en définitive Dreyfus n'a point écrit le bordereau, et ne peut être l'auteur de la trahison pour laquelle il a été condamné, les aveux inspirés par le désespoir ou par des espérances ou des promesses fallacieuses, seraient contraires, après tout, à la vérité du fait.

Pourquoi enfin?

C'est que ces aveux touchent au fond du débat, et que vous n'en êtes pas les juges.

Mais quels sont donc ces aveux? Qui les a entendus? Qui les a recueillis? Lebrun-Renault, d'abord, à l'École militaire, un moment avant la dégradation, et aussi le colonel d'Attel, qui est mort, mais qui en aurait parlé, puis le brigadier de la garde républicaine Depert, au retour à la Conciergerie.

L'importance de cette question des aveux nous imposait le devoir de nous éclairer sur la valeur intellectuelle et morale du capitaine Lebrun-Renault et surtout sur le degré de confiance qu'on pouvait avoir en ses déclarations. Certains renseignements, qui nous étaient venus de sources diverses, nous avaient donné quelques inquiétudes à ce sujet.

Nous sommes fixé maintenant.

Nous savons officiellement que « ses chefs le dépeignent comme un officier capable et instruit, très zélé et dévoué à ses fonctions, d'une intelligence vive et ouverte, d'un jugement sain, après réflexion, d'une conduite et d'une moralité excellentes, d'une nature impressionnable et d'une imagination enthousiaste qui a besoin parfois d'être calmée. En somme, c'est un officier fort honorable et estimé de ses chefs ».

Nous retenons cette note. Nous en acceptons, bien entendu, tous les termes. Nous avons donc devant nous un homme honnête, intelligent, et aussi d'un jugement sain après réflexion... d'une nature impressionnable et d'une imagination enthousiaste qui a besoin parfois d'être calmée.

C'en est assez, selon nous, pour n'avoir aucun doute sur sa sincérité, mais pour admettre facilement une erreur dans la reproduction ou dans l'interprétation de paroles entendues par lui.

Or, qu'a-t-il entendu?

Voici ce qu'il dit dans l'enquête, page 186 :

« Dreyfus commença par protester de son innocence, par dire qu'avec la fortune importante dont il jouissait, et le bel avenir qui lui était réservé, il ne pouvait avoir eu aucun intérêt à trahir. Il ajouta :

« Je suis innocent. Dans trois ans, on reconnaîtra mon innocence. Le ministre le sait, le commandant du Paty de Clam est venu me voir il y a quelques jours, dans ma cellule, et m'a dit que le ministre le savait. Le ministre savait que si j'avais livré des documents à l'Allemagne, ils étaient sans importance, et que c'était pour en obtenir de plus importants. »

Voilà quelque chose d'étrange! Dreyfus proclame d'abord son innocence, et il en donnerait pour preuve que le ministre savait qu'il était innocent et que s'il avait livré des documents, ils étaient sans importance, et que c'était pour en obtenir de plus importants ; c'est-à-dire que le ministre, qui savait qu'il était innocent, savait aussi qu'il était coupable.

La contradiction serait manifeste, si le propos avait été ainsi tenu. Pour la faire disparaître, il faudrait être assez juste pour ne pas considérer comme un aveu de culpabilité de Dreyfus une proposition qu'Esterhazy présente comme un système de défense.

En effet, dans sa lettre à M. le Premier Président, qui est annexée à sa déposition, Esterhazy reconnaît (il s'en vante comme d'un service rendu au pays), qu'il livrait des documents à l'attaché militaire A., mais c'était, dit-il, pour s'en procurer lui-même de plus importants, notamment sur le service des renseignements. Il semble avoir copié cela sur la phrase prêtée à Dreyfus.

Or, si c'est un système de défense pour Esterhazy, ce ne peut être un aveu de culpabilité pour Dreyfus, car cela exclurait le crime de trahison.

Empressons-nous de dire que nous n'acceptons ni pour Dreyfus ni pour Esterhazy un pareil système.

Pourquoi?

Parce qu'il est établi au procès qu'il est absurde de prétendre qu'on veut livrer ou qu'on a livré des documents pour en obtenir de plus importants. Vu qu'un service de renseignements paie en argent, ou de toute autre façon, les documents ou les renseignements qu'on lui fournit, et ne les paie jamais en documents. (Voir, entre autres dépositions, celle de M. Cordier.)

Aussi, Messieurs, n'est-ce pas cela que Dreyfus a dit.

Laissons de côté les transformations diverses, comme texte, qu'a subies le récit de Lebrun-Renault, dans la bouche du lieutenant-colonel Guérin, de M. de Peyrolles, de M. Druet, etc... parlant d'après le colonel d'Attel, mort depuis, et dont on n'a aucune déclaration écrite, car le fond serait le même.

Mais quels sont les propos que Dreyfus reconnaît avoir tenus?

Interrogé, par voie de commission rogatoire, sur le propos que lui prête Lebrun-Renault, il a répondu le 8 janvier 1899 (Enquête, page 565) :

« Je n'ai pas prononcé ces paroles telles qu'elles sont relatées. J'ai dit ceci ou à peu près, dans un monologue haché :

« Je suis innocent, je vais crier mon innocence en face du peuple. Le ministre sait que je suis innocent. Il m'a envoyé du Paty de Clam pour me demander si je n'aurais pas livré quelques pièces sans importance, pour en obtenir d'autres en échange. J'ai répondu non, que je voulais toute la lumière, qu'avant deux ou trois ans, mon innocence serait reconnue. »

A la bonne heure.

Voilà qui explique tout d'abord l'erreur facile de M. Lebrun-Renault, dont l'imagination enthousiaste nous est révélée par la note officielle que vous connaissez, et qui n'a pas entendu ces mots:

le ministre m'a fait demander, et puis la protestation persistante d'innocence de la part de Dreyfus.

Cette innocence, il l'a proclamée devant la troupe et devant le peuple comme il l'avait annoncé à Lebrun-Renault, en plein Champ de Mars, en criant : Vive la France!... Il est vrai que l'attitude de Dreyfus à ce moment, au lieu d'émouvoir M. le commandant Mitry, lui a produit un profond dégoût!

Savez-vous pourquoi, Messieurs?

Le voici :

« J'ai pu, dit-il, constater notamment, lorsqu'il défila devant les troupes, que, ne se trouvant pas au même pas que le brigadier qui commandait l'escorte, il en changea, et ce détail m'a paru étrange dans cette circonstance. »

Ainsi voilà ce malheureux qui, au milieu des huées de la troupe au moment où on vient de lui enlever tous les insignes de son grade et de sa noble profession, conserve l'habitude du pas militaire! S'il n'avait pas repris le pas, ou s'il était tombé sous le poids de la douleur et de la honte, nous nous demandons si on ne l'aurait pas fait relever brutalement?

La réponse envoyée de l'île du Diable par Dreyfus est en parfait accord avec ce qu'il avait écrit le 31 décembre 1894, après le rejet de son pourvoi, à Me Demange. Nous nous rappelons ce passage de sa lettre :

« Le commandant du Paty de Clam est venu aujourd'hui... me demander de la part du ministre si je n'avais pas été, peut-être, la victime de mon imprudence, si je n'avais pas voulu simplement amorcer... puis que je me suis trouvé entraîné dans un engrenage fatal? Je lui ai répondu que je n'avais eu de relations avec aucun agent ni attaché d'une puissance étrangère, que je ne m'étais livré à aucun amorçage, que j'étais innocent. »

Le même jour, à la suite de la visite de du Paty de Clam, il écrivait au Ministre de la Guerre :

« Monsieur le Ministre,

« J'ai reçu, par votre ordre, la visite du commandant du Paty de Clam, auquel j'ai déclaré que j'étais innocent, et que je n'avais même pas commis la moindre imprudence. Je suis condamné, je n'ai aucune grâce à demander, mais au nom de mon honneur qui, je l'espère, me sera rendu un jour, j'ai le devoir de vous prier de vouloir bien poursuivre vos recherches. Moi parti, qu'on cherche toujours, c'est la seule prière que je vous demande... »

Et maintenant faut-il demander à M. Lebrun-Renault quel a été véritablement son état d'esprit, en présence du monologue de Dreyfus, car, ne l'oubliez pas, ce n'est pas une conversation entre eux ; elle était interdite.

Est-ce qu'il a pris les paroles qu'il a entendues, mais mal comprises, pour un aveu? Est-ce qu'il n'a pas dit en présence de plusieurs personnes, dans un lieu public, le soir même du 5 janvier, et plus tard, devant d'autres : MM. Bayol, de Valles, Hepp, Hérisson (Enquête, pages 217, 260, 261, 266, 277, 334), que Dreyfus n'avait fait aucun aveu? Il ne l'a pas nié. Il a seulement répondu, qu'il ne s'en souvenait pas! (Enquête, page 187.)

Envoyé à M. le Président de la République et à M. le Président du Conseil, pour fournir des explications au sujet d'indiscrétions de la presse, qu'on lui reprochait d'avoir facilitées, a-t-il dit un mot de cet aveu?

Pas un mot.

Il n'a donc ajouté aucune importance à ce qu'il avait entendu. En voici la preuve éclatante.

Dans le rapport officiel de service qu'il a rédigé après la dégradation, il a indiqué ceci :

« Le service a commencé à telle heure, fini à telle heure, et dans la colonne d'*observations :* « *Rien à signaler!* » (Enquête, *ibid.*)

Rien à signaler?

Et l'aveu prétendu? Rien à signaler? Alors il n'y a rien eu. Mais il a peut-être dressé un procès-verbal à part?

Aucun procès-verbal. Et personne n'a vu aucune utilité à ce procès-verbal?...

Et on a dressé cet aveu contre Dreyfus comme une preuve éclatante de sa culpabilité, et on l'a affiché dans toute la France. Sur la foi de qui? — Sur la foi d'un homme qui s'est évidemment trompé, et qui n'a fait sa déclaration officielle que sur la demande du général Billot, et le 20 octobre 1897, au moment où Henry et du Paty de Clam se livraient à toutes sortes de machinations pour sauver Esterhazy!

On avait jugé tout procès-verbal inutile immédiatement après la dégradation. Vous ne savez pas pourquoi?

« Parce qu'on considérait l'affaire comme complètement terminée, qu'on ne pouvait pas supposer qu'elle renaîtrait, et qu'on n'a pas jugé utile de remplir cette formalité. »

C'est ce que dit le général Gonse (page 166).

Y a-t-il un document contemporain?

Oui, la lettre du 6 janvier 1895, écrite par M. le général Gonse au chef d'état-major de l'armée, et où il conclut, sur la foi de Lebrun-Renault, « qu'à son avis, Dreyfus a fait des demi-aveux mélangés de réticences et de mensonges. »

Mais, dans cette lettre qui lui a été rendue « et qu'il a renfermée dans son armoire comme un document historique, » M. le général Gonse ne peut être que l'écho de Lebrun-Renault. Elle n'a pas plus d'importance que le récit de ce dernier, que nous venons de réduire à sa juste valeur.

Mais ce qui est plus étonnant, c'est que le général Gonse prête à Dreyfus un aveu que nous ne trouvons ni dans le récit de Lebrun-Renault, ni dans les diverses reproductions qui en ont été faites.

Cet aveu, le voici, il est énorme :

« On n'a pas livré des documents originaux, mais simplement des copies. »

Et le général Gonse ajoute, tant le propos lui paraît grave (et il a raison, s'il a été tenu) : « Pour un individu qui déclare toujours ne rien savoir, cette phrase était au moins singulière. »

Où M. le général Gonse a-t-il trouvé ce propos?

Nous l'avons vainement cherché dans le récit de M. Lebrun-Renault ou de ses confidents. En tout cas, Dreyfus ne le connaît pas. Et comment se fait-il que, ne trouvant pas cette phrase dans le récit fait par Lebrun-Renault, soit en 1895, soit depuis, le général Gonse ne l'ait pas rectifiée et n'ait pas protesté contre une pareille omission?

Et d'ailleurs, il n'est pas exact qu'on ait livré des copies, sauf peut-être pour le Manuel de tir. D'après le bordereau, on n'a envoyé que de simples notes.

Nous ne comprenons pas cette addition aux aveux... La comprendrez-vous? Messieurs, nous vous la livrons.

Nous en concluons seulement, quant à nous, qu'il ne faut tenir aucun compte ni de ceci, ni du reste. Le défaut de procès-verbal présenté à Dreyfus et signé par lui interdit toute accusation fondée sur un prétendu aveu. Et dire qu'il était là, et qu'on pouvait le lui faire signer! Et on ne l'a pas fait!

Mais il y a autre chose. Un document tout à fait contemporain, dit-on. Quoi donc? Le calepin de Lebrun-Renault. Voyons.

Écoutons M. Lebrun-Renault (Enquête, page 187).

« En octobre 1897, lorsque la campagne en faveur de la révision du procès Dreyfus commença, le général Gonse, sous-chef d'état-major, me fit appeler et me demanda de lui donner, par écrit, la déclaration que je lui avais faite verbalement le 6 janvier 1895.

« Je le fis.

« Dans les premiers jours de juillet 1898, M. Cavaignac, ministre de la Guerre, me fit appeler, et me demanda quelles avaient été les paroles dites par l'ex-capitaine Dreyfus, le jour de sa dégradation. Je lui communiquai le texte d'une note que j'avais inscrite le 6 janvier sur un calepin. Il la copia in-extenso de sa main et me la rendit.

« Le 7 juillet 1898, il prononça à la Chambre des députés un discours où il lut la petite note qu'il avait copiée sur mon calepin... Je puis en certifier l'exactitude.

« Quelques jours après, je crus devoir détruire cette feuille, que je ne jugeais plus utile à conserver, puisque M. le Ministre de la Guerre l'avait copiée de sa main et lue aux Chambres. J'avais gardé cette feuille détachée de mon carnet, ayant l'habitude de détruire, chaque année, le carnet de l'année précédente. »

Comme épilogue de ce récit, écoutez ceci.

Demande de M. le Président de la Chambre Criminelle :

« M. Cavaignac, ministre de la Guerre, est-il la seule personne à qui vous avez montré la feuille détachée de votre calepin?

« R. — Oui. »

Que de réflexions nous reviennent à l'esprit, Messieurs! Quelles inquiétudes troublantes sont venues assaillir notre conscience en présence d'un pareil document! Et dire que c'est la copie de cette feuille volante, extraite d'un calepin détruit, qui a porté à tous les coins de la France, avec deux pièces fausses et une pièce inapplicable à Dreyfus, la preuve paraissant indéniable de la trahison d'un officier jusque-là honoré et estimé!

Faut-il discuter?

Nous ne pourrions le faire longtemps sans nous laisser entraîner à l'expression de sentiments qui dépasseraient probablement la mesure que nous nous sommes efforcé d'imposer à notre parole, au cours de ce réquisitoire.

Le fait, d'ailleurs, sera par lui-même assez énergiquement sévère. D'abord, nous ne trouvons pas dans cette copie informe la phrase que nous trouvions tout à l'heure chez M. Gonse : « *On n'a pas livré de documents originaux, mais simplement des copies.* »

Et puis, comment! on n'a pas dressé de procès-verbal des aveux en 1894, parce qu'on considérait l'affaire comme terminée, et Lebrun-Renault, avant de détruire le calepin sur lequel il aurait inscrit les aveux, en aurait détaché la feuille accusatrice, aurait conservé précieusement cette feuille jusqu'en 1898, l'aurait montrée à M. Cavaignac (ne l'ayant pas montrée à M. Gonse, en 1895, au moment où celui-ci allait faire sa lettre); puis après l'avoir montrée à M. Cavaignac, il l'aurait reprise, et enfin l'aurait détruite, parce qu'il en restait une copie, celle que M. le ministre avait faite!

Mais malheureux, vous ne voyez donc pas qu'en détruisant le calepin, vous avez détruit la seule preuve acceptable que vous auriez pu donner, d'abord, de la date à laquelle vous aviez inscrit les aveux, et peut-être alors de l'existence des aveux! Et pour comble d'imprudence, vous avez détruit aussi la feuille détachée, dont la vue seule, par les encoches que laisse toujours le côté du papier détaché, et aussi par l'inspection de l'encre, pouvait encore indiquer la date ancienne!

Et M. Cavaignac s'est borné à prendre une copie, et n'a pas gardé l'original!

Quel mépris, quel oubli tout au moins des précautions les plus élémentaires, incomplètes fussent-elles!

Quel droit vous nous donnez et vous donnez à tous de vous dire : Ces aveux n'ont jamais existé!

C'est notre dernier mot sur ce point.

Prétendus aveux au brigadier Depert.

Ceci est plus étrange, et on reste confondu de voir produire, comme preuve de culpabilité de Dreyfus, un document comme celui dont nous avons à parler maintenant.

Nous voici au mois de novembre 1898! La révision est ouverte. Le 29 octobre, la Chambre Criminelle a rendu son arrêt ordonnant une instruction.

Huit jours après, la mémoire du brigadier Depert, endormie depuis 1895, se réveille.

Il révèle à ses chefs que, le jour de la dégradation, Dreyfus lui a fait aussi un aveu.

Oh! pas le même que celui qu'aurait entendu Lebrun-Renault, un autre, bien plus significatif.

Tout à l'heure, nous avions du moins tout d'abord une protestation d'innocence qui se conciliait mal avec la fin de l'aveu; mais enfin, le mot d'innocence était prononcé!

Le brigadier Depert a mieux que cela à nous offrir : Dreyfus est un coupable et il n'est pas le seul!

Sur l'ordre de ses chefs, il adresse, le 13 novembre 1898, le rapport suivant (Enq., p. 643) :

« L'ex-capitaine Dreyfus fut conduit, en compagnie du chef du bureau des prisons, à la Souricière. Dans ce parcours de quatre cents mètres environ, la conversation s'engagea entre M. Rocher, chef du bureau des prisons, et l'ex-capitaine Dreyfus. Elle portait sur les faits qui venaient de se produire et sa culpabilité; j'ai entendu les paroles suivantes prononcées par l'ex-capitaine Dreyfus :

« Pour être coupable, je suis coupable, mais je ne suis pas le seul. »

Sur cette réponse, M. le chef du bureau des prisons lui fit cette observation :

— Mais pourquoi ne donnez-vous pas le nom de ceux que vous connaissez ?

L'ex-capitaine répondit :

« Avant deux ou trois ans on les connaîtra. »

M. le brigadier Depert pourrait-il nous dire pourquoi il a gardé le silence sur un pareil aveu, pourquoi il n'a pas dressé procès-verbal ?

Oh ! pardon, nous oublions que l'affaire est terminée, et qu'alors les aveux sont des vétilles sans importance ! Le brigadier ne peut pas plus être tenu de dresser procès-verbal que M. Lebrun-Renault. A-t-il au moins la copie d'une feuille de calepin à nous présenter ?

Non. C'est vraiment dommage ! C'est si probant, une feuille de calepin détruite, mais dont on a gardé copie !

Bref, l'enquête qu'on n'a pu faire, en 1895, parce que M. Depert n'a rien dit, on l'a faite en 1898, et il en résulte :

1° Que le brigadier Depert a confondu d'abord le directeur du dépôt avec M. Rocher;

2° Que le directeur, non seulement n'a pas reçu d'aveux de Dreyfus, mais qu'il aurait même entendu ce dernier protester de son innocence.

L'enquête (page 215) nous a apporté le démenti formel de M. Durlin à l'affirmation réitérée de M. Depert, et, outre les confusions qui se sont produites dans les souvenirs de M. Depert, nous trouvons ces diverses déclarations de M. Durlin :

« Si Dreyfus avait fait un aveu de culpabilité, je l'aurais immédiatement rapporté à mes chefs. — Dreyfus était très calme et ne paraissait devoir faire ni aveux ni confidence. — Je fis cette réflexion qu'il était tout triste d'écrouer un officier français pour un motif semblable. Dreyfus me fit cette réponse :

« Je comprends votre indignation, monsieur le directeur. Mais je suis innocent ». — Et il a ajouté :

« J'ai confiance en Dieu. »

A quoi j'ai répondu : « C'est beaucoup sans doute, mais ce n'est pas suffisant ! »

La suite l'a bien prouvé.

Voilà l'enquête. L'aveu étrange et nouveau dans sa formule, renfermé depuis quatre ans dans la mémoire du brigadier Depert, n'a pas été fait. Il a certainement mal entendu ou mal interprété ce qui a pu être dit. Nous ne nous chargeons pas d'expliquer autrement son erreur.

Nous préférons demander à Dreyfus ce qu'il en dit.

Voici sa réponse (Enq., p. 565) :

« Je n'ai jamais tenu ces propos, qui sont absurdes. J'ai crié mon innocence partout... »

Nous allons, dans un instant, pour en finir, entendre de nouveau ces cris répétés d'innocence. Nous les verrons confirmés par plus d'un témoin, et, chose intéressante, par Esterhazy lui-même.

Mais nous voici retenu un instant encore par une scène étrange, où M. Bertillon, l'auteur du rapport qui a fait arrêter Dreyfus, a joué à la fin de ce drame le rôle de protagoniste qu'il tient depuis le commencement, et s'expose à immoler de nouveau Dreyfus, sur l'autel... de ses géniales conceptions.

Voici la scène.

Il faut en demander la description à M. Bertillon lui-même. Nous ne saurions mieux faire (Enq., p. 345) :

« Pour comprendre les renseignements que je vais vous donner, il faut faire connaître cette circonstance peu ordinaire, savoir que la défense (comme l'accusation d'ailleurs) ignorait, au moment de ma déposition, presque entièrement ce que j'allais dire. En effet, la base de ma conviction judiciaire, non pas de police, reposait, vous l'ai-je dit, sur l'interprétation de la lettre dite *buvard*, que je n'avais mise au jour et réussi à interpréter que peu de jours avant l'audience. Aussi, aucuns rapports verbaux ou écrits n'avaient pu être établis par moi sur ce complément de mes recherches. Au début de ma déposition, je remarquai que l'accusé était très maître de lui.

« Ayant fait une allusion à l'angoisse qui peut étreindre le cœur d'un honnête homme qui se rend complice d'une erreur judiciaire, l'accusé me regarda narquoisement et me dit :

« — Ces angoisses, monsieur, vous n'y échapperez pas. Soyez-en « sûr! »

« Quelques instants après, j'annonçai, conformément au rapport écrit de la première heure, et insuffisamment justifié, que le bordereau était forgé, et, ajoutai-je, la preuve de cette confection artificielle, je vais vous la donner. Elle m'a été révélée par le petit instrument dont je me sers journellement. En disant ces mots, je sortis de ma poche le décimètre, et je montrai comment il m'avait conduit à *griller* le bordereau, par demi-centimètres, sur lesquels tous les mots redoublés se repéraient semblablement.

« Au mot de *grille*, la figure de l'accusé se contracta, il se renversa en arrière, saisissant la table de ses mains, il murmura, d'une voix distincte pourtant, qui fut entendue par d'autres que moi : « Oh! le misérable! » Cette exclamation, prononcée à l'occasion d'une remarque (la forgerie du bordereau) qui aurait dû le remplir d'espoir, s'il avait été innocent, me frappa énormément; elle frappa mes voisins, et le mot me fut répété d'une source étrangère plus de deux ans après. On y ajouta même ce détail : « Ah! « misérable! tu m'as donc vu écrire! »

« En réalité, cette dernière phrase se réfère à la question que l'accusé pria le Président de m'adresser, à la fin de ma déposition.

« *Que le témoin, dit-il, veuille bien jurer qu'il m'a vu écrire le bordereau!* »

« Cette demande ne me fut pas transmise, mais me frappa d'autant plus que j'avais d'avance annoncé au commis qui me servait d'auxiliaire dans mes recherches, que j'amènerais Dreyfus à me faire cette question. J'étais tellement sûr d'avoir reconstitué, en grande partie, la façon dont il s'y prenait pour composer son document, qu'il me semblait qu'il pourrait laisser échapper cette demande.

« J'avais remarqué également, durant tout le cours de ma déposition, qu'après son exclamation : — *Oh! le misérable!* — il ne chercha pas une seule fois à contrôler, à s'assurer ou même à comprendre les observations que je présentais. Quand je signalai, par exemple, la présence d'une petite encoche sur le bord droit du papier, comme indice de confection artificielle, tandis que les juges, le défenseur, le ministère public se penchaient sur le bordereau, pour en constater la présence (qui avait échappé aux experts qui m'avaient précédé), Dreyfus restait figé dans une immobilité qu'il semblait s'être imposée depuis sa première exclamation.

« Pourtant l'angoisse qu'il éprouva, lorsque je superposai, sous les yeux du Conseil, différents mots de bordereau sur le mot *intérêt* était manifeste. Je l'ai constaté, et d'autres témoins m'en ont également parlé. »

Messieurs, faut-il défendre Dreyfus contre ce cri nouveau, irrité et peut-être dédaigneux : « Oh! le misérable!... » Est-ce que le sens en est douteux ?

Comment! M. Bertillon vient d'exposer devant les juges de cet homme, et devant cet homme lui-même, sa théorie de *l'interprétation* de la lettre dite *buvard* (que personne, ni accusation, ni défense ne connaissait, M. Bertillon le constate, nous ajoutons, ne *comprenait*, nous en aurons la preuve dans un instant); il a développé à loisir ses élucubrations kutschiques, ses fantaisies scientifiques sur le mot *intérêt*, servant de clef pour toutes les vérifications d'écriture, et puis le voilà qui sort de sa poche un décimètre qui l'avait conduit à griller le bordereau, dit-il ; et vous voulez que ce malheureux n'éclate pas par ce cri : — « Oh! le misérable! » — Il n'en a pas dit davantage. Nous vous laissons le soin d'interpréter sa pensée.

Notez qu'au moment où M. Bertillon a fait une allusion à l'angoisse qui peut étreindre le cœur d'un honnête homme qui se rend complice d'une erreur judiciaire, l'accusé le regarde narquoisement et lui dit : « Ces angoisses, monsieur, vous n'y échapperez pas, soyez-en sûr! »

Nous connaissons trop M. Bertillon pour ne pas être sûr qu'il n'est en tout cela que l'honnête victime de ses illusions scientifiques, et nous réservons notre admiration pour son magnifique système anthropométrique, qu'il expose, nous le savons par expérience, avec une merveilleuse clarté, en quelques minutes. C'est là *son génie*, et nous lui rendons, sur ce point, notre hommage bien sincère.

Mais nous nous demandons, avec une anxiété sympathique pour lui, si réellement, à l'heure qu'il est, il n'en est pas aux angoisses d'honnête homme, dont il parlait lui-même, et que lui prédisait Dreyfus!... N'a-t-il pas été la première cause de l'erreur judiciaire que vous avez à réparer, Messieurs? ne serait-il pas encore un obstacle possible à la révision, si sa théorie pouvait être prise au sérieux ?

Il y a un autre mot de Dreyfus à relever dans la déposition de M. Bertillon : *Ah! misérable, tu m'as donc vu écrire!* — Ce mot-là, M. Bertilllon ne l'a pas entendu. Il lui a été répété d'une source étrangère, plus de deux ans après!

Mais le mot, nous l'admettons au besoin, c'est comme s'il avait dit : « Ne vous gênez pas avec votre théorie. Laissez donc là le décimètre, le sou, la grille, etc... toute votre batterie de vérification, avec les réticules, les gabarits et la clé — *intérêt* — et dites tout simplement que vous *m'avez vu écrire le bordereau!* »

Et cela est si vrai, Messieurs, qu'en effet M. Bertillon nous apprend que Dreyfus a prié le Président de lui adresser cette question :

Que le témoin veuille bien jurer qu'il m'a vu écrire le bordereau!

M. Bertillon a-t-il compris l'ironie amère de cette question? Le Conseil l'a comprise, lui, et la question ne fut pas posée!

Voulez-vous la preuve que M. Bertillon ne l'a pas compris ainsi?

Écoutez-le. « Cette demande, dit-il, ne fut pas transmise, mais me frappa d'autant plus, que j'avais d'avance annoncé au commis qui me servait d'auxiliaire dans mes recherches, que j'amènerais Dreyfus à me faire cette question. J'étais tellement sûr d'avoir reconstitué, en grande partie, la façon dont il s'y prenait pour composer son document, qu'il me semblait qu'il pourrait laisser échapper cette demande! »

Nous voici maintenant dans le domaine, non seulement de l'autosuggestion du système, mais d'une confiance telle dans ses effets que M. Bertillon en prédit les manifestations les plus inattendues.

Nous ne discutons plus.

Nous aimons mieux, pour en finir, savoir, parce que cela est bien important, quelle impression a pu faire sur le Conseil de guerre la déposition de M. Bertillon. Nous allons le demander d'abord à M. Bertillon lui-même, car c'est lui qui nous apprendra qu'après son exclamation : « Ah ! le misérable! » Dreyfus ne chercha pas une seule fois à contrôler, à s'assurer, ni même à *comprendre* les observations que M. Bertillon présentait... Il restait figé dans une immobilité qu'il semblait s'être imposée depuis sa première exclamation!

Si M. Bertillon se comprend lui-même, il n'est pas juste qu'il reproche à Dreyfus de s'être désintéressé de la cruelle énigme de ses théories et de ne pas l'avoir comprise. Il ne voulait pas la mort de ce sphinx moderne!

D'ailleurs, si vous le voulez bien, nous allons interroger à cet égard un témoin bien impartial, et qui va bien nous fixer.

Nous voulons parler de M. Lépine, qui nous a fait une déposition si remarquable et si importante sur bien des points.

Après un éloge bien mérité de M. Bertillon, M. Lépine nous dit : « Les conclusions auxquelles aboutit M. Bertillon (dans son travail écrit), après un labeur acharné, étaient très savantes. Mais, à l'audience, ses déductions parurent embrouillées, ses raisonnements compliqués et nuageux. Il n'a pas de facilité d'élocution. Il ne fut pas compris. M. Demange ne fit, dans sa plaidoirie qu'une allusion dédaigneuse à cette déposition. — Le Ministère public n'en fit pas mention. — Quant aux juges (Ah ! voyons les juges !) il me semblait lire sur leur figure cette pensée, en langage familier : Il nous ennuie, ce civil. Nous n'avons pas besoin de tant de raisonnement pour savoir de qui est le bordereau ! »

Eh bien ! voilà, nous imaginons, un coup de pinceau qui est de main de maître... Le tableau est complet, et comme il est saisissant !

Restons sous cette impression. Elle est bonne ! Elle est sûre ! Elle couronne à merveille la démonstration que nous croyons avoir faite de l'inexistence des aveux de Dreyfus.

Il ne nous reste plus, pour terminer notre laborieuse tâche, que, malgré notre désir, nous n'avons pu abréger, qu'à proclamer l'impossibilité morale de ces aveux, par l'exposé rapide des protestations et des témoignages d'innocence que le dossier contient.

IV. — Déclarations et protestations d'innocence.

Nous avons vu avec plaisir que la première note d'innocence nous est fournie par M. le général Roget. Car c'est lui qui nous a appris ceci :

« L'agent R. C., auprès duquel Picquart avait envoyé Henry et Lauth pour avoir des renseignements au sujet de Dreyfus, et qui était discret sur les choses qui nous intéressaient, entama lui-même la conversation sur Dreyfus, et dit à Henry et à Lauth *qu'on s'était trompé en France, et que le traître était un officier supérieur*. Il ne donna aucun nom. »

Or, ceci se passait au mois d'août 1893, à Bâle. Dreyfus était à l'île du Diable. Et c'est un agent bien au courant de toutes choses, qui affirme qu'on s'était trompé en France.

Nous comprenons alors l'inquiétude d'Henry, lorsque M. Bertulus lui rappela le voyage de Bâle! Rappelez-vous son effondrement, lorsqu'il vit que M. Bertulus avait acquis la conviction qu'Esterhazy était l'auteur du bordereau, et qu'il n'osa dire ni oui ni non. C'est qu'il savait bien que l'officier supérieur dont avait voulu parler l'agent, c'était Esterhazy, et qu'au retour de Bâle, il avait déclaré, d'accord avec Lauth, que cet agent n'avait voulu rien dire! Et il craignait que l'agent n'eût parlé.

Les déclarations de MM. Forzinetti, Clisson, Monod, Jules Roche, Weill, etc... proclament l'innocence de Dreyfus, les uns par impression personnelle, les autres, sur la déclaration même, savez-vous de qui?... d'Esterhazy.

Parmi toutes ces déclarations, nous en citons une seule, celle de M. Weill, ancien officier :

« Au moment où le Conseil de guerre allait fonctionner, Esterhazy, avec qui je venais de Rouen à Paris, me dit :

« — Pour moi, Dreyfus est innocent. Ce qni n'empêche pas qu'il sera condamné. » — Il a ajouté que la seule raison de sa condamnation, c'était l'antisémitisme.

Et pour clôturer cette énumération, rappelons-nous cette déclaration de M. Fournier, inspecteur général des services administratifs : — *Cinq fonctionnaires de l'ordre pénitentiaire, qui ont vu Dreyfus, étaient convaincus de son innocence.*

Voilà, certes, une appréciation qui est au moins aussi convaincante, par la nature même des fonctions de ces témoins, que celle des cinq ministres, dont quelques-uns n'ont même pas ouvert le dossier, de leur propre aveu.

Laissons tous ces témoins. Rappelons-nous maintenant les déclarations officielles qui affirment, de la façon la plus formelle, que Dreyfus n'a jamais eu aucun rapport direct ou indirect, avec aucun agent des puissances étrangères.

Ajoutons et mettons en regard le double renseignement que nous fournit le dossier.

« Il y aurait à B. 225 pièces de la main d'Esterhazy. — Esterhazy aurait reçu 200 000 francs d'une puissance étrangère, dont 8 000 francs tout récemment! »

On serait autorisé à se demander si, dans les 225 pièces qui sont à B., ne se trouvent pas les notes et la copie du Manuel de tir dont parle le bordereau! En tout cas, aucun renseignement pareil n'a été donné sur Dreyfus.

Rappelons-nous enfin la dépêche du 2 novembre 1894, et les explications qui l'ont suivie. Nous n'y revenons pas.

Voilà une pièce authentique, qui est la justification complète de Dreyfus, et ce qui le prouve, c'est qu'on ne l'a pas montrée au Conseil de guerre de 1894!

Enfin, entendons les protestations énergiques et persistantes de Dreyfus, depuis le premier jour, et surtout celles qu'il a fait entendre d'une voix retentissante, le jour de sa dégradation, devant les troupes assemblées, devant la foule qui le maudissait.

« Sur la tête de mes enfants, je jure que je suis innocent. Vive la France! »

Et puis, devant les journalistes qui l'insultaient...

« N'insultez pas un innocent. »

Voilà des cris qui protestent contre la possibilité des aveux qu'il venait de faire, d'après M. Lebrun-Renault, et qu'il aurait renouvelés, sous une autre forme, d'après M. Depert, à la Conciergerie.

Entendons-les, retenons-les, et maintenant écoutons quelques instants encore, et ce sera fini, ceux qu'il a envoyés au Gouvernement, à sa famille, à son pays, du haut de son rocher, à travers les mers.

Nous annexons à notre réquisitoire les quinze dernières lettres adressées par Dreyfus à M. le Président de la République, et que M. le Garde des Sceaux, sur notre demande, nous a fait l'honneur de nous remettre. Elles vont du 8 juin 1897 au 23 juillet 1898.

C'est une protestation réitérée d'innocence et une demande incessante de justice. Il faut qu'après vous, le pays les connaisse aussi.

Ces lettres sont au dossier. Vous pourrez les lire dans votre délibéré. Les tenant pour lues, quant à nous, nous nous bornerons à vous en donner quelques extraits. Il en est deux surtout que nous recommandons à votre attention.

« Iles du Salut, 8 juin 1897.

« Monsieur le Président,

« Je me permets de venir faire encore un appel à votre haute équité, jeter à vos pieds l'expression de mon profond désespoir, les cris de mon immense douleur.

« Ce que je demande à mon pays, c'est de faire faire la lumière pleine et entière sur cet horrible drame, car mon honneur ne lui appartient pas : c'est le patrimoine de mes enfants, c'est le bien propre de deux familles. Et je supplie aussi, avec toutes les forces de mon âme, que l'on pense à cette situation atroce, intolérable, pire que la mort, de ma femme, des miens. Que l'on pense à mes enfants, mes chers petits qui grandissent, qui sont des parias, pour qu'on fasse tous les efforts possibles, tout ce qui, en un mot, est compatible avec les intérêts du pays, pour mettre le plus tôt possible un terme au supplice de tant d'êtres humains! »

« 25 novembre 1897.

« Monsieur le Président,

« Je me permets de faire un nouvel et puissant appel à votre haute équité, et de jeter à vos pieds l'expression de mon profond désespoir. Depuis plus de trois ans, innocent du crime abominable pour lequel j'ai été condamné, je ne demande que de la justice, la découverte de la Vérité. »

Ecoutez maintenant ceci, Messieurs. M. du Paty de Clam va interviewer, et vous allez voir quelle est l'espérance qu'on a mise au fond du cœur de Dreyfus, et quelle a été la raison de sa longue résignation.

« Dès le lendemain de ma condamnation, quand le commandant du Paty de Clam est venu me trouver, au nom de M. le Ministre de la Guerre, pour me demander si j'étais innocent ou coupable, je lui ai répondu que non seulement j'étais innocent, mais que je demandais la lumière, toute la lumière, et j'ai sollicité aussitôt l'aide des moyens d'investigation habituels, soit par les attachés militaires, soit par tout autre moyen dont dispose le Gouvernement. »

Voici ce qui lui fut répondu :

« Il me fut répondu *alors* (c'est le 23 décembre 1894, ne l'oubliez pas, car cela va nous expliquer les deux ou trois ans qu'il assigna quelques jours après, à la découverte du vrai coupable), que des intérêts supérieurs empêchaient l'emploi de ces moyens d'investigation, mais que les recherches se poursuivaient. »

Est-ce ainsi, Messieurs, qu'on parle à un homme qu'on croit avoir été légalement et justement condamné?

Est-ce qu'on lui promet de poursuivre les recherches du vrai coupable?

Est-ce qu'on lui jette au cœur l'espérance, qui deviendra la plus cruelle déception, si elle ne se réalise pas?

Voici la suite.

« Depuis trois ans donc, j'attends, dans la situation la plus effroyable qu'il soit possible de rêver, j'attends toujours et les recherches n'aboutissent pas! Si donc, d'une part, des intérêts supérieurs ont empêché, empêchent probablement toujours l'emploi des moyens d'investigation, qui seuls peuvent permettre de mettre un terme à cet effroyable martyre de tant d'êtres humains, à plus forte raison devais-je les respecter, et c'est ce que j'ai fait invinciblement.

« Mais, d'autre part, Monsieur le Président, voilà plus de trois ans que, dans cette effroyable situation, mes enfants grandissent déshonorés. Ce sont des parias, leur éducation est impossible, et j'en deviens fou de douleur. Les mêmes intérêts ne peuvent cependant pas exiger que ma chère femme, mes pauvres enfants, leur soient immolés!

« Je viens simplement soumettre cette horrible situation à votre haute équité, à celle du Gouvernement. Je viens simplement demander de la justice pour les miens, pour mes enfants, qui sont les premières et les plus épouvantables victimes. »

« 20 décembre 1897.

« Je déclare simplement encore que je ne suis pas l'auteur de la lettre qui m'a été imputée. J'ajoute que tout mon passé, sur lequel la lumière doit être faite aujourd'hui, que toute ma vie s'élève et proteste contre la seule pensée d'un acte aussi infernal. »

« 12 janvier 1898.

Ecoutez encore, Messieurs ces quelques lignes, c'est le vif du procès:

« Chaque fois que j'ai sollicité l'intervention des moyens d'investigation dont dispose le Gouvernement, pour mettre enfin un terme à cet horrible martyre de tant d'êtres humains, il me fut répondu qu'il y avait en cause des intérêts supérieurs aux miens. Je me suis incliné, comme je m'inclinerai toujours devant cet intérêt, comme c'est mon devoir. Voilà trois ans et demi que j'attends. La situation est effroyable pour tous les miens, impitoyable pour moi. Il n'y a pas d'intérêts qui puissent exiger qu'une famille, que mes enfants, qu'un innocent leur soient immolés. Je viens donc simplement faire appel à votre haute justice, à celle du Gouvernement, pour demander mon honneur, de la justice enfin pour tant de victimes innocentes. »

Même souvenir des promesses de recherches, les 3 et 7 février, mêmes supplications dans l'intérêt de sa femme et de ses enfants.

« 20 janvier 1898.

« Je ne suis pas coupable. Je ne saurais l'être. Au nom de ma femme, de mes enfants, des miens, je viens demander la révision de mon procès et la vie de mes enfants, de la justice enfin pour tant de victimes innocentes. »

« 12 mars 1898.

« Je vous ai adressé un appel, le 20 novembre dernier, pour demander la révision de mon procès. A la même date, j'ai fait appel à la loyauté de M. le général de Boisdeffre, chef de l'État-Major général de l'armée, pour lui demander de vouloir bien exprimer au chef de l'Etat son avis sur la révision.

« Cet avis ayant été favorable, votre avis, Monsieur le Président, a été également favorable à la révision, puisqu'il m'a été déclaré officiellement que la demande que j'avais adressée à cette date avait été transmise, suivant la forme constitutionnelle, au Gouvernement. Je réitère purement et simplement cet appel. »

« 26 mai.

« J'ignore toujours quelle est la suite définitive donnée à toutes les demandes de révision. Je ne sais toujours rien. Si, je sais qu'une noble femme, épouse et mère, que deux familles, pour qui l'honneur est tout, souffrent le martyre. Je sais qu'un soldat, qui a toujours loyalement et fidèlement servi sa patrie, qui lui a tout sacrifié, situation, fortune, pour lui consacrer toutes ses forces, toute son intelligence, je sais que ce soldat agonise dans un cachot, livré nuit et jour à toutes les suspicions imméritées, à tous les outrages. »

Enfin, le 30 juillet 1898, dernière lettre :

« Il ne me reste plus qu'à formuler un vœu. C'est que cet effroyable martyre de tant d'êtres humains ait bientôt un terme. »

Voilà le cœur et l'âme du condamné de 1894 !

Oh ! Messieurs, voilà l'homme qui aurait avoué sa culpabilité à Lebrun-Renault et Depert !...

Nous avions dit que ces aveux étaient moralement impossibles. Vous voici en mesure de juger si nous avions raison !... Est-il présumable qu'un homme qui écrit de pareilles lettres soit coupable ? Une protestation aussi énergique, une persistance souvent aussi éloquente, parce qu'elle vient du cœur, n'est-elle pas de nature à éclairer, d'une lumière éclatante, les obscurités qu'on a amoncelées autour de ce procès et à faire ouvrir enfin, toutes larges, les portes de cette révision, attendue depuis si longtemps par Dreyfus !

Nous le croyons, Messieurs, et nous nous étonnons que celui qui, par sa fonction même, a connu toute cette correspondance, tout en réservant pour le Gouvernement le droit d'ouvrir, à son heure, la procédure de révision, n'ait pas été touché de la résignation obstinée de son prisonnier, et n'ait pas même respecté en lui l'époux et le père !...

Nous n'avons pu lire, quant à nous, sans éprouver un sentiment bien pénible, qui sera partagé certainement par vous tous, Messieurs, le passage suivant du dernier rapport officiel de M. Deniel, le commandant supérieur des îles du Salut, chargé de la garde du condamné Dreyfus.

Après avoir rappelé, par forme de critique, « que Dreyfus se répète dans ses lettres, qu'il persiste à affirmer son innocence, à exprimer sa confiance absolue dans ses chefs militaires, notamment dans le général de Boisdeffre, à qui, dit-il, il a confié sa cause et sur la loyauté duquel il se repose, » M. Deniel ajoute ceci :

« Dreyfus n'est qu'un hypocrite, il feint le désespoir ; il a même réclamé du poison... Mais tout cela ce n'est que du cabotinage. Dreyfus est un homme sans cœur, ayant perdu toute affection pour sa femme et ses enfants et se faisant prier pour leur écrire. »

Comment peut-on écrire une pareille chose ?... Il y a un volume entier publié l'an dernier, sous le titre : *Lettres d'un innocent*. Il contient la correspondance de Dreyfus avec sa famille, depuis le mois de décembre 1894 jusqu'au 5 mars 1898 !... Nous avons cité plusieurs de ces lettres à l'audience du 28 octobre, et nous nous en sommes fait une arme contre les prétendus aveux prêtés à Dreyfus, car, outre les tendresses les plus vives pour toute sa famille, elles contiennent des protestations d'innocence venant à l'appui de nos conclusions.

Dans chacune des lettres à M. le Président de la République, que vous avez en mains, et dont nous n'avons cité que quelques extraits, il y a une effusion des plus touchantes venant du cœur de l'époux et du père, implorant la révision encore plus dans l'intérêt des siens que pour lui-même.

Enfin, Messieurs, pour prouver combien est étrange, pour ne pas dire plus, l'appréciation que M. Deniel a osé donner des sentiments de Dreyfus envers sa famille, laissez-nous lui retourner quelques passages des lettres que Dreyfus a écrites depuis le mois d'octobre dernier, et qu'il connaît bien, puisqu'il les a envoyées lui-même, après les avoir lues.

Nous sommes au mois d'octobre 1898. Dreyfus vient d'être avisé par M. le Gouverneur général qu'il recevrait bientôt réponse à sa demande en révision, qui, vous le savez, nous avait été transmise le 27 septembre par M. le Garde des Sceaux.

Voici quelques extraits de sa lettre à sa femme. Elle est du 27 octobre.

« Ma chère et bonne Lucie,

« Quelques lignes pour t'envoyer l'écho de mon immense affection, l'expression de toute ma tendresse. Je suis informé que je recevrai la réponse définitive à ma demande en révision. Je l'attends avec calme et confiance, ne doutant pas que cette réponse soit enfin ma réhabilitation. Je souhaite donc pour tous deux, et que la nouvelle m'en parvienne bientôt, et que nous puissions enfin, dans notre affection mutuelle, dans celle de nos enfants, trouver l'oubli des épouvantables épreuves par lesquelles nous avons passé.

« Associe-moi à tes pensées, comme toujours, et dis-toi qu'il y a au loin encore un cœur français de soldat, d'époux et de père, dont toutes les fibres vibrent avec celles de ton cœur, de nos cœurs à tous ! Mais laissons reposer le passé pour ne plus songer qu'au bonheur de nous retrouver dans les bras l'un de l'autre, de pouvoir nous consacrer à nos enfants, et faire d'eux ce que nous voulions qu'ils soient, j'espère, des êtres tout à la fois forts et bons, trouvant, si le malheur vient à les atteindre, quoique, je le pense, nous ayons lassé le malheur, trouvant, dis-je, dans leur conscience et dans la haute estime de la vie morale, la force de traverser encore les pires épreuves.

« Tu connais mon âme, qu'un souffle fait frémir et vibrer. Si je m'arrêtais sur le sujet de mes chers et adorés enfants, je crois que je me laisserais aller à t'écrire encore de longues pages. Mais je réserve tout cela pour le moment bien heureux où je te serrerai dans mes bras, où je serrerai dans mes bras les chers petits êtres pour lesquels j'ai vécu, où nous pourrons reprendre nos bonnes causeries d'autrefois. Associons nos forces et nos intelligences, comme jadis, dans le but unique de notre vie : Nos Enfants ! »

Et ceci :

« 5 novembre.

« C'est dans notre affection mutuelle, dans celle de nos chers et adorés enfants, dans la satisfaction de nos consciences et du devoir accompli, que nous trouverons l'oubli de nos longues peines. Je n'ai plus, en attendant le moment de bonheur suprême où je te serrerai dans mes bras, où je serrerai dans mes bras nos chers et adorés enfants, nos chers parents, tous nos chers frères et sœurs, tant de cœurs aimés et aimants, qui ont battu à l'unisson pendant ces longs jours d'épreuves, je n'ai donc plus qu'à t'envoyer un bien faible écho de mon immense affection. »

« 26 décembre.

« Attendons avec confiance la décision de la Cour suprême, comme nous attendrons avec confiance le verdict des nouveaux juges devant lesquels cette décision me renverra. »

« 8 février.

« Je veux, jusqu'au jour où je pourrai enfin te serrer dans mes bras, que ma pensée, qui ne te quitte pas, qui a veillé nuit et jour sur toi, sur nos enfants, te parvienne toujours. Mille baisers pour toi et pour nos enfants. »

Enfin, le 25 février, reproduisant la phrase de la réponse officielle du 19 février, à la Chambre Criminelle, il écrit :

« C'est l'âme rassurée et confiante, qu'il faut me remettre à la haute autorité de la Cour du soin d'accomplir sa noble mission de suprême justice. En attendant donc que la nouvelle de ma réhabilitation me parvienne, il ne me reste encore qu'à t'embrasser de toutes mes forces, de toute mon âme, comme je t'aime, ainsi que nos chers et adorés enfants. »

Voilà les lettres de l'homme qui, d'après M. Deniel, n'a ni cœur d'époux, ni cœur de père! Tenez, M. Deniel raconte lui-même que, dans une lettre du 28 août, sa femme lui écrivait : « Pierrot t'écrit tous les mois (Pierrot c'est son petit enfant), on lui fait croire que son père est en voyage, et qu'il ne peut rentrer encore; reçois-tu ses lettres? Ce pauvre petit aimerait tant à avoir une réponse de son bon papa! »

Et il répond :

« Mon cher petit Pierre,

« J'ai reçu ta bonne petite lettre. Tu veux que je t'écrive. Je ferai bientôt mieux, je te serrerai bientôt dans mes bras. En attendant ce bon et doux moment, tu embrasseras bien fort ta maman pour moi, ainsi que grand-papa, grand'maman, petite Jeanne, tes oncles, tes tantes, tous enfin.

« Alfred. »

Voilà l'homme. Voilà le père après l'époux! Nous faisons appel à tous les cœurs honnêtes, et nous leur demandons s'il n'est pas aussi injuste que cruel de refuser au prisonnier qu'on a sous sa garde et qu'on a eu le temps de juger, les sentiments les plus humains? Que serait donc la vie de ce malheureux, s'il n'avait pas, pour espérer et attendre, la force invincible que donnent les affections de la famille?

Péroraison.

Messieurs,

Nous avons terminé notre laborieuse tâche. Nous croyons vous avoir démontré que les faits nouveaux, de nature à établir l'innocence de Dreyfus, abondent dans la cause.

Nous n'avons plus qu'à formuler nos dernières réquisitions.

Mais, auparavant, laissez-nous appeler votre attention sur le parallèle saisissant qui s'impose en ce moment à notre souvenir.

Au mois de décembre 1897, soutenu par deux remarquables et consciencieux rapports, qui seront l'honneur de la carrière des deux magistrats qui les avaient rédigés, nous avons eu l'immense joie d'obtenir de la Chambre Criminelle, si exclusivement inspirée alors, comme toujours, par l'esprit de justice, la réhabilitation de la mémoire d'un martyr mort au bagne, après vingt-cinq ans de souffrances aussi cruelles qu'imméritées. Nous voulons parler de Pierre Vaux, le condamné de Longepierre.

Dans cette affaire, nous trouvions un faux témoignage, un faux, le suicide d'un des coupables, enfin la rétractation et l'aveu de l'autre coupable. Mais, chose monstrueuse! on supprima la pièce officielle qui, en établissant cette rétractation et cet aveu, devait amener la réhabilitation de l'innocent!

Ce crime, commis par deux magistrats, empêcha alors la réparation de l'erreur judiciaire commise, de bonne foi, en 1852.

Aujourd'hui, nous voici en présence d'un témoignage plus que suspect, ayant contribué pour la plus grande part à la condamnation, d'un faux rejaillissant sur ce témoignage, d'un suicide, enfin de la découverte de plusieurs faits nouveaux, de plusieurs pièces non produites au procès, et révélées ou découvertes depuis, et qui rendent inutile l'aveu de celui que tout semble indiquer comme le véritable auteur du crime.

Mais, à la différence des magistrats de 1897, vous ne pouvez qu'ouvrir la porte à la révision, vous n'avez pas qualité pour la prononcer définitivement. Vous pouvez faire juger de nouveau Dreyfus. Il ne vous est pas permis de le réhabiliter.

Il sait, du reste, qu'il n'a pas le droit de vous adresser une pareille demande.

Il attend, plein d'espoir, le nouveau jugement de ses pairs.

Lui refuserez-vous ce recours suprême? Nous estimons que cela n'est pas possible, en présence des documents si décisifs, à notre avis, qui éclairent ce grave procès.

Messieurs, ne nous y trompons pas. L'heure est solennelle. Vous allez rendre votre arrêt. Ne vous dissimulez pas que, par suite de circonstances inouïes, cet arrêt aura un retentissement qui franchira les murs de l'enceinte judiciaire.

Le pays l'entendra, le monde entier le recueillera, l'histoire l'enregistera.

Ces trois juridictions, dont nous relevons tous, jugeront notre œuvre.

Leur sentence sera sans appel.

Quant à nous, Messieurs, après avoir pris devant vous la responsabilité de nos conclusions, nous la prenons devant elles comme magistrat et comme citoyen, avec la confiance que donne le sentiment du devoir accompli. Et ces conclusions, les voici :

Nous affirmons qu'il y a, dans ce procès, plusieurs faits nouveaux, qui sont de nature à établir l'innocence de Dreyfus.

A d'autres que vous, le devoir de dire le dernier mot. Nous vous conjurons de laisser passer la justice en ordonnant la révision.

En conséquence,

Nous requérons qu'il plaise à la Cour de prononcer la cassation du jugement du 22 décembre 1894, le renvoi de Dreyfus devant tel Conseil de guerre qu'il lui plaira de désigner.

Vifs applaudissements.

M. LE PRÉSIDENT. — Gardes, faites évacuer la salle.

L'audience est levée à 5 h. 25.

LETTRES D'ALFRED DREYFUS

AU

PRÉSIDENT DE LA RÉPUBLIQUE

M. le Procureur général Manau a joint à son réquisitoire une série de lettres adressées par Alfred Dreyfus au Président de la République.

Voici ces lettres, dont l'honorable magistrat n'a pas donné lecture

Iles du Salut, 8 juillet 1897.

A Monsieur le Président de la République.

Monsieur le Président,

Je me permets de venir faire encore un appel à votre haute équité, jeter à vos pieds l'expression de mon profond désespoir, les cris de mon immense douleur.

Je vous ouvrirai tout mon cœur, Monsieur le Président, sûr que vous me comprendrez. J'appelle simplement votre indulgence sur la forme, le décousu peut-être de ma pensée. J'ai trop souffert, je suis trop brisé, moralement et physiquement, j'ai le cerveau trop broyé pour pouvoir faire encore l'effort de rassembler mes idées.

Comme vous le savez, Monsieur le Président de la République, accusé, puis condamné sur une preuve d'écritures, pour le crime le plus abominable, le forfait le plus atroce qu'un homme, qu'un soldat puisse commettre, j'ai voulu vivre, pour attendre l'éclaircissement de cet horrible drame, pour voir encore mes chers enfants, le jour où l'honneur leur serait rendu.

Ce que j'ai souffert, Monsieur le Président de la République, depuis le début de ce lugubre drame, mon cœur seul le sait! J'ai souvent appelé la mort de toutes mes forces, et je me raidissais encore, espérant toujours enfin voir luire l'heure de la justice.

Je me suis soumis légalement, scrupuleusement à tout, je défie qui que ce soit de me faire le reproche d'un procédé incorrect. Je n'ai jamais oublié, je n'oublierai pas jusqu'à mon dernier souffle, que, dans cette horrible affaire, s'agite un double intérêt, celui de la Patrie, le mien, celui de mes enfants; l'un est aussi sacré que l'autre.

Certes, j'ai souffert de ne pouvoir alléger l'horrible douleur de ma femme, des miens; certes j'ai souffert de ne pas pouvoir me vouer corps et âme à la découverte de la vérité; mais jamais la pensée ne m'est venue, ne me viendra, de parvenir à obtenir cette vérité par des mensonges qui puissent être nuisibles aux intérêts supérieurs de la Patrie. Je passerais sous silence la pureté de ma pensée, si je n'avais pour garant la loyauté de mes actes, depuis le début de ce lugubre drame.

Je me suis permis, Monsieur le Président, de faire un appel à votre haute justice, pour faire cette vérité; j'ai imploré aussi le Gouvernement de mon pays, parce que je pensais qu'il lui serait possible de concilier tout à la fois les intérêts de la Justice, de la pitié enfin, que doit inspirer une situation aussi épouvantable, aussi atroce, avec les intérêts du pays.

Quant à moi, Monsieur le Président, sous les injures les plus abominables, quand ma douleur devenait telle, que la mort m'eût été un bienfait, quand ma raison s'effondrait, quand tout en moi se déchirait de me voir traité ainsi comme le dernier des misérables, quand enfin, un cri de révolte s'échappait de mon cœur à la pensée de mes enfants qui grandissent, dont le nom est déshonoré... c'est vers vous, Monsieur le Président, c'est vers le Gouvernement de mon pays que s'élevait mon cri d'appel suprême, c'est de ce côté que se tournaient toujours mes yeux, mon regard éploré. J'espérais tout au moins, Monsieur le Président, que l'on me jugerait sur mes actes. Depuis le début de ce lugubre drame, je n'ai jamais dévié de la ligne de conduite que je m'étais tracée, que me dictait inflexiblement ma conscience. J'ai tout subi, j'ai tout supporté, j'ai éte frappé impitoyablement sans que j'aie jamais su pourquoi... et fort de ma conscience, j'ai su résister.

Ah! certes, j'ai eu des moments de colère, des mouvements d'impatience, j'ai laissé exhaler parfois tout ce qui peut jaillir d'amertume d'un cœur ulcéré, dévoré d'affronts, déchiré dans ses sentiments les plus intimes. Mais je n'ai jamais oublié un seul instant qu'au-dessus de toutes les passions humaines, il y avait la Patrie.

Et cependant, Monsieur le Président, la situation qui m'était faite est devenue plus atroce chaque jour, les coups ont continué à pleuvoir sur moi, sans trêve, sans jamais rien y comprendre, sans jamais les avoir provoqués, ni par mes paroles ni par mes actes.

Ajoutez à ma douleur propre, si atroce, si intense, le supplice de l'infamie, celui du climat, de la quasi-réclusion, me voir l'objet du mépris, souvent non dissimulé, et de la suspicion constante de ceux qui me gardent nuit et jour, n'est-ce pas trop, Monsieur le Président... pour un être humain qui a toujours et partout fait son devoir?

Et ce qu'il y a d'épouvantable pour mon cerveau déjà si halluciné, déjà si hébété, qui chavire à tous les coups qui le frappent sans cesse, c'est de voir que, quelle que soit la rectitude de sa conduite, sa volonté invincible qu'aucun supplice n'entamera, de mourir comme il a vécu, en honnête homme, en loyal Français, c'est de se voir, dis-je, traité chaque jour plus durement, plus misérablement.

Ma misère est à nulle autre pareille, il n'est pas une minute de ma vie qui ne soit une douleur. Quelle que soit la conscience, la force d'âme d'un homme, je m'effondre, et la tombe me serait un bienfait.

Et alors, Monsieur le Président, dans cette détresse profonde de tout être broyé par les supplices, par cette situation d'infamie qui me brise, par la douleur qui m'étreint à la gorge et qui m'étouffe, le cerveau halluciné par tous les coups qui me frappent sans trêve, c'est vers vous, Monsieur le Président, c'est vers le Gouvernement de mon pays que je jette le cri d'appel, sûr qu'il sera écouté.

Ma vie, Monsieur le Président, je n'en parlerai pas. Aujourd'hui comme hier, elle appartient à mon pays. Ce que je lui demande simplement comme une faveur suprême, c'est de la prendre vite, de ne pas me laisser succomber aussi lentement par une agonie atroce, sous tant de supplices infamants que je n'ai pas mérités, que je ne mérite pas.

Mais ce que je demande aussi à mon pays, c'est de faire faire la lumière pleine et entière sur cet horrible drame; car mon honneur ne lui appartient pas, c'est le patrimoine de mes enfants, c'est le bien propre de deux familles.

Et je supplie aussi, avec toutes les forces de mon âme, que l'on pense à cette situation atroce, intolérable, pire que la mort, de ma femme, des miens, que l'on pense aussi à mes enfants, à mes chers petits qui grandissent, qui sont des parias, que l'on fasse tous les efforts possibles, tout ce qui en un mot est compatible avec les intérêts du pays, pour mettre le plus tôt possible un terme au supplice de tant d'êtres humains.

Confiant dans votre haute équité, je vous prie, Monsieur le Président de la République, de vouloir bien agréer l'expression de mes sentiments respectueux.

A. Dreyfus.

Iles du Salut, 25 novembre 1897

Monsieur le Président,

Je me permets de faire un nouvel et pressant appel à votre haute équité, jeter aussi à vos pieds l'expression de mon profond désespoir.

Depuis plus de trois ans, innocent du crime abominable pour lequel j'ai été condamné, je ne demande que de la justice, la découverte de la vérité.

Dès le lendemain de ma condamnation, quand M. le commandant du Paty de Clam est venu me trouver, au nom de M. le Ministre de la Guerre, pour me demander si j'étais innocent ou coupable, je lui ai répondu que non seulement j'étais innocent, mais que je demandais la lumière, toute la lumière, et j'ai sollicité aussitôt l'aide des moyens d'investigation habituels, soit par les attachés militaires soit par tout autre moyen dont dispose le Gouvernement.

Il me fut répondu que des intérêts supérieurs empêchaient l'emploi de ces moyens d'investigation, mais que les recherches se poursuivraient.

Depuis plus de trois ans donc, j'attends dans la situation la plus effroyable qu'il soit possible de rêver, j'attends toujours, et les recherches n'aboutissent pas.

Si donc, d'une part, les intérêts supérieurs ont empêché, empêchent probablement toujours, l'emploi des moyens d'investigation qui seuls peuvent permettre de mettre un terme à cet effroyable martyre de tant d'êtres humains, à plus forte raison devais-je les respecter, et c'est ce que j'ai fait invinciblement.

Mais, d'autre part, Monsieur le Président, voilà plus de trois ans que dure cette effroyable situation, mes enfants grandissent déshonorés, ce sont des parias ; leur éducation est impossible, et j'en deviens fou de douleur... Les mêmes intérêts ne peuvent cependant pas exiger que ma chère femme, mes pauvres enfants leur soient immolés.

Je viens simplement soumettre cette horrible situation à votre haute équité, à celle du Gouvernement. Je viens simplement demander de la justice pour les miens, pour mes enfants, qui sont les premières et les plus épouvantables victimes.

Confiant dans votre haute équité, je vous demande, Monsieur le Président, de vouloir bien agréer l'expression de mes sentiments dévoués et respectueux.

A. Dreyfus.

Iles du Salut, 20 décembre 1897.

Monsieur le Président.

Je me permets de venir faire un appel suprême à votre haute justice, à celle du Gouvernement.

Je déclare simplement encore que je ne suis pas l'auteur de la lettre qui m'a été imputée ; j'ajoute que tout mon passé, sur lequel la lumière doit être faite aujourd'hui, que toute ma vie s'élève et proteste contre la seule pensée d'un acte aussi infâme.

Depuis le premier jour de ce terrible drame, j'attends son éclaircissement, un meilleur lendemain, la lumière.

La situation supportée ainsi depuis plus de trois ans est aussi effroyable pour ma chère femme, pour mes malheureux enfants, que pour moi. Je viens simplement remettre leur sort, le mien, entre vos mains, entre celles de M. le Ministre de la Guerre, entre les mains de M. le Ministre de la Justice, de mon pays, pour demander s'il ne serait pas possible de donner une solution, et mettre enfin un terme à cet épouvantable martyre de tant d'êtres humains.

Confiant dans votre haute équité, je vous demande de vouloir bien agréer l'expression de mes sentiments respectueux.

A. Dreyfus.

Iles du Salut, 12 janvier 1898

Monsieur le Président,

Innocent du crime abominable pour lequel j'ai été condamné, depuis le premier jour de ce lugubre drame je ne demande que la lumière.

Chaque fois que j'ai sollicité l'intervention des moyens d'investigation dont dispose le Gouvernement, pour mettre enfin un terme à cet horrible martyre de tant d'êtres humains, il me fut répondu qu'il y avait en cause des intérêts supérieurs au mien. Je me suis incliné, comme je m'incline comme je m'inclinerai toujours devant ces intérêts, comme c'est mon devoir.

Voilà trois ans que j'attends.

La situation est effroyable pour tous les miens, impitoyable pour moi.

Il n'y a pas d'intérêts qui puissent exiger qu'une famille, que mes enfants, qu'un innocent leur soient immolés.

Je viens donc simplement faire appel à votre haute justice, à celle du Gouvernement, pour demander mon honneur, de la justice enfin pour tant de victimes innocentes.

Confiant dans votre haute équité, je vous demande de vouloir bien agréer l'expression de mes sentiments respectueux.

A. Dreyfus.

Iles du Salut, 16 janvier 1898.

Monsieur le Président de la République,

Je résume et renouvelle l'appel suprême que j'adresse au Chef de l'État, au Gouvernement, à M. le Ministre de la Guerre, pour demander mon honneur, de la justice enfin, si l'on ne veut pas qu'un innocent, qui est au bout de ses forces, succombe sous un pareil supplice de toutes les heures, de toutes les minutes, avec la peine épouvantable de laisser derrière lui ses enfants déshonorés.

Confiant dans votre haute équité, dans celle du Gouvernement, dans celle de M. le Ministre de la Guerre, je vous demande de vouloir bien agréer l'expression de mes sentiments respectueux.

A. Dreyfus.

Iles du Salut, 1er février 1898.

Monsieur le Président,

Je vous renouvelle, avec toutes les forces de mon être, l'appel que j'ai déjà adressé au Chef de l'Etat, au Gouvernement, à M. le Ministre de la Guerre.

Je ne suis pas coupable. Je ne saurais l'être.

Au nom de ma femme, de mes enfants, des miens je viens demander la révision de mon procès, la vie de mes enfants, la justice enfin pour tant de victimes innocentes.

Confiant dans votre haute équité, dans celle du Gouvernement, dans celle de M. le Ministre de la Guerre, je vous demande de vouloir bien agréer l'expression de mes sentiments respectueux.

A. Dreyfus.

Iles du Salut, 3 février 1898.

Monsieur le Président,

Je me permets de renouveler auprès du Chef de l'État, auprès du Gouvernement, la demande que j'ai adressée, en date du mois de novembre, pour présenter enfin au Chef de l'État, au Gouvernement, l'expression de mon violent désespoir de voir une situation aussi atroce qu'imméritée se prolonger ainsi.

Comme je l'ai dit, dès le lendemain de ma condamnation, c'est-à-dire il y a déjà plus de trois ans, quand M. le commandant du Paty de Clam est venu me trouver, au nom de M. le Ministre de la Guerre, pour demander si j'étais innocent ou coupable, j'ai déclaré que, non seulement j'étais innocent, mais que je demandais la lumière, toute la lumière, et j'ai sollicité aussitôt l'aide des moyens d'investigation habituels, soit par les attachés militaires, soit par tout autre, dont dispose un gouvernement. Il me fut répondu alors que des intérêts supérieurs empêchaient ces moyens d'investigation, mais que les recherches se poursuivraient.

J'ai attendu ainsi trois ans, dans la situation la plus effroyable qu'il soit possible d'imaginer, connaissant toutes les agonies, tous les supplices, et chaque fois que je réfléchissais sur une situation aussi écrasante, avec la pensée épouvantable de laisser derrière moi mes enfants déshonorés, j'implorais le Chef de l'État, le Gouvernement. Chaque fois la même réponse m'était faite.

Or, les recherches n'aboutissent pas, nul ne peut prévoir quand elles aboutiront.

Il y a quelques mois donc, j'ai fait appel à votre haute justice, à celle du Gouvernement, car les mêmes intérêts empêchent et empêcheront toujours l'emploi des moyens d'investigation, qui seuls peuvent mettre enfin un terme à cet horrible martyre. Ces mêmes intérêts ne sauraient exiger que ma chère femme, que mes malheureux enfants, qu'un innocent leur soient immolés.

J'ai donc soumis toute l'horreur tragique de cette situation à votre haute équité, à celle du Gouvernement. J'ai la certitude absolue que cet appel a été pleinement entendu.

Mais probablement les lettres que j'adresse à ma chère femme. souvent sous l'empire de la fièvre, presque du délire, ont donné lieu à une interprétation qui n'était pas dans ma pensée.

Mes enfants ne doivent pas porter la peine, non seulement d'un crime abominable, que je n'ai pas commis, mais encore d'erreurs d'expression, d'oublis, que je commets dans l'état de surexcitation cérébrale et nerveuse dans lequel je suis tous les jours.

L'avenir, je ne l'ai jamais craint. Je ne le crains pas.

Mais, en attendant que la lumière se fasse sur cette tragique histoire, dans un avenir que nul ne saurait prévoir, il est contraire à toutes les lois humaines que ma chère femme subisse un pareil martyre, que mes enfants grandissent déshonorés, que j'agonise dans un cachot, pour un crime abominable que je n'ai pas commis, que je ne saurais avoir commis.

Je viens donc simplement faire encore appel à la haute justice du chef de l'Etat, à celle du Gouvernement, pour demander de la justice pour les miens, pour demander la vie de mes enfants, un terme à cet épouvantable martyre de tant d'êtres humains.

Confiant dans votre haute équité, dans celle du Gouvernement, je vous demande de vouloir bien agréer l'expression de mes sentiments respectueux.

A. Dreyfus.

Iles du Salut, 7 février 1898.

Monsieur le Président,

Depuis trois mois, dans la fièvre et le délire, j'ai adressé de nombreux appels au chef de l'Etat, au Gouvernement, sans pouvoir obtenir de solution, un terme à cet effroyable martyre de tant d'êtres humains.

J'ai adressé un nouvel appel il y a quelques jours.

Mais je viens de recevoir les lettres de ma chère femme, de mes enfants, et si mon cœur se brise, se déchire, devant tant de souffrances imméritées, il se révolte aussi.

Comme je l'ai déjà dit, comme je le répète encore, car tout cela est trop épouvantable, dès le lendemain de ma condamnation, c'est-à-dire il y a plus de trois ans, quand M. le commandant du

Paty de Clam est venu me trouver, au nom du Ministre de la Guerre, pour me demander si j'étais innocent ou coupable, j'ai déclaré que non seulement j'étais innocent, mais que je demandais la lumière, toute la lumière, et j'ai sollicité aussitôt l'aide des moyens d'investigation habituels, soit par les attachés militaires, soit par tout autre dont dispose le Gouvernement.

Il me fut répondu alors que des intérêts supérieurs empêchaient les moyens d'investigation habituels, mais que les recherches se poursuivraient.

J'ai attendu ainsi pendant plus de trois ans, dans la situation la plus effroyable qu'il soit possible; et les recherches n'aboutissent pas.

Si donc, d'une part, des intérêts supérieurs ont toujours empêché, doivent toujours empêcher l'emploi des moyens d'investigation qui, seuls, peuvent mettre enfin un terme à cet effroyable martyre de tant d'êtres humains, à plus forte raison devais-je respecter ces intérêts, et c'est ce que j'ai toujours fait invinciblement.

Mais, d'autre part, cette situation dure depuis plus de trois ans, ma chère femme subit un martyre épouvantable, mes enfants grandissent déshonorés, en parias, j'agonise dans un cachot sous tant de supplices de l'infamie; il n'y a pas d'intérêt au monde, car ce serait un crime de lèse-humanité, qui puisse exiger qu'une femme, que des enfants, qu'un innocent leur soient immolés.

Je viens soumettre une dernière fois toute l'horreur tragique de cette situation à votre haute équité et à celle du Gouvernement. Je viens demander de la justice pour les miens, la vie de mes enfants, un terme enfin à ce martyre aussi effroyable de tant d'êtres humains.

Confiant dans votre haute équité, dans celle du Gouvernement, je vous demande de vouloir bien agréer l'expression de mes sentiments respectueux.

A. Dreyfus.

Iles du Salut, 12 mars 1898.

Monsieur le Président,

Je vous ai adressé un appel, le 20 novembre dernier, pour demander la révision de mon procès.

A la même date, j'ai fait appel à la loyauté du général de Boisdeffre, chef d'état-major général de l'armée, pour lui demander de vouloir bien exprimer au Chef de l'Etat son avis sur la révision.

Cet avis ayant été favorable, votre avis, Monsieur le Président, a été également favorable à la révision, puisqu'il m'a été déclaré officiellement que la demande que je vous avais adressée à cette date, avait été transmise suivant la forme constitutionnelle du Gouvernement.

Je réitère donc purement et simplement aujourd'hui ces appels.

Je fais donc appel à votre haute équité, à celle du Gouvernement pour demander, conformément aux avis exprimés à la suite de cet appel du 20 novembre 1897, avis qui ne sauraient être contraires aujourd'hui, dont la suite a été favorable, puisqu'il m'a été déclaré officiellement que transmission en avait été faite au Gouvernement, pour demander, dis-je, que justice soit enfin faite, que la révision ait enfin lieu.

Confiant dans votre haute équité, dans celle du Gouvernement, je vous demande de vouloir bien agréer l'expression de mes sentiments respectueux.

A. Dreyfus.

Iles du Salut, 20 mars 1898.

Monsieur le Président,

Je résume tous les appels précédents. Innocent du crime abominable pour lequel j'ai été condamné, je viens faire appel à la haute justice du Chef de l'Etat, pour demander la révision de mon procès.

Confiant dans votre équité, je vous demande de vouloir bien agréer l'expression de mes sentiments respectueux.

A. Dreyfus.

Iles du Salut, 22 avril 1898.

Monsieur le Président,

Ignorant quelle suite a été donnée aux demandes de révision que je vous ai adressées, je les résume toutes en ces quelques mots.

Innocent du crime abominable pour lequel j'ai été condamné, je fais appel à la haute justice du Chef de l'Etat, pour obtenir la révision de mon procès.

Confiant dans votre haute équité, je vous demande de vouloir bien agréer l'expression de mes sentiments respectueux.

A. Dreyfus.

Iles du Salut, 26 mai 1898.

Monsieur le Président,

Depuis le mois de novembre 1897, j'ai adressé de nombreux appels au Chef de l'Etat pour demander de la justice pour les miens, un terme à ce martyre aussi effroyable qu'immérité de tant d'êtres humains, la révision de mon procès.

J'ai fait appel également au Gouvernement, au Sénat, à la Chambre des Députés, à ceux qui m'ont fait condamner, à la Patrie en un mot, à qui il appartient de prendre cette cause en mains. Car c'est la cause de la justice, du bon droit, parce que, depuis le premier jour de ce lugubre drame, je ne demande ni grâces, ni faveurs, de la vérité simplement, parce qu'enfin, quand il s'agit de ces deux choses, qui se nomment « Justice, Honneur », toutes les questions de personnes doivent s'effacer, toutes les passions doivent se taire.

Tout cela dure depuis six mois, j'ignore toujours quelle est la suite définitive donnée à toutes les demandes de révision, je ne sais toujours rien... si, je sais qu'une noble femme, épouse, mère, que deux familles pour qui l'honneur est tout, souffrent le martyre...

Si, je sais qu'un soldat qui a toujours loyalement et fidèlement servi sa patrie, qui lui a tout sacrifié, situation, fortune, pour lui consacrer toutes ses forces, toute son intelligence, je sais que ce soldat agonise dans un cachot, livré nuit et jour à tous les supplices de l'infamie, à toutes les suspicions imméritées, à tous les outrages.

Encore une fois, Monsieur le Président de la République, au nom de ma femme et de mes enfants, des miens, je fais appel à la Patrie, au premier magistrat du pays, pour demander de la justice, pour tant de victimes innocentes, la révision de mon procès.

Confiant dans votre haute équité, je vous demande de vouloir bien agréer l'expression de mes sentiments respectueux.

A. Dreyfus.

Iles du Salut, 7 juin 1898.

Monsieur le Président,

Depuis de longs mois, j'adresse appels sur appels au Chef de l'Etat, pour demander la révision de mon procès.

J'ai réitéré encore cet appel, le 26 mai dernier. De jour en jour, d'heure en heure, j'attends une réponse qui ne vient pas.

Mes forces physiques, morales, diminuent chaque jour... Je ne demande plus qu'une chose à la vie, pouvoir descendre apaisé dans la tombe, sachant le nom de mes enfants lavé de cette horrible souillure.

S'il faut mourir victime d'innocence, je saurai mourir, Monsieur le Président, léguant mes pauvres malheureux enfants à ma chère Patrie, que j'ai toujours fidèlement et loyalement servie... Mais tout au moins, Monsieur le Président, je sollicite de votre bienveillance une réponse à mes demandes de révision, réponse que je vais attendre anxieusement, de jour en jour. Mettant toute ma confiance dans la haute équité du Chef de l'Etat, je vous demande de vouloir bien agréer l'expression de mes sentiments respectueux.

A. Dreyfus.

TROISIÈME PARTIE

COUR DE CASSATION

CHAMBRES RÉUNIES

MÉMOIRE

Pour Madame Lucie DREYFUS, agissant en qualité de tutrice de M. Alfred DREYFUS, son mari.

A l'appui de la demande de révision introduite contre le jugement du 1er Conseil de guerre du Gouvernement militaire de Paris, prononcé le 22 décembre 1894, contre Alfred DREYFUS.

MÉMOIRE

(Déposé le 24 avril 1899.)

Pour Madame Lucie Dreyfus, demeurant à Paris, 53, rue de Châteaudun, représentant, en sa qualité de tutrice, son mari, M. Alfred Dreyfus, condamné le 22 décembre 1894 à la déportation dans une enceinte fortifiée et à la dégradation militaire, par jugement du 1er Conseil de guerre du Gouvernement militaire de Paris.

A l'appui de la demande en révision introduite devant la Cour, d'ordre de M. le Garde des Sceaux, en date du 27 septembre 1898, par réquisitoire de M. le Procureur général en date du 15 octobre, et déclarée recevable par arrêt de la Cour du 29 octobre 1898.

I. — L'instruction ordonnée par l'arrêt de la Cour du 29 octobre 1898, conformément aux conclusions de l'exposante, a fait apparaître la pleine lumière sur une affaire que les passions les plus diverses avaient obscurcie à l'envi. Il est aujourd'hui facile, en résumant cette instruction, de mettre en évidence l'erreur commise et les causes de cette erreur.

L'exposante, fidèle dépositaire de la pensée de son mari, n'entend, il est superflu de le déclarer, incriminer en aucune façon ceux qui ont pu contribuer à ces erreurs. D'ailleurs, elle s'associe de tout cœur aux hommages rendus à une armée à laquelle son mari avait voué le meilleur de sa vie. Mais elle ne peut concevoir comment l'honneur de l'armée serait inconciliable avec l'honneur et la réhabilitation d'un loyal officier, qui avait, au surplus, reçu les nobles et patriotiques enseignements de nos grandes Écoles militaires, d'où un traître n'est jamais sorti.

II. — La première partie du Mémoire rappellera tout d'abord ce que fut le procès de 1894.

L'exposante y établira :

1° Que l'unique base judiciaire de la condamnation prononcée contre Dreyfus est le bordereau ;

2° Que l'accusation n'a jamais pu découvrir d'éléments moraux expliquant l'acte criminel imputé à Dreyfus ;

3° Que la condamnation a eu, en dehors des débats judiciaires, une cause illégale.

Dans une deuxième partie, l'exposante démontrera que la révélation d'une base illégale donnée à la condamnation entraîne nécessairement l'annulation du jugement de 1894 par voie de revision.

Une troisième partie sera consacrée à la contradiction des expertises et à l'examen du bordereau. L'exposante y établira qu'à raison des faits nouveaux révélés, il n'est plus possible d'attribuer à Dreyfus le bordereau, seule base judiciaire du jugement de condamnation prononcé en 1894.

L'examen du bordereau sera fait : 1° au point de vue matériel ; 2° au point de vue de sa teneur et des documents qu'il vise.

Dans une quatrième partie, l'exposante étudiera le faux fabriqué par le lieutenant-colonel Henry.

L'examen de cette pièce, des circonstances dans lesquelles elle a été fabriquée et employée, montrera l'importance capitale de ce document, qui a empêché l'instruction régulière de l'affaire Esterhazy, et qui fournit, en réalité, l'explication de la plupart des erreurs commises.

Une cinquième partie sera relative aux prétendus propos attribués à Dreyfus, propos qu'on s'est efforcé d'assimiler à de véritables aveux.

La sixième partie concernera le dossier militaire, les argumentations qu'on a essayé d'établir sur les pièces de ce dossier, les prétendus faits d'espionnage qu'on a tenté d'attribuer à Dreyfus.

Enfin, la septième partie sera relative au dossier diplomatique, qui contient la preuve irrécusable et péremptoire de l'innocence de Dreyfus.

PREMIÈRE PARTIE

Procès de 1894. — Base du jugement de condamnation prononcé contre Dreyfus le 22 décembre 1894.

§ 1. — L'unique base judiciaire de la condamnation est le bordereau.

III. — Il est hors de toute contestation que l'origine des soupçons dirigés contre Dreyfus, la base de l'accusation, comme la base judiciaire de la condamnation prononcée contre Dreyfus, se trouve dans le bordereau. A cet égard, tous les documents du dossier sont concordants, et tous les témoins entendus ont apporté la même affirmation.

La lettre de M. le Ministre de la Guerre à M. le Ministre de la Justice, en date du 16 septembre 1898, est très explicite à cet égard. Elle est, d'ailleurs, corroborée par les documents judiciaires de 1894, qu'il convient d'interroger avant tout. M. le lieutenant-colonel Du Paty de Clam, officier de police judiciaire dans l'affaire Dreyfus, commence en ces termes son rapport au ministre de la Guerre, d'octobre 1894 :

« La base de l'accusation portée contre M. le capitaine Dreyfus est une lettre missive, établissant que des documents militaires confidentiels ont été adressés à une puissance étrangère, à laquelle la dite lettre est parvenue. »

De même, M. le commandant d'Ormescheville s'exprime de la manière suivante, dans le rapport qu'il a adressé le 3 décembre 1894, et qui constitue l'*acte d'accusation* :

« La base de l'accusation portée contre le capitaine Dreyfus est une lettre missive écrite sur du papier pelure, non signée et non datée, qui se trouve au dossier, établissant que des documents militaires confidentiels ont été livrés à une puissance étrangère. »

Le même rapport, expliquant un peu plus loin comment les soupçons se portèrent sur Dreyfus, continue en ces termes :

« La nature même des documents adressés à l'agent d'une puissance étrangère, en même temps que la lettre missive incriminée, permet d'établir que c'était un officier qui avait été l'auteur, et de la lettre missive incriminée et de l'envoi de documents qui l'accompagnaient ; de plus, que cet officier devait appartenir à l'artillerie, trois des notes ou documents envoyés concernant cette arme. De l'examen attentif de toutes les écritures de MM. les officiers employés dans les bureaux de l'État-major, il ressortit que l'écriture du capitaine Dreyfus présentait une remarquable similitude avec l'écriture de la lettre missive incriminée. »

Les témoignages apportés devant la Cour, par les anciens ministres de la Guerre, attestent qu'on n'avait nullement songé, *a priori*, à attribuer le bordereau à Dreyfus, et que, seule, la similitude de l'écriture de Dreyfus avec celle du bordereau fit porter les soupçons sur cet officier.

Ce point est mis spécialement en évidence par la déposition de M. le général Mercier, par celle de M. Cavaignac, par celle de M. le général Zurlinden et par celle de M. le général de Boisdeffre.

IV. — L'accusation contre Dreyfus portant uniquement sur le bordereau, une expertise en écriture s'imposait.

Un premier avis fut demandé à M. Gobert, expert de la Banque de France, qui déclara devoir attribuer le bordereau à une personne autre que Dreyfus.

On consulta alors M. Bertillon, chef du service d'anthropométrie judiciaire, qui, n'étant nullement qualifié pour une expertise en écriture, se livra à un travail des plus compliqués sur la mensuration des lettres, établit le schéma d'une forteresse d'écrivain faussaire, et conclut à l'attribution du bordereau à Dreyfus.

Une véritable expertise en écriture fut ensuite, le 22 octobre 1894, ordonnée par M. le préfet de police, agissant en vertu de l'article 10 du Code d'instruction criminelle. Elle fut par lui confiée à trois experts : M. Pelletier, M. Charavay et, enfin, M. Teyssonnières, ancien conducteur des ponts et chaussées, qui avait été porté sur le tableau des experts en écriture du tribunal de la Seine, où d'ailleurs il ne fut pas maintenu.

M. Pelletier se livra à une étude particulière du bordereau et des pièces de comparaison, et déclara ne pouvoir attribuer le bordereau à Dreyfus.

MM. Charavay et Teyssonnières ne crurent pas devoir séparer complètement, comme M. Pelletier, leurs études de celles de M. Bertillon, et ils conclurent dans le même sens, c'est-à-dire en faveur de l'attribution du bordereau à Dreyfus.

Après ces opérations d'expertise, donnant, sur la possibilité d'attribuer matériellement l'écriture du bordereau à Dreyfus, des résultats assez contradictoires, l'accusation s'efforça d'établir que Dreyfus pouvait disposer des renseignements visés au bordereau.

Ce fut l'objet d'une enquête.

Vingt témoins militaires furent entendus dans l'instruction, leurs dépositions figurent au dossier. A ces vingt témoins militaires qui furent, ainsi que les experts, appelés devant le Conseil de guerre, se joignit une douzaine de témoins, tant militaires que civils, cités par la défense.

On peut voir, par les procès-verbaux des dépositions se trouvant au dossier, que l'enquête fut aussi peu décisive que l'expertise en écriture.

Plusieurs témoins ont déclaré que Dreyfus aimait à se renseigner sur les questions militaires ne dépendant pas de son service, qu'il avait pu venir dans des bureaux où il n'était pas appelé. Aucun n'a relevé à la charge de Dreyfus un fait précis d'espionnage.

L'enquête a péniblement établi que Dreyfus aurait eu la possibilité de se procurer des renseignements sur les questions énumérées au bordereau ; elle n'a pas fait la preuve que Dreyfus eût en réalité recueilli des renseignements sur ces questions, à l'époque où se plaçait l'envoi du bordereau.

Ainsi toutes les opérations d'instruction, expertise et enquête, se font sur le bordereau. C'est le bordereau qui est l'origine des soupçons ; c'est le bordereau qui est la base de l'instruction. C'est en lui que résident les éléments matériels de l'accusation : c'est ce que déclare formellement M. d'Ormescheville en terminant son rapport :

« Les éléments matériels de l'accusation, dit-il, consistent dans la lettre missive incriminée, dont les examens, par la majorité des experts, aussi bien que par nous et par les témoins qui l'ont vue, a présenté, sauf des dissemblances volontaires, une similitude complète avec l'écriture authentique du capitaine Dreyfus. »

Ce premier point échappe donc à toute discussion : l'accusation, en 1894, n'avait pu relever aucun élément matériel en dehors du bordereau.

§ 2. — L'accusation n'a jamais pu découvrir d'éléments moraux expliquant l'acte criminel imputé à Dreyfus.

V. — Malgré toutes les recherches minutieuses faites depuis cinq années, le mobile qui aurait poussé Dreyfus à l'acte criminel relevé contre lui est toujours resté mystérieux. Si Dreyfus était coupable, son crime serait inexplicable : il constituerait une véritable énigme.

L'accusation a cherché si l'on pouvait relever, en ce qui concerne Dreyfus, les besoins d'argent qui constituent la seule explication plausible des actes de trahison, actes infamants, même aux yeux de ceux au profit de qui ils sont commis.

Le rapport de M. Du Paty de Clam constate, à cet égard, que Alfred Dreyfus a reçu de la succession paternelle 235,000 francs. Il ajoute :

« En 1890, Alfred Dreyfus épousa Mlle Hadamard, fille d'un négociant en diamants; *le ménage dispose de* 25 *à* 30,000 *francs de revenu; il est ordonné et mène un train de vie apparent proportionné à ses ressources.* »

Quand le lieutenant-colonel Du Paty de Clam demanda à Dreyfus s'il pouvait être l'objet de machinations d'ennemis ou de vengeances féminines, Dreyfus répondit qu'il ne se connaissait pas d'ennemis, et il a indiqué comme femmes galantes susceptibles de connaître sa situation et de se mêler à des machinations, dont d'ailleurs il ne pourrait apercevoir la raison, une femme Z... et une femme Y...

Le rapporteur, M. d'Ormescheville, a fouillé la vie de l'accusé. Il a constaté que, pendant sa vie de garçon, Dreyfus avait eu successivement des relations avec quatre femmes, de 1884 à 1890; il en conclut que Dreyfus « était, avant son mariage, ce qu'on peut appeler un coureur de femmes ». Mais il n'allègue même pas que ces femmes aient entraîné Dreyfus en des dépenses exagérées ; il n'allègue pas davantage que ces femmes fussent, au point de vue de l'espionnage, des femmes suspectes.

Quant aux femmes Y... et Z..., signalées par Dreyfus lui-même, comme pouvant être suspectes à cet égard, le rapport de M. d'Ormescheville n'allègue pas davantage que, contrairement aux déclarations de l'accusé, il se soit établi entre elles et Dreyfus des relations intimes ou des relations d'espionnage. On n'a même pas démontré que la femme Y..., plus particulièrement visée, s'occupât d'espionnage en réalité.

Ce ne pouvait donc être les questions féminines qui auraient entraîné Dreyfus dans la voie du crime.

VI. — D'autre part, la question du jeu a également attiré l'attention du rapporteur. Il s'en explique en ces termes :

« Bien que le capitaine Dreyfus nous ait déclaré n'avoir jamais eu le goût du jeu, il appert cependant des renseignements que nous avons recueillis à ce sujet, qu'il aurait fréquenté plusieurs cercles de Paris où l'on joue beaucoup. Au cours de son interrogatoire, il nous a bien déclaré être allé au cercle de la *Presse*, mais comme invité pour y dîner ; il a affirmé n'y avoir pas joué. Les cercles tripots de

Paris, tels que le *Washington Club*, le *Betting Club*, les Cercles de l'*Escrime* et de la *Presse* n'ayant pas d'annuaires, et leur clientèle étant en général peu recommandable, les témoins que nous aurions pu trouver auraient été très suspects : nous nous sommes, par suite, dispensé d'en entendre! »

Ainsi, le rapport n'ose affirmer que Dreyfus ait perdu des sommes considérables ou même qu'il ait joué ; mais il insinue que, « d'après des renseignements recueillis », Dreyfus aurait fréquenté des cercles où l'on joue.

Ces « renseignements recueillis » sont représentés par deux notes anonymes qui n'ont même pas été contrôlées. Le rapport allègue bien que le contrôle de ces notes anonymes n'était pas possible, parce que les cercles indiqués (*Washington Club*, *Betting Club*, cercles de l'*Escrime* et de la *Presse*) n'ont pas d'annuaires. Mais c'est là une erreur matérielle, difficilement explicable de la part du rapporteur.

Le *Washington Club*, le *Betting Club*, les cercles de l'*Escrime* et de la *Presse* ont, comme tous les autres, des annuaires dont ils fournissent par ordre, le 1er janvier de chaque année, copie à la Préfecture de police.

Ces annuaires, dont on niait l'existence, étaient remis au service des jeux, où on pourrait sans doute encore retrouver ceux de l'année 1894. En dehors, d'ailleurs, de l'annuaire des grands cercles publié chez Lahure, 9, rue de Fleurus, et qui donne les noms des membres du *Jockey Club*, de l'*Agricole*, des cercles de la *rue Royale*, des *Chemin de fer* et de l'*Union*, il existait, tirés à des milliers d'exemplaires, des annuaires du *Washington Club*, imprimés par Pecchi, 21, rue Croix-des-Petits-Champs, du cercle de la *Presse*, imprimés par Morris père et fils, 64, rue Amelot, du cercle de l'*Escrime*, imprimé par Kahn et fils, 12, boulevard Saint-Martin. Seul, l'annuaire du *Betling Club* n'était pas imprimé.

D'autre part, le *Washington Club* (cercle franco-américain), à côté de son annuaire en langue française, en avait également un en langue anglaise, imprimé par Waterloo and son, 23, rue du Quatre-Septembre, et Charles Unsinger, 83, rue du Bac.

Il était donc bien simple de consulter, soit ces annuaires imprimés, dont le dépôt légal avait été effectué par les imprimeurs, soit les copies remises au service des jeux.

Enfin, à défaut d'annuaires, il eût été facile de se procurer des preuves écrites de l'affiliation de Dreyfus aux cercles susvisés.

Aux termes des règlements de police et des statuts des cercles, l'admission a lieu sur une demande écrite, contresignée de deux parrains, agréée par le comité, affichée dans les salons, et acceptée après une délibération relatée au registre des procès-verbaux. Dès que l'admission est prononcée, le nom du nouveau membre est porté : 1° sur un répertoire mis à la disposition de l'autorité ; 2° sur un état, dit bordereau nominatif, fourni mensuellement au préfet de police. Enfin la Préfecture de police possède, à cet égard, un répertoire complet de fiches mobiles lui permettant de donner une réponse immédiate à la question de savoir si telle ou telle personne fait partie du cercle.

Ainsi, en dehors même des annuaires, toute admission dans un cercle laisse des traces écrites et offre des moyens de contrôle. Rien n'était plus simple que de vérifier l'exactitude des notes anonymes dont M. d'Ormescheville a cru devoir faire état.

Il faut ajouter qu'il eût été très difficile, sinon impossible, à Dreyfus de devenir, en conservant l'incognito, l'un des habitués d'une salle de jeu, sans faire partie du cercle. Tout membre d'un cercle peut bien, il est vrai, introduire librement un invité dans les salons de lecture, fumoirs, salles à manger. Mais l'entrée des salles de jeu est interdite à toute personne étrangère au cercle. Tout membre du cercle, introduisant un invité, est tenu d'inscrire, sur un livre *ad hoc*, le nom de cet invité dont il devient responsable. Les règlements de police sont formels à cet égard, et leur inobservation entraînerait la fermeture du cercle. Si quelques infractions peuvent passer inaperçues, elles ne sauraient, dans tous les cas, permettre à une personne étrangère au cercle de devenir un des habitués de la salle de jeu.

Très facilement, on eût donc établi, si la chose eût été vraie, que Dreyfus était un joueur habituel dans les cercles, soit comme membre de ces cercles, soit comme invité ; et il est singulier que le rapport de M. d'Ormescheville ait fait état, même sous forme de simple allégation, de notes anonymes dont il était si aisé pour l'instruction de reconnaître l'inexactitude.

Les cercles susvisés avaient alors pour présidents, savoir : le *Washington Club*, M. d'Estouvelle, directeur honoraire au ministère de la Guerre, officier de la Légion d'honneur; le cercle de la *Presse*, M. Falguière, sculpteur, membre de l'Institut, commandeur de la Légion d'honneur ; le cercle de l'*Escrime*, M. Aurélien Scholl, ancien président de la Société des gens de lettres, officier de la Légion d'honneur ; le *Betting Club*, M. Porte, ancien négociant. Le témoignage de ces présidents offrait assurément au moins autant de garanties que les notes anonymes mises en œuvre par l'acte d'accusation, notes impossibles à contrôler, d'après M. d'Ormescheville, faute de témoins non suspects.

Il résulte d'ailleurs des notes anonymes elles-mêmes (*Enquête*, *p.* 753), que la Préfecture de police avait fourni sur Dreyfus des renseignements favorables à cet égard. Il est au moins singulier que les rapports favorables de la préfecture de police n'aient pas été versés au dossier, alors qu'on y maintenait d'autre part les notes anonymes défavorables à Dreyfus.

VII. — Au surplus, l'enquête de la Cour de cassation a fait connaître que ces notes anonymes étaient l'œuvre d'un ancien agent de renseignements Guénée, « le bras droit d'Henry », suivant l'expression du lieutenant-colonel Picquart. Guénée a été lui-même interrogé, et, dans sa déposition du 18 janvier 1899, il a réédité toutes les allégations sur les femmes et le jeu, par lui fournies anonymement en 1894, au commandant Henry, dont il était l'agent.

Mais la Cour de cassation a voulu faire préciser ces allégations, et, le 27 janvier 1899, avait lieu, devant M. Josse, juge d'intruction délégué, l'extraordinaire déposition qui suit (*Enquête*, *p.* 506).

« Demande. — Dans votre déposition du 18 janvier, vous avez fait allusion à une scène qui se serait produite chez une femme, entre Dreyfus et un commandant étranger. Ce commandant étranger aurait reproché à Dreyfus de devenir trop exigeant et aurait menacé de le perdre. Pouvez-vous faire connaître d'où vous vient cette information et comment il serait possible de la contrôler? Pouvez-vous nous citer des noms de personnes qui pouraient appuyer de leurs déclarations celles que vous avez faites?

« Réponse. — Je ne puis citer aucun nom. J'ai été mis au courant de cette scène par des racontars, par les dires de personnes, soit françaises, soit étrangères, qui fréquentaient chez cette femme, c'est-à-dire la Bodson. Je ne saurais vous citer aucune personne pouvant étayer de sa déposition ma déclaration.

« D. — Vous nous avez déclaré qu'après l'arrestation de Dreyfus vous vous étiez rendu compte que certains renseignements, que vous aviez été à même de fournir au bureau de renseignements, se rapportaient à Dreyfus. Quels sont ces renseignements et quelle en était la source?

« R. — *Ces renseignements peuvent se rapporter aussi bien à Dreyfus qu'à un autre; mais comme seul Dreyfus était inculpé, tout retombait sur lui.* **C'était la tête de turc.**

« D. — Par quelle voie avez-vous su que Dreyfus fréquentait le

Betting Club, le cercle *Washington*, le *New Club* et le cercle des *Capucines* ?

« R. — C'est un bruit qui courait parmi les habitués des tripots qui fréquentent les cafés des boulevards et les boulevards.

« D. — Avez-vous pu vérifier vous-même si Dreyfus fréquentait ces établissements?

« R. — Non, monsieur; mais je puis vous dire que, le jour de la première audience du Conseil de guerre de 1894, comme je me rendais compte de la physionomie de la foule qui se tenait aux portes, j'ai aperçu le sommelier du *Betting Club*, qui était connu sous le nom de Joseph. Je lui demandai ce qu'il faisait là. Il me répondit qu'il avait obtenu une carte du commandant Forzinetti pour entrer au Conseil de guerre. Je lui demandai comment il avait pu avoir cette carte; il me répondit que le commandant Forzinetti était un habitué du *Betting Club* et un ami de Dreyfus. Je demandai alors à Joseph si Dreyfus fréquentait le *Betting Club*. Il me répondit d'une façon évasive et se déroba. Il y avait encore là d'autres individus employés dans les différents cercles dont les noms viennent d'être cités, qui étaient porteurs de cartes à eux données par le même Forzinetti.

« D. —Avez-vous su, au cours de vos investigations, si Dreyfus engageait au jeu des sommes importantes, et s'il a fait, dans l'un des cercles sus-désignés, une perte notable ?

« R. — Non, monsieur. Il est très difficile, pour ne pas dire impossible, d'être mis au courant des pertes plus ou moins importantes qu'un des joueurs de ces cercles peut subir, à moins qu'il ne le dise lui-même. Dans ces établissements, on est muet sur les choses délicates. »

Ainsi, dès qu'il a fallu préciser les griefs contre Dreyfus et articuler des faits précis de débauche, de jeu ou de dépenses exagérées, l'auteur des notes tendancieuses, dont on n'avait pas craint de faire état dans un acte d'accusation, est obligé d'avouer qu'il n'a consigné dans ses notes que des racontars anonymes non contrôlés et ne pouvant s'appuyer sur aucun témoignage !

La suite du même interrogatoire, concernant la prétendue communication d'un rapport faite par un magistrat de la Cour, communication que Guénée avait affirmée et qu'il est obligé de reconnaître fantaisiste dès qu'il en faut préciser les conditions, peut d'ailleurs donner un exemple de l'inqualifiable légèreté avec laquelle étaient rédigées les déclarations de cet agent. L'exposante, à cet égard, regrette profondément que la Cour lui ait refusé l'audition des témoins Maillet, Géant et Schiller, qu'elle avait signalés comme devant faire connaître à la justice les procédés opératoires de l'agent Guénée.

VIII. — A défaut de ces témoignages, elle peut d'ailleurs en invoquer un beaucoup plus général, celui de M. Develle, ancien ministre des Affaires étrangères, qui s'exprime en ces termes (*Enquête, p.* 230) :

« Je puis exprimer l'opinion qui est celle de tous les ministres des Affaires étrangères et de l'Intérieur et de tous les préfets de police, qui sont unanimes à dire que le service des renseignements du ministère de la Guerre est l'un des plus mal organisés de l'administration française. J'en ai eu plusieurs exemples. L'absence de contrôle a conduit fréquemment les agents de ce service à des imprudences qui pouvaient gravement compromettre le pays. Les correspondances recueillies ou envoyées par eux sont souvent insignifiantes et ne paraissent pas toujours sincères. »

C'est cependant avec ces notes tendancieuses et ces insinuations imprécises qu'a été bâtie l'accusation Dreyfus. Aussi M. le général de Boisdeffre lui-même a-t-il déclaré devant la Cour qu'il avait trouvé l'instruction concernant Dreyfus complètement insuffisante en ce qui concerne sa moralité, ses relations de femmes et de cercle, etc. (*Enquête, p.* 179).

L'enquête de la Cour a ainsi donné une nouvelle preuve du phénomène déjà constaté en 1894 par le lieutenant-colonel Cordier, sous-chef du bureau des renseignements : « A mesure qu'on voulait faire préciser les mauvais renseignements reçus, leur gravité s'atténuait » (*Enquête, p.* 203).

Un autre exemple bien caractéristique s'en trouve encore dans l'enquête de la Cour sur le même sujet.

Une note rédigée par ordre de M. le général Gonse, et prétendant reproduire des propos tenus par M. Hadamard à M. Painlevé, propos rapportés par M. d'Ocagne, présente la famille d'Alfred Dreyfus comme éprouvant des doutes sur sa moralité (*pièce* 96 *du dossier militaire*). MM. d'Ocagne, Painlevé et Hadamard, qui appartiennent tous trois à l'enseignement supérieur, ont été entendus (*Enquête, p.* 525 *à* 530). M. Painlevé, maître de conférences à l'Ecole normale supérieure, n'a pu dissimuler son étonnement de voir faire état d'une conversation « que le général Gonse avait jugée, après audition, insignifiante et inutile à noter ».

M. Hadamard avait déclaré à M. Painlevé, après la condamnation, qu'il croyait à l'innocence de Dreyfus, parce que, raisonnant rigoureusement, et sans vouloir se porter garant *a priori* d'un homme qu'il avait vu une seule fois, et sur lequel les journaux répandaient des bruits défavorables, il ne pouvait trouver sérieuse la seule preuve de culpabilité relevée contre lui.

Tel était le propos qui, se déformant peu à peu sous des plumes accusatrices, était devenu une attestation que la famille de Dreyfus reconnaissait comme suspecte la moralité de l'infortuné capitaine.

Là encore, le renseignement défavorable, qui avait été consigné d'une manière vague et imprécise dans la note de M. le général Gonse, s'est évanoui dès qu'il a fallu le préciser et en rechercher l'origine.

L'exposante proteste contre ces procédés tendant à travestir les sentiments d'affectueuse estime qu'éprouvaient pour Alfred Dreyfus les membres de sa famille, à même de connaître les qualités de son cœur. Mais elle ne veut retenir de tout ceci qu'une chose, c'est qu'il en est du jeu comme des autres éléments de moralité : on n'a rien pu établir, et on n'avait, en 1894, rien pu établir de précis et de sérieux à cet égard. L'acte d'accusation n'a même pu affirmer formellement que Dreyfus fût joueur, qu'il eût fait au jeu des pertes considérables et qu'il eût eu, en conséquence, besoin de se créer des ressources extraordinaires par des manœuvres d'espionnage.

IX. — En dernier lieu, dans le même ordre d'idées, M. d'Ormescheville, en son rapport, allègue que Dreyfus aurait subi une blessure d'amour-propre à l'occasion de ses examens de sortie de l'École de guerre. Mais il est à remarquer, qu'aux termes de ce même rapport, Dreyfus, admis à l'École avec le nº 67, en est sorti avec le nº 9 et la mention « très bien ». La blessure d'amour-propre, en ces conditions, ne devait pas être bien profonde, en admettant qu'elle existât. Dans tous les cas, une blessure d'amour-propre n'explique pas un acte d'espionnage.

Enfin, le même rapport constate que « les notes successives obtenues par le capitaine Dreyfus depuis son entrée au service sont généralement bonnes, quelquefois même excellentes, à l'exception de celles qui lui ont été données par M. le colonel Fabre, chef du 4e bureau de l'état-major de l'armée ». Encore faut-il remarquer, à cet égard, que le colonel Fabre n'a pas lui-même apprécié Dreyfus, et que, d'après sa déposition au procès de 1894, il s'est contenté de le noter d'après les renseignements à lui fournis par le commandant Bertin et par le lieutenant-colonel Roget, aujourd'hui général, qui s'est constitué depuis l'accusateur principal d'Alfred Dreyfus *Enquête, p.* 570).

X. — Officier de mérite et d'avenir, sorti de l'École de guerre avec le n° 9 et la mention « très bien », attaché à l'État-major général, ayant des notes toujours bonnes, quelquefois excellentes, sauf une restriction faite à l'instigation du lieutenant-colonel Roget, jouissant d'une fortune indépendante, menant avec sa jeune femme une vie régulière et proportionnée à ses ressources, Alfred Dreyfus, considéré comme traître et espion, devient un être psychologiquement incompréhensible. Le plus odieux des crimes aurait, en l'espèce, été commis sans mobile, sans but, sans raison, et même à l'encontre des intérêts de son auteur, Dreyfus risquant, comme avenir et situation, des avantages infiniment supérieurs aux quelques avantages pécuniaires qu'il aurait pu espérer retirer de ses espionnages.

Mais, en dépit du caractère inexplicable et mystérieux d'un pareil acte, l'accusation était maintenue parce que, à côté des éléments moraux dont on ne pouvait tirer rien de sérieux et de précis, il y avait, comme le dit l'acte d'accusation, les éléments matériels ; et ces derniers se réduisaient uniquement au bordereau : M. d'Ormescheville le déclare à la fin comme au début de son rapport.

Ainsi donc, il est établi avec certitude, tant par les documents du procès de 1894, que par les témoignages recueillis dans l'instruction de la Cour, que le crime de trahison imputé à Dreyfus demeure absolument inexplicable s'il a été commis par lui ; il est établi avec certitude que la seule charge matérielle et précise relevée contre Dreyfus en 1894, la seule base de l'accusation, comme la seule base judiciaire du jugement de condamnation, c'est le *bordereau.*

§ 3. — La condamnation a eu, en dehors des débats judiciaires, une cause illégale.

XI. — L'unique charge relevée par l'accusation, la seule base légale donnée à la poursuite, n'eût pas été de nature sans doute à entraîner la condamnation. Elle n'avait pu d'ailleurs résister à la discussion qui en fut faite devant le Conseil de guerre.

Le lieutenant-colonel Picquart, qui avait été délégué par le ministère de la Guerre pour suivre les débats de l'affaire Dreyfus, rendit compte au ministre des résultats donnés par les débats ; et des pièces secrètes, inconnues de la défense, furent alors communiquées aux juges qui avaient à statuer.

Le fait de cette communication est aujourd'hui indiscutable. Il avait été déjà révélé au public par les journaux recevant des communications officieuses du ministère de la Guerre (*Éclair* du 15 septembre 1896; *Écho de Paris* du 16 novembre 1897; *Gaulois* du 3 novembre 1897). Le caractère officieux de ces communications n'était pas, il est vrai, alors établi, et on pouvait ne pas y ajouter foi. Mais le même fait a été attesté par l'enquête faite en Cour d'assises au procès Zola (*dépositions de M. Demange, de M. Stock. — Compte rendu sténographique, t. 1er, p.* 382, *et t.* 2, *p.* 177). Il était encore attesté par une déclaration de M. Janac, ancien juge au tribunal civil de Tulle et avocat à la Cour de Bordeaux (*pièce* 69 *du dossier du Conseil de guerre Esterhazy*). Il a été révélé dans tous ses détails par trois rapports du lieutenant-colonel Picquart au ministre de la Justice, en date des 6, 14 et 15 septembre 1898, figurant au dossier.

L'enquête faite par la Cour de cassation a fourni d'ailleurs des preuves surabondantes de la communication d'un dossier secret aux juges du Conseil de guerre.

Non seulement, en effet, le lieutenant-colonel Picquart a renouvelé ses explications à cet égard sous la foi du serment, mais ces déclarations ont été encore corroborées par les témoignages de M. Casimir-Perier, ancien président de la République, et de M. Laroche, résident général de France, sur lesquels il y aura bientôt lieu de revenir. *Aucun témoin n'a osé nier cette communication*, et ceux qui, pour ne pas la reconnaître expressément, n'ont pu alléguer leur ignorance à cet égard, le général Mercier et le général de Boisdeffre, ont purement et simplement refusé de répondre. Le refus de répondre, opposé par les généraux Mercier et de Boisdeffre à la Cour de cassation, a toute la force d'un aveu.

Il importe, en effet, de remarquer, pour bien montrer la signification de cette attitude, que, dès le 24 janvier 1898, le gouvernement de M. Méline était interpellé sur cette question de communication de pièces secrètes. Le président du Conseil déclarait alors à l'interpellateur, M. Jaurès, qu'il lui serait répondu ailleurs. Cette déclaration semblait être un renvoi aux débats de l'affaire Zola, qui allaient prochainement s'ouvrir. Le 9 février 1898, la question fut en effet posée au général Mercier devant la Cour d'assises de la Seine. Le général Mercier évita d'y répondre directement, et le président des assises refusa de la poser catégoriquement au témoin, renvoyant les avocats de la défense à poser leur question devant une Cour de revision (*procès Zola, t.* 1er, *p.* 169). Enfin, le 8 novembre 1898, le général Mercier, à qui la question était posée cette fois par la Cour de revision, a catégoriquement refusé de répondre, déniant même à la Cour de cassation, investie des pouvoirs les plus larges par l'art. 445 C. Inst. Crim., le droit de l'interroger sur ce point (*Enquête, p.* 7). Il en fut de même du général de Boisdeffre (*Enquête, p.* 176.)

Quoi qu'il en soit de l'attitude des généraux Mercier et de Boisdeffre, le fait de la communication de pièces secrètes aux juges du Conseil de guerre est aujourd'hui impossible à contester.

XII. — Mais cette communication aux juges de pièces inconnues de la défense s'est encore compliquée d'une circonstance aggravante révélée par les rapports et le témoignagne du lieutenant-colonel Picquart.

Non seulement des pièces non connues et non discutées par la défense ont été soumises aux juges, pour former leur conviction; mais ces pièces même étaient accompagnées d'un commentaire, véritable acte d'accusation clandestin, rédigé par l'officier de police judiciaire Du Paty de Clam.

L'existence de ce commentaire a été attestée dans l'instruction faite par la Cour de cassation.

Le lieutenant-colonel Du Paty de Clam, interrogé à cet égard, a répondu :

« Il est exact que le colonel Sandherr m'a prié d'écrire une note, sous ses yeux et avec sa collaboration, en vue d'établir la concordance entre certaines pièces qu'il m'a montrées. Le colonel Sandherr m'a pris cette note; j'ignore ce qu'il en a fait. Ce fait a dû se passer au commencement de décembre 1894. »

Et M. Du Paty de Clam ajoute, sur interpellation, que, s'il a rédigé cette note, « c'était pour établir la concordance entre ces pièces, *en vue d'établir qu'il y avait une trahison à l'État-major de l'arme* » (*Enquête. p.* 305).

Dans sa seconde déposition devant la Cour de cassation, M. le général Gonse a encore confirmé le fait, en ajoutant que le général Mercier s'était, il y a quelque temps seulement, fait remettre ce commentaire, qui a ainsi disparu du dossier (*Enquête, p.* 396).

« Cette note ou commentaire, dit le général Gonse, avait été rédigée au mois de novembre ou décembre 1894 par ordre du ministre de la Guerre (général Mercier) et pour lui seul. Le ministre de la Guerre avait donné l'ordre au colonel Sandherr de détruire cette pièce; le colonel Sandherr n'avait exécuté qu'en partie l'ordre du ministre, puisque l'original avait été détruit et qu'il en avait gardé une copie. C'est une copie qui était là propriété de M. le général Mercier, qui lui a été remise pas moi, sur l'ordre du chef d'État-major général, fin 1897. Ce commentaire s'appliquait, autant qu'il m'en souvient, au memento de l'agent A., qui commence par ces mots : « Doute-Preuve », à la lettre de B. à A., où il est question de « ce canaille de D. », et enfin à une autre lettre de B. à A., lettre où il est question du colonel Davignon (alors chef du 2e bureau). Dans les différents rapports faits successivement sur le dossier secret, il a été tenu compte des indications de la note de Du Paty de Clam, et les pièces visées sont restées au dossier. »

Cette déposition est en parfaite concordance avec les rapports et la déposition du lieutenant-colonel Picquart (*Enquête, p.* 89 *et s.*)

L'exposante ne recherchera pas pour quelles raisons le général Mercier a fait ainsi disparaître du dossier une pièce établie par les soins du bureau des renseignements et avec la collaboration du colonel Sandherr, ni comment une copie faite par le colonel Sandherr, contrairement à l'ordre du général Mercier, pouvait être la propriété exclusive de ce dernier. Elle retient seulement que cette pièce existait, qu'elle était destinée à mettre en valeur les pièces secrètement communiquées aux juges, et à faire sortir de ces pièces la preuve que l'accusation, basée sur le bordereau, devait s'appliquer à un officier d'État-major, spécialement à un officier du 2e bureau.

XIII. — La composition du dossier secrètement communiqué aux juges et les conditions de cette communication ont été révélées par le lieutenant-colonel Picquart dans son rapport du 15 septembre 1898, confirmé par sa déposition devant la Cour.

« Comment la communication a-t-elle été faite? — Sous pli fermé remis entre les mains du Président du Conseil de guerre. Ce pli contenait : 1° les quatre pièces que j'ai indiquées dans mon mémoire ; 2° le commentaire explicatif écrit, rédigé par Du Paty. Il n'y a pas de doute à ce sujet (*voyez la confirmation de ce rapport dans l'enquête, p.* 89 *et s.*). »

Les quatre pièces indiquées dans le mémoire et la déposition de Picquart sont : 1° la pièce aujourd'hui connue sous le nom de « memento de A. » ; 2° une lettre de B. à A., relative à un renseignement sur question non confidentielle demandé à M. Davignon, officier du 2e bureau ; 3° la pièce désignée par les mots qui en sont extraits : « Ce canaille de D... » ; 4° enfin, une pièce relative au départ d'un attaché militaire espagnol.

Indépendamment de ces quatre pièces secrètement communiquées au président du Conseil de guerre sous un pli spécial, avec le commentaire de Du Paty, il est aujourd'hui permis de penser qu'une autre pièce, dont il a été beaucoup parlé avant que, reconnue apocryphe, elle disparût du dossier, a été également communiquée aux juges. Cette pièce était une lettre attribuée à un empereur étranger et donnant des instructions concernant l'espionnage que devait pratiquer Dreyfus.

L'existence de cette pièce a été révélée à grand fracas par les journaux officieux du ministère ; il en a été fait mention par le lieutenant-colonel Henry dans un entretien avec M. Paléologue (*déposition de M. Paléologue, enquête, p.* 270). Le caractère apocryphe de ladite pièce a été l'objet de déclarations officieuses de la part d'un ambassadeur étranger. (*Déposition de M. de Turenne.*) Enfin, la haute fantaisie d'un pareil document a été mise en relief dans un discours de M. le ministre des Affaires étrangères Delcassé, répondant à l'interpellation de M. Jules-Louis Breton. (*Journal officiel, Débats parlementaires, Chambre des députés, Séance du* 20 *janvier* 1899. *p.* 96.) D'autre part, certains détails relatifs à la mise en œuvre de ce faux document ont été précisés dans une lettre adressée par M. Paschal Grousset, député, à M. le Procureur général.

Il paraît aussi résulter des diverses communications de M. le professeur Andrade (*enquête, p.* 540), surtout si on les rapproche des déclarations contenues au rapport Picquart du 15 septembre 1898, attestant que plusieurs plis cachetés ont été remis au président du Conseil de guerre, que ce document avait fait partie du dossier clandestin de 1894. Les déclarations de M. Andrade ont été, il est vrai, contredites par M. le général de Boisdeffre (*enquête, p.* 389) ; mais elles semblent tout à fait en harmonie avec celles apportées par le lieutenant-colonel Henry à la Cour d'assises de la Seine (*procès Zola ; T. I*[er], *p.* 375 *et* 376).

On doit retenir des dépositions de MM. Paléologue et Hanotaux que jamais notre Ministère des Affaires étrangères n'a contribué à la production d'un pareil document, et, de celles de M. le capitaine Cuignet, que ce document n'existe *plus* dans les archives du Ministère de la Guerre. Connu d'Henry, il avait même déjà disparu du dossier quand le lieutenant-colonel Picquart en prit connaissance.

XIV. — L'une des pièces ainsi secrètement communiquées et commentées devant les juges en chambre du Conseil a eu, pour la condamnation, une importance capitale. Il importe à cet égard de rappeler quelques dépositions relatives à cette pièce « *Ce canaille de D.* » dont M. Cavaignac a donné lecture à la Chambre des députés dans son discours du 7 juillet 1898. Le général Mercier, interrogé au sujet de cette pièce, a répondu de la manière suivante devant la Cour de cassation :

« D. — M. Cavaignac, dans son discours, a cité deux pièces dans lesquelles figure l'initiale D. ; ces pièces, qu'il applique à Dreyfus, ont-elles figuré *dans la procédure judiciaire ?*

« R. — *Non.*

« D. — Ces pièces ont-elles été soumises au Conseil de guerre ?

« R. — Je ne puis pas vous répondre, par le motif que j'ai donné (*enquête, p.* 7). »

De son côté, M. Casimir-Perier a déposé en ces termes :

« D. — Le général Mercier ne vous aurait-il pas parlé, postérieurement au jugement, de pièces secrètes qui auraient été communiquées au Conseil de guerre et qui auraient été décisives comme preuves de la culpabilité de Dreyfus ?

« R. — Je n'ai entendu parler que d'une seule pièce, celle souvent citée : « Ce canaille de D... devient réellement trop exigeant. » Je n'ai pas eu connaissance d'autres pièces secrètes. *Le général Mercier m'a dit que cette pièce avait été mise sous les yeux du Conseil de guerre* (*enquête, p.* 227). »

Le texte exact de cette pièce (*lettre de A. à B.*), cité par M. Cavaignac, est ainsi conçu :

« Je regrette bien de ne pas vous avoir vu avant mon départ. Du reste, je serai de retour dans huit jours. Ci-joint douze plans-directeurs de *Nice*, que ce canaille de D... m'a donnés pour vous. Je lui ai dit que vous n'aviez pas l'intention de reprendre les relations. Il prétend qu'il y a eu un malentendu et qu'il ferait tout son possible pour vous satisfaire. Il dit qu'il s'était entêté et que vous ne lui en voulez pas. Je lui ai répondu qu'il était fou et que je ne croyais pas que vous voudriez reprendre les relations avec lui. Faites ce que vous voudrez. »

Quelle a été la conséquence de la communication secrète au Conseil de guerre de cette pièce inconnue de Dreyfus et de son défenseur ? La déposition de M. Laroche la fait connaître :

« En 1896, dit M. Laroche, alors que j'étais résident général à Madagascar, avant qu'on ne parlât d'erreur judiciaire dans le procès du capitaine Dreyfus, au cours d'une conversation, il m'arriva de demander si quelqu'un connaissait la nature de sa trahison. Mon officier d'ordonnance, le capitaine du génie Duprat (actuellement à Grenoble), entendant ma question, y répondit aussitôt : « Dreyfus a été condamné pour avoir livré à l'étranger les plans de forteresses de la région de *Nice*. Il y a ici même un des juges de Dreyfus, le capitaine Freystætter, de l'infanterie de marine; nous le voyons quelquefois, et il nous a dit publiquement : « Cette canaille de Dreyfus a livré à l'étranger des plans de forteresses de la région de Nice. Voilà pourquoi nous l'avons condamné. »

« A diverses reprises, depuis cette époque, je suis revenu sur ce sujet avec mon officier d'ordonnance et il m'a toujours répété, dans les mêmes termes, la révélation que le capitaine Freystætter avait faite devant lui. J'en ai gardé la conviction que, de toutes les charges qui avaient pu être relevées contre Dreyfus, celle-là seule, ou celle-là surtout, avait frappé l'un de ses juges.

« Pendant longtemps, je n'eus aucune raison de supposer que cette accusation particulière et déterminée n'eût pas été discutée avec l'accusé et le défenseur; mais, depuis que l'on sait qu'il n'en a pas été question au cours des débats contradictoires du Conseil de guerre, j'ai dû conclure qu'elle avait été discutée entre les juges seulement, sans que l'accusé ni le défenseur en eussent connaissance (*enquête, p.* 327). »

Ainsi, non seulement il est avéré que cette pièce a été soumise au Conseil de guerre sans que l'accusé et son défenseur puissent la connaître, l'examiner et la discuter; mais il est, de plus, attesté que cette pièce a eu une importance décisive pour la condamnation de Dreyfus.

XV. — *Or ladite pièce ne s'appliquait pas et ne pouvait s'appliquer à Dreyfus* : l'instruction de la Cour de cassation en a fourni la preuve péremptoire.

Lorsque M. Cavaignac, après avoir prononcé son grand discours du 7 juillet 1898 affirmant la culpabilité de Dreyfus, étudia et fit étudier le dossier, on s'aperçut bien vite que les documents invoqués dans le discours ministériel et affichés sur les murs de toutes les communes de France comme preuves de la culpabilité de Dreyfus étaient ou faux ou sans application possible au malheureux capitaine.

En ce qui concerne la pièce « Ce canaille de D. », la seule à examiner en cette partie du mémoire de l'exposante, M. Cavaignac lui-même a dû reconnaître, dans sa déposition devant la Cour de cassation, qu'il éprouvait les doutes les plus sérieux sur la possibilité d'appliquer la pièce à Dreyfus (*enquête, p.* 24).

En effet, M. Cavaignac s'efforçait d'établir qu'avec le bordereau, Dreyfus livrait les documents les plus secrets et les plus importants pour la défense nationale. Comment un capitaine d'État-major, un officier ayant à sa disposition de telles pièces et de tels renseignements aurait-il pu être traité avec cette désinvolture par ceux au profit de qui il aurait pratiqué l'espionnage? Au lieu de solliciter humblement une rentrée en grâce près de ses correspondants, n'est-il pas évident que ce capitaine d'État-major aurait eu ces derniers pour solliciteurs ?

En dehors des considérations de cet ordre, il en est d'autres, purement matérielles, qui excluent nécessairement Dreyfus en cette circonstance. Le Ministère de la Guerre n'ignore pas qu'en matière d'espionnage, on démarque toujours le nom des espions; et il a en main les preuves irréfutables que spécialement les agents A. et B. *changeaient toujours les initiales de leurs espions, leur donnant des noms de guerre à initiales différentes de celles du nom réel.* L'initiale D, figurant sur la pièce, non seulement ne pouvait désigner Dreyfus, mais, pour ceux qui connaissent les pratiques d'espionnage en général, et celles des agents A. et B. en particulier, elle l'excluait précisément, parce qu'elle était celle de son véritable nom.

Aussi les officiers qui ont étudié le dossier, accusateurs et défenseurs de Dreyfus, sont-ils aujourd'hui bien d'accord sur ce point : le canaille de D. ne peut être Dreyfus. (*Voyez les dépositions du lieutenant-colonel Picquart, rapport au Garde des Sceaux du* 14 *septembre* 1898 *et enquête, p.* 92, *du capitaine Cuignet, enquête, p.* 245, *comme celle de M. Cavaignac.*)

Les déductions tirées de la pièce même et de son texte se sont trouvées conformes à la réalité des faits : la personne visée par ladite pièce est, en effet, aujourd'hui connue. La déclaration de M. le comte Tornielli (*déposition de M. Trarieux. Enquête, p.* 323), indique que « ce canaille de D. » était un pauvre hère auquel les agents A. et B. avaient donné *le nom de guerre de Dubois* et qui livrait aux attachés militaires des cartes et plans topographiques assez difficiles à trouver dans le commerce ; « cet individu avait des exigences d'argent exagérées eu égard aux services rendus, et les attachés militaires se rappellent avoir eu l'occasion d'en faire l'observation ».

Le dossier militaire fournit, d'ailleurs, la preuve des relations des attachés A. et B. avec ce Dubois (*pièces* 254, 320 *et* 322), comme il fournit, d'autre part, la preuve que tous ces plans-directeurs de forteresse étaient fournis et achetés en grand par lesdits attachés, au prix de 10 francs (*pièces* 152 *à* 158).

Il semble même que la date du 16 avril 1894, inscrite sur

la pièce, y ait été mise après coup, à l'effet de faire concorder ladite pièce avec le bordereau. Le lieutenant-colonel Cordier, ancien sous-chef du bureau des renseignements, a en effet affirmé (*enquête, p. 201, in fine*) que la pièce dont il s'agit était arrivée au bureau des renseignements avant même l'affaire Greiner (1892), qu'elle avait été communiquée à une autre administration pour rentrer ensuite à la section de statistique (bureau des renseignements) au moment de l'affaire Dreyfus. Il serait fort possible dès lors qu'on ait inscrit sur la pièce, non datée originairement, la date de rentrée comme une date d'arrivée. Ce qui, au surplus, paraît corroborer les souvenirs du lieutenant-colonel Cordier, c'est que, dès 1893, des enquêtes et rapports étaient faits sur le personnel subalterne du Ministère de la Guerre, au sujet de la remise, aux puissances étrangères, de ces plans-directeurs (*dossier militaire, pièces* 131 *à* 140).

Que la pièce en question ait, d'ailleurs, ou non reçu une fausse date pour faciliter son application à Dreyfus, cela importe peu. Il suffit de constater ce qu'il n'est plus possible de contester :

1° Qu'elle a été communiquée secrètement aux juges à l'insu de Dreyfus et de son défenseur, qui en ignoraient l'existence;

2° Qu'elle a été, en fait, la cause principale de sa condamnation;

3° Qu'elle ne s'appliquait pas, en réalité, et ne pouvait, d'ailleurs, s'appliquer à Dreyfus.

DEUXIÈME PARTIE

La révélation d'une base illégale donnée à la condamnation entraîne nécessairement l'annulation du jugement de 1894 par voie de revision.

I. — La déclaration des Droits de l'homme porte que nul ne peut être accusé, arrêté, ni détenu que dans les cas déterminés par la loi et selon les formes qu'elle a prescrites; que nul ne peut être jugé sans avoir été entendu. La communication intégrale de toutes les pièces de l'accusation à l'accusé est un principe de droit public que la Révolution française a placé à la base même de la société moderne.

Les décrets des 8 et 9 octobre — 3 novembre 1789 l'avaient immédiatement formulé :

« L'Assemblée nationale, porte le préambule de ces décrets, considérant qu'un des principaux droits de l'homme qu'elle a reconnus est celui de jouir, lorsqu'il est soumis à une poursuite criminelle, de toute l'étendue de liberté et sûreté pour sa défense qui peut se concilier avec l'intérêt de la société qui commande la punition des délits ; que l'esprit et les formes de la procédure pratiquée jusqu'à présent en matière criminelle s'éloignent tellement de ce premier principe de l'équité naturelle et de l'association politique, qu'ils nécessitent une réforme entière de l'ordre judiciaire pour la recherche et le jugement des crimes ; que, si l'exécution de cette réforme entière exige la lenteur et la maturité des plus profondes méditations, il est cependant possible de faire jouir, dès à présent, la nation de l'avantage de plusieurs dispositions qui, sans subvertir l'ordre de procéder actuellement suivi, rassureront l'innocence et faciliteront la justification des accusés, en même temps qu'elles honorent davantage le ministère des juges dans l'opinion publique, a arrêté et décrète les articles qui suivent... »

Parmi ces dispositions primordiales qui, vu leur urgence, sont décrétées de suite, figurent, dans les articles 12, 13 et 14, celles qui ordonnent la communication et même la remise en copie de toutes les pièces réunies contre l'accusé.

Il est hors de doute que le droit public régissant les Français depuis 1789 impose avant tout le respect de ces prescriptions, que juger un accusé sur des pièces inconnues de lui, c'est ne pas le juger suivant la loi, c'est le juger en réalité sans l'entendre. Ce n'est pas seulement violer les droits de sa défense : c'est supprimer sa défense elle-même.

II. — La Cour suprême a toujours veillé avec un soin jaloux au respect de ces principes fondamentaux de notre droit. Elle en maintient la stricte application, même dans les causes les plus infimes, parce qu'ils constituent essentiellement des principes d'ordre public.

En l'absence d'un texte, le ministère public avait jadis prétendu n'être pas lié en matière correctionnelle par les obligations strictes que lui imposent les art. 302 et 305 C. Inst. Crim., pour les remises de copies de pièces en matière criminelle. Il excipait même de l'art. 56 du décret du 18 juin 1811, portant qu'en matière correctionnelle et de police, aucune copie des pièces de procédure ne peut être délivrée sans une autorisation du procureur général.

La Cour de Cassation a très énergiquement condamné cette prétention, en proclamant que la communication des pièces de l'accusation était un principe de droit naturel dominant toutes les règles juridiques. (*Cass.* 14 *mai* 1835. *Bull.* *n*° 180.)

« Attendu, dit la Cour suprême, que la *communication des pièces sur lesquelles peut s'appuyer la prévention est nécessaire au prévenu pour que sa défense soit libre et complète,* **et par conséquent est de droit naturel,** *et qu'il ne peut dépendre du ministère public de refuser ou d'accorder à son gré au prévenu la connaissance des pièces sur lesquelles peut s'appuyer la prévention;* que le greffe de chaque juridiction est le seul dépôt public reconnu par la loi pour les procédures qui s'y instruisent ou sur lesquelles elle est appelée à statuer; que le Parquet n'est pas un dépôt public et que le procureur du roi ni ses subsistuts n'ont le caractère de dépositaires publics; que, loin que l'art. 56 du décret du 18 juin 1811 interdise la communication des pièces aux individus placés en état de prévention ou d'accusation, ou bien subordonne cette communication à l'agrément du ministère public, les art. 302 et 305 du Code d'instr. crim. font de cette communication un droit de tout accusé; qu'il ne peut pas être dans l'intention du législateur de refuser aux prévenus traduits devant le tribunal correctionnel un moyen de défense aussi nécessaire et qu'aucune disposition ne dispose à leur égard autrement que ne le font les articles précités pour les individus traduits devant les Cours d'assises... »

Dans un arrêt du 12 décembre 1874 (*Gautier, Bull. Crim. n*° 305), la Cour de cassation a eu l'occasion d'appliquer ces principes à un arrêt de Cour d'appel rendu en matière correctionnelle. Les motifs de cet arrêt révélaient qu'une lettre avait été versée au délibéré sans avoir été produite aux débats. L'arrêt fut annulé.

La communication des pièces aux individus poursuivis devant toute juridiction répressive fait si bien partie de nos principes d'ordre public, qu'il suffit, pour entraîner l'annulation des arrêts, d'un doute laissé par les motifs d'une décision judiciaire sur le point de savoir si cette communication a eu lieu (*Cass.* 18 *juillet* 1896, *Despréaux, Bull. n*° 247).

La communication et la discussion contradictoire des pièces et renseignements concernant un débat sont d'ailleurs la base nécessaire d'une décision judiciaire. Là où elles n'existent pas, il n'y a en réalité ni arrêt ni jugement; une décision rendue en pareilles conditions n'aurait de judiciaire que le nom; elle n'aurait aucune existence légale.

Juger sur pièces secrètes ne constitue pas en effet une simple violation des droits de la défense, qui déjà, par elle-même, intéresserait l'ordre public; c'est une violation du principe fondamental sur lequel repose nécessairement toute justice humaine.

Aussi le ministère public est-il admis, comme la défense, à se prévaloir de la méconnaissance de ce principe fondamental (*Cass.* 19 *févr.* 1887, *Bull. n°* 71; 25 *nov.* 1882, *Bull. n°* 258; 29 *nov.* 1879, *Bull. n°* 212; 17 *juin* 1876, *Bull. n°* 137 *et les renvois*; 11 *nov.* 1876; *Bull. n°* 217 *et les renvois*).

III. — Il est donc évident que la révélation d'une communication aux juges de pièces ou documents non soumis préalablement à la défense et au débat contradictoire constitue un moyen d'annulation de la décision rendue sur pièces occultes, moyen qui est essentiellement d'ordre public et qui devrait, par suite, être relevé, même d'office, par la Cour suprême.

Cette révélation est parfois faite par les motifs des arrêts eux-mêmes qui peuvent viser des pièces non communiquées. Elle est alors connue dans les délais de pourvoi par les parties elles-mêmes qui en tirent un moyen de cassation.

Mais lorsqu'il s'agit de verdicts non motivés, comme ceux des jurys ou des Conseils de guerre, cette révélation ne peut plus résulter que de circonstances extrinsèques. Jusqu'en 1895, elle ne pouvait plus être alors invoquée que dans une instance en annulation provoquée par le ministre de la Justice, conformément à l'art. 441 C. Inst. Crim.

L'affaire Fabus en a fourni notamment un exemple. Fabus avait été frappé, lui aussi, par un jugement de Conseil de guerre. L'erreur judiciaire commise par ce jugement apparut bientôt; mais on ne se trouvait dans aucun des trois cas de revision limitativement prévus par l'ancien texte du Code d'instruction criminelle. Le ministre de la Justice releva, dans ce jugement, différents excès de pouvoir à raison desquels il saisit la Cour de cassation d'une demande d'annulation dans les termes de l'art. 441 C. d'Inst. Crim. Mais, indépendemment des faits visés par le ministre, la Cour de cassation, d'office, et sur les conclusions de M. le Procureur général Dupin, releva le défaut de communication de pièces à l'accusé et déclara de ce chef le jugement entaché de nullité (*Cass.* 26 *nov.* 1842, *Bull. Crim. n°* 308).

IV. — Le moyen d'annulation ainsi relevé d'office, à raison de son caractère d'ordre public, dans l'affaire Fabus, est devenu un moyen de revision au premier chef depuis la loi du 8 juin 1895, qui ouvre la voie de la revision au cas où « après une condamnation un fait viendra à se produire *ou à se révéler*, ou lorsque des pièces inconnues lors des débats seront représentées, de nature à établir l'innocence du condamné ».

Il est manifeste que la révélation de la fausseté d'un témoignage ou d'une pièce qui a servi à former la conviction des juges constitue une cause de revision. De même, la rétractation d'un témoin, ou encore le suicide d'un témoin après son arrestation pour crimes connexes à ceux imputés au condamné, constitue, comme l'a reconnu la Cour de Cassation, un fait dont la révélation entraîne la revision de la condamnation prononcée (*Cass. 16 décembre* 1897, *Vaux et Petit, Bulletin n*o 390).

A fortiori en est-il de même de la révélation d'une communication aux juges de pièces inconnues de la défense, non débattues contradictoirement, et devenues l'élément essentiel de la conviction de ces juges.

C'est l'ordre public lui-même qui commande la revision en pareil cas, puisque les principes de notre droit public réputent non avenue toute pièce non contradictoirement débattue par l'accusé, puisque ces mêmes principes interdisent rigoureusement aux juges de puiser un élément de conviction quelconque dans de semblables documents.

V. — Même d'après les principes du droit civil, où la restitution contre la chose jugée s'opère par voie d'une requête civile analogue à la demande de revision, la communication de pièces secrètes aux juges, en dehors des débats, rentrerait, par sa nature même, dans trois des cas de revision prévus par l'art. 480 C. P. civile.

En matière civile, en effet, il y a lieu à restitution contre la chose jugée « si les formes prescrites à peine de nullité ont été violées, soit avant, soit lors des jugements, pourvu que la nullité n'ait pas été couverte par les parties » (*art.* 480-2o). Comme le remarquent les auteurs, cette restitution contre la chose jugée a lieu lorsque l'erreur de forme provient de l'ignorance et de l'inattention du juge (*Garsonnet t.* 5 § 1116 *et s.* — *Dalloz suppl. repert Vo Requête civile no* 42 *et Vo cassation no* 277, *ainsi que les autorités citées*). Or, l'analogie de ce cas de requête civile avec le cas de revision ci-dessus spécifié est frappante : les principes de droit public imposent, à peine de nullité, la communication de toutes pièces à l'accusé, et l'erreur de forme provient en l'espèce de l'ignorance et de l'inattention du juge, le conseil de guerre n'ayant pu être saisi à cet égard d'une réclamation quelconque de la défense.

D'autre part, il y a encore lieu à restitution contre la chose jugée par voie de requête civile « si, dans les cas où la loi exige la communication au ministère public, cette communication n'a pas eu lieu et que le jugement ait été rendu contre celui pour qui elle était ordonné » (*art.* 480-8°). Il est indiscutable qu'il en est de même au cas où la communication est exigée dans un intérêt d'ordre public à raison de la nature de l'affaire et non de la qualité des parties. (*Dalloz, suppl. repert. V° Requête civile n°* 70; *Dutruc, Memorial du Ministère public V° Communication au Min. publ. n°s* 5 *et* 6; *C. Cass. Belg.* 11 *déc.* 1856 *et* 19 *nov.* 1857, *Pasicrisie* 1857-1-290 *et* 453; 3 *juillet* 1879, *Ibid* 1879-1-342; *Req.* 24 *janv.* 1876, *Dalloz ibid n°* 70 *note* 1).

L'ordre public exige la communication au ministère public et la production aux débats contradictoires de tous documents d'accusation. La production de pareils documents en chambre du conseil, sans communication préalable au ministère public et à l'accusé, sans débat contradictoire, entraîne donc la restitution contre la chose jugée.

D'autre part encore, il y a lieu à restitution contre la chose jugée aux termes de l'art. 480, 9° C. P. C., « si l'on a jugé sur pièces reconnues ou déclarées fausses depuis le jugement ». Les principes de droit public interdisant d'une manière absolue au juge criminel de faire état d'une pièce non communiquée et non débattue contradictoirement, la pièce non communiquée et la pièce fausse n'ont pas, en matière criminelle, plus de valeur l'une que l'autre au point de vue judiciaire. La pièce reconnue non communiquée est donc de plein droit assimilable à la pièce reconnue fausse. D'où la conséquence nécessaire qu'il y a lieu à restitution contre la chose jugée si l'on a jugé sur pièces reconnues par la suite non communiquées et non débattues contradictoirement.

On doit ajouter enfin que l'art. 481 C. P. C. pourrait également être invoqué par voie d'analogie. Cet article admet la restitution contre la chose jugée par voie de requête civile, au profit de l'État, des communes, des établissements publics et des mineurs qui n'ont pas été valablement défendus.

Il est juste d'assimiler un accusé à un mineur, au point de vue des garanties qui doivent entourer sa défense. La loi qui, en matière civile, fait, au point de vue des garanties de la procédure, une distinction entre les majeurs et les mineurs, n'en fait aucune en matière criminelle. C'est bien reconnaître que, quand l'honneur est en jeu, tous les accusés, majeurs ou mineurs, doivent être entourés, pour leur défense, du maximum de garanties possible. Or il n'est pas douteux que majeurs et mineurs n'ont pas joui de ces garanties, qu'ils n'ont pas été valablement défendus lorsque, contrairement aux principes de droit public, ils n'ont pas été mis à même de connaître et discuter les pièces et documents sur lesquels ils ont été condamnés.

VI. — Il est donc certain que, même en matière civile, des faits analogues à ceux de l'espèce actuelle donneraient lieu, et pour de multiples raisons, à restitution contre la chose jugée; *a fortiori* n'en peut-il être autrement lorsqu'il s'agit de revision en matière criminelle.

Bien plus encore que la suspicion de témoignage admise comme moyen de revision par la Cour de cassation dans l'affaire Vaux (*Cass.*, 16 *déc.* 1897), la révélation d'une communication de pièces secrètes, communication contraire aux principes fondamentaux de notre droit public, est un moyen de revision qui s'impose : c'est un moyen d'ordre public qui doit être nécessairement retenu par la Cour.

Il importe d'ailleurs de remarquer en terminant sur ce point que le moyen, déjà inéluctable par sa nature même, emprunte aux circonstances de l'affaire une force irrésistible en l'espèce, où les pièces clandestinement communiquées aux juges, après avoir été la principale cause de la condamnation, sont reconnues aujourd'hui inapplicables au condamné.

TROISIÈME PARTIE

Examen du bordereau. — Contradiction des expertises en écriture. — Quel est l'auteur du bordereau?

I. — Après avoir établi que la révélation d'une base illégale donnée à la condamnation entraîne nécessairement l'annulation du jugement de 1894 par voie de revision, l'exposante se propose de montrer, dans cette troisième partie, que l'unique base judiciaire et légale sur laquelle repose la condamnation de Dreyfus est aujourd'hui irrémédiablement ruinée par les faits nouveaux.

Cette base unique, c'est le bordereau. Il convient donc d'examiner à la lumière des faits nouveaux ce bordereau, tant sous son aspect matériel qu'au point de vue de sa teneur.

L'examen du bordereau au point de vue matériel comporte une étude : 1° du papier; 2° de l'écriture tracée sur ce papier.

§ 1er. Examen du bordereau en ce qui concerne le papier.

II. — La lettre d'envoi, dite *bordereau*, est écrite sur papier pelure de nuance jaunâtre, filigrané au canevas, après fabrication de rayures en quadrillage, de 4 millimètres sur chaque sens.

Ce papier, à raison même de son caractère tout particulier, était de nature à attirer l'attention et à provoquer les recherches des fonctionnaires chargés de l'instruction.

Suivant procès-verbal du 17 octobre 1894, M. Cochefert, chef du service de la Sûreté, détacha du bordereau un fragment de papier destiné à ces recherches. Mais les investigations de M. Cochefert furent infructueuses. Cependant un agent du service d'identification fut plus heureux. Il parvint à trouver un papier pelure quadrillé offrant une assez grande ressemblance avec le papier du bordereau, quoique de nuance et de format un peu différents. Ce papier avait été trouvé chez M. Marion, fabricant de papier en gros, cité Bergère, 14 et 16, à Paris; et ce négociant déclarait que le papier, dont il fournissait un échantillon, était de fabrication française, mais que le modèle n'était plus courant dans le commerce.

D'autre part, des perquisitions minutieuses étaient pratiquées chez le beau-père de Dreyfus, M. Hadamard, négociant en pierres fines et employant, comme tels des papiers d'enveloppe très minces. Différents échantillons de ces papiers furent saisis chez M. Hadamard; mais aucun n'offrait de ressemblance avec celui du bordereau.

Quant à Dreyfus, il avait déclaré n'avoir jamais employé de papier semblable à celui du bordereau, et rien n'a jamais permis de suspecter la sincérité de cette déclaration.

De son côté, Esterhazy, dans son interrogatoire du 7 décembre 1897, sans même être questionné à cet égard, déclarait : « J'ai toujours eu une écriture irrégulière; c'est l'affaire des experts. J'écris comme j'écris et, *en tout cas, je n'ai jamais écrit sur du papier calque.* » (*Enquête, Annexes, p.* 614 *et* 620.) Le lendemain, revenant encore sur le même sujet, il ajoutait (*enquête, p.* 623) : « Je reconnais qu'il y a des mots qui ressemblent à mon écriture, et je déclare qu'il y en a d'autres très nombreux et très dissemblables. Je nie de la façon la plus formelle être l'auteur de ce bordereau et m'en rapporte aux experts. Je tiens à faire remarquer qu'il est sur papier calque. Ordinairement on n'écrit pas sans raison sur papier calque. »

III. — Cependant, la contradiction des expertises en écriture sur le bordereau ayant motivé des opérations d'instruction de la part de la Cour de cassation, deux lettres d'Esterhazy furent saisies, l'une du 17 avril 1892, datée de Courbevoie; l'autre du 17 août 1894, datée de Rouen. Ces lettres, saisies respectivement les 7 et 2 novembre 1898, chez le sieur Schmidt et le sieur Callé, étaient écrites sur papier pelure semblable à celui du bordereau. Une expertise confiée à MM. Putois, Choquet et Marion révéla que le papier du bordereau et celui des deux lettres saisies étaient de même fabrication comme de même nature. (*Rapport d'experts du* 26 *novembre* 1898, *enquête, p.* 474.) M. Gobert, expert de la Banque de France, formula de son côté des conclusions semblables (*enquête, p.* 348.)

Dans son interrogatoire du 24 janvier 1899, Esterhazy dut reconnaître, devant la Cour, que ces lettres (dont l'une se place exactement à l'époque assignée aujourd'hui par le Ministère de la Guerre au bordereau, août 1894) émanaient bien de lui (*enquête, p.* 415 *et* 416).

Après avoir, en décembre 1897, affirmé, pour écarter les soupçons, qu'il n'avait jamais écrit sur papier calque, Esterhazy est alors, en janvier 1899, amené à faire la déclaration suivante devant la Cour de cassation (*enquête, page* 415) :

« J'ai toujours eu et je cherche encore à avoir du papier très mince, et, comme militaire, j'avais toujours de ces papiers minces et quadrillés qu'on trouve à bon marché, qui sont très commodes parce qu'ils offrent un petit volume et qui permettent, au besoin, avec leurs quadrillages qui tiennent lieu de graduations, et leur transparence, de décalquer aux manœuvres un bout de carte ou de faire un travail analogue. »

Ainsi le papier du bordereau, qu'on avait tant et si vainement cherché en 1894 chez Dreyfus, chez ses beaux-parents et chez les principaux fabricants de papiers, c'était un papier dont Esterhazy était toujours pourvu. Pour les raisons exposées par lui devant la Cour, Esterhazy en emportait aux manœuvres, et il s'en servait même volontiers comme de papier à lettres. A défaut même de sa déclaration, les lettres saisies, et spécialement celle qui fut écrite à la date où l'on veut maintenant fixer le bordereau, le prouveraient encore surabondamment.

Ainsi le papier du bordereau est le papier d'Esterhazy. La révélation de ce fait constitue bien encore un fait nouveau ébranlant singulièrement l'autorité du jugement de 1894 basé sur le bordereau.

§ 2. — Examen du bordereau en ce qui concerne l'écriture.

IV. — L'écriture de Dreyfus était, en 1894, celle qu'on avait trouvée la plus semblable à l'écriture tracée sur le bordereau. Cependant, et bien qu'incontestablement il y eût de frappantes analogies entre les deux écritures, de nombreuses dissemblances ne pouvaient échapper à un examen attentif.

Aussi M. Gobert, expert de la Banque de France, s'exprimait-il en ces termes dans l'avis qui lui avait été demandé :

« L'écriture de lettre-missive présente absolument le même type graphique que celle des pièces de comparaison. L'analyse des détails montre des analogies assez sérieuses, mais elle révèle en même temps des dissemblances nombreuses et importantes dont il convient de tenir compte. Conséquemment, je crois devoir dire que la lettre incriminée doit être d'une personne autre que celle soupçonnée. »

M. Gobert ajoutait d'autre part :

« Je dois faire ressortir que le document en question n'est pas tracé d'une écriture déguisée, mais bien au contraire d'une écriture naturelle, normale, et avec une très grande rapidité : ce dernier détail exclut la possibilité d'une étude ou d'un déguisement graphique. »

M. Bertillon, chef du service de l'identité judiciaire, fut à son tour consulté. Il est d'ailleurs impossible de savoir même encore aujourd'hui pour quelles raisons l'éminent créateur du service anthropométrique a été consulté sur une question d'écriture.

M. Bertillon a appliqué à l'examen de l'écriture du bordereau les procédés anthropométriques qui lui sont familiers. Il a constaté comme M. Gobert, que l'écriture du bordereau présentait le même type graphique que celle de Dreyfus. Comme M. Gobert encore, il a constaté qu'il y avait entre les écritures de nombreuses dissemblances. Mais de ces constatations, il a tiré une autre conclusion :

« Pourquoi, dit M. Bertillon dans son rapport du 20 octobre 1894, ce soin dans des dissimulations si petites et si mesquines, qui ne pouvaient évidemment pas altérer la ressemblance des deux écritures? C'est que l'identité d'écriture a été conservée volontairement par notre criminel, qui compte s'en servir comme sauvegarde, justement à cause de son absurdité même...

« Aussi, ajoute M. Bertillon, s'est-il ménagé, dès le début, la possibilité d'arguer d'une pièce forgée, d'une pièce calquée au moyen de mots rapportés bout à bout, et c'est en vue de rendre son moyen de défense plus plausible qu'il a employé du papier pelure pour sa missive, tandis qu'un vrai faussaire aurait prévu l'objection et aurait écrit sa pièce au moyen d'un carreau, sur un bristol épais et translucide. »

Et M. Bertillon, attribuant dans ces conditions à Dreyfus la paternité du bordereau, conclut en disant : « La preuve est faite, péremptoire. *Vous savez quelle était ma conviction du premier jour.* »

M. Bertillon devait plus tard apporter encore, à l'appui de sa conviction formée dès le premier jour, le plan d'une forteresse tripartite, symbole d'une triple imitation faite par Dreyfus de sa propre écriture, de l'écriture de son frère Mathieu Dreyfus et de l'écriture de sa femme.

Après les avis donnés par M. Gobert et M. Bertillon, une véritable expertise en écriture fut alors confiée par M. le Préfet de police à MM. Teyssonnières, Charavay et Pelletier. Ces experts ne purent se mettre d'accord sur leurs conclusions.

M. Teyssonnières attribue d'une manière ferme le bordereau à Dreyfus, tout en constatant qu'il ne reproduit pas exactement son écriture.

« Mais, dit-il, avant d'entrer dans les constatations de ressemblances, nous ferons remarquer que l'écriture de la pièce n° 1 (*bordereau*) présente des signes de déguisement, dans lesquels le naturel reprend quand même le dessus. »

M. Charavay éprouve quelque hésitation, mais attribue lui aussi le bordereau à Dreyfus.

Il signale dans les écritures un certain nombre de dissemblances, notamment dans la forme donnée aux doubles *s*. M. Charavay relevait ici, sans le savoir, une des particularités de l'écriture d'Esterhazy, sur qui l'attention de personne ne s'était encore portée à cette époque.

« En somme, déclarait-il, la ressemblance l'emporte tellement sur la dissemblance qu'il est raisonnable d'attribuer la pièce n° 1 à la main qui a tracé les pièces 2 à 30. Pour soutenir l'hypothèse contraire, il faudrait admettre une coïncidence extraordinaire de graphisme. Mais s'il existe en effet dans les écritures comme dans les physionomies des sosies, on n'a chance d'en rencontrer que dans un ensemble considérable de documents émanés de nombreuses personnes, et non dans un cercle restreint. »

Enfin, M. Pelletier refuse, au contraire, d'attribuer la pièce incriminée à Dreyfus. Il déclare d'ailleurs que « le document en cause ne semble nullement déguisé; il a toute l'apparence d'une pièce écrite franchement et d'une façon normale : en d'autres termes, il doit représenter le graphisme usuel de son auteur ».

V. — Ainsi cinq hommes de l'art avaient été consultés en 1894 : M. Gobert, expert de la Banque de France, M. Bertillon, chef du service de l'idendité judiciaire, MM. Pelletier et Charavay, experts en écriture, et M. Teyssonnières, ancien conducteur des ponts et chaussées, figurant lui aussi à cette époque sur le tableau des experts en écriture du Tribunal de la Seine.

Ces cinq experts, aux compétences diverses, sont d'accord sur un seul point : il n'y a pas identité entre l'écriture tracée sur le bordereau et celle de Dreyfus; entre les deux écritures, qui présentent le même aspect graphique général, il y a de nombreuses dissemblances : pour aucun mot, on ne retrouve l'identité.

Il est très remarquable, d'ailleurs, que, sur ce point, tous les hommes de l'art, experts et paléographes, consultés, soit en 1894, soit postérieurement, aient été en parfait accord.

Mais en dehors de cette première conclusion, le désaccord s'était nettement affirmé en 1894. Tandis que MM. Teyssonnières et Bertillon attribuaient catégoriquement le bordereau à Dreyfus, les spécialistes en écriture étaient d'un avis différent, M. Charavay se ralliant, non sans hésitation, au sentiment de MM. Teyssonnières et Bertillon, alors que MM. Gobert et Pelletier refusaient de reconnaître le bordereau comme écrit de la main de Dreyfus.

VI. — En 1897, le même bordereau fut confié à trois autres experts, MM. Couard, Belhomme et Varinard, avec mission de le comparer à l'écriture d'Esterhazy.

Si la comparaison de l'écriture du bordereau avec celle de Dreyfus donne une impression d'*analogie*, la comparaison de l'écriture du bordereau avec celle d'Esterhazy donne une impression d'*identité*. Les experts de 1897 n'y ont pas échappé. Aussi, dès le début de leur examen du bordereau, ils formulent l'hypothèse d'un décalque.

« Cette pièce, disent-ils, sans date et sans signature, lacérée en morceaux de forme irrégulière, nous apparaît, au premier coup d'œil, comme un document suspect. Elle est tracée sur du papier pelure d'une telle transparence qu'elle nous suggère immédiatement l'idée qu'elle a pu être calquée sur d'autres documents auxquels on aurait emprunté, soit des mots entiers, soit des parties de mots. Remarquons, toutefois, qu'il ne peut y avoir eu calque pour certaines lignes du verso, qui sont superposées à des lignes du recto. Mais le procédé du calque a pu être employé pour le recto tout entier et pour les lignes du verso qui ne correspondent pas à des lignes du recto, notamment les lignes 22e et 30e qui contiennent toutes deux le mot « manœuvres ».

C'est à l'hypothèse d'un document forgé avec l'écriture d'Esterhazy que s'arrêtent les experts de 1897.

« Ce qui nous frappe tout d'abord, disent-ils, c'est le contraste que nous constatons entre l'homogénéité de chacun des écrits de M. Esterhazy, où le même type d'écriture se conserve d'un bout à l'autre sans défaillance, et les incohérences de toutes sortes relevées dans le bordereau, les hésitations, les reprises, la gêne, la contrainte, qui sont des indices de fraude. Ceci est très important et nous permet d'indiquer le procédé qui a été employé pour la fabrication du bordereau.

« Comment s'y prend naturellement un homme intelligent voulant dissimuler sa personnalité graphique et ayant entre les mains quelques spécimens d'une autre écriture qui ressemble à la sienne? Il ne manque pas de noter les différences de forme qui existent entre les deux écritures et il compose un alphabet où il a soin d'insérer les formes spéciales des lettres qu'il a remarquées dans l'écriture qu'il veut imiter, en éliminant celles qui lui sont personnelles. Il complète cet alphabet par le tracé des lettres doubles et surtout des lettres liées. Mais qu'arrive-t-il quand le faussaire n'est pas un professionnel? C'est qu'il a besoin de consulter souvent l'alphabet qui lui sert de guide, et chaque fois qu'il y jette un coup d'œil, il y a un temps d'arrêt dans le mouvement de la main et, par suite, des hésitations, des reprises, des retouches, comme on en voit tant dans le bordereau et comme on n'en voit pas dans les écrits reconnus par M. Esterhazy. »

Ainsi, conformément à l'avis de MM. Teyssonnières et Bertillon, les nouveaux experts admettent l'hypothèse d'un document forgé et calqué; ils repoussent l'avis de MM. Gobert et Pelletier déclarant l'écriture du bordereau franche et naturelle, prémisses qui, en présence de l'identité d'écriture existant entre le bordereau et les lettres d'Esterhazy, eussent amené nécessairement comme conclusion l'attribution du bordereau à Esterhazy.

Mais, prenant comme point de départ l'imitation et le calque de l'écriture d'Esterhazy, les experts concluent que l'auteur du bordereau n'est pas Esterhazy. Il est à remarquer que M. Bertillon, prenant un point de départ analogue, c'est-à-dire posant en principe que le bordereau était une imitation de l'écriture de Dreyfus, prétendait arriver à une conclusion toute contraire, puisqu'il attribuait le bordereau à la personnalité dont l'écriture était imitée. On ne peut nier qu'ici la logique et le bon sens ne soient avec les experts Couard, Belhomme et Varinard.

« Peut-on admettre, disent-ils, qu'Esterhazy ait pris à tâche de les reproduire (les lettres identiques à son écriture), en les traçant avec une application soutenue dans un écrit qu'il voulait faire attribuer à une autre personne? »

Et plus loin, passant au détail si caractéristique de la forme de l'*s* double :

« L'*s* double, disent-ils, est celle qu'emploie habituellement Esterhazy. Mais peut-on supposer qu'un homme intelligent, comme il l'est, ayant étudié l'écriture d'un autre homme pour l'imiter, n'ait pas remarqué que lui-même donnait à l'*s* une forme spéciale; qu'il fallait, pour déguiser sa personnalité graphique, adopter une autre forme, soit deux *s* ordinaires, soit une *s* longue et une simple? N'est-il pas probable, au contraire, que l'auteur du bordereau, ayant l'intention de faire imputer à Esterhazy la fabrication de ce document, et ayant remarqué la forme spéciale de l'*s* double, ne s'en soit pas inspiré pour l'imiter?

Appelés devant la Cour de cassation, les trois experts, Couard, Belhomme et Varinard, ont purement et simplement maintenu leurs conclusions, M. Couard ajoutant seulement que l'idée du calque ne leur avait pas été suggérée par Esterhazy, et qu'elle s'était présentée d'elle-même à leur esprit.

VII. — Le rapport de l'expertise Esterhazy est en pleine contradiction avec le rapport de l'expertise Dreyfus, et vient, du même coup, ruiner encore irrémédiablement le jugement de 1894, attribuant le bordereau à Dreyfus.

En effet, si le bordereau est écrit de l'écriture contrefaite et calquée d'Esterhazy, on ne peut plus affirmer que l'auteur du bordereau soit Dreyfus, puisque c'est la similitude d'écriture, existant entre le bordereau et les lettres de Dreyfus, qui avait fait désigner Dreyfus comme auteur du document incriminé.

Si le scripteur du bordereau s'est servi de l'écriture d'Esterhazy, rien ne permet plus d'affirmer que l'auteur de cette contrefaçon d'écriture, de ce décalque, soit précisément Dreyfus. Non seulement cette affirmation n'est plus possible *a priori*, mais elle est nécessairement exclue par deux raisons, dont l'une au moins est péremptoire.

En premier lieu, si Dreyfus avait contrefait ou calqué une écriture quelconque, il paraît manifeste qu'afin d'égarer les soupçons et de les empêcher de se porter sur lui-même dès l'origine, Dreyfus aurait choisi pour la calquer une écriture entièrement dissemblable de la sienne, et non pas une écriture qui, par ses analogies, pouvait le désigner personnellement aux investigations d'une instruction criminelle et l'exposer ainsi à des dangers considérables.

En second lieu et surtout, Dreyfus, après s'être livré à cet énorme travail de décalquage et de contrefaçon d'écriture, qui, par sa longueur même, n'eût pas été sans l'exposer à quelque risque, n'aurait pas manqué, après son arrestation, d'user de l'échappatoire qu'il se serait ainsi créée avec tant de peine. Il eût dénoncé Esterhazy comme l'auteur probable du bordereau. Or, Dreyfus, — et M. le garde des Sceaux insiste avec juste raison sur ce point, — s'est laissé condamner, s'est laissé dégrader, s'est laissé déporter et emprisonner, sans jamais signaler la piste d'Esterhazy. Il a, pendant cinq années, cherché, au milieu de toutes les tortures morales, le mot de cette énigme épouvantable pour lui : jamais il n'a prononcé le nom d'Esterhazy, jamais il n'a indiqué l'écriture d'Esterhazy comme semblable à celle du bordereau servant de base à sa condamnation.

Esterhazy lui-même a bien compris que, même avec son système de décalque, la découverte de l'identité existant entre son écriture et celle du bordereau constituait, dans ces conditions, un fait entraînant la ruine complète du jugement de condamnation prononcé contre Dreyfus; et alors, pour essayer d'expliquer l'absence de dénonciation de la part de Dreyfus contrefacteur de l'écriture d'Esterhazy, il a soutenu que Dreyfus ignorait le nom de la personne dont il avait décalqué l'écriture!

C'est là une hypothèse inadmissible et véritablement absurde. C'est, d'autre part, une hypothèse radicalement détruite par les articulations mêmes d'Esterhazy.

L'hypothèse est inadmissible. Car le but du décalquage est, pour l'auteur du décalque, de se créer la possibilité de détourner les soupçons sur une piste déterminée. Pour atteindre ce but, il faut nécessairement que l'auteur du décalque connaisse la personnalité dont il emprunte l'écriture, afin précisément de pouvoir égarer la justice, en lui signalant la similitude d'écriture existant entre le document incriminé et les pièces émanant de cette même personnalité.

D'autre part, l'hypothèse est détruite par les articulations mêmes d'Esterhazy. En effet, pour décalquer le bordereau, il fallait avoir à sa disposition des documents contenant les expressions techniques et peu usuelles qui se trouvent sur cette pièce ; et ces expressions ne se rencontrent pas dans les lettres courantes qu'un faussaire aurait pu se procurer plus ou moins aisément. Esterhazy, d'ailleurs, a été au-devant de l'objection dans la lettre au ministre de la Guerre que lui dicta Du Paty de Clam, et qui porte la date du 25 octobre 1897. (*Enquête, p.* 404 in fine, *et lettre produite par Esterhazy*) et dans son interrogatoire du 1er décembre 1897 (*Enquête, p.* 614).

Dans cette lettre et cet interrogatoire, Esterhazy allègue que Dreyfus, sous le nom d'un capitaine Bro, lui aurait demandé une étude sur la guerre de Crimée et les opérations de guerre autour d'Eupatoria, où figurait son père, le général Esterhazy, afin de se procurer ainsi un spécimen d'écriture contenant les termes militaires nécessaires à la fabrication du bordereau.

L'exposante s'expliquera, dans la partie suivante de son mémoire, sur cette manœuvre du lieutenant-colonel Du Paty et d'Esterhazy. Elle retient seulement ici que, d'après leurs allégations mêmes, Dreyfus aurait parfaitement connu la personne dont il aurait décalqué l'écriture, puisqu'il se serait procuré un spécimen important de cette écriture en demandant à *Esterhazy lui-même,* sous le couvert du capitaine Bro, *une notice devant, aux termes mêmes de la demande, émaner du fils du général Esterhazy.*

Dans ces conditions, l'absence, de la part du capitaine Dreyfus, d'une dénonciation et même d'une indication quelconque visant le commandant Esterhazy demeurerait absolument inexplicable, si l'on persistait à attribuer le bordereau à Dreyfus.

Ainsi donc, non seulement l'expertise de 1897, comme la découverte du papier pelure employé par Esterhazy, constitue un fait nouveau venant ruiner la base du jugement de condamnation de 1894 ; mais ce fait nouveau, rapproché de l'attitude et des actes de Dreyfus pendant et depuis son procès, exclut même nécessairement l'idée de sa culpabilité.

VIII. — En 1898-99, l'examen contradictoire du bordereau avec les écritures de Dreyfus et d'Esterhazy, fait par les paléographes les plus autorisés, vint encore porter un coup terrible à la base même du jugement de 1894. Au cours du procès Zola, les conclusions auxquelles cet examen avait conduit unanimement les autorités les plus compétentes furent apportées à la justice sous la foi du serment. L'exposante citera seulement, parmi les savants distingués qui ont alors donné leur concours à la justice, MM. Paul Meyer, membre de l'Institut, professeur au Collège de France et directeur de l'École des chartes ; Auguste Molinier, professeur à l'École des chartes Louis Havet, membre de l'Institut, professeur au Collège de France et à la Sorbonne ; Giry, membre de l'Institut, professeur à l'École des chartes et à l'École des hautes études ; Emile Molinier, conservateur au Musée du Louvre, archiviste paléographe. Tous reconnaissaient dans le bordereau l'écriture normale d'Esterhazy. (*Procès Zola, t. Ier, p.* 496, 506, 513, 519, 540 ; *t. II, p.* 89, 62 *et* 80.)

La Cour de cassation a entendu les principaux archivistes paléographes, après avoir soumis à leurs études l'original du bordereau, ainsi que les écritures de Dreyfus et d'Esterhazy. Cette étude, bien loin d'amener un revirement d'opinion, n'a fait que confirmer les premières conclusions de ces savants autorisés.

« L'examen de l'original du bordereau, dit M. Paul Meyer (*Enquête, p.* 449), a confirmé l'opinion que je m'étais formée d'après l'examen du fac-similé. Cette opinion, c'est que le document en question est de l'écriture du commandant Esterhazy. De plus, cet examen me permet pour la première fois d'affirmer ce que je n'avais pas encore pu affirmer, à savoir que *ce document est non seulement de l'écriture, mais de la main du commandant Esterhazy*. J'avais, en effet, établi une réserve au sujet de la main qui avait tracé ce document, lorsque je témoignais en Cour d'assises ; il n'est, en effet, pas impossible *a priori* d'admettre qu'une certaine main puisse imiter l'écriture d'autrui. Pour vérifier si une écriture est naturelle ou contrefaite, il faut examiner de près l'original même ; sur l'original, en effet, on peut voir, en cas d'imitation, des traces de reprises : chacun sait qu'on ne peut pas imiter une écriture à main courante. Or, ces traces de reprises ne peuvent guère être saisies sur un fac-similé un peu grossier. J'étais à peu près certain, par des motifs d'ordre historique résultant de raisonnements, que le document était d'Esterhazy. J'en suis maintenant tout à fait certain à la suite d'un examen, fait à la loupe, de l'original qui est écrit d'une main courante, sans reprises, ce qui est d'autant plus notable que la nature du papier ne s'y prête pas absolument. (Suit la discussion des écritures.) »

M. Molinier n'est pas moins affirmatif (*Enquête, p.* 451) :

« *Je puis aujourd'hui, sans aucune restriction, affirmer qu'en mon âme et conscience le bordereau est de la main d'Esterhazy...* Je comprends parfaitement qu'en 1894 certains experts aient pu attribuer le bordereau au capitaine Dreyfus : entre l'écriture de celui-ci et celle du bordereau, il y a ces ressemblances qui existent toujours entre des écritures d'hommes du même temps et du même pays. Mais cette explication aujourd'hui me paraît absolument impossible : entre l'écriture du bordereau et celle d'Esterhazy, il n'existe, à mon sens, aucune différence, tandis qu'entre l'écriture du bordereau et celle de Dreyfus, il existe, à mon sens, des différences essentielles ; *je crois en un mot que le bordereau est de la main du commandant Esterhazy, qu'il ne porte aucune trace de maquillage, que, par suite, il faut en retirer la paternité au capitaine Dreyfus.* »

D'autre part, M. Molinier, pour faire ressortir d'une manière générale le caractère inadmissible du décalque par Dreyfus de l'écriture d'Esterhazy, présente la très juste observation suivante :

« Cette hypothèse du décalque me paraît en elle-même absurde ; en effet, le bordereau écrit par X est une pièce anonyme que le correspondant de X doit reconnaître à l'écriture. Or si X a falsifié son écriture, le correspondant ne saura pas reconnaître d'où vient la pièce. »

Cette remarque est parfaitement fondée.

Enfin, M. Giry émet un avis tout aussi formel et tout aussi concluant. Après discussion des caractères graphiques, il déclare (*Enquête, p.* 453 *et* 454) :

« Je puis donc conclure après cette comparaison que l'écriture du bordereau est une écriture courante, qui n'a pas été faite de mots rapportés, et que cette écriture est celle d'Esterhazy. Nous avons comparé également l'écriture du bordereau avec celle de Dreyfus. Il y a entre les deux écritures un aspect général commun qui explique très bien comment on a pu attribuer à Dreyfus l'écriture du bordereau, mais l'analyse des deux écritures ne peut laisser persister longtemps cette première impression. »

Après avoir exposé les particularités de l'écriture de Dreyfus, M. Giry termine en ces termes :

« *L'écriture du bordereau est une écriture naturelle et courante. Ce n'est pas l'écriture de Dreyfus, mais au contraire c'est tout à fait l'écriture d'Esterhazy.* »

Ainsi, l'expertise, faite sur l'écriture d'Esterhazy en 1897 par MM. Belhomme, Couard et Varinard, avait déjà par ses conclusions exclu d'idée de la culpabilité de Dreyfus ; l'étude faite en 1898-1899 sur les écritures comparées de Dreyfus et Esterhazy affirme la paternité d'Esterhazy en ce qui concerne le bordereau, et écarte absolument celle de Dreyfus. On ne peut mieux mettre en évidence l'importance capitale, au point de vue de la revision, de la découverte de l'écriture d'Esterhazy. La découverte du papier et la découverte de l'écriture sont, après les expertises qui ont été opérées, deux faits nouveaux qui renversent complètement l'unique base judiciaire du jugement de 1894.

IX. — Mais la Cour de cassation a d'autre part fait apprécier l'importance de ces faits nouveaux par les experts mêmes qui avaient donné leur avis en 1894.

M. Gobert (*Enquête, p.* 348) s'exprime en ces termes :

« *Je tiens pour certain que l'écriture du bordereau n'est pas de Dreyfus, et les éléments de comparaison émanant d'Esterhazy me conduisent à dire que c'est réellement lui qui est l'auteur dudit bordereau.* »

M. Pelletier (*Enquête, p.* 346) déclare :

« Je maintiens mes conclusions de 1894 et, à la suite du nouvel examen des éléments de comparaison émanant du commandant Esterhazy et du capitaine Dreyfus, je crois devoir être plus affirmatif, c'est-à-dire déclarer que *certainement le bordereau ne peut pas être attribué à Dreyfus.* Sur l'examen superficiel que je viens de faire, *j'estime qu'il est l'œuvre du commandant Esterhazy.* »

M. Charavay (*Enquête, p.* 347), qui avait en 1894 attribué le bordereau à Dreyfus parce que les ressemblances d'écriture l'emportaient sur les dissemblances, s'exprime aujourd'hui en ces termes :

« Étant donné qu'actuellement une écriture qui ne m'a pas été produite en 1894, et qui a une parenté évidente avec l'écriture du bordereau et avec celle de Dreyfus m'a été présentée, je ne peux pas maintenir dans les mêmes termes les conclusions de mon rapport et je ne puis actuellement dire qu'une chose, c'est qu'il y a deux écritures se rapportant à celle du bordereau. Je ferai toutefois observer qu'une des dissemblances typiques relevées par moi entre l'écriture du bordereau et celles de comparaison (le double *s*) n'existe pas entre le bordereau et la nouvelle écriture. Autrement dit, le double *s* du bordereau se retrouve dans l'écriture d'Esterhazy qui vient de m'être communiquée. »

Ainsi, selon M. Charavay aujourd'hui, plus encore pour Esterhazy que pour Dreyfus, les ressemblances d'écritures concernant le bordereau l'emportent sur les dissemblances; et, aux yeux de M. Charavay, qui retire ses conclusions de 1894 défavorables à Dreyfus, il est manifeste qu'Esterhazy doit être préféré à Dreyfus, au point de vue graphique, comme auteur probable du bordereau.

Quant à M. Teyssonnières, il avait déjà auparavant entrepris de faire passer sa conviction première dans l'esprit des personnes qu'avait justement alarmées la découverte de l'écriture d'Esterhazy; aussi seul aujourd'hui de tous les experts en écriture, M. Teyssonnières maintient envers et contre tous son avis défavorable à Dreyfus.

De son côté le chef du service de l'identité judiciaire, M. Bertillon, après avoir ajouté encore à sa forteresse de 1894 tout un système de grilles, superpositions, mesurage, surmoulage avec recul d'une lettre, déguisement avec auto-forgerie, de canevas graphique, gabarit, glissement de réticules centimétriques, autocalque et hétérocalque, d'imbrication de chaînes du gabarit, de construction kutschique de mot-clef, il arrive à cette conclusion sur les travaux d'expertise (*Enquête, p.* 343) :

« Les experts qui ont déclaré le bordereau écrit à main courante étaient donc pour une part dans la vérité ; mais ceux qui ont aperçu à travers les mots « une note sur » une corrélation de forme et d'emplacement plus grande que d'ordinaire, et qui les ont déclarés calqués, ont peut-être serré la vérité de plus près ; *en réalité, le bordereau n'est ni calqué, ni à main courante, tout en étant les deux à la fois*; c'est une invention personnelle à Dreyfus. »

M. Bertillon expose ensuite les angoisses de Dreyfus, l'entendant en 1894 exposer ses théories : « J'ai remarqué, dit-il, durant tout le cours de ma déposition, qu'après son exclamation « Ah! le misérable », il ne chercha pas une seule fois à contrôler, à s'assurer ou même à comprendre les observations que je présentais. »

Le même sentiment d'angoisse se retrouve et étreint encore aujourd'hui le lecteur, lorsqu'il s'efforce de suivre la pensée de M. Bertillon au milieu de l'imbrication de ses chaînes de gabarit et de ses constructions kutschiques.

X. — L'exposante laissera à la Cour le soin d'apprécier les hypothèses de l'ingénieux chef du service de l'identité judiciaire. S'en tenant, pour cette question d'écriture, aux avis des experts graphiques, elle constate que les faits révélés à cet égard depuis la condamnation ont une force telle que, non seulement ils ont convaincu de l'innocence de son mari l'unanimité des nouveaux experts, mais qu'ils ont rallié à cette opinion les quatre experts mêmes de 1894, à l'exception d'un seul, M. Teyssonnières.

M. d'Ormescheville déclarait, en 1894, dans son rapport, que les éléments matériels de l'accusation résidaient dans le bordereau; *il appert aujourd'hui que les éléments matériels de la condamnation de Dreyfus sont un papier d'Esterhazy recouvert de l'écriture d'Esterhazy.*

La revision s'impose donc : elle est commandée déjà et par les faits nouveaux qui ont révélé la communication aux juges de pièces inconnues de la défense, et par les faits nouveaux qui sont relatifs aux éléments matériels de l'accusation.

§ 3. **Examen du bordereau au point de vue de sa teneur.**

XI. — Avant d'entrer dans la discussion des termes du bordereau, il paraît nécessaire d'en rapporter ici la teneur. Ce document est ainsi conçu :

« Sans nouvelles m'indiquant que vous désirez me voir, je vous adresse cependant, monsieur, quelques renseignements intéressants :

« 1° Une note sur le frein hydraulique du 120 et la manière dont s'est conduite cette pièce.

« 2° Une note sur les troupes de couverture. (Quelques modifications seront apportées par le nouveau plan.)

« 3° Une note sur une modification aux formations de l'artillerie.

« 4° Une note relative à Madagascar.

« 5° Le projet de manuel de tir de l'artillerie de campagne (14 mars 1894). Ce dernier document est extrêmement difficile à se procurer et je ne puis l'avoir à ma disposition que très peu de jours. Le ministère de la Guerre en a envoyé un nombre fixe dans les corps, et ces corps en sont responsables. Chaque officier détenteur doit remettre le sien après les manœuvres. Si donc vous voulez y prendre ce qui vous intéresse et le tenir à ma disposition après, je le prendrai. A moins que vous ne vouliez que je le fasse copier *in extenso* et ne vous en adresse la copie.

« Je vais partir en manœuvres. »

Une première remarque doit être tirée de la teneur du bordereau pour corroborer l'opinion des experts qui voient dans le document une écriture rapide à main courante, et pour détruire l'hypothèse d'une écriture calquée ou forgée suivant les procédés extraordinaires indiqués par M. Bertillon.

La main de l'auteur du bordereau court rapidement sur le papier et s'efforce, non sans succès, d'aller aussi vite que la pensée. En effet, l'auteur annonce l'envoi du manuel de tir; il en a déjà fait valoir l'importance; quand il change d'idée : il annonce qu'il le prendra seulement si son correspondant veut y puiser ce qui l'intéresse; puis il propose de le faire copier lui-même *in extenso;* et toujours la plume court, suivant tous les revirements d'idées de l'écrivain.

Il est manifeste qu'il n'en serait pas ainsi si l'auteur du bordereau était obligé de calquer péniblement les lettres de chaque mot, ou de suivre pour chaque lettre les diverses chaînes d'un « gabarit » à travers leurs « imbrications ».

Cette dernière observation sur l'élément matériel de l'écriture une fois faite, l'exposante aborde l'analyse du document.

XII. — La lettre d'envoi qualifiée « bordereau » n'est qu'une énumération des sujets sur lesquels des « renseignements intéressants » sont adressés au correspondant étranger. Par sa nature même, elle se dérobe donc facilement aux raisonnements certains et précis. Aussi des divergences extraordinaires, des contradictions flagrantes se sont-elles manifestées dans les systèmes d'accusation que les bureaux du ministère de la Guerre ont successivement essayé d'édifier sur ce bordereau.

La date d'envoi de cette lettre a été elle-même et est encore sujette à de très vives controverses. Les bureaux de la Guerre paraissent aujourd'hui d'accord pour la fixer à la fin du mois d'août 1894. (*Dépositions de M. Cavaignac, du général Zurlinden et du général Roget. Enquête, p.* 15, 29 *et* 52.) Il n'en était pas de même au moment du procès Dreyfus : la date admise à cette époque était celle du mois d'avril.

Mis dans l'impossibilité, malgré ses réclamations, de conférer avec son client, l'avocat soussigné a dû s'adresser à l'ancien défenseur du capitaine Dreyfus, afin d'obtenir les renseignements indispensables sur les débats de 1894. Il produit la réponse à ses questions, que lui a adressée Me Demange à la date du 7 mars 1899.

Il résulte de cette lettre que, durant l'instruction de 1894 comme au cours des débats, c'était la date d'avril ou mai qui était assignée au bordereau.

On en retrouve d'ailleurs la trace dans le rapport d'Ormeschèville. Parlant de la note sur la modification aux formations de l'artillerie, qu'on présentait alors comme visant la suppression des pontonniers et les modifications en résultant, le rapporteur écrit : « Il est inadmissible qu'un officier d'artillerie ayant été employé au premier bureau de l'État-major de l'armée ait pu se désintéresser des suites d'une pareille transformation, au point de l'ignorer quelques semaines avant qu'elle ne devienne officielle. » Or la transformation était devenue officielle par la loi du 29 juin 1894. Dans l'opinion de M. d'Ormescheville, c'était donc bien en avril ou mai que l'accusation plaçait alors le bordereau.

Cette date lui avait d'ailleurs été assignée à raison de la phrase finale : *Je vais partir en manœuvres* qui, appliquée à Dreyfus, devait alors, d'après l'accusation, désigner un voyage d'état-major effectué par lui en juin, Dreyfus n'ayant pas participé aux manœuvres d'août-septembre 1894.

La déposition du lieutenant-colonel Picquart est très explicite à cet égard et montre bien les incertitudes qui ont toujours régné même sur la date du bordereau (*Enquête, p.* 117.)

« D. — A l'époque du procès Dreyfus, tout le monde n'était-il pas d'accord pour fixer la date du bordereau au mois d'avril 1894?

« R. — Absolument ; peut-être a-t-on admis que cette date pouvait s'étendre jusqu'au mois de mai.

« D. — Dans le procès Esterhazy, en janvier 1898, n'a-t-il pas été admis sans difficulté que le bordereau était du printemps de 1894?

« R. — Je ne m'en souviens pas. Je n'ai d'ailleurs assisté à aucune des phases du procès Esterhazy qui se sont déroulées après la sortie des témoins de la salle d'audience. Mais, au procès Zola, j'ai entendu, pour la première fois, le général Gonse dire que le bordereau était d'août, en se basant sur ce qu'une note sur Madagascar avait été faite en août. »

« D. — Quel est votre sentiment personnel sur la date du bordereau depuis que vous avez pu vous rendre compte de toutes les discussions dont il a été l'objet ?

« R. — J'incline à croire qu'il est du mois d'août 1894. »

Il suffit de se reporter d'ailleurs à l'enquête Ravary pour reconnaître qu'au procès Esterhazy le bordereau était encore placé à la date de mai 1894. Il est même très curieux de constater que cette date de mai 1894 constituait le principal argument d'Esterhazy. S'expliquant sur le manuel de tir (*Enquête, p.* 621), Esterhazy déclare :

« Ce document, à l'époque où je suis parti en manœuvres, était confidentiel ; si on prétend que j'ai pu le livrer *en mai* 1894, c'est qu'un des officiers qui en était détenteur me l'a donné. Qu'on recherche cet officier. »

De même pour le canon de 120 et le frein hydraulique, Esterhazy s'exprimait en ces termes (*Enquête, p.* 621) :

« D'autre part, M. Mathieu Dreyfus m'accuse d'avoir eu, au cours des écoles à feu, des renseignements sur le frein hydraulique et la pièce de 120; or, j'ai été aux écoles à feu du 5 au 9 août. Comment aurais-je pu fournir, *en avril* 1894,*des renseignements que je n'ai eus qu'en août et septembre?* »

Même système de défense encore de la part d'Esterhazy en ce qui concerne la note sur les troupes de couverture (*Enquête, p.* 622).

On ne trouve rien de plus dans l'enquête Ravary. Mais, dans l'enquête faite par le général de Pellieux, on voit encore le même système de défense proposé par Esterhazy en ce qui concerne la note sur Madagascar et la note sur les nouvelles formations de l'artillerie (*Enquête, p.* 607). C'est toujours la date d'avril-mai 1894, assignée au bordereau, qui est le suprême argument d'Esterhazy.

Il est donc manifeste que si l'on attribue généralement aujourd'hui au bordereau la date de fin août 1894, cette date ne comporte guère de fixation précise, et qu'on l'a toujours fait varier suivant les besoins de l'accusation de Dreyfus ou de la défense d'Esterhazy.

Mais si le ministre croit devoir modifier aujourd'hui la date du bordereau, il est contraint par là même à bouleverser toutes les hypothèses construites par l'accusation en 1894 en ce qui concerne les faits d'epionnage révélés par ce bordereau. Le changement de la date assignée à l'acte criminel, transformant par suite radicalement l'accusation, constituerait donc déjà un fait nouveau imposant la revision du procès de 1894.

XIII. — Même incertitude en ce qui concerne l'importance des renseignements livrés.

Il est certain que M. le général Mercier n'avait pas considéré, en 1894, ces renseignements comme ayant une grande valeur.

M. Casimir-Perier, interpellé à cet égard, a répondu (*Enquête, p.* 228) :

« Sans me donner de détails, il (le général Mercier) m'avait dit que ces documents étaient sans grande importance au point de vue de la défense. »

Il semble, d'ailleurs, bien résulter de la déposition du général

Mercier lui-même, que ce ministre attachait de l'importance à l'affaire, surtout à raison de ce que le bordereau paraissait, d'après les indications du bureau des renseignements, révéler l'existence de fuites au ministère même de la Guerre.

Quant aux renseignements communiqués à l'étranger, M. le général Mercier paraît n'avoir jamais été complètement édifié sur leur nature et leur valeur; et c'est à raison de cet état d'esprit qu'il prescrivit au lieutenant-colonel Du Paty de Clam d'aller interroger Dreyfus à cet égard après sa condamnation.

Aujourd'hui encore les opinions sur la valeur possible des pièces livrées sont extrêmement divergentes.

Dans son rapport du 14 septembre 1894, le lieutenant-colonel Picquart s'exprime en ces termes :

« Les documents énumérés au bordereau ont peu de valeur. Il est à remarquer que le bordereau annonce quatre *notes* sur des sujets divers et un seul document original. Un espion travaille pour de l'argent. Quand il envoie un document original (qui est toujours la chose la plus recherchée), il le fait ressortir pour se faire valoir. Ici l'auteur du bordereau ne manque pas de signaler l'unique document qu'il produit, et d'attacher de l'importance à cette pièce. Il est évident que les notes sur tel ou tel sujet ne sont pas des documents originaux, sans quoi ils seraient plus nettement déterminés; il est probable que c'est une œuvre, peut-être une compilation, de l'envoyeur sur le sujet en question. »

Au contraire, d'après M. Cavaignac (*Enquête*, p. 13), il s'agissait, non pas de notes rédigées par l'auteur du bordereau, mais de documents originaux :

« Que dit-on pour établir que les renseignements n'étaient pas sérieux? dit M. Cavaignac. On allègue qu'il s'agit de notes et non pas de documents eux-mêmes; mais, d'une part, le mot « note » s'applique, dans les usages courants du ministère de la Guerre, à des documents extrêmement importants, et, de l'autre, l'affirmation que les renseignements donnés dans ces notes n'étaient pas sérieux est purement gratuite; en regard de cette affirmation, je place ce fait que les sujets traités sont les sujets les plus essentiels et les plus vitaux à la défense nationale en 1894; je place même quelque chose de plus, qui est dans le bordereau lui-même, c'est la phrase : « quelques modifications seront apportées par le nouveau plan », qui indique à elle seule que l'auteur du bordereau était au courant des secrets et qu'il les livrait. »

Et M. Cavaignac conclut en ces termes :

« Ainsi, Messieurs, en résumé, il résulte pour moi de ce que je viens de dire, avec une certitude presque mathématique, que le bordereau est postérieur au 12 mai, et avec une certitude qui a, à mes yeux, la force de l'évidence, que le bordereau traduit la vie même de l'État-major général pendant les mois de juillet et d'août et qu'il est de la fin d'août. »

Sans rechercher pourquoi un raisonnement n'est qu'une « affirmation purement gratuite » quand il émane du colonel Picquart, alors qu'il devient « un fait » quand il sort de la bouche de M. Cavaignac, l'exposante montrera bientôt que « la certitude presque mathématique » de l'ancien ministre de la Guerre se heurte à d'autres certitudes non moins mathématiques.

Pour le moment, elle constate seulement que l'acception donnée par M. Cavaignac au mot « notes » désignant, dans le bordereau, « des documents extrêmement importants du ministère de la Guerre », paraît être unanimement repoussée.

« Je ne puis croire un instant, dit le colonel Picquart (*Enquête*, p. 120), que ce soit dans cette acception qu'il faille prendre le mot « notes » du bordereau. Un espion qui eût transmis la copie de notes de ce genre aurait d'abord mis « copie d'une note »; car, aucun document secret n'ayant disparu de l'État-major, ce ne sont évidemment pas des notes originales qu'il a envoyées. Ensuite, il aurait certainement fait comme l'officier qui a expliqué, dans l'article de l'*Éclair* du 15 septembre 1896, la signification complète de la note. S'il avait mis, par exemple, comme l'a fait l'*Éclair* : « Note du général Renouard sur l'expédition de Madagascar », son envoi aurait eu un prix inestimable s'il était authentique; et encore là, il aurait mis *copie de la note* et non pas « note » tout court. Il eût été bon d'ailleurs de vérifier si, à l'époque du bordereau, il y a eu réellement au ministère des notes faites sur certains sujets spéciaux et caractéristiques, tels que le frein hydraulique de 120, la couverture, et Madagascar...

« Enfin, je ne puis admettre que, si l'auteur du bordereau avait envoyé la copie d'une note de service, il n'eût pas fait des mentions de date ou de bureau qui étaient essentiellement de nature à donner de l'authenticité à son envoi.

Or, non seulement aucun témoin n'a allégué qu'il y ait eu réellement au ministère des notes faites sur les sujets visés au bordereau, mais précisément l'absence, au ministère de la Guerre, d'une note quelconque sur le frein hydraulique de 120 et son fonctionnement, a fourni, aux témoins de l'accusation, un argument contre

Dreyfus personnellement. (*Déposition du général Roget. Enquête, p.* 57).

Mieux que tout autre à l'État-major, disent-ils, Dreyfus, qui était à Bourges au moment où se poursuivaient les études sur ce frein, pouvait fournir une note à ce sujet.

« Il est certain, dit le général Roget (*Enquête, p.* 53), qu'il n'y a pas eu de rapport sur le frein hydraulique en 1894. »

Ainsi, en ce qui concerne ce premier article (frein hydraulique), il s'agissait bien d'une note personnelle de l'auteur du bordereau, puisqu'il n'y avait pas eu de rapport sur ce sujet au ministère. Comment le mot *note* aurait-il une autre acception pour les trois articles qui suivent?

Au surplus, M. le général Roget lui-même estime que le bordereau n'annonce pas l'envoi de documents originaux, mais seulement de notes émanant de l'auteur personnellement. (*Enquête, p.* 53).

On reste en ces conditions dans l'incertitude complète sur l'importance réelle de ces notes, qu'on estimait peu sérieuses en 1894, qu'on présente aujourd'hui comme « traduisant la vie même de l'Etat-major ». Il devient impossible de savoir ce que l'auteur a communiqué de confidentiel dans ces notes, qui sont son œuvre personnelle.

M. le général Roget, prétendant réfuter le lieutenant-colonel Picquart, dit bien :

« Le témoin (colonel Picquart) ajoute : « Quand on veut faire valoir sa marchandise, on dit d'où elle vient. » Observation très juste si le bordereau est d'Esterhazy. Mais c'est précisément ce qu'il s'agit de démontrer, et M. Picquart fait là une pétition de principe. »

Et M. le général Roget, commettant précisément la pétition de principe reprochée à son adversaire, continue :

« Si le bordereau est de Dreyfus, il est inutile de dire d'où vient la marchandise; on connaît le correspondant et on sait où il est employé. La marchandise vient de l'État-major, et cela suffit pour lui donner de la valeur. »

Observation raisonnable si le bordereau est de Dreyfus, mais c'est précisément ce qu'il s'agit de démontrer.

Ajoutons que, quoi qu'en dise le général Roget, l'observation du colonel Picquart s'appliquerait dans tous les cas. Que le bordereau soit envoyé par un officier d'État-major ou par tout autre, l'espion, dans son vil trafic, a toujours intérêt à vendre des documents originaux ou des copies de documents originaux, plutôt que des notes de renseignements rédigées par lui ; un document original ou sa copie aura toujours, pour le destinataire du bordereau, une valeur plus grande qu'une simple note rédigée plus ou moins adroitement d'après ce même document.

On ne concevrait donc pas qu'un espion, ayant un document original à sa disposition, prenne la peine de faire un travail personnel ayant moins de valeur marchande qu'une copie pure et simple de ce document lui-même.

Logiquement on est amené à cette conclusion : si l'auteur du bordereau n'a pas envoyé de copies de documents originaux, s'il n'a livré que des renseignements recueillis par lui, c'est qu'il n'avait pas à sa disposition ces documents si recherchés des espions étrangers.

Le bordereau, conformément à l'opinion du colonel Picart, paraît donc ne pas émaner du ministère de la Guerre.

La conclusion à laquelle on est ainsi logiquement conduit est d'ailleurs imposée par la qualification que l'auteur du bordereau donne lui-même à sa communication.

L'auteur du bordereau en effet, qui, tout le monde le reconnaît, a intérêt à exagérer l'importance de son envoi, qui présente comme un document de rare valeur le « manuel de tir », document d'une importance très secondaire et toute temporaire de l'avis unanime, n'ose pas lui-même présenter ses notes comme ayant une valeur documentaire.

Ce ne sont pas des *documents* de prix qu'il envoie sous les quatre premiers numéros ; ce ne sont pas même des informations d'une importance exceptionnelle. Cet habile metteur en scène, qui fait si bien valoir son « manuel de tir », ne présente ses quatre notes que comme de simples « renseignements intéressants ».

« Sans nouvelle m'indiquant que vous désiriez me voir, dit-il, *je vous adresse cependant, Monsieur, quelques renseignements intéressants.* »

XIV. — La minime importance de l'envoi fait à l'attaché militaire étranger démontre par elle-même que l'auteur n'était pas un officier d'État-major puisant à pleines mains dans les secrets du ministère de la Guerre. Mais quelle est donc la source à laquelle, d'après l'ensemble des renseignements envoyés, paraît avoir puisé l'auteur du bordereau? Les journaux militaires de l'époque fournissent la réponse à cette question.

En 1894, en effet, du 11 au 22 août, eurent lieu, au camp de

Châlons, d'intéressantes manœuvres d'artillerie, dites « manœuvres de masse », qui attirèrent tout spécialement l'attention. Le journal *La France militaire* notamment, qui avait envoyé un de ses rédacteurs sur place pour suivre ces manœuvres, en expose le programme et l'importance, dans ses numéros des 11 et 15 août que produit l'exposante :

« Ce qu'on va expérimenter aux manœuvres de masse de cette année, dit le numéro du 11 août, ce n'est rien moins que *le projet de manuel de tir* et le *projet de règlement sur les manœuvres de batteries attelées*. C'est donc même la lettre avant la lettre que nous allons avoir ; aussi suivrons-nous les essais avec une extrême curiosité. Mais ces essais, faisons-le remarquer dès maintenant, loin de porter sur la tactique générale de l'arme, concernent plutôt sa tactique de détail. Aussi les lecteurs de la *France militaire* ne doivent-ils pas s'attendre à des études de large envergure comme les comptes rendus qu'ils ont eus en 1893 : les années se suivent et ne se ressemblent pas. En 1894, nous nous proposons de laisser les grandes questions qui sont élucidées et sur lesquelles il serait oiseux de revenir, et nous nous attacherons de préférence aux points controversés, et qui font l'objet des modifications introduites dans les habitudes de l'artillerie par le projet de manuel et le projet de règlement dont nous parlions tout à l'heure. »

Le projet de manuel de tir est précisément le document visé par le bordereau. *Quant au projet de règlement sur les manœuvres de batteries attelées, son importance consiste dans des modifications apportées* **aux formations de l'artillerie**. C'est ce qu'explique le rédacteur de la *France militaire* dans le numéro du 15 août (*page* 2, 2e *colonne*), où il discute les dispositions de ce projet de règlement, tant pour « les formations de marche » que pour « les formations de parc ». Il expose même les observations que lui ont suggérées à cet égard les manœuvres de la veille, en ce qui concerne la position prise par les caissons dans ces nouvelles formations.

« Certains théoriciens, dit-il, craignent que cette habitude ne se généralise. Il leur semble qu'il est bon d'intercaler les caissons dans les pièces. Si on les sépare, ils risquent fort d'en être coupés. »

Ainsi la mise en application du projet de manuel de tir et les nouvelles formations de l'artillerie sont deux sujets principaux des expériences faites dans ces manœuvres d'août 1894.

Il en est un troisième : l'utilité réelle du canon de 120 court, *et la manière dont cette pièce se comportera.*

Continuant l'exposé des expériences qui constituent l'objet de ces manœuvres, le rédacteur de la *France militaire* (*n° du 15 août, p, 2, 2e colonne*) expose la raison d'être de cette pièce de 120 court, l'usage qu'on se propose d'en faire. Il regrette ensuite que les allocations en munitions pour les batteries de 120 court soient un peu insuffisantes et il s'exprime en ces termes :

« Les allocations en munitions des batteries de 120 ne comportent que la charge maximum des obus ordinaires chargés en poudre, alors que leur approvisionnement normal comprend des charges réduites pour le tir en bombe, des obus à balles et des obus allongés, chargés en crésylite. Aussi n'aurons-nous pas occasion de juger entièrement de l'efficacité du tir de ces bouches à feu. Par contre *nous espérons nous rendre compte de la façon dont elles se comporteront en tant que véhicules*. On leur reproche certains vices de construction : on prétend que leur traction sera difficile, que leurs affûts se disloqueront en passant à travers champs, qu'ils ne sont pas assez solides pour traverser impunément des fossés, pour supporter de longs temps de trot sur de mauvais terrains. Nous verrons bien. Il semble *a priori* que s'ils résistent aux violentes secousses du tir — ce que les Commissions d'expériences ont dû vérifier — ils n'ont rien à craindre d'une succession de cahots. Mais rien ne vaut une preuve expérimentale. C'est à l'œuvre qu'on connaît l'artisan. »

Ainsi le troisième objet d'étude, dans ces manœuvres d'artillerie d'août 1894, c'était le canon de 120 court et spécialement *la manière dont cette pièce se comporterait, la manière dont elle pourrait être conduite* à travers champs.

Il est extraordinairement frappant de voir que *les trois articles concernant l'artillerie qui figurent sur le bordereau, envoyé, dit-on, fin août 1894, soient exactement les trois sujets des expériences réalisées aux manœuvres de masse d'artillerie, faites au camp de Châlons du 11 au 22 août 1894.*

Manifestement, il apparaît donc que l'auteur du bordereau a dû puiser les « quelques renseignements intéressants » par lui envoyés à son correspondant en ce qui concerne l'artillerie, à ces manœuvres du camp de Châlons, et non pas au ministère de la Guerre. Les rapports qui auraient pu être faits au ministère même concernant ces manœuvres ne pouvaient encore en effet avoir été rédigés, approuvés et envoyés au ministère de la Guerre à l'époque où l'on place le bordereau. Il n'a même jamais été allégué d'ailleurs que des rapports aient été faits au ministère de la Guerre sur ces expériences d'artillerie faites au camp de Châlons, du 11 au 22 août 1894.

XV. — On doit examiner maintenant sommairement chacun des articles du bordereau par rapport à Esterhazy et à Dreyfus.

Mais d'abord, une remarque préliminaire s'impose : Dreyfus n'a pas assisté aux manœuvres de masse du camp de Châlons d'août 1894. Il est reconnu par tous les témoins qu'il n'a pas été aux manœuvres en 1894. De son côté, Esterhazy, dans son interrogatoire du 25 novembre 1897 (*Enquête, p.* 607), tout en reconnaissant que des renseignements intéressants, spécialement en ce qui concerne la pièce de 120, pouvaient être puisés aux manœuvres de masse de 1894, niait avoir assisté à ces manœuvres. *Or il est aujourd'hui certain qu'Esterhazy assistait aux manœuvres de masse d'artillerie qui ont eu lieu au camp de Châlons du* 10 *au* 22 *août* 1894.

En effet, une lettre d'Esterhazy, datée du camp de Châlons, 11 août 1894 (*Enquête, p.* 460) porte : « Quoi qu'il en soit, je quitte le camp dans cinq jours (il m'est impossible de partir plus tôt) et passerai de suite au Crédit Foncier... »

En exacte concordance avec cette première lettre, une autre lettre d'Esterhazy, écrite sur papier pelure identique à celui du bordereau, et datée de Rouen, 17 août 1894, commence par ces mots : « J'ai reçu, en revenant du camp de Châlons où j'ai été passer quinze jours, votre lettre... »

Ainsi le bordereau est écrit sur du papier d'Esterhazy, de l'écriture d'Esterhazy, et annonce l'envoi de renseignements qu'Esterhazy venait lui-même de recueillir au camp de Châlons.

Il semblerait superflu, en de telles conditions, de continuer la discussion du bordereau. Poursuivons cependant l'examen.

XVI. — *a*). Le premier article est une « note sur le frein hydraulique du 120 et la manière dont s'est conduite cette pièce ».

Il est certain, tous les témoins sont d'accord sur ce point, qu'il existe deux pièces de calibre 120, l'une dite *pièce de* 120, *munie d'un frein hydraulique*, qui est une pièce de siège ; l'autre dite *pièce de* 120 *court munie d'un frein hydropneumatique*, qui est une pièce de campagne.

Le bordereau désigne expressément la première : « frein hydraulique du 120 », et il n'a été question, dans toute l'instruction de 1894, que d'une pièce de 120 munie du frein hydraulique. On soutient aujourd'hui que nécessairement l'auteur voulait désigner la seconde et le « frein hydropneumatique du 120 court ».

Comment, au risque d'induire son correspondant en erreur, un officier d'artillerie aurait-il employé une terminologie non seulement fautive, mais désignant expressément un engin autre que celui dont il voulait parler (du moins d'après ce qu'on allègue aujourd'hui)? Cette grossière erreur a été relevée par tous les témoins. (*Voyez spécialement les dépositions du capitaine Moch, p.* 353; *du commandant Ducros, p.* 358; *du commandant Hartmann, p.* 361; *du général Sébert, p.* 328.) Elle n'est pas niée par les témoins à charge qui qualifient seulement cette erreur d'excusable. (*Déposition du général Roget, p.* 56.) Le général Deloye reconnaît d'autre part, dans sa note (*p.* 779, 16e *question*), que si l'expression « hydraulique » est parfois employée, elle l'est par ceux qui, artilleurs ou non, ne sont pas initiés aux questions techniques : ce qui n'est pas le cas de Dreyfus, que ses accusateurs représentent comme s'étant spécialement initié à ces questions pendant son séjour à Bourges.

Quelles que soient d'ailleurs les négligences et les impropriétés du langage courant, il est manifeste qu'un artilleur, connaissant nécessairement l'existence des deux pièces, le canon de 120 avec frein hydraulique et le canon de 120 court avec frein hydropneumatique, n'aurait pas laissé s'accumuler sous sa plume des erreurs de terminologie qui, par leur réunion, auraient désigné expressément, dans la phrase écrite, un canon autre que celui dont il voulait parler.

Les mêmes remarques sur les erreurs de terminologie se retrouvent, quoique peut-être avec une importance moindre, pour les mots « la manière dont s'est *conduite* cette pièce ». Ces erreurs ont été signalées par les mêmes témoins et s'expliquent difficilement sous la plume d'un artilleur, qui eût parlé de la manière dont la pièce s'était *comportée*. Mais on s'explique très facilement, au contraire, que l'expression *conduite* ait été employée par un officier d'infanterie, ou même par un artilleur au langage quelque peu négligé, alors qu'il s'agissait de rendre compte d'expériences du camp de Châlons, destinées à observer comment la pièce se *comporterait*, quand elle serait *conduite* à travers les terres labourées, et les chemins défoncés.

XVII. — Enfin, en ce qui concerne le fond même de cette première note, tous les artilleurs entendus ont été d'accord pour reconnaître qu'il devrait être d'importance très secondaire. Le principe et le dispositif du frein hydropneumatique étaient connus depuis longtemps. Ce système de frein était même employé, dès

1889, dans l'industrie privée, qui l'avait fait breveter (*Déposition Moch, p.* 353). La fonderie militaire de Bourges l'avait mis en expérience dès 1881 (*Déposition Hartmann, p.* 361); il avait déjà été adapté au canon de 155 court (*Même déposition, p.* 363). L'adaptation de ce frein, d'un système connu, à la pièce de 120 court ne pouvait donc offrir grand intérêt. Même en ce qui concerne cette adaptation, tous les détails en avaient été arrêtés définitivement dès 1890, et la pièce de 120 court, qui porte le nom de *pièce modèle* 1890, ne constituait plus un engin nouveau fin 1894. Cette pièce eût-elle été établie conformément à un système nouveau, son mode de fabrication n'eût plus été un secret en 1894, puisque, de l'avis unanime, même dans les pays où on ne publie pas immédiatement (comme en Russie) les détails de construction, la conservation d'un secret de ce genre est nécessairement illusoire au bout de deux années (*Enquête. Déposition Moch. Voir aussi la déclaration de M. le ministre de la Guerre à la Chambre des députés, séance du* 11 *mars* 1899. *J. off. Débats parlementaires, p.* 795). Il est même curieux de remarquer que, comme pour démontrer l'exactitude de cette déclaration ministérielle, on trouve dans l'enquête la preuve que, dès le mois de février 1892, le destinataire du bordereau était déjà nanti de deux rapports officiels sur le canon de 120 court (modèle 1890), de onze dessins et d'une photographie relatifs à cette pièce et à ses munitions. (*Déposition du capitaine Cuignet. Enquête, p.* 259. *Comp. déposition du commandant Hartmann. Enquête, p.* 364.)

Ce qui pouvait exciter l'intérêt en 1894, ce n'était donc pas le système de l'engin, mais les résultats pratiques qu'il avait donnés aux manœuvres. Or, Dreyfus ne pouvait pas, fin août 1894, donner, sur ce dernier point, des renseignements qu'au contraire Esterhazy avait recueillis précisément aux manœuvres mêmes.

Quant au système de l'engin et aux détails de sa fabrication, il résulte des explications du général Deloye (*Enquête. Note, p.* 774) que, contrairement aux allégations des anciens ministres de la Guerre et de M. le général Roget, bien d'autres officiers que Dreyfus auraient pu, au ministère, donner des détails à cet égard, puisque toutes les tables de construction se trouvaient au ministère dès le 29 mai 1894.

Espion, Dreyfus ayant connu, d'après les anciens ministres de la Guerre, tous ces détails à Bourges, plusieurs années auparavant, n'aurait pas évidemment attendu, pour vendre ces renseignements, qu'ils eussent diminué de valeur par leur diffusion même. Par contre, il n'eût pas manqué de recueillir, comme il en avait alors les moyens, des informations précieuses sur la nouvelle artillerie de campagne, à l'étude aux ateliers de Puteaux. Or, malgré les offres réitérées que lui fit à cet égard l'un des officiers attachés aux ateliers de Puteaux, le commandant Ducros, Dreyfus refusa de se laisser distraire des travaux de traduction auxquels il se livrait pour le ministère de la Guerre. (*Déposition Ducros, Enquête, p.* 358.) On ne conçoit pas, si l'accusation portée contre Dreyfus était fondée, comment, espion, il eût repoussé les moyens qui lui étaient alors offerts d'obtenir, sur le matériel d'artillerie, des renseignements infiniment supérieurs, au point de vue de l'espionnage, à ceux énoncés dans le bordereau. (*Déposition Ducros, Enquête, p.* 358.)

XVIII. — L'analyse du premier article du bordereau conduit donc à cette conclusion :

La terminologie employée exclut un officier initié aux questions techniques de l'artillerie, comme Dreyfus, et semble bien indiquer une personne étrangère à l'arme qui a vu *conduire* la pièce de 120 court aux manœuvres de Châlons, comme Esterhazy.

Les renseignements visés concernent, suivant toute probabilité, les expériences tactiques et pratiques faites du 11 au 22 août et, dans ce cas, Dreyfus n'en peut être l'auteur fin août 1894. Esterhazy peut l'être. Si, au contraire, les renseignements sont relatifs à des détails de construction, nombre d'officiers et d'ouvriers constructeurs, fin août 1894, peuvent les avoir fournis, et ils n'ont pu raisonnablement avoir été envoyés à cette époque par Dreyfus qui, d'après l'accusation, les connaissait depuis plusieurs années et qui d'ailleurs avait à sa disposition, en 1894, des renseignements de même ordre infiniment plus nouveaux et plus intéressants.

XIX. — *b*). « Une note sur les troupes de couverture (quelques modifications seront apportées par le nouveau plan). »

Les hypothèses sur le contenu de cette note concernant les troupes de couverture sont extrêmement flottantes et incertaines.

L'acte d'accusation ou rapport d'Ormescheville visait « des modifications apportées au fonctionnement du commandement des troupes de couverture au mois d'avril ».

Mais les besoins de l'accusation ont aujourd'hui changé; et le général Roget prétend relever de ce chef une erreur du commandant d'Ormescheville, qui aurait à tort visé les modifications d'avril, alors qu'il s'agissait suivant lui de modifications effectuées en août (*Enquête, p.* 51).

Le général Roget établit d'ailleurs (*Enquête, p.* 59) que ces modifications furent élaborées entre les 1er, 3e et 4e bureaux. Or,

Dreyfus, au moment de ces conférences, appartenait au 2e bureau. (*Voyez les observations conformes du lieutenant-colonel Picquart, Enquête, p.* 122.) En admettant donc que les renseignements sur les troupes de couverture fussent venus du ministère de la Guerre, rien dans l'énonciation d'une note sur cette question ne désignerait particulièrement Dreyfus, qui semblerait au contraire être contre-indiqué. Quand Dreyfus passa au troisième bureau, il fut bien chargé, en septembre 1894, de surveiller au service géographique l'impression des tableaux d'approvisionnement des troupes de couverture. Mais d'une part, cet incident se place au 8 septembre (*Note de Me Demange*), alors que la date la plus tardive assignée aujourd'hui à l'envoi du bordereau est celle du 2 septembre. (*Déposition Zurlinden, Enquête, p.* 29.) D'autre part, le capitaine Cuignet (*Enquête, p.* 242, *in fine*) déclare que « l'instruction sur la constitution des approvisionnements des troupes de couverture ne contient pas, à beaucoup près, de renseignements précis et détaillés sur la couverture. Cette instruction, dit-il en effet, uniquement destinée aux services administratifs, se borne à indiquer, pour chaque centre d'approvisionnements, les quantités de vivres ou de munitions qu'il y a lieu d'entretenir... La lecture de cette instruction ne permet pas de connaître quelles sont les troupes qui seront alimentées par le centre d'approvisionnement. Elle ne donne pas non plus l'emplacement de ces troupes; elle fait seulement connaître que, dans un rayon indéterminé autour du centre d'approvisionnement, il y aura tant d'hommes à pourvoir. Il y a au contraire, au troisième bureau, un document autrement plus important relatif à la couverture ».

Or, il n'a jamais été articulé que communication de ce document ait été donnée à Dreyfus; et si c'était en réalité ce document qui eût été livré, rien ne désignerait particulièrement Dreyfus comme auteur de cette livraison.

Mais le fait même qu'il s'agit d'*une simple note* sur les troupes de couverture, et non d'*une copie du plan* élaboré dans ces conférences des 1er, 3e et 4e bureaux, exclut l'idée d'une communication faite par une personne attachée au ministère de la Guerre. C'est précisément parce qu'on venait d'élaborer, au ministère, un document d'une importance considérable, d'après les témoignages de MM. Cavaignac et Roget, que l'envoi d'une simple note de renseignements sur le sujet élucidé par ce document décèle une origine autre que le ministère de la Guerre.

XX. — Quelles sont, pour de simples *notes* sur les troupes de couverture, les sources où il est possible de puiser des « renseignements intéressants »?

Le commandant Hartmann fournit à cet égard des indications précises (*Enquête, p.* 376) :

« Le ministère de la Guerre publie tous les ans un document intitulé : *Emplacement des troupes de l'armée française*, dont l'examen, combiné avec la connaissance des régiments à effectifs renforcés, est de nature à donner des aperçus sur la composition des troupes de couverture...:

« Je signalerai une instruction judiciaire ouverte à Dijon, en 1891, sur la demande du ministère de la Guerre, contre quatre journaux qui avaient parlé des troupes de couverture de la 15e division.

« D'après les journaux de l'époque (le *Spectateur militaire*), l'enquête du juge d'instruction l'a convaincu que l'existence, sur la frontière, de troupes de couverture de régiments à effectifs renforcés, devant partir dès le premier jour de la mobilisation sans attendre leurs réservistes, n'est nullement un secret d'État; que depuis des années, la mise en œuvre de ces prudentes dispositions stratégiques est connue de tous les militaires, et en outre de tous les civils qui de temps en temps lisent les journaux spéciaux.

« Les journaux spéciaux constituent, en effet, une source d'informations au sujet des troupes de couverture. Par exemple, il a paru, en mai 1894, un article du *Journal des Sciences militaires* intitulé : *Le sixième corps et les troupes de couverture;* j'insiste sur ce fait que l'article est de quelques mois antérieur seulement à l'envoi du bordereau. L'auteur donne les renseignements les plus détaillés sur la composition des troupes de couverture du 6e corps et réclame quelques modifications dans leur organisation.

« *Une autre source d'informations, ce sont les conversations avec des officiers des régions frontières et*, **à ce point de vue, le camp de Châlons est l'endroit où l'on peut le mieux se renseigner sur la destination des troupes stationnées dans la sixième région.**

« En ce qui concerne la parenthèse (*quelques modifications seront apportées par le nouveau plan*), il y aurait lieu de s'assurer si l'on n'a pas su de très bonne heure, bien avant la fin de 1894, qu'un nouveau plan était en préparation pour remplacer le plan alors en vigueur. On parle toujours de ces changements de plan longtemps à l'avance, et l'on peut dire qu'ils sont connus un peu partout dès qu'ils sont décidés et dès qu'on commence à y travailler au ministère. Il y aurait intérêt à savoir en particulier la date à laquelle les directions se sont occupées pour la première fois du nouveau plan. Si c'était avant la fin d'août, il n'y aurait alors rien d'étonnant à ce que l'auteur du bordereau, apprenant le changement prochain, et au courant d'ailleurs de la création de deux régiments d'artillerie dans le 6e corps, ait annoncé prudemment des modifications ultérieures dans les troupes de couverture qui faisaient l'objet de sa note. »

Or, on trouve dans la déposition de M. Cavaignac (*Enquête*, *p.* 12) la réponse à la question ainsi posée par le commandant Hartmann :

« L'élaboration d'un nouveau plan avait été décidée par une délibération du Conseil supérieur de la guerre *du 5 février* 1894; *cette décision avait été portée pour la première fois à la connaissance des commandants de corps d'armée le 20 juin* 1894. »

Ainsi non seulement les directions s'étaient occupées du nouveau plan avant le mois d'août; mais, dès le 20 juin, les corps d'armée étaient officiellement informés de son élaboration.

Bien plus, M. Cavaignac expose qu'on dut établir alors des mesures transitoires pour le transport des troupes de couverture, que ces mesures rencontraient des difficultés, et qu'on dut à cet égard demander les renseignements nécessaires aux commandants de corps d'armée en mai 1894.

« On prévoyait bien des difficultés, dit-il; mais un accord fut établi entre les chefs de bureau de l'État-major général le 22 mai, et les renseignements nécessaires furent demandés aux commandants de corps d'armée. »

On possédait donc, dans les corps d'armée, tous les éléments nécessaires pour l'élaboration d'une « note » contenant des « renseignements intéressants » sur les troupes de couverture. Il est même à remarquer que le ministère, pour l'élaboration de son plan, était obligé, dès le mois de mai 1894, de demander lui-même des renseignements aux commandants de corps d'armée.

Les corps d'armée n'étaient, d'ailleurs, pas seuls à posséder des renseignements intéressants à cet égard. Le général Roget expose en effet (*Enquête, p.* 59) que les Compagnies de chemins de fer durent collaborer à ces modifications, et qu'elles se prêtaient d'assez mauvaise grâce à un travail essentiellement provisoire.

Mais ce qui est particulièrement frappant, c'est que l'endroit où l'on pouvait le mieux se renseigner sur toutes ces modifications examinées dans les corps d'armée mêmes, dès le mois de mai 1894, soit précisément le camp de Châlons; c'est qu'Esterhazy soit allé passer quinze jours au camp de Châlons au mois d'août 1894; c'est que le bordereau ait été envoyé en août 1894; c'est que sur ce bordereau, à côté des trois articles visant des questions d'artillerie étudiées au camp de Châlons en août 1894, on trouve encore ce quatrième article concernant des renseignements qu'il était plus particulièrement aisé de se procurer au camp de Châlons.

XXI. — *c*). « Une note sur une modification aux formations de l'artillerie. »

Ce troisième article avait déjà, en 1894, créé une difficulté pour l'attribution du bordereau à Dreyfus.

Toutefois, plaçant la date de l'envoi du bordereau en avril ou mai 1894, le commandant d'Ormescheville pouvait encore dire, comme il l'a fait dans son rapport :

« En ce qui concerne la note sur une modification aux formations de l'artillerie, il doit s'agir de la suppression des pontonniers et des modifications en résultant. Il est inadmissible qu'un officier d'artillerie ayant été employé au 1er bureau de l'État-major de l'armée ait pu se désintéresser des suites d'une pareille transformation, au point de l'ignorer quelques semaines avant qu'elle ne devienne officielle. »

Ce raisonnement n'est plus possible aujourd'hui où l'on place la date d'envoi du bordereau en août 1894. A cette date, en effet, les débats avaient eu lieu au Parlement et la loi du 29 juin 1894 avait été promulguée. La modification n'était donc plus un mystère pour personne ; elle était forcément connue du destinataire du bordereau.

M. Cavaignac dit bien (*Enquête, p.* 12) :

« A la suite de cette loi, des modifications devenaient nécessaires à l'organisation du temps de guerre de l'armée. »

Le général Roget, revenant sur la même idée ajoute bien encore (*Enquête, p.* 51) :

« Ce n'est que postérieurement au vote au plus tôt, qu'on a pu modifier l'organisation de l'artillerie, en vue du plan à l'étude. Ces travaux se sont faits au 1er bureau de l'état-major de l'armée, dans le courant du mois de juin. Le résultat a été notifié aux commandants de corps d'armée par une lettre ministérielle du 4 juillet. »

Mais le décret du 4 juillet 1894 consacrant ces résultats, et notifié par lettre ministérielle du même jour aux commandants de corps d'armée, a lui-même été publié par le no 19 du *Journal militaire* de juillet 1894. Ce journal, que produit l'exposante, publie, avec le décret, les deux tableaux annexés donnant « la répartition des batteries montées de montagne et à cheval stationnées en France et des batteries détachées hors de France, entre les quarante régiments d'artillerie ».

Ce n'est donc pas ces modifications, nécessitées par la loi nouvelle et rendues publiques en juillet 1894, que vise l'auteur du bordereau.

Le mot *formation* ne peut d'ailleurs les désigner. Ce mot, dans une acception anormale, peut bien exprimer la création de nouveaux régiments. C'est là un *sens d'État-major*, dit M. Cavaignac, qui tire argument de cette remarque pour attribuer le bordereau à un officier d'État-major. « Je ferai remarquer ici, dit dans sa déposition l'ancien ministre de la Guerre (*Enquête, p.* 12), que le mot formation est pris dans un sens particulier. Dans le langage militaire courant lorsqu'on dit *formation*, on vise la formation matérielle des troupes, leur formation sur le champ de manœuvre. »

Cette observation est confirmée par le général Roget, comme par le capitaine Cuignet (*Enquête, p.* 240), et l'on trouve la preuve de son exactitude dans les numéros de la *France militaire* produits par l'exposante, qui rendent compte des expériences faites au camp de Châlons en ce qui concerne les nouvelles formations de l'artillerie.

Un officier de troupes, réservant au mot de *formation* son sens habituel de *disposition des corps de troupes sur le champ de manœuvre*, eût parlé de la création ou de la constitution des nouveaux régiments si sa note avait concerné le sujet spécifié par M. Cavaignac.

Mais le mot *formation*, qu'aurait pu employer en effet un officier d'État-major pour désigner la création de régiments, ne pouvait plus être employé, ni par un officier d'État-major ni par un officier de troupes, pour désigner la modification de l'organisation de l'artillerie, réalisée en conséquence de la loi du 29 juin 1894 par le décret du 4 juillet 1894. C'est là, *comme l'indiquent le texte du décret et l'intitulé du tableau annexé*, non une *formation*, mais une *répartition* des batteries.

A fortiori, ne peut-il être question, dans la note, de l'organisation de l'artillerie en temps de guerre, comme on a cherché à l'insinuer : cette organisation de guerre ne serait même plus une *répartition*, mais une véritable *mobilisation*. Ce serait alors *le plan de mobilisation* qu'aurait indiqué l'auteur du bordereau comme sujet de sa troisième note.

C'est au surplus ce que fait remarquer M. le commandant Hartmann (*Enquête, p.* 371) :

« La note, dit-il, ne peut pas viser non plus l'affectation de ces nouvelles formations en temps de guerre; car l'auteur se serait exprimé autrement, puisqu'il ne se serait pas agi d'une modification des formations nouvelles, mais de leur mobilisation. »

D'ailleurs, l'auteur du bordereau parle « *d'une* modification *aux formations* de l'artillerie ». Il vise *une* modification et non *des* modifications; et cette modification est apportée, dit-il, non pas à l'organisation, *à la formation* de l'artillerie, mais *aux formations* de l'artillerie.

Ce qu'il vise, c'est donc manifestement *la modification aux formations de l'artillerie*, expérimentée au camp de Châlons en août 1894. Le mot *formation*, dont on avait forcé le sens pour en faire un terme d'État-major, reprend son acception usuelle et normale : la formation sur le champ de manœuvre.

C'est ce qu'indique d'ailleurs le commandant Hartmann (*Enquête*, *p.* 371) :

« En 1894, dit-il, quelques brigades d'artillerie, dont la 3e brigade (Versailles), ont été chargées d'expérimenter un projet de règlement sur les manœuvres des batteries attelées. Ce règlement comportait précisément des modifications importantes aux *formations* de manœuvres de l'artillerie. Quelques-unes d'entre elles constituaient des nouveautés, qui changeaient totalement les habitudes de l'artillerie; ce projet de règlement a été appliqué pour les deux régiments de la 3e brigade, d'abord à Versailles, et ensuite au camp de Châlons pendant les écoles à feu et durant les manœuvres de masses.

« Or, on sait que des officiers supérieurs du 3e corps, parmi lesquels Esterhazy, ont assisté aux écoles à feu de la 3e brigade, du 6 au 9 août. Ils ont donc vu manœuvrer les batteries d'après les méthodes du projet de règlement, et ils ont entendu les appréciations des officiers d'artillerie qui s'intéressaient très vivement à cette innovation.

« Cette explication ramène à des proportions raisonnables la note du bordereau, qui ne parle en somme que d'une modification dans les *formations* de l'artillerie, et dans laquelle, par suite, il est bien difficile de voir la révélation de toute une transformation de l'artillerie. »

A ces observations on doit ajouter qu'Estherazy n'a pas assisté seulement, comme le pensait M. le commandant Hartmann, aux écoles à feu du 6 au 9 août, mais qu'il est resté aux manœuvres de masses du camp de Châlons jusqu'au 16 août 1894.

Dans tous les cas, les résultats de ces expériences du camp de Châlons ne pouvaient encore, fin août 1894, avoir été l'objet d'un rapport au ministre de la Guerre. Comme, d'autre part, un officier d'État-major ne pouvait considérer comme marchandise d'espion-nage, fin août 1894, des renseignements sur la création et la répar-tition de batteries nouvelles publiés par le *Journal militaire* plus d'un mois auparavant, il s'ensuit nécessairement que la note visée par l'article 3 du bordereau n'a pu être adressée à l'attaché militaire étranger par un officier du ministère de la Guerre.

Pour cet article, comme pour les deux premiers, il est extrême-ment frappant que l'on soit, par voie de raisonnement, amené tou-jours à la même conclusion : la note de renseignements ne peut rationnellement émaner du ministère de la Guerre, et les renseignements qu'elle contient ont été puisés manifestement aux manœuvres du camp de Châlons, où était Estherazy.

XXII. — *d*). « Une note relative à Madagascar. »

La nature et la valeur de cette note ont été très diversement appréciées. Lors du procès de 1894, où on plaçait en avril ou mai la date d'envoi du bordereau, la note sur Madagascar était censée avoir été empruntée à un travail copié au mois de février par le caporal Bernolin. On attachait alors une importance considérable à ce travail, et voici comment s'exprime à cet égard le rapport d'Ormescheville :

« Pour ce qui est de la note sur Madagascar, qui présentait un grand intérêt pour une puissance étrangère, si, comme tout le faisait déjà prévoir, une expédition y avait été envoyée au commen-cement de 1895, le capitaine Dreyfus a pu facilement se la procurer. En effet, au mois de février dernier, le caporal Bernolin, alors secrétaire de M. le colonel de Sancy, chef du 2e bureau de l'État-major de l'armée, fit une copie d'un travail d'environ vingt-deux pages sur Madagascar, dans l'antichambre contiguë au cabinet de cet officier supérieur. L'exécution de cette copie dura environ cinq jours, et, pendant ce laps de temps, minute et copie furent laissées dans un carton placé sur la table-bureau du caporal précité, à la fin de ses séances de travail. En outre, quand, pendant les heures de travail, ce gradé s'absentait momentanément, le travail qu'il faisait restait ouvert, et pouvait, par suite, être lu, s'il ne se trouvait pas d'officiers étrangers au deuxième bureau ou inconnus de lui dans l'antichambre qu'il occupait. Ce gradé nous a déclaré dans sa déposition, mais sans préciser de dates, que le capitaine Dreyfus, qu'il connaissait, était venu quatre ou cinq fois dans cette antichambre pour voir M. le colonel de Sancy, pendant qu'il faisait son stage à la section allemande. Ce document a encore pu être lu par le capitaine Dreyfus, quand il a été réintégré à la section anglaise, qui s'occupait alors de Madagascar, en raison de ce qu'il a été placé temporairement dans un carton de casier non fermé. »

Aujourd'hui où l'on prétend placer la date d'envoi du bordereau au mois d'août, on reconnaît que le travail copié par le caporal Bernolin n'avait aucun intérêt, et on vise une autre étude faite au mois d'août concernant l'expédition de Madagascar.

M. Cavaignac dépose en ces termes (*Enquête*, *p.* 13) :

« Des études se poursuivaient au ministère de la Guerre, pour la préparation de l'expédition de Madagascar, dans le courant d'août. La note de février à laquelle on a fait allusion, et qui aurait été recopiée par le caporal Bernolin, est une note faite par le commandant Mollard, et contenant des renseignements géographiques sur Madagascar, *qui ne pouvaient présenter aucun intérêt quelconque*. Au contraire, les études qui se poursuivaient en août pouvaient fournir des renseignements intéressants, soit sur les dispositions projetées pour l'expédition elle-même, soit sur les troupes qui seraient prélevées sur l'armée de terre. »

De même, M. le général Roget s'exprime en ces termes (*Enquête*, *p.* 52) :

« Il y a eu deux notes sur Madagascar. L'une établie en décembre 1893, comme travail d'inspection générale, par le commandant Mollard ; c'est une note ne renfermant que des renseignements géographiques ; c'est celle qui a été copiée par le caporal Bernolin, et dont il est question, au rapport d'Ormescheville. Il y a eu une autre note sur Madagascar, autrement plus importante, puisqu'elle donnait la composition du corps expéditionnaire, la route à suivre, le plan de campagne, qui a été fait au mois d'août. Les premières expéditions du rapport sont du 20 août, et les expéditions définitives du 29 AOUT. »

Bien qu'on s'efforce de présenter aujourd'hui comme importante cette étude sur l'expédition de Madagascar, élaborée au mois d'août, on reconnaît cependant qu'il ne s'agissait pas là d'un document secret.

« Sur la note de Madagascar, dit M. Cavaignac, *il n'est évidemment pas impossible, les renseignements étant plutôt confidentiels que tout à fait secrets, qu'une indiscrétion fût commise ;* mais elle l'aurait plus vraisemblablement été au sein de l'État-major général, au sein duquel les études se poursuivaient, ainsi que je l'ai dit (*Enquête*, *p.* 16).

Mais il résulte des documents officiels que les études n'avaient pas été poursuivies par le ministère de la Guerre seul. Voici, en effet, ce qu'on lit dans la déposition du commandant Hartmann (*Enquête, p.* 376) :

« *D'après le rapport officiel du général Duchesne*, commandant en chef du corps expéditionnaire, il n'y a eu, dans le mois d'août 1894, qu'une note indiquant les mesures à prendre pour l'expédition de Madagascar. Il est dit, en effet, dans le chapitre II, relatif aux études préparatoires à l'organisation de l'expédition, qu'*une commission mixte d'études avait été instituée au ministère des Affaires étrangères dans le courant d'août, et que cette commission, composée des délégués des quatre ministères de la Guerre, de la Marine, des Colonies et des Affaires étrangères, avait élaboré un rapport qu'elle a déposé le* 29 *août.* »

Le commandant Hartmann expose ensuite, toujours d'après le rapport officiel du général Duchesne, que la question de l'expédition avait été mise à l'étude dès le commencement de 1894 dans les deux ministères de la Guerre et de la Marine. Il montre que ces études n'étaient pas tenues secrètes, qu'il en était question dans le *Gaulois* du 14 juillet 1894. Il cite le *Mémorial de l'Artillerie de la Marine*, paru fin juin 1894, qui contient un article très complet du capitaine Jeannet, intitulé « Etude géographique et militaire sur Madagascar ». Il rappelle enfin que le journal *La France militaire* entreprenait de son côté, dès le 15 août 1894, une série d'articles sur la même question.

Enfin, M. Castelin lui-même, dans son interpellation du 18 novembre 1896, signale un article très documenté sur l'expédition de Madagascar, publié sous la signature de M. E. Weyl, à la date du 22 septembre 1894, dans un journal d'études maritimes intitulé *Le Yacht*. (*Voyez déposition du lieutenant-colonel Picquart. Enquête, p.* 123. *Séance de la Chambre des députés du* 18 *novembre* 1896. *Journal officiel, p.* 1612.)

De toutes ces dépositions et des documents qu'elles visent (*Rapport officiel du général Duchesne et journaux techniques*), il résulte, avec la dernière évidence, qu'il était aisé, pour tout homme à l'affût des nouvelles militaires, de recueillir des « renseignements intéressants » concernant Madagascar, et de rédiger une note sur ce sujet. La nature même de ces études sur Madagascar, poursuivies simultanément, en août 1894, par des délégués de quatre ministères, la facilité avec laquelle des indications sur les résultats de ces études étaient fournies aux journaux spéciaux, établissent manifestement qu'un espion, officier d'État-major installé au cœur même du ministère de la Guerre, n'aurait pas envoyé pareille marchandise à son correspondant. On s'explique, au contraire, parfaitement que des renseignements de cet ordre aient été transmis à l'attaché militaire étranger par un informateur du genre d'Esterhazy.

La quatrième note énoncée du bordereau exclut donc, comme les trois premières, l'idée de l'attribution de ce document à Dreyfus; elle s'harmonise au contraire parfaitement avec l'idée de l'attribution dudit document à Esterhazy.

XXIII. — *e*). « Le projet de manuel de tir de l'artillerie de campagne (14 mars 1894). »

Ce dernier article est celui que l'auteur du bordereau présente à son correspondant comme ayant le plus d'importance. Il vise d'ailleurs un *document*, alors que les quatre précédents articles concernent de simples *notes* de « renseignements intéressants ».

L'auteur du bordereau n'est pas en cela d'accord avec M. Cavaignac qui, s'efforçant d'établir que toute « la vie de l'état-major » se trouve résumée dans la communication révélée par le bordereau, est obligé de reconnaître que le document visé d'une manière précise n'est pas d'un intérêt considérable.

« Les mots « projet de manuel », dit M. Cavaignac, n'indiquent pas qu'il s'agisse d'un simple projet. Depuis 1871, l'artillerie a toujours considéré ses règlements comme ayant un caractère provisoire et les a intitulés « projets ». Ce projet de manuel contenait une modification des méthodes de réglage de tir : c'était un renseignement intéressant et confidentiel; ce ne sont pas évidemment de ceux dont on peut garder le secret indéfiniment, puisqu'ils sont destinés à passer entre les mains de tous les officiers de l'arme. Mais ils présentent cependant un intérêt réel, et ils avaient à ce moment un intérêt de nouveauté. »

Le général Deloye, dans sa note *in extremis*, a bien déclaré (*Enquête*, *p*. 780) que le mot « confidentiel » avait été inscrit sur le bordereau d'envoi de ces projets. Mais le caractère confidentiel attaché à ce bordereau d'envoi ne s'est pas étendu jusqu'au manuel lui-même !

Le général Roget précise en ces termes (*Enquête*, *p*. 61) :

« Le document n'était pas secret. Les exemplaires n'étaient pas numérotés. *Ils ne portaient même pas la mention « confidentiel »*. Seuls, les bordereaux d'envoi aux corps d'armée portaient cette mention. »

La Cour peut constater *de visu* l'exactitude de ces affirmations,

Le capitaine Mocht a produit, à l'appui de sa déposition, l'exemplaire qui lui avait été distribué avant le mois de juin 1894. (*Enquête, p.* 355.)

« Le manuel, dit-il, n'a jamais été considéré comme confidentiel; au reste, il ne porte aucune mention qui indique qu'il le soit; et précisément ce fait était pour moi une raison de plus de penser que le bordereau émanait d'un agent inférieur ou d'un personnage étranger à l'arme de l'artillerie. »

Mais M. Bruyerre, officier d'artillerie dans l'armée territoriale, a produit à cet égard un document bien plus caractéristique encore.

En mai 1894, M. Bruyerre, comme sous-lieutenant de réserve au 29e régiment d'artillerie, était convoqué aux écoles à feu de Châlons, où on tirait notamment la pièce de 120 court, en présence d'un certain nombre d'officiers d'infanterie. On venait à cette époque (mai 1894) d'envoyer aux régiments le projet de manuel de tir. Après avoir rappelé ces circonstances, M. Bruyerre s'exprime en ces termes dans sa déposition (*Enquête, p.* 428) :

« Quant au manuel d'artillerie, il y en avait un très petit nombre dans les corps, — un par batterie, je crois, — or, il y a quatre officiers et au maximum six sous-officiers qui doivent connaître le manuel de tir pour pouvoir prendre part à l'école à feu. Comme il n'était pas possible de se contenter d'un ou deux exemplaires dans chaque batterie, on fit autographier le manuel par l'employé de la presse du régiment, et on distribua des exemplaires aux officiers et sous-officiers qui le demandèrent. *Ce document n'avait rien de confidentiel et tout le monde pouvait se le procurer moyennant* 20 *centimes, qu'on versait pour le papier... L'exemplaire de manuel que je vous dépose est un de ceux qui ont été tirés à la presse régimentaire en mai* 1894. »

Ce qui s'est passé au 29e régiment d'artillerie, pour ses écoles à feu à Châlons, s'est passé au 12e régiment d'artillerie, pour ses écoles à feu à Fontainebleau.

L'exposante produit en effet, avec l'autorisation de son auteur, une lettre de M. Paul Michon, ancien lieutenant de réserve au 12e régiment d'artillerie, adressée le 4 décembre 1898 à M. Jean Jullien, publiciste, à la suite d'un article sur ce sujet inséré dans le journal *L'Aurore* du 26 novembre 1898. M. Paul Michon déclare avoir reçu, lui aussi, comme officier de réserve convoqué aux écoles à feu en 1894, à Fontainebleau, un exemplaire du manuel autographié à la presse. Ce manuel, qui ne lui a jamais été réclamé, est toujours entre ses mains, et pourrait être produit à la Cour, si besoin était, comme celui de M. Bruyerre.

L'exposante produit, dans les mêmes conditions, une lettre de M. Louis Paraf, ingenieur des arts et manufactures, 15, avenue Victor-Hugo, à Paris, déclarant que, comme élève officier à Rennes, en avril 1894, il reçut sans aucune recommandation spéciale le fameux manuel de tir, que d'ailleurs il aurait pu garder à son départ du régiment, aucune réclamation n'étant faite à cet égard.

L'exposante produit encore dans les mêmes conditions une lettre de M. André Spieg, 25, rue de Lille, à Paris, sous-lieutenant de réserve démissionnaire, attestant qu'à la même époque, mai 1894, il avait lui aussi entre les mains le manuel de tir, aux écoles à feu où assistaient d'ailleurs des officiers de toutes armes.

De même encore une attestation de Me Nicolas, avocat à la Cour Nancy, que produit l'exposante, déclare qu'à Nancy, *commé canonnier-conducteur de 2e classe*, Me Nicolas, faisant, en avril 1894, une période de stage de vingt-huit jours, au 8e d'artillerie, 4e batterie, s'est vu remettre par son capitaine le manuel autographié. Non seulement aucune recommandation spéciale n'avait été faite au sujet du manuel, mais ce canonnier-conducteur de 2e classe, réserviste, avait reçu l'autorisation d'emporter le manuel chez lui et de le faire copier par son domestique !

Ces faits sont d'ailleurs corroborés par les déclarations de M. le capitaine Cuignet (*Enquête, p.* 241 *in fine*).

Tel est le document secret que, quatre mois plus tard, un capitaine d'artillerie à l'État-major de l'armée aurait offert de livrer à un agent de l'étranger, en signalant les extrêmes difficultés qu'il aurait eues à se le procurer lui-même !

XXIV. — Le capitaine Dreyfus a-t-il eu, en fait, le projet de manuel de tir entre les mains? Le document avait si peu d'importance pour des officiers d'État-major, que sa communication a laissé des souvenirs assez contradictoires.

Dreyfus s'occupait, en 1894, tout particulièrement de l'artillerie allemande, comme le rappelle d'ailleurs le commandant Ducros dans sa déposition, et Dreyfus, dans un interrogatoire du 18 octobre 1894, a déclaré au lieutenant-colonel Du Paty de Clam, que le commandant Jeannel lui avait parlé du nouveau projet de manuel de tir au cours de leurs conversations sur l'artillerie étrangère.

Mais d'autre part, dans son interrogatoire du 27 novembre 1894 devant le commandant d'Ormescheville, Dreyfus déclarait qu'il avait eu cette conversation avec le commandant Jeannel au mois de février, et qu'il s'agissait dans cette conversation de l'artillerie allemande.

Dans sa note, Me Demange fait connaître que Dreyfus a maintenu cette déclaration à l'audience, demandant d'ailleurs, comme il l'avait demandé à M. d'Ormescheville, l'audition du commandant Jeanne pour faire la lumière sur ce point douteux.

Si les souvenirs de Dreyfus étaient inexacts, et si la communication du manuel de tir français lui avait été réellement faite, lui laissant seulement le souvenir d'un renseignement donné à l'occasion de ses études sur l'artillerie allemande, cette confusion s'expliquerait assez naturellement par le caractère du nouveau manuel français. On lit, en effet, dans la déposition du commandant Hartmann (*Enquête*, p. 372) que, dans ce nouveau manuel de tir, on adoptait précisément une méthode de tir analogue à celle usitée en Allemagne, et qu'on renonçait à l'ancienne méthode suivie jusqu'alors en France.

D'un autre côté, le commandant Jeannel (*Enquête*, p. 283) déclare aujourd'hui que Dreyfus lui a soumis son travail sur l'artillerie. Il ajoute qu'il a reçu, fin juillet, des exemplaires du manuel de tir français, qu'il en a communiqué un à Dreyfus, et que cet exemplaire lui aurait été restitué quarante-huit heures après.

Il y a évidemment un certain flottement dans les souvenirs du commandant Jeannel, comme dans les souvenirs de Dreyfus à cet égard ; car il résulte de la note du général Deloye que l'envoi des exemplaires du manuel au ministère a eu lieu le 26 mai 1894 (*Enquête*, p. 781), et non fin juillet, comme le dit le commandant Jeannel. D'autre part, le commandant Jeannel a déclaré, sur interpellation, avoir été entendu dans l'instruction de 1894, ce qui est un souvenir manifestement erroné, puisque sa déposition ne figure pas au dossier de 1894.

Si néanmoins la déclaration du commandant Jeannel, concernant la communication du manuel à Dreyfus pendant quarante-huit heures, n'était pas attribuée à une erreur de mémoire, elle fournirait un sérieux argument pour démontrer que Dreyfus n'a pu écrire les phrases insérées dans le bordereau au sujet de ce manuel.

Il y a lieu en effet de se reporter à cet égard aux conclusions du commandant Hartmann, examinant, comme artilleur, les explications de l'auteur du bordereau sur le projet de manuel.

L'exposante devra revenir bientôt sur cette déposition. Elle se borne à rappeler ici que, d'après les remarques fort justes faites par le commandant Hartmann sur le texte même du bordereau, les phrases de ce bordereau concernant le manuel seraient absolument inexplicables de la part de Dreyfus, « *s'il était démontré que Dreyfus a pu se procurer le projet de manuel à l'État-major de l'armée, ne fût-ce qu'un jour* » (*Enquête, p. in fine, et* 374).

La simple possibilité d'avoir le manuel au ministère rend en effet inexplicable, sous la plume d'un officier appartenant à l'État-major, toute la partie finale du bordereau.

Mais très certainement ce bordereau n'a pu être écrit en pareils termes, fin août 1894, par un officier qui avait pris communication du manuel et l'avait rendu plus d'un mois auparavant.

XXV. — Bien d'autres remarques peuvent être faites au surplus sur le texte du bordereau concernant ce dernier article, qui nécessairement excluent comme rédacteur un officier d'artillerie.

Déjà même le titre donné au document indique que l'auteur du bordereau ne doit pas être un artilleur. La remarque très judicieuse, bien qu'un peu subtile, en a été faite par le capitaine Moch (*Enquête, p.* 355). Le projet porte en réalité le titre de manuel de « tir d'*artillerie de campagne* » et non de « tir de l'*artillerie de campagne* ».

Sans doute un artilleur aurait pu modifier le titre du document, mais la modification apportée au titre réel par l'auteur du bordereau ne serait pas venue sous la plume d'un officier d'artillerie; car, si minime soit-elle, cette modification implique une idée fausse sur les manuels de tir d'artillerie. Il y a différents manuels de tir d'artillerie : il en est pour le tir de campagne, pour le tir de siège, pour le tir à la mer. Ce sont toujours des *manuels de tir d'artillerie*.

« Manuel de tir *de l'*artillerie de campagne » implique au contraire, chez celui qui emploie cette expression, l'idée d'un manuel destiné à cette subdivision de l'armée qui s'appelle *l'artillerie de campagne*, ce qui, au point de vue technique, est une hérésie.

« En un mot, dit le capitaine Moch (*Enquête, p.* 355), les mots *de campagne* s'appliquent, non au personnel, mais au matériel et au genre de tir exécuté : aussi bien, un officier d'artillerie, en parlant de ce document, l'appellera-t-il toujours *Manuel de tir de campagne* (c'est l'expression du langage courant), mais il ne lui viendrait pas à l'esprit d'allonger le titre officiel du manuel en y intercalant « l' »; autrement dit, le rédacteur du bordereau a mal copié la phrase constituée par le titre, parce qu'il ne la comprenait pas bien. »

XXVI. — Quoi qu'il en soit de cette remarque, infime sans doute, mais très caractéristique, faite par le capitaine Moch, le texte du bordereau, sur ce dernier article, montre par de nombreux indices que l'auteur ne peut être artilleur.

« Si donc, dit l'auteur du bordereau à son correspondant, vous voulez y prendre ce qui vous intéresse et le tenir à ma disposition après, je le prendrai. »

C'est là un aveu d'incompétence en matière de tir qui a frappé tous les officiers d'artillerie ayant lu le bordereau.

« Il y a, dans le premier membre de phrase, dit le commandant Hartmann (*Enquête, p.* 374) une sorte d'aveu d'incompétence en matière de tir. Un officier d'artillerie, forcément au courant des différences si caractéristiques du projet de manuel avec le manuel précédent, aurait fait certainement les extraits utiles, et il aurait su ce qui pouvait être intéressant pour son correspondant; il ne pouvait en être de même pour un officier d'une autre arme. »

Même observation est faite par le capitaine Moch (*Enquête, p.* 356). On trouve encore la confirmation de cette appréciation, déjà précédemment faite, dans la déposition du général Sébert (*Enquête, p.* 329). Tous les témoignages à cet égard sont concordants. Aucun témoin n'a apporté à la Cour une observation contraire. Le capitaine Cuignet déclare même aujourd'hui que le seul renseignement intéressant à tirer du manuel se trouvait dans les pages faisant connaître le procédé de réglage du tir de l'artillerie (*Enquête, p.* 241). Un officier d'artillerie se fût donc très certainement borné à copier, ou à faire copier les pages concernant cette question de réglage. Il n'eût pas évidemment demandé à l'attaché militaire A..., officier d'infanterie, ce qui pouvait l'intéresser dans ce document : il le lui eût expliqué lui-même en lui envoyant l'extrait.

XXVII. — Enfin le bordereau ajoute :

« Ce dernier document est très difficile à se procurer et je ne puis l'avoir à ma disposition que très peu de jours. Le ministère de la guerre en a envoyé un nombre fixe dans les corps et ces corps en sont responsables. Chaque officier détenteur doit remettre le sien après les manœuvres. »

Ce passage du bordereau lève tous les doutes : il prouve que l'auteur du bordereau n'est ni un officier d'artillerie, ni un attaché au ministère de la Guerre.

« Cette rédaction, dit le général Sébert (*Enquête, p.* 329), m'a paru indiquer clairement qu'elle n'émanait pas d'un officier d'artillerie, attendu que les officiers de ce corps peuvent toujours obtenir, sur leur demande, les manuels de tir dont ils ont à régler l'application, et qu'ils en restent détenteurs; ce n'est que dans un corps de troupe qu'il a pu être envoyé des manuels en nombre déterminé, avec obligation de les rendre après l'exécution des écoles, auxquelles devaient assister les officiers, temporairement détenteurs du manuel. D'autre part, un officier d'artillerie, détenteur d'un manuel de tir, n'aurait pas parlé de son corps, mais de son régiment, et n'aurait pas, non plus, parlé de la fin des manœuvres, mais de la fin des écoles à feu, du moment où il s'agit d'essai de tir. Cette expression « après les manœuvres » ne peut d'ailleurs s'appliquer ici aux grandes manœuvres, dans lesquelles il n'est pas fait d'exercice réel de tir. »

Ces observations sont en parfaite concordance avec celles du lieutenant-colonel Picquart (*Enquête, p.* 123), qui, n'étant pas artilleur, réservait cependant certains points sur lesquels il n'avait pas compétence pour s'expliquer.

Le capitaine Moch, d'autre part, s'exprime en ces termes (*Enquête, p.* 356) :

« Sur la difficulté qu'il y aurait à se procurer des exemplaires du manuel de tir, j'estime que cette difficulté n'existait pas et ne pouvait pas être invoquée par un officier d'artillerie; il est inexact, en ce qui concerne l'artillerie, qu'on ait envoyé dans les régiments des manuels destinés à être seulement communiqués aux officiers; j'ai possédé toute la série des manuels analogues qui ont été mis en vigueur pendant que j'étais au service; on ne m'en a jamais redemandé aucun. Par contre, comme des officiers étrangers à l'arme sont désignés chaque année pour assister aux écoles à feu, *et qu'on leur remet des manuels pour les aider à suivre les tirs*, il n'y a rien d'étonnant à ce qu'on leur redemande ces ouvrages dont ils n'ont plus aucun besoin par la suite, cela simplement par économie. »

Le commandant Hartmann est de son côté extrêmement précis sur ce point comme sur les autres. Analysant les commentaires de l'auteur du bordereau sur le manuel de tir, il s'exprime ainsi (*Enquête, p.* 373) :

« Tout d'abord: « *Ce dernier document est très difficile à se procurer et je ne pourrai l'avoir à ma disposition que très peu de jours.* » Une semblable difficulté ne pouvait exister pour un officier d'artillerie de l'État-major de l'armée, qui n'avait certainement qu'à demander un projet de manuel pour l'obtenir, parce que c'était une demande toute naturelle de sa part, et qu'on ne pouvait songer à lui refuser un règlement de son arme.

« Peut-être ne l'aurait-il eu qu'à titre temporaire, mais alors, voulant le communiquer, sa première pensée aurait été de le copier, ce qui demande six heures en tout, ce qui ne demande que deux heures pour un artilleur, en se bornant aux parties vraiment nouvelles, et abstraction faite des quarante pages d'exemples. C'eût été certainement le cas de Dreyfus, d'après ce qu'on dit de sa facilité de travail ; d'après cela, s'il était démontré qu'il a pu se procurer le projet de manuel à l'État-major de l'armée, ne serait-ce qu'un jour, il faudrait conclure qu'il n'a pu écrire la phrase qui précède.

« Pour un officier d'une autre arme, il pouvait y avoir réelle difficulté ; il lui était facile d'en emprunter un aux écoles à feu, entre deux tirs ; mais il n'aurait pu sans doute demander à le conserver plusieurs jours, ce règlement ne concernant pas son arme.

« *Le ministère de la Guerre en a envoyé un nombre fixe dans les corps.* — Il ne peut s'agir évidemment que des corps d'artillerie, qui seuls avaient à se servir du manuel de tir. Pourquoi, d'ailleurs, l'auteur du bordereau parle-t-il des corps? C'est qu'il a tiré son exemplaire d'un corps d'artillerie, par conséquent, avec lequel il a des rapports. Or, un officier de l'État-major général de l'armée pouvant se procurer sur place un projet de manuel, n'aurait pas eu besoin de recourir à un corps. Donc, encore ici, si Dreyfus a pu avoir un projet de manuel à l'État-major de l'armée, il n'a pu écrire cette seconde phrase.

« *Et ces corps en sont responsables, chaque officier détenteur doit remettre le sien après les manœuvres.* — Il y a là deux inexactitudes formelles : d'une part, j'ai déjà dit que les chefs de corps n'avaient été nullement avisés d'une responsabilité quelconque vis-à-vis du ministre; d'autre part, à aucun moment, les officiers n'ont été prévenus qu'ils auraient à rendre leur projet de manuel. Ce n'est qu'un officier étranger à l'artillerie qui peut se tromper à ce point, et cela parce qu'attribuant au document plus d'importance qu'il n'en a, il croit réellement qu'il est l'objet de mesures spéciales de précautions, qu'il ne connaît pas et qu'il invente.

« En second lieu, puisque, d'après l'auteur du bordereau, les exemplaires doivent être rendus après les manœuvres, c'est donc qu'ils n'étaient destinés qu'aux écoles à feu et aux manœuvres. C'est que, dans sa pensée, les projets de manuel devenaient inutiles en garnison, les batteries pouvant alors rester sans règles de tir. Il y a là une ignorance de la nécessité permanente d'un manuel de tir dans l'artillerie de campagne, qui ne peut être que le fait d'un officier d'une autre arme. »

XXVIII. — Le général Roget (*Enquête, p.* 61 *et* 62) confirme ces renseignements :

« Chaque officier détenteur doit remettre le sien après les

manœuvres », dit le bordereau. C'est une inexactitude matérielle; jamais il n'a été question qu'on dût rendre ce projet de manuel, ni après les manœuvres, ni à aucun autre moment. Il a été retiré en fait, en 1895, quand on l'a remplacé par un projet imprimé, mais il n'avait jamais été indiqué à qui que ce fût qu'on retirerait le projet autographié. L'auteur du bordereau énonce donc là une affirmation inexacte; aucun officier de troupes ne pouvait dire, sans l'inventer (on ne voit pas dans quel but), qu'il devait rendre le document après les manœuvres. Seul, un officier de l'État-major de l'armée, qui n'avait pas d'exemplaire personnel, *et à qui on pouvait confier des exemplaires indivis,* **pour la période des manœuvres,** *aurait été obligé de le rendre, cette période terminée.* »

On ne peut en fait exclure plus nettement Dreyfus et viser plus directement Esterhazy. En effet, comme officier d'État-major, Dreyfus n'aurait pu tenir le langage du bordereau *que si on lui avait confié un des exemplaires indivis pour la période des manœuvres.* Or, Dreyfus n'ayant pas fait de manœuvres, et n'ayant pas reçu en conséquence de manuel pour les manœuvres, n'a pù écrire qu'il serait obligé de rendre le manuel après les manœuvres.

D'autre part, la remarque du général Roget sur l'impossibilité, pour un officier de troupes, d'écrire qu'il serait obligé de rendre son manuel après les manœuvres, ne s'applique qu'au cas où *cet officier de troupes est un artilleur.* Si, au contraire, ledit officier appartient à l'infanterie, et assiste comme tel à des écoles à feu ou manœuvres d'artillerie, comme l'a fait le commandant Esterhazy en août 1894, date présumée de l'envoi du bordereau, on s'explique très bien que, recevant en communication le manuel d'un officier d'artillerie, il soit obligé de le lui restituer après les manœuvres, parce que les « corps en sont responsables ».

Cette petite mise en scène est d'ailleurs combinée pour bien mettre en valeur l'unique document visé par le bordereau, les quatre autres articles de ce bordereau n'étant que de simples *notes de renseignements.*

Mais il est singulièrement frappant que, pour ce cinquième article comme pour les quatre précédents, on se trouve, par les raisonnements basés sur la teneur même du bordereau, amené à une même conclusion. Les explications données par l'auteur du bordereau constituent un langage que n'a pu tenir ni un officier d'artillerie, ni un officier d'État-major en général, ni Dreyfus en particulier; elles s'harmonisent, au contraire, parfaitement avec la situation d'un officier étranger à l'artillerie et admis à suivre les écoles à feu et manœuvres d'artillerie de Châlons en 1894, ce qui est précisément le cas particulier du commandant Esterhazy.

XXIX. — *f*). Le bordereau se termine par un solécisme : « Je vais partir en manœuvres. » Il est vraisemblable que Dreyfus, employant généralement une langue moins négligée, eût écrit : « Je vais aller *aux* manœuvres », et n'eût pas commis le solécisme que, par une coïncidence au moins étrange, on retrouve dans toutes les lettres d'Esterhazy où il est question de départ pour les manœuvres.

Mais, sans insister plus que de raison sur cette faute grammaticale, l'attribution du bordereau à Dreyfus pose, grâce à cette phrase, un problème insoluble, sur lequel s'est vainement exercée la féconde imagination des accusateurs de Dreyfus.

Comment un officier qui, retenu par son service d'état-major, n'a participé en 1894 à aucunes manœuvres, ni en service commandé, ni en amateur, a-t-il bien pu, en août 1894, écrire qu'il partait pour les manœuvres?

On avait, en 1894, songé à soutenir que la phrase s'appliquait à un voyage d'état-major effectué par Dreyfus fin juin 1894. L'assimilation extraordinaire des manœuvres à un voyage d'état-major n'avait rien qui pût faire reculer l'accusation. Il fallait bien, d'ailleurs, se contenter de cette audacieuse interprétation, puisque les actes de Dreyfus, en 1894, n'en permettaient aucune autre.

Mais cette interprétation, d'audacieuse qu'elle était avec un bordereau placé à la date du mois de mai, devenait radicalement impossible avec un bordereau qu'on prétendait fixer à la date de fin août ou septembre. Dreyfus ne pouvait annoncer en août son départ pour des manœuvres qui auraient été un voyage effectué en juin.

XXX. — Dans l'impossibilité, devenue alors absolue, de trouver une interprétation du bordereau en accord avec les actes de Dreyfus on imagina une interprétation qui était supposée traduire des prévisions erronées de Dreyfus.

Ce système d'interprétation une fois admis, il est d'ailleurs facile d'attribuer toutes les phrases du bordereau à n'importe quelle personnalité. Il suffira, suivant les cas, de prêter à cette personnalité plus ou moins de prévisions erronées.

Dreyfus, a-t-on dit, écrivant au mois d'août qu'il allait partir pour les manœuvres, commettait, il est vrai, une erreur. Mais cette erreur, il pouvait la commettre :

« J'ai expliqué, dit M. Cavaignac (*Enquête*, p. 22), comment les stagiaires, durant leurs deux années de stage, passaient successivement par les quatre bureaux de l'État-major; les stagiaires (ceux de l'État-major et les autres) doivent faire, pendant la durée du stage, trois mois de service dans les corps de troupes; mais l'habitude s'était prise jusqu'en 1894 de substituer à cette obligation, pour les stagiaires d'État-major, l'envoi aux grandes manœuvres. Les stagiaires de l'État-major demandaient à faire leurs trois mois de troupes, et en 1894, à la dernière heure, à la veille même des manœuvres, on modifia les règles suivies jusqu'alors et, le désir d'utiliser les stagiaires pour les travaux de plan en préparation aidant, on résolut à la dernière heure de ne pas les envoyer en manœuvres. »

Cette ingénieuse explication, la note de Me Demange l'indique, est due à l'imagination féconde du lieutenant-colonel Du Paty de Clam, déclarant subitement à l'audience, pour échapper à d'autres impossibilités, que le bordereau pouvait être du mois d'août, et que la phrase : « Je vais partir en manœuvres » pourrait alors s'expliquer de la sorte.

Mais cette argumentation d'audience fut immédiatement réfutée par Dreyfus; et, dans une note qu'il fit passer à son défenseur avant sa plaidoirie, note que l'exposante produit aujourd'hui, il s'exprime en ces termes :

« La thèse est nouvelle, dit Dreyfus. La lettre maintenant date du mois d'août. Or, au mois d'août, il ne pouvait y avoir aucun doute sur l'époque de mon stage dans l'infanterie : les stagiaires de première année étaient dans les régiments depuis le 1er juillet; ils devaient y rester jusqu'au 1er octobre, époque à laquelle nous devions les y remplacer pour rester dans les régiments jusqu'au 1er janvier. La note officielle qui fixait la date de nos stages dans l'infanterie était sans ambiguïté aucune; il n'y avait pas de doute possible. On n'a pas voulu faire venir cette note malgré mes demandes réitérées. C'est au moment où j'écrivis au capitaine Hadamard, c'est-à-dire fin mai ou commencement juin, que j'ignorais encore si j'irais oui ou non **aux** manœuvres; il appert en effet de cette lettre, que je lui écrivis : « Je vais partir **au** voyage d'état-major, et serai absent une partie de l'été. » Il faut donc apporter une mauvaise foi absolue pour prétendre qu'au mois d'août je n'étais pas fixé sur le point de savoir si j'irais ou n'irais pas **aux** manœuvres, alors que la note officielle signée du chef d'État-major général date du mois de juin. Enfin ces mots « Je vais partir **en** manœuvres » sont positifs : ils expriment une certitude. »

La note de Dreyfus, reconnue exacte en 1894, est d'ailleurs encore confirmée par les souvenirs du colonel Picquart.

« Je crois me souvenir, dit ce dernier (*Enquête, p.* 123) des dispositions qui avaient été arrêtées à ce sujet pour les stagiaires : les stagiaires qui faisaient leur première année devaient aller dans la troupe en juillet, août et septembre; les stagiaires de deuxième année en octobre, novembre et décembre. Chacun devait prendre part aux manœuvres des troupes auprès desquelles il était détaché. Je ne crois pas, jusqu'à preuve du contraire, qu'il ait été jamais question de prendre des dispositions spéciales pour les stagiaires de deuxième année, et de les faire aller aux manœuvres pendant le temps où ils étaient au ministère. Pour ceux de la série de Dreyfus, cela aurait diminué d'une façon trop sensible la période déjà très courte, de trois mois, qu'ils avaient à passer au troisième bureau. »

Rien n'est plus net que cette situation établie par la note officielle du chef d'État-major, en date de juin 1894.

S'il a été décidé à la fin d'août, comme l'a déclaré M. Cavaignac, que les stagiaires seraient employés aux travaux nécessités par le plan en préparation, Dreyfus n'en savait pas moins certainement, avant cette décision, qu'aux termes de la note officielle du mois de juin, il ne devait quitter l'État-major pour les corps de troupes qu'au 1er octobre. Dreyfus ne pouvait donc avoir aucun doute à cet égard; il ne devait pas participer aux manœuvres de septembre, il ne pouvait avoir de prévisions erronées sur ce point.

Il est donc impossible, à quelque date qu'on place le bordereau en 1894, d'attribuer raisonnablement à Dreyfus la phrase finale : « Je vais partir en manœuvres ».

XXXI. — S'agit-il au contraire d'Esterhazy, la phrase s'explique d'elle-même.

Que l'on place, en effet, le bordereau au mois d'avril ou mai, comme on l'avait fait au procès de 1894, ou qu'on le place au mois d'août, la phrase s'applique toujours à Esterhazy, qui, circonstance à noter, ne perdait jamais une occasion d'aller aux manœuvres, alors même que son service ne l'y appelait pas.

« Esterhazy, dit M. Cavaignac (*Enquête, p.* 16), en 1894, a été en manœuvres de cadre du 20 au 25 ou du 21 au 26 mai, et il a été aux écoles à feu du 5 au 9 août, au camp de Châlons, écoles à feu où d'ailleurs la pièce de 120 n'a pas été tirée. J'ai indiqué ce matin que jamais un officier ne dirait, ni en parlant des écoles à feu ni en parlant des manœuvres de cadres (qui ne sont point des manœuvres proprement dites) : « Je pars en manœuvres. » J'ai cité l'exemple topique d'Esterhazy lui-même disant : « Je pars en manœuvres de cadres. » Mais même si l'on suppose qu'il ait été possible qu'Esterhazy ait écrit : « Je pars en manœuvres » avant de se rendre aux manœuvres de cadres de la fin de mai, il est impossible qu'il eût, à ce moment, ni la connaissance des modifications apportées aux troupes de couverture et qui devaient être modifiées dans le nouveau plan, ni la connaissance des modifications qui suivirent la loi sur les pontonniers, ni les renseignements sur Madagascar. »

La participation d'Esterhazy aux manœuvres de cadres du mois de mai n'est l'objet d'aucune contestation. Mais on voit, dans les explications données par le lieutenant-colonel Picquart au procès Zola (*t. II, p.* 104), qu'Esterhazy, en sa qualité de major, n'aurait pas dû y figurer. Les manœuvres de printemps, dit le lieutenant-colonel Picquart, « ce sont des manœuvres de brigade avec cadres. Généralement les majors n'y prennent pas part, ce sont les chefs de bataillon. Je me suis fait donner les rapports du 74e de ligne à cette date, et j'ai vu : M. le commandant Esterhazy prendra part aux manœuvres de brigade avec cadres. »

Ainsi, si l'on place le bordereau en avril ou mai, la phrase « Je vais partir en manœuvres » s'explique très bien sous la plume d'Esterhazy, *qui a pris part aux manœuvres de printemps, où d'ailleurs, régulièrement, il n'eût point dû aller.*

XXXII. — D'autre part, *Esterhazy a été aux écoles à feu du camp de Châlons, du* 5 *au* 9 *août, et aux manœuvres de masse d'artillerie qui ont eu lieu au même camp. Il n'en est revenu que le* 17 *août.* Ce point a déjà été établi, tant par les dépositions de l'enquête que par les lettres d'Esterhazy saisies au cours de l'instruction. On doit même noter que, pas plus pour ces écoles à feu et ces manœuvres de masse que pour les manœuvres de printemps, Esterhazy n'était régulièrement désigné; *il y est allé sur sa demande et par faveur.*

Si on place le bordereau au commencement d'août, la phrase « Je vais partir en manœuvres » est encore toute naturelle de la part d'Esterhazy, qui s'apprête à partir pour les écoles à feu, et les manœuvres suivant immédiatement ces écoles.

Esterhazy, dans son interrogatoire du 7 décembre 1897 (*Enquête, p.* 620), a d'ailleurs fait les déclarations suivantes au commandant Ravary :

« J'ai été aux écoles à feu à Châlons parce que, au rapport de mon régiment, il était dit que les officiers qui désiraient aller aux écoles à feu avaient à en faire la demande. Il est connu qu'à chaque instant des officiers supérieurs de l'infanterie et de la cavalerie font cette demande. *J'ajoute que, moi qui ai une propriété près de Valmy, tout près du camp de Châlons, il m'était fort agréable de pouvoir avoir ainsi une petite permission sous prétexte de délais de route, pour aller la passer chez moi, et* **même pouvoir partir du camp de Châlons pour aller tous les jours dîner chez moi pendant le cours de ces écoles.** »

Ainsi donc, pendant les manœuvres du camp de Châlons, Esterhazy allait tous les jours dîner chez lui et repartait le lendemain pour les manœuvres.

Si donc on place la date de l'envoi du bordereau du 5 au 17 août, la phrase finale de ce bordereau s'explique encore sous la plume d'Esterhazy. Écrivant le bordereau chez lui, près de Valmy, Esterhazy disait : « Je vais partir en manœuvres » au camp de Châlons.

XXXIII. — Si enfin on place le bordereau à une date postérieure, fin août ou commencement de septembre, Esterhazy encore a pu écrire à son correspondant : « Je vais partir en manœuvres ».

Le régiment d'Esterhazy (74e de ligne) a, en effet, pris part à des manœuvres extrêmement importantes dirigées aux environs de Paris par le général Saussier (manœuvres de forteresse de *Vaujours*, qui ont commencé le 5 septembre 1894). On a dit il est vrai que, *comme major*, Esterhazy n'avait pas à prendre part officiellement à ces manœuvres d'automne. (*Déposition du général Roget. Enquête, p.* 52.) Mais une observation s'impose à cet égard : elle est faite d'ailleurs par un témoin militaire, le commandant Hartmann :

« Quant à Esterhazy, dit le commandant Hartmann (*Enquête, p.* 375), il n'a pas pris part officiellement à des manœuvres. Mais il faut remarquer que son régiment (le 74e) s'est rendu, avec tout le 3e corps, aux manœuvres de forteresse de Vaujours : dont j'ai déjà parlé. De plus, le 74e est allé tenir garnison à Paris après ces manœuvres sans rentrer à Rouen, pendant que, de son côté, le dépôt se transportait de Rouen à Evreux. Il serait très intéressant de savoir si Esterhazy n'est pas allé retrouver son régiment, ne serait-ce que quelques jours, à Messy, où il était cantonné; c'est une hypothèse qu'on est autorisé à faire puisque, un mois auparavant, il était allé en volontaire aux écoles à feu de la 3e brigade d'artillerie. »

Il est très vraisemblable qu'Esterhazy, si particulièrement amateur de manœuvres, a assisté, *bien que major,* aux manœuvres d'automne, comme il avait assisté, *bien que major*, aux manœuvres de printemps. Mais en admettant qu'il n'ait pas participé à ces manœuvres avec son régiment, il est à peu près certain qu'Esterhazy les a suivies en amateur. Il est établi en effet par les lettres saisies, notamment par la lettre du 17 août 1894 (*Enquête, p.* 462), qu'Esterhazy n'est pas resté à Rouen avec le dépôt, mais *qu'il est au contraire venu fin août à Paris*, c'est-à-dire tout à proximité du théâtre des manœuvres.

Comment cet amateur passionné des manœuvres, qui suivait si assidûment les écoles à feu, les manœuvres d'artillerie, et toutes autres auxquelles son service ne l'appelait point, n'aurait-il pas eu l'intention de profiter de son séjour à Paris pour assister à des manœuvres particulièrement intéressantes? Et comment n'en eût-il point informé son correspondant, auquel il promettait ainsi implicitement une bonne moisson de renseignements supplémentaires?

Ainsi donc, soit en service commandé, soit comme officier désireux de se renseigner, Esterhazy a très vraisemblablement assisté aux manœuvres de Vaujours. Dans tous les cas, il avait certainement la possibilité de s'y rendre; *il pouvait* évidemment écrire à cette époque, quelle que soit la suite donnée à ses projets : « Je vais partir en manœuvres »; *il devait même* l'écrire à son correspondant, puisque les manœuvres étaient une des principales sources où il puisait ses renseignements.

XXXIV. — Pour la dernière mention du bordereau, l'examen du texte conduit donc encore à la même conclusion. Pour cette phrase finale, comme pour les diverses énonciations du bordereau, l'attribution du document à Dreyfus rencontre des difficultés insurmontables. Pour cette phrase finale, comme pour les diverses énonciations du bordereau, l'attribution du bordereau à Esterhazy se concilie au contraire tout naturellement avec les actes de ce dernier, avec ses occupations d'alors. Pour reprendre une expression de M. Cavaignac, le bordereau, loin de traduire la vie même de l'État-major général pendant les mois de juillet et d'août présente un tableau fidèle de la vie d'Esterhazy en août 1894.

§ 4. — Quel est l'auteur du bordereau?

XXXV. — Ainsi donc, les faits nouveaux qui se sont révélés : découverte du papier pelure identique à celui du bordereau, découverte d'une écriture identique à celle du bordereau, contradiction des expertises de 1894 et 1897, découverte de la présence d'Esterhazy aux manœuvres de masse d'artillerie à Châlons, où s'étudiaient les questions visées par le bordereau, tout établit aujourd'hui l'erreur judiciaire commise.

De ce qui précède, en effet, il résulte que les éléments matériels de l'accusation portée contre Dreyfus et de sa condamnation en 1894 résident dans un bordereau :

Sur papier pelure quadrillé identique à celui dont se servait Esterhazy à la même époque;

Écrit d'une écriture identique à celle d'Esterhazy (naturelle suivant la majorité des experts, décalquée suivant quelques autres);

Portant énumération de renseignements qu'Esterhazy venait de recueillir lui-même à cette époque, et une série de mentions concordant exactement avec les actes et les aptitudes d'Esterhazy.

Jamais peut-être, depuis la loi de 1895, faits nouveaux n'ont, dans les instances de revision soumises à la Cour, accumulé tant de preuves de l'erreur commise. (*Conf. Cass.* 16 *décembre* 1896, *Vaux et Petit, B. Cr, n°* 930; 7 *avril* 1898, *Jamet et Léger, B. Cr. n°* 154; 18 *juin* 1898, *Vallé, B. Cr. n°* 226).

XXXVI. — Mais si tous les éléments matériels retenus contre Dreyfus en 1894 se réunissent aujourd'hui en une synthèse formidablement accusatrice pour Esterhazy; si, par suite, à la lumière des faits nouveaux, il apparaît très clairement aujourd'hui que l'auteur de l'acte incriminé en 1894 ne peut pas être Dreyfus, il importe de rechercher, en terminant cette troisième partie du mémoire consacré au bordereau, si les faits nouveaux éclairent de la même lumière les éléments moraux de l'accusation d'espionnage ou trahison basée sur le bordereau. Cette recherche va nous conduire à la constatation d'un autre fait nouveau d'une importance capitale.

L'exposante a établi, dans la première partie de son mémoire, que les éléments moraux de l'accusation, en 1894, se réduisaient à néant en ce qui concerne Dreyfus. Pendant plus de quatre années, les bureaux du ministère de la Guerre, aidés en cela par de nombreux et puissants collaborateurs, ont partout cherché, avec une persévérance jamais lassée, quelque tare dans le passé de Dreyfus, et une explication quelconque du crime imputé à ce malheureux officier. Le chef d'État-major lui-même, général de Boisdeffre, quelque convaincu qu'il se déclarât de la culpabilité de Dreyfus, prescrivait des recherches à cet égard, poursuivant, lui aussi, la solution de l'énigme. Il a confirmé sur ce point le témoignage du lieutenant-colonel Picquart (*Enquête, p.* 179).

Tout cet immense effort est resté vain : les insinuations malveillantes n'ont pas manqué, mais elles n'ont jamais pu s'appuyer sur un fait précis. On en est réduit encore aujourd'hui aux informes rapports de l'agent Guenée, alors que celui-ci a formellement reconnu, dans sa déposition devant la Cour (*Enquête, p.* 506), n'avoir pu consigner dans ces rapports que des racontars de boulevard, alors qu'aucun témoin d'un fait de débauche ou de jeu n'a jamais pu être trouvé.

Guénée, sur la foi de ces « racontars », présentait Alfred Dreyfus comme ayant dissipé sa fortune dans les cercles, comme ayant fait appel à ses beaux-parents pour payer ses dettes de jeu ; il présentait Mme Hadamard, belle-mère de Dreyfus, comme irritée de la ruine de son gendre, lassée de payer ses dettes de jeu, et songeant à faire prononcer le divorce de sa fille.

Mme Hadamard oppose une fois encore ici à ces racontars sa protestation indignée ; et, de son côté, l'exposante repousse, avec le mépris qui convient, ces viles insinuations s'attaquant à son affection conjugale ; elle pense que sa conduite, pendant les cinq années de martyre qui lui ont été infligées, est la meilleure des réponses, que nul ne peut mettre aujourd'hui en doute un instant l'affection profonde et douce qui faisait le bonheur de son foyer.

La Cour trouvera d'autre part, dans le dossier, un document intéressant montrant bien la valeur des racontars de Guénée. Les pièces comptables figurant dans un dossier annexe établissent en effet qu'Alfred Dreyfus, représenté par Guénée comme obéré de dettes, comme lassant ses beaux-parents de ses demandes d'argent pour faire face à ses obligations de joueur, comme menacé de divorce pour de telles raisons, avait alors une fortune personnelle de plus de 600,000 francs. Tous ces racontars du bizarre agent du ministère de la Guerre avaient été démentis par les rapports de la Préfecture de police ; ils avaient tourné à la confusion des calomniateurs devant le Conseil de guerre, où on n'avait pu amener aucun témoin pour les soutenir, et où la défense avait fait entendre les démentis des différentes personnalités visées par les propos de Guénée.

Et aujourd'hui, malgré les efforts accumulés depuis près de cinq années, on n'a encore rien pu substituer aux racontars de Guénée ; aucun fait précis n'a pu être signalé, aucun témoin d'un acte blâmable de Dreyfus n'a pu être trouvé : on n'a toujours que les allégations démontrées fausses de Guénée, et quelques insinuations aussi vagues que malveillantes ; et les accusateurs de Dreyfus cherchent toujours, mais en vain, une explication à l'acte inconcevable et fou qu'ils lui ont imputé.

XXXVII. — Toutes les notes de Dreyfus, recherchées avec soin, se sont trouvées très bonnes et parfois excellentes. Il n'y a eu qu'une seule exception : la note donnée par le colonel Fabre d'après les renseignements du lieutenant-colonel Roget. Cette note est ainsi conçue :

« Officier incomplet et très bien doué, mais prétentieux et ne remplissant pas, au point de vue du caractère, de la conscience et de la manière de servir, les conditions nécessaires pour être employé à l'État-major de l'armée. »

Quelle a été la cause de cette note malveillante? Le lieutenant-colonel (aujourd'hui général) Roget la fait connaître en ces termes (*Enquête, p.* 64) :

« Au 3me bureau on fait faire aux stagiaires un travail de transport fictif comme exercice fictif, parce qu'on leur donne des corps d'armée quelconques à transporter par une ligne de chemin de fer quelconque sans que ce transport ait aucun rapport avec la réalité.
« J'ai donné, pendant le deuxième semestre de 1893, des transports de ce genre à faire aux stagiaires. Dreyfus en particulier est venu m'exposer à deux reprises dans mon bureau les soi-disant difficultés qu'il rencontrait à faire ce travail et il m'a demandé d'une façon précise à faire le transport réel de deux corps d'armée par leurs lignes de transport réelles, sous prétexte que ce serait plus intéressant. J'ai refusé d'accéder à ce désir, et j'ai conservé, je l'avoue, une mauvaise impression de cette demande. *C'est tout d'ailleurs ce que j'ai eu à lui reprocher, et c'était un officier remarquable sous tous les rapports.* »

Et la mauvaise note qui a suivi cette mauvaise impression est peut-être la cause première de la condamnation de Dreyfus !

De même le capitaine Junck, à force de surexciter son esprit dans la recherche des abominations ayant pu conduire Dreyfus au crime, est bien parvenu à s'indigner de voir Dreyfus répondre par un coup de chapeau au salut de trois demi-mondaines, amies d'autrefois, rencontrées au Concours hippique. Mais il ajoute dans sa déposition (*Enquête, p.* 293 *et* 394).

« D'une manière générale, Dreyfus faisait étalage de sa fortune, prenant plaisir à nous racconter son installation, ses voyages. Je me suis trouvé, pendant de longs mois, travaillant à côté de lui et rien chez lui ne faisait prévoir qu'il pût se rendre coupable de trahison.»

On trouve encore exposée dans les déclarations du général Roget (*Enquête, p.* 57), la manière d'être de Dreyfus, aimant à faire montre devant ses supérieurs de l'étendue de ses connaissances techniques. De même la pièce n° 12 du dossier militaire fait voir Dreyfus appliquant ses facultés intellectuelles à discuter et critiquer, devant ses chefs et camarades, certains procédés de concentration.

Ces renseignements, apportés cependant à la Cour par des témoins assurément peu bienveillants, n'excluent-ils pas davantage encore l'idée que Dreyfus pût se livrer à l'espionnage ? L'ambition professionnelle, l'orgueil, d'ailleurs légitime, de la situation déjà acquise, l'espérance manifestée de monter plus haut encore, la recherche des occasions de montrer son savoir sont des indices certains que le but principal d'Alfred Dreyfus devait être de parvenir aux grades les plus élévés de la hiérarchie militaire. C'est là un but nettement incompatible avec celui que poursuivent les espions. Ceux-ci n'ont aucune tendance à exposer leur situation particulière, ils se gardent bien de faire part à des tiers de leurs relations personnelles, ils dissimulent leurs connaissances professionnelles, afin d'être jugés incapables d'apprécier exactement l'importance et la valeur des renseignements laissés à leur portée ; ils sacrifient en un mot leur avenir militaire à la nécessité de se procurer le plus d'argent possible, nécessité que leur impose une existence déréglée. Ils ne parleront point de leur vie privée et de leurs voyages, comme Dreyfus ; ils ne chercheront pas les occasions de montrer la variété et l'étendue de leur savoir, comme Dreyfus; leur caractère et leurs mœurs ne pourront sans dommage subir pendant plus de quatre années les investigations indiscrètes et passionnées qui se sont exercées à l'égard de Dreyfus.

Il importe de rechercher si le commandant Esterhazy, qui se trouve si nettement désigné comme auteur du bordereau par tous les éléments matériels, doit être, au contraire, comme Dreyfus, exclu de tout soupçon d'espionnage, à raison de considérations psychologiques et morales.

XXXVIII. — Marie-Charles-Ferdinand Walsin-Esterhazy, qui a pris souvent le titre de comte Esterhazy, titre à lui contesté par la famille Esterhazy d'Autriche-Hongrie, paraît être Hongrois d'origine ; il a servi dans l'armée autrichienne et dans la légion romaine, puis il a pris du service en France dans la légion étrangère, d'où il est passé dans l'armée régulière. Il a fait campagne, non sans courage, dit-on ; il a même été cité à l'ordre de l'armée... mais cette citation à l'ordre de l'armée a été reconnue plus tard fantaisiste, et elle a été rayée des états de service d'Esterhazy sur le rapport du général Guerrier. (*Déposition du général Guerrier. Enquête, p.* 429.)

N'ayant passé par aucune de nos écoles militaires et parvenu péniblement, quoique avec beaucoup de protection, au grade de commandant, Esterhazy ne pouvait s'illusionner sur son avenir militaire.

Dans une lettre du 19 août 1896, annexée à la déposition de M. Jules Roche (*Enquête, p.* 487), il rapporte toutes les difficultés rencontrées par lui pour parvenir au grade de commandant, et il expose que, s'il n'est très vigoureusement aidé par ses protecteurs, il sera certainement retraité comme commandant. Sa situation, au point de vue de l'avenir militaire, était donc diamétralement opposée à celle de Dreyfus.

XXXIX. — En ce qui concerne la position de fortune et le train de vie, on constate de même une absolue dissemblance entre Dreyfus et Esterhazy.

« Le ménage de Dreyfus, disait le rapport du colonel Du Paty de Clam, en octobre 1894, dispose de 25 à 30,000 francs de revenu ; il est ordonné et mène un train de vie apparent proportionné à ses ressources. »

Dans son interrogatoire du 7 décembre 1897 (*Enquête, p.* 622), Esterhazy exposait en ces termes sa situation personnelle au point de vue pécuniaire :

« Je me suis marié il y a dix ans avec une fortune, entre ma femme et moi, de plus de 300,000 francs. Eh bien ! petit à petit j'ai mangé la plus grande partie de cette fortune et il est probable que si j'avais eu des ressources infâmes, je ne me serais pas ruiné, billet de mille francs par billet de mille francs. Il est facile d'établir que j'ai toujours été très gêné, bien que n'ai jamais fait de dépenses excessives, quoi qu'on en dise. On me représente comme un joueur ; je défie de trouver un cercle, un club, une réunion quelconque où l'on m'ait vu jouer. »

D'autre part, le rapport du lieutenant-colonel Picquart, chef du Service des renseignements au ministère de la Guerre (*Enquête, p.* 604), porte :

« Et, bien qu'il soit marié et père de famille, le commandant Esterhazy mène une vie désordonnée. Il entretient une femme, rue de Douai, nº 49 (*voir pièce nº 5*), et passe toutes ses soirées dans les établissements de plaisirs, tels que le Moulin-Rouge, etc. Ses créanciers se plaignent de lui, et il a reçu récemment des citations devant le juge de paix pour dettes anciennes et minimes. (*Voir pièces nos 6 et 7.*)

« On a vu plusieurs fois des garçons de recettes de différents établissements de crédit se présenter inutilement chez lui pour encaisser. (*Voir entre autres pièces nº 8.*)

« On l'a vu entrer au nº 6 du boulevard Poissonnière, où se tient un tripot. Il n'est pas prouvé, toutefois, qu'il y ait joué. Enfin, il passe pour s'occuper de spéculations, et fréquente assidûment un certain comte Z..., considéré comme douteux par la Préfecture de police. Il n'a pas été possible d'aller plus au fond des choses dans une enquête préliminaire qui, pour rester secrète, a dû forcément être conduite avec des moyens limités. »

L'instruction faite en 1897 sur les faits d'Esterhazy dénoncés par M. Mathieu Dreyfus n'amena aucun éclaircissement nouveau sur ce point. Cela tient d'ailleurs, d'une part, à ce que les officiers instructeurs ne contrôlèrent aucune des déclarations d'Esterhazy, et d'autre part, à ce que, pour une raison non apparente, ils firent pratiquer les perquisitions chez le lieutenant-colonel Picquart, témoin dans l'instance, au lieu de les faire faire chez Esterhazy, l'accusé.

Mais le 24 juillet 1898, M. le préfet de police adressait à M. Bertulus, juge chargé de l'instruction d'une affaire de faux contre Esterhazy, un rapport où on lit (*pièce 224 du dossier Bertulus*) :

« Esterhazy se livrait à de grandes dépenses. Il était constamment dans une situation pécuniaire embarrassée, se livrait à des spéculations de bourse, et jouait dans les cercles. Ce n'est pas seulement dans ses intérêts matériels que Mme Esterhazy aurait eu à se plaindre de son mari. Celui-ci aurait eu, en effet, de nombreuses maîtresses et, depuis quelques années, il avait abandonné à peu près complètement le domicile conjugal. Lorsqu'il a été dénoncé par M. Mathieu Dreyfus, Mme Esterhazy ne savait même pas où se trouvait son mari. En dernier lieu, M. Esterhazy vivait avec Mlle Marguerite Pays, 49, rue de Douai, dans un appartement dont le loyer, jusqu'au mois de janvier dernier, était à son nom. »

En réalité, aucun fait précis ne paraît avoir été relevé contre Esterhazy en ce qui concerne la fréquentation des maisons de jeu. Mais par contre, les pièces saisies dans les établissements financiers avec lesquels il était en relation (Crédit lyonnais, Crédit foncier,

Banque Rousseau), comme les correspondances échangées avec son neveu Christian Esterhazy, établissent péremptoirement qu'Esterhazy jouait constamment à la Bourse. Dans une lettre adressée à M. le député Jules Roche (*Enquête, p.* 493), Esterhazy, essayant d'établir qu'il lui reste un certain actif, parle lui-même d'une grosse spéculation malheureuse sur les titres de mines d'or.

Le désordre de son existence et ses débauches ne sont pas davantage contestables, ni d'ailleurs contestés. Le général Roget les reconnaît lui-même dans sa déposition (*Enquête, p.* 73) :

« Je ne veux pas m'occuper, dit-il, des éléments tirés de la vie privée d'Esterhazy, vie dissipée, dettes, affaires véreuses; Esterhazy n'est pas défendable sous ce rapport. Tout ce qu'on peut dire à ce sujet, c'est qu'on peut être perdu de dettes sans être un traître; mais, au point de vue moral, tout est possible avec un homme comme Esterhazy. »

Quelles que soient au surplus les causes de ses besoins d'argent, ceux-ci sont certains, reconnus par Esterhazy dans son interrogatoire du 17 décembre 1897 susvisé, où il déclare avoir dévoré, billet de mille francs, par billet de mille francs, une fortune de 300,000 francs, et avoir toujours été gêné.

Le désordre des affaires d'Esterhazy et sa ruine ont d'ailleurs été attestés, exposés avec quelques détail dans l'intéressante déposition de M. Grenier, ancien préfet de Belfort (*Enquête p.* 495.)

XL. — Comment Esterhazy, ruiné, toujours gêné, toujours à court d'argent, se procurait-il les fonds nécessaires pour continuer son existence désordonnée? M. Grenier, tout en s'efforçant d'atténuer la responsabilité morale d'Esterhazy, ancien ami de sa famille a cité à cet égard quelques faits peu à l'avantage du commandant.

Mais d'autres faits infiniment plus graves encore ont été révélés. Les déclarations de M. Maurice Weil, ancien officier (*Enquête p.* 209), établissent qu'Esterhazy ne craignait pas de tendre la main, qu'il eut recours à la charité de M. le grand rabbin, en invoquant son titre d'ancien témoin dans le duel de M. Crémieux-Foa. Dans une lettre adressée, pour cet objet, à M. le grand rabbin et visée par M. Weil, lettre dont la date se fixe au mois de juin 1894, c'est-à-dire à une époque certainement voisine de celle du bordereau, Esterhazy déclarait même qu'il irait jusqu'au crime pour se procurer de l'argent. (*Conf. Compte rendu du procès Esterhazy, Brochure Yves Guyot, p.* 144.)

Au dossier du Conseil d'enquête Esterhazy, on trouve un rapport de police du 18 novembre 1897, établissant qu'Esterhazy, toujours dans le but de se créer des ressources, avait commandité la tenancière d'une maison de débauche, à laquelle il avait d'ailleurs procuré 1,500 à 1,800 adresses, parlant d'autre part « discrètement, dans les cercles, de la maison, pour y attirer les clients ». Le colonel Kerdrain vise cette association dans son rapport au Conseil d'enquête du 22 août 1898 (*Enquête, p.* 665). Mais il ne fait pas allusion à l'agence de pari mutuel qu'Esterhazy avait proposé à son « associée » d'annexer à leur maison de rendez-vous.

Ce rapport de police, appuyé de lettres du commandant Esterhazy qui, après s'être présenté à son « associée » sous le nom de Rohan-Chabot, avait repris peu après ses noms et qualités, établit encore qu'Esterhazy cherchait à faire une spéculation commerciale du mariage de son neveu. Il proposait de le marier à une jeune fille « ayant une tache personnelle », mais ayant beaucoup de fortune. Il se faisait fort de vaincre les répugnances et objections des intéressés, et offrait même un bon de commission à qui lui procurerait la marchandise désirée.

D'autre part, la déposition de M. Bertulus (*Enquête, p.* 155 *et* 156), rapprochée de celle de M. Weil (*Enquête, p.* 154 *et* 210), montre qu'Esterhazy n'hésitait pas davantage, pour se procurer de l'argent, dissipé ensuite en débauches et en spéculations de Bourse, à se livrer à des manœuvres d'escroquerie à l'encontre de son neveu Christian, et même à fabriquer de fausses lettres (*lettre de M. de Bauval, visée auxdites dépositions*).

XLI. — Si Esterhazy, pour subvenir à ses continuels besoins d'argent, ne reculait pas devant de tels actes, il était assurément susceptible de vendre dans le même but des renseignements militaires à l'étranger. Mais le pouvait-il?

En ce qui concerne les renseignements énumérés au bordereau, l'exposante a établi que non seulement Esterhazy pouvait se les procurer, mais qu'il les avait même recueillis déjà au camp de Châlons à l'époque où l'on place aujourd'hui l'envoi du bordereau.

Mais Esterhazy n'eût pas été embarrassé pour se procurer des renseignements plus confidentiels, soit au gouvernement militaire de Paris, soit au ministère de la Guerre. Esterhazy, Maurice Weil et le lieutenant-colonel Henry se connaissaient de longue date et avaient noué des liens d'étroite amitié lors de leur collaboration commune au bureau des renseignements du ministère de la Guerre, en 1878 ou 1879 (*Déposition Picquart. Enquête, p.* 103). M. Weil, qui avait toujours ses entrées au gouvernement militaire de Paris, a d'ailleurs reconnu lui-même ses relations particulièrement amicales avec Esterhazy (*Enquête, p.* 209). Mais Esterhazy semblait prendre à tâche de dissimuler la cordialité de ses relations avec Henry. Dans une lettre adressée à M. Jules Roche, au moment où il faisait de pressantes démarches pour entrer au ministère de la Guerre, c'est-à-dire en 1896-1897 (*Enquête, p.* 494), il dénigre même Henry, qu'il accuse de mettre obstacle au succès de sa demande. Il ajoute : « Le commandant Henry est mon débiteur depuis 1876 ; je lui ai prêté quelque argent qu'il ne m'a jamais rendu, qu'il me doit encore. Cela explique bien des choses. » Mais M. Grenier atteste (*Enquête, p.* 498) qu'Henry déclarait au contraire aider Esterhazy de tout son pouvoir, « et cela très affectueusement ». Esterhazy, à qui le propos fut rapporté par M. Grenier, laissa échapper cette exclamation : « Eh bien ! il ne manquerait plus qu'Henry ne fût pas gentil. »

De même qu'il dissimulait le plus possible ses relations avec les personnes pouvant lui fournir des renseignements utiles, de même Esterhazy dissimulait ses connaissances militaires, se gardant bien d'en faire montre devant ses supérieurs.

Aussi le général Roget a-t-il pu nier de très bonne foi les relations certaines d'Henry et d'Esterhazy (*Enquête, p.* 66, *in fine*), comme il a nié les connaissances militaires d'Esterhazy (*p.* 54, *in fine*).

L'étendue des connaissances professionnelles d'Esterhazy ne peut cependant faire doute. Toutes ses notes figurant au dossier du Conseil d'enquête sont concordantes à cet égard. Il est indiqué notamment qu'Esterhazy a suivi, en 1890, les cours de l'école normale de tir et qu'il y a obtenu la mention suivante : « Possède bien son armement ; apte à diriger le chef armurier dans l'exécution de ses réparations et à faire de bonnes conférences aux officiers de son bataillon. »

Si toutes les notes portent les mêmes mentions, excellentes en ce qui concerne l'instruction générale et professionnelle, elles contiennent parfois des critiques sur ses mœurs, conduite et principes ; on y trouve aussi des protestations sur ses absences trop fréquentes du régiment, protestations dont l'une, en date de 1879, particulièrement énergique, est ainsi conçue : « Officier inconnu ; a trouvé moyen, sous n'importe quel régime et n'importe quel prétexte, de rester détaché au ministère de la Guerre depuis un temps immémorial. Proposé néanmoins pour l'avancement, ce qui tient du scandale. »

Au semestre suivant, la note porte : « N'a pas encore paru au 51e. »

Puis, au semestre qui suit, on trouve encore : « Les notes antérieures de cet officier le signalent comme n'ayant jamais fait une heure de service. A toujours été détaché au ministère de la Guerre comme traducteur d'allemand. Tout à fait inconnu dans les corps, où il n'a fait que passer. »

En résumé, il y a dans ces notes des divergences en ce qui concerne la moralité, présentée tantôt comme excellente, tantôt comme mauvaise; il y a d'assez fréquentes protestations sur les trop nombreuses absences d'Esterhazy, toujours embusqué au ministère de la Guerre, aux écoles de tir ou aux champs de manœuvre; mais il y a accord complet pour constater l'étendue de ses connaissances professionnelles. L'étendue de ses connaissances techniques est d'ailleurs attestée encore par M. Grenier, qui donne de très intéressants détails à cet égard (*Enquête, p.* 46).

C'est néanmoins Esterhazy, l'officier objet de ces notes, qui commet, sur le tir de l'artillerie, une erreur peu compréhensible, même de la part d'une personne complètement étrangère à l'art militaire. Cette erreur, manifestement volontaire, que signale le général Roget, se trouve dans une lettre du 7 juillet 1895, adressée au capitaine Le Rond (*Enquête, p.* 432) et... sert de prétexte à la demande d'un ouvrage fournissant tous renseignements utiles sur le feu de l'artillerie.

XLII. — Ainsi donc Esterhazy était constamment pressé par de grands besoins d'argent créés par sa vie désordonnée. Il a commis, pour pourvoir à ses besoins, des actes inavouables et même criminels. Il avait la possibilité de recueillir quantité de renseignements militaires au ministère de la Guerre, au gouvernement de Paris, dans les camps et les écoles à feu; il avait toute l'instruction nécessaire pour mettre ces renseignements en œuvre. Mais faisait-il argent de ces renseignements, comme il faisait argent des spéculations matrimoniales et de l'exploitation de maisons de débauche?

L'affirmative ne peut faire doute; en de pareilles conditions, elle s'impose d'elle-même. Toutefois, il est préférable de chercher à cette question une réponse précise dans la déposition du général de Galliffet (*Enquête, p.* 145).

« Au mois de mai 1898, dit le général de Galliffet, M. le général anglais Talbot, qui avait été, comme colonel, attaché militaire en France pendant six ans, et avec qui j'étais en relations depuis de longues années, est venu me voir à son retour d'Égypte et m'a dit : «Mon général, je ne sais rien de l'affaire Dreyfus; pendant tout le temps que j'ai été employé en France, je ne l'ai jamais connu; mais je suis étonné de voir le commandant Esterhazy en liberté, parce que nous tous, attachés militaires en France, nous savions qu'avec un ou deux billets de mille francs, le commandant Esterhazy nous procurait les renseignements que nous ne pouvions nous procurer directement au ministère. »

Le ministère de la Guerre n'ignore pas, d'ailleurs, — la pièce nº 153 du dossier militaire l'atteste, — que l'interlocuteur du général de Galliffet pouvait lui donner un renseignement de cette nature en pleine connaissance de cause.

Le télégramme, dit « petit bleu », parvenu au lieutenant-colonel Picquart, télégramme sur lequel il y aura lieu de revenir dans la partie suivante du mémoire, révélait d'ailleurs des relations fort suspectes entre Esterhazy et l'agent militaire A... On a créé mille légendes sur ce « petit bleu ». Mais, quelles que soient les allégations qui ont été produites par l'autorité militaire au sujet de ce document, il est établi aujourd'hui qu'il exprimait la vérité. Non seulement la déposition du général de Galliffet ne peut laisser place au doute à cet égard, mais Esterhazy lui-même, dans sa lettre du 13 janvier 1899, adressée à M. le premier président (et signée *ne varietur*), reconnaît expressément avoir eu des relations d'espionnage avec l'agent dont il s'agit. Il allègue, il est vrai, avoir été une sorte de contre-espion employé par le ministère; mais cette allégation est détruite par les déclarations du général Billot (*Enquête*, *p.* 381), du général de Boisdeffre (*p.* 388), du général Gonse (*p.* 396) et du général Rogèt (*p.* 437).

Quelques-uns des documents qu'Esterhazy déclare avoir remis à l'attaché militaire A..., comme contre-espion, sont énumérés dans la brochure qu'il publie sous le titre *Les Dessous de l'affaire Dreyfus*.

Il déclare notamment (*p.* 159) avoir livré la « description d'un fameux nouveau fusil » qu'il déclare fantaisiste.

Cette allégation a été visiblement lancée par Esterhazy en vue de pallier la gravité de la communication par lui faite, à l'agent étranger, des plans et dessins d'un nouveau fusil, qu'il avait fait copier par des dessinateurs faisant leur service dans son régiment, les sieurs Ecalle et Bousquet. Esterhazy avait déclaré aux dessinateurs employés à ce travail, dans les premiers mois de 1896, « que les dessins de ces planches représentaient un fusil autrichien, auquel il avait apporté une amélioration », ajoutant qu'il était très pressé, « craignant une chute prochaine du cabinet, de soumettre son travail à M. Cavaignac, ministre de la Guerre. (*Dépositions Ecalle fils et Bousquet. Enquête, p.* 553 *et* 560.)

Enfin, les renseignements fournis par nos agents à l'étranger viennent encore corroborer toutes ces dépositions si précises et si concordantes.

M. Paléologue, secrétaire d'ambassade, délégué par M. le ministre des Affaires étrangères a, en effet, répondu en ces termes aux questions que lui a posées la Cour (*Enquête, p.* 270 *et* 272) :

« D. — N'avez-vous jamais eu d'autres renseignements sur Esterhazy ?

« R. — Le seul document qui existe est un télégramme de l'ambasadeur de la République, à Rome, daté du printemps dernier. D'après ce document, et selon des informations qui n'ont pu être contrôlées, Esterhazy aurait reçu, en ces dernières années, de gouvernements étrangers, une somme de deux cent mille francs, et tout récemment une somme de huit mille francs. Je ne peux toutefois préciser mes souvenirs quant à ces chiffres. Le télégramme en question a été immédiatement transmis au ministère de la guerre.

« D. — M. Paléologue sait-il si des documents secrets intéressant la défense nationale ont été envoyés en Allemagne par Esterhazy ?

« R. — Un personnage étranger, dont je ne crois pas pouvoir révéler le nom ni garantir la loyauté, mais qui semble en situation d'être bien renseigné, a affirmé naguère à un de mes collègues (lequel avait qualité pour recevoir cette confidence), qu'il existerait au ministère de la Guerre, à Berlin, environ deux cent vingt-cinq documents livrés par Esterhazy. »

XLIII. — Ainsi Esterhazy, pour satisfaire à ses besoins d'argent toujours pressants, vendait des documents militaires, comme il trafiquait de tout ce dont il pouvait battre monnaie.

Ainsi la base de la condamnation prononcée contre Dreyfus, c'est un bordereau d'envoi de renseignements, et ce bordereau
est écrit sur le papier employé habituellement à cette époque par Esterhazy,
est revêtu d'une écriture identique à celle d'Esterhazy,
mentionne des renseignements qu'Esterhazy venait de recueillir au camp de Châlons,
porte des énonciations qui s'appliquent exactement à Esterhazy,
est adressé à un attaché militaire étranger avec lequel Esterhazy avait des relations d'espionnage.

La révélation de ce dernier fait nouveau (les relations d'espionnage entre Esterhazy et l'attaché militaire A...) complète la certitude.

C'est la vérité qui définitivement sort irrésistible de l'instruction, et qui s'impose avec plus de force encore que dans l'affaire de revision Vaux et Petit (*Cass.* 16 *décembre* 1897, *B. Cr. n°* 390), où elle s'appuyait d'ailleurs sur des faits nouveaux sensiblement analogues.

XLIV. — Enfin, comme pour donner plus d'intensité encore à la lumière éclatante qui jaillit enfin, la déclaration du comte de Tornielli, ambassadeur d'Italie, apportée à la Cour par M. le sénateur Trarieux (*Enquête, p.* 322), révèle les préoccupations de l'attaché militaire A..., lorsque, à la publication du bordereau, il reconnut que Dreyfus, inconnu de lui, avait été condamné pour lui avoir livré des renseignement fournis en réalité par son informateur habituel, Esterhazy.

M. Trarieux (*Enquête, p.* 321) expose d'abord les résultat de l'enquête minutieuse à laquelle il avait été procédé, tant à l'ambassade qu'à l'État-major et dans les corps de troupes d'Italie, et continue en ces termes :

« Ces renseignements, me dit le comte de Tornielli, ne nous prouvèrent toutefois, à ce moment, qu'une chose, c'est que nos attachés militaires n'avaient rien à voir dans la condamnation de Dreyfus ; mais ils étaient insuffisants pour nous prouver que celui-ci eût été victime d'une erreur. Nous ignorions, en effet, à cette date, quelles étaient exactement les inculpations portées contre lui ; il aurait pu avoir des relations avec des représentants de puissances autres que l'Italie : l'Autriche, la Russie, par exemple.

« Ce ne fut que près de deux ans au plus tard, à la fin de l'année 1896, que la lumière se fit complètement dans nos esprits. A ce moment furent publiés, d'abord en fac-similé dans le *Matin*, le bordereau qui avait été attribué à Dreyfus, et sur lequel sa condamnation avait été requise, ensuite la pièce secrète où se trouvent les mots : « Ce canaille de D... », et qui aurait été communiquée, a-t-on prétendu, en dehors du débat contradictoire, au Conseil de guerre.

« *La révélation de ces documents précis permit alors aux attachés militaires des deux ambassades d'Allemagne et d'Italie de se rendre compte qu'une confusion avait été commise et que Dreyfus avait été certainement victime d'une erreur*. La pièce « ce canaille de D... » ne pouvait lui être applicable ; car on n'avait jamais entretenu avec lui aucune relation et, *quant au bordereau, il était un trait de lumière; les pièces qui s'y trouvaient énumérées avaient bien été communiquées à l'attaché militaire d'Allemagne, mais par un autre officier que Dreyfus*; de plus, l'écriture de ce bordereau était l'écriture même de cet officier.

« Les comparaisons étaient faciles ; l'attaché militaire dont il est question possède en main, me dit le comte de Tornielli, une volumineuse correspondance de cet officier. Je me permis de demander alors à M. le comte de Tornielli s'il tenait ces explications de l'attaché militaire d'Allemagne lui-même ; il me répondit que non, mais que, les tenant de l'attaché de sa propre ambassade comme les ayant recueillis de son collègue, il les considérait comme absolument exacts, et il ajouta alors qu'il avait eu, au surplus, une preuve matérielle de leur exactitude : il me dit que l'attaché militaire d'Italie avait eu l'occasion de recevoir, peu de temps auparavant, une lettre de son collègue d'Allemagne expédiée de Berlin, et confiée aux soins d'un tiers, dans laquelle se trouvaient relatés les faits mêmes qu'il venait de m'expliquer; cette lettre lui avait été lue; elle était l'affirmation positive, d'une part, que son auteur ne connaissait pas Dreyfus, et, de l'autre, qu'il attribuait au commandant Esterhazy les faits mêmes dont, à tort, le Conseil de guerre de 1894 avait cru Dreyfus coupable. »

Le faisceau de preuves qui résulte de tout l'ensemble des faits nouveaux, concernant tant les éléments matériels que les éléments moraux, donnait déjà la certitude.

On arrive à la même certitude par une autre voie : les révélations de M. le comte de Tornielli constituent un autre ordre de faits nouveaux, qui se suffisent à eux-mêmes, et mettent, eux aussi, de leur côté, la vérité en pleine lumière.

XLV. — Et, dominant tout cela, au-dessus de tous les éléments matériels qui tous dénoncent Esterhazy, au-dessus de tous les éléments moraux qui tous accusent Esterhazy, au-dessus même de ce dernier fait nouveau, la déclaration du comte de Tornielli qui écrase Esterhazy en innocentant définitivement Dreyfus du crime qui lui fut imputé, on trouve l'aveu même d'Esterhazy; et cet aveu ne résulte pas seulement de déclarations formelles attestant la paternité du bordereau, déclarations qu'Esterhazy a pu ensuite contester, il résulte de faits, d'actes accomplis par Esterhazy lui-même et qu'il ne peut effacer.

Devant M. Chincholle, lors du procès Zola, Esterhazy a reconnu formellement être l'auteur du bordereau que, disait-il, il avait écrit par ordre (*déposition Chincholle. Enquête, p.* 180).

Devant M. Strong (*déposition Strong. Enquête, p.* 518), et au cours d'une conversation sur la condamnation de Dreyfus, dont d'ailleurs il affirmait la culpabilité, Esterhazy se reconnaissait encore l'auteur du bordereau, écrit par ordre de l'État-major.

Comprenant bien qu'il était, en présence des preuves matérielles accumulées chaque jour, inutile et puéril de ne pas reconnaître le bordereau comme son œuvre, il soutenait alors un système de défense un peu différent de son système d'aujourd'hui. Tandis qu'il prétend aujourd'hui se faire considérer comme contre-espion, il prétendait, à cette époque, avoir écrit le bordereau par ordre de l'État-major, pour créer une charge contre Dreyfus : il aurait, en un mot, joué alors, par ordre, le rôle rempli plus tard spontanément par Henry fabriquant son faux.

Il est inutile de dire que ces allégations, souverainement injurieuses pour l'État-major, ont été énergiquement démenties, comme ont été d'ailleurs démenties les allégations d'Esterhazy expliquant par le contre-espionnage ses livraisons de documents à l'attaché militaire A...

Les déclarations d'Esterhazy devant M. Chincholle et devant M. Strong constituent une reconnaissance formelle de la paternité du bordereau. Esterhazy a bien pu, il est vrai, dénier ces déclarations devant la Cour de cassation, mais il n'a plus osé affirmer que le bordereau ne fût pas son œuvre. En réponse aux questions qui lui étaient faites en ce qui concerne le bordereau, il dit seulement (*Enquête*, p. 415) :

« Le premier Conseil de guerre l'a attribué à Dreyfus; le deuxième Conseil de guerre ne me l'a pas attribué, on a déclaré qu'il n'était pas de moi. La question du bordereau est une de celles qui ont été jugées par le Conseil de guerre de 1898; j'estime ne pas avoir à répondre à cette question. »

Mais, à côté de toutes ces déclarations qu'Esterhazy s'efforce en vain d'expliquer par des systèmes de défense contradictoires et d'ailleurs inadmissibles, des actes, qu'Esterhazy ne peut ni dénier ni effacer, viennent encore apporter à la Cour son aveu implicite, mais irréfragable de la paternité du bordereau. Ces actes sont établis par les déclarations de M. le comte de Tornielli, corroborées sur ce point par celles du colonel Du Paty de Clam et par la déposition du commissaire Desvernine.

M. Trarieux a continué en ces termes sa déposition rapportée plus haut (*Enquête*, p. 322) :

« M. le comte de Tornielli, entrant, au sujet de cette lettre, dans plus de détails, me raconta un épisode, que je crois utile de rappeler. Il me dit que le commandant Esterhazy avait cru devoir chercher une protection auprès de l'attaché militaire d'Allemagne, dès qu'il apprit qu'une plainte de la famille de Dreyfus le menaçait. Il s'était rendu un jour au domicile de cet attaché militaire, dans le courant d'octobre 1897, et l'avait supplié d'intervenir pour empêcher l'action de la famille Dreyfus, en lui laissant supposer qu'elle se trompait. L'attaché militaire résistant à une pareille démarche, le commandant Esterhazy aurait alors exhibé un pistolet, et menacé de se suicider, et c'est à grand'peine qu'il aurait été éconduit sans scandale. Il serait revenu peu de jours après, cette fois pleinement rassuré, annonçant qu'il n'avait plus rien à craindre, des officiers supérieurs lui ayant fait savoir qu'ils feraient tous leurs efforts pour le défendre contre les risques d'un procès. »

L'affolement d'Esterhazy, dès qu'il s'est vu découvert, l'aide qu'il est allé immédiatement solliciter de celui pour le compte duquel il espionnait, *et qui refusa de commettre, pour le sauver, le mensonge sollicité de lui*, constituent l'aveu implicite le plus caractérisé de la paternité du bordereau.

Or, les déclarations de M. le comte de Tornielli sont, sur ce point, en pleine concordance avec celles du lieutenant-colonel Du Paty de Clam, dans l'interrogatoire que lui fit subir le général Renouard, le 9 septembre 1898 (*Enquête, p.* 679) :

« Esterhazy, dit Du Paty de Clam, était affolé. Il prétendait qu'il y avait des faux préparés pour le perdre. Il était l'objet de pressions. En nous quittant, il est allé chez le colonel . . . . . (attaché militaire A...) pour lui demander d'affirmer qu'il n'était pour rien dans l'affaire du bordereau. Il ne nous a parlé de cette démarche que dans une entrevue postérieure. »

Les entrevues d'Esterhazy avec Du Paty de Clam commencèrent en octobre 1897 (*déposition Gribelin. Enquête, p.* 299 *in fine*). La démarche près de l'attaché militaire A..., indiquée par Du Paty, est donc bien celle d'octobre 1897 dont il est question dans la déclaration de M. de Tornielli; et Du Paty reconnaît, comme M. le comte de Tornielli, qu'Esterhazy, affolé, est allé demander à son correspondant d'espionnage, dès qu'il s'est vu découvert, une déclaration qui eût été mensongère et qui ne fut jamais faite.

D'autre part, l'agent Desvernine, commissaire de police spécial détaché au ministère de la Guerre, corrobore tous ces témoignages en déclarant (*Enquête, p.* 511) que, le 23 octobre 1897, — ce qui correspond exactement à la date ressortant de la combinaison des indications fournies par les dépositions susvisées de Gribelin et de Du Paty, — Esterhazy est allé, dans un état de trouble extrême, à l'ambassade de A..., où il est resté une heure (de trois à quatre heures de l'après-midi).

On doit donc considérer la paternité du bordereau comme reconnue : les actes d'Esterhazy, au moment où cette paternité lui fut imputée, établissent péremptoirement l'aveu. Cet aveu implicite constituerait, si besoin était, une troisième preuve complète de la culpabilité d'Esterhazy et de l'innocence de Dreyfus.

L'erreur commise en 1894 est ainsi mise en pleine lumière. L'instruction faite par les soins de la Cour en a révélé bien d'autres preuves encore. Bien que ces preuves soient surabondantes, l'exposante doit les examiner : l'examen en sera fait dans les parties qui vont suivre.

QUATRIÈME PARTIE

Les témoins Henry et Du Paty de Clam. — Leurs manœuvres. — Les faux. — Le procès Esterhazy.

I. — L'exposante a, dans les parties qui précèdent, établi que les faits nouveaux déjà examinés ne laissaient rien subsister de la base du jugement de condamnation prononcé contre Dreyfus en 1894.

Elle a montré que la conviction des juges, et la condamnation dont elle était l'expression, s'appuyaient d'une part sur une base occulte, sans valeur aucune, *ni en fait, ni en droit*.

Elle a montré que la condamnation s'appuyait d'autre part sur une pièce, bordereau désignant aujourd'hui expressément, par le papier et par l'écriture, une personne qui venait de recueillir au camp de Châlons les renseignements énumérés audit bordereau, qui était notoirement, à raison de son existence déréglée et de ses spéculations de Bourse, en proie aux besoins d'argent les plus pressants, qui n'hésitait pas, pour y faire face, à recourir aux moyens les plus honteux et les plus criminels, qui faisait commerce de renseignements et documents confidentiels avec tous les attachés militaires des ambassades étrangères, et qui spécialement, de son aveu même, faisait, à titre d'espion ou de contre-espion, ce trafic avec l'attaché militaire A..., destinataire du bordereau.

Les faits nouveaux déjà examinés ont donc réduit à néant toute l'accusation portée contre Dreyfus en 1894. Les faits nouveaux qui vont être examinés dans la quatrième partie, et qui, abstraction faite de tous autres, entraîneraient eux aussi nécessairement la revision du jugement prononcé contre Dreyfus, montreront à la Cour comment la bonne foi des membres du Conseil de guerre a été surprise et comment leur justice a été égarée.

L'exposante doit, en un premier paragraphe, exposer quel a été le rôle des lieutenants-colonels (alors commandants) Henry et Du Paty de Clam dans le procès et les débats de 1894.

Elle exposera ensuite, dans un deuxième paragraphe, les manœuvres auxquelles se sont livrés ces principaux artisans de la condamnation de son mari et les actes criminels dont ils se sont rendus coupables.

Un troisième et dernier paragraphe sera consacré aux conséquences qui doivent être tirées de tout cet ordre de faits nouveaux au point de vue de la revision.

§1er. — Rôle des lieutenants-colonels Du Paty de Clam et Henry dans le procès et les débats de 1894.

II. — « En ce qui concerne l'affaire Dreyfus, dit le capitaine Cuignet (*Enquête, p.* 235), depuis son origine, Du Paty de Clam s'est livré à son occasion à des agissements répréhensibles. C'est lui qui, à l'insu de ses chefs, a fait connaître à la presse l'arrestation de Dreyfus tenue cachée par le gouvernement depuis quinze jours. *Il a voulu ainsi forcer la main au gouvernement et avoir le procès.* »

Au dossier militaire, on trouve en effet, sous la cote 86, un rapport de Guénée, poursuivant la recherche des charges morales contre Dreyfus, et déclarant, d'autre part, que, le 28 octobre, M. Papillaud reçut une lettre anonyme au journal *La Libre Parole*, contenant « des détails assez circonstanciés sur le crime commis par le capitaine Dreyfus ». Ce rapport, en date du 7 novembre 1894, porte comme annexe un entrefilet extrait de la *Libre Parole.*

M. Papillaud revient sur cet incident dans le numéro de la *Libre Parole* du 3 avril 1899, que produit l'exposante. Il confirme le rapport de l'agent Guénée, sauf sur un point : la lettre d'avertissement qu'il reçut le 27 octobre 1894 n'était pas anonyme. Elle était signée, mais, dit M. Papillaud, « elle n'avait pour moi que la valeur d'une lettre anonyme, puisque je n'en connaissais pas le signataire. »

M. Papillaud donne d'ailleurs le texte intégral de cette lettre, qui est ainsi conçue :

« Mon cher ami,

« Je vous l'avais bien dit : c'est le capitaine Dreyfus, celui qui habite 6, avenue du Trocadéro, qui a été arrêté le 15 (*octobre*) pour espionnage et qui est en prison au Cherche-Midi. On dit qu'il est en voyage, mais c'est un mensonge, parce qu'on veut étouffer l'affaire. Tout Israël est en mouvement.

« A vous,
« Signé : HENRY,

« Faites compléter ma petite enquête au plus vite. »

Le capitaine Cuignet avait donc raison d'attester qu'un officier avait dès l'origine voulu, en faisant connaître à la presse l'arrestation de Dreyfus, forcer la main au gouvernement, alors que celui-ci hésitait encore à donner suite à l'accusation si singulièrement édifiée. Il paraît s'être trompé sur un point seulement : la lettre publiée par la *Libre Parole* désigne comme auteur de cette manœuvre, non pas Du Paty, mais Henry. Cette lettre ne pouvait provenir que du ministère de la Guerre, l'arrestation de Dreyfus n'étant connue que là : qu'elle émane d'Henry ou qu'elle émane de Du Paty, il ne semble pas, d'ailleurs, d'après son texte même, que ces indiscrétions du 28 octobre fussent les premières en date, commises au profit du « cher ami ».

La *Libre Parole* annonça l'arrestation du capitaine Dreyfus, donnant ainsi satisfaction au signataire de la lettre adressée à son rédacteur, M. Papillaud. La manchette, en caractères d'affiche, de son numéro du 1er novembre est ainsi rédigée : « *Haute trahison, arrestation de l'officier juif A. Dreyfus.* »

Cette manœuvre d'Henry, que le capitaine Cuignet semble avoir, par erreur, imputée à Du Paty, est déjà tout particulièrement caractéristique.

III. — Mais le rôle d'Henry, qui se caractérisait si spécialement par les faits qui viennent d'être rapportés, avait commencé à l'origine même de l'accusation. Il a été considérable dans les débats, avant de devenir capital lorsqu'il s'est agi de faire avorter les poursuites contre Esterhazy et d'empêcher la revision.

Tout d'abord, Henry a prétendu avoir reçu lui-même le bordereau, lorsque ce document est arrivé au bureau des renseignements. Il est à peu près impossible d'admettre aujourd'hui l'exactitude de cette prétention.

Henry, à la suite de l'interrogatoire du 30 août 1898 dans lequel, après s'être parjuré huit fois, il finit par reconnaître avoir commis un faux, déclara spontanément :

« C'est à moi qu'on a apporté le bordereau saisi en 1894. Il est venu par la voie ordinaire, avec des documents que vous connaissez, et dont l'authenticité est indiscutable. Toute autre version est contraire à la vérité et matériellement impossible. (*Procès-verbal d'interrogatoire du* 30 *août* 1898, *dressé par le général Roget, in fine.*)

Cette déclaration toute spontanée, alors que nul ne l'interrogeait sur le bordereau et ses origines, semble étrange au premier abord : le motif en apparaîtra bientôt. Mais l'exactitude en est des plus suspectes.

Le vague apparent des expressions « venu par la voie ordinaire » suggère aux personnes non initiées l'idée qu'Henry s'est dérobé à une désignation personnelle de l'agent qui aurait saisi le bordereau. Mais, en réalité, la Cour ne l'ignore plus, ces expressions ont un sens très précis.

Or, il résulte des déclarations de M. le comte de Tornielli, apportées à la Cour par M. le sénateur Trarieux, que le *bordereau n'a pas été connu de son destinataire* avant la publication qui en fut faite par les journaux. Seules, les pièces qui s'y trouvaient énumérées avaient été communiquées à l'agent militaire A... (*Enquête, p.* 321 *et* 322).

La Cour voudra bien se rappeler les explications qui lui ont été données sur la « voie ordinaire » : les déclarations ci-dessus ne permettent guère d'admettre que le bordereau soit un document parvenu au ministère de la Guerre par « la voie ordinaire ». Il a dû nécessairement être intercepté.

Dès lors, l'allégation d'Henry doit être considérée, selon toute probabilité, comme inexacte. Il ne l'a lancée après l'aveu de son faux, que pour pouvoir affirmer avoir reçu lui-même le bordereau et avoir été le premier au ministère de la Guerre à en connaître l'existence.

Comme il était le seul officier auquel, à ce moment, l'agent de la voie ordinaire fût accrédité, Henry, en attestant que le bordereau était arrivé par la voie ordinaire, attestait par là même que le bordereau lui avait été remis en première main.

C'est, en effet, uniquement parce que le bordereau est censé venu par la voie ordinaire, que les officiers du ministère de la Guerre considèrent aujourd'hui le bordereau comme ayant dû être remis au commandant Henry.

Il y aura lieu bientôt de tirer quelques déductions de cette attitude d'Henry, en ce qui concerne l'arrivée du bordereau au ministère.

IV. — Le bordereau donna lieu à des comparaisons d'écritures. Sur les indications dues à M. de B..., personne honorable suivant certains témoins, rastaquouère suivant d'autres (*voyez les raisons de cette qualification, Enquête, p.* 88), et transmises plus ou moins exactement au bureau des renseignements par Henry et son agent Guénée, ces comparaisons d'écriture et les recherches motivées par la découverte du bordereau furent restreintes au personnel du ministère. Il était, dans ces conditions, bien certain qu'on ne trouverait pas la piste d'Esterhazy, le courtier en documents militaires à la disposition de tous les attachés des ambassades étrangères (*déposition du général de Galiffet : Enquête, p.* 145 *et* 146).

Dès que ces recherches, limitées à un cercle restreint, eurent amené l'arrestation du malheureux capitaine Dreyfus, ce fut le commandant Henry que l'on chargea de conduire le prisonnier au Cherche-Midi, le 15 octobre 1894.

Dès le lendemain, 16 octobre, il dresse procès-verbal d'une prétendue conversation tenue entre lui et Dreyfus tandis qu'il conduisait à la prison le capitaine mis en état d'arrestation. Cette conversation n'a aucun intérêt en elle-même ; le procès-verbal dressé par Henry n'a d'autre but que de flétrir Dreyfus, en lui imputant un mensonge aussitôt après son arrestation.

Henry, dans ce procès-verbal qui figure au dossier, rapporte en ces termes la conversation de Dreyfus :

« Dreyfus. — Oui, le commandant Du Paty m'a dit que j'étais accusé d'avoir livré des documents à une puissance étrangère.

« Moi. — De quels documents s'agit-il, le savez-vous ?

« Lui. — Non, mon commandant. Le commandant Du Paty m'a parlé de documents secrets confidentiels, sans m'indiquer lesquels. »

Et le lieutenant-colonel Henry déclare dans son procès-verbal :

« Je crois devoir faire ressortir que l'affirmation de M. le capitaine Dreyfus, en ce qui concerne la non-énumération des documents livrés, est absolument inexacte, attendu qu'avant de quitter le ministère, et alors que je me trouvais dans une pièce contiguë à celle dans laquelle cet officier était interrogé, *j'ai parfaitement, très nettement et très distinctement entendu Du Paty de Clam dire au capitaine Dreyfus : « Vous êtes accusé d'avoir livré à une puissance étrangère une note sur les troupes de couverture, une note sur Madagascar, un projet de manuel sur le tir de l'artillerie.* » Donc, lorsque le capitaine Dreyfus affirme que le commandant Du Paty de Clam ne lui a énuméré aucun des documents en question et qu'il s'est borné à lui parler de documents secrets confidentiels, le *capitaine Dreyfus voile sciemment la vérité.* »

Ce procès-verbal, dressé dès le jour de l'arrestation par Henry, uniquement pour accuser Dreyfus de mensonge et rendre suspectes d'avances ses réponses aux interrogatoires, *était lui-même mensonger.*

Les pièces du dossier l'attestent. Non seulement du Paty de Clam n'a pas fait connaître, dès le premier jour, à Dreyfus qu'il était accusé d'avoir livré à une puissance étrangère une note sur les troupes de couverture et les divers renseignements énumérés au bordereau ; mais, poursuivant ses interrogatoires du 15 au 29 octobre 1894, il laissait toujours le malheureux prisonnier se débattre dans le vague d'une accusation indéterminée ; il lui montrait des lambeaux de phrases incompréhensibles, empruntés tantôt au bordereau, tantôt à des pièces écrites par Dreyfus, et lui demandait où, dans tout cela, il reconnaissait son écriture. Le 24 octobre, Dreyfus réclame encore que l'accusation lui soit précisée.

« Aujourd'hui encore, dit-il, je me crois le jouet d'un cauchemar ; rien dans ma vie, rien dans mon passé ne pouvait me faire supposer qu'on pût porter contre moi une accusation pareille. J'ai sacrifié ma situation en Alsace pour servir mon pays que j'ai toujours servi avec dévouement.

« D. — Vous savez donc de quoi vous êtes accusé, alors que vous disiez tout à l'heure ne pas le savoir?

« R. — On me dit toujours que j'ai volé des documents sans me montrer les bases de l'accusation. Je demande qu'on me montre les pièces accablantes et je comprendrai peut-être alors la trame infernale qui se noue autour de moi. »

Ce fut le 29 octobre seulement que le colonel Du Paty de Clam se décida enfin à montrer à Dreyfus la base de l'accusation. Il le fit d'ailleurs en altérant lui aussi la vérité ; il lui présenta, non pas le bordereau lui-même, mais une photographie en lui disant :

« Voici la photographie d'une lettre qui vous est attribuée. Cette lettre a été prise à l'étranger au moyen d'un portefeuille photographique, et nous possédons le cliché pellicule. Reconnaissez-vous cette lettre pour être de votre écriture? »

Dreyfus, mis enfin en présence de la véritable accusation, affirma n'avoir jamais écrit cette lettre, fournit de brèves explications, et demanda à être entendu par le ministre. Le lendemain, Du Paty lui déclarait que le ministre était prêt à le recevoir s'il voulait entrer dans la voie des aveux. Dreyfus répondit :

« Je vous déclare encore que je suis innocent et que je n'ai rien à avouer. Il m'est impossible, entre les quatre murs d'une prison, de m'expliquer cette énigme épouvantable. Qu'on me mette avec le chef de la Sûreté, et toute ma fortune, toute ma vie seront consacrées à débrouiller cette affaire. »

Du Paty clôtura ses interrogatoires sur cette déclaration.

Ainsi, ce point est bien et dûment établi par les pièces du dossier : quand Henry, en un procès-verbal dressé par lui dans l'unique but de constater une altération consciente de la vérité de la part de Dreyfus, affirmait avoir entendu très nettement et très distinctement Du Paty de Clam dire, le 15 octobre, au capitaine Dreyfus : « Vous êtes accusé d'avoir livré à une puissance étrangère tel et tel document », Henry commettait un mensonge. Ce mensonge, il devait le transformer plus tard en faux témoignage ; car il a, comme témoin devant le rapporteur M. d'Ormescheville, le 8 novembre 1894, maintenu expressément les termes de son procèe-verbal (*Enquête, p.* 575).

V. — Après s'être ainsi efforcé, dès le jour de l'arrestation, d'enlever, par un mensonge qui devint un faux témoignage, tout crédit aux paroles de l'accusé, Henry a joué lui-même le rôle de témoin principal de l'accusation.

En quelle qualité, en effet, Henry a-t-il été appelé à déposer devant le Conseil de guerre de 1894? La lettre de M. le Ministre de la Guerre Zurlinden au ministre de la Justice, en date du 16 septembre 1898, le fait connaître :

« Comme tous les procès d'espionnage, dit le général Zurlinden (*Enquête, p.* 631), un officier du service des renseignements avait été délégué par le ministère de la Guerre pour déposer au nom du service. L'officier désigné fut Henry ; mais sa déposition aurait pu être faite dans le même sens par le colonel Sandherr, chef du service des renseignements, comme par le sous-chef et le chef de l'État-major de l'armée, comme par le ministre lui-même. »

Ainsi la déposition apportée au Conseil de guerre par Henry, c'est officiellement la déposition du service des renseignements et du ministère de la Guerre.

C'est dire que e témoignage 'Henry vait et devait avoir

aux yeux des officiers composant le Conseil de guerre, une importance capitale.

M. le général Zurlinden allègue que cette déposition aurait pu être faite par le colonel Sandherr, le chef de l'État-major général, ou le ministre. Sans doute, ces grands chefs de l'armée auraient pu être délégués aux lieu et place d'Henry pour déposer au nom du ministère devant le Conseil de guerre; et c'est bien ce qui souligne l'extrême importance du rôle joué par Henry comme témoin.

Quant à savoir si la déposition, au nom du ministère de la Guerre, eût été identique, faite par le ministre, par le chef de l'État-major général, ou faite par Henry, M. le général Zurlinden ne le peut en aucune façon. On ne peut *a priori* affirmer que toutes les personnes chargées d'une même mission s'en acquitteront avec la même conscience, que tous les témoins chargés de faire entendre un même témoignage déposeront avec la même loyauté. Il est d'ailleurs mille manières de mettre en œuvre des renseignements de police, surtout lorsqu'il s'agit de renseignements aussi tendancieux que ceux de l'agent Guénée.

VI. — Henry, comme témoin, était donc mis hors de pair, puisqu'il déposait au nom même du bureau des renseignements et qu'il représentait le ministre de la Guerre lui-même.

Comment, en fait, s'est-il acquitté de cette importante mission?

Le lieutenant-colonel Picquart, qui assistait aux débats comme délégué du ministre, répond à cette question dans son rapport du 14 septembre 1898 au Garde des Sceaux, et dans sa déposition (*Enquête, p.* 87 *in fine*).

« J'assistais à toutes les séances, dit Picquart (*Rapport, § VII*), assis derrière les juges. Après quelques séances, on sentit que l'affaire s'annonçait assez mal pour l'accusation et on résolut de frapper un coup. Henry me dit, avant une des audiences : « Vous qui êtes assis derrière Gallet, dites-lui de demander à ce que je sois rappelé et priez-le de me faire demander sur quoi se fonde la conviction de culpabilité que j'ai exprimée l'autre jour. » Je refusai de m'acquitter de cette commission en disant que ce n'était pas mon rôle. Henry se fâcha et fit la commission lui-même pendant une suspension d'audience. A la reprise, Gallet posa la question et Henry fit cette déposition roulant sur une équivoque, où il dit qu'il tenait d'une personne des plus honorables qu'un officier du 2e bureau trahissait, et cet officier, ajouta-t-il : « Le voilà! » montrant Dreyfus. On pouvait croire que la personne en question avait dénoncé Dreyfus. Cette personne, un rastaquouère à qui j'ai payé depuis une somme de douze cents francs pour ses services, avait dit à Henry qu'il savait que les attachés militaires étrangers avaient un ami ou des amis au 2e bureau, par qui ils étaient renseignés. Cette information coïncide entièrement avec la réalité des faits; car les attachés militaires étaient reçus, à ce moment-là, au 2e bureau de la façon la plus amicale, par le colonel de Sancy, qui les renseignait libéralement sur tout ce qu'il pouvait. Mais cela n'implique pas Dreyfus, qui n'était au 2e bureau qu'en passant, comme simple stagiaire.

Dans sa déposition devant la Cour de cassation, le colonel Picquart revient sur ces faits (*Enquête, p.* 87) en ces termes :

« Des témoignages se produisirent successivement sans grand intérêt, sauf celui de Du Paty et le deuxième témoignage de Henry.

« Dans celui de Du Paty, j'ai été absolument bouleversé sur le moment, par l'explication qu'il a donnée de son interruption au milieu de la dictée faite à Dreyfus. Me Demange ayant fait observer à Du Paty qu'il n'y avait pas de traces sensibles de trouble dans la dictée faite à Dreyfus, et lui ayant demandé pourquoi il avait interrompu Dreyfus, en lui disant : « Qu'avez-vous donc? vous tremblez! » Du Paty répondit, me paraissant très troublé lui-même : « Je savais que j'avais affaire à un simulateur ; j'étais certain qu'il s'attendait à quelque chose ; j'en ai fait l'expérience ; s'il n'avait pas été averti, il se serait troublé ; il n'a pas bronché : donc il simulait.

« J'ai retenu très exactement, sinon les mots mêmes, du moins l'expression exacte de ce qu'a dit Du Paty, parce que cette réponse me paraissait absolument étrange et invraisemblable.

« L'autre fait important des témoignages est le deuxième témoignage d'Henry.

« Henry m'avait dit : « Puisque vous êtes assis derrière Gallet, dites-lui donc de me poser telle question » — question relative à la présence d'un traître au 2e bureau, au printemps de 1894.

« Je refusai. Pendant une suspension d'audience, Henry fit, ou fit faire sa communication.

« Gallet fit sa question, et c'est alors qu'eut lieu la déposition théâtrale d'Henry, qui fit une telle impression, que Me Demange — je m'en souviens très bien — en dit un mot dans sa plaidoirie. La phrase prononcée par Henry était à peu près la suivante : « Je tiens d'une personne honorable que quelqu'un trahissait au 2e bureau. » Et il ajouta, en montrant du doigt Dreyfus : « Et le traître, le voici! »

« C'est après cela, je crois, qu'invité à désigner la personne honorable, il s'y refusa et prononça cette phrase, bien connue depuis : » Le képi doit ignorer ce qu'il y a dans la tête d'un officier. »

« Je connais parfaitement la personne dite honorable, et, s'il m'est impossible de la nommer sans en demander l'autorisation au ministre, je pourrai, du moins, si vous le désirez, dire un mot à son sujet.

« Cette personne, je l'ai caractérisée de *rastaquouère*, et, à mon avis, ce n'est pas autre chose : elle était en relations avec le monde diplomatique étranger, et racontait à Henry, soit directement, soit par l'intermédiaire d'un policier de bas étage, nommé Guénée, ce que disaient, entre eux, les attachés militaires, et elle le répétait, sans se rendre compte, bien souvent, de la valeur de ce qu'elle entendait.

« J'ai d'ailleurs donné à cet homme, par l'intermédiaire d'Henry, une somme de douze cents francs pour rémunérer ses services. »

VII. — La déposition et les souvenirs du colonel Picquart sur ce point sont corroborés : 1° par la note Dreyfus déjà citée ; 2° par la note de Me Demange susvisée ; 3° par le dossier militaire (*pièce n° 35*).

La note de Dreyfus ne diffère de la déposition du colonel Picquart qu'en ce qu'elle attribue à Du Paty de Clam, et non au capitaine Gallet, le rappel du commandant Henry à la barre des témoins. Peut-être est-ce d'ailleurs Du Paty qui informa le capitaine Gallet du désir exprimé par Henry.

« Après la déposition du commandant Henry, assez anodine, dit cette note, le commandant Du Paty de Clam l'a fait appeler à la barre. Le commandant Henry a alors fait une déclaration terrible, mais sans apporter aucune preuve. C'est une infamie que de venir faire une déposition pareille, sans apporter aucun témoignage à l'appui. Accuser un officier à la barre sans apporter aucune preuve, c'est monstrueux ! »

Et la note ajoute :

« Sans le commandant Du Paty, toute l'accusation serait déjà tombée. C'est lui qui attise la haine. A-t-il le droit de venir ainsi constamment intervenir dans les débats? On dirait vraiment que c'est lui qui les dirige. »

De son côté, Me Demange, troisième témoin des débats de 1894, s'exprime en des termes absolument concordants avec ceux de la déposition du colonel Picquart et de la note de Dreyfus :

« Tous les témoins entendus dans l'instruction, dit Me Demange, ont été appelés à l'audience, sauf le caporal Bernollin. M. l'officier de police judiciaire, commandant Du Paty de Clam, qui n'avait point déposé devant le commandant-rapporteur, a été cité et entendu à l'audience.

« Deux dépositions ont relevé des faits nouveaux à la charge de Dreyfus, celle du commandant Henry, celle du commandant Du Paty de Clam.

« 1° Déposition du commandant Henry :

« Le commandant Henry a été entendu deux fois à l'audience. Une première fois, il n'a rien dit de nouveau; puis il a demandé à être entendu une seconde fois; il a déclaré alors avec un ton solennel que, dès le mois de février, une personne absolument honorable lui avait affirmé qu'un officier du ministère de la Guerre trahissait, et qu'au mois de mars la même personne avait renouvelé son affirmation en ajoutant que c'était un officier du deuxième bureau.

« Dreyfus qui, dans le premier semestre de 1894, était au deuxième bureau, a demandé avec violence que la personne honorable fût appelée par le Conseil de guerre; j'ai insisté à mon tour avec énergie, réclamant le nom de cette personne honorable, sommant le témoin, au nom du serment qu'il avait prêté, de dire la vérité tout entière. Le commandant Henry m'a répondu : « Quand un officier a dans la tête un secret redoutable, il ne le confie pas même à son képi »; puis, se tournant vers Dreyfus : « J'affirme, moi, que le traître, le voilà ! »

« 2° Déposition du commandant Du Paty de Clam :

« Le témoin a d'abord insisté sur la « scène de la dictée » le jour de l'arrestation, déclarant que, si Dreyfus était sorti victorieux de l'épreuve, il se serait rendu sur-le-champ chez M. le général Mercier pour lui dire : « Monsieur le ministre, nous nous sommes trompés »; puis il a raconté une seconde épreuve à laquelle il avait soumis Dreyfus, épreuve non consignée dans son rapport. En interrogeant le capitaine Dreyfus dans sa prison, j'ai attendu le moment, a dit le commandant Du Paty, où Dreyfus aurait les jambes croisées; puis je lui ai posé à brûle-pourpoint une question qui devait faire naître l'émotion chez un coupable; j'avais les yeux fixés sur l'extrémité du pied de la jambe pendante; le mouvement, presque imperceptible auparavant, de l'extrémité du pied, s'est trouvé tout à coup, au moment de ma question, très sensible à mes yeux. Donc le pouls s'accélérait, le cœur battait plus fort, l'émotion de Dreyfus trahissait sa culpabilité. »

« Me Demange ajoute :

« J'ai apporté le lendemain au Conseil de guerre un certificat du docteur Lutaud, que vous trouverez dans mon dossier, pour combattre cette étrange conclusion du commandant Du Paty. »

L'exposante produit ce certificat.

VIII. — Enfin, la confirmation des mêmes faits se trouve encore dans le dossier militaire.

Une note de M. le général Gonse (*pièce* 35) expose ce que fut, d'après le lieutenant-colonel Henry lui-même, la déposition qu'il fit au Conseil de guerre au nom du ministre.

Henry, d'après cette note, aurait déclaré d'une part avoir apporté au Conseil de guerre ce propos de M. de B... : « Si je connaissais le nom de cet officier (l'officier qui renseignait les attachés militaires), je ne le dirais pas. » Henry aurait reconnu, d'autre part, avoir affirmé catégoriquement au Conseil de guerre que, d'après M. de B..., l'officier renseignant les attachés militaires se trouvait au 2e bureau.

Or, si on se reporte aux deux pièces précédentes du même dossier, rapports de l'agent Guénée, en date du 28 mars et 6 avril 1894, sur les propos de M. de B... (*pièces 33 et 34 du dossier militaire*), on constate, en premier lieu, que M. de B... avait dit, non pas « si je connaissais le nom de cet officier, je ne le dirais pas », mais, au contraire, « si j'apprenais le nom de cet officier, je vous le ferais connaître ».

On constate, en second lieu, sur ces mêmes pièces, que M. de B... avait déclaré « qu'il y avait un loup dans la bergerie », et que « les attachés militaires avaient dans les bureaux de l'État-major un officier qui les renseignait ». Nulle part, dans ces rapports du 28 mars et du 6 avril 1894, il n'est spécifié que l'officier renseignant les attachés militaires fût au 2e bureau.

IX. — Où donc Henry avait-il puisé ce supplément de renseignements par lui apporté devant le Conseil de guerre, que l'officier renseignant les attachés militaires était précisément, d'après M. de B..., au 2e bureau?

M. le général Zurlinden le fait connaître dans la note qu'il adressa au ministre de la Justice le 10 septembre 1898. Cette note, qui n'a pas été imprimée, mais qui figure au dossier, est intitulée : « Note sur la manière dont sont nés les premiers soupçons sur la culpabilité de Dreyfus ». Elle s'exprime en ces termes sur le point qui nous occupe :

« Enfin deux mois plus tard, en juin 1894, *dans une conversation avec le commandant Henry*, M. de B... revint sur cette même question ; il renouvela son accusation en la précisant et en spécifiant que le correspondant de A... et de B... était un officier appartenant ou ayant appartenu récemment au 2e bureau de l'état-major de l'armée. »

Ainsi donc la confiance qui peut être accordée à ce supplément de renseignement, d'une si extraordinaire importance pour Dreyfus aux débats devant le Conseil de guerre, ne peut résulter que de la foi due à la parole du faussaire Henry.

Il existe même, il faut le faire remarquer, de très graves indices qu'Henry, en affirmant avoir reçu ce supplément de renseignements de M. de B..., a menti devant le Conseil de guerre, comme il avait menti dès le jour de l'arrestation de Dreyfus dans son rapport du 16 octobre 1894.

En effet, Guénée, devant la Cour de cassation (*Enquête*, *p*. 507), a été invité à s'expliquer sur la question de savoir si M. de B..., avait pu compléter ses renseignements, et il s'est alors exprimé en ces termes :

« D. — Cette personne B... a-t-elle, à cette époque ou plus tard, complété ce dire par une ou plusieurs indications s'appliquant ou pouvant s'appliquer à Dreyfus?

« R. — Après l'arrestation de Dreyfus, je n'ai pas revu la personne que nous désignons par la lettre B... Elle a quitté la France et est restée absente pendant environ deux ans. *Elle n'a donc pas pu compléter ce premier dire par d'autres indications*. Quand j'ai revu cette personne en 1896, elle ne m'a pas parlé de l'affaire Dreyfus. »

X. — Il est ainsi manifeste, d'une part, que les deux témoins principaux de l'accusation, au procès de 1894, ont été : en première ligne, le commandant Henry, déposant au nom du ministère de la Guerre, et apportant au Conseil de guerre les prétendues informations du bureau des renseignements ; en seconde ligne, le commandant Du Paty de Clam, qui avait rempli les fonctions d'officier de police judiciaire dans l'information préliminaire, et qui, témoin aux audiences du Conseil de guerre, avait, en quelque sorte, pris la direction effective des débats.

Il est manifeste, d'autre part, que les renseignements sensationnels sur la présence d'un officier suspect au 2e bureau et sur les prétendues révélations faites à cet égard par M. de B..., renseignements exposés d'une manière si théâtrale par le commandant Henry dans une déposition supplémentaire provoquée par lui-même, n'ont d'autre garantie de sincérité que la foi due à la parole de ce témoin.

Il importe de rechercher maintenant si des faits nouveaux ne sont pas venus ruiner la confiance due aux deux témoins principaux de l'accusation, en 1894, le commandant Henry et le commandant Du Paty, observation faite d'ailleurs que, quelle que soit la confiance accordée au commandant Henry, l'exactitude des renseignements par lui donnés sur les révélations de M. de B... paraît déjà singulièrement suspecte, étant données les déclarations de l'agent Guénée ci-dessus rappelées.

§ 2. — Manœuvres d'Henry et de Du Paty. — Faux. — Procès d'Esterhazy.

XI. — Les faits nouveaux qui permettent d'apprécier si les deux principaux témoins à charge ont été des témoins loyaux « parlant sans haine et sans crainte, disant toute la vérité et rien que la vérité », se rencontrent dans toutes les instructions postérieures, qui, correctement conduites, auraient nécessairement fait apparaître la vérité sur Esterhazy et fait reconnaître en lui l'auteur du bordereau.

Quatre périodes sont à considérer à cet égard : l'une concerne les découvertes faites au sujet d'Esterhazy par le lieutenant-colonel Picquart, alors chef du service des renseignements, et s'étend jusqu'à l'époque où on le força à abandonner l'instruction de cette affaire, en le chargeant d'une mission d'un caractère équivoque, mission devant se terminer, d'après les ordres envoyés du ministère, sur les frontières de la Tripolitaine, où le marquis de Morès avait été assassiné par les indigènes. La seconde période est relative aux découvertes faites, en ce qui concerne l'erreur judiciaire de 1894, par M. Scheurer-Kestner, vice-président du Sénat, et aux avertissements qu'il donna à cet égard au ministre de la Guerre, général Billot. Une troisième période embrasse tous les faits de l'instruction criminelle contre Esterhazy, nécessitée par la dénonciation formelle de M. Mathieu Dreyfus. Une dernière période enfin concerne les faits postérieurs à l'acquittement d'Esterhazy.

a). — *Information du colonel Picquart.*

XII. — Le lieutenant-colonel Picquart a pris la direction du service des renseignements en remplacement du colonel Sandherr, le 1er juillet 1895. Il y arrivait convaincu de la culpabilité de Dreyfus, non, il est vrai, à raison des débats auxquels il avait assisté, mais à raison du dossier secret, dont d'ailleurs il ignorait le contenu.

« J'étais persuadé à ce moment, dit-il, de la culpabilité de Dreyfus (*Enquête, p.* 97), non en raison des débats auxquels j'avais assisté et dont je sentais le vide, mais parce que j'avais une foi absolue dans le dossier secret. »

Picquart n'était donc animé d'aucun sentiment de partialité en faveur de Dreyfus. Et même le dossier constitué par le ministère de la Guerre, en octobre 1898, pour la Cour de cassation, contient le compte rendu de propos tenus par le colonel Picquart au lendemain de la dégradation, propos non pas accusateurs pour Dreyfus personnellement, mais, en réalité, d'un caractère nettement antisémite. Ce fut sur l'ordre du général de Boisdeffre que le colonel Picquart dut entreprendre des « recherches sur les points qui étaient restés absolument obscurs jusque-là ; et ces points étaient les raisons qui avaient pu déterminer Dreyfus à trahir. » (*Enquête, p.* 97. — *Voyez la déclaration conforme du général de Boisdeffre. Enquête, p.* 179.)

Ces recherches, dont l'agent Guénée fut spécialement chargé par Picquart, n'aboutirent à aucun résultat sérieux, et la Cour en connaît le néant.

XIII. — Fin mars 1896, arriva, par la *voie ordinaire*, les débris d'une carte-télégramme ou « petit bleu » qui, reconstituée par le capitaine Lauth, portait l'adresse du commandant Esterhazy, 27, rue de la Bienfaisance. Le texte en était ainsi conçu (*Procès Esterhazy, brochure Yves Guyot, p.* 133. — *Voir dossier de l'instruction Tavernier*) :

« J'attends avant tout une explication plus détaillée que celle que vous m'avez donnée l'autre jour sur la question en suspens. En conséquence, je vous prie de me la donner par écrit pour pouvoir juger si je puis continuer mes relations avec la maison R. ou non... »

La signature était un simple C.

Assurément un télégramme de ce genre, adressé à Dreyfus, eût paru une preuve de culpabilité absolument écrasante. Mais, en réalité, le télégramme en question, déchiré par son auteur avant l'expédition, et ne donnant aucune indication sur la question discutée entre les correspondants, ne prouvait qu'une chose : l'existence de relations entre le commandant Esterhazy et le signataire C, qu'à raison de l'origine du document, le colonel Picquart crut être l'attaché militaire A...

Ces relations, avouées aujourd'hui, et qualifiées même par Esterhazy de relations de contre-espionnage, étaient alors ignorées. Elles parurent à bon droit suspectes au chef du service des renseignements, qui résolut de s'enquérir de la valeur morale du commandant Esterhazy.

Quelle fut alors l'attitude d'Henry ? On trouve la réponse à cette question dans la déposition du colonel Picquart (*Enquête*, *p*. 106). Henry était absent au moment où le « petit bleu » fut apporté au ministère, et c'est par suite de cette circonstance que le document fut reconstitué par le capitaine Lauth, Henry étant d'ordinaire chargé de ce service.

« Lorsque le colonel Henry revint, dit le colonel Picquart, je lui en parlai, soit que j'aie pris l'initiative de cette conversation, soit qu'il l'ait engagée lui-même, averti par Lauth. Je lui demandai s'il connaissait Esterhazy, il me répondit : « Oui », mais du ton que l'on emploie lorsqu'on parle d'une personne que l'on ne voit pas. Et, effectivement, il ne me parla que du passé, me racontant qu'il avait été, avec Esterhazy et Weil, au service des renseignements en 1878; il ne me donna aucun détail intéressant sur Esterhazy, et m'en donna seulement sur Weil, sans me dire que les relations entre ces deux personnes continuaient à l'heure actuelle. J'informai Henry que je m'étais réservé cette affaire et que je la conduirais avec un seul agent que je lui nommai. »

Cependant les étroites relations d'Henry et d'Esterhazy à cette époque ne sont pas contestables et, quelques mois plus tard, au moment où Esterhazy faisait agir ses protecteurs pour entrer au ministère (*Enquête*, *p*. 386), Henry s'employait « de tout son pouvoir et très affectueusement » à faire réussir la demande de son ami (*Déposition Grenier*, *p*. 498).

Cette dissimulation d'Henry en ce qui concerne ses relations avec Esterhazy est déjà fort suspecte. Si ces relations n'avaient eu rien que de légitime, il est impossible d'apercevoir pour quelle raison Henry les eût dissimulées. Son devoir même eût été, s'il croyait à l'honorabilité de son ami Esterhazy, de le déclarer à son chef; s'il n'y croyait pas, il devait également fournir au colonel Picquart tous renseignements utiles à cet égard. Ses réponses évasives restent donc inexplicables.

XIV. — Mais le rôle d'Henry devint plus suspect encore par la suite.

A la fin du mois de juin 1896, un agent étranger, R. C., qui avait eu des accointances déjà avec certains de nos agents, et qui prétendait, à tort ou à raison, avoir été révoqué de son emploi par l'effet de la dénonciation d'un de ces agents, se présentait à une autorité militaire française, M. F..., et lui faisait la déclaration suivante :

« Depuis deux ou trois ans, l'attaché militaire allemand à Paris est renseigné par un chef de bataillon français qui lui a fourni les indications les plus diverses et lui a donné notamment les cours de l'École normale de tir du camp de Châlons, et beaucoup de renseignements sur l'artillerie. Ce dernier fait a même éveillé la méfiance : on s'est demandé comment ce chef de bataillon pouvait être ainsi renseigné, et l'on a pensé que l'on pouvait avoir affaire à un mystificateur ou à un provocateur (*Enquête, p.* 604). »

Une déclaration conforme de M. F..., en date du 10 décembre 1898, figure au dossier de l'instruction Tavernier.

Le colonel Picquart provoqua une entrevue, dans une ville étrangère, entre cet agent, le capitaine Lauth et le commandant Henry, auxquels furent adjoints le commissaire Tomps et l'inspecteur Vuillecard. Cette entrevue eut lieu le 6 août 1896, les résultats en furent consignés dans un rapport du capitaine Lauth.

R. C. déclara, comme il l'avait déjà dit à M. F... :

« Qu'au moment de l'affaire Dreyfus, on s'était demandé, dans le pays que servait R. C., pour le compte de qui travaillait Dreyfus, qu'on avait fait des recherches partout à ce sujet, et qu'elles n'avaient pas abouti. R. C. ajouta que la puissance qu'il servait n'avait jamais eu qu'un seul officier français à son service, un chef de bataillon, qui donnait des documents, surtout relatifs au tir et à l'artillerie, que ces documents étaient de peu de valeur, qu'on avait fini par le remercier... R. C. avait donné, en outre, le nom d'une autre personne, n'ayant d'ailleurs aucun rapport avec l'officier en question, et cette personne a été réellement reconnue comme extrêmement suspecte (*Déposition Picquart, Enquête, p.* 102). »

Cette déposition est confirmée par la note officielle du ministère de la Guerre en date du 3 février 1898, figurant au dossier de l'instruction Tavernier. Mais comme, d'après les renseignements fournis par R. C., Dreyfus était inconnu de l'attaché militaire A... et des autres agents au service de la même puissance, Henry et, après lui, le ministre de la Guerre, en avaient aussitôt conclu que R. C. était un agent provocateur. Cependant, tout en déclarant minimes les autres renseignements donnés par R. C., la note officielle du 3 février 1898 reconnaît qu'ils permirent « de recouper certains points de l'organisation du service des renseignements de la puissance dont s'agit, que l'on possédait déjà », et « qu'à force d'obsession, on parvint à arracher à R. C. le nom d'un agent opérant en France pour le compte de ladite puissance. »

Si bien qu'en réalité, tous les renseignements, minimes ou importants, donnés par cet agent, se sont trouvés exacts : le seul renseignement inexact serait celui concernant l'erreur commise dans l'affaire Dreyfus. L'inexactitude présumée de ce dernier renseignement a fait qualifier R. C. agent provocateur par le commandant Henry et son subordonné, le capitaine Lauth ; et cependant cet « agent provocateur » n'avait lui-même tenté d'obtenir aucune indication quelconque de ses interlocuteurs ! Il avait livré des renseignements d'ailleurs reconnus exacts, et il n'avait demandé en échange ni renseignements, ni rémunération (sauf le remboursement de ses frais de voyage) !

XV. — Un fait vient encore aggraver la suspicion qui s'attache à tous les agissements et témoignages d'Henry en cette affaire.

R. C., au retour de son entrevue avec le commandant Henry et le capitaine Lauth, se plaignit à M. F... « de ce que l'un des émissaires, le plus âgé (Henry), l'avait bousculé tout le temps, l'empêchant de parler et avait tenu absolument à se faire passer pour quelqu'un de la police. » (*Enquête, p.* 102.)

Le fait, au point de vue matériel, des procédés employés par Henry à l'égard de R. C., est reconnu exact par le capitaine Lauth, qui déclare cependant lui donner une interprétation tout opposée. Suivant lui, si Henry a quelque peu bousculé R. C. ce n'était pas pour l'empêcher de parler, pour l'intimider comme policier sur les confidences qu'il pourrait avoir la velléité de laisser échapper, c'était au contraire pour le forcer à parler.

Cette explication est difficilement conciliable avec le fait rapporté par le capitaine Lauth lui-même, déclarant que personnellement Henry a rompu l'entretien et s'en est allé, dès trois heures de l'après-midi, alors que l'entrevue avec R. C. s'est prolongée jusqu'à six heures. En admettant que, suivant l'interprétation du capitaine Lauth (*Enquête, p.* 289), le départ prématuré d'Henry soit imputable à la lassitude, cette explication ne saurait s'appliquer au refus opposé par Henry à la demande du commissaire Tomps et de l'inspecteur Vuillecard, qui s'offraient à interroger à leur tour R. C. :

« J'offris au commandant Henry, dit le commissaire Tomps, de faire à mon tour, avec Vuillecard, une tentative auprès de C. ; le commandant s'y refusa sans me donner de motifs (*Enquête*, *p.* 535). »

Il apparaît donc que le commandant Henry n'était pas très désireux d'obtenir des renseignements d'un agent déclarant que l'on n'avait pas trace, en son pays, d'actes d'espionnage pratiqués par Dreyfus et que, d'autre part, des renseignements étaient fournis à l'attaché militaire A... par un chef de bataillon.

XVI. — Pour en terminer avec les renseignements provenant de l'agent R. C. et les agissements d'Henry dans ces négociations, on doit rappeler que, d'après la note officielle du 3 février 1898, figurant au dossier de l'instruction Tavernier, une nouvelle entrevue aurait eu lieu après le départ du colonel Picquart, dans les premiers jours de janvier 1897, entre R. C. et les officiers du bureau des renseignements, et que ces officiers en auraient rapporté seulement la confirmation des renseignements déjà donnés lors de la première conférence.

Mais, au cours de l'enquête du général de Pellieux, le capitaine Lauth et le commandant Henry, dont les dépositions ont été versées dans le dossier de l'instruction Tavernier, ont déclaré que, d'après les renseignements parvenus au ministère de la Guerre, R. C., dans ses entrevues, aurait connu les officiers auxquels il avait affaire, et que le chef de bataillon visé par lui comme informateur de l'agent militaire A... était le commandant Henry en personne, sans qu'il soit spécifié d'ailleurs si ce chef de bataillon était ou non en relations directes ou indirectes avec l'attaché militaire A...

La note ministérielle du 3 février 1898 en conclut que le renseignement était fantaisiste. Cependant, si l'on considère les relations d'amitié étroite, mais dissimulée, existant entre Esterhazy et Henry, si l'on considère les actes criminels auxquels Henry a eu recours à l'effet d'empêcher la revision de la condamnation qu'il avait fait prononcer contre Dreyfus pour actes d'espionnage pratiqués avec l'attaché militaire A..., on ne peut se défendre d'un grave sentiment d'anxiété en ce qui concerne l'exactitude de la conclusion donnée à tous ces faits par la note du 3 février 1898.

Cette note ajoute :

« Il est donc prouvé que l'entrevue de X... a été provoquée par l'état-major étranger, dans le seul but de mener à une fausse piste et de permettre de confirmer officieusement ce que l'on avait déjà affirmé officiellement dans les hautes sphères du même gouvernement, à savoir que ledit gouvernement n'avait jamais eu la moindre relation avec Dreyfus. »

Si l'interprétation donnée par cette note officielle est exacte, s'il est vrai que ce gouvernement étranger, après avoir spontanément et officiellement déclaré, par son ambassadeur, à notre ministre des Affaires étrangères, que Dreyfus n'avait eu aucun rapport avec lui, après avoir renouvelé la même déclaration devant son propre parlement par l'organe de son chancelier, a reproduit spontanément encore la même affirmation, par l'intermédiaire d'un agent officieux de son grand état-major, ces déclarations multiples et spontanées sont assurément de nature à faire naître au moins quelque doute sur le bien fondé de la condamnation prononcée en 1894 contre Dreyfus.

Si, au contraire, cette interprétation est inexacte, si R. C... est un véritable agent de renseignements, on ne conçoit pas comment le ministère de la Guerre a pu négliger l'indication concernant le chef de bataillon informateur de l'attaché militaire A..., chef de bataillon pouvant être soit Henry, soit Esterhazy, soit Henry agissant par l'intermédiaire d'Esterhazy.

XVII. — Quoi qu'il en soit, l'attitude d'Henry, principal témoin contre Dreyfus en 1894, soulève déjà les plus graves soupçons, et à raison de ses agissements au moment de la découverte du « petit bleu », et à raison de ses agissements au moment des négociations avec R. C..., qui, d'ailleurs, d'après le ministère de la Guerre lui-même, aurait formellement dénoncé Henry comme informateur de l'attaché militaire A... Les soupçons de déloyauté de ce témoin, qui bientôt vont se changer en certitude, s'aggravent encore, par l'effet de ses actes postérieurs au cours de l'information de Picquart contre Esterhazy.

Picquart reçut des spécimens d'écriture d'Esterhazy : il compara cette écriture à celle du bordereau, constata l'identité des deux écritures, et lorsque, pour rassurer sa conscience, il consulta alors le dossier secret Dreyfus, il fut épouvanté de son inanité (*Enquête*, *p.* 105).

L'agent chargé de recueillir uniquement des renseignements sur la moralité d'Esterhazy apporta ses informations : les renseignements ne pouvaient être que déplorables, et ils le furent.

L'identité d'écritures ne pouvait être niée : les spécimens d'écriture d'Esterhazy, montrés sans leur signature par le colonel Picquart à M. Bertillon, avaient suggéré à celui-ci l'idée que l'écriture d'Esterhazy pouvait être un décalque du bordereau. M. Bertillon avait ensuite formulé son opinion en affirmant « que si c'était une écriture courante, elle ne pouvait émaner que de quelqu'un que les juifs exerçaient depuis un an à reproduire l'écriture du bordereau » (*Enquête, p.* 104). Hypothèse d'autant plus vraisemblable qu'elle visait des écritures antérieures au bordereau lui-même et qu'elle était formulée entre le 25 août et le 5 septembre 1896, alors que l'écriture du bordereau ne fut connue du public que par la reproduction d'un fac-similé de ce document, insérée dans le journal *Le Matin,* seulement le 10 novembre suivant!

Mais M. Bertillon la reprit plus tard et, dans un rapport qu'il rédigea d'office sur l'écriture d'Esterhazy, le 6 juillet 1898 (*dossier militaire, pièce* 8), il conclut gravement :

« *Pour rester conforme à la méthode scientifique, nous nous bornerons à conclure que les choses se passent comme si Esterhazy avait appris à écrire en prenant pour modèle la photogravure erronée du* Matin. »

Dès cette comparaison d'écritures, la conviction du colonel Picquart, qui ne fit que se confirmer par la suite, fut faite : Dreyfus avait été condamné, en 1894, aux lieu et place d'Esterhazy. Il eut l'imprudence de faire connaître cette opinion à son subordonné, le commandant Henry : ce devait être sa perte.

Le colonel Picquart avait, le 1er septembre, rédigé pour le général Gonse, le général de Boisdeffre et le ministre de la Guerre, une note indiquant les renseignements recueillis par lui dans son instruction nécessairement très restreinte, puisqu'il n'avait pas voulu révéler à ses agents de surveillance la nature de ses soupçons contre Esterhazy.

Cette note, reproduite dans l'enquête (*p.* 603), avait quelque peu ébranlé la conviction de ses supérieurs en ce qui concerne la culpabilité de Dreyfus. Aucun d'eux n'a songé à le nier. Le général de Boisdeffre et le général Gonse ont reconnu avoir donné au colonel Picquart l'ordre d'approfondir ses investigations, ordre difficile d'ailleurs à exécuter, dès lors qu'on ne voulait pas charger de l'affaire un officier de police judiciaire et qu'on voulait rester sur le terrain d'une simple surveillance.

Toutefois il y avait là un gros danger pour Henry, qui usa alors de la confiance aveugle, si singulièrement placée en lui, pour ruiner le colonel Picquart dans l'esprit de ses chefs. Le général Gonse en donne lui-même une preuve (*Enquête, p.* 170) :

« Un jour, dit-il, je rencontrai le colonel Henry dans les cours du ministère; c'était certainement postérieurement au 1er novembre, mais très probablement dans les environs du 14; je lui demandai comment allaient les affaires à la statistique (bureau des renseignements). Il me répondit que ça n'allait pas très bien, parce que le colonel (Picquart) ne s'occupait exclusivement que de l'affaire Dreyfus-Esterhazy; *et, à ce propos, il me conseilla de reprendre le dossier secret au colonel, attendu qu'il traînait sur la table de ce dernier, et qu'en raison des visites de Me Leblois, des indiscrétions étaient à craindre; c'est sur cet avis que je repris le dossier, je crois, dans la journée.* »

Jouissant de cet ascendant inexplicable sur l'esprit des généraux Gonse et de Boisdeffre, Henry pouvait se livrer impunément à toutes les manœuvres les plus criminelles contre l'infortuné Dreyfus et contre le colonel Picquart qui avait découvert la vérité : il n'y manqua pas ; et, pour sauver l'œuvre commune, la condamnation de Dreyfus, il fit appel à la collaboration de celui qui en avait été avec lui le principal artisan, le colonel Du Paty de Clam.

XVIII. — Le 2 novembre 1896, Henry exhibe au général Gonse une pièce fausse qu'il avait fabriquée le 31 octobre, et que, comme le bordereau, il affirma lui être parvenue par la *voie ordinaire*. Se défiant du sens critique du colonel Picquart, il se garde de lui montrer le produit de son travail de faussaire. Cette pièce était présentée comme une lettre de l'attaché militaire B... à l'attaché militaire A..., et attestait catégoriquement que Dreyfus avait eu des relations d'espionnage avec les attachés militaires étrangers.

Le général Gonse, qui cependant s'était efforcé de combattre la conviction de Picquart sur l'erreur commise dans le jugement de condamnation Dreyfus, s'abstint de montrer au chef du service des renseignements cette preuve péremptoire de la culpabilité du condamné de 1894. Il a allégué, dans sa déposition devant la Cour (*Enquête, p.* 170), qu'il n'avait pas jugé à propos de la lui montrer parce que Picquart devait, quinze jours plus tard, partir en mission.

La pièce fausse fut communiquée au général de Boisdeffre et au ministre de la Guerre (général Billot).

Le général Roget a expliqué à la Cour que, dans sa pensée, le faux avait été fabriqué par Henry pour ramener les généraux Gonse et de Boisdeffre à la conviction de la culpabilité de Dreyfus, conviction qu'il voyait ébranlée par les résultats de l'enquête de Picquart sur Esterhazy (*Enquête, p.* 81 *infine*). La déposition de M. Barthou (*Enquête, p.* 232) montre, d'ailleurs, que le but du faussaire fut pleinement atteint en ce qui concerne le ministre de la Guerre.

Notons enfin que, d'après la déposition du capitaine Cuignet (*Enquête, p.* 235), Du Paty de Clam aurait participé à la confection du faux et aurait joint ses efforts à ceux d'Henry pour sauver de la ruine le jugement de condamnation de Dreyfus.

XIX. — Du Paty de Clam, d'ailleurs, s'il n'a pas collaboré à ce premier document apocryphe du colonel Henry, s'est, lui aussi, et dès la même époque, livré d'après les dépositions apportées à la Cour par les témoins militaires eux-mêmes, à la fabrication des faux pour empêcher le ministre de la Guerre et les chefs de l'État-major d'ajouter foi à la parole de ceux qui pourraient leur démontrer l'erreur commise en 1894.

Le 1er septembre, le colonel Picquart avait, par sa note sommaire, exposé les raisons qui l'avaient convaincu de la culpabilité d'Esterhazy relativement à l'acte imputé à Dreyfus en 1894.

Le 4 septembre apparaissait une pièce bizarre, connue depuis sous le nom de faux Weyler, destinée manifestement à faire croire au gouvernement que la famille Dreyfus se livrait à des manœuvres répréhensibles, et machinait toute une comédie pour faire substituer légalement un homme de paille au condamné Dreyfus.

Voici comment s'exprime à cet égard le capitaine Cuignet (*Enquête, p.* 235) :

« Il y a autre chose encore. Presque en même temps que la production du faux Henry, est arrivée au ministère de la Guerre une lettre à l'adresse de Dreyfus ; cette lettre était écrite en caractères bizarrement contournés et était signée d'un sieur Weyler, qui annonçait à Dreyfus le prochain mariage de sa fille ; dans les interlignes, on avait écrit à l'encre sympathique, mais en caractères assez apparents pour attirer l'attention, cette phrase accusatrice :
« Impossible comprendre dernière communication. Nécessaire
« revenir à l'ancien système. Faites connaître le mot des armoires
« et où se trouvaient les documents enlevés. Acteur prêt à agir
« aussitôt. » **Il me paraît certain que cette lettre signée Weyler a été faite pour augmenter les charges contre Dreyfus. Elle procède du même état d'esprit qui a conduit à confectionner le faux d'Henry.** J'ai dit que cette lettre était écrite en caractères, bizarrement contournés ; or, cette même écriture extraordinaire, et qu'il ne semble pas possible d'attribuer à deux personnes distinctes, se retrouve absolument identique dans un certain nombre de lettres émanant de la femme voilée de l'affaire Esterhazy. On est donc en droit d'admettre que la femme voilée et l'auteur de la lettre Weyler sont une seule et même personne. **Comme la femme voilée n'est autre que Du Paty, c'est donc lui qui, en septembre 1896,**

écrivait aussi la lettre signée Weyler et destinée à augmenter les charges contre Dreyfus. »

La Cour trouvera d'ailleurs la lettre signée Weyler dans le dossier militaire (*nº 372. Cote des pièces fausses*).

Ainsi le lieutenant-colonel Henry et le lieutenant-colonel Du Paty de Clam se sont acharnés sur leur malheureuse victime de 1894. Non contents d'avoir, par des communications de pièces secrètes, des actes d'accusation clandestins et ignorés de la défense, des témoignages passionnés et véhémentement suspects aujourd'hui, entraîné la conviction des juges du Conseil de guerre, ils n'ont ni l'un ni l'autre reculé devant le faux pour créer des charges nouvelles contre Dreyfus, lorsque la fragilité de leur œuvre de 1894 et l'erreur judiciaire commise apparaissaient aux yeux du chef du bureau des renseignements.

XX. — Tels sont les deux témoins principaux de l'accusation devant le Conseil de guerre, tels sont les hommes qui apportaient devant la justice militaire les prétendus renseignements recueillis par le ministère, renseignements qui, pour la plupart, n'avaient d'autre garantie d'authenticité que la loyauté de ces deux témoins.

Ces hommes n'hésitaient pas à commettre des faux pour affermir la foi chancelante de leurs chefs dans la culpabilité de Dreyfus : comment auraient-ils hésité à altérer la vérité dans leurs témoignages pour entraîner la conviction des juges?

Cependant l'aveugle confiance qu'inspirait Henry à ses chefs, l'ascendant inexplicable que, comme Du Paty de Clam, il exerçait sur eux, étaient tels que la pièce fabriquée par lui, dénoncée officiellement, dès novembre 1897, comme certainement apocryphe par l'ambassadeur de l'attaché militaire B... (*déposition Paléologue. Enquête, p.* 270), fut néanmoins réputée par eux authentique, sur la seule affirmation d'Henry qu'elle était venue par la voie ordinaire, comme le bordereau.

C'est dans ces conditions qu'en 1898 cette pièce fausse fut invoquée comme preuve authentique devant la Cour d'assises de la Seine, qu'elle fut, comme preuve authentique, lue à la tribune de la Chambre des députés par M. le ministre de la Guerre Cavaignac, qu'elle fut, comme preuve authentique, officiellement affichée dans toutes les communes de France.

C'est dans ces conditions que le colonel Picquart, ayant osé, ainsi que l'ambassadeur de l'attaché militaire B..., dénoncer comme apocryphe l'élucubration d'Henry, fut jeté dans un cachot dont il n'est pas encore sorti.

XXI. — Cependant, après avoir sauvé par deux faux leur œuvre un instant compromise de 1894, les colonels Henry et Du Paty de Clam devaient faire disparaître, ou tout au moins s'efforcer de disqualifier le témoin dangereux qui, par la suite, pouvait encore démontrer les erreurs commises grâce à eux par le Conseil de guerre. Rien ne fut épargné dans ce but.

Le journal *L'Éclair*, dans deux articles des 10 et 15 septembre 1896, destinés à démontrer la culpabilité de Dreyfus, avait publié des pièces secrètes d'ailleurs falsifiées. *Ces articles étaient dus à Du Paty de Clam.* (*Déposition du capitaine Cuignet. Enquête, p.* 235.) D'autre part, le journal *Le Matin* du 10 novembre 1896 avait publié le fac-similé du bordereau, pris, comme on l'apprit plus tard, à l'expert Teyssonnières. Le colonel Picquart avait prescrit au commissaire Tomps de faire des recherches pour savoir quel était l'auteur de ces indiscrétions. Dès que, quelques jours après, il fut parti en mission, le colonel Henry, qui le remplaça, usa de moyens inavouables pour forcer l'agent Tomps à désigner, dans ses rapports, Picquart lui-même comme l'auteur de la livraison des pièces secrètes. (*Déposition Tomps. Enquête, p.* 533.) Il est à remarquer que, dans le même but, Henry s'était, déjà à la même époque, fait rédiger par son agent Guénée trois rapports selon la formule ordinaire de cet agent, pour dénaturer les relations du colonel Picquart avec Me Leblois. (*Enquête, p.* 116, *et dossier de l'instruction Tavernier.*) Toutes ces manœuvres n'avaient que trop réussi : on lit, dans le procès-verbal du Conseil d'enquête Picquart, cette déclaration du général Gonse :

« Je dois dire que si M. le lieutenant-colonel Picquart a été éloigné de l'État-major de l'armée, c'est parce qu'il n'avait plus notre confiance. Des indiscrétions avaient été commises et j'avais de bonnes raisons de croire qu'elles provenaient de son fait. J'ai dit au ministre : il faut choisir entre le chef du service des renseignements et moi. Je ne veux pas, ai-je ajouté, la mort du pécheur : qu'on l'éloigne sous le prétexte de lui donner une mission, et plus tard on le versera dans la troupe. » (*Enquête, p.* 656.)

Cependant, le colonel Picquart voit constamment se prolonger son invraisemblable mission, qui peu à peu le fait passer en Algérie, puis en Tunisie, et qui l'aurait envoyé en Tripolitaine, si le général Leclerc, commandant le corps de Tunisie, n'avait, de sa propre autorité, interdit à Picquart de dépasser Gabès. (*Enquête, p.* 133.)

Le colonel Henry, pendant cette mission extraordinaire, fait saisir la correspondance du colonel Picquart, et la correspondance, ainsi décachetée et lue, donne, sur la vie de famille et les relations amicales de Picquart, des indications qui seront soigneusement utilisées pour la fabrication d'une fausse lettre, signée *Speranza* et datée du 15 décembre 1896. Cette lettre devait d'ailleurs avoir sa contre-partie un an plus tard au moment de l'intervention de M. Scheurer-Kestner et de la dénonciation de M. Mathieu Dreyfus, dans de faux télégrammes signés également *Speranza* et *Blanche.*

La fausse lettre du 15 décembre 1896 était censée avoir été adressée à Picquart au ministère de la Guerre, où elle aurait été interceptée. Son prétendu destinataire, Picquart, ne la vit qu'un an plus tard à l'enquête de Pellieux. Elle était ainsi conçue :

« Votre brusque départ nous a mis dans le désarroi. L'époque des fêtes est particulièrement favorable à la reprise de l'œuvre. Revenez vite. Dites un mot. Le demi-dieu agira. » (*Enquête, p.* 129 *in fine.*)

Comme le faux Weyler, le faux signé *Speranza*, adressé à Picquart au ministère de la Guerre, était destiné à faire croire à l'existence d'un complot concerté entre la famille Dreyfus et différents personnages (dont le colonel Picquart), à l'effet de substituer à Dreyfus un individu qui endosserait la responsabilité des faits d'espionnage imputés au condamné de l'île du Diable.

C'était là une manœuvre, aussi habile que criminelle, destinée à créer de gros obstacles à toute demande de revision du procès de 1894, et à disqualifier l'ancien chef du bureau des renseignements qui avait découvert l'erreur commise; c'est l'origine de la légende du « syndicat ».

On verra bientôt que cette fausse lettre, signée *Speranza*, et destinée à perdre Picquart, dans l'esprit des chefs de l'État-major, paraît devoir être attribuée à Du Paty, comme les télégrammes postérieurs *Speranza* et *Blanche.*

XXII. — Grâce à toutes ces manœuvres criminelles et à tous ces faux, les colonels Henry et Du Paty ont pu non seulement éviter que le colonel Picquart éclairât complètement ses chefs sur les erreurs commises en 1894, mais ils sont parvenus, en outre, à paralyser son témoignage, qu'ils ont vainement essayé d'étouffer complètement.

Le 1er février 1898, devant un Conseil d'enquête où le lieutenant-colonel Henry joue d'ailleurs encore le rôle de principal témoin secondé du général Gonse, le lieutenant-colonel Picquart comparaît pour les prétendues indiscrétions et communications de pièces confidentielles à Me Leblois. La décision à prendre par le ministre de la Guerre, à la suite de ce Conseil d'enquête, resta suspendue au dessus de la tête de Picquart pendant tout le cours du procès Zola, où il devait apporter son témoignage (7-23 février 1898). Le colonel Picquart, après avoir déposé en Cour d'assises avec beaucoup de réserve, mais selon sa conscience, fut frappé de la peine la plus grave qui pût lui être infligée : il fut mis en réforme le 25 février 1898. (*Voyez sur ce point la déposition du général de Galliffet. Enquête, p.* 146.)

Le 7 juillet 1898, M. Cavaignac présente comme authentique à la Chambre des députés la pièce fabriquée par Henry et signalée au gouvernement français comme manifestement apocryphe, dès novembre 1897, par M. le comte de Tornielli, ambassadeur d'Italie. Le lieutenant-colonel Picquart écrit, le 9, au président du Conseil, une lettre respectueuse où il lui expose que la bonne foi du ministre de la Guerre a été manifestement trompée par un document faux.

Cinq jours après, le 12 juillet, M. le ministre de la Guerre porte plainte contre Picquart entre les mains du ministre de la Justice et réclame contre lui des poursuites correctionnelles à raison des imputations mêmes qui déjà l'avaient fait mettre en réforme : le colonel Picquart est immédiatement incarcéré.

Le 17 septembre 1898, le Conseil des ministres décide qu'il y a lieu d'entamer la procédure de revision du procès Dreyfus : trois jours après, le 20 septembre, le général Zurlinden, ministre de la Guerre, engage une procédure criminelle contre le colonel Picquart, toujours à propos des mêmes faits auxquels on adjoint une accusation de fabrication du « petit bleu », et le colonel Picquart est immédiatement mis au secret pendant de longues semaines. Le rapport des experts commis par l'autorité militaire (*instruction Tavernier*) établit que le document incriminé a été gratté et surchargé après le départ de Picquart, évidemment pour permettre une articulation de faux : si bien qu'on se trouve encore là en présence d'une *falsification de document dirigée contre Picquart.* Quelle que soit d'ailleurs la valeur du « petit bleu », révélant des relations suspectes entre Esterhazy et l'attaché militaire A..., il est manifeste aujourd'hui que ce « petit bleu », de l'aveu même d'Esterhazy, révélait une vérité.

Les notes du colonel Picquart sont toujours et unanimement excellentes (*rapport du général Dumont. Enquête, p.* 649); et le général de Gallifet a terminé sa déposition devant la Cour en ces termes (*Enquête, p.* 147) :

« Je tiens à répéter devant la Cour ce que j'ai dit devant le Conseil d'enquête. En voici les termes : « Je ne sais si le colonel Picquart a commis une faute ; mais, s'il l'a commise, je suis certain « qu'il n'y a été amené que par son amour de la vérité et certainement pas poussé par un sentiment vil. »

L'exposante doit exprimer ici un témoignage de reconnaissance émue au soldat intègre, à l'homme loyal et bon, qui n'a pas hésité à sacrifier son avenir et sa liberté à un devoir de conscience et d'équité et qui n'a malheureusement réussi jusqu'ici qu'à joindre le martyre d'un juste au martyre d'un innocent.

XXIII. — Ainsi, manœuvres louches lors de la découverte du « petit bleu » accusateur d'Esterhazy, et, lors des entrevues avec l'agent R. C., révélations de ce dernier en ce qui concerne respectivement Dreyfus et « le chef de bataillon informateur », faux Henry, faux Weyler, faux Speranza, délations calomnieuses en ce qui concerne Picquart, tentatives de subornation de commissaire pour en obtenir des rapports contre Picquart, communications à la presse de documents secrets et falsifiés pour les besoins de la cause, tel est le bilan des deux principaux témoins à charge de Dreyfus dans la première période considérée, celle de l'information Picquart sur Esterhazy.

b). — *Découverte de l'erreur judiciaire par M. Scheurer-Kestner.*

XXIV. — On doit examiner maintenant la seconde période, celle qui s'ouvre au moment où M. Scheurer-Kestner fit connaître au ministère de la Guerre les preuves par lui recueillies de l'erreur judiciaire commise en 1894.

On retrouvera, dans cette période encore, quelques faux et des manœuvres non moins criminelles.

Picquart avait quitté Paris le 16 novembre 1896 ; Henry, son successeur comme chef de bureau des renseignements, avait, il est inutile de le dire, abandonné la surveillance d'Esterhazy, son ami, qu'il servait « très affectueusement et de tout son pouvoir au ministère de la Guerre », et qui se livrait dès lors sans contrainte aucune à ses vils trafics.

Près d'un an plus tard, M. Scheurer-Kestner, qui, ne pouvant croire à un crime commis sans motif par un homme dont il connaissait d'ailleurs la parfaite honorabilité, était arrivé à l'absolue conviction de l'innocence de Dreyfus, tomba, lui aussi, sur la piste de l'informateur habituel des attachés militaires étrangers, Esterhazy. La publication du fac-similé du bordereau avait d'ailleurs donné un sérieux moyen d'investigation. L'écriture d'Esterhazy, que celui-ci modifia postérieurement à la dénonciation de Mathieu Dreyfus (*déposition Grenier, Enquête, p.* 498), se trouvait dans beaucoup de banques et d'agences d'affaires de Paris; le désordre de ses affaires et le dérèglement de sa vie étaient devenus notoires; ses relations suspectes avec les attachés militaires ne continuaient guère à être un mystère que pour le bureau des renseignements du ministère, dirigé par le colonel Henry. (*Voyez, sur la notoriété de ces relations, la déposition du général de Galliffet, Enquête, p,* 146, *in principio*).

La famille de Dreyfus et les personnes qui, convaincues de son innocence, s'intéressaient à sa réhabilitation, devaient donc assez facilement retrouver la piste qu'avait découverte un an plus tôt le colonel Picquart dans l'exercice de sa surveillance générale.

Une lettre de M. Scheurer-Kestner, adressée à M. Ranc, sénateur, le 23 mars 1899, et publiée par celui-ci avec l'autorisation de son auteur, permet de fixer quelques dates. Cette lettre est ainsi conçue :

« Mon cher ami,

« Vous me demandez une date permettant de déterminer à quelle époque le général Billot a été averti de mon intention de poursuivre la revision du procès Dreyfus.

« C'est le 12 septembre 1897 que j'ai fait part à un officier supérieur d'État-major, se trouvant à Belfort, et avec lequel j'avais eu des relations antérieures, de ma conviction et de mon intention.

« Après avoir cherché sans succès à me démontrer la culpabilité de Dreyfus, cet officier me répondit qu'il allait faire part de notre conversation au ministre de la Guerre et qu'il verrait le général Billot aux manœuvres.

« A son retour des manœuvres, ledit officier me télégraphiait, à la date du 20 septembre, qu'il avait mission de me faire une communication. Une nouvelle entrevue eut lieu le 16 octobre, dans laquelle il me demanda, au nom de son ministre, de ne rien entreprendre avant de l'avoir vu.

« C'était dans mes intentions, et c'est ainsi que je me trouvai, le 31 octobre, dans le cabinet du ministre de la Guerre, auquel je fis part des raisons qui avaient formé ma conviction.

« Voilà, mon cher ami, la situation bien nette au point de vue de ces dates.

« Votre affectionné,

« SCHEURER-KESTNER. »

C'est donc le 12 septembre 1887 que M. Scheurer-Kestner informait un officier de l'État-major, avec mission d'en aviser le général Billot aux manœuvres, de ses convictions et de son intention de poursuivre la revision du procès Dreyfus. Le 16 octobre 1897, le même officier d'État-major prie officiellement M. Scheurer-Kestner de ne rien entreprendre sans avoir vu le général Billot. Or, dès le 16 octobre 1897, Du Paty de Clam recherchait l'adresse d'Esterhazy à la campagne, pour lui faire parvenir une lettre signée *Espérance*. Cette lettre l'avertissait d'un prétendu complot dirigé contre lui au sujet de l'affaire Dreyfus, complot dont l'âme n'était autre, d'après *Espérance*, que le colonel Picquart. (La lettre figure au dossier de l'instruction Bertulus. Elle est, d'après Esterhazy, arrivée entre ses mains le 18 ou le 20 octobre.)

En ce qui concerne l'auteur de cette lettre, le général Roget dépose en ces termes (*Enquête*, p. 69) :

« *J'ai pu me procurer la certitude que la lettre du* 20 *octobre* 1897, *signée* « *Espérance* » *et dans laquelle on prévenait Esterhazy de la campagne qui allait être entreprise contre lui, est de Du Paty*. Je sais en effet que, le 16 octobre, Du Paty est allé au service des renseignements, et qu'il a demandé, sous un prétexte quelconque, l'adresse d'Esterhazy, qu'on l'a renvoyé à l'agent chargé de la surveillance d'Esterhazy et que celui-ci lui avait donné l'adresse d'Esterhazy à Dommartin-la-Planchette. »

M. le capitaine Cuignet est non moins affirmatif (*Enquête, p.* 238). C'est au colonel Henry que Du Paty a, le 16 octobre 1897, demandé l'adresse d'Esterhazy à la campagne, et c'est Gribelin qui fut chargé d'aller chercher cette adresse chez l'agent qui la possédait.

Le témoin Gribelin a confirmé l'exactitude de ces faits (*Enquête, p.* 299 *in fine*).

XXV. — Le colonel Du Paty a cru pouvoir opposer, devant la Cour, à ces témoignages concordants, des dénégations quelque peu embarrassées. En se reportant au procès-verbal de l'interrogatoire qu'il subit le 9 septembre 1898, procès-verbal signé des généraux Renouard et Mathis, on trouve à cet égard les déclarations suivantes (*Enquête, p.* 678) :

« Le ministre venait de recevoir une lettre anonyme signée P. D. C. lui dévoilant le complot qui se tramait, et l'on se demandait comment on pourrait en faire parvenir l'avis à Esterhazy. Dans une réunion à laquelle assistaient le général Gonse, le lieutenant-colonel Henry, le commandant Lauth, l'avis fut émis de recourir à la voie anonyme.

« On rédigea même deux lettres, mais ce moyen fut interdit d'une manière formelle et on dut y renoncer. »

M. le général Gonse, dans sa note du 10 septembre 1898, annexée à ce procès-verbal (*Enquête, p.* 687), fournit ses explications en ces termes :

« Lorsque la campagne menée contre Esterhazy par les partisans de Dreyfus est entrée dans la période active, ce que nous avons su par des lettres anonymes (deuxième quinzaine d'octobre 1897) et par les lettres d'Esterhazy datant à peu près de la même époque, *je m'adjoignis le lieutenant-colonel Du Paty qui, étant au courant de l'affaire Dreyfus, me paraissait tout indiqué pour travailler avec toute la discrétion que devait comporter la nature des travaux à faire.* Il fallait en effet copier pour le ministre les lettres et documents que nous recevions; il fallait préparer, en outre, la correspondance avec le gouverneur militaire de Paris, qui avait sous ses ordres le commandant Esterhazy, officier en non-activité, etc... A cette époque, j'avais toute confiance dans le lieutenant-colonel Du Paty, et c'est comme officier d'État-major, chargé de me seconder dans la préparation de la correspondance, que j'ai eu recours à lui.

« Au moment où nous sont parvenues les lettres anonymes dévoilant la marche de la campagne, c'est-à-dire du 20 au 26 octobre 1897, *j'ai examiné en effet le moyen de faire prévenir Esterhazy, et j'indiquai au ministre de la Guerre (général Billot), qu'on pourrait peut-être faire parvenir à Esterhazy une lettre anonyme dont le texte fut préparé*. Ce texte doit encore exister au dossier qui est au cabinet du ministre. Le général Billot ne donna pas son approbation à cette proposition et nous défendit même de faire parvenir cette lettre au destinataire. Je transmis immédiatement et verbalement cette défense au lieutenant-colonel Du Paty. Il me fit quelques objections, mais je lui répondis que les ordres du ministre étaient formels, et que nous n'avions qu'à nous incliner. »

La lettre (sinon la lettre préparée par les soins du général Gonse, du moins une lettre semblable) fut néanmoins envoyée : elle est parvenue le 18 octobre à Esterhazy, et on lui prescrivit plus tard de déclarer qu'il l'avait reçue le 20 et non le 18 (*déposition Esterhazy. Enquête, p.* 402). La lettre a été saisie par M. le juge d'instruction Bertulus chez la fille Pays.

Ainsi, aussitôt que M. Scheurer-Kestner eut fait confidentiellement connaître à un officier d'état-major du ministère sa conviction de l'innocence de Dreyfus, aussitôt qu'on eut obtenu de lui de ne rien faire pour la revision sans avoir eu, avec le ministre de la Guerre, une conférence qui devait se placer au 31 octobre 1897, le ministre est avisé des intentions de l'honorable vice-président du Sénat par une lettre anonyme signée P. D. C.

Le colonel Du Paty de Clam est immédiatement chargé tout spécialement de défendre son œuvre, la condamnation de Dreyfus : c'est lui que le général Gonse appelle pour aviser Esterhazy, de manière qu'ainsi averti celui-ci pût faire disparaître tous documents compromettants. On combine, dans un conciliabule où figurent le colonel Henry, le général Gonse et le commandant Lauth, les moyens d'informer Esterhazy pour qu'il puisse se mettre sur ses gardes et détruire les pièces à charge; on adopte le procédé d'une lettre anonyme, on rédige cette lettre; et quand, informé de ce projet, le général Billot, indigné, défend d'envoyer la lettre préparée, Du Paty de Clam se procure l'adresse d'Esterhazy à Dommartin, et la lettre part quand même.

L'explication donnée au général Renouard par Du Paty, se prétendant néanmoins en de telles conditions couvert par l'autorisation de ses chefs, est, comme le dit le général Renouard lui-même, « au moins bien subtile » :

« Questionné, dit le général dans son rapport au ministre du 11 septembre 1898, sur les circonstances qui l'ont mis au courant de la campagne projetée ou entreprise contre Esterhazy, *le lieutenant-colonel Du Paty prétend, qu'ayant reçu l'ordre de ses chefs de préparer successivement deux projets de lettres anonymes destinées à prévenir Esterhazy, lettres qu'il reconnaît d'ailleurs n'avoir pas été envoyées, il en a conclu qu'on s'était proposé, en le chargeant de ce travail, de le mettre au courant de l'affaire pour l'inciter à prévenir lui-même Esterhazy.* » (*Enquête, p. 683 in fine.*)

XXVI. — Mais le sauvetage d'Esterhazy, qu'on savait indéfendable au point de vue de la moralité, dont on ne pouvait ignorer, à cette époque, les relations au moins suspectes avec les attachés militaires, dont l'écriture présentait avec celle du bordereau une identité frappante, était une œuvre réclamant toute l'ingéniosité de celui qui, en 1894, était parvenu à faire sortir du néant une accusation contre Dreyfus.

Il ne suffisait pas de prévenir Esterhazy, et de le mettre ainsi en demeure de faire disparaître toutes les preuves de ses actes d'espionnage et de ses relations avec l'attaché militaire A... Il fallait le prendre et le conduire par la main, il fallait combiner au ministère la défense et la pseudo-accusation.

C'est ce qui fut fait; le colonel Du Paty de Clam a dû l'avouer, en rejetant, il est vrai, une part de responsabilité de ces manœuvres criminelles sur le colonel Henry, et en prétendant se couvrir des ordres qu'il avait reçus de ses chefs.

Les moyens les plus inavouables, les manœuvres les plus dolosives furent d'abord tentées pour empêcher l'instance judiciaire que devait entraîner une dénonciation régulière. La tactique était de provoquer, par une demande d'Esterhazy lui-même, une enquête administrative par laquelle on eût étouffé l'affaire, en rendant pratiquement impossibles ensuite une dénonciation et un procès criminel contre Esterhazy.

Dès qu'Esterhazy, au reçu de la lettre signée *Espérance*, arrive à Paris, il descend chez sa maîtresse, la fille Pays, 49, rue de Douai, où il est immédiatement rejoint par l'émissaire des colonels Henry et Du Paty, l'archiviste Gribelin.

La déposition d'Esterhazy, confirmée d'ailleurs par celles de Du Paty de Clam et de Gribelin, confirmée par le procès-verbal de l'interrogatoire de Du Paty des 9 *et* 10 *septembre* 1898, *établit ainsi qu'il suit des faits aujourd'hui incontestables et incontestés* (*Enquête, p.* 402 *et suivantes*) :

« En octobre 1897, j'étais à la campagne quand j'ai reçu, le 8 octobre (on m'avait prescrit de dire que c'était le 20), une lettre ; cette lettre était signée *Espérance*.

« Au reçu de cette lettre, dont je ne connais pas l'écriture, je fus très surpris, et je partis pour Paris. Je descendis rue de Douai ; *je ferai remarquer que, jusque-là, j'avais caché, de la façon la plus absolue, mes relations avec M*[me] *Pays, et que je pensais que personne, à part un très petit nombre de gens au ministère de la Guerre, et dans des conditions que j'expliquerai plus tard, ne pouvait les connaître.*

« J'avais télégraphié à Mme Pays (en Normandie) de revenir. Le lendemain de mon arrivée, j'étais très occupé de cette lettre, et, le soir, en rentrant vers l'heure du dîner, j'appris, par la concierge (animée, à cette époque, d'autres sentiments que ceux qu'elle a manifestés depuis), qu'un monsieur était venu me demander. J'en fus très surpris, personne, en effet, ne connaissant cette adresse. La concierge me dit qu'elle avait déclaré à ce monsieur que j'étais inconnu ; celui-ci avait répondu qu'il savait très bien que j'étais dans la maison, que, du reste, il venait dans mon plus grand intérêt, et qu'il avait absolument besoin de me voir. Il avait annoncé qu'il reviendrait dans la soirée. Je me rendis alors à mon véritable domicile, 27, rue de la Bienfaisance, où je ne pouvais pas entrer, ayant laissé les clefs à Dommartin. Je demandai à la concierge si on était venu s'informer de ma présence; je pensais, en effet, que quelqu'un qui eût eu à me voir se serait d'abord rendu à mon seul domicile connu. La concierge me dit qu'elle n'avait vu personne. Je rentrai alors rue de Douai, et j'attendis toute la soirée. Personne ne vint.

« *Le lendemain matin, de très bonne heure* (*sept heures du matin*), *le concierge monta et me dit que le monsieur qui était venu la veille attendait dans la rue, près du square Vintimille. Je descendis et je trouvai quelqu'un avec des lunettes bleues, et dont la tournure, malgré ses efforts, dénotait un militaire.*

« Ce monsieur m'aborda et me dit : « Commandant, je suis chargé d'une très grave communication, dans votre intérêt urgent. » La tournure de ce monsieur, la certitude que j'avais que personne, ailleurs qu'au ministère, ne pouvait savoir que je pouvais être rue de Douai, me fit tout de suite penser que j'étais en présence d'un envoyé du ministère de la Guerre. Je répondis à ce monsieur que je croyais savoir le motif de sa démarche, et que j'avais reçu, à la campagne, une lettre contenant un avertissement très singulier. Cette personne me dit alors :

« *Ne vous préoccupez pas, mon commandant, on sait ce qu'il y a sous tout cela.* **Vous avez des défenseurs et des protecteurs très puissants et au courant de tout. Voulez-vous venir, ce soir, au rendez-vous que je vais vous indiquer?** » Je lui dis : « Très volontiers ; » et alors il me montra un bout de papier, indiquant l'angle du réservoir des eaux de la Vanne, en face *du parc Montsouris*. Le rendez-vous était pour cinq heures. Je me rendis au lieu indiqué, et à cinq heures précises, je vis s'arrêter, à une centaine de mètres du point où j'étais, une voiture dans laquelle il y avait trois personnes; deux de ces personnes descendirent, la troisième resta dans la voiture. Les deux autres vinrent à moi; dans l'une *je reconnus le monsieur que j'avais vu le matin; l'autre avait une fausse barbe et des lunettes; cette dernière personne m'adressa brusquement la parole et me dit : « Commandant, vous savez de quoi il s'agit, » et très rapidement, avec beaucoup de volubilité, se mit à me raconter tout ce qui avait été fait, depuis* 1896, *contre moi, par le colonel Picquart, entrant dans de très nombreux détails sur les manœuvres de beaucoup de personnages importants*, toutes choses qui, à cette époque, étaient absolument nouvelles pour moi. Ce monsieur m'assura encore, devant la profonde surprise que je lui témoignais de toutes ces nouvelles, que toutes ces machinations étaient connues, prévues, *me répéta que j'avais les défenseurs les plus puissants et* **que je devais seulement obéir strictement aux instructions qui me seraient données,** que mon nom ne serait même pas prononcé. Je cherchai, à diverses reprises, à faire dire à mon interlocuteur qui il était, sans y arriver. Je voyais bien que c'était un officier, j'aurais bien voulu savoir qui il était et de la part de qui il venait. Il me dit, au bout d'une conversation d'une demi-heure, de ne point me préoccuper, *qu'on me tiendrait au courant et que j'eusse à me trouver, tous les jours, à cinq heures, dans le salon d'attente du Cercle militaire,* où le premier monsieur passerait, si on avait quelque chose à me dire. Ils me quittèrent, me disant de m'en aller dans telle direction; eux repartirent du côté de leur voiture, de sorte que je ne pus voir la figure de la troisième personne, restée dans la voiture. Le lendemain matin, à la même heure que la veille, le concierge me monta un mot, au crayon, me disant : « Dans le fiacre, devant tel numéro de la rue Vintimille. » J'y allai en toute hâte; *je trouvai le monsieur à fausse barbe,* qui me dit : « Montez vite », et de lui indiquer un endroit où on pourrait parler longtemps sans être dérangé. Je lui dis : « Je ne vois pas d'autre endroit par ici que le cimetière Montmartre, si vous voulez y aller. » Nous nous y rendîmes, et alors là, ce monsieur me dit : « *Il faut demander tout de suite une audience au ministre de la Guerre,* **et nous allons établir ce que vous lui direz,** » parce que je lui avais dit : « Demander une audience au ministre, pour quoi lui dire? pour lui montrer cette lettre que j'ai reçue? » — Il m'avait répondu alors : « Non! Nous allons établir ce que vous lui direz. » — Alors je lui dis : « Mais tout cela est très bien; je vois que vous êtes officier. Je prévois que vous venez du ministère; je voudrais bien savoir qui vous êtes? »

« *Ce monsieur me dit :* « **Je suis le colonel Du Paty de Clam, de l'État-major de l'armée. Et vous n'avez qu'à faire ce que je vous dirai.** » Je ne connaissais pas le colonel Du Paty de Clam. Je l'avais rencontré une fois, pendant une heure, il y a seize ou dix-sept ans, dans une rencontre de deux colonnes en Afrique : devant son grade et sa qualité, je lui dis : « Ça suffit, mon colonel. Vous pouvez compter sur mon obéissance absolue. »

Alors le colonel Du Paty me dicta, dans le cimetière même, une demande d'audience au ministre, me laissa entendre qu'il avait besoin de rendre compte de ce qui venait de se passer, et me donna rendez-vous pour le même soir. Comme il ne m'avait pas parlé du rendez-vous du Cercle militaire, je m'y rendis néanmoins; je trouvai le premier monsieur, qui me fit monter dans une voiture et m'emmena, au pas, jusqu'au Cirque d'Hiver. Il me raconta, avec beaucoup de détails, toutes les machinations que j'ignorais, et insista beaucoup sur ce que j'étais parfaitement connu et sur les très hautes protections dont il m'avait parlé la veille.

« J'avais adressé ma lettre au ministre. *Le soir, je revis, au rendez-vous indiqué, le colonel Du Paty,* **qui me fit écrire, sous sa dictée, des notes sur ce que je devais dire à M. le général Billot.** *Le même soir, je trouvai, devant ma porte, dans une voiture, le colonel Henry. Le colonel Henry était un de mes camarades; j'avais été, avec lui, depuis près de vingt ans, au Service des renseignements, peu de temps après la création de ce service; j'y étais comme lieutenant, et Henry y était également, avec le même grade et le même emploi que moi;* **je l'avais revu très fréquemment depuis.** (*J'ai su, plus tard, que la troisième personne restée dans la voiture, au parc de Montsouris, était le colonel Henry.*) *Henry me dit alors brièvement de ne pas me tourmenter, que tout ce que m'avait dit le colonel Du Paty était parfaitement exact, et que, en haut lieu, on savait très bien tout ce qu'il en était, et qu'on était résolu à me défendre à outrance contre ce qu'il appelait des abominables manœuvres.*

« Le lendemain, je fus averti que je serais reçu, le surlendemain, par M. le général Millet, directeur de l'infanterie, au nom du ministre. Je vis le colonel Du Paty et je lui dis : « Pourquoi le général Millet? Un chef de direction d'arme n'a rien à voir en pareille matière. Si le ministre ne veut pas me recevoir, il aurait dû me faire recevoir ou par son chef du cabinet, ou, beaucoup plutôt, par le chef d'État-major de l'armée. » En effet, le texte même de ma demande d'audience expliquait que c'était une affaire qui relevait du chef d'État-major. *Le colonel me répondit qu'il ne fallait pas engager le général de Boisdeffre; par conséquent, il fallait qu'il restât en réserve, indiquant ainsi que le général de Boisdeffre ne voulait pas prendre position, pour pouvoir agir.* Je me rendis chez le général Millet; je lui présentai la lettre et lui fis le récit que j'avais reçu l'instruction de faire. Le général m'écouta et me dit qu'il trouvait fort étrange ce que je venais de lui dire, que c'était la première nouvelle qu'il en avait, qu'il ne comprenait pas du tout cette histoire, que j'attachais, à son avis, bien de l'importance à une lettre anonyme, et qu'il n'avait qu'un conseil à me donner, c'était de faire, par écrit, le récit que je venais de lui faire, d'y joindre la lettre anonyme que j'avais reçue, et d'adresser le tout au ministre. Je rendis compte, le soir même, à M. le colonel Du Paty de la réponse de M. le général Millet, et *il me dicta le texte de la lettre à adresser au ministre; cette lettre, ainsi que tout ce que j'ai écrit en* 1897, *a été donné mot à mot et ordonné.*

« *Cette lettre m'a été dictée mot à mot; elle contient une série d'explications convenues,* **et on m'en a donné le texte pour que je l'apprenne, ainsi que me le prescrit une note de la main du colonel Du Paty. (Je vous dépose ce texte qui m'a été donné et je vais vous déposer la note.)**

« *En même temps, le colonel Du Paty me disait: « Le ministre ne peut pas faire autrement que de saisir le général de Boisdeffre de cette lettre, et alors nous allons marcher.* »

« *Le lendemain, au bureau de poste de la rue du Bac, en face le Bon-Marché, le colonel Henry me prévint que le général de Boisdeffre n'avait pas encore reçu de M. le général Billot communication de ma lettre. J'insiste sur ce fait parce que, si le colonel Henry était informé que le général de Boisdeffre n'avait pas été prévenu par le ministre de la lettre que j'avais écrite à ce dernier, il n'avait pu en être averti que par le général de Boisdeffre, attendant donc l'effet de ma lettre, et par conséquent en connaissant l'envoi.* Henri me dit: « Le ministre va garder ça pendant cinq ou six jours avant de prendre une décision, suivant son habitude. On vous dira, ce soir, ce qu'il faut faire ! » *Le soir, je vis le colonel Du Paty, sur l'esplanade des Invalides, et il me dit: « Il est décidé que vous allez écrire au général de Boisdeffre directement; votre lettre permettra alors au général de Boisdeffre d'intervenir personnellement et de parler au ministre de la lettre que vous avez adressée à ce dernier.* » Autrement dit, pour provoquer la remise de ma lettre au général de Boisdeffre, cet officier général entrait en scène lui-même, grâce à la lettre que je lui écrivais.

« A ce moment, *le colonel Du Paty me dit, un soir: « Les grands chefs se préoccupent d'avoir, avec vous, des moyens de communication qui ne soient pas directs, parce qu'il est probable que vous êtes filé, étant donné tout ce qui se prépare, et il serait préférable d'avoir, au besoin, une transmission indirecte. Le général de Boisdeffre a pensé au marquis de Nettencourt, votre beau-frère.* » Je lui dis: « Non. Mon beau-frère est à la campagne; je ne veux pas du tout lui demander de revenir pour pareil service. » Alors il me dit: « On a pensé aussi à un de vos camarades de régiment, » et il me demanda de lui en indiquer un. Je dis: « Vraiment, on ne peut pas demander à un ami de courir, comme cela, à toute heure du jour et de la nuit, » et je pensai, inspiration malheureuse, du reste, à mon cousin Christian; mais, comme il était à Bordeaux et que je ne pouvais pas le faire venir, je dis : « Je vous proposerais bien quelqu'un, du dévouement de qui je suis sûr; mais je n'ose vraiment vous faire cette proposition, » et je nommai Mme Pays. *Le colonel Du Paty me dit qu'il en rendrait compte, et, le lendemain, il me dit qu'on acceptait Mme Pays comme intermédiaire.*

« Au cours de ces différentes entrevues, le colonel Du Paty me présenta, un soir, à une dame, que je crois inutile de nommer et qui a également servi d'intermédiaire à diverses reprises.

« *A ce moment je vis le colonel Henry qui me dit : « Tous ces gens-là ne marchent pas. Méline et Billot et tout le gouvernement sont pris par l'approche des élections, et par les voix que représentent MM. Scheurer-Kestner, Reinach, etc.» Il fut même très violent;* je ne répéterai pas ces termes militaires avec lesquels je fis chorus ; il termina en me disant : « Si l'on ne met pas la baïonnette dans le derrière de tous ces gens-là, ils sacrifieraient toute l'armée française à leur siège de sénateur ou de député. » Il me dit en me quittant : « Sabre à la main. Nous allons charger. » (*Ceci se passait la veille de ma première lettre au Président de la République, c'est-à-dire le* 28 *octobre*).

« *M. le colonel Du Paty me dicta le texte de la lettre au Président de la République;* je fis même remarquer que le texte de cette première lettre était bien extraordinaire. Tous les détails de cette lettre m'ont été dictés mot à mot; cette dictée a eu lieu sur l'esplanade des Invalides, et j'écrivais au crayon. M. Du Paty me répondit : « Tout le monde sait que vous êtes un emballé ; de vous, ça ne paraîtra pas extraordinaire. C'est dans votre note. » Je me souviens très bien que je lui dis : « Puisque c'est comme cela, je m'en f... Du moment que vous commandez, j'obéis.»

« *Le lendemain ou jours suivants, comme le Président de la République n'avait pas répondu à cette lettre, on me fit faire la lettre du* **Document libérateur.** *Celle-là produisit son effet et je fus informé que le Président de la République était intervenu personnellement* pour demander ce que voulaient dire ces lettres si violentes, et on m'a même dit, à ce moment, que *c'est à l'intervention du Président de la République qu'avait été dû un ordre relatif au colonel Picquart en Tunisie.*

« Je fus informé, à ce moment, que le ministre avait donné l'ordre au général Saussier de me faire venir, pour m'interroger.

« Je vis le gouverneur de Paris, qui me dit : « Qu'est-ce que c'est que toute cette histoire ? » Et quand je la lui eus racontée, il ajouta que j'avais bien tort de me tourmenter ainsi pour une lettre anonyme, et de mettre ainsi tout le monde à l'envers. Je dis au gouverneur que j'étais certain de ne pas me tourmenter à tort, que depuis de longs jours je m'adressais et au ministre de la guerre, et à la plus haute autorité de mon pays, pour les prévenir, qu'on ne se donnait même pas la peine de répondre, et que du moment que j'avais été reçu par lui, je resterais tranquille. Le gouverneur me dit même : « Le ministre a dit que je prenne contre vous des mesures de rigueur, si je le jugeais nécessaire. Je trouve que vous êtes très excusable de crier comme cela, quand on ne vous répond pas. »

« J'avais été prévenu que je serais convoqué chez le général Saussier, par le colonel Henry.

« Quelques jours auparavant, *vers le 12 novembre, je crois, M. Du Paty m'avait remis ce qu'on appelait la* **plaquette** : *c'était un article assez long, écrit sur feuille de papier petit format, relatif à l'ensemble des manœuvres qui se tramaient depuis* 1896. J'avais d'abord été invité à faire imprimer cette plaquette sous forme de brochure ; puis on y avait renoncé. »

« *Le 13 novembre, le colonel Du Paty me donne l'ordre d'écrire une lettre au ministre (lettre qu'il me dicta) pour lui remettre le document dit* **libérateur** *« ce canaille de D.... » ;* je n'avais pas matériellement ce document, mais je le connaissais. Ma lettre a été écrite le 14 et remise, le 14, au cabinet du ministre.

« D. — Comment connaissiez-vous ce document ?

« R. — Je le connaissais.

« DEMANDE PAR UN CONSEILLER. — Qui vous l'avait communiqué ?

« R. — Je ne veux pas le dire.

« Le témoin continue :

« *Ce document m'est remis pour être annexé à ma lettre, le 14, par le colonel Du Paty ;* le tout est remis sous trois enveloppes que j'ai cachetées de mon sceau, par moi, au cabinet du ministre. *Le ministre de la Guerre m'accuse réception, en des termes contenus dans le document, en date du 16 novembre, que je vous dépose.*

« Le 31 octobre, j'annonce au Président de la République que je suis détenteur de ce document. Ce document, par sa nature même, appartient aux dossiers secrets existant au service des renseignements, et dont sont responsables le sous-chef d'État-major, chef de service, et le chef d'État-major général. J'annonce que je vais être accusé du crime de haute trahison; *j'annonce que je suis détenteur de ce document ; je m'en sers, ou plutôt on me fait m'en servir comme d'une arme*, et, pendant quinze jours, où je suis censé être en réalité possesseur de cette pièce, on ne m'inquiète pas ; on ne me demande aucune justification sérieuse ; on ne me demande même pas la production de cette pièce ; et, quand je la remets, le cabinet du ministre de la Guerre lui-même m'en accuse réception, non pas en discutant mon affirmation qu'il m'a été remis par une femme inconnue, mais en admettant même, sans discussion, l'existence de cette femme.

« Le seul point qui est au conditionnel, c'est de savoir s'il a été volé au ministère, oui ou non.

« *Le 13 novembre, c'est-à-dire en même temps que les opérations du document, j'étais invité à faire paraître la plaquette, modifiée, et qui m'était remise, écrite tout entière par une main que je ne veux pas désigner et que M. le colonel Du Paty a reconnue au Conseil d'enquête, dans la* Libre Parole.»

« Quelques jours avant, Henry m'avait demandé si je connaissais particulièrement un journal ; je lui avais répondu que j'avais des amis à la *Libre Parole.*

« *Le dimanche matin 14, je vais trouver M. Drumont et je lui remets la plaquette, qu'il a reproduite textuellement sous la forme de l'article signé* Dixi.

« Ici, je ferai remarquer que, à cette date des 14 et 15 novembre, un officier de l'État-major de l'armée, après qu'on s'est assuré que je pouvais compter sur l'appui de la *Libre Parole*, me fait porter un article très documenté à ce journal. Quand le colonel Henry m'avait demandé si je connaissais un journal, il m'avait demandé si je connaissais M. Rochefort, en ajoutant qu'il était un appui très puissant. Je lui avais répondu : « Pas du tout. » Trois ou quatre jours après la dénonciation de M. Mathieu Dreyfus, le commandant Pauffin de Saint-Morel (que je n'avais jamais vu, que je ne connaissais pas le moins du monde), chef du cabinet de M. le général chef d'État-major, se rendait chez M. Rochefort pour lui dire qu'il pouvait marcher à fond, et l'assurer de ma complète innocence.

« *Dans les derniers jours d'octobre, j'avais reçu du colonel du Paty une* **grille**, *destinée à correspondre soit avec lui, soit avec le colonel Henry en cas de besoin ; c'est celle qui a été saisie par M. Bertulus.* »

XXVII. — Tout ce long récit d'Esterhazy est exact. L'exactitude s'en trouve attestée non seulement par les documents qu'il a annexés à sa déposition, mais encore par les aveux de Du Paty, tant dans sa déposition devant la Cour, que dans ses réponses à l'interrogatoire du général Renouard, et aux questions posées par le Conseil d'enquête qui l'a confronté avec Esterhazy.

« *La première entrevue que j'ai eue avec Esterhazy*, dit Du Paty dans sa déposition devant la Cour (*Enquête*, *p*. 310), *a été organisée au Service des renseignements par le colonel Henry*. Je suis allé au rendez-vous fixé, accompagné par un officier de service, chargé de me désigner le commandant Esterhazy, que je ne connaissais pas. *J'ai pris les précautions pour n'être pas reconnu, c'est-à-dire que j'ai mis des conserves et une barbe noire*, dans le but, si Esterhazy était déjà l'objet d'une surveillance occulte, de ne pas mettre en cause l'État-major. *Le colonel Henry était dans le voisinage. L'officier qui m'accompagnait était Gribelin*.

« ... *J'eus plusieurs entrevues avec le commandant Esterhazy, jusqu'au jour où je reçus défense du général de Boisdeffre de le voir, vers le* 16 *novembre* 1896. *Les relations intermédiaires ont eu lieu, comme je l'ai dit, au moyen de certaines personnes, parmi lesquelles Mme Pays*.

Du Paty reconnaît ensuite (*Enquête*, *p*. 311 *in fine*) avoir participé à la confection de la lettre d'Esterhazy au Président de la République, où menace est faite d'un appel à l'empereur d'Allemagne, chef de blason d'Esterhazy.

Il reconnaît (*Enquête*, *p*. 313) que l'article de la *Libre Parole* signé Dixi a été rédigé par le colonel Henry, revisé par lui Du Paty, et communiqué à la *Libre Parole* par l'intermédiaire d'Esterhazy.

Interrogé à cet égard au Conseil d'enquête Esterhazy, M. de Boisandré, publiciste, « déclare qu'à la rédaction de la *Libre Parole* on n'a jamais cru que l'article Dixi fût du commandant Esterhazy. *Les communications faites à ce journal par le même officier étaient transmises par ordre. Un document vu par le témoin en fait foi. Cet officier n'était qu'un intermédiaire entre le journal et l'État-major* » (*Enquête*, *p*. 671).

La Cour pourra voir le procès-verbal de l'émouvante confrontation d'Esterhazy et de Du Paty à ce même Conseil d'enquête (*Enquête*, *p*. 668 *et s*.), *confrontation d'où sort la preuve convaincante que Du Paty est bien l'instigateur et le véritable auteur responsable des trois lettres adressées au Président de la République*.

XXVIII. — Ces lettres constituent le plus vil chantage exercé sur les pouvoirs publics au moyen du fameux « document libérateur » (photographie de la pièce : Ce canaille de D.), remis à Esterhazy par la dame voilée, que le général Roget (*Enquête, p.* 68 *in fine*) et le capitaine Cuignet (*Enquête, p.* 236) ont établi et déclaré n'être autre que Du Paty. Elles se trouvent annexées au dossier du Conseil d'enquête Esterhazy et sont ainsi conçues :

LETTRES D'ESTERHAZY AU PRÉSIDENT DE LA RÉPUBLIQUE

Paris, le 29 octobre 1897.

« Monsieur le Président de la République,

« J'ai l'honneur de vous adresser le texte d'une lettre anonyme qui m'a été envoyée le 20 octobre 1897.

« C'est moi qui suis visé dans cette lettre comme étant la victime choisie. Je ne veux pas attendre que mon nom ait été livré à la publicité pour savoir quelle sera l'attitude de mes chefs. Je me suis donc adressé à mon chef et protecteur naturel, M. le ministre de la Guerre, pour savoir s'il me convoquerait au moment où mon nom serait prononcé.

« M. le ministre ne m'a pas répondu. Or, ma maison est assez illustre dans les fastes de l'histoire de France et dans celles des grandes causes européennes, pour que le gouvernement de mon pays ait le souci de ne pas laisser traîner mon nom dans la boue.

« Je m'adresse donc au chef suprême de l'Armée, au Président de la République, et je lui demande d'arrêter le scandale, comme il le peut et le doit.

« Je lui demande justice contre l'infâme instigateur de ce complot, qui a livré aux auteurs de cette machination les secrets de son service pour me substituer à un misérable.

« *Si j'avais la douleur de ne pas être écouté du chef suprême de mon pays*, **mes précautions sont prises pour que mon appel parvienne à mon chef de blason, au suzerain de la famille Esterhazy, à l'Empereur d'Allemagne.** Lui est un soldat, et saura mettre l'honneur d'un soldat, même ennemi, au-dessus des mesquines et louches intrigues de la politique.

« **Il osera parler haut et ferme, lui**, pour défendre l'honneur de dix générations de soldats.

« A vous, Monsieur le Président de la République, de juger si vous devez me forcer à porter la question sur ce terrain.

« Un Esterhazy ne craint rien ni personne, sinon Dieu.

« Rien ni personne ne m'empêchera d'agir comme je le dis, si on me sacrifie à je ne sais quelles misérables combinaisons politiques.

« Je suis avec le plus profond respect, etc.

« Esterhazy. »

Le 31 octobre 1897.

« Monsieur le Président de la République,

« J'ai la douleur de constater que ni le chef de l'État ni le chef de l'Armée n'ont fait répondre un mot d'appui, d'encouragement ou de consolation à un officier supérieur qui mettait entre leurs mains son honneur menacé.

« Je sais que des considérations de politique parlementaire empêchent que le gouvernement ne fasse une déclaration franche et nette, me mettant hors de cause et arrêtant pour jamais les défenseurs de Dreyfus.

« Je ne veux pas que les services rendus depuis cent soixante ans à la France par les cinq officiers généraux dont je porte le nom, que le sang versé, que la mémoire des braves gens tués à l'ennemi, le dernier tout récemment encore, tout cela soit payé d'infamie, pour servir de pareilles combinaisons, et sauver un misérable.

« *Je suis acculé à user de tous les moyens en mon pouvoir. Or, la femme généreuse qui m'a prévenu de l'horrible machination ourdie contre moi par les amis de Dreyfus, avec l'aide du colonel Picquart, a pu me procurer depuis, entre autres documents, la photographie d'une pièce qu'elle a réussi à soutirer à cet officier.*

« **Cette pièce volée dans une légation étrangère par le colonel Picquart est des plus compromettantes pour certaines personnalités diplomatiques. Si je n'obtiens ni appui ni justice et si mon nom vient à être prononcé, cette photographie, qui est aujourd'hui en lieu sûr, à l'étranger, sera immédiatement publiée.**

« Excusez-moi, Monsieur le Président de la République, d'être obligé de recourir à ces moyens, si peu dans mon caractère, mais songez que je défends ici bien plus que ma vie, plus que mon honneur, l'honneur d'une famille sans tache et, dans cette lutte désespérée, où tous les appuis me manquent et où ma cervelle éclate, je suis obligé de faire arme de tout.

« Je suis, avec le plus profond respect, etc.

« Esterhazy. »

Paris, le 5 novembre 1897.

« Monsieur le Président de la République,

« Excusez-moi de vous importuner encore une fois, mais je crains que M. le ministre de la Guerre ne vous ait pas communiqué mes dernières lettres, et je tiens à ce que vous connaissiez bien la situation.

« C'est d'ailleurs la dernière fois que je m'adresse aux pouvoirs publics.

« **La femme qui m'a mis au courant de l'horrible machination ourdie contre moi m'a remis, entre autres, une pièce qui est une protection pour moi, puisqu'elle prouve la canaillerie de Dreyfus, et un danger pour mon pays, parce que sa publication, avec le fac-similé de l'écriture forcera la France à s'humilier ou à faire la guerre.**

« Vous qui êtes au-dessus des vaines querelles de parti, où mon honneur sert de rançon, ne me laissez pas dans l'obligation de choisir entre deux alternatives également horribles.

« Forcez les Ponce-Pilate de la politique à faire une déclaration nette et précise, au lieu de louvoyer pour conserver les voix des amis de Barrabas.

« *Toutes les lettres que j'ai écrites vont arriver entre les mains d'un de mes parents, qui a eu l'honneur cet été de recevoir deux empereurs.*

« Que pensera-t-on dans le monde entier, quand on va connaître la lâche et froide cruauté avec laquelle on m'a laissé me débattre dans mon agonie, sans un appui, sans un conseil ? Mon sang va retomber sur vos têtes.

« Et lorsque sera publiée la lettre que le gouvernement connaît et qui est une des preuves de la culpabilité de Dreyfus, que dira le monde entier de cette misérable tactique parlementaire, qui a empêché d'imposer silence à la meute par quelques mots énergiques ?

« Je pousse le vieux cri français : « Haro à moi, mon prince, à ma rescousse ! » Je vous l'adresse à vous, Monsieur le Président, qui, avant d'être le chef de l'État, êtes un honnête homme, et qui devez, au fond de votre âme, être profondément écœuré de la lâcheté que vous voyez.

« **Qu'on me défende et je renverrai la pièce au**

ministre de la Guerre sans que personne au monde y ait jeté les yeux; mais qu'on me défende vite, car je ne puis plus attendre, et je ne reculerai devant rien pour la défense ou la vengeance de mon honneur indignement sacrifié.

« Je suis avec le plus profond respect, etc.

« ESTERHAZY. »

Cette manœuvre d'odieux chantage et d'inavouable pression sur les pouvoirs publics produisit effet. La première lettre était restée sans résultat, les deux autres furent efficaces.

« *Comme le Président de la République n'avait pas répondu à cette lettre, dit Esterhazy* (Enquête, p. 406), *on me fit faire la lettre du* « *document libérateur* ». *Celle-là produisit effet et je fus informé que le Président de la République était intervenu personnellement pour demander ce que voulaient dire ces lettres si violentes, et on m'a même dit, à ce moment, que c'est à l'intervention du Président de la République qu'avait été dû un ordre relatif au colonel Picquart en Tunisie.* »

La dernière lettre d'Esterhazy au Président de la République est du 5 novembre 1897. Le Président de la République en saisit le plus prochain Conseil des ministres; et, *à l'issue de ce Conseil, le* 9 *novembre* 1897, *le gouvernement communiquait aux journaux une note officielle qui formulait un programme conforme aux vœux du colonel Du Paty de Clam, du colonel Henry et du commandant Esterhazy :* « *Le capitaine Dreyfus a été régulièrement et justement condamné par le Conseil de guerre...* Le Garde des Sceaux n'étant saisi ni d'un fait nouveau ni d'une pièce inconnue, il n'appartient au gouvernement que d'assurer l'exécution de la condamnation. »

Ordre est donné le même jour par le Service des renseignements du ministère de la Guerre d'intercepter la correspondance du colonel Picquart.

Ainsi, grâce aux moyens criminels de Du Paty et d'Esterhazy, les pouvoirs publics étaient mis en mouvement pour étouffer l'affaire Esterhazy, et le Président de la République provoquait lui-même des mesures contre le colonel Picquart.

Quant à la réalité de la remise du document libérateur entre les mains d'Esterhazy, qui a été contestée par certains témoins, elle n'est pas contestable. En effet, après la réussite de sa manœuvre, *Esterhazy, exécutant l'abominable marché proposé par ses lettres, payait le secours à lui donné par les pouvoirs publics, en restituant au ministère de la Guerre la pièce secrète dont il avait menacé de faire usage, pour provoquer une rupture de relations diplomatiques.*

Esterhazy a produit le reçu de cette pièce, qui lui a été délivré le 16 novembre 1897 par le général de Torcy, chef de cabinet du ministre. L'authenticité du reçu n'est pas déniée, et, à moins d'admettre que le général de Torcy et le ministre de la Guerre ne fussent des comparses de cette criminelle comédie, en accusant réception d'un document non réellement reçu, on ne saurait douter qu'Esterhazy n'ait bien détenu et rendu le document libérateur. Réelle ou fictive, cette livraison du document libérateur, les menaces de chantage et les compromissions auxquelles elle a donné lieu n'en ruinent pas moins irrémédiablement l'autorité morale des hommes qui s'y sont trouvés mêlés et de leurs témoignages dans l'affaire Dreyfus.

XXIX. — *La réalité de toutes ces manœuvres criminelles, attestée déjà par les documents produits à l'appui de la déposition d'Esterhazy, par les aveux du colonel Du Paty de Clam, par les dépositions du général Roget et du capitaine Cuignet, par les procès-verbaux du Conseil d'enquête Esterhazy, et de l'interrogatoire de Du Paty par le général Renouard, se trouve encore confirmée par la déposition du témoin Gribelin*, qui reconnaît, de son côté, y avoir joué le rôle à lui attribué par Esterhazy (*Enquête, p.* 299 *in fine et* 300). Il est inutile de citer encore cette déposition surabondante.

Tous ces faits sont aujourd'hui hors de contestation. La seule question qui reste en suspens à cet égard est de savoir si ces actes dolosifs, destinés à empêcher toute investigation dangereuse pour Esterhazy et pour l'œuvre de 1894, ont été accomplis sur l'ordre et avec l'assentiment des chefs hiérarchiques, ou si, au contraire, les colonels Henry et Du Paty de Clam se sont livrés à ces manœuvres de leur autorité propre.

Le témoin Gribelin a déclaré (*Enquête, p.* 301) que le procès de 1894 avait déjà créé beaucoup d'ennuis, qu'on craignait, en le recommençant, de désorganiser le service des renseignements, et que, dès lors, il était naturel que l'on cherchât les moyens d'empêcher une nouvelle affaire de se produire — sauf à permettre ainsi à un espion de continuer son trafic, et à laisser au bagne un officier injustement condamné.

L'exposante ne recherchera pas si telle était la pensée du général Gonse, lorsqu'à la première alarme, il appelait le colonel Du Paty de Clam à collaborer avec lui à la direction de l'affaire Esterhazy. (*Enquête, p.* 687.)

Les chefs demandaient-ils à être compris à demi mot, comme l'a affirmé le colonel du Paty, et comme le déclarait le colonel Henry? Le général Gonse a-t-il au contraire totalement ignoré toutes ces manœuvres? L'exposante n'a pas à trancher ces questions, et constate seulement que les colonels Henry et Du Paty de Clam n'ont jamais produit aucune preuve des ordres par lesquels ils prétendaient couvrir la responsabilité des infamies par eux commises.

XXX. — Il ne suffisait pas de travailler, à l'État-major même, à rendre impossible une instruction judiciaire sérieuse contre Esterhazy, il ne suffisait pas de forcer par le chantage les pouvoirs publics à prendre fait et cause pour Esterhazy, il devenait urgent, d'autre part, de ruiner l'autorité de Picquart comme témoin. On reprit donc le système du faux Weyler et de la fausse lettre *Speranza*, fabriquée le 15 décembre 1896, au moment où on éloignait définitivement Picquart.

Cette fois, on fabrique le même jour (10 novembre 1897) deux télégrammes et une lettre. Les deux télégrammes sont ainsi conçus :

« Colonel *Piquart. Tunis.* — Arrêtez le demi-dieu. Tout est découvert. Affaire très grave. — Speranza. »

« Colonel *Picquart, Sousse.* Tunisie. — On a prouvé que le bleu était fabriqué par Georges. — Blanche. »

Ces deux télégrammes étaient datés du 10 novembre 1897. Picquart, en garnison à *Sousse*, reçut le second le jour même. Quant au premier, adressé à Tunis, il ne le reçut que le lendemain, 11 novembre. Il recevait d'ailleurs, à la même époque, une lettre d'Esterhazy portant contre lui les accusations formulées d'autre part dans l'article de la *Libre Parole* publié le 15 novembre sous la signature Dixi. Cette lettre, comme celles au Président de la République, avait été dictée mot à mot à Esterhazy. Ce dernier l'a avoué au Conseil d'enquête devant lequel il était traduit. (*Enquête, p.* 672.)

Il est remarquable que, sur le télégramme *Speranza*, comme sur la lettre d'Esterhazy, le nom de Picquart se trouve incorrectement orthographié sans *c* (*Piquart*), et qu'il est adressé à *Tunis*, où Esterhazy croyait Picquart en garnison. Le télégramme *Blanche*, expédié à *Sousse*, paraît n'avoir été fabriqué que pour rectifier cette erreur dans l'adresse, commise par Esterhazy.

La lettre *Speranza*, fabriquée comme les deux télégrammes, le 10 novembre, parvint à Picquart le 17. Elle était conçue en ces termes:

« A craindre. Toute l'œuvre découverte. Retirez-vous doucement. Ecrivez rien. — Speranza. »

Dès que Picquart eut reçu les télégrammes, il se fit autoriser à quitter Sousse pour aller voir le général Leclerc, commandant le corps de Tunisie. Il lui communiqua les deux télégrammes et lui demanda l'autorisation, qu'il obtint, d'écrire au ministre, pour lui transmettre copie de ces documents et de la lettre d'Esterhazy, en lui adressant une plainte au sujet des manœuvres dont il était l'objet. (*Enquête, p.* 133 *et p.* 134.)

On doit observer qu'à ce moment, la correspondance de Picquart était interceptée au ministère de la Guerre, et que ces trois documents faux (télégrammes et lettre) constituaient, avec la lettre d'Esterhazy, la seule correspondance transmise à Picquart !

Le colonel Picquart déposa une plainte en faux contre inconnu. Une instruction fut ouverte, qui révéla le complot ourdi à cet égard entre Du Paty de Clam, Esterhazy et la fille Pays, et releva notamment des charges sérieuses contre Du Paty. Mais un arrêt d'incompétence rendu par la Chambre des mises en accusation de la Cour de Paris, le 5 août 1898, vint couper court à cette instruction : l'autorité militaire ne l'a pas reprise.

Le général Roget a déclaré devant la Cour (*Enquête, p.* 70) :

« Je ne répugnerais pas du tout à admettre que Du Paty a pu inspirer ces télégrammes, mais je n'en sais absolument rien, et je n'ai pas cru devoir pousser mes investigations plus loin après un arrêt de la Chambre des mises en accusation, que je croyais, de très bonne foi, avoir terminé la question en ce qui concerne Du Paty. »

De son côté, *le capitaine Cuignet déclare très catégoriquement* (*Enquête, p.* 236) *que l'auteur des faux télégrammes adressés à Picquart est bien Du Paty, ajoutant d'ailleurs* :

« Nous savons qu'au cours de certaines entrevues avec Esterhazy, Du Paty s'affublait d'une longue barbe noire pour dissimuler sa personnalité. Or Du Paty, affublé de sa barbe noire, correspond absolument au signalement donné par le télégraphiste pour l'expéditeur du télégramme *Speranza.* [*Voyez encore à cet égard la déposition Bertulus.*] (*Enquête, p.* 158 *in fine.*) »

Mme Pays et le colonel Henry ont d'ailleurs successivement déclaré au juge d'instruction, M. Bertulus, sauf à essayer de revenir plus tard sur cette déclaration, que Du Paty avait participé à la fabrication de ces faux. (*Enquête, p.* 150 *et* 152. *Voyez encore la déposition Christian Esterhazy à l'instruction Bertulus.*)

Le but de tous ces faux concernant Picquart est toujours le même : présenter Picquart comme l'âme d'un complot ourdi contre Esterhazy par M. Scheurer-Kestner et les hautes personnalités, d'une honorabilité d'ailleurs inattaquable, qui s'étaient convaincues de l'erreur commise en 1894.

XXXI. — La même manœuvre s'est reproduite encore beaucoup plus récemment, avec la déposition d'un témoin fort suspect du nom de Savignaud.

Ce Savignaud, musicien, qui fut parfois planton de Picquart à Tunis, a reçu, *d'ordre du ministre de la Guerre, M. Cavaignac, le 5 juillet* 1898, la visite de deux officiers du bureau des renseignements auxquels il fit d'ailleurs mauvaise impression. (*Déposition du capitaine Cuignet, p.* 258.)

Ce Savignaud a déclaré avoir, comme planton de Picquart en Tunisie, mis à la poste des lettres adressées à M. Scheurer-Kestner. (*Instruction Tavernier. Enquête, p.* 763.)

Certain qu'il y avait là une inexactitude, sinon un mensonge, puisqu'il ne connaissait pas M. Scheurer-Kestner, Picquart fit demander par son avocat, Me Labori, à M. le ministre de la Guerre les renseignements des autorités militaires d'Algérie-Tunisie sur la moralité de ce Savignaud. Le 16 décembre 1898, M. le ministre de la Guerre, dans une réponse qui a été imprimée (*Enquête, p.* 765), déclara que, d'après ces renseignements, il y avait simultanément au 4e tirailleurs deux Savignaud : l'un musicien dont il ne pouvait être question ; l'autre ordonnance de Picquart, sur le compte duquel les renseignements étaient excellents.

Me Labori releva immédiatement (18 décembre) cette erreur inexplicable, faisant remarquer que l'ordonnance du colonel Picquart s'appelait Roques et non Savignaud, qu'il y avait eu au 4e tirailleurs, un seul et unique Savignaud, sur le compte duquel il fallait être renseigné, puisqu'il avait fait une déposition notoirement suspecte. Après un mois d'attente et une lettre de rappel, Me Labori reçut, le 21 janvier 1899, les indications demandées: les renseignements les plus défavorables avaient été fournis au ministère sur l'unique Savignaud, par une lettre de service du général Dechizelle, en date du 6 décembre, rappelant d'ailleurs une précédente note conforme du 25 août précédent.

Ainsi, quand, le 11 décembre, le ministère affirmait l'existence de deux Savignaud et fournissait, sur le compte du seul Savignaud existant, les excellents renseignements afférents au sieur Roques, il avait été avisé, par une lette du 6 décembre, que les renseignements concernant le seul et unique Savignaud étaient déplorables.

Par lettre du 20 mars 1899, M. le sénateur Trarieux a demandé sur ce sujet des explications à M. le ministre de la Guerre. M. le ministre a répondu qu'il y avait eu simplement une confusion regrettable dans les bureaux, et que, d'autre part, la démarche des officiers du bureau des renseignements près de ce Savignaud, le 5 juillet 1898, ne pouvait être considérée comme répréhensible, puisqu'elle avait été ordonnée par M. le ministre de la Guerre Cavaignac.

Quoi qu'il en soit, il est certain que la déposition inexacte et tendancieuse de cet individu suspect n'a encore été recherchée et recueillie que pour faire croire à un concert préalablement établi entre le colonel Picquart et M. Scheurer-Kestner.

C'est d'ailleurs avec toutes ces informations dolosives qu'on a créé dans le public la fameuse légende du *syndicat*, dont on retrouve un écho dans la déposition de certains témoins, comme une note humoristique jetée dans ce grave débat.

XXXII. — Sans insister plus qu'il n'est nécessaire sur de tels incidents, il suffit à l'exposante, pour la démonstration qui lui incombe, d'établir quel est le degré de confiance pouvant être encore reconnu, spécialement en ce qui concerne l'affaire même et le condamné de 1894, aux deux témoins principaux à charge dont le témoignage et les agissements ont été la cause déterminante de la condamnation de son mari.

Il lui suffit de constater, comme elle l'a fait en examinant les faits relatifs à la première instruction de Picquart en 1896, que ces deux témoins, entre autres manœuvres dolosives, ont été jusqu'à fabriquer de faux documents (fausse lettre de l'attaché militaire B..., faux Weyler, fausse lettre *Speranza* du 15 décembre 1896), pour empêcher Picquart d'établir l'erreur commise en 1894, pour faire écarter du bureau des renseignements ce chef trop consciencieux et trop perspicace, pour ruiner enfin le crédit d'un contradicteur redoutable.

Il lui suffit de constater, comme elle vient de le faire en examinant les faits qui se sont immédiatement produits quand M. Scheurer-Kestner est à son tour tombé sur la piste de l'informateur des attachés militaires étrangers, que ces deux mêmes principaux témoins se sont alors livrés à des manœuvres tout aussi criminelles pous faire détruire par Esterhazy les pièces à conviction, pour faire étouffer administrativement toute espèce d'instruction contre cet espion, dont la condamnation eût entraîné *ipso facto* la revision du procès Dreyfus.

Il lui suffit de constater que, durant cette deuxième période encore, ces deux principaux témoins se substituent en fait à Esterhazy, qu'ils travaillent, au ministère de la Guerre même, à rendre impossibles les poursuites et instructions contre Esterhazy, qu'ils se livrent non sans succès à d'infâmes manœuvres de chantage sur les pouvoirs publics, tant par des lettres inqualifiables que par des communiqués aux journaux, qu'ils poursuivent enfin la fabrication de leurs faux (faux télégrammes et fausse lettre à Picquart).

Les procédés d'Henry et de Du Paty sont les mêmes et quand la piste de l'informateur des attachés militaires étrangers est découverte par le chef du service des renseignements Picquart, et quand elle est découverte plus tard par l'honorable vice-président du Sénat, M. Scheurer-Kestner.

Nous allons retrouver encore les mêmes manœuvres criminelles quand la dénonciation formelle de M. Mathieu Dreyfus aura rendu nécessaire un simulacre d'instruction judiciaire.

c). *Dénonciation Mathieu Dreyfus.*

XXXIII. — Le 7 novembre, M. Mathieu Dreyfus était avisé par M. de Castro, banquier, que l'écriture du bordereau publié par le *Matin* était absolument identique à celle d'un commandant d'infanterie, le sieur Esterhazy, dont on lui produisait différents spécimens.

Étant donné le personnage ainsi accusé par l'identité des écritures, la preuve était dès lors faite pour M. Mathieu Dreyfus qui, le 14 novembre, adressa au ministre de la Guerre une dénonciation formelle en ces termes :

« Monsieur le Ministre,

« La seule base de l'accusation dirigée, en 1894, contre mon malheureux frère est une lettre-missive non signée, non datée, établissant que des documents militaires confidentiels ont été livrés à un agent d'une puissance étrangère.

« J'ai l'honneur de vous faire connaître que l'auteur de cette pièce est M. le comte Esterhazy, commandant d'infanterie, mis en non activité pour infirmités temporaires au printemps dernier.

« L'écriture du commandant Esterhazy est identique à celle de cette pièce. Il vous sera très facile, monsieur le Ministre, de vous procurer l'écriture de cet officier.

« Je suis prêt d'ailleurs à vous indiquer où vous pourriez trouver des lettres de lui, d'une authenticité incontestable, et d'une date antérieure à l'arrestation de mon frère.

« Je ne puis pas douter, monsieur le Ministre, que, connaissant l'auteur de la trahison pour laquelle mon frère a été condamné, vous ne fassiez prompte justice.

« Veuillez, etc.

« MATHIEU DREYFUS. »

Cette fois, il y avait lieu, pour le colonel Henry et le colonel Du Paty, de se préoccuper de combiner une pseudo-procédure d'accusation, avec un système de défense laborieusement imaginé.

Mais, tout d'abord, Esterhazy doit bien connaître le programme d'ensemble. Du Paty le lui indique par une note où il emploie deux écritures différentes. *Cette note a été produite devant le Conseil d'enquête Esterhazy, qui en donne une analyse; et Du Paty en a, devant ce Conseil, reconnu la paternité* (*Enquête, p.* 673 *et* 674). *Il a dû d'ailleurs faire le même aveu devant la Cour* (*Enquête, p.* 314 *in principio*), *et dans l'interrogatoire que lui a fait subir, le* 11 *septembre* 1898, *M. le général Renouard.*

« *Cette note, dit le général* (*Enquête, p.*683), *le lieutenant-colonel reconnaît l'avoir rédigée; elle a été écrite par lui, partie en écriture déguisée, comme il l'a lui-même avoué.* »

La photographie de cette note, dite « note aux deux écritures », a été apportée à la Cour par Esterhazy et se trouve annexée à sa déposition.

La note se termine ainsi et permet d'apprécier la valeur qu'il faut attribuer à certaines dénégations embarrassées de Du Paty :

« *En conséquence :*

1° Tant que vous n'aurez pas une lettre officielle de moi, vous n'êtes pas censé me connaître;

2° Restez muet sur la nature des rapports que nous avons eus, vous retranchant derrière des engagements vis-à-vis de tierces personnes;

3° Maintenez que ces rapports ont été purement des encouragements, des conseils de modération et des appels à vos bons sentiments pour rendre la pièce, et sont complètement étrangers à l'affaire de la dame voilée;

4° Jamais je ne vous ai rien divulgué de confidentiel et ce n'est pas moi qui vous ai dénoncé Picquart.

« **Voilà le terrain sur lequel je me placerai,**

pénétrez-vous bien de tout ce que je coche en rouge et détruisez. Vous comprenez combien il est important d'être bien d'accord pour vous comme pour moi. »

Cette note montre bien qu'une fois la procédure engagée par la dénonciation de M. Mathieu Dreyfus, Du Paty de Clam et Henry ont continué leurs criminelles manœuvres, qu'on a alors organisé pour le public une véritable comédie judiciaire, et qu'en réalité la pseudo-accusation et la défense étaient élaborées et combinées simultanément dans les bureaux d'Henry et de Du Paty.

XXXIV. — La déposition documentée d'Esterhazy ne laisse aucun doute à cet égard (*Enquête, p.* 407).

« Le 16 novembre, dit-il, je lis le matin la dénonciation de M. Mathieu Dreyfus. Je me rends chez le gouverneur de Paris; je lui rends compte que je vais réclamer une enquête du ministre. Je suis averti d'abord immédiatement que c'est le général de Pellieux qui sera chargé de l'enquête; cette enquête s'ouvre; mon cousin était arrivé subitement et j'ai eu la sottise de m'en servir comme intermédiaire; mais le véritable intermédiaire pendant tout ce temps a été Mme Pays.

« Dès que l'enquête est commencée, je suis tous les soirs tenu au courant de ce qui a été fait dans la journée; je ferai remarquer que les résultats de l'enquête ne peuvent pas être communiqués à des officiers d'un grade aussi inférieur que celui du commandant Henry ou du colonel Du Paty; ils ne peuvent être communiqués qu'à des officiers généraux, le général de Pellieux ne pouvant faire part de ses investigations à ces officiers d'un grade inférieur. Or, les résultats de cette enquête me sont régulièrement transmis avec l'indication, sous forme de prescription, de ce que je dois dire lorsque je suis interrogé. Je reçois, tous les jours, des prescriptions écrites, souvent plusieurs fois par jour, et je transmets moi-même des observations et des remarques destinées à répondre aux communications qui me sont faites.

« J'avais reçu l'ordre de brûler ces notes, au fur et à mesure de leur réception; j'en ai donc brûlé beaucoup. Fort heureusement, et sans m'en rien dire, Mme Pays en a mis de côté plusieurs. En voici une (déposée et jointe à la déposition) qui était dans les dossiers remis au concierge; c'est une note que le colonel Du Paty a reconnue venir de lui. A ce moment, j'avais écrit qu'il était nécessaire que tous les officiers, au moins les principaux, qui avaient été mêlés à l'affaire Dreyfus, vinssent témoigner devant le général de Pellieux

Le colonel Du Paty avait reçu une citation, et avant de comparaître, il m'écrivait la note en question.

« **Cette note établit que toutes les dépositions qui étaient faites devant M. le général de Pellieux étaient faites d'accord avec moi.** *Elle établit en outre les engagements qu'on m'avait fait prendre vis-à-vis de tierces personnes, et auxquels je n'ai manqué que quand, contraint et forcé, devant le Conseil d'enquête* (où j'ai été l'objet de procédés iniques, dont je donnerai la preuve tout à l'heure), *j'ai dû prouver au Conseil, alors qu'on le niait, que je n'avais agi que par ordre.* J'ai fait cette preuve avec la plus grande modération, car je n'ai produit que cette pièce et je ne l'ai produite absolument qu'à la dernière minute. Cette note établit aussi que, même devant le général de Pellieux, et malgré les engagements pris, le colonel Du Paty était obligé de signaler que M. le général de Boisdeffre était au courant des relations des officiers placés sous ses ordres avec moi. La seule production de cette note indique suffisamment que la déclaration de M. le colonel Du Paty à M. le général de Pellieux, que toute relation avait cessé entre les officiers de l'État-major et moi, à partir du moment où j'avais eu un avocat, est absolument inexacte, puisque je recevais des notes de ce genre. — Tout ce qui est souligné dans la photographie représente ce qui était coché en rouge dans l'original.

« Quand fut terminée l'enquête du général de Pellieux (il avait conclu qu'il n'y avait pas lieu d'informer), *j'ai reçu l'ordre de demander à passer en Conseil de guerre. J'ai naturellement obéi et j'ai fait une demande, que j'ai soumise à cet officier général, qui l'a même corrigée.*

« A propos de la note du colonel Du Paty, je voudrais faire une observation: lorsque les lettres au Président de la République et l'article *Dixi* étaient mis faussement à ma charge, au Conseil d'enquête, c'était considéré comme faute grave contre la discipline et méritait ma traduction devant un Conseil d'enquête et ma mise en réforme; lorsque j'ai établi que je n'en étais pas l'auteur, M. Cavaignac a trouvé que l'auteur n'en était plus punissable; et lorsque M. le général Zurlinden a succédé à M. Cavaignac, il a jugé que cela ne méritait que la mise en non activité par retrait d'emploi, par décision ministérielle, et sans même faire passer l'auteur devant un Conseil d'enquête; non pas que j'entende récriminer contre la mesure, moins sévère que celle qui m'a frappé, dont a été puni M. le colonel Du Paty; j'estime qu'il a été aussi injustement et aussi arbitrairement puni que moi; et, pas plus que moi, il n'a mérité un pareil traitement ; il n'a été, comme moi, qu'un instrument. En tous cas, je tiens à bien faire remarquer qu'il y a eu deux poids et deux mesures dans la manière dont, l'un et l'autre, nous avons été traités.

« Je viens maintenant à ma traduction devant le Conseil de guerre.

« Conformément à l'ordre que j'ai reçu, j'ai demandé à être traduit devant un Conseil de guerre, et l'*instruction a commencé, plus complète, plus longue, plus détaillée que l'enquête de M. le général de Pellieux,* **mais menée de la même manière, c'est-à-dire que je recevais journellement des instructions formelles sur ce que je devais dire** : *une fois où, pour obéir à Me Tézenas (qui, à cette époque, ne savait pas ce qui se passait), j'avais fait une démarche de mon chef, je fus très vertement rappelé à l'ordre.*

« Le commandant Ravary fut mandé à l'État-major de l'armée, et on lui donna communication de certaines pièces ; **tous les jours également, j'étais prévenu, et de la marche de l'instruction, et de ce que je devais dire, toujours par les mêmes personnes, soit le colonel Henry, soit le colonel Du Paty** ; mais il est bien évident que ces communications sur les détails journaliers de l'instruction n'étaient pas faites à ces officiers, qui n'étaient considérés absolument que comme des témoins ; elles étaient faites au chef d'État-major, ou plus probablement au sous-chef d'État-major, pour le chef d'État-major. Il est intéressant pour moi de constater que ces communications, faites beaucoup plus haut qu'aux officiers mes intermédiaires, me parvenaient dans la soirée même. »

XXXV. — *Ici encore les déclarations d'Esterhazy sont corroborées par les aveux de Du Paty de Clam, qui prétend seulement se couvrir encore de l'ordre de ses chefs.* Il déclare d'ailleurs avoir, en lieu sûr, des articles du général Gonse.

« Je n'ai pas à exposer, dit-il (*Enquête, p.* 315) à quelles considérations d'ordre supérieur j'ai obéi en allant au secours d'Esterhazy, que le colonel Henry, devant le général Gonse, m'a représenté comme étant digne d'intérêt...

« D. — Dans ces considérations d'ordre supérieur, sur lesquelles vous ne pensez pas devoir vous expliquer, comprenez-vous des considérations quelconques qui se rattacheraient à l'affaire Dreyfus et au jugement rendu contre lui?

« R. — Oui. »

Ainsi, il est avéré et reconnu que toutes ces abominables

manœuvres, employées pour empêcher de laisser régulièrement instruire le procès Esterhazy, avaient pour cause des considérations se rattachant à l'affaire Dreyfus.

Comment, dès lors, la révélation de ces manœuvres pourrait-elle ne pas constituer au premier chef un moyen de revision?

Si d'ailleurs Du Paty s'est refusé à faire connaître ces considérations, il en est certaines faciles à apercevoir. D'une part la revision du procès Dreyfus devait fatalement révéler la communication au Conseil de guerre de pièces inconnues de l'accusé et de son défenseur, et les auteurs responsables d'un tel acte avaient tout intérêt à le dissimuler.

D'autre part, la condamnation d'Esterhazy, entraînant par contre-coup la réhabilitation de Dreyfus, c'était la découverte nécessaire des faux fabriqués déjà en 1896 par Henry et Du Paty pour prouver la culpabilité de Dreyfus.

Si bien, qu'en réalité, c'est pour empêcher la découverte de leur première série de faux, que ces malheureux officiers en ont commis de nouveaux, lorsque des poursuites judiciaires contre Esterhazy furent rendues nécessaires.

XXXVI. — Le système combiné d'accusation et de défense, qui fut élaboré par les colonels Henry et Du Paty dans les bureaux de l'État-major, et pour la mise en œuvre duquel Esterhazy reçut jour par jour les instructions de Du Paty et d'Henry, concerne tout à la fois les éléments moraux et les éléments matériels du procès, comme les témoignages à recueillir.

En ce qui concerne les éléments moraux, la tâche était difficile. Esterhazy, comme l'a déclaré le général Roget, n'étant pas défendable au point de vue de la moralité, il fallait le présenter comme une sorte de déséquilibré ; on éviterait soigneusement de faire aucune enquête sur ses grands besoins d'argent, toujours insuffisamment satisfaits; on ne ferait aucune recherche sur ses agiotages et spéculations, sur ses relations inavouables, sur ses mœurs et ses débauches, et on déclarerait purement et simplement, comme l'a fait d'ailleurs le commandant Ravary dans son rapport :

« Certes, la vie privée du commandant Esterhazy ne saurait être proposée comme modèle à nos jeunes officiers. Mais, de ces écarts même les plus répréhensibles, on ne saurait déduire nécessairement qu'il a pu se rendre coupable du plus grand des crimes qu'un soldat et un Français puisse commettre. »

Observation d'ailleurs fort juste, et qu'il est assez piquant de rapprocher aujourd'hui des rapports de l'agent Guénée, si péniblement étayés sur des racontars de boulevard, rapports où on présentait Dreyfus comme traître probable à raison de sa fréquentation hypothétique de cercles indéterminés, où on conjecturait qu'il aurait pu jouer.

Mais, pour pouvoir tenir ce langage, il ne fallait pas trop fouiller dans les papiers d'Esterhazy. Bien qu'on l'eût prévenu dès la première heure d'avoir à se tenir sur ses gardes, on jugea plus prudent de ne faire aucune perquisition chez lui. L'appartement de Dreyfus avait été, dès la première heure, et avant aucun préavis possible, visité et fouillé de fond en comble; on avait même pratiqué des perquisitions chez son beau-père pour essayer de retrouver au moins quelques échantillons de ce papier mystérieux employé par l'auteur du bordereau. Tout avait été vain.

Aucune visite domiciliaire n'est faite ni chez Esterhazy, ni chez sa maîtresse d'alors, qui habitait un appartement loué par lui.

En procédant ainsi, et en faisant valoir, pour sauver les apparences, cette idée en elle-même très raisonnable, que « les écarts les plus répréhensibles ne prouvent pas nécessairement l'espionnage », les éléments moraux de l'accusation perdraient vraisemblablement la plus grande partie de leur force.

Il y avait bien encore un danger possible, la constatation de relations entre Esterhazy et l'attaché militaire A..., qui aurait pu être faite par M. Scheurer-Kestner ou M. Mathieu Dreyfus. Mais on fit déclarer par Esterhazy, dans la lettre au ministre de la Guerre du 25 octobre 1897 (qu'Esterhazy a reconnu lui avoir été dictée par Du Paty), que l'attaché militaire A... et la famille Esterhazy avaient noué jadis, à Karlsbad, des relations purement mondaines; on lui fit répéter, d'ailleurs, ces déclarations devant le commandant Ravary, dans un interrogatoire du 15 décembre (*Enquête, p.* 625). La sincérité de ces déclarations ne devait être l'objet d'aucune vérification de la part des officiers chargés de l'instruction. Donc le danger, de ce côté encore, se trouverait écarté.

XXXVII. — Restaient les éléments matériels de l'accusation : le bordereau.

En ce qui concerne la teneur même du bordereau, la difficulté n'était pas trop grave à vaincre : il est en effet impossible de construire des raisonnements absolument irréfutables et décisifs sur une simple énumération de notes de renseignements non datée, alors qu'on ignore complètement quel est le contenu de ces notes de renseignements. Il était sans doute extrêmement frappant que le bordereau visât presque exclusivement des renseignements militaires fournis par les manœuvres du camp de Châlons, en août 1894. Mais Esterhazy n'avouerait pas sa présence à ces manœuvres et parlerait seulement des écoles à feu du 5 au 9 août, où sa présence avait été constatée par l'instruction Picquart. D'ailleurs, pour plus de sûreté, on placerait la date du bordereau au mois d'avril, et Esterhazy déclarerait, avec la force de l'évidence, n'avoir pu livrer en avril des renseignements par lui recueillis seulement au mois d'août. On pouvait sans doute tirer des arguments contre l'accusé de certaines expressions anormales se trouvant sur le document et familières à Esterhazy, mais on se garderait de trop discuter sur les termes.

Pour ce qui touche le papier, Esterhazy nierait catégoriquement avoir jamais employé du papier pelure, et comme on ne ferait pas de perquisitions à cet égard, cette simple dénégation suffirait.

Mais il y avait toujours l'écriture d'Esterhazy, écriture identique à celle du bordereau, écriture à laquelle Esterhazy crut d'ailleurs prudent d'apporter un « changement notable » postérieurement à la dénonciation de M. Mathieu Dreyfus. (*Déposition Grenier, p.* 498.)

Voici alors la thèse que Du Paty imagina, thèse dont il dicta l'exposé à Esterhazy dans sa lettre au ministre de la Guerre du 25 octobre 1897.

« Je constatai sur le bordereau publié par le journal *Le Matin*, dit Esterhazy dans cette lettre, que certains mots diffèrent de mon écriture, que l'ensemble de cette écriture diffère de la mienne, mais, par contre, que certains mots étaient d'une ressemblance tellement frappante, qu'on les aurait dit calqués.

« Dans l'un des documents publiés à ce propos, j'ai vu que le bordereau avait été écrit sur un papier calque; je fus donc tout naturellement amené à penser qu'on s'était procuré de mon écriture et que Dreyfus s'en était servi pour fabriquer sa correspondance occulte, pour détourner sur moi le scandale.

« Je ne connais pas Dreyfus; mais, malheureusement pour moi, depuis longtemps mon écriture traîne chez les banquiers, les prêteurs d'argent, les bijoutiers et autres gens avec lesquels Dreyfus pouvait avoir des accointances. Néanmoins, cette explication ne me satisfaisait pas.

« Au moment des duels Meyer, de Morès, Crémieux, etc., j'ai reçu de nombreuses lettres d'officiers israélites, auxquels j'ai répondu par un mot de remerciement : Dreyfus était peut-être du nombre, mais je ne m'en souviens pas. D'ailleurs, cette explication ne me suffit pas non plus, car il fallait avoir beaucoup de mon écriture pour arriver à avoir les mots du bordereau.

« Je me souvins alors qu'au commencement de 1894, à une époque que je puis très bien préciser, pour des motifs d'ordre intime, j'ai reçu d'un officier du ministère une demande de renseignements circonstanciés sur le rôle joué par la brigade de cavalerie que commandait mon père ; cet officier avait un travail à faire sur les opérations autour d'Eupatoria. Je lui envoyai une notice assez volumineuse. Sur sa demande, je ne la lui ai pas adressée au ministère ; il est possible qu'il l'y ait apportée et qu'elle soit tombée sous les yeux ou entre les mains de Dreyfus, soit qu'il la lui ait prêtée, ou autrement. Il serait facile de se renseigner auprès de cet officier, le capitaine Brault. *J'ai beau me creuser la tête, je ne vois pas d'autres sources.* » (*Lettre annexée à la déposition d'Esterhazy.*)

Cette invraisemblable histoire de la notice envoyée au capitaine Brault n'avait pas été imaginée sans dessein par Du Paty.

En effet, au cours de ses interrogatoires fantastiques où Du Paty, jonglant avec les écritures, présentait à Dreyfus tantôt un mot, tantôt un autre, pour lui demander s'il le reconnaissait écrit par lui, cet officier de police judiciaire lui montra, le 18 octobre 1894, une ligne de l'écriture du bordereau. Dreyfus déclara que cette écriture n'était pas la sienne.

« D. — Connaissez-vous, lui demande alors Du Paty, quelqu'un ayant l'écriture incriminée ?

« R. — Je le crois.

« D. — Pourriez-vous nous désigner cette personne ?

« R. — Il me semble vaguement que c'est l'écriture de Bro. »

Le 16 novembre 1894, alors que Dreyfus connaît enfin l'instrument de l'accusation, alors qu'on lui a enfin montré le bordereau, il est interrogé à cet égard :

« D. — Vous avez dit à M. l'officier de police judiciaire, au cours de vos interrogatoires, et lorsqu'il vous montrait une ligne de l'écriture du document incriminé et vous demandait si vous connaissiez cette écriture, que ce n'était pas la vôtre, mais qu'il vous semblait que c'était celle d'un officier. Maintenez-vous cette déclaration ? et, dans ce cas, donnez-nous le nom de cet officier.

« R. — On m'a montré cette ligne d'écriture ; j'ai répondu que ce n'était pas la mienne. On m'a dit de chercher ; j'ai répondu qu'il me fallait aller au ministère, parce que je ne connaissais pas l'écriture de tous les camarades. J'ai cru vaguement reconnaître l'écriture d'un officier. J'ignorais d'ailleurs que cette écriture appartînt au document incriminé. *Je n'accuse aucun de mes camarades d'en être l'auteur.* »

Nonobstant ces déclarations faites au rapporteur d'Ormescheville, et peut-être ignorées de Du Paty, ce dernier se proposait manifestement de soutenir que Dreyfus avait décalqué le bordereau sur une notice envoyée par Esterhazy au capitaine Brault; qu'il aurait emprunté ou dérobé cette notice anonyme au capitaine Brault, et que, attribuant à cet officier une écriture émanant en réalité d'Esterhazy, il avait, au moment de son procès, dénoncé comme auteur du bordereau, non pas Esterhazy, qu'il ne connaissait pas, mais le capitaine Brault lui-même.

Mais comment établir que le capitaine Brault avait reçu d'Esterhazy cette notice imaginaire et que, de ses mains, ce document était passé en celles de Dreyfus?

Toujours guidé par Du Paty — Esterhazy a déclaré que tout ce qu'il avait écrit en 1897 lui avait été donné mot à mot et ordonné (*Enquête, p. 404 in fine*) — le commandant écrit le 29 octobre 1897, à une adresse où ne se trouvait pas le capitaine Brault :

« Mon cher camarade,

« Permettez-moi de faire appel à vos souvenirs pour un renseignement du plus grand intérêt pour moi.

« En février 1894, je vous ai envoyé sur votre demande une notice relative au rôle joué en Crimée par le 4e hussards à Eupatoria, un des régiments qui se trouvaient alors sous les ordres de mon père. Bien que je vous aie envoyé ce petit travail chez un de vos amis, rue de Lafayette ou rue de Châteaudun, si mes souvenirs sont exacts, parce que vous alliez partir en permission, je n'ai pas reçu de réponse de vous. J'aurais grand intérêt à savoir le plus tôt possible si vous n'auriez pas le souvenir d'avoir, à cette époque ou par la suite, prêté ce petit travail sans valeur pour eux à un de vos camarades du ministère de la Guerre? »

La lettre reste naturellement sans réponse, le capitaine Brault n'étant pas à Toulouse, où la lettre avait été adressée.

Esterhazy, poursuivant alors imperturbablement l'exécution du plan, télégraphie :

« *Avez-vous reçu ma lettre du 29 octobre? Je considérerai votre silence plus prolongé comme me confirmant que vous avez communiqué ma notice* **à un tiers de votre grade**. — ESTERHAZY. »

Malheureusement pour les trop ingénieux auteurs de cette conception, l'administration des postes et des télégraphes parvint à remettre, en temps utile, au capitaine Brault, lettre et télégramme; et, le 9 novembre 1897, celui-ci répondait :

« Mon commandant,

« Je viens de recevoir votre lettre du 29 octobre, qui m'a été renvoyée de Toulouse à Paris, où j'étais venu passer quelques jours. N'ayant jamais étudié particulièrement la guerre de Crimée, ni eu l'intention d'écrire sur ce sujet, je n'ai pas pu vous demander une notice sur le rôle joué en Crimée par le 4e hussards à Eupatoria. Je ne comprends donc pas la question que vous avez voulu me poser et regrette de ne pouvoir vous répondre. Je ne suis pas parti en permission en février 1894. Aucun de mes amis ou connaissances ne demeure rue de Châteaudun. N'ayant pas l'honneur de vous connaître même de nom, je ne vous ai rien demandé, ni verbalement ni par écrit. »

Lecture de cette correspondance a été donnée aux débats du procès Esterhazy, et la Cour pourra se reporter au compte rendu sténographique (*p.* 127 *et* 128).

La réponse du capitaine Brault faisait misérablement crouler tout l'échafaudage si péniblement construit. Le capitaine Brault n'ayant jamais eu la notice, Dreyfus n'avait pu ni la lui emprunter, ni la lui dérober, ni par suite lui en attribuer par erreur l'écriture. Il n'avait pu, en conséquence, dénoncer le capitaine Brault comme auteur du bordereau en croyant voir en lui l'officier dont il aurait décalqué l'écriture.

Esterhazy a bien essayé de soutenir que Dreyfus lui-même lui aurait demandé cette notice en signant du nom du capitaine Brault. Mais alors Dreyfus aurait décalqué l'écriture d'Esterhazy en sachant bien quel était l'auteur de l'écriture décalquée. C'est, en ces conditions, Esterhazy et non le capitaine Brault qu'il eût dénoncé comme auteur du bordereau.

De tout ce système, qui était manifestement celui de Du Paty et qui fut d'ailleurs indiqué par ses journaux officieux, il n'a donc pu rester que la partie relative à l'hypothèse d'un décalque de l'écriture d'Esterhazy par une tierce personne autre que Dreyfus, hypothèse qui d'ailleurs pouvait suffire à faire écarter, pour Esterhazy, la charge terrible résultant de l'identité d'écriture.

C'est, la Cour le sait, grâce à cette hypothèse de décalque que les experts ont pu émettre un avis qui ne fût pas la condamnation formelle d'Esterhazy.

Encore cette hypothèse était-elle difficile à faire admettre, et malgré toutes les assurances données à cet égard à Esterhazy dans les avis quotidiens d'Henry et de Du Paty, Esterhazy reste toujours inquiet. On trouve la preuve de ses angoisses dans deux brouillons de lettres adressées par lui à ses correspondants, brouillons qui ont été saisis au domicile qu'il partageait avec Mme Pays, et placés par M. le juge d'instruction Bertulus sous scellé no 1.

« Que dois-je faire tout à l'heure, demande Esterhazy, puisque les experts se refusent à conclure comme vous l'espériez? Dois-je demander, comme Tézenas le voulait tout d'abord, comme c'est mon droit, une expertise avec l'écriture de Dreyfus et reparler du décalque? Belhomme est un idiot. Il n'y a qu'à le regarder. Dois-je exiger une contre-expertise Bertillon pour les lettres B.? Tous ces gens vont m'assassiner. Ne peut-on cependant démontrer à Ravary et aux experts que je n'ai pas pu écrire les termes de la grande lettre à la Boulancy? Si les experts concluent que l'écriture est de moi, il m'est impossible, pour ma défense, de ne pas m'efforcer de démontrer que c'est Dreyfus qui est l'auteur du bordereau.

« Comprenez donc bien que — (et ce qui suit est guillemeté) — *si vous êtes véritablement les maîtres de l'instruction et des experts, je ne puis que m'en rapporter absolument à vous, mais que si cela vous échappe, comme je le crains, je suis dans l'obligation de démontrer que le bordereau est calqué par Dreyfus avec mon écriture.* »

Esterhazy a reconnu, dans l'interrogatoire que lui fit subir M. Bertulus, l'authenticité de cette pièce dont l'autre brouillon, moins complet, constitue une simple variante de détail. Il semble que tout commentaire en soit aujourd'hui superflu.

C'est par ces procédés que les ingénieux metteurs en scène du procès Esterhazy annihilaient les éléments matériels de l'accusation.

XXXVIII. — Les éléments moraux ainsi discrètement voilés, les éléments matériels ainsi esquivés tant bien que mal, restait encore le témoignage de Picquart. On avait bien essayé de laisser en Tunisie ce témoin gênant; mais il fallut, à la suite d'instances réitérées de M. Scheurer-Kestner, qui, par ses entretiens avec le général Billot, avait compris la nécessité d'entendre l'ancien chef du bureau des renseignements, se décider à recueillir son témoignage. Henry et Du Paty avaient bien pris, pour le discréditer, toutes les mesures nécessaires (y compris les faux). Mais l'autorité incontestable de ce témoin, qui pendant vingt-cinq années n'avait reçu de ses chefs que des notes unanimement élogieuses, pouvait résister même aux faux les mieux fabriqués. On décida alors de diriger l'instruction, non contre Esterhazy, mais contre Picquart. Aucune perquisition n'avait été faite chez Esterhazy, on en pratiqua de minutieuses chez Picquart, dont on viola le domicile en son absence. Henry et ses subordonnés furent appelés à déposer contre lui ; sa correspondance fut interceptée; les faux plus haut signalés furent fabriqués pour faire croire à l'existence d'un complot entre M. Scheurer-Kestner et Picquart. L'acte d'accusation du commandant Ravary fut rédigé contre Picquart, dont Esterhazy était présenté comme la victime.

« Nous n'avons point mission, dit le commandant Ravary, après avoir formulé contre Picquart toutes ses allégations aussi tendancieuses que dénuées de fondement, nous n'avons point mission de faire le procès du colonel Picquart. Il appartiendra à l'autorité militaire le soin d'examiner et d'apprécier ses actes et de leur donner la suite qu'il appartiendra... En résumé, que résulte-t-il de cette triste affaire si savamment machinée? Une impression pénible qui aura un écho douloureux dans tous les cœurs vraiment français. Des acteurs mis en scène, les uns ont marché à découvert, les autres sont restés dans la coulisse; mais tous les moyens employés avaient le même but : **la revision d'un jugement légalement et justement rendu.** »

C'est la reproduction de la formule de la note officielle du gouvernement, rédigée à la suite des lettres de chantage dictées par Du Paty à Esterhazy pour le Président de la République.

XXXIX. — C'est d'ailleurs la formule qui s'est imposée à tous ceux ayant officiellement à prendre part à cette singulière instruction Esterhazy.

M. le général de Pellieux fut chargé de l'affaire comme officier de police judiciaire. Mais on commença par lui donner l'assurance formelle que Dreyfus avait été justement et légalement condamné.

Le faux Henry établissait indubitablement la culpabilité de Dreyfus. Le général de Pellieux connaissait l'existence de ce document réputé alors authentique, et c'est lui qui l'a révélée à la Cour d'assises de la Seine lors du procès Zola, à l'audience du 18 février 1898, par un coup de théâtre qui décida d'ailleurs du sort du procès.

Que l'original de cette pièce ait été montré au général de Pellieux au début même de son instruction, ou seulement au commencement du procès Zola, ainsi qu'il a été allégué, cela importe peu : il est certain que le général de Pellieux n'ignorait pas, en faisant son instruction, l'existence d'une pièce fournissant à ses supérieurs la preuve péremptoire et irréfutable de la culpabilité de Dreyfus.

Dreyfus ayant été justement et légalement condamné, selon la note officielle, il était et devait être certain, pour le général de Pellieux, qu'Esterhazy ne pouvait être l'auteur du bordereau. Il devait se considérer comme chargé de donner une suite légale à la dénonciation de M. Mathieu Dreyfus, mais en sachant d'avance que nécessairement cette dénonciation ne devait pas aboutir.

Le général de Pellieux était dominé par cette idée que, Dreyfus ayant été justement et légalement condamné, il ne pouvait rien faire à l'encontre de la chose jugée. « L'honneur de l'armée » même, ajoutait-on alors, s'opposait à ce qu'on remît en question une affaire jugée par un tribunal militaire.

Telle était la hantise de ces idées, que le général de Pellieux refusait même de se saisir du bordereau, pièce dépendant de l'affaire Dreyfus, qu'il ne devait toucher en aucune façon.

Le bordereau lui fut néanmoins délivré, parce qu'on ne pouvait évidemment procéder à une instruction quelconque de la dénonciation de M. Mathieu Dreyfus, sans faire procéder à une expertise comparative de l'écriture du bordereau et de l'écriture d'Esterhazy.

Mais la même difficulté se représente chez les experts, dont l'esprit est également dominé par la note officielle : Dreyfus a été justement et légalement condamné. On en trouve la preuve au dossier même du Conseil de guerre Esterhazy. Il existe dans ce dossier, en effet, une lettre adressée, le 6 décembre 1897, par M. le président du tribunal civil à M. le Garde des Sceaux. Cette lettre explique que les experts Belhomme et Varinard entendaient ne pas se charger de l'expertise, ne voulant pas, disaient-ils, porter atteinte à la chose jugée; le sieur Belhomme ajoutait, d'ailleurs, qu'ancien professeur à l'école de Metz, il lui répugnait de prendre part à une instruction pouvant porter atteinte à l'honneur de l'armée.

Un renvoi devant le Conseil de guerre parut cependant impossible à éviter après l'instruction préliminaire. Mais, pour atténuer la portée de ce renvoi, on le fit demander par Esterhazy lui-même.

Le 2 décembre 1897, Esterhazy écrit au général de Pellieux. Il lui envoie un projet de lettre rédigée par son avocat, lettre destinée à la publicité et soumise au général pour les corrections utiles. Le général de Pellieux corrige cette lettre, où Esterhazy déclare que, « accusé publiquement de haute trahison, il a droit au Conseil de guerre, qui est la forme la plus élevée de la justice militaire »; et le factum est, après corrections, communiqué à la presse.

La lettre d'envoi d'Esterhazy au général de Pellieux et le projet d'Esterhazy, corrigé de la main même du général, ont été saisis par M. Bertulus lors de sa perquisition dans l'appartement de la fille Pays et placé sous scellé n° 4. (*Pièces 4e et 1re.*)

L'instruction se poursuit devant le commandant Ravary dans les conditions révélées par Esterhazy et reconnues par Du Paty. Rapporteur et commissaire du gouvernement concluent au non-lieu. Mais le général Saussier, gouverneur de Paris, à qui cette instruction n'apparaît pas limpide, signe, le 2 janvier 1898, une ordonnance de mise en jugement : « Attendu néanmoins que l'instruction n'a pas produit sur tous les points une lumière suffisante pour proclamer en toute connaissance de cause la non culpabilité de l'inculpé. »

On arrive dans ces conditions devant le Conseil de guerre qui, comme les officiers chargés de l'instruction, se conforme à la note officielle du gouvernement du 9 novembre.

A la demande d'intervention de l'exposante, le commissaire du gouvernement répond par des conclusions au rejet, en déclarant :

« Le Conseil n'a pas à revenir sur l'affaire de l'ex-capitaine Dreyfus, qui a été *justement et légalement* condamné. (*Compte rendu sténographique. Brochure Yves Guyot, p.* 109.)

Le Conseil de guerre rend alors un arrêt, toujours conforme à la note officielle (*voyez le texte au Sirey*, 1898-2-56) :

« En ce qui concerne la dame Dreyfus.

« Attendu que le conseil de guerre n'a pas à s'occuper de l'affaire de l'ex-capitaine Dreyfus, sur laquelle il a été *justement et légalement* statué... »

Si le Conseil de guerre de 1894 avait justement et légalement condamné Dreyfus comme auteur du bordereau, il est certain que le Conseil de guerre de 1898 ne pouvait condamner Esterhazy comme auteur de ce même bordereau.

C'est ce qu'avait proclamé la note officielle du gouvernement délibéré en Conseil des ministres du 9 novembre 1897, à la suite des menaces de difficultés diplomatiques et du chantage organisé à cet égard par Henry, Du Paty et Esterhazy.

C'est ce qui avait été quotidiennement exposé, sous toutes les formes, aux officiers chargés de cette bizarre instruction.

C'est ce qui était implicitement contenu dans les conclusions du commissaire du gouvernement et dans l'arrêt du Conseil de guerre concernant l'intervention de l'exposante et de M. Mathieu Dreyfus.

C'est ce que proclama finalement l'arrêt du Conseil de guerre acquittant, le 11 janvier 1898, Esterhazy, considéré alors comme personnifiant l'honneur de l'armée en butte aux attaques d'une véritable association de traîtres. Et, plein de reconnaissance, Esterhazy écrit alors à un officier général, qu'il a refusé de désigner, la lettre suivante dont le projet, reconnu authentique, a été saisi par M. le juge d'instruction Bertulus chez la fille Pays et placé par lui sous scellé n° 1, cote 2 :

Paris, 12 janvier 1898.

« Mon général,

« Je venais de vous écrire pour vous exprimer bien mal — car je ne trouve pas de mots pour dire ce que j'éprouve — toute la profonde gratitude, toute l'infinie reconnaissance que j'ai au cœur pour vous. Si je n'ai pas succombé dans cette monstrueuse campagne, c'est à vous et à vous seul que je le dois, lorsque je trouve votre lettre... »

Ce projet de lettre suggestif s'arrête malheureusement sur ces mots :

XL. — Ainsi, pendant l'instruction faite par Picquart, découvrant, en 1896, la piste d'Esterhazy, on constate toute une série de manœuvres criminelles et de faux dus à Henry et à Du Paty, pour empêcher cette instruction de se poursuivre et pour en discréditer le promoteur, à l'effet d'empêcher qu'Esterhazy ne soit reconnu l'auteur véritable de l'acte imputé à Dreyfus.

Dans la seconde période, qui s'ouvre en septembre 1897, lorsque M. Scheurer-Kestner signale à son tour au ministre de la Guerre l'erreur commise en 1894, on constate, de la part d'Henry et de Du Paty, des actes non moins odieux de chantage et de tromperie, tendant toujours au même but : on les voit continuer la fabrication des faux. Et leur dessein avoué est toujours le même : ne pas permettre la discussion de la culpabilité de Dreyfus, ne pas tolérer qu'un autre puisse être recherché comme coupable du crime imputé à Dreyfus.

Dans la troisième période, qui embrasse l'instruction rendue nécessaire par la dénonciation formelle de M. Mathieu Dreyfus contre Esterhazy, il semble qu'on n'ait plus à relever de faux : Henry et Du Paty sont parvenus à faire ériger en dogme, par les pouvoirs publics, que Dreyfus avait été *justement* et *légalement* condamné, que la condamnation de Dreyfus était en conséquence une œuvre intangible. Henri et Du Paty n'avaient plus, en conséquence, qu'à mettre en œuvre les documents précédemment fabriqués par eux contre Dreyfus et contre Picquart ; ils n'avaient plus qu'à user des résultats acquis par leurs criminelles manœuvres, en amalgamant, suivant la formule par eux trouvée précédemment, une accusation et une défense dont ils précisaient quotidiennement les termes à Esterhazy. Ce qu'on rencontre dans cette troisième période à la charge d'Henry et de Du Paty, ce sont des actes dolosifs viciant toute l'instruction et enlevant toute autorité réelle à l'acquittement d'Esterhazy, qui néanmoins demeure, au point de vue légal, absolument définitif.

d). — *Période postérieure à l'acquittement d'Esterhazy.*

XLI. — L'exposante passera très rapidement sur les faits concernant cette quatrième période.

Elle rappellera seulement, avec les déclarations d'Esterhazy (*Enquête, p.* 409), que les inquiétudes d'Henri et de Du Paty n'ont pas cessé après le jugement du Conseil de guerre du 11 janvier 1898 acquittant Esterhazy; qu'Esterhazy a établi, d'après son dire (*Enquête, p.* 410), des relations officieuses entre le général de Pellieux et certains journaux (*Soir*, *Écho de Paris*, *Libre Parole*, *Patrie*, *Intransigeant*, *Gaulois*); qu'Henry, après une déposition violente en Cour d'assises, lors du procès Zola, lança au colonel Picquart un démenti grossier dans le prétoire même de la justice, qu'un duel s'ensuivit ; qu'Esterhazy, en outre, fut invité par Henry à provoquer Picquart, et qu'à défaut de duel il tenta d'assommer Picquart à coups de canne plombée. (*Déposition Gérard. Enquête, p.* 552, *in fine.*)

Ces menus incidents simplement indiqués, l'exposante ne fera porter ses observations concernant cette dernière période que sur quatre nouveaux faux, et sur les demi-aveux qu'Henry a laissés échapper dans l'instruction faite par M. Bertulus.

XLII. — Des quatre faux restant à examiner, deux sont dirigés contre Picquart. Le premier n'a qu'une valeur anecdotique et représente photographiquement Picquart en conférence avec l'attaché militaire A... Il a été mis en œuvre par un journal officieux d'Henry et de Du Paty, le *Jour*, et il était destiné à persuader au public que Picquart avait tramé un complot avec l'étranger pour perdre un loyal officier français (Esterhazy), en le substituant à un abominable traître (Dreyfus). Plainte en faux a été portée par Picquart et la photographie est rentrée dans l'ombre. L'exposante n'y insiste pas : le dossier de cette affaire n'ayant pas été produit à la Cour. (*Voyez cependant les explications données au sujet de ce faux dans la déposition Griset. Enquête, p. 265 in fine; et la déposition Picquart. Enquête, p. 141*).

Le second faux est infiniment plus grave : il concerne le « petit bleu » qui a éveillé les soupçons de Picquart à l'encontre d'Esterhazy. Il a été révélé par l'expertise faite au cours de l'instruction Tavernier, à laquelle la Cour pourra se reporter. Les résultats de cette expertise sont d'ailleurs très fidèlement résumés dans la déposition de Picquart (*Enquête, p.* 98).

Il est très remarquable qu'une instruction destinée à convaincre Picquart de faux ait eu précisément pour résultat de révéler un nouveau faux commis contre cet officier.

Les experts ont constaté, en effet, que le nom d'Esterhazy, inscrit sur l'adresse du « petit bleu », avait été l'objet de grattages et de surcharges. En comparant le document avec les photographies qu'en avait fait faire Picquart, ils ont constaté que le document n'avait plus le même aspect qu'à l'époque où Picquart l'avait reçu et fait photographier.

En examinant l'adresse inscrite sur le document, ils ont retrouvé sous le nom *Esterhazy*, tracé d'une nouvelle écriture, le même nom d'*Esterhazy* écrit de la main même qui avait écrit le texte du document. En analysant les encres, ils ont reconnu que l'encre de la surcharge et l'encre employée pour écrire la pièce elle-même (texte et adresse) avait une composition chimique différente.

Il est donc manifeste que le document a été maquillé et falsifié, pour créer une charge permettant d'accuser Picquart d'avoir substitué le nom du commandant Esterhazy à un autre nom se trouvant réellement sur l'adresse.

Le colonel Picquart estime que ce nouveau faux a dû être commis avant l'enquête Ravary, ce document lui ayant déjà paru avoir perdu son aspect primitif lorsqu'il lui fut représenté au cours de cette enquête.

Il est difficile de se prononcer sur la date exacte de ce faux. Mais il est certain qu'il a été commis alors que le document se trouvait entre les mains d'Henry, auquel il avait été remis au départ de Picquart (*Enquête, p.* 99).

Ce fut d'ailleurs Henry qui s'en servit le premier, qualifiant le « petit bleu » de pièce fabriquée pour perdre Esterhazy. Ce faux procède toujours de la même idée qui avait inspiré ceux précédemment forgés contre Picquart (faux Blanche, Speranza, etc.).

Il est, comme les précédents, destiné à ruiner l'autorité d'un témoin dangereux pour l'œuvre accomplie en 1894 par Henry et Du Paty.

XLIII. — Contre Dreyfus directement, deux faux sont encore à signaler, l'un d'une extrême gravité, révélé par M. Paléologue, l'autre révélé par M. le capitaine Cuignet.

Ce dernier concerne une lettre de l'agent B... à l'agent A... (*pièce n° 371 du dossier militaire. Cote des documents faux*). La lettre est ainsi conçue :

« Mon très cher ami, hier au soir j'ai fait appeler le médecin qui m'a défendu de sortir. Ne pouvant donc aller chez vous demain, je vous prie de venir chez moi dans la matinée; car D... m'a porté beaucoup de choses très intéressantes, et il faut partager le travail, ayant seulement dix jours de temps. Tâchez donc de dire à A... que vous ne pouvez pas monter. Tout à vous. »

M. le capitaine Cuignet s'exprime en ces termes au sujet de cette pièce (*Enquête, p.* 255) :

« Ce qui constitue, à mes yeux, le caractère suspect de cette pièce, qui porte la date de mars 1894 (date du bureau de renseignements), c'est que l'initiale *D* me paraît recouvrir une autre initiale ou lettre majuscule qui aurait été effacée à la gomme. De plus, l'intervalle qui sépare cette initiale de la première lettre du mot suivant me paraît d'une étendue absolument anormale, lorsqu'on se contente de mettre une initiale. Il me semble que cet intervalle a dû être occupé par des lettres faisant suite à la lettre majuscule qui paraît avoir été effacée à la gomme. De plus, les trois points qui font suite à l'initiale *D* me paraissent appuyés et grossis, beaucoup plus gros en tous cas que les points de ponctuation qu'on retrouve dans le texte authentique. Enfin, en examinant cette pièce à la loupe, il m'a paru que le quadrillage voisin de la lettre, qui m'a semblé gommée, a été atteint lui-même par la gomme, ce qui me confirme dans la pensée qu'on a utilisé la gomme pour effacer une lettre ou un mot. Il m'a semblé également, en continuant mon examen à la loupe, que les points qui accompagnaient l'initiale *D* recouvraient des lettres dont il m'a paru voir quelques éléments sans que j'aie pu reconstituer ces lettres. Pour ces divers motifs, la pièce, dont l'ensemble du texte est authentique, m'a paru évidemment suspecte et a été classée dans la troisième partie. »

Une expertise relative à ce document et confiée par la Cour à M. Bertillon n'a donné aucun résultat, M. Bertillon reconnaissant, avec le capitaine Cuignet, qu'il y a eu retouche du document, mais croyant apercevoir sous le *D* les restes d'une autre lettre *D*.

Si, comme tout le monde le reconnaît, le document a été maquillé, ce ne peut avoir été pour le plaisir de substituer un *D* à une autre lettre *D*. Mais le but de cette falsification et sa date probable apparaissent lorsqu'on examine la mise en œuvre de cette pièce.

C'est, en effet, dans le discours de M. Cavaignac à la Chambre des députés, le 7 juillet 1898, que ce document, arrivé au bureau des renseignements en mars 1894, fut pour la première fois révélé comme une charge contre Dreyfus. Il était en quelque sorte destiné à corroborer une autre pièce de même ordre dont il est question dans le même discours, la pièce désignée par les mots : « Ce canaille de D... »

Dès lors, on conçoit qu'Henry, chef du bureau des renseignements, réunissant une série de documents impressionnants pour l'auditoire du ministre de la Guerre, ait placé à côté de la pièce fabriquée par lui, où il avait écrit le nom de Dreyfus en toutes lettres, la pièce : « Ce canaille de D... », (D... étant supposé représenter le nom de Dreyfus en abrégé), et une troisième pièce où il substituait encore habilement l'initiale du nom de Dreyfus au nom réellement inscrit, soit en entier, soit en abrégé.

Il s'agissait, dans l'esprit de M. Cavaignac, comme dans l'esprit d'Henry, en parfaite concordance d'idées sur ce point, de frapper un grand coup au moyen de documents écrasants, pour réduire à néant toutes les objections de plus en plus sérieuses qui se dressaient en face du jugement de condamnation de Dreyfus. Pour ce faire, il fallait documenter le ministre de la Guerre : n'ayant et ne pouvant avoir de preuves authentiques, on lui remit des faux.

Il est bon de noter, toutefois, que M. le capitaine Cuignet, d'après des raisons également très plausibles, exposées par lui devant la Cour (*Enquête, p.* 255), place la date de ce faux en 1896, au moment où se fabriquaient, d'autre part, la fausse lettre de l'attaché militaire B... et la fausse lettre Weyler. La date de ce nouveau faux a, d'ailleurs, peu d'intérêt; il suffit de constater que cette falsification de pièce a toujours la même origine.

XLIV. — Enfin, un dernier faux contre Dreyfus, d'une importance exceptionnelle, doit particulièrement retenir l'attention de la Cour.

Les conditions dans lesquelles ce faux a vu le jour ont été révélées par les deux dépositions de M. Paléologue, apportant à la Cour, non seulement son attestation personnelle, mais aussi les déclarations mêmes de M. le ministre des Affaires étrangères. Ce faux, concerté entre Henry et Du Paty, a été entouré de circonstances singulièrement aggravantes pour Henry.

On trouve au dossier militaire (*pièce* 44) et au dossier diplomatique deux exemplaires de la traduction d'une même dépêche chiffrée, en date du 2 novembre 1894, de l'agent B... à son état-major. Ces deux traductions, nécessairement, devraient être identiques, alors surtout que le ministère de la Guerre n'a eu nullement à s'occuper de la traduction du télégramme et a reçu le document tout traduit du ministère des Affaires étrangères. Or, tandis que la traduction produite par le ministère des Affaires étrangères exclut nettement toute idée de relations de Dreyfus avec l'agent B..., la traduction produite par le ministère de la Guerre implique au contraire l'idée de relations suspectes de Dreyfus avec ce même agent B... et avec l'agent A...

La traduction du ministère des Affaires étrangères est d'une incontestable authenticité. Le texte original a été communiqué, la clef révélée, et M. Paléologue a apporté à la Cour des preuves indiscutables et multiples de l'exactitude de la méthode employée pour le déchiffrement.

De ce télégramme, dont il avait reçu la traduction authentique et nettement exclusive de la culpabilité de Dreyfus, le ministère de la Guerre ne possède aujourd'hui qu'une version ainsi conçue (*pièce 44 du dossier militaire*) :

« Le capitaine Dreyfus est arrêté. Le ministre de la Guerre a la preuve de ses relations avec l'Allemagne. Toutes mes précautions sont prises. »

Comment pareil document s'est-il introduit dans le dossier du ministère de la Guerre? M. Paléologue, secrétaire d'ambassade de première classe au ministère des Affaires étrangères, a, le 9 janvier 1899, déposé en ces termes (*Enquête, p.* 267) :

« Le 2 novembre 1894, l'agent étranger B... adressait à son gouvernement une communication qui a été traduite au ministère des Affaires étrangères, et qui portait : « Si le capitaine Dreyfus n'a « pas eu de relations avec vous, là-bas, il conviendrait de charger « l'ambassadeur de publier un démenti officiel, afin d'éviter les « commentaires de la presse. »

« Sur la dernière partie de ce télégramme, il y eut pendant quelques jours une certaine indécision. La traduction suivante fut suggérée : « ... démenti officiel, notre émissaire prévenu. »

« Aux archives des Affaires étrangères, le seul texte que nous ayons, et qui n'ait jamais changé, porte la mention : « ... afin d'éviter les commentaires de la presse. »

« Ce document a été remis au colonel Sandherr, entre les mains de qui je l'ai vu, et à qui j'en ai parlé à diverses reprises. Je ne puis pas affirmer par qui cette pièce a été remise au service des renseignements : les relations entre ce service et nous étaient, à ce moment, très fréquentes, presque journalières ; il serait possible que le capitaine Matton eût été l'organe de cette transmission ; le colonel Sandherr lui-même venait, du reste, fréquemment dans nos bureaux, et j'ai eu la possibilité de l'en entretenir.

« Le sens du télégramme, tel qu'il a été donné ci-dessus, est parfaitement exact ; il s'est trouvé confirmé ultérieurement par des circonstances qui ont permis d'en contrôler l'exactitude.

« Au mois de septembre ou d'octobre 1897, j'eus l'occasion de revoir le colonel Henry, au moment où l'on recommençait à parler de l'affaire Dreyfus. Je mis la conversation sur le télégramme du 2 novembre 1894 ; je lui en rappelai l'importance, en raison particulièrement de la date, l'agent B... n'ayant pu savoir, le 2 novembre (lendemain du jour où l'arrestation de Dreyfus a été connue), si l'inculpé avait fait des aveux ; *Henry me répondit que le document lui semblait de peu d'importance, étant données les preuves accumulées, d'autre part, contre Dreyfus. Il me signala, ce jour-là, l'existence au dossier d'une lettre de l'agent B..., dans laquelle Dreyfus serait nominativement désigné (cette pièce était le faux Henry) ; il me la récita d'ailleurs.*

« Le 17 novembre 1897, je fus chargé par le ministre des Affaires étrangères d'aller communiquer au ministère de la Guerre : 1° une déclaration de l'ambassadeur d'Allemagne, aux termes de laquelle l'attaché militaire allemand, colonel Schwartzkoppen, protestait, sur l'honneur, n'avoir jamais eu, ni directement, ni indirectement, aucunes relations avec Dreyfus ; 2° une dépêche, émanant d'un représentant de la République à l'étranger, et tendant à indiquer que, d'une part, Schwartzkoppen n'avait pas eu de relations avec Dreyfus, et, d'autre part, que le gouvernement allemand ignorait naturellement s'il avait eu quelque relation suspecte avec un agent d'une autre puissance.

« *Le colonel Henry, à qui je communiquai ces renseignements, déclara : « Mais nous n'avons jamais dit que Dreyfus ait eu des rapports directs avec l'ambassade d'Allemagne ! Vous savez bien que B... était l'intermédiaire. » A quoi je répondis : « Que faites-vous alors du télégramme du 2 novembre* 1894 ? » Pour me convaincre, il m'annonça qu'il allait me montrer différentes pièces, et il ouvrit son coffre-fort. Il venait d'étaler des documents lorsque le général Gonse entra. Je répétai au général Gonse ce que je venais de dire au colonel Henry ; le général Gonse lut les documents que j'apportais et me dit, de même : « Mais nous n'avons jamais soutenu que Dreyfus eût des rapports directs avec l'ambassade d'Allemagne. Vous voyez bien, d'ailleurs, que votre représentant à l'étranger indique lui-même la possibilité de rapports entre Dreyfus et une autre puissance. Vous savez bien que c'était l'agent B... l'intermédiaire? » Je fis au général Gonse les mêmes objections que je venais de faire au colonel Henry : « Alors, quel compte tenez-vous du télégramme du 2 novembre 1894? »

« A ce moment, le colonel Henry coupa court à l'entretien, en parlant, avec un certain trouble, des pièces qu'il venait de tirer de son coffre-fort pour me les montrer. (Le général Gonse, dans un entretien que j'ai eu avec lui, dès le 24 décembre 1898, a déclaré se souvenir parfaitement des moindres détails de cet incident.)

« A diverses reprises, j'ai eu, pendant l'hiver 1897-98, l'occasion de parler au colonel Henry du télégramme du 2 novembre. Les faits énoncés dans ce document se sont trouvés, en effet, confirmés un grand nombre de fois, par des renseignements officiels, dont j'ai toujours fait part au colonel.

« *Dans les derniers jours d'avril ou les premiers jours de mai, le colonel Henry vint me voir au ministère des Affaires étrangères et me demanda, d'un air un peu embarrassé, si je pourrais lui procurer une copie de ce télégramme du 2 novembre* 1894. Je ne compris pas bien, d'abord, sa question et je lui répondis : « Mais vous l'avez, ce document! Je l'ai vu entre les mains de Sandherr. Qu'est-il donc devenu? » Henry repartit : « Je ne sais, nous ne le retrouvons pas. Les pièces du dossier ont été disséminées entre plusieurs coffres-forts. Bref, je ne l'ai plus. » Je lui répondis qu'il ne m'appartenait pas de lui remettre une pièce de cette nature, et qu'il n'avait qu'à la faire réclamer au ministre des Affaires étrangères par le ministre de la Guerre. Il me demanda alors si je ne pourrais, au moins, lui remettre officieusement une copie. Ma réponse fut que l'écriture d'un agent des affaires étrangères conférerait à cette pièce une apparence d'authenticité que je n'avais pas qualité pour lui donner. « Toutefois, ajoutai-je, je vous ai récité tant de fois ce télégramme, que je peux bien vous le réciter une fois de plus. Libre à vous de l'écrire sous ma dictée. » *Il prit un crayon et une feuille de papier et écrivit, sous ma dictée, le texte que j'ai indiqué plus haut*. L'entretien finit là.

« Dans l'entretien ci-dessus visé du 24 décembre 1898, le général Gonse m'a déclaré ce qui suit : « C'est sur mon ordre qu'Henry était allé vous trouver. Je croyais me rappeler avoir vu entre les mains du colonel Sandherr un télégramme provenant du ministère de

Affaires étrangères et qui, dans ma pensée, était à la charge de Dreyfus; j'avais prescrit à Henry d'aller s'assurer si, au ministère des Affaires étrangères, on possédait encore ce document. *Lorsqu'Henry revint du quai d'Orsay, il me dit, en me cachant qu'il avait dans sa poche la copie prise sous votre dictée : « Eh bien! ces messieurs des Affaires étrangères n'ont pas voulu me donner le télégramme, » et il ne m'a jamais avoué ses relations avec vous.* N'ayant pu obtenir ainsi le document qui nous manquait, je me rendis chez le sous-secrétaire d'État des Postes et Télégraphes, à qui je demandai s'il était en mesure de me procurer l'original du document en question. M. Delpeuch m'ayant répondu que les archives télégraphiques ne conservaient pas d'originaux aussi anciens, je fis venir le colonel Du Paty de Clam, à qui je demandai s'il se souvenait d'avoir vu, entre les mains du colonel Sandherr, le télégramme du 2 novembre 1894. M. Du Paty de Clam fit appel à sa mémoire et me dicta le texte qui figure au dossier. J'eus soin d'indiquer, en marge, les conditions dans lesquelles ce texte avait été reconstitué. — Je posai cette question au général Gonse : « Dans le texte dicté par Du Paty de Clam, y avait-il la version *notre émissaire prévenu?* » Le général me répondit : « Je ne me souviens plus exactement ; il me semble qu'en effet c'était cette version. »

« J'ai revu, à plusieurs reprises, le général Gonse, les 25 et 30 décembre dernier ; il m'a confirmé ce qui précède ; il a même ajouté que ni le général de Boisdeffre ni le commandant Lauth n'avaient eu connaissance du télégramme du 2 novembre.

« J'ai rendu compte de tout ce qui précède, en temps utile, à mes chefs hiérarchiques.

Demande. — Pourriez-vous nous dire si les ministres de la Guerre Mercier et Billot se sont directement occupés de cet incident, et s'ils ont eu des entrevues à ce sujet avec M. Hanotaux, et à quelle date ?

« Réponse. — Je ne suis pas en mesure de répondre à cette question. D'après ce que m'a dit le général Gonse, le général Billot aurait, au mois de mai dernier (1898), réclamé à M. Hanotaux le télégramme du 2 novembre dont j'avais refusé de donner le texte à Henry. M. Hanotaux aurait répondu qu'il ne croyait pas pouvoir verser une seconde fois un document de cette nature au ministère de la Guerre. »

M. Paléologue a ajouté (*Enquête, p.* 271), dans sa déposition du 20 janvier 1899 :

« Le colonel Sandherr, ainsi que je l'ai indiqué dans ma précédente déposition, a eu connaissance, à titre personnel, des progrès opérés dans la traduction du télégramme du 2 novembre 1894 ; on avait pris soin, comme le prouve encore le manuscrit original, d'appeler son attention sur le caractère hypothétique de l'interprétation des trois derniers mots. Le colonel à emporté ladite ébauche au ministère de la Guerre et l'a rendue presque immédiatement au ministère des Affaires étrangères. Peu de jours après, probablement le 7 novembre, et sûrement pas plus tard que le 10, la traduction définitive du télégramme a été communiquée au service des renseignements. Cette traduction est celle-ci : « Si le capitaine Drefyus n'a pas eu de relations avec vous, il serait bon de charger l'ambassadeur de publier un démenti officiel afin d'éviter les commentaires de la presse. » Le colonel Sandherr n'a jamais contesté, à ma connaissance, l'exactitude de la traduction ci-dessus. »

XLV. — Ce qui s'était passé en 1894 apparaît donc clairement. Le ministère des Affaires étrangères est saisi d'un télégramme chiffré de l'attaché militaire B. Il en cherche la clef, il soumet officieusement, au cours de ses tâtonnements, un essai conjectural de traduction au colonel Sandherr qui en suivait anxieusement le déchiffrement ; puis, quelques jours après, il lui transmet la traduction définitive et authentique, la clef étant cette fois découverte.

La déposition de M. Paléologue a d'ailleurs été confirmée sommairement par M. le général Mercier (*Enquête, p.* 379) et par celle de M. le général de Boisdeffre qui, le 20 janvier 1899, s'est exprimé en ces termes devant la Cour (*Enquête, p.* 387) :

« Je me souviens, en effet, parfaitement que, le lendemain, je crois, du jour où l'arrestation de Dreyfus fut connue, je vis arriver dans mon bureau le colonel Sandherr, alors chef du Service des renseignements, me disant : « Eh bien, mon général, voilà une preuve de plus de la culpabilité de Dreyfus ; c'est la traduction d'une dépêche qu'un agent militaire étranger vient d'adresser à son gouvernement, et qu'on vient de m'apporter. »

« La dépêche a été portée de suite au ministre, soit par le colonel Sandherr, soit par moi, et très peu de temps après (dans mon souvenir, le lendemain ou le surlendemain), le colonel Sandherr revint me trouver, et me dit : « La personne qui m'avait apporté la traduction du télégramme vient de revenir, me déclare qu'on s'est trompé dans la traduction et qu'il y a eu erreur de chiffres, et apporte une nouvelle version qui n'a plus la signification de la première, et qu'elle déclare être la version exacte. »

« Dans mon souvenir, la première annonçait l'arrestation du

capitaine Dreyfus, et disait que l'agent avait pris ses précautions. Dans la seconde, il se bornait à prier de faire démentir dans leurs journaux toutes relations avec Dreyfus, s'ils n'en avaient pas eu. En raison de la divergence et de l'incertitude de ces documents, il n'en a été, à ma connaissance, tenu aucun compte, ni dans l'instruction ni dans le procès, et les choses sont restées ainsi jusqu'en 1898. A la fin d'avril ou au commencement de mai 1898, le général Billot, ministre de la Guerre, a donné l'ordre de faire un nouveau classement, plus méthodique et plus rationnel, de toutes les pièces concernant l'affaire Dreyfus, pièces qui n'étaient pas réunies dans un seul dossier, en un mot un véritable travail d'ensemble, et c'est alors que le souvenir de ces télégrammes étant évoqué, on fut conduit à rechercher ce qu'étaient devenues les deux copies dont il a été question plus haut; on n'en trouva aucune trace au Service des renseignements; j'ignore si le colonel Sandherr les avait détruites ou remises aux Affaires étrangères.

« Sur le compte rendu qui lui en fut fait par le général Gonse, le général Billot lui prescrivit d'envoyer demander ces traductions aux Affaires étrangères. Le général Gonse chargea le commandant Henry de cette mission. Henry revint, déclarant au général Gonse que le fonctionnaire auquel il s'était adressé (M. Paléologue, je crois) lui avait répondu qu'il ne pouvait les lui donner que sur l'autorisation de son ministre. Le général Gonse en rendit compte au ministre, le général Billot, et ce dernier s'adressa alors à M. Hanotaux; mais il me dit que M. Hanotaux, pour des raisons de convenances diplomatiques, lui avait absolument refusé une communication de ce genre. Alors le général Billot envoya le général Gonse chez M. Delpeuch, sous-secrétaire d'État des Postes et des Télégraphes, pour demander l'original; cette démarche n'aboutit pas davantage, et *alors le général Gonse essaya de faire reconstituer de mémoire le texte des deux télégrammes, avec le colonel Du Paty, je crois, qui seul disait s'en rappeler.* Mais nous avons considéré cette reconstitution surtout comme une indication; nous n'avons pas annexé ces pièces au rapport de mai 1898; nous n'avons mentionné, dans le rapport, l'existence des télégrammes que comme la preuve ou l'indice de la préoccupation de l'agent étranger, à la suite de l'arrestation.

« Je sais que M. Cavaignac a depuis demandé la communication de ce télégramme à son collègue, et je ne sais rien autre depuis, puisque j'étais malade ou que j'avais quitté le service. »

Enfin M. le général Gonse, tout en s'efforçant de couvrir Henry le plus possible, a reconnu lui aussi (*Enquête, p.* 391) que le colonel Sandherr apporta successivement à l'État-major deux textes différents, le premier accusateur pour Dreyfus, le second excluant tout au moins l'idée de relations quelconques d'espionnage entre Dreyfus et l'agent B...

Il explique que ces deux textes ont disparu. Il déclare à son tour qu'en mai 1898, lorsqu'on voulut constituer un nouveau dossier contre Dreyfus, il demanda à Henry le texte du télégramme du 2 novembre, qu'Henry déclara ne plus l'avoir, qu'on fit appel à la mémoire de Du Paty et que celui-ci, oubliant totalement la seule traduction authentique et définitive, retrouva seulement dans son esprit un texte franchement accusateur pour Dreyfus. Le général Gonse ajoute (p. 392) qu'il envoya Henry au ministère des Affaires étrangères pour vérifier ce texte et demander une copie authentique ; qu'Henry, au retour, lui rendit compte « qu'il avait vu M. Paléologue, lequel avait dit ne pas être autorisé à délivrer une pièce de cette nature sans être autorisé par son ministre, et qu'il fallait faire demander cette pièce officiellement par le ministre de la Guerre ». Enfin il déclare que M. Hanotaux refusa délivrance d'une copie à son collègue, qu'il alla alors personnellement trouver le sous-secrétaire d'État des Postes et des Télégraphes, M. Delpeuch, pour obtenir copie de l'original du télégramme envoyé, que sa démarche fut vaine, la dépêche étant trop ancienne et ayant été détruite, comme toutes les dépêches, au bout d'un certain délai.

XLVI. — Ces témoignages sont dont bien concordants ; la version accusatrice du télégramme du 2 novembre 1894 est due à la mémoire « imaginative » de Du Paty ; et cependant cette pièce n° 44, pour le moins manifestement erronée, est maintenue au dossier militaire : c'en paraît même être la pièce la plus importante. (*Voyez déposition du général Roget, p, 47, et du capitaine Cuignet, p.* 248 in fine.)

Aussi conçoit-on facilement qu'Henry, par un nouveau mensonge, ait affirmé au général Gonse l'insuccès de sa démarche au ministère des Affaires étrangères, qu'il lui ait *dissimulé le texte de la traduction authentique pris par lui sous la dictée même de M. Paléologue, afin de faire maintenir au dossier une traduction, fausse il est vrai, mais accusatrice pour Dreyfus.*

Le texte authentique du télégramme du 2 novembre 1894 était d'autant plus important que, rapproché d'autres documents diplomatiques relatifs à l'affaire Dreyfus, il établissait d'une manière irréfutable qne Dreyfus n'avait jamais eu de rapport direct ou indirect ni avec l'agent B... ni avec l'agent A... L'exposante reviendra en détail sur ce point dans la septième partie de son mémoire. Ce qu'elle constate seulement ici, c'est qu'aucun des documents communiqués par le ministère des Affaires étrangères au ministère de la Guerre, documents unanimement favorables à Dreyfus, ne figure dans le dossier constitué par le ministère de la Guerre, où on n'a laissé exclusivement que les pièces considérées, à tort ou à raison, comme pièces à charge.

Ce qu'elle est obligée de constater, d'autre part, c'est que cette fameuse pièce n° 44 n'est pas seulement une pièce inexacte due à la mémoire de Du Paty, trop facilement infidèle lorsqu'il s'agit de reconstituer de prétendus documents accusateurs : **c'est encore une pièce fausse.**

Voici, en effet, les déclarations formelles que M. le ministre des Affaires étrangères a fait apporter à la Cour, et la déposition que, sous la foi du serment, M. Paléologue a faite aux Chambres réunies le 29 mars 1899 :

« D'ordre du ministre des Affaires étrangères, je prie la Cour de m'autoriser à préciser et compléter, sur un point, la déposition que la Chambre criminelle a déjà reçue de moi.

« La Cour n'ignore pas, en effet, que le 5 janvier dernier, le capitaine Cuignet, délégué du ministère de la Guerre déposant devant la Chambre criminelle [1], a déclaré que la bonne foi du département des Affaires étrangères était, à ses yeux, compromise dans l'affaire Dreyfus.

« Cette inculpation, si grave qu'elle fût déjà par elle-même, l'est devenue plus encore, du fait de la publicité qu'elle a reçue peu de temps après.

« Le ministre des Affaires étrangères ayant fait inviter officiellement M. Cuignet à expliquer ses allégations, celui-ci a persisté à incriminer l'administration du quai d'Orsay d'avoir, en novembre 1894, altéré sciemment le texte d'un télégramme, dont une première version — exacte, selon lui — avait été communiquée quelques jours auparavant au ministère de la Guerre.

« M. Delcassé n'a point admis que le département à la tête duquel il se trouve placé, et qui représente la France au dehors, puisse rester sous le coup d'une pareille accusation.

« Il m'a donc chargé d'établir, aux yeux de la Cour, la loyauté

1. Cette déposition n'a pas été faite devant la Chambre criminelle, mais devant une commission de trois membres, qui ne procédait point d'ailleurs à l'instruction de la demande de revision Dreyfus.

parfaite avec laquelle le ministère des Affaires étrangères a agi dans cette circonstance.

« A cet effet, je crois devoir reproduire sommairement devant la Cour les déclarations que j'ai faites devant la Chambre criminelle, en les complétant par quelques faits ou documents nouveaux.

« Le 2 novembre 1894 (lendemain du jour où l'arrestation du capitaine Dreyfus fut divulguée par les journaux), l'attaché militaire B... adressa à son État-major un télégramme chiffré dont voici la traduction :

« Si le capitaine Dreyfus n'a pas eu de relations avec vous, il conviendrait de charger l'ambassadeur de publier un démenti officiel, afin d'éviter les commentaires de la presse. »

« Dans le travail cryptographique auquel ce télégramme fut soumis au quai d'Orsay, il se produisit une certaine indécision, surtout quant aux derniers mots.

« C'était la première fois, en effet, que l'attaché militaire B... se servait du chiffre employé pour ce document. Il ne s'agissait donc pas seulement de *traduire* le texte chiffré, il fallait au préalable *découvrir* la clef même du chiffre, c'est-à-dire reconnaître la loi du système appliqué, reconstituer le vocabulaire et fixer toutes les combinaisons. C'est là une opération extrêmement délicate, qui comporte un grand nombre d'inductions, d'essais et d'approximations.

« Au bout de peu de jours, le télégramme de l'attaché militaire B... put être hypothétiquement déchiffré dans la forme suivante :

« Si le capitaine Dreyfus n'a pas eu de relations avec vous, il conviendrait de charger l'ambassadeur de publier un démenti officiel; *notre émissaire est prévenu.* »

« Le colonel Sandherr, qui entretenait des relations fréquentes et intimes avec le ministère des Affaires étrangères, avait, dès l'origine, été instruit des progrès opérés dans le déchiffrement du télégramme. L'ébauche que je viens de lire à la Cour lui fut donc confiée à titre tout personnel, mais on prit soin, comme le constatent encore les points d'interrogation tracés sur l'original, d'appeler son attention sur le caractère conjectural des derniers mots.

« Bientôt après (aux environs du 11 novembre), le sens du télégramme fut déterminé avec une certitude absolue et le texte définitif en fut aussitôt *communiqué* comme authentique, au Service des renseignements. Ce texte, je l'ai vu entre les mains du colonel Sandherr, avec qui j'ai eu l'occasion de m'en entretenir plusieurs fois; c'est le texte dont la Cour a pris connaissance tout à l'heure.

« Si certaine que fût la version précitée, une circonstance singulière permit bientôt de la vérifier.

« Au moment où l'on s'appliquait à déchiffrer le télégramme du 2 novembre, le colonel Sandherr eut l'idée, tant pour faciliter que pour contrôler ce travail, d'amener l'attaché militaire B... à expédier à X... une dépêche dont le sens général et les termes principaux fussent préalablement connus du Service des renseignements. Dans ce dessein, il prescrivit à un agent nommé Z..., espion aux gages de l'attaché militaire B..., mais en connivence secrète avec le ministre de la Guerre français, de faire tenir à l'attaché militaire B... la fausse information ci-après : « Un certain Y... qui se trouve à X..., va partir sous peu de jours pour Paris ; il est porteur de documents relatifs à la mobilisation de l'armée..., qu'il s'est procurés dans les bureaux de l'État-major ; cet individu demeure rue... »

« Cette information, aussitôt que parvenue à l'attaché militaire B... fut transmise par lui au chef de l'État-major. Le télégramme qui la consignait (13 novembre 1894) fut intégralement déchiffré au ministère des Affaires étrangères et porté au colonel Sandherr *avant* que celui-ci eût fourni aux cryptographes du quai d'Orsay aucune indication sur le contenu dudit télégramme. En recevant la traduction de ce document, le colonel Sandherr se plut à reconnaître la sûreté de la méthode employée et l'exactitude des résultats obtenus.

« Si la Cour n'était pas suffisamment édifiée par ce qui précède, les seize documents authentiques, originaux et concordants, que j'ai l'honneur de placer sous vos yeux, achèveraient, je pense, de lui prouver que la version définitive attribuée au télégramme du 2 novembre 1894 est rigoureusement exacte et exclusive de toute autre.

« Pour répondre enfin aux préoccupations que j'ai constatées chez quelques membres de la Chambre criminelle relativement à l'authencité du texte *chiffré* du télégramme du 2 novembre 1894, je crois devoir exhiber devant la Cour une copie authentique de ce document, tel qu'il est conservé aux archives de l'administration télégraphique.

« Le général Gonse a déclaré devant la Chambre criminelle (comme il me l'avait déclaré à moi-même le 24 décembre dernier) qu'il s'était vainement adressé au sous-secrétaire d'État des Postes et des Télégraphes pour obtenir le télégramme en question, lorsqu'au mois de mai 1898, le colonel Henry lui a dissimulé le résultat de la démarche dont il venait de s'acquitter auprès de moi; M. Delpeuch aurait, à cette époque, répondu au général Gonse que l'administration télégraphique ne gardait pas aussi longtemps les originaux qui lui étaient confiés.

« La bonne foi du général Gonse ne pouvant être aucunement suspectée, je ne parviens pas à m'expliquer la réponse qu'il affirme lui avoir été faite. L'administration télégraphique conserve, en effet, indéfiniment les télégrammes officiels. Pour obtenir une copie du télégramme du 2 novembre 1894, le Ministère des Affaires étrangères n'a eu qu'à s'adresser, dans les formes régulières, au sous-secrétariat d'Etat des postes et des télégraphes. La pièce a été retrouvée et envoyée le jour même où elle a été demandée, 24 février 1899. La voici : elle est identique à celle qui a été déchiffrée, en 1894, au quai d'Orsay.

« Au faisceau de preuves qui vient d'être produit devant la Cour, qu'oppose le capitaine Cuignet pour fonder son inculpation? Un seul document, celui qui figure au dossier secret du Ministère de la Guerre sous le n° 44 et qui m'a été lu devant la Chambre criminelle dans les termes suivants : « Le capitaine Dreyfus est arrêté. Le « Ministère de la Guerre a la preuve de ses relations avec l'Allemagne. « Toutes mes précautions sont prises. »

« Pour infirmer ce texte, il pourrait suffire de constater : 1° que la pièce originale dont il est censé la reproduction a disparu depuis longtemps des archives de la Guerre; 2° qu'il n'a été reconstitué qu'au mois de mai 1898, c'est-à-dire à trois ans et demi de date, et par simple réminiscence.

« *Ma conscience et mes instructions m'obligent à aller plus loin et à dire qu'aucune erreur de mémoire ne saurait justifier les différences qui existent entre le texte en question et le texte conservé au Ministère des Affaires étrangères.* **La pièce n° 44 n'est pas seulement erronée, elle est fausse.**

« Il semble, en effet, que l'auteur de la version consignée sur cette pièce ait choisi, parmi tous les mots inscrits à titre conjectural sur l'ébauche prêtée en 1894 au colonel Sandherr, ceux qui, groupés d'une certaine façon, pouvaient attribuer à l'attaché militaire B... un sens prédéterminé, un sens préconçu. Voici, par exemple, le groupe de chiffre XXXX.

« Se fondant sur plusieurs indices, les cryptographes du Ministère des Affaires étrangères avaient assigné à ce nombre deux interprétations hypothétiques, celle de *preuve* et celle de *relations*

Mais s'il était loisible d'admettre que le nombre XXXX représentait l'un *ou* l'autre de ces deux mots, il ne pouvait évidemment les représenter *tous les deux à la fois*. Or, les deux mots sont insérés dans la pièce nº 44, et c'est ainsi qu'a pu être forgée la phrase : « Le « Ministre de la Guerre a la *preuve* de ses *relations* avec l'Allemagne. »

« Jamais cette phrase n'a été connue des cryptographes qui ont coopéré au déchiffrement du télégramme du 2 novembre 1894; ils protestent ne l'avoir jamais ni écrite, ni suggérée, ni même imaginée. Et ce qui démontre qu'elle n'existait ni dans la version première, ni dans la version seconde, remises au colonel Sandherr, c'est que le général Mercier a paru l'ignorer lorsqu'il a récité, devant la Chambre criminelle, et moi présent, le texte dont il a gardé le souvenir.

« *Faut-il, d'ailleurs, rappeler dans quelles conditions étranges la pièce nº 44 a été établie au mois de mai* 1898, *d'après les indications du colonel du Paty de Clam et de concert avec le colonel Henry, à qui la veille même j'avais dicté la version exacte?*

« La Cour est maintenant en mesure d'apprécier à sa juste valeur l'accusation que le capitaine Cuignet a portée contre le Ministère des Affaires étrangères. »

Ce dernier faux, dû encore à la collaboration d'Henry et de du Paty avait une gravité toute particulière, puisqu'il était imaginé non pas seulement pour créer une preuve de culpabilité de Dreyfus, mais pour substituer une preuve de culpabilité à une preuve d'innocence.

Les manœuvres d'Henry et les mensonges auxquels, à l'effet d'assurer cette substitution, il dut se livrer pour dissimuler au général Gonse le texte exact par lui rapporté du Ministère des Affaires étrangères, aggraveraient encore, s'il était possible, la portée d'un tel acte.

XLVII. — Le 30 août 1898, la matérialité d'un des faux fabriqués par Henry ayant été découverte par le capitaine Cuignet, le Ministre de la Guerre reconnaît enfin que la parole d'Henry, suffisante pour prévaloir sur celle d'un ambassadeur, comme d'ailleurs sur les rapports officiels de la plupart de nos services d'État, n'a pas l'autorité suffisante pour prévaloir sur les faits eux-mêmes.

Henry est interrogé, jure à huit reprises différentes que ce sont les faits qui mentent, comme les ambassadeurs et les ministres, puis enfin, épuisé, il avoue.

Il est immédiatement arrêté ; mais il n'a pas le courage de payer sa dette à la justice et de dire la vérité tout entière :

« Je n'ai jamais rencontré de pareils misérables, dit-il, tandis qu'on le conduit au Mont-Valérien : ils sont cause de mon malheur. »

Il convoque d'urgence le général Gonse. Il écrit à sa femme : « Tu sais dans l'intérêt de qui j'ai agi. » Puis il se dérobe. Un suicide mystérieux l'empêche de révéler le nom des misérables qui ont causé son malheur, le nom de ceux dans l'intérêt de qui il agissait, en fabriquant un document qui devait faire maintenir Dreyfus au bagne.

Son triste rôle était terminé.

XLVIII. — En résumé, qu'il s'agisse de la période relative aux recherches de Picquart découvrant l'informateur des attachés militaires, qu'il s'agisse de la période, d'un an postérieure, où M. Scheurer-Kestner faisait part au général Billot de sa conviction de l'innocence de Dreyfus et des preuves qu'il en avait recueillies, qu'il s'agisse de la période judiciaire ouverte par la dénonciation formelle de M. Mathieu Dreyfus contre Esterhazy, qu'il s'agisse enfin de la période postérieure à l'acquittement même d'Esterhazy, on trouve toujours les deux mêmes hommes s'acharnant sur leur proie; on trouve toujours les deux mêmes hommes pratiquant les manœuvres les plus criminelles, trompant leurs supérieurs, égarant la justice par des actes dolosifs, employant les lettres anonymes, les publications mensongères, se servant de communications illicites de documents confidentiels ou secrets, exerçant d'odieux chantages sur les pouvoirs publics, commettant de longues séries de faux, supprimant des documents favorables à Dreyfus pour les remplacer par des pièces à charge de leur invention, et ces deux hommes, ce sont les deux principaux témoins du procès de 1894.

C'est le colonel Henry, qui déposait alors comme représentant le Ministère de la Guerre, qui apportait au Conseil de guerre des renseignements accablants, n'ayant d'autre garantie d'authenticité que la loyauté de sa parole, qui déjà mettait en œuvre ces renseignements avec une passion désordonnée, attestant savoir de source certaine, mais absolument secrète, la culpabilité de l'accusé.

C'est le colonel du Paty de Clam qui, comme officier de police judiciaire, avait dirigé une instruction affolante pour le malheureux Dreyfus, auquel il dissimulait toujours l'objet précis de l'accusation même, s'efforçant d'obtenir à ses vagues questions des réponses dont son imagination maladive put tirer, plus tard, une interprétation défavorable à l'accusé, venant enfin comme témoin, après avoir été officier de police judiciaire, peser sur les débats devant le Conseil de guerre.

XLIX. — Quel était le mobile pouvant pousser ces deux hommes à de tels actes?

En ce qui concerne du Paty de Clam, le général Roget (*Enquête*, *p.* 69) attribue toutes ces ignominies « au désir de défendre son œuvre et à son animosité contre Picquart ».

Le témoignage du capitaine Cuignet, est, à cet égard, pleinement concordant (*Enquête*, *p.* 236) :

« Au sujet des mobiles qui ont pu guider du Paty dans ses agissements, dit-il, je suis obligé de me borner à des hypothèses qui me paraissent cependant être très près de la vérité : du Paty est un garçon orgueilleux, vaniteux même, dont la vanité s'est encore accrue par des succès de carrière; il a toujours été, au dire de ceux qui le connaissent, à l'affût de toutes circonstances susceptibles de le mettre en lumière; il était en même temps d'un caractère souple, d'un esprit insinuant, sachant se faire bien venir de ses chefs, ce que nous appelons en argot militaire un *fumiste*. Il était au mieux avec le général de Boisdeffre; et, lorsque l'affaire Dreyfus se produisit, c'est lui qui poussa à l'arrestation et qui se fit désigner comme officier de police judiciaire. Lorsque Dreyfus fut arrêté dans le bureau du général de Boisdeffre, M. Cochefert, présent à l'arrestation, dit au général : « Laissez-le-moi un temps que je ne puis fixer; mais d'ici une heure ou vingt-quatre heures, je saurai ce qu'il a dans le ventre. » Du Paty se récria, fit remarquer que l'affaire était purement militaire; il craignait évidemment que l'honneur de l'aveu lui échappât, et il imagina, séance tenante, la scène de la dictée, espérant, par ce moyen, obtenir les aveux de Dreyfus. *Plus tard, quand le procès de 1894 fut attaqué dans la presse, du Paty de Clam se crut visé personnellement; ce n'était pas un procès ordinaire qu'on attaquait;* **c'était son œuvre à lui du Paty**, *et il se mit à vouloir défendre cette œuvre par des moyens personnels que lui suggérait son imagination.* C'est ainsi qu'il fit les articles de l'*Éclair* des 10 et 15 septembre, en réponse à un article du *Figaro* du 5 septembre : cet article du *Figaro* était conçu dans un esprit bienveillant pour le condamné, et l'auteur, tout en affirmant la culpabilité de Dreyfus, cherchait visiblement à apitoyer l'opinion sur son compte.

« D'autre part, le protagoniste de la revision du procès de Dreyfus était Picquart, l'ennemi personnel de du Paty. *En luttant contre la revision, du Paty défendait d'abord son œuvre à lui*, tout en attaquant Picquart. Du Paty était au courant de tout ce qui s'était fait au service des renseignements; il savait la surveillance exercée contre Esterhazy et le but auquel tendait cette surveillance. Il connaissait l'histoire du « Petit bleu », et c'est même à partir de ce moment qu'on le vit fréquenter Henry, l'introduisant peu à peu dans son intimité. C'est sans doute pour répondre au « petit bleu » qu'il poussa Henry, non pas à faire son faux (car je crois que c'est du Paty qui l'a fait), mais à le présenter au général Gonse en même temps que *lui-même, du Paty, faisait des articles dans la presse et déposait à la poste la lettre signée Weyler. Plus tard, au cours de l'affaire Esterhazy, du Paty a protégé personnellement le commandant Esterhazy et il a employé à cet effet des moyens tour à tour odieux ou grotesques*, qui lui étaient inspirés par son imagination malade et sa haine de Picquart...

« En résumé, termine le capitaine Cuignet, et pour revenir à la question qui a motivé ces explications, je crois que les mobiles de du Paty ont été, d'une part, la vanité — il souffrait de voir attaquer une œuvre qu'il considérait comme son œuvre à lui (le procès de 1894); — d'autre part, la haine de Picquart et l'espoir de perdre ce dernier, en dévoilant ses agissements et en augmentant encore leur gravité. »

De ces deux motifs, le dernier doit être certainement écarté : il n'y avait aucune inimitié entre du Paty de Clam et Picquart. Le colonel Picquart l'a déclaré et le colonel du Paty de Clam termine de son côté sa déposition en ces termes (*Enquête, p.* 315) :

« Je tiens, en terminant, à m'expliquer sur une prétendue inimitié qui aurait existé entre Picquart et moi. J'ai toujours eu avec le colonel Picquart, jusqu'à son départ du ministère, des rapports de bonne camaraderie plus fréquents que ceux que j'ai eus avec le colonel Henry.

« Je ne m'explique donc pas le prétexte qu'on a pu donner à une prétendue brouille. Les incidents auxquels on a fait allusion pour expliquer cette inimitié n'ont jamais donné lieu à aucune difficulté entre nous. »

Il paraît donc bien établi que la cause « des moyens tour à tour odieux et grotesques » employés par du Paty, d'abord pour faire condamner Dreyfus, ensuite pour sauver Esterhazy, afin de préserver son œuvre intangible de 1894, est une vanité exaspérée, l'ambition maladive de se faire proclamer un grand génie, en faisant condamner un traître si rusé et si habile à se défendre qu'aucune charge n'était saisissable pour le commun des mortels, en délivrant d'autre part l'État-Major du premier officier israélite qui y eût trouvé accès (et cela par des moyens tels qu'assurément aucun coreligionnaire de Dreyfus n'aura plus jamais la tentation de s'y faire admettre).

L. — Quel mobile, d'autre part, a pu pousser Henry à commettre des actes semblables à ceux de du Paty, à collaborer avec ce dernier dans la fabrication des faux et dans l'organisation de manœuvres inavouables ? Ses chefs ont dit à la Cour qu'il avait voulu rassurer l'âme inquiète de ses supérieurs hiérarchiques commençant à douter de la culpabilité de Dreyfus et de l'innocence d'Esterhazy, — ce qui implique, on doit le noter en passant, que ces supérieurs ne voyaient plus dans le bordereau une charge suffisante contre Dreyfus.

Quoi qu'il en soit, c'est là un *but* (d'ailleurs illégitime), mais non un *motif*.

Le général Gonse (*Enquête, p.* 171) a montré Henry guidé par le patriotisme.

C'est là une erreur manifeste ; jamais un sentiment noble, comme le patriotisme, n'a poussé à un acte vil, comme le faux.

Aucun motif des actes criminels d'Henry n'a été indiqué à la Cour par ses supérieurs, auxquels il semble avoir inspiré une confiance aveugle, et qui aujourd'hui encore s'efforcent de le couvrir.

Seul, le général de Boisdeffre paraît avoir aperçu toute l'horreur de ce qui se manifeste aujourd'hui comme la réalité. Voyant, au moment de la découverte du premier faux, se déchirer le voile d'hypocrisie où s'enveloppait Henry, il écrivait immédiatement au Ministre de la Guerre :

« Monsieur le Ministre,

« *Je viens d'acquérir la preuve que ma confiance dans le lieutenant-colonel Henry, chef du service des renseignements, n'était pas justifiée.* Cette confiance, qui était absolue, m'a amené à être trompé et à déclarer vraie une pièce qui ne l'était pas, et à vous la présenter comme telle.

« Dans ces conditions, Monsieur le Ministre, j'ai l'honneur de vous demander de vouloir bien me relever de mes fonctions.

« De Boisdeffre. »

Aucune instance de M. Cavaignac, alors ministre de la Guerre, ne put faire revenir le général sur cette détermination.

L'exposante ne cherchera pas à pénétrer la pensée intime du général de Boisdeffre. Mais tous les témoins militaires laissant sans explication les actes criminels d'Henry, elle se bornera, pour la recherche du motif de la conduite d'Henry, à rappeler certains faits caractéristiques et certains témoignages précis.

LI. — Henry, dès l'arrestation de Dreyfus, dresse un procès-verbal mensonger pour l'accuser d'imposture et aggraver les soupçons qui pèsent sur le malheureux capitaine.

La lettre, qui avertit clandestinement *La Libre Parole* de l'arrestation d'un officier israélite, et qui tend, par une campagne de presse, à forcer la main au Gouvernement, vient certainement du Ministère de la Guerre et est signée « Henry ».

L'agent R. C., bousculé par Henry, lors des entrevues où figurait ce dernier, refuse alors de donner le nom du chef de bataillon qui livrait des renseignements à un gouvernement étranger ; il déclare plus tard que ce commandant d'infanterie était Henry : le Ministère, « dont la confiance en Henry n'était pas justifiée », en conclut immédiatement que R. C. était un faux agent, un agent provocateur.

Henry et Esterhazy se connaissaient intimement, et Henry s'employait « de tout son pouvoir et très affectueusement » pour Esterhazy, tout en dissimulant à ce point ses relations avec lui que le général Roget les ignorait encore au moment où il venait déposer devant la Cour.

Après l'aveu de l'un des faux, et quelques heures avant sa mort, Henry, spontanément, sans qu'aucune question eût effleuré ce sujet, déclarait avec énergie : « C'est à moi qu'on a apporté le bordereau saisi en 1894. — Toute autre version est contraire à la vérité et matériellement impossible. » Henry tenait donc à affirmer (bien que l'exactitude de cette affirmation, ainsi qu'on l'a observé plus haut, soit fort suspecte) que, le premier, il avait vu le bordereau, et que fidèlement il l'avait remis à ses chefs.

Arrêté, après l'aveu d'un faux qui, à travers tous ses parjures, finit par lui être arraché, Henry se dérobe à la justice par le suicide, sans révéler le nom des misérables qui, dit-il, l'ont perdu, et sans faire connaître ceux dans l'intérêt de qui il prétend avoir agi.

Peut-être, à cet égard, les demi-aveux qu'il laissa échapper devant M. le juge d'instruction Bertulus sont-ils de nature à faire quelque lumière.

LII. — Quand M. le juge d'instruction Bertulus eut pratiqué ses perquisitions chez la fille Pays, Henry s'était présenté à son cabinet au nom du Ministère de la Guerre, pour examiner les pièces saisies. Jour est fixé pour cet examen au 21 juillet, et la scène suivante se produisit dans le cabinet du juge d'instruction (*Déposition Bertulus. Enquête, p.* 152) :

« Comme j'avais l'ordre de M. le Procureur général de satisfaire à la demande de M. le Ministre de la Guerre, je me mis à causer des scellés avec le colonel Henry, dans mon arrière-cabinet. Je lui montrai, tout d'abord, les scellés du nº 1, le mémoire de Me Jeanmaire, la pièce anglaise et enfin la note sur laquelle on lisait le mot *Bâle* et le nom de C... En présence de ces documents, le colonel Henry éprouva une réelle émotion. Il me dit que je pourrais sauver l'honneur de l'armée, que je le devais. Je lui fis remarquer que je ne serais jamais sourd à un pareil appel. Et je lui développai les charges écrasantes que ces documents apportaient contre Esterhazy et contre du Paty de Clam. *J'appelai son attention sur le mot* Bâle *et sur le nom de C... Ces deux mots étaient pour moi toute une révélation. C'était la preuve qu'Esterhazy avait trouvé au bureau des renseignements des concours coupables. Henry, comprenant que la lumière s'était faite à mes yeux, cessa toute discussion, reconnut que* Bâle *voulait rappeler un certain voyage qu'il fit avec le capitaine Lauth, pour entendre le sieur C..., et finit par m'avouer que les auteurs des télégrammes « Blanche » et « Speranza » n'étaient autres qu'Esterhazy et du Paty de Clam.*

« Il me demanda de ne rien faire jusqu'à ce qu'il soit allé au Ministère rendre compte de notre conversation au général Roget, m'affirmant que ce général n'hésiterait pas à se rendre aussitôt auprès de moi. Je répondis que je serais à mon cabinet jusqu'à six heures et demie du soir, et j'ajoutai : « Je vous autorise à dire au « général absolument tout ce qui s'est passé ici, entre vous et « moi. »

« Henry se leva pour se retirer. A ce moment, en souvenir des relations courtoises, déjà anciennes, que j'avais eues avec Henry, je crus de mon devoir de le retenir et de lui dire : Ce n'est pas tout. Esterhazy et du Paty sont coupables. Que du Paty se fasse sauter la cervelle ce soir, et qu'on laisse la justice suivre son cours contre Esterhazy, le faussaire et non le traître. Mais il y a encore un danger, et ce danger c'est vous. J'ai eu en mains, pendant deux jours, une lettre signée Esterhazy, et cette lettre n'est pas la seule de ce genre; dans cette lettre, adressée à M. Jules Roche, Esterhazy, qui fournissait à ce député certains renseignements circonstanciés sur certains errements du Ministère de la Guerre, fait, de votre caractère, de vos aptitudes, le plus détestable tableau. Il dit aussi que vous n'êtes qu'un besoigneux et que vous êtes demeuré son débiteur. Tout cela remonterait à une date bien antérieure au procès Dreyfus.

« Je lui fis remarquer que si pareils documents venaient à tomber dans les mains de ses ennemis, on en tirerait contre lui les conséquences les plus graves et que *certains esprits pourraient facilement aller jusqu'à soutenir que celui qui documentait Esterhazy n'était autre que lui, Henry. Devant une pareille hypothèse, Henry s'effondra dans son fauteuil sans dire un mot ; puis, tout à coup, il se mit à pleurer à chaudes larmes, pour ensuite se lever, venir à moi, m'enlacer de ses bras, puis me prendre la tête dans ses deux mains, m'embrasser au front et aux joues à pleine bouche, me répétant : « Sauvez-nous ! » Je poussai Henry dans son fauteuil : je laissai ses sanglots diminuer ; puis, tout à coup, comme se réveillant, il me dit: « Esterhazy est un bandit ! » Sans lui laisser le temps de continuer sa phrase, si tant est quil en eût le dessein, je lui ripostai : « Esterhazy est l'auteur du bordereau ? » Alors Henry ne me dit ni oui ni non. Il se contenta de me répéter : « N'insistez pas. N'insistez pas. Avant tout l'honneur de l'armée !* » Je ne crus pas devoir profiter davantage de la situation. Henry était dans un tel état de trouble et d'émotion que j'eus pitié de lui. Il était suppliant dans toute la force du mot. Je n'étais en réalité saisi que des faux *Speranza* et *Blanche*. Je n'avais pas à aller au delà.

« Quand Henry voulut sortir de mon cabinet, il passa devant mon greffier; puis, me ramenant dans mon arrière-cabinet, *il me demanda, comme une faveur exceptionnelle, de sortir avec lui jusque dans le couloir des témoins, pour que, disait-il, le monde vît bien dans quels termes nous nous quittions et aussi pour qu'on pût constater que je ne l'arrêtais pas*. J'avoue que je n'ai jamais compris la dernière partie de cette demande, car jamais pareille question ne s'était posée; je n'en parle que pour bien montrer l'état d'esprit dans lequel se trouvait Henry quand il m'a quitté. Je cédai à son désir.

« Je restai à mon cabinet jusqu'à sept heures du soir. Personne du Ministère ne vint. Je ne revis Henry que le 21, jour fixé pour la réouverture des scellés. Dès qu'il arriva dans mon cabinet, je le fis passer dans mon arrière-cabinet, et je lui demandai des nouvelles du général Roget. Je trouvai Henry changé du tout au tout. Plus d'émotion, plus de gêne. Il me répondit que, réflexion faite, tout ce que j'avais dans mon dossier était insuffisant. Je n'insistai pas et je procédai à la réouverture des scellés. Henry ne trouva rien à revendiquer, même pas la pièce anglaise, même pas la note où il est question de Bâle. Ce fut Esterhazy qui se paya le malin plaisir, quand Henry eut déclaré qu'il n'avait rien à prendre, de lui signaler les deux documents dont je viens de parler. Henry s'excusa, réclama ces deux documents et je les lui remis.

« A quelques jours de là, le Ministère de la Guerre demanda qu'une vérification nouvelle des scellés fût faite, cette fois par le colonel Henry et par le capitaine Junck. D'accord avec les inculpés, j'y consentis.

« Une vérification minutieuse et complète eut lieu ; mais ni Henry, ni Junck ne revendiquèrent aucune pièce. Après le départ de ces deux officiers, je dis à mon greffier : « Quelles pièces peuvent-« ils bien chercher ? » Alors Esterhazy me répondit : « Oh ! je sais « bien. Ils cherchent la *garde impériale,* mais ils ne l'auront pas ; elle « est en lieu sûr. »

« En se servant de cette expression *garde impériale,* Esterhazy faisait allusion à une pièce qu'il considérait comme sa suprême sauvegarde, du moins je le suppose. J'ai su depuis, par une demoiselle Barbier, et ceci à l'occasion de l'information actuellement ouverte contre Esterhazy pour escroquerie, que cette pièce, le soir de ma perquisition, se trouvait dans le fond d'un képi d'Esterhazy ; que j'ai eu ce képi en mains, que j'en ai ouvert la coiffe, mais que je n'ai pas été jusqu'à oser enlever le cartonnage du fond, et que c'était là, dans ce cartonnage que se trouvait « la garde impériale ». La demoiselle Barbier a ajouté que, pendant que j'avais ce képi en main, la demoiselle Pays a presque failli se trouver mal.

« Voulant terminer ma procédure au sujet des faux *Blanche* et *Speranza,* je demandai à entendre une dernière fois le colonel Henry. J'ai eu toutes les peines du monde à ce que cet officier supérieur reparût dans mon cabinet. Il a fallu que je déclare que je ne communiquerais mon dossier que quand Henry serait venu. J'ai fait prêter serment à Henry. Il a commencé par nier ses visites chez Mlle Pays et ce qu'il m'avait dit, le 29, sur les télégrammes *Blanche* et *Speranza.*

« J'ai été obligé de le prendre d'un peu haut avec lui, et par ce moyen, j'ai fini par obtenir la déposition que vous avez au dossier. Avant de se retirer, Henry a demandé expressément, pour le Ministère, l'autorisation de prendre copie de la déposition qu'il venait de signer. »

LIII. — L'exactitude des déclarations de M. le juge d'instruction Bertulus a été contestée en termes violents par M. le général Roget, qui n'assistait pas à la scène du 18 juillet, qui ne la connaît que par les déclarations d'Henry, et qui a conservé, dans le lieutenant-colonel Henry, une confiance aveugle.

C'est cette confiance aveugle qui, à raison de la foi due aux pièces affirmées sincères par Henry, faisait encore invoquer en justice, en février 1898, puis produire à la tribune du Parlement, et officiellement afficher, en juillet 1898, un document fabriqué par ce même Henry, document dont le caractère nécessairement apocryphe avait été officiellement dénoncé le 15 janvier 1898 par l'ambassade qu'il concernait.

C'est cette confiance aveugle qui faisait accuser de faux notre Ministère des Affaires étrangères, osant prétendre qu'un autre document fabriqué de concert par Henry et du Paty était manifestement apocryphe.

C'est cette confiance aveugle qui fait encore diriger par M. le général Roget (*Enquête, p. 445 in fine*) une accusation de tromperie contre le Ministère de l'Intérieur et le service de la Sûreté générale, dans un rapport officiel.

C'est cette confiance aveugle qui, sans parler d'indignes insinuations que M. le général Roget formule, dit-il, à titre de « simple hypothèse », entraîne ce général français, déposant devant la Cour suprême, à insulter un magistrat qu'il s'efforce de déshonorer.

La Cour estimera sans doute que, quelle que soit la confiance aveugle due au faussaire qui s'est parjuré huit fois avant de confesser un crime impossible à nier, cette confiance n'autorise pas à accuser de faux les ambassades étrangères, le Ministère de l'Intérieur, le service de la Sûreté générale, le Ministère des Affaires étrangères et les magistrats dont les déclarations ne concordent pas avec celles du colonel Henry.

LIV. — Si l'on rapproche, d'ailleurs, les déclarations de M. le général Roget de la déposition de M. le juge d'instruction Bertulus, on constate, qu'en ce qui concerne les faits matériels, il y a concordance.

Il est exact, d'après les deux dépositions, qu'Henry ait été, au nom du Ministère de la Guerre, trouver M. Bertulus au sujet de l'instruction pour faux contre Esterhazy, et qu'il y soit allé pour l'examen des pièces saisies, les 18 et 21 juillet.

M. Bertulus déclare que, le 18 juillet, Henry, à raison du trouble extrême où l'avaient jeté ses révélations, lui a demandé d'entendre le général Roget avant de prendre aucune mesure. L'extraordinaire et absolue confiance qu'Henry avait su inspirer au général Roget, et qui se manifeste encore aujourd'hui en des termes si passionnés, fait clairement apercevoir le but que le faussaire se proposait; elle montre bien le profit qu'il espérait retirer d'une entrevue entre le général et le juge d'instruction, entrevue où, certainement, le général Roget se serait employé à faire passer dans l'esprit du magistrat une part de son aveugle foi dans la loyauté d'Henry.

Or, le général Roget déclare qu'Henry, au retour de sa visite à M. Bertulus, lui a demandé d'aller voir le juge d'instruction (*Enquête, p.* 434). Henry raconte même qu'il y a eu une scène émouvante entre lui et M. Bertulus, qu'il y a eu crise de larmes, expansion, embrassements, et que c'est à la suite de cette scène que M. Bertulus désire entretenir le général Roget. Seulement, suivant sa coutume, Henry intervertit les rôles. Faussaire, il accusait Picquart de faux; auteur, avec du Paty de Clam, d'abominables machinations, il accusait M. Scheurer-Kestner de machiner avec Picquart des complots contre la patrie. De même, suppliant et noyé dans les larmes, c'est à M. Bertulus qu'il prête sa propre attitude d'homme éploré.

« En substance, dit le général Roget, M. Bertulus avait dit ceci à Henry : « Vous croyez que je suis contre l'armée? Vous avez « tort. Je marche avec vous. Je suis désolé de ce qui se passe. Mais « je suis bien obligé de marcher, parce que Picquart et ceux qui « sont avec lui me poussent. Mais, au fond, je suis avec vous. « Dites-le au ministre et au général Roget. » Puis il se mit à fondre en larmes, à embrasser Henry en lui disant qu'il y perdrait peut-être sa robe rouge, et autres propos semblables. Henry, parfaitement calme au moment où il me faisait ce récit, me parut avoir pris au sérieux les propos de M. Bertulus. Il chercha à me démontrer combien ce magistrat était de bonne foi, en me priant d'aller chez lui comme il le désirait. Le général Gonse, aussi naïf qu'Henry, joignit ses instances à celles de ce dernier. »

Le général Roget ajoute qu'il considéra tout cela comme une comédie; ce qui se conçoit. Comment un juge d'instruction aurait-il eu à s'excuser près d'Henry d'un acte de sa fonction, qu'il venait d'accomplir à l'égard d'Esterhazy?

Comment, pour s'excuser de cet acte, aurait-il pu dire qu'il était contraint d'agir par la haute influence de Picquart, dont la vie même n'était pas à cette époque à l'abri du danger? Pourquoi une crise de larmes du juge d'instruction? Tout cela devait être incompréhensible pour le général Roget, et l'était en effet.

Mais tout s'explique rationnellement, si la scène s'est exactement passée telle que la reproduit la mémoire du magistrat (et une scène de cette nature devait nécessairement laisser des souvenirs ineffaçables). Les discours tenus par Henry au général Roget, pour l'engager à aller voir le juge d'instruction, se comprennent et se concilient parfaitement avec les faits rapportés par M. Bertulus.

Henry, comprenant bien que les demi-aveux sortis de ses lèvres le perdraient s'il n'en faisait effacer la trace par l'autorité morale de ses supérieurs, s'emploie à provoquer une entrevue entre le juge d'instruction soupçonneux et le supérieur plein d'une confiance inébranlable.

Mais, pour que le général Roget puisse imperturbablement remplir le rôle qu'Henry veut lui faire jouer, il ne faut pas lui laisser voir les craintes éveillées par les paroles de M. Bertulus, ni les soupçons de ce dernier. Henry, dissimulant ses émotions, comme il dissimulait ses faux, parlera donc, comme d'une chose toute simple, au général Roget de cette entrevue sollicitée. Il a été question de l'honneur de l'armée entre Henry et le juge d'instruction, le général Roget, avec sa foi aveugle dans le lieutenant-colonel Henry, expliquera à M. Bertulus, si des explications lui sont demandées à cet égard, l'émotion d'Henry par des angoisses patriotiques, et il dissipera ainsi les terribles doutes qu'a pu faire naître l'attitude d'Henry.

Cette entrevue demandée au général Roget se concilie admirablement avec les faits tels qu'ils sont présentés par M. Bertulus. Elle est inexplicable avec la version Henry, et cela est tellement vrai qu'elle parut incompréhensible au général Roget qui y vit « un piège ».

Quant aux pièces saisies et retirées des scellés par Henry, la déposition du capitaine Cuignet du 6 janvier 1899 (*Enquête*, p. 249) confirmait que l'une d'elles devait être relative à l'entrevue de Bâle. M. le général Roget affirme l'erreur, et du capitaine Cuignet, et du juge d'instruction; et il a, en représentation des *deux* pièces susvisées, fait produire à la Cour *trois* documents, dont aucun ne concerne l'entrevue de Bâle. En admettant même qu'il n'y ait pas eu une confusion, en ce qui concerne ces trois pièces qu'aucun paraphe ne permet d'identifier, il est certain, et M. Bertulus l'a montré à la Cour, qu'il existe au moins, sur l'un des documents saisis chez la fille Pays, des mentions relatives à cette entrevue de Bâle. D'autre part, la déposition de M Grenier, celle de M. Jules Roche et les lettres d'Esterhazy qui y sont annexées, ont corroboré encore les souvenirs du juge d'instruction, en ce qui concerne les relations suspectes, et d'ailleurs dissimulées, d'Henry et d'Esterhazy.

LV. — Les faits spécifiés dans la déposition de M. Bertulus, corroborés par ces diverses pièces et témoignages, corroborés même par les déclarations d'Henry rapportées par le général Roget, lorsqu'on les analyse avec attention, éclairent d'un jour singulièrement accusateur le rôle d'Henry en toute cette affaire et les motifs qui l'ont fait agir.

Qu'Henry, pour sauver Esterhazy, en lui substituant Dreyfus d'abord, et en créant ensuite de fausses pièces à charge pour empêcher la découverte de l'erreur judiciaire, ait été mû par un simple sentiment d'amitié aussi affectueuse que dissimulée, ou bien, qu'à ce sentiment d'amitié se soit joint, comme les derniers faits ci-dessus visés paraissent bien l'établir, un sentiment d'intérêt personnel, cela importe peu au point de vue de la demande de revision du procès Dreyfus.

Le rôle capital joué dans l'instruction de 1894 contre Dreyfus par du Paty de Clam et par Henry est certain. Les actes criminels que ces artisans principaux de la condamnation de Dreyfus n'ont cessé de commettre durant quatre années, pour empêcher d'apparaître l'erreur judiciaire qui leur est imputable, sont établis. Les motifs qui les ont fait agir, si l'on n'en peut distinguer toute l'horreur avec certitude, se sont révélés au moins dans leur généralité.

Il reste à rechercher maintenant si la révélation de tels actes ne détruit pas absolument et nécessairement toute la foi due au jugement de condamnation prononcé contre Dreyfus en 1894.

§ 3. — Conséquences, au point de vue de la revision, des actes criminels commis par Henry et du Paty, principaux témoins à charge au procès de 1894.

LVI. — Il est établi par les pièces du procès, documents et dépositions cités et rappelés dans les paragraphes précédents, que les deux principaux artisans de la condamnation de Dreyfus en 1894 sont :

1° Le lieutenant-colonel Henry, principal témoin aux débats du Conseil de guerre, chargé de faire entendre aux juges le témoignage même du Ministre de la Guerre et du bureau des renseignements, apportant, en cette qualité, des informations impossibles à contrôler et provenant de personnes qu'il refusait de nommer, faisant des déclarations écrasantes pour l'accusé, violentes, passionnées, et reconnues aujourd'hui erronées, tout au moins en ce qui concerne la précision des indications de M. de B... sur la présence d'un traître au 2e bureau ;

2o Le lieutenant-colonel du Paty de Clam, l'officier de police judiciaire qui, après avoir affolé l'accusé par une instruction extravagante, est revenu ensuite devant le Conseil de guerre pour peser sur les débats et sur l'esprit des juges.

Il est établi que ces deux mêmes hommes ont, par des communications prohibées à la presse, réuni leurs efforts pour vaincre les hésitations du Gouvernement et le contraindre à engager des poursuites contre Dreyfus.

Il est établi que la condamnation de Dreyfus, « leur œuvre », a été défendue par eux à l'aide de moyens frauduleux et criminels.

Il est établi que ces mêmes hommes ont commis des faux, pratiqué le chantage sur les pouvoirs publics, employé les procédés les plus abominables pour empêcher d'apparaître l'erreur judiciaire commise par leur faute en 1894.

Il est établi que ces hommmes, s'employant par des manœuvres ignominieuses à sauver Esterhazy, dont la condamnation eût nécessairement entraîné comme conséquence légale la revision du procès Dreyfus, connaissaient parfaitement le caractère honteux et déloyal du sauvetage d'Esterhazy, puisqu'au lieu de convoquer ouvertement cet officier au Ministère de la Guerre pour lui donner officiellement connaissance des faits utiles à sa défense, ils s'affublaient de déguisements répugnants pour combiner, en des rendez-vous clandestins, les mensonges à apprendre et à réciter dans les interrogatoires, les lettres anonymes ou autres à lancer pour prévenir la presse, pour intimider les pouvoirs publics et pour ruiner l'autorité des témoins à charge.

Il est établi que l'un, poussé par une ambition malsaine et la passion de l'antisémitisme, voyait, dans la condamnation de Dreyfus, une œuvre particulièrement glorieuse pour lui, et un des plus beaux titres pour le succès de sa carrière, si bien qu'à ses yeux, attaquer ce jugement de condamnation, c'était attaquer son honneur personnel, et, en généralisant, l'honneur de l'armée.

Il est établi que l'autre, poussé d'ailleurs par les mêmes fureurs antisémites, avait certainement, en toute cette affaire, un intérêt d'amitié très puissant, qu'il y avait même un intérêt personnel :

dissimuler tout au moins des imprudences coupables et peut-être des actes infiniment plus graves.

Ces deux artisans de la condamnation de Dreyfus, ces deux maîtres ouvriers qui, par leurs faux et leurs manœuvres frauduleuses, ont lutté avec une haine féroce pour faire maintenir au bagne le condamné de 1894, peuvent-ils encore aujourd'hui, après les faits nouveaux qui se sont révélés, être réputés avoir été dans les débats judiciaires de l'affaire Dreyfus des témoins « parlant sans haine et sans crainte, disant toute la vérité, rien que la vérité »?

Telle est la question qui se pose aujourd'hui devant la Cour.

LVII. — Lorsqu'un fait nouveau est venu révéler que les témoignages sur lesquels repose un jugement de condamnation ne sont pas de ceux pouvant, aux yeux de la loi, servir de base à une décision judiciaire, il est manifeste que la condamnation prononcée ne peut plus être protégée par la maxime : *Res judicata pro veritate habetur.*

Il n'y a pas chose jugée, au point de vue légal, quand les éléments dont s'est formée cette chose jugée se révèlent par la suite comme des éléments sans valeur légale ou même frauduleux.

Dans notre procédure criminelle, où le principe du débat oral est de droit strict, les témoignages apportés à la barre figurent au premier rang de ces éléments de la chose jugée.

Aussi, les rédacteurs mêmes du Code d'instruction criminelle, qui avaient cependant si étroitement limité les cas de revision des procès criminels, n'avaient-ils pu se dispenser d'inscrire, comme cause de revision, le faux témoignage judiciairement constaté de l'un quelconque des témoins entendus par le juge qui avait prononcé la condamnation.

La loi du 8 juin 1895, plus logique et plus humaine, a ouvert largement les portes de la revision des procès criminels. S'il est de l'intérêt de la société, en effet, que la répression pénale puisse s'exercer sans faiblesse, son intérêt supérieur commande d'enlever au bagne et au déshonneur un condamné, lorsque des faits nouveaux viennent à se produire qui sont *de nature* à établir l'innocence de ce flétri.

Parmi ces faits nouveaux, il n'en est peut-être pas de plus angoissant pour la conscience publique que ceux faisant apparaître le vice des éléments judiciaires dont s'est formée la conviction du juge, et spécialement le vice des témoignages qui lui ont été apportés.

Chacun comprend, en effet, que le maintien de la condamnation prononcée en de telles conditions est une menace pour son propre honneur et sa propre sécurité. Au sentiment élevé de la justice qui se trouve intimement blessé, au sentiment humain de la pitié, qui se trouve exalté nécessairement dans toutes les affaires de revision, se joint en pareil cas le souci de la sauvegarde personnelle, chacun reconnaissant en son for intérieur qu'avec des témoignages viciés il sera toujours possible de faire, devant n'importe quel tribunal criminel, la preuve des accusations en réalité les plus mal fondées.

LVIII. — Le vice du témoignage, quelle qu'en soit la nature, est donc au premier chef un moyen de revision dans les termes de la loi du 8 juin 1895, et la Cour a déjà eu l'occasion de faire l'application de ces principes.

Dans l'affaire Jamet et Léger (*Cass.*, 7 *avril* 1898, *B.*, *Cr. n*° 154) notamment, le vice d'une déclaration, formant l'un des éléments de conviction apportés au juge qui avait prononcé la condamnation, a été constaté et déclaré moyen de revision dans les circonstances suivantes :

Une fille Laroche avait affirmé avoir été violée par Jamet et Léger. Ceux-ci furent condamnés, en partie à raison de cette déclaration. Postérieurement à la condamnation, la fille Laroche déclara que l'auteur du viol était son père naturel. Une instruction fut ouverte contre ce dernier : elle se termina par une ordonnance de non-lieu. Le juge d'instruction avait fait procéder, en effet, à l'examen médical de la fille Laroche, et le rapport des experts se terminait par les conclusions suivantes :

« Laroche (Eugénie) est atteinte depuis l'enfance d'hystérie grave. La maladie dont elle est affectée est de nature à faire suspecter la sincérité de ses déclarations. »

Le réquisitoire qui, d'ordre du Garde des Sceaux, saisit la Cour de cassation d'une demande de revision de la condamnation de Jamet et de Léger, fit, à juste titre, remarquer que si, à raison de la maladie dont elle était affectée, Eugénie Laroche était suspecte lorsqu'elle accusait son père, et rétractait ses premières accusations contre Jamet et Léger, on ne pouvait accepter avec moins de réserves les déclarations par elle apportées aux juges qui avaient prononcé la condamnation.

La Cour de cassation n'a pas hésité à déclarer, conformément à ce réquisitoire, que le fait nouvellement révélé rentrait dans le cas prévu par le § 4 de l'article 443 C. Inst. Crim., et elle annula la condamnation par voie de revision.

Combien sont plus suspectes encore aujourd'hui les déclarations apportées par Henry et du Paty au Conseil de guerre de 1894! Et n'est-ce pas avec plus de réserves encore, que leurs témoignages d'alors doivent être acceptés, puisque, pour les maintenir et pour faire subsister une condamnation considérée comme « leur œuvre », ils ont accumulé les faux et les manœuvres de chantage, puisqu'ils n'ont même pas hésité à tromper, par des manœuvres dolosives, le Conseil de guerre de 1898, à seule fin de sauver Esterhazy et d'éviter qu'une contradiction de jugements n'entraînât une revision nécessaire de la condamnation prononcée contre Dreyfus. Comment leurs déclarations devant le Conseil de guerre de 1894 seraient-elles moins suspectes que les documents apocryphes où, par la suite, ils exprimaient toujours la même idée de culpabilité de Dreyfus? Comment seraient-elles moins suspectes que les déclarations imaginées par eux, déclarations qu'ils faisaient apprendre et réciter par Esterhazy dans l'instruction précédant le jugement du Conseil de guerre de 1898?

Ils ont fabriqué des faux **pour empêcher la revision d'un jugement**. *Comment pourraient-ils ne pas être suspects d'avoir fait de fausses déclarations pour faire prononcer ce jugement?*

LIX. — On trouve encore l'application des mêmes principes dans un arrêt de revision rendu le 16 décembre 1897 au profit de de Pierre Vaux et Petit (*B. Cr. n°* 390. — *Dalloz*, 98-1-338).

Pierre Vaux avait été condamné, en 1852, comme coupable d'une série d'incendies allumés dans la commune de Longepierre. Les sieurs Balléaut et Gallemard avaient été entendus dans les débats comme témoins à charge. Balléaut et Gallemard furent plus tard poursuivis, en 1855, comme coupables *d'une autre* série d'incendies allumés dans la même commune. Balléaut fut condamné, Gallemard se suicida dans sa prison.

La Cour de cassation a retenu ces faits nouveaux comme entachant de suspicion légitime les témoignages de Balléaut et de Gallemard, lors du procès de Pierre Vaux en 1852. Elle a annulé l'arrêt de condamnation de ce dernier et, statuant au fond, elle a déclaré Pierre Vaux innocent.

Balléaut avait fini par reconnaître la fausseté de son témoignage de 1852.

Il n'en était pas de même de Gallemard; et la Cour statuant à l'égard de ce dernier, déclare :

« Que le suicide de Gallemard dans sa prison, survenu à la suite d'un interrogatoire au cours duquel il avait compris que sa culpabilité était désormais établie, et qu'il n'avait plus rien à attendre de la justice des hommes, enlève également toute force probante à son témoignage de 1852... »

Ces considérations s'appliquent exactement à Henry, en l'espèce, *avec cette circonstance singulièrement aggravante que le crime pour lequel Henry fut arrêté, à raison duquel il s'est suicidé, était un crime commis contre Dreyfus, un crime commis à l'effet de créer une charge nouvelle contre l'accusé qu'il était venu charger par son témoignage, devant le Conseil de guerre de* 1894.

LX. — Si même on admettait, comme le veut Henry, que le bordereau ait été apporté par lui au Ministère comme provenant de « la voie ordinaire », ce bordereau, apporté par Henry, deviendrait lui-même suspect.

Tout, dans ce cas, autoriserait à croire que ce bordereau devrait prendre rang dans la collection de faux que l'instruction révèle avoir été fabriqués par Henry et du Paty comme pièces à charge contre Dreyfus d'abord, et contre Picquart ensuite.

Il est à remarquer, en effet, que l'attaché militaire A..., reconnaissant avoir reçu les notes visées au bordereau, n'a pas reçu le bordereau lui-même; et, si l'on admettait l'hypothèse, peu admissible il est vrai, d'un document forgé, comme le prétend M. Bertillon, il deviendrait impossible de repousser l'idée d'un document fabriqué contre Dreyfus en 1894, par celui qui, en 1896, fabriquait contre Dreyfus un document de même ordre. L'introduction, par Henry, de ce document dans l'un des envois reçus par la « voie ordinaire », n'offrait d'ailleurs aucune difficulté : les témoins interrogés à cet égard ne pouvaient pas ne pas le reconnaître, et ils l'ont reconnu.

Dans cette hypothèse d'un document forgé, parvenu au Ministère par les soins d'Henry, il est hors de doute que les faits nouveaux révélés, en ce qui concerne Henry, ne ruineraient pas seulement la base de la condamnation prononcée contre Dreyfus; ils feraient même disparaître toute base d'accusation possible.

Mais il faut reconnaître que l'hypothèse présentant le bordereau comme document forgé, et présentant Henry comme recevant ou apportant lui-même cette pièce au Ministère, ne peut plus guère se concilier avec les résultats de l'instruction.

LXI. — L'ensemble des manœuvres relevées à la charge d'Henry et de du Paty impose la revision avec une telle force que, déjà, des manœuvres de même nature l'avaient fait admettre dans une affaire bien antérieure à la loi de 1895, l'affaire Fabry. Le Code d'instruction criminelle ne permettant pas alors la revision pour faits nouveaux, le Garde des Sceaux avait usé de la voie du recours pour excès de pouvoir, dans les termes de l'article 441 C. Inst Crim., et Fabry intervint devant la Cour de cassation. Il est visible, d'après les circonstances de l'espèce, que le véritable motif de la dénonciation du Garde des Sceaux résidait dans les manœuvres dont Fabry avait été victime.

Condamné par jugement du Conseil de guerre du 2 juin 1815, Fabry parvenait, par cette voie, à faire casser le jugement de condamnation, par arrêt de la Cour en date du 15 juillet 1819. Là encore, toutes les manœuvres s'étaient multipliées pour empêcher l'erreur judiciaire d'apparaître et pour faire maintenir le jugement de condamnation. Les détails de cette affaires sont exposés dans l'ouvrage de MM. Lailler et Vonoven. (*Les Erreurs judiciaires, p.* 268 *et s.*)

LXII. — La revision, que *la simple équité* avait imposée par des voies anormales dans l'affaire Fabry, est aujourd'hui, à raison de circonstances semblables, imposée *par la loi* elle-même dans l'affaire Dreyfus.

Il est à remarquer qu'en l'espèce, il ne s'agit pas seulement, comme dans les arrêts cités plus haut, où la Cour faisait application de la loi de 1895, de témoignages rendus suspects par les faits nouveaux révélés. Il s'agit d'une accumulation de faux, de tromperies, de chantages et de manœuvres dolosives, destinés à un but toujours le même : créer des charges contre Dreyfus, et, par là même, empêcher la revision de son procès.

Si véritablement les artisans de la condamnation de Dreyfus, en 1894, l'avaient estimé coupable, s'ils l'avaient estimé, suivant la formule officielle, « justement et légalement condamné », ils auraient dû nécessairement avoir, pour justifier leur opinion, des charges sérieuses à faire valoir ; et, si ces charges avaient existé, qu'eût-il été besoin de fabriquer toutes ces pièces fausses pour en créer de nouvelles?

Si Esterhazy, d'autre part, avait été innocent, et si Henry et du Paty avaient été convaincus de son innocence, qu'eût-il été besoin de tous ces mensonges et de toutes ces infamies pour le défendre?

Les coupables seuls ont besoin d'avoir recours à des mensonges pour dissimuler les charges qui les accusent.

Indépendamment donc de la raison de droit qui commande la revision, à raison des faits examinés en cette partie du mémoire, la logique même des choses fait apparaître la preuve de l'innocence de Dreyfus et de la culpabilité d'Esterhazy, comme sortant invinciblement de la révélation des actes criminels accomplis pour faire maintenir le premier au bagne, et pour faire acquitter le second.

La revision s'imposait déjà nécessairement à raison des diverses catégories de faits déjà examinés dans les parties qui précèdent, qui toutes se suffisent à elles-mêmes :

Révélation d'une base illégale donnée au jugement de condamnation de Dryfus (pièces secrètes communiquées aux juges).

Révélation des faits relatifs au bordereau { *Quant au papier,* *Quant à l'écriture,* *Quant à sa date,* *Quant à sa teneur.* }

Révélation des relations d'espionnage d'Esterhazy avec le destinataire du bordereau.

Révélation des aveux formels et implicites d'Esterhazy, en ce qui concerne la paternité du bordereau.

La revision s'impose avec tout autant d'évidence, en fait et en droit, à raison de toute la catégorie de faits examinés dans cette quatrième partie.

CINQUIÈME PARTIE

Les propos attribués à Dreyfus et assimilés à des aveux. — Discours de M. Cavaignac affirmant la culpabilité de Dreyfus.

I. — En terminant ses conclusions sur lesquelles la Cour a statué par son arrêt du 29 octobre 1898, l'exposante déclarait « qu'elle repoussait toute équivoque et que, défendant avant tout l'honneur de son mari, elle entendait faire la pleine lumière et arriver à la revision par la discussion et la destruction de toute objection proposée ».

Bien que les prétendus aveux attribués à Dreyfus n'aient et ne puissent avoir aucune valeur juridique, l'exposante les discutera donc comme elle discutera l'acte d'accusation dressé par M. Cavaignac, ministre de la Guerre, contre son mari, lu à la tribune de la Chambre des députés, et officiellement placardé dans toutes les communes de France.

La cinquième partie de son mémoire est consacrée à cet objet. Dans un premier paragraphe, elle recherchera, à travers les dépositions si divergentes, à cet égard, des témoins entendus, quels propos ont été attribués à son mari. Elle examinera dans un second paragraphe quelles conséquences pourraient avoir de véritables aveux, s'il en avait été fait. L'étude du discours de M. Cavaignac sera faite dans un troisième et dernier paragraphe.

§ 1. — Quels propos ont été attribués à Dreyfus? — Quelle est leur portée?

II. — Deux propos ont été attribués à Dreyfus : l'un, qui aurait été tenu devant le capitaine Lebrun-Renault et le capitaine d'Attel, au moment où le condamné attendait la dégradation; l'autre, qu'un brigadier de la garde républicaine s'est subitement rappelé en 1898, avoir entendu, le 5 janvier 1895, dans les locaux du Dépôt.

Il importe de rechercher quelle est la teneur de ces deux propos.

Rien n'est caractéristique comme la déformation du premier qu'il est encore facile de suivre aujourd'hui à travers les dépositions des témoins.

Le capitaine Lebrun-Renault dépose en ces termes (*Enquête*, *p.* 186) :

« Dreyfus commença par protester de son innoncence, par dire qu'avec la fortune importante dont il jouissait et le bel avenir qui lui était réservé, il ne pouvait avoir eu aucun intérêt à trahir. Il ajouta : « *Je suis innocent. Dans trois ans on reconnaîtra mon inno-* « *cence. Le ministre le sait et le commandant du Paty de Clam est venu* « *me voir, il y a quelques jours, dans ma cellule, et m'a dit que le* « *ministre le savait. Le ministre savait que, si j'avais livré des docu-* « *ments à l'Allemagne, ils étaient sans importance et que c'était pour en* « *obtenir de plus importants.* »

Très clairement déjà, on voit que l'on ne peut attacher à la seconde partie de la phrase l'idée d'un aveu de culpabilité : Dreyfus commence par se proclamer innocent, il déclare que le ministre connaît cette innocence, et la preuve qu'il aurait immédiatement donnée de cette seconde assertion serait que le ministre connaissait sa culpabilité!

Néanmoins, le propos déjà certainement mal reproduit par le capitaine Lebrun-Renault, se transmet et se déforme. Le voici dans la bouche d'une première personne à qui le capitaine Lebrun-Renault l'a communiqué. Le lieutenant-colonel Guérin dépose (*Enquête*, *p.* 189) :

« Le capitaine Lebrun-Renault ayant été relevé dans son service près de Dreyfus, sortit du pavillon, me trouva devant lui et immédiatement se mit à me raconter les paroles que Dreyfus lui avait dites pendant qu'il en avait la garde. Trois déclarations me frappèrent par leur importance, se sont gravées dans ma mémoire et je ne les oublierai jamais. La première, c'était l'orgueil de ses galons, avait-il dit, en les montrant, qui l'avait perdu ; la deuxième, c'était les aveux d'avoir livré des documents à une puissance étrangère, aveux ainsi formulés : « *Si j'ai livré des documents, ces documents* « *étaient sans aucune valeur et c'était pour en obtenir d'autres plus* « *importants des Allemands.* » La troisième déclaration, c'était que dans trois ans on lui rendrait justice. »

Il est encore étrange de voir un aveu de culpabilité dans des propos que Dreyfus fait suivre de l'expression de son espérance de voir son innocence reconnue au bout de trois ans.

Quoi qu'il en soit, voici le propos qui passe par une troisième bouche : M. Peyrolles dépose (*Enquête, p.* 190) :

« Je rencontrai le commandant Guérin (le précédent témoin), qui marchait fort vite. Je lui demandai où il allait de ce pas ? Il me répondit : « Je vais rendre compte au gouverneur de ce qui vient « de se passer. — Eh quoi donc ? lui dis-je. » — Il me répondit : « *Dreyfus vient de faire des aveux au capitaine Lebrun-Renault. Il a* « *avoué avoir livré des pièces à l'Allemagne, en ajoutant que c'était* « *pour en obtenir d'autres.* »

Enfin, M. Druet, conseiller municipal à Neuilly, a recueilli, lui aussi, les propos transmis de bouche en bouche et les rapporte ainsi qu'il suit (*Enquête, p.* 639) :

« Ces paroles les voici : « *J'ai livré des documents, mais c'était* « *dans l'espoir d'en avoir d'autres plus importants.* »

Les mêmes propos auraient été entendus par le capitaine d'Attel, qui les aurait saisis au passage en traversant la pièce où Dreyfus se tenait avec Lebrun-Renault, lorsqu'il attendait la parade de dégradation. C'est du moins ce que déclare le capitaine Lebrun-Renault dans sa déposition (*Enquête, p.* 186), et ce qu'atteste une note du général Gonse non imprimée. (*Voir dossier du Ministère de la Guerre relatif aux prétendus aveux, pièce IV, et inventaire signé du capitaine Cuignet.*)

Le capitaine d'Attel est mort, le capitaine Anthoine traduit ainsi les propos qu'il aurait entendu répéter par le capitaine d'Attel (*Enquête, p.* 191) :

« Cet officier m'a rapporté que Dreyfus avait tenu devant lui des propos d'où résultent très nettement pour moi : 1° l'aveu formel du fait d'avoir livré des documents; 2° l'allégation que ces documents n'étaient pas importants; 3° le but poursuivi, qui aurait été d'obtenir en échange des documents plus importants.

Et le commandant de Mitry, qui a recueilli du capitaine Anthoine les propos que le capitaine d'Attel aurait entendu sortir de la bouche de Dreyfus, déclare (*Enquête, p.* 191) :

« L'attitude de Dreyfus m'a produit un profond dégoût. J'ai pu constater notamment, lorsqu'il défila devant les troupes, que ne se trouvant pas au même pas que le brigadier qui commandait l'escorte, il en changea, et ce détail m'a paru étrange dans une telle circonstance. »

III. — Telles sont les versions successives du propos de Dreyfus, que le capitaine Lebrun-Renault rattache lui-même à la visite du commandant du Paty de Clam et qui, transformé en passant de bouche en bouche, est devenu un aveu du crime de haute trahison.

Quel avait été ce propos, en réalité?

Le général Mercier reconnaît avoir envoyé à Dreyfus le commandant du Paty après la condamnation.

« Après le jugement, dit-il (*Enquête, p.* 5), désireux de savoir quels documents avaient pu être transmis à l'étranger, je chargeai le commandant du Paty d'aller trouver Dreyfus et de lui dire que sa condamnation était un fait acquis, mais que l'application de la peine pouvait être mitigée (soit par le choix du lieu de déportation, soit par ses relations avec sa famille) s'il consentait à révéler ce qu'il avait fait. Dreyfus n'a point voulu parler. Dreyfus ne voulut entrer dans aucune explication, et cependant il importait de savoir ce qu'il avait livré au point de vue du remaniement du plan de mobilisation, dont on s'occupait alors. »

Le commandant du Paty de Clam s'acquitta de cette mission et Dreyfus en fit part à son défenseur, Me Demange, dans les termes suivants :

« Le commandant du Paty est venu aujourd'hui lundi 31 décembre 1894, à cinq heures et demie du soir, après le rejet du pourvoi, me demander de la part du ministre si je n'avais pas été peut-être la victime de mon imprudence, si je n'avais pas voulu simplement amorcer..., puis que je me sois trouvé entraîné dans un engrenage fatal?

« Je lui ai répondu que je n'avais jamais eu de relations avec aucun agent ni attaché d'une puissance étrangère, que je ne m'étais livré à aucun amorçage, que j'étais innocent.

« Il me dit alors, de sa part personnelle, que sa conviction de la culpabilité s'était faite, d'abord de l'examen de l'écriture de la pièce accusatrice et de la nature des documents qui y sont énumérés, puis des renseignements d'après lesquels la disparition des documents correspondait avec mon séjour à l'État-Major, qu'enfin un agent secret aurait dit qu'un Dreyfus était un espion. sans toutefois affirmer que ce Dreyfus fût un officier. J'ai demandé au commandant du Paty à être confronté avec cet agent; il m'a répondu que c'était impossible.

« Le commandant du Paty a reconnu qu'on ne m'avait jamais soupçonné avant d'avoir reçu la pièce accusatrice.

« Je lui ai alors demandé pourquoi on n'avait pas exercé de surveillance sur les officiers dès le mois de février, puisque le commandant Henry est venu affirmer au Conseil de guerre avoir été prévenu à cette date qu'il y avait un traître parmi les officiers. (Ce renseignement, d'après le commandant du Paty, aurait été donné au commandant Henry par. . . . .) Le commandant m'a répondu qu'il n'en savait rien, que ce n'était pas son affaire, mais celle du commandant Henry, qu'il était difficile de suivre tous les officiers de l'État-Major..., etc., puis, sentant qu'il en avait trop dit, il ajouta : « Nous parlons entre quatre murs ; « si on m'interroge sur tout cela, je nierai tout. »

« J'ai conservé tout mon calme, car je voulais connaître toute sa pensée.

« En résumé, me dit-il, vous avez été condamné parce qu'il y avait un fil qui indiquait que le coupable était un officier et la lettre saisie est venue mettre un point sur ce fil; le coupable, c'était vous.

« Le commandant a encore ajouté que depuis mon arrestation la fuite avait tari au Ministère, que peut-être. . . . . avaient laissé traîner exprès la lettre pour me brûler, afin de ne pas satisfaire mes exigences.

« Il m'a parlé ensuite de l'expertise si remarquable de M. Bertillon, d'après laquelle j'aurais calqué ma propre écriture et celle de mon frère pour pouvoir, au cas où je serais arrêté porteur de la lettre, arguer d'une machination ourdie contre moi!!!

« Il m'a laissé entendre ensuite que ma femme et ma famille étaient mes complices, toute la théorie de Bertillon enfin. A ce moment-là, sachant ce que je voulais, et ne voulant pas lui permettre d'insulter encore ma famille, je l'ai arrêté en lui disant:

« C'est assez, je n'ai qu'un mot à vous dire, c'est que je suis inno-
« cent et que votre devoir est de poursuivre vos recherches. »

« Si vous êtes vraiment innocent, s'est-il écrié alors, vous su-
« bissez le martyre le plus épouvantable de tous les siècles. » —
« Je suis ce martyr, lui ai-je répondu, et j'espère que l'avenir vous
« le prouvera. »

« En résumé, de cette conversation il résulte :

« 1° Qu'il y a eu des fuites au Ministère;

« 2° Que . . . . a dû entendre dire et a répété au commandant Henry qu'il y avait un officier traître; je ne pense pas qu'il l'ait inventé de son propre cru;

« 3° Que la lettre incriminée a été prise à. . . . .

« J'en conclus les faits suivants :

« Le premier certain, les deux autres possibles :

« 1° Il existe réellement un espion... au ministère français, puisque des documents ont disparu;

« 2° Peut-être cet espion s'est-il introduit dans la peau d'un officier en imitant son écriture pour dérouter les soupçons;

« 3°. . . . . Cette hypothèse n'exclut pas le fait n° 1, qui semble certain. Cependant la teneur de la lettre ne rend pas cette troisième hypothèse très vraisemblable; elle se rattacherait plutôt au premier fait et à la deuxième hypothèse, c'est-à-dire présence d'un espion au Ministère et imitation de mon écriture par cet espion, ou simplement similitude d'écriture.

« Quoi qu'il en soit, il me semble que si votre agent est habile, il doit pouvoir dénouer cet écheveau en tendant ses filets aussi bien du côté. . . . . . . que du côté de . . . .

« Cela n'empêchera pas d'employer tous les autres procédés que j'ai indiqués, car il faut découvrir la vérité. »

Il avait écrit d'autre part le jour même au ministre :

« Monsieur le Ministre,

« J'ai reçu par votre ordre la visite du commandant du Paty de Clam, auquel j'ai déclaré que j'étais innocent et que je n'avais même pas commis la moindre imprudence. Je suis condamné, je n'ai aucune grâce à demander, mais au nom de mon honneur qui, je l'espère, me sera rendu un jour, j'ai le devoir de vous prier de vouloir bien poursuivre vos recherches. Moi parti, qu'on cherche toujours, c'est la seule grâce que je sollicite. »

L'explication du propos rapporté devant la Cour par le capitaine Lebrun-Renault apparaît dès lors toute simple :

« Je suis innocent. Dans trois ans on reconnaîtra mon innocence. Le ministre le sait, et le commandant du Paty de Clam est venu me voir, il y a quelques jours, dans ma cellule, et m'a dit que le ministre le savait. Le ministre savait que si j'avais livré des documents à l'Allemagne, ils étaient sans importance et que c'était pour en obtenir de plus importants. »

Manifestement la pensée de Dreyfus, dont il n'a jamais été possible de reconstituer l'expression précise, devait être celle-ci :

Je suis innocent; on le reconnaîtra dans trois ans. Le ministre lui-même sait que je suis innocent; il me sait incapable de trahir et il m'a fait demander par du Paty s'il ne s'agirait pas de documents sans importance que j'aurais livrés à l'Allemagne pour en obtenir de plus importants.

Interrogé par voie de commission rogatoire sur les propos qu'il avait réellement tenus, Dreyfus a répondu, le 8 janvier 1899 (*Enquête, p.* 565) :

« Je n'ai pas prononcé ces paroles telles qu'elles sont relatées : j'ai dit ceci ou à peu près dans un monologue haché : « Je suis « innocent; je vais crier mon innocence en face du peuple. Le « ministre sait que je suis innocent; il m'a envoyé du Paty de Clam « pour me demander si je n'aurais pas livré quelques pièces sans « importance pour en obtenir d'autres en échange. J'ai répondu « non, que je voulais toute la lumière, qu'avant deux ou trois ans « mon innocence serait reconnue. »

Ces propos avaient pu frapper le capitaine Lebrun-Renault, ignorant alors la nature de la démarche du commandant du Paty et les questions par lui faites à Dreyfus. Il est profondément attristant de constater avec quelle passion on s'est appliqué à les déformer pour les transformer en un aveu de culpabilité. Mais, la passion apportée à la recherche d'un aveu en de tels propos prouve clairement que, même au lendemain de la condamnation, la culpabilité de Dreyfus apparaissait comme bien loin d'être démontrée.

IV. — La manière dont un deuxième propos assimilé à un aveu fut, d'autre part, attribué à Dreyfus, dénote un état d'esprit plus affligeant encore.

Le 29 octobre 1898, la Cour rendait un arrêt ordonnant une instruction sur la revision du procès Dreyfus. Huit jours après, le 7 novembre 1898, le brigadier Depert se remémore subitement qu'il a, le 5 janvier 1895, entendu un aveu de Dreyfus. Sur l'ordre de ses chefs, aussitôt il en dresse, le 13 novembre 1898, un rapport ainsi conçu (*Enquête, p.* 643) :

« L'ex-capitaine Dreyfus fut conduit en compagnie du chef du bureau des prisons à la Souricière. Dans ce parcours, de quatre cents mètres environ, la conversation s'engagea entre M. Rocher, chef du bureau des prisons, et l'ex-capitaine Dreyfus; elle portait sur les faits qui venaient de se produire et sa culpabilité; j'ai entendu les paroles suivantes prononcées par l'ex-capitaine Dreyfus : « Pour être coupable, je suis coupable; mais je ne suis pas « seul. »

« Sur cette réponse, M. le chef du bureau des prisons lui fit « cette observation : « Mais pourquoi ne donnez-vous pas les noms « de ceux que vous connaissez? »

« L'ex-capitaine répondit : « Avant deux ou trois ans, on les « connaîtra. »

Immédiatement et d'urgence on fait une enquête sur cet aveu de culpabilité, qu'on avait si vainement poursuivi durant quatre années et qui, brusquement, se révélait si opportunément. Le résultat en est transmis le 15 novembre 1898 au ministre de la Guerre par le ministre de l'Intérieur. Il est relaté en ces termes dans la lettre ministérielle (*Enquête, p.* 647) :

« De cette première enquête, il semble donc résulter : 1° que le brigadier Depert a confondu le directeur du Dépôt avec M. Rocher, et 2° que le directeur, non seulement n'a pas reçu d'aveux de Dreyfus, mais qu'il aurait même entendu ce dernier protester de son innocence. »

La Cour a entendu le brigadier Depert, qui a répété devant elle les propos consignés dans son rapport (*Enquête, p.* 213), et M. Durlin directeur du Dépôt, qui accompagnait Dreyfus au moment où ces propos auraient été tenus. M. Durlin a démenti l'existence de ces propos (*Enquête, p.* 214). La Cour a procédé à une confrontation des deux témoins (*Enquête, p.* 215), qui a fait apparaître les étranges confusions des souvenirs de l'ex-garde Depert, aujourd'hui brigadier.

Dreyfus, interrogé par voie de commission rogatoire sur les propos à lui attribués par le brigadier Depert, a répondu (*Enquête, p.* 565) :

« Je n'ai jamais tenu ces propos, qui sont absurdes; j'ai crié mon innocence partout. J'ignore si le directeur du Dépôt se trouve parmi les personnes qui m'ont entouré dans la journée. »

En présence des extrêmes incertitudes qui se sont révélées dans les souvenirs du brigadier Depert, en présence du démenti de M. le directeur du Dépôt et du démenti de Dreyfus, il est inutile d'insister plus longuement sur un tel incident qui n'eût jamais dû être soulevé.

V. — Le capitaine Lebrun-Renault, au moment où il entendait les propos de Dreyfus sur la visite de du Paty, a-t-il vu, dans les discours, pour lui mal expliqués du prisonnier, quelque chose d'embarrassé ressemblant à une réticence ou à un aveu?

Il est assez difficile de le discerner dans la déposition qu'il a faite devant la Cour, où les propos rapportés de Dreyfus sont présentés tantôt comme simples *explications*, tantôt comme des *excuses*, tantôt comme des *aveux*.

Manifestement, ce malheureux capitaine était, pour déposer devant la Cour de cassation, très directement influencé par la déclaration que le général Gonse et le colonel Henry lui avaient fait signer *le 20 octobre* 1897, près de trois ans après la dégradation, au moment où Henry et du Paty se livraient aux plus effroyables machinations pour sauver Esterhazy. Cette déclaration, où le propos, qui se présente d'ailleurs encore sous une forme différente, est qualifié aveu, a été contresignée par le général Gonse et par le colonel Henry (*Enquête, p.* 635).

Donc, le 20 octobre 1897, le capitaine Lebrun-Renault, dans sa conférence avec Henry et le général Gonse, qualifiait *aveu* ce que, devant la Cour de cassation, il présentait comme *explication*.

Mais, le 5 janvier 1895, au moment où il entendait les propos de Dreyfus, le capitaine Lebrun-Renault considérait-il qu'il recevait un aveu? La négative est certaine. S'il eût pensé recevoir un aveu, son devoir eût été d'en dresser un procès-verbal régulier et contresigné de Dreyfus. Or, non seulement il n'a pas dressé ce procès-verbal, mais, même *dans le rapport de service qu'il rédigea après la dégradation, il déclara expressément n'avoir rien à signaler*.

« D. — Avez-vous, lui est-il demandé par le président, dressé un rapport ou un procès-verbal de l'exécution de la mission que vous avez eu à remplir le 5 janvier 1895?

« R. — *Non, je n'ai fourni ce jour-là que le rapport qu'on fait pour tout service :*

« *Le service a commencé à telle heure, fini à telle heure* », *et, dans la colonne d'observations* : « **Rien à signaler.** » (*Enquête, p.* 187.)

VI. — Cependant, les propos courent en se déformant de bouche en bouche et sont recueillis avidement comme un aveu par la presse : l'aveu de Dreyfus eût été un tel soulagement pour la conscience publique, inquiète déjà du mystère de ce crime commis sans motif et de l'attitude de Dreyfus pendant la dégradation militaire !

Immédiatement, Lebrun-Renault est convoqué par le général Mercier, ministre de la Guerre, qui rapporte le fait en ces termes (*Enquête, p.* 5) :

« Puis vinrent les aveux de Dreyfus au capitaine Lebrun-Renault ; les journaux en parlèrent de suite, je fis mander Lebrun-Renault auprès de moi, et il me fut amené par le général Gonse. Lebrun-Renault me déclara avoir entendu Dreyfus dire : « Si j'ai livré des « documents à l'étranger, c'était pour en obtenir de plus importants. » *Je lui donnai l'ordre d'aller rapporter ce propos au Président de la République et au Président du Conseil.* »

Le général Gonse rédige une lettre où il conclut « qu'à son avis Dreyfus a fait des demi-aveux mélangés de réticences et de mensonges ». Sa lettre lui est rendue par le chef d'état-major et il la renferme dans son armoire de fer comme un document historique (*Enquête, p.* 166). Et cependant le général Gonse, qui prend tant de souci du document historique rédigé par lui sur ce sujet, a déclaré à la Cour qu'aucun procès-verbal n'avait été dressé, parce qu'on n'avait vu aucune utilité à constater ces aveux ! (*Enquête, p.* 166.)

D'autre part, en 1898, on découvre une feuille d'un carnet de Lebrun-Renault, qu'on n'a plus retrouvée en 1899 pour la montrer à la Cour de cassation. Cette feuille, relatant les propos de Dreyfus, est précieusement copiée par le ministre de la Guerre, M. Cavaignac, le 4 juillet 1898 (*Enquête, p.* 643). C'est un second document historique.

Et cependant, recevant toutes ces confidences, le général Mercier ne fait pas rédiger le seul document véritablement historique, le procès-verbal constatant cet aveu que, pendant de si longs mois, du Paty de Clam s'était si véhémentement et si vainement efforcé d'arracher, que, même après la condamnation, du Paty de Clam avait tout aussi infructueusement tenté d'obtenir, en faisant miroiter aux yeux du condamné l'espérance d'un adoucissement de traitement.

Le général Mercier ne renvoie même pas, comme son devoir l'eût exigé, du Paty de Clam près de Dreyfus entré dans la voie des aveux, afin de savoir ce qu'il tenait tant à connaître quelques jours auparavant, la nature des documents livrés. Il se contente d'envoyer Lebrun-Renault au Président de la République et au Président du Conseil pour leur faire rapporter les aveux de Dreyfus; **et Lebrun-Renault, malgré l'ordre exprès que lui aurait donné à cet égard le général Mercier, ne parle des aveux, ni au Président de la République ni au Président du Conseil.**

Les trois dépositions de M. Casimir-Périer, président de la République, de M. Dupuy, président du Conseil, et du capitaine Lebrun-Renault sont absolument concordantes :

« Il n'est pas du tout dans mes souvenirs, dit M. Casimir-Périer, que le capitaine Lebrun-Renault soit venu à l'Élysée à l'effet de m'apprendre les aveux du condamné. Un article intitulé : *Récit d'un témoin*, avait paru le matin dans le *Figaro*. J'avais vivement blâmé les communications qui paraissaient avoir été faites, dans une circonstance de cette nature, par un officier à un journaliste, et le capitaine Lebrun-Renault m'avait été envoyé pour que je le réprimande. *Il n'a pas nié ses indiscrétions*, **et il ne m'a pas parlé des aveux de Dreyfus.** Du reste, je n'étais pas seul à cet entretien auquel assistait M. le président du Conseil.

« D. — Lui avez-vous demandé s'il y avait des aveux?

« R. — Non, car je le réprimandais sur un article du *Figaro*, manifestement inspiré par lui et où il n'était question que des protestations de Dreyfus en faveur de son innocence. » (*Enquête, p.* 228.)

Ainsi, il a été question, entre le Président de la République et le capitaine Lebrun-Renault, non pas d'aveux, mais de protestations d'innocence révélées par ledit capitaine à la presse ; et Lebrun-Renault ne fait pas connaître au Président de la République qu'en réalité ce sont des aveux de culpabilité qui se sont échappés des lèvres du condamné !

De même, M. Dupuy dépose en ces termes (*Enquête, p.* 458) :

« Lebrun-Renault fut reçu par M. Casimir-Perier, auprès duquel j'étais. Interrogé sur le fait de ses communications aux journaux, il répondit qu'il croyait avoir eu affaire à des camarades ou à des amis, et je me souviens de lui avoir répondu : « Si vous « avez quelque chose à dire, c'est à vos chefs qu'il faut le dire. » Il n'a été question de rien de plus et le capitaine a salué et est sorti.

« *La question des aveux ne s'est pas posée entre lui et nous.* Nos préoccupations à cette époque se portaient exclusivement sur le côté extérieur de la question. »

Enfin le capitaine Lebrun-Renault s'explique lui-même en ces termes (*Enquête, p.* 188) :

« D. — Lorsque vous vous êtes trouvé en présence de M. le Président de la République et de M. le président du Conseil, leur avez-vous reproduit les déclarations que vous avait faites Dreyfus ?

« R. — Non. Je me suis borné à leur donner quelques détails sur une autre partie de notre conversation. Ils ne m'ont rien demandé. Ils ont surtout demandé si j'avais eu des rapports avec des représentants de la presse, et, je crois qu'ils insistaient là-dessus à cause de l'article du *Figaro*, où il était parlé d'un bordereau trouvé dans le chiffonnier d'une ambassade.

« D. — Sur quelle partie de la conversation que vous aviez eue avec Dreyfus avez-vous fourni des renseignements à M. le Président de la République?

« R. — Mes souvenirs ne sont pas assez précis à ce sujet. »

VII. — Comment penser que le capitaine Lebrun-Renault et le Ministre de la Guerre aient vu des aveux dans les propos de Dreyfus, alors que le capitaine ne dresse aucun procès-verbal, qu'il déclare expressément, dans son rapport de service, n'avoir rien à signaler; alors que le Ministre de la Guerre, après avoir entendu les explications de ce capitaine, ne fait dresser non plus ni procès-verbal, ni rapport; alors que ce ministre ne provoque pas de Dreyfus, sur la nature de pièces dont la communication est prétendue avouée, les renseignements qu'il lui demandait auparavant sur la nature de pièces dont la communication n'était pas avouée ; alors que le capitaine Lebrun-Renault, envoyé par ordre exprès du ministre, au Président de la République et au président du Conseil pour leur révéler ces prétendus aveux, va les entretenir de tout autre chose ?

Comment penser que le capitaine Lebrun-Renault ait vu des aveux dans ces propos, qualifiés *explications* devant la Cour, alors que, devant quantité de témoins, il a déclaré n'avoir jamais entendu aucun aveu sortir de la bouche de Dreyfus ? (*Dépositions de M. Bayol, ancien gouverneur des colonies, de M. de Valles, juge d'instruction au tribunal civil de la Seine, M. Hepp, interne des hôpitaux. Enquête, p.* 260, 261, 266, *de M. Hérisson, publiciste, de Mme veuve Chapelon et du commandant Forzinetti.* (*Enquête, p.* 277, 334 *et* 217.)

On a bien essayé d'expliquer ces multiples déclarations du capitaine Lebrun-Renault sur la non-existence des aveux, par l'interdiction qui lui aurait été faite de parler de l'affaire Dreyfus et des circonstances de la dégradation.

Cette interdiction expliquerait bien sans doute un refus de répondre ou une réponse évasive comme : je ne sais rien, je ne puis rien dire. Elle ne peut expliquer en rien la déclaration formelle du capitaine Lebrun-Renault : « le capitaine Dreyfus ne m'a pas fait d'aveux. »

VIII. — Ces prétendus aveux seraient d'ailleurs incompréhensibles, alors qu'il est établi d'une manière indubitable que, durant cette journée de la dégradation, Dreyfus n'a cessé de protester de son innocence. (*Dépositions de MM. Merzbach, Griset, Forzinetti, Durlin, Dupressoir, etc., etc. Enquête, p.* 263, 265, 217, 214, 230), alors que, depuis sa condamnation, il n'a cessé de solliciter de nouvelles recherches sur les faits mêmes qui lui étaient imputés, alors que, de sa cellule lointaine, il écrivait au général de Boisdeffre ces lettres angoissées et angoissantes, où il le supplie de faire poursuivre l'instruction de cette affaire (*Pièces* 102 *à* 114 *du dossier militaire*).

C'est d'ailleurs une chose bien digne de remarque, au point de vue qui nous occupe, que le personnel pénitentiaire, juge d'ordinaire fort défiant lorsqu'il s'agit d'apprécier la sincérité des déclarations des condamnés, a fourni nombre de partisans convaincus de l'innocence de Dreyfus :

« J'appelle l'attention sur ce fait, a dit, en terminant sa déposition, M. Fournier, inspecteur général des services pénitentiaires, que cinq personnes appartenant au personnel pénitentiaire, ayant toutes approché Dreyfus, sont restées toutes convaincues de son innocence. » (*Enquête, p.* 280.)

Dreyfus ne pouvait, sur son rocher, rechercher lui-même la piste du traître qui lui avait volé son honneur; il ne pouvait plus participer en rien à la recherche de la solution de l'énigme, puisqu'on lui avait même arraché cette copie du bordereau, la seule pièce à charge connue qu'il avait voulu emporter dans sa prison (*pièces* 3 *à* 7 *du dossier militaire*); et alors il s'adressait aux défenseurs naturels de l'honneur des officiers, au ministre de la Guerre, au chef d'État-Major et même au Président de la République. La Cour a vu, dans la partie qui précède, comment cet appel avait été entendu, et comment la piste du véritable traître une fois découverte, avait été dissimulée par les faux et les actes dolosifs.

La manière dont on a cherché à travestir les propos si naturels de Dreyfus, pour créer en quelque sorte des aveux postiches, ne peut, en l'état de l'instruction, que faire apparaître une nouvelle preuve morale de l'innocence de Dreyfus.

On ne cherche pas à créer des charges de ce genre contre un coupable, parce qu'on a, contre un coupable, des charges décisives et péremptoires à montrer, et qu'il est inutile dès lors de recourir à de tels procédés.

§ 2. — Quelles seraient les conséquences légales des aveux, s'il en avait été fait?

IX. — Ne voulant laisser aucune partie de la discussion dans l'ombre, l'exposante doit examiner quelles pourraient être les conséquences des aveux, si Dreyfus avait fait véritablement ceux qu'on lui a si gratuitement prêtés.

Les conséquences, au point de vue de la revision, seraien absolument nulles et cela pour trois raisons qu'il est facile de mettre en relief en peu de mots.

En premier lieu, ces aveux ne pourraient avoir aucune valeur juridique, puisqu'ils n'ont pas été authentiquement recueillis, qu'ils ne sont pas signés de celui à qui on les oppose et que, dès lors, ils n'ont aucune force probante.

En second lieu, ces aveux, même authentiques et opposables à Dreyfus, ne prouveraient nullement, à la charge de ce dernier, l'existence du crime de haute trahison pour lequel il a été condamné.

En troisième lieu, même opposables à Dreyfus, et même constituant la reconnaissance du crime de haute trahison, ces aveux ne pourraient faire obstacle à la revision dès lors qu'ils ont été rétractés.

X. — La première raison est de celles dont le simple énoncé vaut une démonstration. Il est manifeste qu'on ne peut opposer légalement à un homme un *aveu*, c'est-à-dire une déclaration qui est censée émaner de lui, si cette déclaration n'est revêtue de sa signature, reconnue par lui, ou authentiquée par des fonctionnaires ou officiers ministériels ayant à ce qualité.

Par définition même, un aveu qui ne serait pas reçu dans ces conditions ne serait plus juridiquement un aveu. Ce pourrait être un indice, une présomption quelconque, mais il n'y aurait plus là d'aveu.

En l'espèce, aucune reconnaissance de culpabilité signée de

Dreyfus n'a été produite. Il n'y a eu, sur cette question, qu'une déclaration signée par Dreyfus, celle qui, en réponse aux questions posées par la Cour de cassation, a rectifié les propos qui lui étaient attribués et rétabli le sens de ses paroles.

Donc les prétendus aveux n'auraient, dans tous les cas, aucune existence juridique : ils seraient sans valeur légale.

XI. — En second lieu, les prétendus aveux de Dreyfus, tels qu'ils sont formulés, même dans leur teneur la plus accusatrice, ne constitueraient pas la reconnaissance du crime de haute trahison pour lequel Dreyfus a été condamné.

M. le ministre de la Guerre Cavaignac, dans son grand discours du 7 juillet 1898, qui sera examiné au paragraphe suivant, a beaucoup insisté sur ces prétendus aveux. Rappelant, dans la forme la plus propice à l'accusation, les propos qu'il avait fait si jalousement recueillir, M. Cavaignac s'écriait :

« *Si j'ai livré des documents, ils étaient sans valeur et c'était pour* « *m'en procurer de plus importants.* » *Si j'ai livré des documents...* Eh bien! je pèse ces mots dans ma conscience. On a nié ces aveux; on dira peut-être demain qu'ils ont été arrachés par des menaces et par des promesses. Quelque mobile qu'on veuille imaginer, je déclare que, dans ma conscience, je ne puis admettre qu'un homme ait prononcé ces mots : « Si j'ai livré des documents... » s'il ne les avait pas livrés en effet. »

La phrase ainsi formulée prouverait bien effectivement la livraison des documents, mais non le crime de haute trahison, puisqu'elle expliquerait précisément la livraison de ces documents sans importance par le but cherché de se procurer d'autres documents plus importants, utiles à la défense nationale. Les propos cités par M. Cavaignac constitueraient donc bien un aveu de la livraison de documents, mais non un aveu de culpabilité. Ils formuleraient même un moyen de défense à l'accusation du crime de haute trahison; et il est assez piquant de constater que *la proposition considérée par M. Cavaignac comme un aveu de culpabilité de Dreyfus constitue précisément aujourd'hui tout le système de défense d'Esterhazy.*

Dans sa lettre adressée à M. le Premier Président et annexée à sa déposition, Esterhazy reconnaît qu'il livrait des documents à l'attaché militaire A.; mais c'était, dit-il, pour s'en procurer lui-même de plus importants, notamment sur le service des renseignements.

On peut admettre ou repousser en fait le système de défense d'Esterhazy en ce qui le concerne; mais la déclaration d'Esterhazy fournit, par elle-même, la preuve péremptoire que la proposition prêtée à Dreyfus ne pourrait, même authentiquement constatée, constituer un aveu de culpabilité, puisqu'elle contient précisément tout un système de défense.

XII. — Enfin, en troisième lieu, même opposables à Dreyfus, et même constituant la preuve du crime de haute trahison, ces aveux ne pourraient faire obstacle à la revision, puisque, dans tous les cas, ils auraient été rétractés.

L'aveu en matière criminelle ne constitue pas, en effet, une preuve indélébile. Cette preuve peut être anéantie par une rétractation; et les affaires connexes à l'affaire actuelle en fournissent un exemple très remarquable.

La Cour trouvera, en effet (*Enquête, p.* 725), un procès-verbal constatant un aveu de la fille Pays, en ce qui concerne le faux *Speranza*. La fille Pays avait, en effet, déclaré spontanément « qu'elle n'avait qu'une chose à se reproche : l'écriture du télégramme *Speranza* ». Lecture du procès-verbal dressé aussitôt, le 15 juillet 1898, avait été donnée à la fille Pays en présence de ses deux avocats, Mes Tézenas et Jeanmaire. Elle en avait reconnu l'exactitude et l'avait signé avec le juge d'instruction et son greffier.

L'aveu était formel, authentiquement constaté, mais il fut rétracté par la suite. La Chambre des mises en accusation de la Cour de Paris, par un arrêt du 12 août 1898, déclara que, non seulement l'aveu ainsi rétracté ne pouvait constituer la preuve de la culpabilité, mais que même il ne pouvait être retenu *à titre de simple charge à l'appui d'une accusation.*

Comment, en l'espèce, les prétendus aveux ayant été rétractés, pourraient-ils constituer une preuve complète de culpabilité faisant obstacle à une revision?

En matière de revision, on pourrait citer des exemples d'application de ces principes, d'ailleurs hors de contestation. Dans l'affaire Doise (épouse Gardin), l'accusée avait avoué son prétendu crime. Cet aveu avait été authentiquement recueilli dans un procès-verbal signé d'elle, du juge d'instruction et du greffier. Elle fut condamnée sur son aveu. L'arrêt de condamnation fut annulé par voie de revision, le 9 octobre 1862, et la femme Doise fut définitivement acquittée le 17 novembre suivant. (*Lailler et Vonoven, Erreurs judiciaires, p.* 350.)

Le lieutenant de la Roncière, lui aussi, avait reconnu par lettre dûment signée de lui sa culpabilité, et le grand talent de Me Chaix d'Est-Ange n'avait pu le sauver, en 1835, d'une condamnation à la réclusion. En 1849, son innocence était proclamée sur le rapport du Garde des Sceaux. M. Odilon Barrot, qui avait été au procès de 1835 l'avocat de la partie civile. (*Lailler et Vonoven, Op. cit., p.* 516 *et s.*)

Il est inutile de multiplier les exemples d'application de principes incontestables.

L'exposante a établi que les propos attribués à son mari n'avaient pas été tenus, tels qu'ils ont été rapportés (sous des formes d'ailleurs bien diverses). Elle a établi que, pour trois raisons également décisives, ces propos, même considérés comme des aveux faits par Dreyfus, ne pourraient avoir aucune conséquence légale.

Elle terminera cette partie de son mémoire par l'examen du discours de M. Cavaignac, du 7 juillet 1898, qui, à côté des aveux, plaçait d'autres preuves de culpabilité, base de la conviction successive des différents ministres de la Guerre.

§ 3. — Discours de M. Cavaignac, prononcé le 7 juillet 1898, à la Chambre des députés, et affiché dans toutes les communes de France.

XIII. — En dehors de la fausse lettre d'un empereur étranger dont on ne parlait qu'avec mystère, comme d'une preuve irréfutable de la culpabilité de Dreyfus, les deux gros arguments populaires qu'on a fait valoir à satiété dans la presse, qu'on a reproduits en de luxueuses affiches illustrées, ont toujours été les aveux de Dreyfus et l'opinion des divers ministres de la Guerre.

Les prétendus aveux viennent d'être discutés et l'exposante en a montré le néant.

L'opinion des différents ministres de la Guerre n'est que le reflet successif d'une opinion unique : celle du bureau du ministère auquel ressortissait l'affaire Dreyfus.

Lorsque, sous la pression des objections qui n'ont cessé de s'augmenter en nombre et en force, cette opinion a dû se formuler devant le Parlement, c'est M. le ministre de la Guerre Cavaignac qui fut chargé de la présenter : il s'acquitta d'ailleurs de cette mission avec beaucoup de talent, et son discours très documenté recueillit d'unanimes applaudissements ; l'affichage en fut immédiatement voté d'enthousiasme.

Ce discours s'appuie, d'une part, sur les prétendus aveux dont il vient d'être fait justice et sur lesquels il n'y a pas à revenir, d'autre part, sur cinq documents qui lui avaient été fournis par le bureau des renseignements, sous la direction du lieutenant-colonel Henry.

De ces cinq documents, il est établi aujourd'hui que quatre sont des faux, et que le cinquième est sans application possible à Dreyfus.

XIV. — La première pièce est datée de mars 1894 : c'est celle où le nom de l'espion visé a été gratté, et où ce nom a été remplacé par la lettre *D* (l'espace gratté ne permettant pas d'écrire le nom de Dreyfus en toutes lettres). La pièce figure aujourd'hui sous le n° 371 dans la cote des pièces fausses du dossier militaire.

L'exposante a, dans la partie qui précède, indiqué, comme date probable de la fabrication de cette pièce, l'époque où l'on réunissait les éléments nécessaires pour documenter M. Cavaignac. Mais M. le capitaine Cuignet voit, en cette pièce, sans doute avec raison, un faux contemporain du faux Weyler et du faux Henry. La pièce, en effet, a été présentée au général Gonse en août ou en septembre 1896, et il est très vraisemblable que la falsification du document avait eu lieu antérieurement à cette présentation. Opérée après connaissance donnée de la pièce au général Gonse, la falsification eût été trop facile à découvrir.

Quelque opinion qu'on adopte, d'ailleurs, à cet égard, il est manifeste, dans tous les cas, que ce faux sort de l'officine d'Henry et du Paty.

Toute cette fabrication de faux et les manœuvres qui l'accompagnaient ont été l'objet de la quatrième partie du mémoire. L'exposante n'y revient plus. Mais une remarque particulièrement grave s'impose ici : *non seulement la pièce lue par M. Cavaignac ne concerne pas Dreyfus, mais elle fait partie d'un ensemble de documents établissant qu'***après comme avant l'arrestation de Dreyfus, les attachés militaires A... et B... ont eu des informateurs, autres que Dreyfus, leur fournissant des renseignements confidentiels et secrets.**

Voici les explications fournies à cet égard par M. le capitaine Cuignet (*Enquête, p.* 255) :

« D. — Si, comme vous venez de nous indiquer, la pièce dont vous avez reproduit le texte ci-dessus ne concerne pas Dreyfus, il semble résulter de son texte, dont l'authenticité ne vous paraît pas douteuse, qu'en mars 1894 B... recevait d'un agent des documents secrets qu'il communiquait à A..., qu'en un mot il existait un autre individu que Dreyfus se livrant à des actes de trahison au profit de cet agent ?

« R. — En effet, il devait y avoir d'autres agents que Dreyfus fournissant des renseignements à B... et à A... pendant que Dreyfus était au Ministère de la Guerre, de même que, après l'arrestation de Dreyfus, les agents B... et A... ont continué à se livrer à des menées d'espionnage, et à avoir à leur disposition des indicateurs ou des individus leur apportant des renseignements. Dans la correspondance de B... avec A..., qui est classée à la deuxième partie, et qui comprend la période du commencement de 1892 à la fin de 1897, il y a de nombreuses lettres prouvant l'exactitude de ce que je viens de dire. Si la pièce suspecte, dont il est question ici, n'avait pas été falsifiée, elle serait allée rejoindre à la deuxième partie les lettres de même nature que nous possédons. Je dois ajouter maintenant que la pièce suspecte, bien que portant la date d'entrée de mars 1894, n'a été présentée au général Gonse qu'au mois d'août ou septembre 1896, c'est-à-dire au moment où paraissaient les articles de l'*Eclair*, où parvenait la lettre signée *Weyler*, et quelques semaines seulement avant la production du faux Henry. Je crois, pour cette raison, que la falsification qu'a subie la pièce 371 se rattache aux manœuvres qui ont été employées à cette époque par Henry et par du Paty ; mais je n'ai d'autres raisons, pour donner cette indication à la Cour, que le fait de la production de cette pièce falsifiée au général Gonse, au moment même où allaient se produire d'autres agissements délictueux ou criminels. »

Ces explications données par le capitaine Cuignet dispensent de tout commentaire : le premier document cité par le ministre de la Guerre était, à son insu, un faux qui, non seulement n'était pas applicable à Dreyfus, mais qui donne une nouvelle preuve évidente des tentatives criminelles faites pour substituer Dreyfus à un espion véritable.

XV. — La seconde pièce lue par M. Cavaignac à la tribune dans son discours du 7 juillet est la pièce désignée par les mots « Ce canaille de D. ». A part la date, qui semble avoir été inscrite sur la pièce pour les besoins de la cause, et sur laquelle se sont produites entre les témoins des divergences déjà signalées, cette pièce paraît authentique. Mais il est maintenant bien établi que ce document était, par sa teneur même, inapplicable à Dreyfus, et qu'en fait il s'appliquait à une autre personne aujourd'hui connue. L'exposante ne reviendra pas ici sur les explibations déjà données à cet égard. (*Voyez plus haut, première partie*, § *XV*.)

XVI. — Les trois autres documents ont été présentés à la

Chambre par M. le ministre de la Guerre Cavaignac dans les termes suivants :

« Au moment où fut déposée l'interpellation de M. Castelin, aux mois d'octobre et de novembre 1896, les correspondants dont je viens de parler s'inquiétèrent, pour des raisons qui sont indiquées fort clairement dans les lettres que j'ai eues sous les yeux ; et alors l'un d'entre eux écrivit la lettre dont voici le texte :

« J'ai lu qu'un député va interpeller sur Dreyfus.

« Si... (Ici un membre de phrase que je ne puis lire), je dirai « que jamais j'avais des relations avec ce juif. C'est entendu. Si on « vous demande, dites comme ça, car il faut qu'on sache jamais « personne ce qui est arrivé avec lui. » (*Exclamations.*)

« M. Alphonse Humbert. — C'est clair !

« M. le Ministre de la Guerre. — J'ai pesé l'authenticité matérielle et l'authenticité morale de ce document.

« Son authenticité matérielle résulte, pour moi, non seulement de tout l'ensemble des circonstances dont je parlais il y a un instant, mais elle résulte, entre autres, d'un fait que je veux indiquer : elle résulte de la similitude frappante avec un document sans importance écrit par la même personne, et écrit comme celui-là au crayon bleu sur le même papier assez particulier qui servait à la correspondance habituelle de cette même personne et qui, daté de 1894, n'est pas sorti depuis cette date des archives du Ministère de la Guerre.

« Son authenticité morale résulte d'une façon indiscutable de ce qu'il fait partie d'un échange de correspondances qui eut lieu en 1896. La première lettre est celle que je viens de lire. Une réponse contient deux mots qui tendent évidemment à rassurer l'auteur de la première lettre. Une troisième lettre, enfin, qui dissipe bien des obscurités, indique, avec une précision absolue, avec une précision telle que je ne puis pas en lire un seul mot, la raison même pour laquelle les correspondants s'inquiétaient. »

Ainsi, ces trois derniers documents forment une suite de correspondances entre les attachés militaires A... et B... ; et c'est précisément parce qu'ils constituent un tout homogène, parce qu'ils s'adaptent en quelque sorte les uns aux autres, que M. Cavaignac affirme leur authenticité morale. Mais la première pièce a été reconnue fausse : le lieutenant-colonel Henry a avoué l'avoir fabriquée. C'est cette lettre qui est l'origine de la correspondance motivée par l'interpellation Castelin. Cette première lettre étant fausse, il est certain que la réponse et la réplique le sont également.

En effet, la première lettre ayant été écrite par Henry, puis classée par lui dans le dossier secret, n'est manifestement jamais parvenue à son prétendu destinataire (qu'elle eût d'ailleurs profondément étonné). N'ayant jamais reçu la lettre, ce destinataire n'a jamais pu y répondre. Donc la prétendue réponse, dont parle M. Cavaignac, est manifestement aussi fausse que la première lettre elle-même. Cela est d'évidence.

Le même raisonnement s'applique à la troisième pièce qui est une réplique, une réponse à la réponse. Les deux premières lettres étant fausses, la troisième l'est, par voie de conséquence, nécessairement; elle participe du caractère imaginaire des deux premiers documents; elle est, comme eux, une pièce fabriquée.

Vainement on a essayé d'échapper à ce raisonnement inéluctable en prétendant que les deux attachés militaires A... et B... avaient été quelque peu préoccupés par l'affaire Dreyfus, que des explications leur avaient été demandées par leurs gouvernements respectifs. Cela est possible et cela devait être. Mais, de ce que ces attachés militaires aient eu, à raison de l'affaire Dreyfus et des polémiques violentes qu'elle a soulevées, quelques préoccupations, de ce que des explications leur aient été demandées, de ce que leur correspondance ait exprimé leur ennui à cet égard, qu'en peut-on conclure contre le raisonnement qui précède? Il est et reste toujours impossible, pour les attachés militaires comme pour tout le monde, de répondre aux propositions d'une lettre qu'on n'a pas reçue. Il est donc certain que la réponse et la réplique à la lettre fabriquée par Henry sont nécessairement des faux.

Aussi, ne trouve-t-on plus, dans le dossier militaire, de pièces pouvant constituer une réponse et une réplique au faux Henry. Les pièces 63 et 64 du dossier militaire, indiquées par M. le capitaine Cuignet (*Enquête, p.* 256) comme devant être celles visées par M. Cavaignac, peuvent exprimer l'ennui des attachés militaires au sujet des polémiques et des incidents de l'affaire Dreyfus; mais elles ne répondent pas à la proposition formulée par la pièce sortie de l'imagination d'Henry. Si elles répondaient à ce document imaginaire, elles auraient forcément la même origine que ce document lui-même, et devraient être, dès lors, sans hésitation, cataloguées sous la cote des pièces fausses.

Nécessairement, cette suite de correspondances, composée de trois pièces, invoquée par M. Cavaignac dans son discours du 7 juillet 1898, est donc bien, elle aussi, un ensemble de trois pièces fausses. La production de ces trois derniers faux à la tribune de la

Chambre des députés a été faite, sans aucun doute, de bonne foi par l'honorable ministre de la Guerre. *Mais il faut noter que le caractère nécessairement apocryphe de toute correspondance des attachés militaires où Dreyfus, d'eux inconnu, serait présenté comme espion, avait été officiellement dénoncé dès novembre 1897 par l'ambassadeur de l'attaché militaire B..., que la même dénonciation avait été officiellement renouvelée par déclaration du 15 janvier 1898 (Enquête, p. 276), que cette dénonciation avait été aussitôt notifiée au ministre de la Guerre (Enquête, p. 270) et que l'affirmation de l'authenticité des pièces fabriquées par Henry prouve, en de telles circonstances, l'extraordinaire aveuglement de la confiance placée dans ce faussaire par ses supérieurs hiérarchiques.*

XVII. — Ainsi, cet acte d'accusation, formulé aux applaudissements de toute la Chambre et affiché dans toute la France, reposait, d'une part, sur des propos défigurés que la passion était parvenue peu à peu à présenter comme de véritables aveux (aveux d'ailleurs nécessairement sans aucune valeur légale); il reposait, d'autre part, sur cinq documents, dont quatre sont des faux avérés, et dont le cinquième (peut-être lui aussi falsifié en ce qui concerne la date), dans tous les cas inapplicable à Dreyfus, s'appliquait en fait à un autre individu aujourd'hui déterminé.

Tel était le discours, formulant d'une manière très habile, il est vrai et de très bonne foi, l'opinion imprimée par le bureau des renseignements dans l'esprit des ministres de la Guerre successifs.

L'inanité de l'accusation portée contre Dreyfus apparaît avec évidence, si l'on considère que les aveux et le réquisitoire parlementaire du 7 juillet 1898, présentés si longtemps comme les preuves indiscutables de la culpabilité du condamné de 1894, constituent uniquement la preuve des abominables crimes perpétrés contre Dreyfus lui-même; si l'on considère que, pour essayer d'établir cette culpabilité, les adversaires de Dreyfus en sont réduits aujourd'hui à revenir désespérément à ce bordereau, si complètement abandonné par M. Cavaignac dans son mémorable discours, à ce bordereau écrit de l'écriture d'Esterhazy, sur du papier d'Esterhazy, énonçant, dans le langage d'Esterhazy, des renseignements recueillis au camp de Châlons par Esterhazy, et adressé à un attaché militaire qui était en relations d'espionnage (ou contre-espionnage) avec Esterhazy.

SIXIÈME PARTIE

Le dossier militaire. — Les prétendus faits d'espionnage attribués à Dreyfus.

I. — Une observation préliminaire s'impose au début de cette sixième partie du mémoire.

Pendant plus de quatre années, toutes les ingéniosités se sont exercées à découvrir des charges, des faits d'espionnage qui pourraient être imputés à Dreyfus, à l'effet de justifier une condamnation dont la base apparaissait manifestement à tous comme irrémédiablement ruinée.

Avant d'examiner les résultats si fragiles de ces recherches si longues, si persévérantes et si passionnées, l'exposante doit faire remarquer que les actes d'espionnage et de trahison les plus épouvantables et les mieux établis ne pourraient constituer un obstacle quelconque à la demande de revision.

Ces actes, en effet, n'ont pas été relevés dans l'accusation de 1894; c'est sur l'accusation de 1894 seule que repose la condamnation : c'est donc uniquement l'accusation de 1894 que doi considérer le juge appelé à statuer sur la revision de la condamnation prononcée.

Toutes les accusations, même les mieux justifiées, concernant des actes d'espionnage autres que celui révélé par le bordereau, ne pourraient faire considérer comme bien fondée la condamnation prononcée par des juges, qui légalement, ont statué uniquement sur le bordereau.

Toutes les accusations, même les mieux justifiées, n'ont, en effet, aucune valeur au point de vue de l'autorité de la chose jugée, tant qu'elles n'ont pas été relevées dans une poursuite criminelle, discutées par l'accusé, et appréciées par le juge.

La discussion qui va suivre n'a donc, en réalité, aucune utilité au point de vue de la revision, puisqu'elle s'attaque à des articulations nécessairement sans valeur en ce qui concerne la revision du jugement de condamnation de 1894.

Mais l'exposante ne veut pas s'y dérober. Ce qu'elle poursuit, en effet, ce n'est pas seulement la fin du supplice d'un innocent : la mort permettrait à cet égard une solution plus facile et plus prompte. Ce qu'elle poursuit avant tout, en gravissant ce calvaire où aucune douleur ne lui fut épargnée, c'est la réhabilitation pleine et entière du capitaine Dreyfus, c'est la reconstitution intégrale du patrimoine d'honneur que des faussaires ont dérobé à un soldat loyal et à ses malheureux enfants.

A côté de l'accusation de 1894, irrémédiablement ruinée, quatre années d'efforts persévérants et soutenus ont élevé péniblement quatre griefs contre le capitaine Dreyfus. En quelques lignes, l'exposante établira, d'après les constatations mêmes de ses adversaires, l'inanité des résultats donnés par ces efforts laborieux, si passionnément dirigés contre un prisonnier.

Cette discussion sera l'objet d'un premier paragraphe. Un second paragraphe sera consacré à l'examen des hypothèses plus ou moins ingénieusement construites sur les petits papiers du dossier militaire.

§ 1er. — Prétendus faits d'espionnage attribués, depuis 1894, au capitaine Dreyfus.

II. — Les prétendus faits d'espionnage que, depuis 1894, on s'est efforcé d'attribuer au capitaine Dreyfus, de faire retomber « sur la tête de Turc », suivant l'expression même de l'agent Guénée, sont au nombre de quatre.

Les articulations dirigées contre Dreyfus à cet égard ont été exposées par le général Roget (*Enquête, p.* 44) et par le capitaine Cuignet (*Enquête, p.* 252). Elles concernent :

1° L'obus Robin;

2° Le chargement des obus à la mélinite;

3° L'attribution de l'artillerie lourde aux armées;

4° Les cours de l'École de guerre.

III. — *Obus Robin.* — L'imputation à Dreyfus d'un fait d'espionnage concernant l'obus Robin a ceci de particulièrement extraordinaire qu'on avoue ignorer même si un acte d'espionnage a été commis relativement à cet obus. Mais, dans l'hypothèse où il y aurait eu effectivement un acte d'espionnage commis, on conjecture que Dreyfus pouvait avoir les moyens de perpétrer cet acte d'espionnage hypothétique, et, en rapprochant cette conjecture de cette hypothèse, on déduit cette conclusion que Dreyfus a révélé à une puissance étrangère les secrets de fabrication de l'obus Robin.

« En 1896, dit le général Roget (*Enquête, p. 44*), le service des renseignements a reçu une instruction relative au chargement du schrapnell de campagne d'une puissance étrangère. Ce document fut envoyé à la direction de l'artillerie, qui fut très surprise de remarquer que cet obus ressemblait singulièrement à un obus adopté en France et qui est dit « Obus Robin ». Ce qu'il y a de singulier dans cette rencontre, c'est que la construction de l'obus n'est pas due à des calculs savants pouvant se rencontrer en deux pays différents, mais à un tour de main de contremaître. L'obus a été adopté par cette puissance en 1891. Dreyfus a été à l'école de pyrotechnie de Bourges, où se faisaient les études de l'obus Robin, de septembre 1889 à la fin de 1890. Il n'y a jusque-là qu'un simple rapprochement. Ce qu'on a su depuis, c'est que Dreyfus, étant à l'École de guerre, a adressé à un de ses camarades de la pyrotechnie (le capitaine Rémusat) une demande de renseignements sur les dernières expériences faites sur l'obus Robin. Il disait, dans la lettre au capitaine Rémusat, qu'il demandait ce renseignement sur l'ordre de ses professeurs du cours d'artillerie à l'École de guerre. Le capitaine Rémusat, se fondant sur le secret que doivent conserver les expériences de pyrotechnie, refusa de répondre à Dreyfus.

« Il est constant, d'autre part, que les professeurs du cours d'artillerie à l'École de guerre n'ont jamais chargé Dreyfus de demander des renseignements au sujet de l'obus Robin. Ils n'ont d'ailleurs pas l'habitude de charger leurs élèves de commissions de cette sorte. Quand ils veulent des renseignements sur les dernières expériences de l'artillerie, ils s'adressent à la section technique de l'artillerie à Saint-Thomas-d'Aquin, où on leur donne tous les renseignements dont ils ont besoin, en spécifiant quels sont ceux qu'ils peuvent enseigner à leurs élèves. Cette découverte relative à l'obus Robin indique tout au moins que Dreyfus cherchait à se procurer sous des prétextes mensongers (?), des renseignements relatifs aux expériences les plus secrètes, avec cette coïncidence (?) particulière que l'obus a été justement livré à une puissance étrangère (?). »

IV. — Les déclarations du général Roget font connaître, qu'*en ce qui concerne ces obus à balles, on n'a relevé aucun fait précis d'espionnage d'une puissance étrangère à l'égard de la France*. On a relevé au contraire la livraison à la France d'un document confidentiel étranger en 1896 : remise au bureau des renseignements français d'une instruction relative au chargement du schrapnell.

Mais, si aucun fait précis d'espionnage n'a été relevé au préjudice de la France, quel acte d'espionnage peut-on relever contre Dreyfus au sujet de l'obus Robin?

On prétend qu'il y a eu livraison d'une découverte expérimentale parce que, dit-on, à la différence des découvertes mathématiques, les découvertes expérimentales ne peuvent se faire simultanément en plusieurs pays. L'histoire des découvertes industrielles fournirait, s'il en était besoin, cent exemples pour un, de l'inexactitude de cette assertion; et cela est si vrai que, pour la plupart des grandes inventions, il est presque impossible d'établir quel est le véritable inventeur parmi tous ceux qui revendiquent la priorité de la découverte.

D'autre part, s'il y a eu véritablement communication d'une invention secrète d'un pays à l'autre, il est bien difficile d'établir quel est celui des deux pays qui a copié l'autre. Ce qui est prouvé, d'après la déposition du commandant Hartmann (*Enquête, p.* 378) et la note du général Deloye (*Enquête, p.* 781), c'est que, dès 1891, le schrapnell était adopté par la puissance étrangère, alors que, de notre côté, nous poursuivions encore les expériences relatives à l'obus Robin, puisque Dreyfus aurait, à cette époque, écrit au capitaine de Rémusat pour avoir des renseignements sur ces expériences. L'antériorité de la puissance étrangère, en ce qui concerne ces obus, est d'ailleurs formellement attestée par les pièces du dossier militaire. La pièce n° 69 (*Note du général Deloye du* 18 *février* 1898 *sur la question*) porte que les études sur l'obus Robin furent longues et suivies; et le général ajoute :

« *Il* (*l'obus Robin*) *a été adopté en* 1896 *seulement, pour le calibre de* 80, *tandis que les Allemands le possédaient depuis* 1891. »

De même la pièce n° 70 (*Note du général Gonse du* 13 *mai* 1898) déclare que le *Feldschrapnell dont il s'agit avait été adopté par la puissance étrangère en février* 1891*; et elle ajoute :* « *L'obus Robin n'a été adopté en France que trois ans après.* »

Cette puissance étrangère n'avait donc rien à nous envier sur ce point, puisque nous étions en retard sur elle.

L'hypothèse d'un acte d'espionnage accompli au profit de cette puissance, en ce qui concerne les obus en question, est par suite rationnellement inadmissible.

Contrairement à ce qu'allègue la note du général Deloye, le schrapnell n'est d'ailleurs pas, comme l'obus Robin, un engin dont le chargement soit constitué par des balles noyées dans de la poudre comprimée. La poudre comprimée (caractéristique de l'obus

Robin d'après le général Deloye) y est remplacée par une substance fumigène, et la structure de l'obus ne se prêterait même pas à une compression de la poudre. Cette inexactitude de la note du général Deloye est révélée précisément par le manuel de Wernigk, que cite incomplètement la note, et que fait connaître mieux la *Revue d'artillerie* (*nos de décembre* 1893 *et de juillet* 1896). Il ne peut donc y avoir eu acte d'espionnage en ce qui concerne le procédé de compression de la poudre.

D'autre part encore et en admettant l'identité des deux obus, si l'on veut à toute force revendiquer pour la France la priorité de l'invention, si l'on veut à toute force que la puissance étrangère ait puisé chez nous le germe de l'invention qu'elle a certainement, avant nous, conduite à sa maturité, il serait facile d'apercevoir comment elle aurait pu se le procurer.

En effet, d'après la note du général Deloye sur l'obus Robin (*Enquête, p.* 781) :

« Les études datent du milieu de l'année 1887 ; elles visent un obus du calibre de 0,057, dont la description a été donnée dans le *Bulletin des questions à l'étude*, no 8, du 1er juillet 1888. »

Or, la Cour sait que, notamment en 1889 et 1890, un sieur Boutonnet, qui avait à sa disposition les collections du *Bulletin des questions à l'étude*, a très libéralement renseigné la puissance étrangère dont il s'agit sur toutes les questions pouvant l'intéresser. (*Déposition Hartmann, Enquête, p.* 362 *in fine.*)

V. — Ainsi, dans les déclarations mêmes apportées à la Cour, on constate : 1o *qu'on n'a pu relever aucun fait précis d'espionnage commis au préjudice de la France en ce qui concerne l'obus Robin ;* 2o *que la priorité de l'invention de cet obus à mitraille paraît appartenir à la puissance étrangère ;* 3o *qu'en admettant même l'existence d'une communication prohibée, faite au préjudice de la France, en ce qui concerne cet obus, on devrait très vraisemblablement rechercher cet acte d'espionnage hypothétique dans les agissements du sieur Boutonnet, condamné pour espionnage en* 1890.

Quant à la lettre de Dreyfus au capitaine de Rémusat, lettre qui n'est pas produite, on ne voit pas quelle conséquence on peut tirer, au point de vue d'une accusation d'espionnage, d'une demande de renseignements à laquelle il n'a pas été donné satisfaction. Si les renseignements n'ont pas été donnés à Dreyfus, comment celui-ci aurait-il pu les livrer ?

Au moment d'ailleurs où se place la prétendue lettre (1891), la puissance étrangère ayant déjà adopté son schrapnell, quelle utilité auraient eu des communications concernant des expériences relatives à une découverte déjà passée, pour elle, dans le domaine de la pratique?

La demande de Dreyfus pour ses professeurs de l'Ecole de guerre, en admettant même que les souvenirs du capitaine de Rémusat fussent rigoureusement exacts, s'expliquerait au surplus facilement. Il ne pouvait être question certainement d'une demande faite par Dreyfus au nom de ses professeurs, ce qui, comme le remarque très judicieusement le général Roget, serait absurde, les professeurs de l'Ecole de guerre n'ayant évidemment pas à se servir de l'intermédiaire de leurs élèves pour solliciter des renseignements techniques. Mais il s'agissait de connaissances nouvelles dont Dreyfus eût été heureux de faire montre aux professeurs de l'Ecole chargés de l'apprécier.

Le général Roget a cité lui-même un exemple de cet état d'esprit qu'il se plaît à signaler chez Dreyfus, et qui est assez naturel chez un officier désireux d'avancer par son savoir personnel (*Enquête, p.* 57).

De même que Dreyfus, dans l'exemple cité par le général Roget, s'était plu à montrer à ses supérieurs tout ce qu'il savait sur les dernières expériences de Calais et de Bourges, de même il eût été heureux de pouvoir faire apprécier par ses professeurs de l'École de guerre l'étendue de ses connaissances en ce qui concernait les nouveaux obus à mitraille.

Cette attribution conjecturale d'un acte inconnu d'espionnage hypothétique ne repose donc sur rien; et l'inanité même d'une telle accusation, fruit de quatre années d'efforts persévérants, tentés pour trouver enfin une justification à une condamnation dont la base judiciaire s'est écroulée, serait, s'il en était encore besoin, la preuve qu'il n'est même pas possible de trouver un acte véritablement suspect dans le passé du malheureux capitaine.

VI. — *Chargement des obus à la mélinite.* — Cette seconde accusation est non moins extraordinaire que la précédente. Le général Roget la formule en ces termes (*Enquête, p.* 44) :

« Un autre fait du même genre est relatif au chargement des obus à la mélinite, qui paraît aussi avoir été livré à une puissance étrangère : la découverte de l'acte de trahison est antérieure au procès Dreyfus. C'est en 1890 que le service des renseignements reçut des débris de papier calcinés, sur lesquels il ne restait que l'extrémité des lignes à droite. Ce papier était un papier pelure analogue à celui du bordereau; le document fut envoyé à la direction de l'artillerie et l'on y reconnut la copie d'une instruction relative au chargement des obus à la mélinite.

« L'enquête faite à cette époque a fait ressortir que le document venait de l'École de pyrotechnie. Ce fait ne fournit pas d'autres indications que celles-ci : Dreyfus était à l'École de pyrotechnie à ce moment, et la coïncidence du papier pelure et du bordereau. Ce document existe encore et on l'a fait expertiser au point de vue de l'écriture, sans aboutir à un résultat décisif. »

Il semblerait résulter des déclarations du général Roget que l'École de pyrotechnie seule possédât cette instruction relative au chargement des obus à la mélinite. Mais, en réalité, *l'Ecole de pyrotechnie n'était pas en possession d'un document unique; elle avait un exemplaire de cette instruction* **qui avait été autographiée.** (*Déposition du capitaine Cuignet, Enquête, p.* 252, *in fine et p.* 253 *in principio.*) La pièce n° 67 du dossier militaire (*Rapport du capitaine Cuignet en date de* 1898) fait connaître que cette autographie avait été tirée à deux cents exemplaires. Les pièces n°s 80, 80bis et 80ter du même dossier constatent que l'instruction dont il s'agit date du 12 juin 1889, que le tirage de l'autographie, fait au ministère de la Guerre, fut achevé le 3 septembre 1889, et qu'on en envoya des exemplaires dans les corps d'armée à la date du 18 septembre 1889.

Que reste-t-il, en l'état de ces constatations, des premières déclarations du général Roget ?

VII. — D'autre part, il semblerait également résulter des déclarations du général Roget que l'expert chargé d'examiner l'écriture des fragments saisis et de la comparer à celle de Dreyfus, ait cru à la possibilité d'attribuer l'écriture incriminée au pauvre condamné de 1894, sans pouvoir l'affirmer.

Mais, en réalité, il n'en est rien :

« *Les fragments saisis,* dit le capitaine Cuignet (*Enquête, p.* 252), *ont été soumis à l'expertise, et* **l'expert conclut d'une façon très nette que les fragments ne portent pas l'écriture de Dreyfus.** »

L'expert choisi était cependant M. Bertillon, qui retrouve l'écriture de Dreyfus par des méthodes d'investigation auxquelles rien ne peut résister; et M. Bertillon, dans son rapport du 2 juin 1898 (*Dossier militaire, pièce n°* 82), se voit contraint de conclure « **que l'attribution à Dreyfus des documents calcinés n'est pas fondée en fait** », ajoutant, comme fiche de consolation, « que c'est une conjecture qui est certainement du domaine des choses possibles, mais qu'il serait gravement téméraire de la mettre en avant. »

Aboutir à cette conclusion que l'attribution des documents calcinés à Dreyfus n'est pas fondée en fait, c'est ce que le général Roget déclare « ne pas aboutir à un résultat décisif »!

Une note de la direction de l'artillerie du 14 décembre 1890 (*pièce n° 77 du dossier militaire*) corrobore d'ailleurs les conclusions de M. Bertillon, en déclarant que les fragments retrouvés sont de la main *d'un écrivain peu intelligent* ou peut-être pressé.

De toutes les déclarations tendancieuses du général Roget, il ne reste donc qu'une chose : c'est que les fragments dont il est question ici sont des fragments de papier pelure, analogue, sinon identique, à celui du bordereau. Ce fait ne saurait désigner Dreyfus, puisqu'on n'a jamais trouvé de lettres ou documents écrits par lui sur papier pelure, et puisque, malgré de minutieuses perquisitions, on n'a pu découvrir de papier pelure à son domicile. Le fait pourrait être, au contraire, une charge pour Esterhazy qui, contraint par l'évidence des faits, et en présence des pièces saisies, a dû reconnaître devant la Cour avoir toujours fait usage de ce genre de papier.

Cette seconde accusation est donc aussi misérablement imaginée que l'accusation concernant l'obus Robin. La discussion de ces deux puérilités conduit à la même conclusion.

VIII. — *Attribution de l'artillerie lourde aux armées.* — Cette troisième articulation montre combien est juste l'expression de l'agent Guénée, quand, dans ses réponses à l'interrogatoire de M. Josse, juge d'instruction, il donnait finalement à Dreyfus la qualification de « tête de Turc », sur laquelle on rejetait la responsabilité de tous les actes suspects découverts par les agents.

M. le général Roget, en ce qui concerne cette troisième articulation, s'exprime en ces termes (*Enquête, p. 44 in fine*) :

« Enfin, il y a un troisième fait encore plus intéressant : c'est celui qui se rapporte à des renseignements donnés à une puissance étrangère sur l'attribution de l'artillerie lourde aux armées. Il s'agit du canon de 120 court, qui forme un matériel de gros calibre, destiné à suivre les armées en campagne. Une pièce arrivée au ministère, toujours par la même voie, en octobre ou en novembre 1895, montre que l'agent étranger que nous avons désigné sous le nom de A... venait d'avoir connaissance qu'un certain nombre de batteries de 120 avaient été attribuées à la 9e armée; cet agent exprime, dans la même note à propos de la désignation de 9e armée qu'il lui manque une armée, et émet la supposition que, pour tromper, il y a exprès, dans la série des numéros, un numéro qui manque.

« Ces renseignements sont parfaitement exacts et montrent que cet agent était bien renseigné,

« Quant à l'attribution de l'artillerie lourde de la 9e armée, le renseignement venait d'une pièce officielle de l'année 1893. Une note émanant de la 3e direction (direction de l'Artillerie) avait été adressée au 1er bureau de l'État-major de l'armée, au sujet de l'affectation des batteries de 120 aux armées. Le 1er bureau, après avoir fait un résumé de la question à son point de vue personnel, avait adressé la note de la 3e direction et la note qu'il en avait extraite, à son point de vue, au 3e bureau de l'État-major de l'armée, chargé de soumettre la question au Conseil supérieur de la guerre.

« L'enquête faite à ce sujet a prouvé que la note de la 3e direction avait été étudiée au 1er bureau, dans la section du commandant Bayle, que c'est le commandant Bayle qui avait fait la note pour le 3e bureau, que Dreyfus travaillait avec le commandant Bayle, et que, quand on a recherché la minute de la note du 1er bureau, cette minute avait disparu, — et jamais on ne détruit de minutes au ministère de la Guerre.

« La minute était de la main du commandant Bayle. »

IX. — Il suffit encore, pour écarter cet hypothétique grief élevé contre Dreyfus après tant d'années de recherches, de préciser quelques dates.

La pièce 84 du dossier militaire (*note du service des renseignements en date du* 2 *octobre* 1897 *sur le fait allégué par le général Roget*) fait connaître que le travail élaboré par le commandant Bayle au premier bureau date de mars 1893. Dreyfus, comme le déclare le général Roget, était au 1er bureau à cette époque; il y était entré le 4 janvier 1893 et il l'a quitté le 4 juillet 1893 pour passer au 4e bureau (*note du capitaine Junk du* 13 *mai* 1898. *Pièce no* 13 *du dossier militaire*).

La minute du commandant Bayle a donc été à la disposition de Dreyfus du 4 janvier au 4 juillet 1893.

A quelle époque se placerait la communication de ce document à l'attaché militaire A...? La pièce 83 du dossier militaire répond à cette question : et le capitaine Cuignet, interpellé à cet égard, a d'autre part déclaré (*Enquête, p.* 253) :

On a la preuve de l'acte de trahison dont je viens de parler par une note de l'agent A (pièce 83) parvenue au service des renseignements le 28 décembre 1895.

Le 28 décembre il y avait deux ans et demi que le capitaine Dreyfus n'avait plus le travail du commandant Bayle à sa disposition et **il y avait quinze mois déjà qu'il était en prison.**

Comment, dès lors, attribuer cet acte d'espionnage à Dreyfus?

Il faut rapprocher de ces constatations relatives aux dates la reconnaissance faite par le capitaine Cuignet (*Enquête, p.* 255) :

« Il devait y avoir d'autres agents que Dreyfus fournissant des renseignements à B... et A... pendant que Dreyfus était au ministère de la Guerre, de même que, après l'arrestation de Dreyfus, les agents B... et A... ont continué à se livrer à des menées d'espionnage et à avoir à leur disposition des indicateurs ou des individus leur apportant des renseignements. Dans la correspondance de B... avec A..., qui est classée à la deuxième partie et qui comprend la période de commencement de 1892 à la fin de 1897, il y a de nombreuses lettres prouvant l'exactitude de ce que je viens de dire. »

On ne peut donc, de ce fait, que tirer la conclusion déjà déduite par l'agent Guénée des faits à sa connaissance personnelle : « Comme seul Dreyfus était inculpé, tout retombait sur lui, c'était la *tête de Turc.* »

X. — Vainement, pour masquer l'impossibilité de cette troisième articulation contre Dreyfus, et pour essayer de transformer cette impossibilité en une simple invraisemblance, a-t-on allégué que la pièce 83, parvenue au bureau des renseignements le 28 décembre 1895, par « la voie ordinaire », pouvait remonter à une date bien antérieure.

M. le général Roget lui-même, lorsqu'il s'agit de déterminer la date du bordereau, s'exprime en ces termes (*Enquête, p.* 50 *in fine.*)

« Le bordereau est arrivé au ministère de la Guerre entre le 20 et le 25 septembre, avec cinq autres documents ; le premier de ces cinq autres est un document officiel daté du 4 août, les quatre autres sont des lettres privées datées des 21, 25, 26 août et 2 septembre. Généralement, les papiers qui arrivent par cette voie ne sont pas très anciens; il y a en même de tout à fait récents, et on n'y trouve généralement que des papiers dont la date est comprise entre deux rapports consécutifs. Comme il y avait eu déjà un apport de papier au commencement d'août, il est invraisemblable que le bordereau est postérieur à ce premier apport et qu'il a été établi à une date voisine de celle des lettres qui l'accompagnaient. Cette démonstration n'est pas rigoureuse, parce qu'il pourrait se faire exceptionnellement, comme j'ai déjà eu l'occasion de le dire à la Cour, qu'on trouvât un papier plus ancien parmi les documents apportés. Mais ce n'est qu'à titre tout à fait exceptionnel que ce cas pourrait se produire. Je n'en connais guère qu'un exemple. Il y a donc probabilité très grande, sans qu'il y ait de certitude. »

Il y aurait donc ainsi seulement probabilité très grande que Dreyfus ne puisse être l'auteur de l'acte d'espionnage du 28 décembre 1895, sans qu'il y ait certitude.

Cette probabilité très grande d'innocence semblerait devoir déjà exclure une accusation. Mais il y a certitude. D'une part, en effet, M. Cavaignac (*Enquête, p.* 13 *in fine*) et le général Zurlinden (*Enquête, p.* 29) on fait les mêmes déclarations que le général Roget sur la date des documents arrivés par la voie ordinaire, sans réserver cette exception unique et extraordinaire d'un document arrivant par cette voie deux ans et demi (ou tout au moins quinze mois après sa date).

D'autre part, le général Deloye signale dans sa note (*Enquête, p.* 775) une demande de renseignements de l'agent A..., arrivée le 27 septembre 1894, d'où il résulte qu'à cette date (où l'arrestation de Dreyfus était imminente), l'agent A... ne connaissait pas encore comment était effectuée l'attribution de l'artillerie lourde (canon de 120).

XI. — Il n'est pas inutile d'ouvrir ici une parenthèse et de remarquer, en passant, que cette demande de renseignements du 27 septembre 1894 paraît être une réponse au bordereau transmise à Esterhazy.

Esterhazy avait envoyé, fin août, les « renseignements intéressants » recueillis par lui au camp de Châlons sur :

1° Le frein hydraulique du 120 et la manière dont s'était conduite cette pièce;

2° L'application du projet de règlement pour les manœuvres des batteries attelées (nouvelles formations de l'artillerie);

3° Il avait offert le projet de manuel de *tir de l'artillerie de campagne*.

La demande de renseigements du 27 septembre 1894 réclame à l'informateur le manuel de *tir* **de** *l'artillerie de campagne* — et on peut remarquer que cette réponse au bordereau reproduit, pour le titre du manuel *de tir* **d'***artillerie*, l'erreur caractéristique commise par l'auteur du bordereau dans la transcription de ce titre, et signalée par le capitaine Moch. (*Voyez plus haut*, troisième partie, § XXV).

La demande de renseignements du 27 septembre 1894 réclame

à l'informateur *le projet de règlement* pour les manœuvres des batteries attelées, règlement *sur l'application duquel* l'auteur du bordereau a fourni les renseignements recueillis au camp de Châlons.

La demande de renseignements du 27 septembre 1894 réclame d'autre part, à l'informateur, *une réglette de correspondance*. Or, le lieutenant d'artillerie Bernheim a déposé, le 26 novembre 1897 (*Dossier du Conseil de guerre Esterhazy*), qu'il avait prêté, en 1894, à Esterhazy, une *réglette de correspondance*, et un règlement (d'ailleurs non confidentiel suivant lui) sur le service des bouches à feu de siège et de place. Cet officier déclare en outre que, malgré ses réclamations réitérées à Esterhazy, il n'a jamais pu rentrer en possession de ces deux objets. Esterhazy semble donc avoir donné satisfaction à la demande d'une réglette de correspondance formulée par la note du 27 septembre.

Enfin, l'auteur du bordereau avait donné des renseignements sur la manière dont le frein hydraulique et la pièce de 120 s'étaient *conduits* au camp de Châlons. La note du 27 septembre 1894 réclame à cet égard des renseignements complémentaires :

« Quelle est la composition des batteries du régiment de corps à Châlons ? Combien de batteries de 120 ? Quels obus tire-t-elle ? Quels sont les effectifs des batteries ? »

Ce qui prouve, d'une part, que les renseignements semblent bien provenir du camp de Châlons, et, d'autre part, que l'agent ne connaît pas encore les attributions qui ont été faites des batteries d'artillerie lourde.

XII. — La troisième articulation dirigée contre Dreyfus ne se heurte donc pas seulement à une très grande improbabilité, suivant l'expression du général Roget ; elle est nécessairement mal fondée.

Non seulement elle ne fournit aucun grief contre Dreyfus, mais elle établit d'une façon péremptoire ce que le capitaine Cuignet avait d'ailleurs reconnu en s'appuyant sur d'autres documents : l'attaché militaire A... avait certainement un ou plusieurs espions autres que Dreyfus, et ces espions ont continué à lui fournir des renseignements après l'arrestation et la condamnation de Dreyfus. Ils ont continué d'ailleurs cet ignoble trafic avec d'autant plus de sécurité que le bureau des renseignements, livré aux agissements d'Henry, les protégeait au lieu de les surveiller.

XIII. — *Cours de l'Ecole de guerre*. — Cette quatrième et dernière articulation contre Dreyfus avait été formulée devant la Cour par M. le capitaine Cuignet qui, le 5 janvier 1899, a déposé en ces termes (*Enquête, p. 246*) :

« Le service des renseignements reçoit trente-deux feuilles contenant la copie partielle d'un cours de l'École de guerre sur l'organisation défensive des États (*pièce* 27) en juillet 1894. Cette copie émane de l'entourage de l'agent A...; elle est de la main d'une personne qui travaille habituellement près de lui. Rapprochée du cours professé à l'École de guerre, de 1890 à 1892, et de 1893 à 1894, on constate que la copie est la reproduction littérale des moyens de défense existant autour de Lyon, ou à établir aux environs de cette place au moment de la mobilisation. Cette partie du cours est la troisième du cours de fortification permanente, professé à l'École de guerre. Or, en même temps que la copie, nous recevons une lettre écrite par l'agent A..., et dans laquelle il annonce (*pièce* 29) l'envoi des deux premières parties de ce cours; il insiste sur le caractère confidentiel du document; il fait remarquer que les officiers étrangers admis à l'École de guerre comme élèves ne sont pas autorisés à suivre le cours ; il insiste, enfin, pour qu'on veuille bien faire autographier ou imprimer la copie qu'il adresse et pour qu'on lui adresse deux exemplaires du tirage en même temps qu'on lui renverra la copie. Nous n'avons pas retrouvé cette copie des deux premières parties du cours, mais il paraît vraisemblable d'admettre que la copie de la troisième partie, dont nous possédons un fragment, a été faite pour compléter les envois faits précédemment, et que cette partie, après avoir été imprimée ou autographiée a fait retour à l'agent A..., dans les conditions indiquées par lui dans sa lettre précédente. Je crois devoir indiquer, à ce sujet, que dans la collection des cours de l'École de guerre de Dreyfus, collection qui a été saisie chez lui après son arrestation, et dont il a été dressé un inventaire annexé au dossier, la troisième partie du cours de fortification n'est pas reliée, alors que les autres cours le sont tous. Non seulement cette partie n'est pas reliée, mais elle a été retrouvée, dans ses cours, incomplète et répartie entre plusieurs paquets.

« Le cours dont il est question a été rédigé par le professeur et tiré par ses soins à un certain nombre d'exemplaires correspondant au nombre des élèves français, plus quelques parties prenantes, telles que le général commandant l'École, environ quatre-vingt-dix exemplaires par an. »

XIV. — Ici encore l'articulation s'évanouit dès qu'on précise les faits et les dates : il n'en reste que la preuve d'une communication faite à l'attaché militaire A... par une personne autre que Dreyfus.

En effet, *Dreyfus a suivi les cours de l'École de guerre de* 1891 *et*

1892, *et ce sont les cours professés en* 1891-1892 *dont la collection a été saisie chez lui après son arrestation, et dont il a été dressé un inventaire annexé au dossier.*

Or, le 6 janvier 1899, le capitaine Cuignet rectifiait en ces termes sa déposition de la veille (*Enquête, p.* 249) :

« Je désirerais compléter et préciser quelques explications données hier.

« En ce qui concerne les cours de l'École de guerre, j'ai dit que ces cours étaient tirés à environ quatre-vingt-dix exemplaires ; renseignements pris ce matin, j'ai appris que le tirage des cours était d'environ cent cinquante exemplaires. En ce qui concerne les cours de l'École de guerre, dont nous possédons une copie partielle, j'ai parlé d'une lettre d'envoi adressée par l'agent A...; j'ai oublié de dire que, dans cette lettre, *on précise que le cours envoyé est celui professé en* 1893-1894. »

Ces renseignements sont, d'ailleurs, confirmés par les pièces 27, 28, 29, 30, 31 du dossier militaire. La Cour sait que les cours dont il s'agit, professés tous les deux ans sur le même sujet, et d'après un plan à peu près analogue, offrent cependant, d'une année à l'autre, des variantes de détail. Elle sait que, vérification faite, la copie livrée à l'agent A... est bien la reproduction littérale du cours professé en 1893-1894, ainsi d'ailleurs que le déclare la lettre d'envoi.

Il est donc matériellement établi que les cours livrés n'ont pas été copiés sur les cours de Dreyfus, puisque ceux-ci sont, non pas les cours professés en 1893-1894, mais ceux professés en 1891-1892.

Là encore, on avait, par suite d'un examen trop superficiel, formulé contre Dreyfus une articulation qui, comme les autres, doit être relevée contre les informateurs de l'attaché militaire A..., trafiquant de documents confidentiels en 1894, et continuant d'ailleurs, avec la plus entière sécurité, leur trafic après l'arrestation de Dreyfus.

Il faut remarquer, au surplus, en ce qui concerne les cours de l'École de guerre, que des exemplaires de ces cours existent dans les bibliothèques des cercles militaires et que tous les officiers peuvent les emprunter à ces bibliothèques pour les consulter chez eux (*Déposition Hartmann. Enquête, p.* 378).

XV. — En résumé, les quatre articulations dirigées contre le capitaine Dreyfus se retournent contre ses accusateurs. De leur examen, en effet, il résulte qu'à part la première, paraissant ne reposer sur aucun fait d'espionnage réel, les trois dernières révèlent des communications illicites faites par des espions au service de l'agent A..., et n'émanant certainement pas de Dreyfus.

Cet examen fait donc ressortir encore une forte présomption que le bordereau, où on reconnaît le papier, l'écriture et les locutions familières d'un de ces espions (agissant, d'après son dire, comme contre-espion), n'est pas imputable à Dreyfus, mais à celui des informateurs dont il révèle si nettement la personnalité.

2. — Prétendues présomptions de culpabilité tirées des pièces du dossier militaire.

XVI. — L'exposante arrive ici à une partie de la discussion tout à fait hypothétique et purement conjecturale. Il s'agit en effet, maintenant, de documents incomplets, que l'on reconstitue par des raisonnements où nécessairement l'imagination joue le plus grand rôle ; et c'est sur ces hypothèses relatives à la reconstitution du texte, qu'on construit d'autres hypothèses destinées à une argumentation contre Dreyfus.

Encore n'arrive-t-on pas même, avec cet échafaudage d'hypothèses, à bâtir une démonstration de la culpabilité de Dreyfus : suivant l'expression de M. le capitaine Cuignet, la culpabilité de Dreyfus ne ressortirait de l'examen de ce dossier que par une suite de déductions et de présomptions concordantes (*Enquête*, *p.* 244).

Il importe, néanmoins, pour que la discussion soit complète, d'examiner ces déductions et d'en peser la valeur.

XVII. — La première argumentation de ce genre a été présentée à la Cour par le général Roget, qui prétend établir par là, non pas la culpabilité de Dreyfus, il est vrai, mais l'authenticité du bordereau.

Voici en quels termes le général Roget reconstitue la pièce 14 du dossier militaire et en quels termes il argumente (*Enquête*, *p.* 42) :

« Dreyfus Bois... (un morceau de papier manque, sur lequel se trouvait la fin du morceau qui commence par Bois). Je ne peux pas ici... (un nouveau morceau de papier qui manque et sur lequel auraient pu se trouver deux mots courts) la pièce est arrivée entre les mains de l'attaché militaire ou du grand État-major à B... Ce que je puis affirmer verbalement, c'est qu'elle est réellement arrivée entre les mains d'un des attachés militaires et qu'elle a fait ensuite retour au bureau des renseignements. »

« Le canevas continue ensuite et dit des choses qui deviennent étrangères à l'affaire, mais qu'il est important de relater parce qu'elles augmentent l'authenticité de la pièce.

« Berger, Constantinople, Bogolubof, Discours. Je porte un toast chaleureux à la réunion des drapeaux franco-russes sur le prochain champ de bataille. Régiment N° 48. (Toute cette phrase est en français.) Giovaninelli, Saussier, de Négrier, Hervé, 19e corps, recrutement des zouaves, 6e corps bis écarté cette année. Je ne comprends pas pourquoi on est si circonspect à B... Officiers russes. »

« Cette pièce, dit le général Roget, constitue évidemment le brouillon d'un rapport fait au gouvernement étranger. Les mots *Dreyfus, Bois...*, qui la commencent, indiquent nécessairement qu'il s'agit de l'affaire Dreyfus, puisque le mot est en toutes lettres.

« Le mot *pièce* s'applique non moins évidemment au bordereau, qui est la seule pièce dont il est question au procès Dreyfus, et la seule sur laquelle l'agent étranger dont il s'agit eût à fournir des explications à son gouvernement.

« La dernière phrase du texte qui se tient indique, d'une façon tout à fait formelle, que la pièce est arrivée réellement entre les mains d'un des attachés, et qu'elle a fait ensuite retour au bureau des renseignements.

« Il y a une distinction dans le texte entre *Je ne peux pas ici* et *je peux assurer verbalement*. Cette pièce est écrite dans une langue que ne connaît pas le commandant Henry. Elle est de l'écriture de la personne que nous avons désignée sous le nom de A... jusqu'à présent, écriture bien connue.

« La pièce a été apportée au ministère par la voie que l'on sait au mois d'octobre 1895 ; rien ne prouve qu'elle n'ait pas été écrite à une date antérieure ; peut-être pourrait-on avoir quelque précision en cherchant la date du toast dont il est question.

« Il peut d'ailleurs n'avoir été question qu'assez tard du bordereau, attendu que le procès Dreyfus a eu lieu à huis clos, et qu'il peut se faire que les agents dont s'agit n'aient eu connaissance qu'assez tard de la base de l'accusation. »

XVIII. — *Même si les reconstitutions, traductions, interprétations et déductions du général Roget sont exactes, la pièce, il faut le remarquer, n'implique en aucune façon la culpabilité de Dreyfus.*

D'après la version du général Roget, l'agent A... a tracé ici le canevas d'un rapport à son gouvernement sur l'affaire Dreyfus. Il explique que, dans cette affaire, il y a bien eu une pièce envoyée à un attaché militaire qui a été saisie et qui a fait retour au bureau des renseignements. C'est d'ailleurs la version de l'affaire que donnait toute la presse. *Mais nulle part il n'affirme que cette pièce, base de l'affaire Dreyfus, émane réellement de Dreyfus. Nulle part il n'affirme connaître cette pièce. Nulle part même il n'affirme que l'attaché militaire destinataire de cette pièce fût précisément lui-même.*

Le général Roget a dû le reconnaître personnellement; car immédiatement une objection insurmontable lui fut faite : « Ce que *je puis* assurer verbalement, dit le texte, c'est que la pièce est réellement arrivée entre *les mains de l'un des attachés militaires.* »

Si c'est l'agent A... qui parle, et si c'est lui qui a reçu le bordereau, forcément il doit dire : *Je puis* assurer que la pièce est arrivée *entre mes mains.*

« Comment expliquer, est-il demandé au général Roget, que l'auteur de cette note parle de lui-même à la troisième personne?

« R. — Je ne suis pas du tout certain qu'il parle ici de lui-même; il n'est pas sûr, en effet, que le bordereau ait été remis à Paris; il peut très bien se faire qu'il ait été remis dans un autre centre d'espionnage (Bruxelles, par exemple)...

« D. — Dans le cas où le bordereau aurait été envoyé dans un autre centre d'espionnage, ne faudrait-il pas nécessairement admettre qu'il a été renvoyé à Paris, où il a été saisi?

« R. — Naturellement. »

L'exposante ne discutera pas cette bizarre hypothèse d'une pièce d'espionnage envoyée de France à Bruxelles, puis renvoyée de Bruxelles, non pas directement au gouvernement étranger, mais en France même, sans doute pour multiplier les chances de découverte de l'espionnage, et permettre au bureau des renseignements d'arriver à saisir le document. Il lui suffit de constater que, même avec la version donnée par le général Roget, la pièce en question ne présente ni Dreyfus comme auteur réel du bordereau, ni l'agent A... comme destinataire de ce bordereau, et comme connaissant effectivement la nature de la pièce saisie dans l'affaire Dreyfus.

XIX. — Mais cette version du général Roget soulève elle-même de graves critiques.

Comment expliquer que le nom du général de Boisdeffre se trouve sur le document, qu'il s'y trouve précisément après le nom de Dreyfus et avant la phrase relative au document saisi dans l'affaire Dreyfus?

Comment expliquer que l'auteur de la phrase se mette lui-même en scène à la première personne et qu'il parle de l'attaché militaire à la troisième personne?

Comment expliquer que la phrase analysée soit une phrase complète en tout son développement, de même que la phrase rapportant le toast Bogoluboff, alors que les parties de ce canevas exprimant les idées que l'agent A... se propose d'examiner et de développer dans son rapport, sont au contraire écrites en style abrégé et en quelque sorte télégraphique?

Comment l'agent A... peut-il *écrire* qu'il « assure *verbalement* que... »?

Comment expliquer que l'agent A... sache lui-même que la pièce incriminée (pouvant être saisie par tant de moyens divers) ait fait retour au bureau des renseignements? Comment expliquer qu'au contraire il ne sache pas comment la pièce est arrivée entre les mains de l'attaché militaire?

Une seule explication paraît raisonnable et plausible. De même que l'agent A... a noté sur son canevas les mots *Bogoluboff discours*, en les faisant suivre de la phrase complète formant la partie importante d'un toast porté, le 17 septembre 1895, par le général russe Bogoluboff, au dîner de Mirecourt, clôturant les manœuvres françaises, de même il note sur ce canevas *Dreyfus*, *Bois...*, en faisant suivre ces mots d'une phrase complète, constituant un propos tenu par le général de Boisdeffre sur la mystérieuse affaire Dreyfus.

Peut-être même, sur la partie déchirée, se trouvait-il après le mot Boisdeffre le mot *sagt* (dit).

C'est dans tous les cas la seule manière logique de concevoir ce mémento de l'agent A...

La phrase rapportée dans ce mémento, inintelligible pour les raisons ci-dessus exposées, si on l'attribue à l'agent A..., s'explique tout naturellement si on la place dans la bouche du général de Boisdeffre : « Je ne peux pas ici expliquer comment la pièce est arrivée entre les mains de l'attaché militaire ou du grand État-major à B... Ce que je puis affirmer verbalement, c'est qu'elle est réellement arrivée entre les mains d'un des attachés militaires et qu'elle a fait ensuite retour au bureau des renseignements. »

L'exposante n'a pas d'ailleurs à insister davantage sur un document qui ne fournit, quelle que soit la version adoptée, aucune affirmation de la culpabilité de son mari, Dreyfus n'étant nulle part, dans ce document, représenté comme étant réellement et effectivement l'auteur d'une pièce parvenue à l'un des attachés militaires, et ayant fait retour au bureau des renseignements.

XX. — Deux autres pièces ont été commentées devant la Cour par M. le général Roget, M. Cavaignac et M. le capitaine Cuignet (*pièces 22 et 23 du dossier militaire*).

M. le général Roget s'exprime en ces termes (*Enquête, p.* 23) :

« A la fin de l'année 1893, le 27 décembre, un télégramme, envoyé de la capitale d'un pays voisin, et adressé à un agent étranger à Paris, dit textuellement : *Chose... aucun signe d'état-major* (télégramme rédigé en langue étrangère et en clair).

« En janvier 1894, on saisit une pièce, écrite dans la même langue, qui semble être le brouillon d'un rapport adressé à un gouvernement étranger.

. . . .

« Le texte exact est celui-ci :

« *Doute. Preuve. Lettre de service. Situation dangereuse pour moi avec un officier français. Ne pas conduire personnellement de négociations. Apporter ce qu'il a. Absolu... Bureau des renseignements* (ces mots écrits en français). *Aucune relation corps de troupes. Importance seulement sortant du ministère. Déjà quelque part ailleurs.*

« Il semble ressortir de ce texte que l'agent étranger dont il s'agit répond au télégramme du 27 décembre 1893, dans lequel on paraissait manifester des doutes sur l'origine des choses envoyées.

« Il semble aussi en ressortir qu'il est en relation avec un officier français, qu'il trouve la situation dangereuse (se rappelant les incidents qui se sont passés précédemment), qu'il ne veut pas conduire personnellement de négociations, mais se faire apporter ce qu'il a.

« M. Picquart a introduit dans ce texte une expression qui n'y est pas : *officier de troupes* et une idée qui n'y est pas davantage, celle de : *il n'y a aucun intérêt à avoir...* Il en conclut, par suite, que le correspondant avait reçu des propositions d'un officier de troupes, qu'il se demande s'il y a intérêt à entrer en relation avec lui, et qu'il estime, en tous cas, qu'il n'y a pas d'intérêt à avoir des relations avec un officier de troupes.

« Or le texte exact est : *aucune relation corps de troupes*, ce qui ne peut s'entendre que des relations de celui qui écrit ou de celui dont il parle, et établit, soit pour l'un, soit pour l'autre, qu'il n'a pas de relations avec les corps de troupes. »

De son côté, M. Cavaignac, tout en déclarant ne vouloir tirer de cette pièce aucunes conclusions absolues, tout en déclarant très difficile (à son point de vue) l'explication des dernières lignes, propose l'interprétation suivante (*Enquête, p.* 23) :

« On me dit que les documents ne portent pas la marque de l'État-major général; il y a des doutes, il faudrait donc des preuves. Je vais demander la lettre de service; mais comme il y a danger pour moi à conduire personnellement les négociations, je prendrai un intermédiaire et je dirai à l'officier d'apporter ce qu'il a.

« Il faut une discrétion absolue, parce que le bureau des renseignements nous surveille; il n'y a lieu d'avoir aucunes relations avec un officier de corps de troupes; les documents ne présentent de l'importance que lorsqu'ils viennent du ministère, et c'est pour cela que je continue les relations. »

Enfin, M. le capitaine Cuignet rappelle le texte des deux pièces et ajoute (*Enquête, p.* 246) :

« Il a paru généralement, et il me paraît à moi encore aujourd'hui, que ces deux pièces 22 et 23 se complètent l'une et l'autre et peuvent se commenter ainsi qu'il suit : On dit à l'agent A... que les documents produits par lui ne portent aucun signe prouvant qu'ils sortent de l'État-major général, et l'agent A... répond que, lui aussi, a éprouvé ou éprouve des doutes. Il semble bien cependant qu'il s'agît d'un officier, et l'agent A... ajoute que l'officier ou lui-même n'a aucune relation avec le corps de troupes, qu'il n'attache d'importance qu'aux pièces sortant du ministère : il faut donc que l'officier, dans l'esprit de l'agent A..., appartienne au ministère. »

XXI. — La Cour remarquera immédiatement que, même avec cette version présentée successivement par MM. Cavaignac, Roget et Cuignet, la pièce ici visée exclut nécessairement Dreyfus comme correspondant de l'attaché militaire A...

C'est ce qu'avait déjà remarqué le colonel Picquart dans son rapport au Garde des Sceaux. Mais, comme on avait pris soin de le jeter en prison de longs mois avant sa déposition; comme on l'avait ainsi contraint à tout citer de mémoire, alors que ses contradicteurs combinaient leurs interprétations en faisant eux-mêmes le triage des pièces, le colonel Picquart n'a pu rappeler les termes exacts de la pièce. L'idée générale de son interprétation demeure néanmoins intacte : la pièce exclut Dreyfus.

En effet, tout le monde est d'accord pour reconnaître que l'agent A... et ses collaborateurs éprouvent les doutes les plus sérieux sur l'origine des documents livrés par l'officier espion. Comment le moindre doute aurait-il pu exister si cet officier avait été un capitaine de l'État-major général de l'armée; et comment ce capitaine d'État-major, vendant des documents, n'eût-il pas fait valoir, aux yeux de l'agent A..., sa qualité de capitaine d'État-major imprimant nécessairement une énorme plus-value à ses services?

Comment, d'autre part, admettre que Dreyfus, officier tout à fait remarquable et connaissant, d'après tous ses accusateurs, tous les secrets de fabrication du matériel par suite de son séjour à Bourges, tous les secrets de notre organisation militaire par son séjour à l'État-major, ait pu livrer des documents aussi insignifiants, au début de ses relations avec l'agent A..., alors que manifestement il avait tout intérêt à livrer alors des documents de tout premier ordre, afin précisément de faire coter très haut les services qu'il offrait?

Que l'on adopte la version Picquart ou la version Roget, Cavaignac et Cuignet, on est invinciblement conduit à une conclusion identique : l'existence même des doutes sur la valeur de l'espion et des documents par lui fournis montre très clairement que cet espion ne pouvait être Dreyfus.

XXII. — Il semble, dans ces conditions, oiseux de rechercher celle de toutes ces versions hypothétiques qui paraît devoir être préférée.

Cependant, on doit remarquer que la version du général Roget se conçoit seulement au cas où la pièce serait le canevas, non pas d'une lettre en réponse aux propositions de l'espion, mais d'un rapport à l'État-major de A..., en réponse au télégramme de décembre 1893 (*pièce n° 22*).

Or, déjà à cet égard, les doutes les plus sérieux surgissent. Comment l'État major de A... était-il à ce point anxieux de savoir si les documents livrés par un espion provenaient, ou non, du ministère de la Guerre français, qu'il se soit oublié jusqu'à formuler sa question à A... dans un *télégramme expédié en clair?* Encore faut-il remarquer que le télégramme ne pose pas de question, ne demande même pas d'explications, mais se borne à constater un fait, que le destinataire de ce télégramme a dû constater nécessairement avant l'expéditeur lui-même, puisqu'il s'agirait de constatations faites sur des pièces antérieurement expédiées par A... à son état-major.

N'est-il pas plus vraisemblable que ce télégramme expédié en clair concerne des affaires de service entre A... et son état-major et veuille dire que les « choses » dont il est question entre les deux correspondants ne doivent pas être considérées comme provenant de la source authentique de l'état-major de A..., dont elles ne portent aucune estampille officielle?

La Cour sait d'ailleurs que ce télégramme (*pièce* 22) porte un cachet de l'administration française des télégraphes, cachet dont la présence est restée inexplicable pour cette administration, et qui a été attribué à une erreur.

Si l'on ne considère pas le mémento (*pièce* 23) comme une réponse à la pièce 22, mais comme une réponse aux propositions de l'espion, ce mémento s'explique facilement.

« Il y a des doutes. Qu'il m'apporte des preuves, notamment son brevet d'officier. La situation serait dangereuse pour moi si je nouais des relations d'espionnage avec un officier français. Je ne dois pas conduire personnellement les négociations. Il doit apporter ce qu'il a, absolument tout ce qui provient du bureau des renseignements. Je n'ai aucune relation à établir avec les corps de troupes. Les renseignements ont de l'importance seulement s'ils sortent du ministère de la Guerre. Quant aux autres, je les ai déjà quelque part ailleurs. »

XXIII. — Veut-on, au contraire, faire du mémento un projet de rapport préparé quelque peu tardivement en réponse au télégramme coté pièce 22, ce mémento s'explique de même, et toujours il présente de nouveaux indices de la culpabilité d'Esterhazy et d'Henry.

Voici, en effet, la version qui se présente alors tout naturellement à l'esprit :

« *Doute, preuve, patent* (brevet d'officier et non lettre de service). » — Ce qui paraît signifier : J'ai eu aussi des doutes, j'ai demandé des preuves, il m'a montré sa *patent* (brevet d'officier.)

« *Situation dangereuse pour moi avec un officier français. Ne pas conduire personnellement de négociations.* » — Ce qui paraît continuer l'idée de l'auteur de la manière suivante : En présence de ce brevet me révélant sa qualité d'officier, j'ai trouvé que la situation était dangereuse pour moi et je me suis décidé à ne pas conduire personnellement les négociations.

« *Apporter ce qu'il a absolu (absolut), bureau des renseignements. Aucune relation corps de troupes.* » Traduction : Il me fait apporter ce qu'il a, absolument comme provenant du bureau des renseignements et n'ayant aucune relation (*beziehung*) avec les corps de troupes.

« *Importance seulement sortant du ministère. Déjà quelque part ailleurs.* » — Ces renseignements ont d'ailleurs de l'importance seulement parce qu'ils sortent du ministère : je me les suis en effet procurés déjà quelque part ailleurs à une source moins authentique.

Cette version est assurément logique et, à la différence de celle proposée par le général Roget, elle tient compte de tous les mots.

M. le général Roget et M. le capitaine Cuignet ont, en effet, complètement négligé les mots si caractéristiques *absolu, bureau des renseignements.*

M. Cavaignac essaye de les interpréter par cette traduction : « Il faut une discrétion absolue parce que le bureau des renseignements nous surveille. »

Mais pourquoi l'agent A... aurait-il, dans son mémento, noté cette idée, véritable truisme, qu'il n'avait nul besoin d'exprimer? Comment d'ailleurs, pour traduire cette idée, n'eût-il pas noté les mots essentiels de *discrétion* et *surveillance,* alors qu'il aurait noté le qualificatif tout à fait superflu, s'appliquant à l'un d'eux, *absolu* — mot d'ailleurs exprimé seul et apparaissant bien comme employé adverbialement?

Les mots « *absolu, bureau des renseignements* » ne se trouvent pas au surplus, comme le voudrait l'interprétation de M. Cavaignac, après les mots « *Ne pas conduire personnellement de négociations* », mais après les mots « *apporter ce qu'il a* ».

L'interprétation de M. Cavaignac ne saurait donc être admise, et l'on se retrouve fatalement en présence des mots si terriblement accusateurs pour Esterhazy et pour Henry.

Le mémento dont il s'agit ici fait bien voir que la pensée de l'agent A... était pleinement d'accord avec les révélations de l'agent R. C..., soit qu'Esterhazy eût gratuitement compromis son ami Henry pour augmenter le prix de ses services personnels, soit qu'il y eût complicité réelle et consciente d'Henry.

L'interprétation qui se dégage de ce mémento se rapproche d'ailleurs également des déclarations d'Esterhazy dans sa lettre à M. le premier Président, déclarations où il affirme avoir été *un intermédiaire (comme contre-espion) entre le bureau des renseignements et l'agent A...*

L'exposante n'a pas, au surplus, à insister sur la discussion des différentes versions de ce mémento, puisque, si ces versions ne sont pas toutes d'accord pour accuser Esterhazy et Henry, elles sont du moins toutes d'accord pour exclure implicitement l'idée que l'officier offrant ses services à l'agent A... pût être Dreyfus.

XXIV. — L'exposante passera rapidement sur la pièce n° 26, visée par le capitaine Cuignet. (*Enquête, p.* 246.) On n'aperçoit pas bien pourquoi la pièce 26, relative aux espionnages plus ou moins avérés de l'*agent B...*, a été rapprochée des pièces précédentes concernant les relations illicites de l'*agent A...* avec un officier français.

Quoi qu'il en soit, par la pièce n° 26 (avril 1894), B... annonce à A... qu'il aura bientôt l'organisation militaire des chemins de fer, et le capitaine Cuignet fait remarquer que Dreyfus avait quitté seulement quatre mois auparavant (décembre 1893) le bureau dont dépendaient les chemins de fer.

On observera seulement : 1° qu'il n'est pas certain qu'un acte d'espionnage ait été commis, puisqu'on ignore si les renseignements espérés par B... lui ont été effectivement livrés plus tard, et si les renseignements dont parle B... avaient un caractère confidentiel ; 2° qu'y eût-il eu acte d'espionnage à cet égard, il n'y aurait pas concordance entre l'accomplissement de l'acte et le séjour de Dreyfus au bureau compétent.

XXV. — M. le capitaine Cuignet examine ensuite la question des cours de l'École de guerre déjà élucidée. Puis, passant à un autre ordre d'idées, il rappelle (*Enquête, p.* 247) les relations au moyen desquelles les attachés militaires se procuraient, au deuxième bureau, des renseignements sur des questions d'ailleurs non confidentielles. Il cite, notamment, l'exemple du départ en Suisse d'un agent d'une puissance étrangère, qui aurait été ainsi connu des attachés militaires par l'intermédiaire du deuxième bureau. M. le capitaine Cuignet corrobore ici les souvenirs du colonel Picquart (*Enquête, p.* 94, *in principio*). Mais il prétend tirer d'une demande de renseignements non confidentiels, sur une question d'appel de réservistes, des déductions assez subtiles qu'il importe de rapporter dans leur teneur même, pour ne pas les dénaturer involontairement.

Il s'agit ici de la pièce n° 40, lettre écrite en janvier 1894 par B... à A..., et se référant « à une question absolument banale ». On ne s'aperçut qu'en juillet 1894 de l'importance de cette pièce, dit M. le capitaine Cuignet, et voici qu'elle était cette importance (*Enquête, p.* 248) :

« L'agent B..., faisant allusion dans cette lettre à une question de recrutement ou d'appel, dont les deux agents s'occupaient simultanément, B... dit à A... : « J'ai écrit encore au colonel Davi-
« gnon et c'est pour ça que je vous prie, si vous avez l'occasion
« de vous occuper de cette question avec votre ami, de le faire
« particulièrement en façon que Davignon ne vient pas à le savoir.

« Du reste, il répondrait pas; *car il faut jamais faire voir qu'un...*
« *(agent) s'occupe de l'autre.* »

Le capitaine Cuignet explique que le colonel Davignon, sous-chef du deuxième bureau, remplaçait alors le colonel de Sancy, chef de bureau, et il poursuit en ces termes :

« Il est évident que l'agent B... met en garde l'agent A... contre une indiscrétion possible, dans le cas où A... aurait fait demander par son ami le même renseignement que B... a demandé officiellement au sous-chef du deuxième bureau. Il me paraît résulter de cette préoccupation de l'agent B... :

« 1° Que l'ami dont il est question est au deuxième bureau sous les ordres du colonel Davignon; autrement on ne comprendrait pas comment le colonel Davignon pourrait apprendre les démarches que ferait l'ami. On saisit très bien, au contraire, la préoccupation de B... si l'ami est au deuxième bureau; il est évident, en effet, que, si Davignon apprenait qu'un autre officier s'occupe de trouver un renseignement sur une question aussi spéciale, aussi en dehors des attributions propres du deuxième bureau, que la question dont s'occupe B..., et dont il a parlé officiellement à Davignon, ce dernier en conclurait immédiatement que des relations existent entre B... ou quelque autre agent du même ordre et cet officier;

« 2° Constatation qui, à mes yeux, est peut-être plus grave : B... et A..., d'après le ton de la lettre, ont évidemment intérêt à dissimuler ces relations; cependant, au vu et au su de tout le monde, ils ont des relations personnelles, quelquefois très étroites, avec un certain nombre d'officiers de l'État-major de l'armée. Pourquoi faut-il cacher les relations avec cet ami? C'est que, dans le cas où ces relations seraient connues, il ne serait pas possible de faire croire qu'il s'agit de relations purement mondaines. M. Picquart a dit, dans son mémoire, que l'ami en question pouvait être le commandant d'Astorg, chef de section au deuxième bureau, ou encore le colonel de Sancy, ou encore du Paty de Clam, officiers. Le colonel Davignon n'eût pas trouvé étonnant que A... ou B... ait demandé à l'un d'eux de fournir le renseignement, absolument banal d'ailleurs, dont ils avaient besoin. Je suppose, au contraire, que cet ami, au lieu d'être l'un des officiers que je viens de nommer, ait été Dreyfus : il est bien certain que Davignon eût été stupéfait de voir Dreyfus s'occuper à trouver un renseignement pour A... ou pour B..., car il savait bien que Dreyfus n'avait pas et ne pouvait avoir de relations mondaines ni avec A... ni avec B..., en raison de sa qualité d'israélite. »

Toutes ces explications subtiles, qui, d'ailleurs, n'aboutissent pas à une conclusion précise, n'ont qu'un tort : c'est de ne tenir aucun compte de l'explication donnée par l'attaché B... lui-même de sa recommandation à l'attaché A...

J'ai écrit encore au colonel Davignon pour avoir le renseignement, dit B... à A... Si vous demandez ce même renseignement à votre ami, arrangez-vous pour que Davignon ignore vos questions à ce sujet. Pourquoi cette précaution, se demande le capitaine Cuignet, qui s'efforce d'en trouver la raison dans des hypothèses compliquées, de nature à atteindre Dreyfus?

Mais la raison en est donnée par B... lui-même : « Car, dit-il, il ne faut jamais faire voir qu'un... (agent) s'occupe de l'autre. »

Si A... et B.., chacun de leur côté, viennent insister pour avoir le même renseignement sur une question aussi spéciale, et si Davignon connaît leurs demandes simultanées, il verra bien que les attachés A... et B... travaillent ensemble, et il ne faut pas, dit B... à A..., que cette collaboration soit connue.

B... avait sans doute raison à son point de vue, puisque le bureau des renseignements a pris la peine de réunir quantité de pièces pour établir cette collaboration que B... voulait dissimuler.

Là encore, la pièce est d'une explication toute simple; là encore, d'ailleurs, le commentaire qu'on s'est efforcé d'en donner ne peut arriver à faire présumer la culpabilité de Dreyfus.

XXVI. — M. le capitaine Cuignet continue en ces termes (*Enquête, p.* 248) :

« Les pièces que je viens d'énumérer sont celles du dossier qui ont été apportées au service des renseignements avant l'arrestation de Dreyfus. Au moment où cette arrestation fut rendue publique, se place un incident d'une gravité particulière. Je crois que c'est à cet incident qu'a fait allusion le général Roget dans sa déposition. On a apporté au ministère de la Guerre un document émanant de l'agent B... et dont on a donné successivement deux versions : une seule de ces versions est au dossier (*n*° 44). »

Il s'agit ici du télégramme faux de l'attaché militaire B... qu'Henry et du Paty de Clam ont substitué à la traduction authentique du télégramme réel. Cette question a été élucidée plus haut : il n'y a plus à y revenir ici. (*Voyez quatrième partie* § *XLIV et s.*)

La pièce n° 45, citée ensuite par M. le capitaine Cuignet, vient prouver, d'autre part, que, dans l'entourage de l'agent A... on ne croyait pas à la culpabilité de Dreyfus. C'est une lettre du 18 novembre 1894 adressée à l'agent A... par un de ses amis.

« Cette lettre, dit le capitaine Cuignet (*Enquête, p.* 249), a été écrite au moment où la presse de tous les pays s'occupait activement des poursuites dirigées contre Dreyfus. Faisant allusion à une réponse faite par le colonel Collard, chef du 2e bureau, à une demande de renseignements, cet ami dit à l'agent A... : « En ce qui concerne la réponse de M. Collard, c'est un modèle; mais je ne m'en étonne pas autrement, car c'est une manifestation de ce vieux levain de haine qui existe toujours et qui n'a même fait que croître avec les années. Ou bien Dreyfus joue-t-il un rôle dans cette affaire?

« A propos de cette dernière phrase, on s'est demandé si, dans le cas où Dreyfus serait innocent, l'ami de A... ne profiterait pas de notre erreur pour nous tourner en ridicule, étant donné le ton de persiflage de sa lettre à notre égard. *On a cru y voir un aveu de culpabilité par prétérition d'innocence.* »

Telle est la preuve de culpabilité qu'on prétend tirer de cette lettre ! Il semble qu'on ait voulu justifier l'appréciation du correspondant de l'agent A... Tout, dans ces accusations contre l'officier israélite Dreyfus, n'apparaît-il pas de plus en plus comme « une manifestation de ce vieux levain de haine qui existe toujours et qui n'a même fait que croître avec les années » ?

XXVII. — On arrive ainsi à la pièce n° 46, citée par M. le capitaine Cuignet (*Enquête p.* 249).

C'est une lettre du 17 janvier 1895, adressée par un fonctionnaire étranger à l'agent A..., qui fait allusion aux démarches faites par un ambassadeur près de M. Casimir-Perier, Président de la République, au moment où son ambassade était très violemment impliquée par la presse dans l'affaire Dreyfus.

La lettre est citée en ces termes par M. le capitaine Cuignet :

« Pour ce qui concerne Dreyfus, on est tranquillisé et l'on finit tout de même par trouver que j'ai bien agi. Ce qui dernièrement a tout d'un coup pu mettre N... en colère, à propos de cette question, nul ne le sait ici, pas même L... C'est probablement un nigaud... qui aura jasé. A part cela, N... est gai et bien portant, mais il veut tout faire par lui-même et sa visite à V... a causé un grand émoi. »

Quant à la phrase « on est tranquillisé et on trouve tout de même que j'ai bien agi », son explication, dit le capitaine Cuignet, paraît avoir été donnée par un des témoins entendus précédemment. C'est là une référence à la déposition de M. Casimir-Perier (*Enquête, p.* 226).

Il n'y a en effet pas deux interprétations possibles pour cette phrase. Mais le reste de la lettre citée paraît à M. le capitaine Cuignet avoir un caractère tout particulier de gravité.

« Nous savons en effet, dit-il, par les pièces 49 et 50 versées au dossier, que le fonctionnaire auteur de la lettre 46 ci-dessus s'occupe personnellement des affaires d'espionnage. »

C'est là, il faut bien le reconnaître, une hypothèse singulièrement hasardée. Ces pièces 49 et 50 établissent que le personnage visé, ayant, par profession, à s'occuper de questions nécessairement très confidentielles, a donné l'autorisation à A... de copier à l'encre sympathique des pages intéressantes. Quel indice y a-t-il qu'il s'agît là d'affaires d'espionnage? Les affaires traitées par ce personnage dans l'exercice de ses fonctions nécessitent tout autant de circonspection, tout autant de précautions contre les indiscrets que les affaires d'espionnage. Il paraît extrêmement téméraire en ces conditions de formuler, sur des hypothèses aussi gratuites, une accusation aussi grave.

« Nous savons aussi, poursuit le capitaine Cuignet, que ces mêmes affaires d'espionnage, lorsqu'elles sont du ressort des agents tels que A..., sont souvent soumises directement à N..., ainsi qu'il résulte notamment des pièces 51 et 52 versées au dossier. »

Ici encore l'hypothèse est gratuite et singulièrement téméraire : la Cour sait, d'après les franches explications du capitaine Cuignet, que ces pièces 51 et 52 (ayant d'ailleurs passé sous ses yeux) n'ont aucunement trait à des affaires d'espionnage. Elles concernent une étude plus sociale que militaire qu'un très loyal officier avait le désir de soumettre à la haute personnalité dont il est ici question, par l'intermédiaire d'un prédécesseur de A...

Dès lors on doit considérer comme un véritable *postulatum* les propositions dont M. le capitaine Cuignet pense trouver la justification dans ces pièces, et qu'il formule ainsi :

« Il semble résulter de ces deux dernières pièces que, dans un cas qui pouvait être identique à celui de Dreyfus, un prédécesseur de A..., avant d'entreprendre les négociations directes, a cru devoir en référer à N... et prendre ses ordres. »

Or, si toutes ces déductions ne sont pas admises (et elles ne peuvent l'être en l'état des pièces produites), il faut nécessairement repousser la conclusion présentée, d'ailleurs sous forme hypothétique, que M. le capitaine Cuignet prétend tirer de telles prémisses et qui est ainsi formulée :

« Il est possible que A..., en ce qui concerne Dreyfus, n'ait pas suivi la même règle et ait agi en se couvrant seulement de la personnalité du fonctionnaire; les relations établies entre A... et Dreyfus, ignorées de N..., lui auraient été révélées par l'indiscrétion de ce nigaud dont parle le fonctionnaire. »

Mille propos inconsidérés du « nigaud » sur cette affaire Dreyfus, qui a paru et paraissait encore, à cette époque, comme une grave menace pour le maintien de bonnes relations diplomatiques, ont pu exciter la colère de N... C'est par une véritable pétition de principe qu'on s'efforce de faire considérer le propos du « nigaud » comme révélant à N... des relations d'espionnage entre A... et un officier français.

XXVII. — Mais si l'on admet toutes les hypothèses de M. le capitaine Cuignet sur la pièce dont il s'agit ici, deux remarques importantes doivent être faites comme conséquences même des faits ainsi présentés.

En premier lieu, le propos du « nigaud » révélant à N... que les relations d'espionnage ont été nouées, à son insu, entre A... et un officier français, n'établirait en aucune façon que cet officier français fût Dreyfus. La révélation des relations illicites entre A... et Esterhazy, dans l'hypothèse contruite par M. le capitaine Cuignet, explique la colère de N... aussi bien que la révélation de relations de même genre entre A... et Dreyfus. On ne peut donc, même avec toutes ces hypothèses, tirer de la pièce dont il s'agit un argument pour prouver la culpabilité de Dreyfus.

En second lieu, si les déductions du capitaine Cuignet sont tenues pour vraies, si N... et le fonctionnaire auteur de la lettre sont au courant des relations d'espionnage de A..., les déclarations officielles qui ont été faites à notre gouvernement, en ce qui concerne l'absence de relations de A... avec Dreyfus, le refus de produire des déclarations semblables en ce qui concerne l'absence de relations de A... avec Esterhazy, bien qu'Esterhazy soit allé solliciter une attestation mensongère à cet égard, n'en acquièrent que plus de force encore.

XXIX. — Les pièces qui sont ensuite visées sont tellement informes qu'elles ne prêtent même plus à l'établissement d'hypothèses rationnelles. La discussion de ces pièces ne peut être de part et d'autre qu'un pur jeu d'imagination.

La pièce 53, note-mémento de A..., en date de janvier ou février 1895, porte les mots : « Hanotaux retors se réjouit de ce qu'administration démentit. » Le capitaine Cuignet imagine que l'auteur du mémento semble aussi se réjouir du démenti et, ajoute-t-il :

« Y aurait-il lieu de se réjouir si le démenti ne devait pas couvrir des faits qui pourraient avoir pour lui des conséquences pour le moins ennuyeuses? (*Enquête, p.* 251 *in principio.*)

Mais où le capitaine Cuignet aperçoit-il la trace de la joie de l'auteur du mémento?

Si, d'ailleurs, cette satisfaction est réelle, ne se conçoit-elle pas aussi bien que celle de notre ministre des Affaires étrangères, heureux de voir mettre un terme à des incidents de nature particulièrement dangereuse?

Après le nom de Dreyfus, on voit sur ce mémento toute une nomenclature de personnes travaillant dans le même ordre d'idées que A... Le capitaine Cuignet imagine que cela veut dire :

1° Que A... avait des relations avec Dreyfus;

2° Que des documents établissant ces relations pouvaient être soustraits à A...;

3° Que A... devait penser que certains de ces documents avaient figuré dans le procès Dreyfus;

4° Qu'enfin il recherchait, parmi tous ses collaborateurs, qui pouvait avoir livré ces documents.

C'est voir bien des choses dans une simple liste de noms.

Mais, en admettant, ce qui doit être, que A... ait recherché, à la suite des informations publiées par les journaux, qui, dans son entourage, avait pu livrer les documents parvenus au bureau des renseignements, on ne voit pas en quoi la culpabilité de Dreyfus pourrait en résulter.

Qu'on ait pu trouver, dans les papiers de A..., des pièces établissant des actes d'espionnage, que, parmi ces papiers, une pièce ait été remise au bureau des renseignements, que cette pièce ait pu, *à tort ou à raison*, faire naître des soupçons contre Dreyfus, il n'en résulte toujours pas moins qu'une fuite s'est produite. Cette fuite, révélée par les journaux, a dû nécessairement provoquer des recherches de la part de A..., qui, ignorant les griefs articulés contre Dreyfus, ignorant la nature des pièces parvenues au bureau des renseignements, ignorant, par suite, les charges qu'on en voulait tirer contre l'accusé, ignorant quelles avaient pu être les relations de Dreyfus avec les attachés d'autres puissances dont il recevait lui-même des communications, ne pouvait en aucune façon, à cette époque (janvier ou février 1895), avoir une opinion quelconque sur la culpabilité du condamné. Il devait même le croire coupable, puisqu'il était condamné; et la Cour sait que la preuve de l'erreur commise par le Conseil de guerre n'est apparue d'une façon certaine aux attachés militaires, que lors de la publication par le *Matin*, du fac-similé du bordereau base de l'accusation et, par l'*Éclair*, de la fameuse pièce secrète « *Ce canaille de D.* » (*Enquête, p.* 321 *in fine.*)

Les recherches faites par A..., pour « aveugler la fuite » signalée par la presse, devaient se produire et se sont certainement produites, qu'elles soient ou non révélées par la nomenclature dont M. le capitaine Cuignet tire tant de déductions. Mais il est manifeste qu'on ne peut déduire de l'existence de ces recherches une preuve quelconque de la culpabilité de Dreyfus. Le fait même que A... vise, dans cette nomenclature, hypothétiquement appliquée à l'idée de recherches, tant de personnes différentes, indiquerait même plutôt qu'il n'avait pas de relations avec Dreyfus, parce qu'alors il aurait su quels étaient les individus spécialement impliqués dans ces relations, et ses soupçons se seraient particulièrement portés sur ceux-là.

Que dire encore des pièces 57 et 58, où l'agent B... affirme à ses supérieurs hiérarchiques n'avoir jamais eu de relations avec Dreyfus et où il déclare ignorer si Dreyfus a eu des relations avec l'agent A...?

B... et A..., dit le capitaine Cuignet, se livraient de concert à des pratiques d'espionnage; B... devait nécessairement connaître tous les informateurs de A..., donc il ne peut être sincère lorsqu'il déclare ne pas savoir si A... a eu des relations avec Dreyfus; donc Dreyfus est coupable (*Enquête, p.* 251).

Cette transformation d'une preuve d'innocence en une preuve de culpabilité est vraiment extraordinaire. B... ne peut évidemment donner d'affirmation catégorique qu'en ce qui concerne son fait personnel; la réserve qu'il observe en ce qui concerne les relations possibles de son collègue A... avec Dreyfus atteste qu'il entend certifier seulement ce dont il est sûr. S'il eût voulu déguiser la vérité, pourquoi, connaissant les prétendues relations de Dreyfus avec A..., ne les eût-il pas catégoriquement déniées au lieu d'exprimer au contraire une réserve à cet égard ?

XXX. — Que penser enfin de la pièce n° 66, lettre d'un troisième attaché militaire, déclarant expressément que A... et B... n'ont jamais eu de relations avec Dreyfus?

Sans doute, c'est là un témoignage en faveur de Dreyfus; mais comme on trouve, d'autre part, dans cette lettre, la déclaration qu'un centre d'espionnage existe à Bruxelles, on déclare que Dreyfus a dû être en relation d'espionnage avec cette agence de

Bruxelles. Un témoin a même été indiqué pour en faire la preuve. Ce témoin est M. Lanquéty, ingénieur à Boulogne-sur-Mer.

M. Lanquéty a été cité devant la Cour et a déclaré (*Enquête*, p. 356) :

« J'ai rencontré Dreyfus au restaurant de la «Taverne royale», à une époque qu'il m'est difficile de fixer. Il me semble, sans pouvoir l'assurer, que c'était au courant de l'été 1894 ; je ne me souviens pas lui avoir parlé et nous sommes restés à distance l'un de l'autre. Il était seul et sa présence ne m'a inspiré aucune réflexion particulière. »

C'est cependant cette déposition qui transformerait en une charge contre Dreyfus la lettre n° 66, où on lit d'une part, que les attachés militaires affirment n'avoir jamais eu de relations avec Dreyfus et, d'autre part, qu'il y a un centre d'espionnage à Bruxelles !

Ce n'est pourtant pas à Bruxelles que le bordereau, seule pièce imputée à Dreyfus, a été saisi !

XXXI. — M. le capitaine Cuignet termine enfin cette partie de sa déposition en dirigeant contre le service de la Sûreté une imputation, lancée d'ailleurs en termes beaucoup plus violents par M. le général Roget. Il s'agit d'un rapport fait par ce service au sujet d'un nommé Paumier, témoin au courant des prétendues relations de Dreyfus avec l'agence de Bruxelles. Le service de la Sûreté, sur la demande du ministère de la Guerre, se mit en campagne, trouva un témoin Paumier, qui déclarait ne rien savoir à ce sujet : il fit un rapport où il avouait n'avoir pu retrouver le témoin Paumier, recherché par le Service des renseignements. Le Service des renseignements fit alors des recherches lui-même, retrouva le même Paumier, qui déclara à nouveau ne savoir absolument rien. Le service des renseignements en conclut que Dreyfus et le service de la Sûreté sont également coupables, le premier de trahison, le second de mensonge et de falsification de rapports !

XXXII. — M. le capitaine Cuignet examine alors les articulations déjà discutées dans le premier paragraphe de cette sixième partie. Puis, arrivant aux renseignements de moralité, il relève la déclaration de M. Painlevé, notée par M. le général Gonse, et dont l'extraordinaire défiguration a été mise en lumière par les témoignages concordants de MM. Painlevé, Hadamard et d'Ocagne. (*Voyez plus haut première partie*, § *VIII*).

A côté de cette déclaration, M. le capitaine Cuignet en place une autre qu'on fit signer au général de Dionne, à la date du

1er juin 1898, au moment où l'on recueillait si étrangement la conversation Painlevé-Hadamard.

L'exposante se bornera à mettre en regard de cette déclaration, faite pour les besoins de la cause, les notes signées du même général et s'appliquant aux mêmes faits: la conduite de Dreyfus pendant son séjour à l'École de guerre.

La déclaration du 1er juin 1898 est conçue en ces termes :

« Le sieur Dreyfus, ex-capitaine d'artillerie, était sous mes ordres pendant les deux années passées par lui à l'École de guerre. Il était un officier intelligent, laborieux, et doué d'une prodigieuse mémoire et, quoique entré à l'École dans un très mauvais rang, il ne tarda pas à arriver à la tête de sa promotion.

« *Sa manière d'être haineuse et cassante et ses propos inconsidérés* (il disait notamment devant ses camarades que les Alsaciens étaient plus heureux sous la domination allemande que sous la domination française) *lui avaient attiré l'antipathie de ses professeurs et de ses camarades.*

« *Sa conduite privée n'était pas bonne, car, jeune marié, il ne craignait pas de se montrer avec des filles. J'ai eu des reproches à lui faire à ce sujet.* J'ai vu beaucoup d'officiers israélites à l'École de guerre ; j'affirme qu'aucun d'eux n'a été l'objet de l'animosité ni de ses chefs ni de ses camarades, et s'il n'en a pas été de même pour le nommé Dreyfns, *cela tenait à son détestable caractère, à l'intempérance de son langage et à une vie privée sans dignité*, et nullement à sa religion.

« *P.S.* — J'ajoute qu'au moment des examens de sortie de l'École de guerre, Dreyfus est venu me demander de relever sa cote d'aptitude, prétendant que, pour son examen d'artillerie, il avait été victime d'une injustice ; j'ai refusé d'accéder à ce désir *pour les raisons indiquées ci-dessus.* »

« 1er juin 1898.

« (*Signé*) G. DE DIONNE. »

Sans relever l'aveu implicite d'une injustice commise à l'égard de Dreyfus, aveu contenu dans le *post-scriptum*, l'exposante rapproche immédiatement de cette déclaration les notes données par le même général de Dionne, lorsqu'il avait à apprécier Dreyfus avant tout ce déchaînement de passions contre le malheureux condamné de 1894.

Ces notes, qui sont au dossier, sont ainsi conçues:

« 1891-1892. — Notes de l'École supérieure de guerre.

« Physique, assez bien. — Santé, assez bonne; myope. — **Caractère facile**; *éducation bonne;* intelligence très ouverte; **conduite très bonne; tenue très bonne**; instruction générale très étendue; instruction militaire théorique, très bonne; pratique, très bonne; administrative, très bonne; connaît très bien l'allemand, monte très bien à cheval; sert bien. Admis à l'École n° 67 sur 81; sorti n° 9 sur 81; a obtenu le brevet d'État-major avec la mention: très bien. *Très bon officier,* esprit vif, saisissant rapidement les questions, ayant le travail facile et l'habitude du travail. *Très apte au service de l'État-major.*

« *Le général de division commandant l'École,*

« *Signé:* DE DIONNE. »

L'exposante n'insistera pas sur la tristesse qui se dégage du rapprochement de ces deux notes formulées par le même général, au sujet du même officier et pour la même période d'existence militaire. Il suffit de constater une fois de plus ces affligeantes déformations du souvenir, opérées par la passion, lorsqu'il s'agit de réunir des charges contre le malheureux condamné de l'île du Diable.

L'exposante a démontré qu'aucune des articulations hypothétiques, si péniblement étayées sur les documents informes du dossier militaire, ne résiste, même en tant qu'hypothèse, à un moment d'examen.

Elle a établi que bien des documents de ce dossier pouvaient, au contraire, fournir de sérieuses présomptions d'innocence.

Le dossier militaire donne de multiples preuves de la violence des passions déchaînées contre un malheureux, coupable en réalité d'avoir été la victime d'une erreur judiciaire. Comme preuves directes de culpabilité du crime de trahison, ce dossier, par lequel on avait prétendu remplacer la base irrémédiablement ruinée du jugement de 1894, ne contenait en réalité que des documents faux!

SEPTIÈME PARTIE

Le Dossier diplomatique.

I. — Un dernier dossier reste à examiner, qui fournit la preuve péremptoire de l'innocence de Dreyfus : c'est le dossier diplomatique.

Quelles que soient les personnalités désignées sous les initiales A..., B... ou autres, nul n'ignore que les actes d'espionnage imputés à Dreyfus étaient des actes accomplis de connivence avec des agents soit de l'Allemagne, soit de l'Italie.

Ces agents, quel que soit leur caractère, n'ont pu se rendre compte, lors du procès de 1894, du bien ou mal fondé de la condamnation, puisqu'ils ignoraient la nature des documents incriminés et ne pouvaient même savoir exactement si les informations de la presse, les désignant comme correspondants de Dreyfus, étaient en réalité conformes à l'acte d'accusation. La plus stricte réserve leur était donc imposée. La Cour sait que la confusion commise et l'erreur judiciaire en résultant leur apparurent d'une façon évidente quand les journaux *Le Matin* et *L'Eclair* publièrent le fac-similé du bordereau et le texte de l'une des pièces secrètes. (*Déposition Trarieux, Enquête, p.* 321 *in fine.*)

II. — Mais dès que la *Libre Parole*, ayant reçu d'Henry la lettre du 28 octobre 1894, lança la nouvelle de l'arrestation d'un officier espion, leur attention fut mise en éveil. Dans son numéro du 1er novembre 1894, la *Libre Parole* publiait un article sensationnel, avec une manchette en caractères d'affiche, ainsi conçue : « *Haute trahison. Arrestation de l'officier juif A. Dreyfus.* » La plupart des journaux avaient, d'ailleurs, dès le 31 octobre, annoncé la découverte d'un crime de trahison imputé à un officier, mais sans citer le nom de cet officier, arrêté alors à titre purement provisoire. Le nom, révélé par la lettre d'Henry à la *Libre Parole*, avait été immédiatement voué par ce journal à la flétrissure, parce qu'il s'agissait d'un « officier juif ».

Aussitôt la publication de ces détails, l'attaché militaire d'Italie adresse au général commandant en second le corps de l'État-major, à Rome, une note ainsi conçue :

« L'arrestation du capitaine Dreyfus a produit, ainsi qu'il était facile de le supposer, une grande émotion. Je m'empresse de vous assurer que cet individu n'a jamais rien eu à faire avec moi. Les journaux d'aujourd'hui disent en général que Dreyfus avait des rapports avec l'Italie; trois seulement disent, d'autre part, qu'il était aux gages de l'Allemagne. Aucun journal ne fait allusion aux attachés militaires. Mon collègue allemand n'en sait rien de même que moi. J'ignore si Dreyfus avait des relations avec le commandement de l'État-major. »

Cette note, communiquée par M. le comte de Tornielli, ambassadeur d'Italie, à M. le ministre des Affaires étrangères, le 5 janvier 1899, à été soumise à la Cour (*Enquête, p.* 275.)

Les commentaires de la presse se poursuivant sur cette affaire, le même attaché militaire télégraphie, dès le lendemain, à son État-major général, pour confirmer sa note de la veille et pour indiquer que, si les services de renseignements italiens avaient été, comme lui, sans aucune relation directe ou indirecte avec Dreyfus, il serait utile de publier une déclaration en ce sens, afin d'éviter les commentaires de la presse.

La Cour connaît ce télégramme, qui n'était évidemment pas fait pour les besoins de la cause de Dreyfus, et dont l'authenticité ne saurait être déniée.

M. le comte de Tornielli a communiqué également au ministre des Affaires étrangères, le 5 janvier 1899, la réponse qui fut faite télégraphiquement à l'attaché militaire d'Italie :

« M. le général Marselli, commandant en second le corps d'État-major, a répondu par le télégraphe au colonel Panizzardi que l'État-major se trouvait dans les mêmes conditions, ce corps et tous les services qui en relèvent n'ayant jamais eu de rapports directs ou indirects avec Dreyfus. » (*Enquête, p.* 275.)

Il résulte donc *des correspondances échangées par les autorités italiennes entre elles*, dès le jour où l'arrestation du capitaine Dreyfus fut connue du public, que jamais ce malheureux officier n'avait eu de *rapports directs ou indirects* avec un agent italien quelconque.

III. — Les communications officielles des gouvernements italien et allemand n'eurent lieu que beaucoup plus tard, lorsque fut révélée au public la nature précise des charges relevées contre le condamné de 1894.

A ce moment, il ne pouvait plus être douteux, en effet, pour les deux gouvernements, qu'une monstrueuse erreur judiciaire eût été commise, qu'un loyal officier eût été injustement flétri et jeté au bagne pour des actes auxquels il était en réalité totalement étranger.

Quel que soit le souci de se garder de toute démarche pouvant être interprétée comme un acte d'immixtion dans les affaires intérieures de la France, un devoir de justice et d'humanité s'imposait alors avec trop de force pour qu'il n'y fût pas donné satisfaction dans toute la mesure compatible avec les convenances internationales.

Les gouvernements allemand et italien firent, chacun de leur côté, une double déclaration, l'une diplomatique, l'autre parlementaire.

Le 17 novembre 1897, M. l'ambassadeur d'Allemagne faisait au ministre des Affaires étrangères une communication aux termes de laquelle *l'attaché militaire allemand, colonel de Schwartzkoppen, protestait sur l'honneur n'avoir jamais eu, ni directement ni indirectement, aucune relation avec Dreyfus*. L'ambassadeur ajoutait ne pas avoir, en ce qui le concernait personnellement, entendu parler d'Esterhazy. (*Enquête, p. 268 in principio et 269 in fine.*)

D'autre part, le 24 janvier 1898, M. de Bülow, secrétaire d'État aux Affaires étrangères, faisait officiellement au Reichstag la déclaration suivante, au sujet de l'affaire Dreyfus :

« Vous comprendrez que je n'aborde ce sujet qu'avec de grandes précautions. Agir autrement pourrait être interprété comme une immixtion de ma part, comme une immixtion de notre part dans les affaires intérieures de la France; et nous avons constamment, et avec les plus grands soins, évité jusqu'à l'ombre d'une pareille immixtion. Je crois d'autant plus devoir observer une réserve complète à ce sujet, qu'on peut s'attendre à ce que les procès ouverts en France jettent la lumière sur toute l'affaire.

« **Je me bornerai donc à déclarer, de la façon la plus formelle et la plus catégorique, qu'entre l'ex-capitaine Dreyfus, actuellement détenu à l'île du Diable, et n'importe quels organes allemands, il n'a jamais existé de relation ni de liaison de quelque nature qu'elles soient.** Les noms de Walsin-Esterhazy, Picquart, je les ai entendus pour la première fois dans mon existence il y a trois semaines.

« Quant à l'histoire de la lettre d'un agent mystérieux, soi-disant trouvée dans un panier à papiers, elle ferait peut-être bonne figure dans les dessous d'un roman; naturellement, elle est tout imaginaire et n'a jamais eu lieu en réalité.

« Enfin, je désirerais constater avec satisfaction que l'affaire, dite « affaire Dreyfus », si elle a fait beaucoup de bruit, n'a en rien troublé, à ma connaissance, les relations uniformément tranquilles qui existent entre l'Allemagne et la France.

« Bien moins encore, je n'ai entendu parler de facilités particulières qui auraient été accordées de la part de l'Allemagne à l'ex-capitaine. »

La Cour connaît ces déclarations, dont le texte lui a été soumis par M. Paléologue et qui ont d'ailleurs été publiées. (*Voyez notamment le journal* Le Temps *du* 26 *janvier* 1898.)

Par cette double déclaration, il est attesté que Dreyfus n'a jamais eu de relations d'aucune sorte avec un organe allemand quelconque. La Cour remarquera qu'en ce qui concerne Esterhazy, les déclarations faites par le gouvernement allemand ne veulent (et à bon droit) donner aucune assurance ; aucune enquête, aucune vérification n'a été faite relativement à Esterhazy, et les auteurs de ces déclarations se bornent à affirmer qu'ils entendent parler de ce dernier pour la première fois.

Mais, à cet égard, on doit rapprocher de ces déclarations officielles le refus opposé par l'agent A... à la demande d'Esterhazy venant le supplier d'attester qu'il n'avait jamais eu de relations avec lui. (*Voyez plus haut,* troisième partie § XLV.)

IV. — Le 27 novembre 1897, M. l'ambassadeur d'Italie avait, de son côté, une conférence avec le ministre des Affaires étrangères et lui déclarait que le colonel Panizzardi, attaché militaire d'Italie, n'avait jamais entretenu de rapports avec Dreyfus. Il lui proposait même de faire apporter le témoignage du colonel Panizzardi à la justice française. (*Enquête p.* 274.)

Le lendemain, 28 novembre 1897, M. l'ambassadeur d'Italie confirmait ses déclarations par lettre (*Enquête, p.* 274). Les journaux officieux du « Bureau des renseignements » faisaient à cette époque allusion à l'existence de pièces constituant la preuve décisive de la culpabilité de Dreyfus et émanant de l'attaché militaire italien. On visait ainsi l'un des faux Henry, qui joua un si grand rôle dans l'instruction Esterhazy et le procès Zola.

L'ambassadeur d'Italie s'adressait alors en ces termes au ministre des Affaires étrangères (*Enquête, p.* 274) :

« Mon cher ministre,

« Dans notre conversation d'hier au sujet de la publication que M. le colonel Panizzardi se voyait dans la nécessité de faire, pour déclarer fausses les phrases que l'on prétend avoir été écrites par lui et qui auraient désigné Dreyfus, soit par son nom, soit par une initiale, soit par un appellatif quelconque, je vous ai signalé un précédent dans lequel ce même officier a été invité par la justice française à donner son témoignage sous serment... (Suivent les indications relatives à cette affaire — affaire Chapus, instruite par M. le juge d'instruction de Marseille.)

« Il n'y a pas identité absolue, poursuit M. l'ambassadeur, entre le cas dont je viens de préciser les détails et celui qui nous a occupés dans l'entretien d'hier. Mais leur analogie est frappante, *et il faut bien convenir que, pendant que de tous côtés on imprime que des lettres ou des phrases de lettres du colonel Panizzardi forment les pièces capitales d'un procès, cet officier a raison de me demander, ou bien que l'on cesse de parler de l'existence de ces lettres et surtout d'en faire usage, ou bien qu'on l'entende sur la sincérité de ces pièces qu'il déclare sur l'honneur ne pouvoir être que l'œuvre d'un faussaire.* »

La parole du faussaire Henri prévalut sur celle de M. l'ambassadeur d'Italie et du colonel Panizzardi; et la pièce dénoncée comme fausse fut invoquée néanmoins trois mois plus tard en Cour d'assises et, six mois après, lue à la tribune du Parlement, puis affichée dans toutes les communes, parce qu'elle paraissait être une preuve décisive de la culpabilité de Dreyfus.

Enfin M. l'ambassadeur d'Italie a renouvelé une fois encore ses déclarations, le 6 janvier 1899, en communiquant au ministre des Affaires étrangères des documents qui fournissent la preuve de l'absence de toutes relations directes ou indirectes entre Dreyfus et les agents du service des renseignements italiens. Ces documents plus haut visés ont été soumis à la Cour.

V. — Indépendamment de ces communications officielles de son ambassadeur, le gouvernement italien a, comme le gouvernement allemand, produit devant son parlement les mêmes déclarations.

Le 31 janvier 1898, le comte Bonin, sous-secrétaire aux affaires étrangères, répondant à une question de M. del Balzo sur l'action de la représentation diplomatique de l'Italie à Paris dans l'affaire Dreyfus, s'exprimait en ces termes :

« Notre représentation diplomatique à Paris n'a pas été appelée à exercer dans l'affaire Dreyfus une action quelconque ; car il s'agit d'une affaire d'une nature très délicate, ayant un caractère exclusivement intérieur, dans laquelle les représentations étrangères, pour des raisons évidentes de correction internationale, doivent garder une réserve d'autant plus grande que sont plus vifs l'intérêt et l'émotion suscités en France.

« Les journaux ont relaté le bruit suivant lequel des fonctionnaires de l'ambassade italienne auraient été cités à déposer.

« Aucun acte de ce genre n'a jusqu'ici été notifié. S'il était notifié ultérieurement, il y aurait lieu d'examiner alors quelles instructions il conviendrait de donner à ces fonctionnaires, sous la réserve toujours des formes de procédure spéciale requises par l'extraterritorialité.

« D'ailleurs, **je puis affirmer de la manière la plus explicite que, ni notre attaché militaire, ni aucun autre agent ou représentant du gouvernement italien n'ont eu jamais aucun rapport direct ou indirect avec Dreyfus.** »

Cette déclaration a été placée sous les yeux de la Cour, M. Paléologue en ayant apporté le texte, publié d'ailleurs, notamment par le journal *Le Temps* du 2 février 1898.

Ces déclarations très précises et très concordantes ne laissent aucun doute : *Dreyfus n'a été en relations directes ou indirectes, ni avec les agents du service des renseignements allemand, ni avec les agents du service des renseignements italien.*

VI. — Les puissances étrangères devaient ces déclarations à la justice. Ayant en mains les preuves de l'erreur judiciaire commise en 1894, elles avaient le devoir sacré de découvrir la vérité au gouvernement français. Si les convenances internationales ne leur permettaient pas une intervention plus directe dans une affaire d'ordre intérieur, du moins elles devaient, dans la mesure des moyens laissés à leur disposition par les relations diplomatiques, apporter leur haut témoignage en faveur de la vérité. La cause supérieure de la justice et de l'humanité leur en faisait un devoir.

Ce devoir, elles l'ont rempli ; et l'on ne comprendrait pas que ce faisceau de témoignages pertinents et authentiques, qui affirment l'erreur commise et l'innocence du malheureux condamné, ne pût pas être considéré comme un fait nouveau imposant la revision du jugement de condamnation de 1894. Ou la loi du 8 juin 1895 n'a plus aucun sens, ou la revision est de droit lorsque l'innocence du condamné est ainsi proclamée par tout un ensemble de hauts témoignages officiels et spontanés.

VII. — On ne peut, d'ailleurs, qualifier ces témoignages multiples de simples expressions de convenances diplomatiques.

Les recherches les plus minutieuses avaient été faites par les gouvernements étrangers avant que leur affirmation ne fût formulée; et cette affirmation n'a pas été apportée au seul gouvernement français comme une sorte d'acte de courtoisie diplomatique plus ou moins intéressé.

La vérité à cet égard était proclamée sans réticence.

Une dépêche émanant d'un représentant de la République à l'étranger (Autriche), et qui a passé sous les yeux de la Cour, la faisait connaître dès le 17 novembre 1897 (*Déposition de M. Paléologue, enquête, p.* 268).

D'autre part, M. Gabriel Monod avait recueilli également de hauts témoignages parfaitement concordants à cet égard, témoignages qu'il a fait connaître à la Cour en ces termes (*Enquête, p.* 318) :

« Pendant mon séjour à Rome, je me suis refusé à toute entrevue avec des personnages politiques, qui aurait eu pour but de prendre des informations directes sur l'affaire Dreyfus. Mais j'ai eu soin de recueillir tous les renseignements qui sont venus spontanément à moi, dans les réunions où je me trouvais, ou par des amis qui me les apportaient, sans que je les eusse sollicités. La concordance de ces renseignements m'a paru offrir un réel intérêt : c'est ainsi que j'ai su de quelle manière M. Visconti-Venosta, ministre des Affaires étrangères, les généraux Ricotti et Cosenz, le général Primerano, chef d'État-major général, s'exprimaient sur l'affaire Dreyfus. Ils affirmaient son innocence et s'étonnaient qu'une pareille erreur eût été commise. Le marquis Guerrieri m'a dit, il y a quelques jours seulement, en avoir causé plusieurs fois avec le général Primerano, qui lui a affirmé qu'aucune pièce provenant de Dreyfus ne leur était parvenue, tandis qu'ils en avaient provenant d'Esterhazy. Le marquis Guerrieri m'a dit également tenir de M. Chiala, ami du colonel (aujourd'hui général) Panizzardi, l'affirmation que la dépêche par laquelle l'attaché militaire italien annonçait à son gouvernement l'arrestation de Dreyfus contenait aussi l'affirmation qu'il n'y avait jamais eu aucun rapport entre Dreyfus et lui.

« Mon ancien ami, le professeur Uzielli, de Florence, m'a raconté avoir rendu visite, au commencement de 1895, à un officier de ses amis, attaché à l'État-major général. Cet officier, qui avait la garde des papiers d'espionnage, lui dit que Dreyfus n'avait jamais livré aucun document aux gouvernements étrangers, et que ces documents qu'on prétendait avoir été livrés par lui l'avaient été par un officier supérieur en grade.

« Je puis ajouter que la reine d'Italie a déclaré à deux de nos amies, les demoiselles Amari, ainsi qu'au sénateur Bonfadini, qu'elle avait été très troublée par l'affaire Dreyfus, qu'elle avait pris les renseignements les plus précis à ce sujet, et qu'elle était certaine de l'innocence de Dreyfus.

« Dans un dîner, chez Mme Minghetti, auquel j'assistais, le prince Lichnowski, secrétaire de l'ambassade d'Allemagne à Vienne, et ami personnel de M. de Schwartzkoppen, a raconté qu'il s'était entretenu avec ce dernier de l'affaire Dreyfus, que M. Schwartzkoppen lui avait affirmé n'avoir jamais eu aucunes relations avec Dreyfus, et que d'ailleurs les papiers mentionnés au fameux bordereau, dont on parlait tant, n'avaient qu'une faible valeur, sans du reste vouloir rien dire sur l'origine de ces papiers. J'ai eu sous les yeux une lettre de Mme de Bülow, la femme du ministre des Affaires étrangères d'Allemagne, adressée à une de ses amies de Rome, et dans laquelle, au milieu de beaucoup d'autres choses, elle disait incidemment : « Vous avez vu ce que mon mari a dit sur l'innocent Dreyfus. Tout ce que Zola a dit est vrai, et toutes les réponses sont misérables. »

« Cette même dame m'a fait connaître le récit que lui a fait le docteur Mühling, Allemand établi à Rome, d'une visite qu'il a faite à M. de Schwartzkoppen, à Berlin, au mois de juillet. Il le trouva très triste et lui en demanda la cause. M. de Schwartzkoppen lui dit que c'était le sentiment de responsabilité qui pesait sur lui dans l'affaire Dreyfus. M. Mühling lui ayant demandé pourquoi il ne s'expliquait pas publiquement, il répondit que, d'abord, on ne croirait pas, en France, à sa déclaration, qu'ensuite, s'il le faisait spontanément, il serait mal vu de ses camarades et de ses chefs; mais qu'il avait été prévenu que si son témoignage était invoqué par le gouvernement français, il recevrait l'ordre de déposer sur tout ce qu'il savait, soit entre les mains de l'ambassadeur de France à Berlin, soit auprès d'une autorité judiciaire.

« Je peux ajouter que M. Clark, fellow de Queen's-College à Oxford, m'a rapporté, au mois de septembre, qu'il avait rendu visite au colonel Panizzardi, au moment où celui-ci allait quitter Paris, qu'il l'avait trouvé fort ennuyé des déclarations de M. Casella, qui l'obligeaient à renoncer à son poste d'attaché militaire, mais que ces déclarations étaient rigoureusement exactes. »

VIII. — Les déclarations si franches et si nettes du gouvernement allemand et du gouvernement italien n'étaient donc pas une simple parole diplomatique, à l'usage exclusif du gouvernement français. Nul d'ailleurs n'avait sollicité une explication quelconque des gouvernements allemand et italien; ils auraient donc pu garder le silence ou n'apporter que des déclarations évasives, comme celles concernant Esterhazy. Ils ont tenu à apporter une affirmation nette, précise et ne pouvant prêter à aucune équivoque : Dreyfus n'a été en rapport direct ou indirect avec aucun de leurs agents.

Nul n'a pu voir là un acte d'immixtion dans une affaire d'ordre intérieur; nul n'a pu méconnaître qu'il n'y eût là une contribution apportée à la manifestation de la vérité, qu'il n'y eût là l'accomplissement d'un grand devoir. Tous ont compris que le silence eût été, de la part des gouvernements, en de telles circonstances, un crime de lèse-humanité.

De là cet immense mouvement de justice et de pitié qui s'est produit à l'égard de la malheureuse victime de l'erreur judiciaire. Jamais tout l'or des « syndicats » les plus fantastiques n'eût pu soulever un mouvement semblable, qui doit sa force à sa sincérité même; et les actes parfois héroïques que l'exposante a eu à relever en retraçant l'historique de cette affaire, ne sont pas de ceux que peuvent produire « un syndicat financier ».

La conclusion qui se dégage, avec une force irrésistible, des preuves d'innocence accumulées dans le dossier diplomatique est celle que nous avons vue se dégager déjà des dossiers examinés dans les précédentes parties du mémoire : la revision s'impose.

CONCLUSIONS

I. — Des documents et témoignages apportés à la Cour, il résulte que la revision est imposée par quatre grandes catégories de faits nouveaux :

1° *Les faits nouveaux révélant la communication aux juges de pièces secrètes et d'un acte d'accusation clandestin, faits qui montrent le jugement de 1894 comme une décision n'ayant de judiciaire que le nom* **et ne pouvant plus en aucune façon être considérée dès lors comme conservant son autorité de chose jugée.**

2° *Les faits nouveaux relatifs au bordereau, seule pièce versée aux débats de 1894, qui montrent ce bordereau :*

Comme écrit sur du papier d'Esterhazy,

Comme écrit de l'écriture d'Esterhazy,

Comme visant des renseignements d'Esterhazy,

Comme adressé à un agent en relations d'espionnage (ou contre-espionnage) avec Esterhazy,

Comme reconnu (tout au moins implicitement) par Esterhazy.

3° *Les faits nouveaux concernant les deux principaux témoins à charge, qui montrent ces deux hommes comme les deux artisans de la condamnation de Dreyfus, comme défendant* « **leur œuvre** » *par les moyens les plus criminels,* **comme fabriquant des faux pour empêcher qu'un nouveau jugement inconciliable avec le jugement de 1894, n'entraînât une revision nécessaire et immédiate de** « **leur œuvre** », *comme ayant déjà, par ce fait même, privé le condamné de* 1894 *d'une revision qui, sans eux, se serait imposée dès* 1897, *comme enfin ne pouvant plus, à raison de tous ces actes haineux, mensongers et criminels, être réputés avoir été, pour accomplir « leur œuvre », des témoins parlant sans haine et sans crainte, disant toute la vérité et rien que la vérité.*

4° *Les faits nouveaux révélés par le dossier diplomatique, qui montrent que* **Dreyfus, condamné pour avoir eu des relations d'espionnage avec les agents au service de l'Allemagne ou de l'Italie, n'a eu avec ces agents aucune relation directe ou indirecte.**

II. — A côté de ces quatre grandes catégories de faits nouveaux, dont chacune fait de la revision une nécessité de droit et d'équité, on peut placer encore la preuve d'innocence résultant de l'inanité même des recherches poursuivies avec tant d'acharnement pendant plus de quatre années, à l'effet de soutenir, par une accusation nouvelle, la condamnation prononcée, désormais sans base.

Il est en effet peu d'hommes dont la vie et les actes pourraient aussi victorieusement résister à ces multiples investigations haineuses, à ces recherches, longues et passionnées, d'une tare quelconque.

III. — La seule question qui se pose donc aujourd'hui est celle de savoir si la cassation doit être prononcée avec ou sans renvoi.

L'exposante pourrait demander à la Cour de mettre fin immédiatement à un martyre qui n'a que trop duré, en prononçant un arrêt de cassation sans renvoi. La combinaison des articles 445 et 360 du Code d'instruction criminelle l'autoriserait à prendre des conclusions en ce sens.

On pourrait en effet faire observer que l'envoi du bordereau d'Esterhazy à l'agent A... ne peut plus aujourd'hui être qualifié crime ou délit, après l'acquittement prononcé le 11 janvier 1898 par le premier Conseil de guerre de Paris; on pourrait, d'autre part, faire observer encore, qu'à raison même de l'acquittement d'Esterhazy, il ne peut davantage aujourd'hui y avoir de débats contradictoires entre toutes les parties.

Mais aucune démonstration ne sera faite ici qui tendrait à une cassation sans renvoi. L'exposante se refuse à prendre de telles conclusions. L'honneur de Dreyfus lui a été ravi par une erreur de ses frères d'armes; c'est à ses frères d'armes qu'il appartient de le lui rendre. C'est devant eux qu'il entend et veut comparaître; et les conclusions prises en son nom devant la Cour suprême veulent être et resteront un hommage à la justice rendue par ses pairs.

L'exposante conclut donc à ce qu'il plaise à la Cour casser et annuler le jugement du premier Conseil de guerre du gouvernement militaire de Paris, prononcé contre son mari le 22 décembre 1894, avec toutes conséquences de droit, notamment en ordonnant la suspension de la peine, conformément à l'art. 444 C. Inst. Crim., et renvoyer Alfred Dreyfus devant tel Conseil de guerre qu'il lui plaira désigner à cet effet.

IV. — Une dernière observation doit être soumise à la Cour.

L'article 445 C. Instr. Crim. porte qu'en cas de renvoi, la Cour « fixera les questions qui devront être posées ».

Or, la question de haute trahison, posée sur les faits qui ont été relevés dans l'acte d'accusation de 1894, procède manifestement d'une qualification antijuridique donnée à ces faits.

Les actes incriminés ne constituaient pas des machinations destinées à provoquer les puissances étrangères à des hostilités contre la France (crime politique de haute trahison prévu par l'art 76 C. Pén.); ils constituaient purement et simplement le délit d'espionnage, délit de droit commun prévu et réprimé par la loi du 18 avril 1886. (*Voyez Garraud, Droit pénal, t. II, p.* 525 *et* 526.)

Déjà cette fausse qualification avait été signalée par ses conseils au capitaine Dreyfus lors du procès de 1894; et le capitaine Dreyfus, ne voyant dans la poursuite engagée que la seule question d'honneur, avait formellement interdit à son défenseur de discuter la qualification des faits. Il avait enjoint à son avocat, Me Demange, de montrer seulement à ses juges que lui, Alsacien, lui, officier, sorti de nos grandes et patriotiques écoles militaires, n'avait pu commettre un acte quelconque contre la patrie, crime ou délit. Il avait enjoint à son avocat de défendre uniquement son honneur, sans se préoccuper des conséquences pénales que pourrait entraîner un verdict de culpabilité, estimant, quant à lui, que ce verdict seul était à prendre en considération.

Tutrice de son mari, et devant, en cette qualité, le défendre par tous les moyens légaux, Mme Dreyfus ne se croit pas cependant autorisée à prendre des conclusions manifestement contraires aux volontés exprimées par son mari, volontés d'ailleurs en parfaite harmonie avec ses propres sentiments. Mais la question ne peut pas cependant ne pas être signalée à l'attention de la Cour. Sans prendre aucunes conclusions à cet égard, l'exposante s'en remet donc purement et simplement à la sagesse de la Cour du soin de décider si elle doit, ou non, se saisir elle-même de la question de qualification des faits, en fixant les questions qui devront être posées au Conseil de guerre.

Que le capitaine Dreyfus soit accusé d'un crime politique ou d'un délit de droit commun, ses pairs reconnaîtront, sur le renvoi ordonné par la Cour, que jamais il n'a forfait à l'honneur.

PRODUCTION

1° Journal la *France militaire* du 11 août 1894.

2° — — du 15 août 1894.

3° *Journal militaire* de juillet 1894, n° 19.

4° Note de Me Demange du 7 mars 1899.

5° Note remise par Dreyfus à Me Demange au cours des audiences du Conseil de guerre.

6° Lettre de M. Paul Michon, lieutenant de réserve au 12e régiment d'artillerie (4 décembre 1898).

7° Lettre de M. Louis Parat, ingénieur des arts et manufactures, du 26 novembre 1898.

8° Lettre de M. André Spieg, ex-sous-lieutenant de réserve d'artillerie.

9° Lettre de M. Nicolas, avocat à la Cour de Nancy.

10° Certificat du docteur Lutaud, produit au Conseil de guerre de 1894.

11° Journal *La Libre Parole* du 3 avril 1899.

12° Journal *L'Aurore* du 26 novembre 1898 contenant sous la signature de M. Jean Jullien l'article « Nouveaux documents » en réponse auquel ont été adressées à M. Jean Jullien les lettres de MM. Michon, Paraf et Spieg.

13° Note de Dreyfus à Me Demange concernant la visite de Du Paty de Clam après la condamnation.

14° Lettre de M. Gabriel Monod à l'avocat soussigné transmettant une lettre du docteur Gibert du 10 novembre 1897 relative à la communication de pièces secrètes aux juges de Dreyfus.

15° Lettre susvisée du docteur Gibert.

16° Autre lettre du docteur Gibert adressée le 7 février 1898 à Me Labori et relative au même sujet.

17° Lettre de M. Trarieux, sénateur, à l'avocat soussigné concernant le témoin Savignaud.

18° Journal *Le Temps* du 26 janvier 1898 reproduisant les déclarations de M. de Bulow.

19° Journal *Le Temps* du 2 février 1898 reproduisant les déclarations de M. le comte Bonin.

20° Journal *La Libre Parole* du 1er novembre 1894.

Henry MORNARD,
Docteur en droit, avocat en la Cour.

DOCUMENTS ANNEXES

NOTE

De Me Demange à Me Mornard sur les débats devant le Conseil de guerre en 1894.

Paris, le 7 mars 1899.

Mon cher confrère,

Vous me demandez si les débats devant le Conseil de guerre, en 1894, ont apporté des éléments nouveaux à la recherche de la vérité, et si les charges recueillies dans l'instruction que vous connaissez se sont modifiées en un sens favorable ou défavorable à l'accusé.

Voici un résumé rédigé d'après des souvenirs fidèles, étayé sur les notes que j'ai prises, comme j'ai coutume de le faire, au cours des interrogatoires et dépositions.

Il y avait deux ordres de preuves :

1° La lettre missive appelée depuis « le bordereau »;

2° Les dépositions des témoins.

I

PREMIER ORDRE DE PREUVES

Le bordereau.

Les charges résultant de la lettre missive se divisaient en deux parties :

1° L'écriture de la lettre missive ;

2° La valeur « intrinsèque » de cette lettre, suivant l'expression de l'accusation.

a) En ce qui touche l'écriture, rien de nouveau à l'audience : es experts développent et maintiennent leurs conclusions. Seul, I. Bertillon s'est livré à une argumentation nouvelle, que je ne uis vous résumer, ne l'ayant pas saisie. J'ai été en cela aussi maleureux que M. le commissaire du gouvernement ; car le commanlant Brisset, discutant les expertises et arrivant à l'opinion de M. Bertillon, s'est exprimé ainsi : « Quant à M. Bertillon, il a « apporté ici un redan auquel je n'ai rien compris et je passe. »

En ce qui concerne la valeur intrinsèque de la lettre missive, l'accusation tendait à prouver que, seul, un officier d'artillerie appartenant à l'État-major de l'armée, avait pu fournir les notes envoyées ; pour les besoins de cette démonstration, elle établissait d'abord la date à laquelle les notes avaient dû parvenir à la puissance étrangère. Si le rapport du commandant rapporteur, qui remplace l'acte d'accusation de notre procédure criminelle, n'indiquait pas une date, son auteur la fixait pourtant implicitement en écrivant : « Il « est inadmissible qu'un officier d'artillerie ayant été employé au « premier bureau de l'État-major de l'armée ait pu se désintéresser « des suites d'une pareille transformation (suppression des ponton- « niers) *quelques semaines* avant qu'elle ne devienne officielle (29 « juin 1894). »

De même cet officier instructeur avait dû préciser verbalement cette date dans l'interrogatoire définitif de l'accusé ; car on lit, dans l'interrogatoire du 29 novembre 1894, cette réponse :

« J'affirme n'avoir jamais écrit cette lettre et je vais prouver « même que matériellement il m'était impossible de l'écrire. En « effet, la personne qui a écrit cette lettre a ajouté à la fin : « Je vais « partir en manœuvres » et je n'ai pas été aux manœuvres en 1894; « je n'ai fait qu'un voyage d'état-major fin juin de la même année. « Si l'on admet, ce qui est déjà très discutable, que « je vais partir « en manœuvres » et « aller en voyage d'état-major » puissent être « employés indifféremment l'un pour l'autre, il faudrait attribuer à « cette lettre la date du mois de juin. Partant de cette hypothèse, « examinons les différents documents... »

A l'audience, il a été dit également que la lettre missive avait dû parvenir à la puissance étrangère en avril ou mai.

Cependant, dans sa déposition, M. Du Paty de Clam, répondant à l'objection de Dreyfus tirée de ce qu'il n'avait pu connaître à cette date, avril ou mai, les formations nouvelles d'artillerie décidées seulement en juillet, émettait l'opinion : 1° que peut-être la lettre missive n'était arrivée qu'en août; 2° que les mots « partir en manœuvres » viseraient alors les grandes manœuvres auxquelles Dreyfus « *aurait cru devoir aller* ».

Dreyfus déclara qu'il n'avait pas pu le croire, puisqu'il avait été avisé, avant le 1er juillet, comme tous ses camarades stagiaires par une note du chef d'État-major, que les stagiaires de première année feraient leur stage dans les corps, du 1er juillet au 1er octobre et ceux de seconde année, du 1er octobre au 1er janvier ; il était, lui, de seconde année.

On n'insista pas sur cet incident; on ne fit pas demander la note en question, dont Dreyfus réclamait l'apport à l'audience, comme il l'avait déjà sollicité, disait-il, au cours de l'instruction, pour démontrer alors qu'il ne pouvait être l'auteur de ces mots : « Je vais partir en manœuvres. »

L'accusation s'en tint donc à la date d'arrivée de la lettre missive avant juin, persistant à traduire « en manœuvres » par « en voyage d'état-major ». Le commissaire du gouvernement donna, dans son réquisitoire, cette explication : « Dreyfus ne pouvait pas écrire : « Je pars en voyage d'état-major », car c'eût été signer la lettre missive. »

Je vous joins, au sujet de cet incident, une preuve qui date du jour même : c'est la note de la main de Dreyfus, contenant ses observations sur les témoignages de la journée, qu'il avait rédigée le soir dans sa prison et qu'il m'a remise le lendemain matin avant l'audience.

b) Texte de la lettre missive :

1° Une note sur le frein hydraulique de 120 et la manière dont s'est conduite cette pièce.

Dreyfus a répété à l'audience qu'il n'avait jamais vu tirer cette pièce; aucune question ne lui a été posée, et il n'y a eu aucune discussion technique.

2° Une note sur les troupes de couverture (quelques modifications seront apportées par le nouveau plan).

Il a été reconnu, à l'audience, que Dreyfus, comme il l'avait dit à l'instruction, avait été employé seulement en septembre à la surveillance de l'autographie des documents relatifs à la couverture. C'est au 8 septembre qu'a été placé un incident signalé par M. Du Paty de Clam, qui avait rencontré Dreyfus dans son bureau vers six heures du soir. Dreyfus a expliqué sa présence en disant qu'il cherchait le capitaine Corvisart pour lui rendre compte d'une erreur qu'il avait commise : il avait fait faire les autographies par le service intérieur, au lieu de s'adresser au service géographique.

Au sujet de cette impression des documents ayant trait à la couverture, il y a eu à l'audience un fait intéressant à signaler.

Pour répondre à cette assertion qu'un officier seul pouvait fournir une note sur la couverture, Dreyfus affirmait que, lorsqu'il avait été employé à la surveillance de l'impression, il avait constaté :

1° Que c'étaient les secrétaires d'état-major, sous-officiers ou soldats, qui copiaient les minutes des ordres relatifs à la couverture ;

2° Que c'était au bureau des secrétaires qu'il était allé chercher les copies pour les apporter au service de l'autographie.

M. le général Gonse, interpellé par moi sur ce point, répondit que, suivant une prescription absolue, rien de ce qui avait trait à la couverture ne devait être fait que par les officiers ; mais un autre témoin, un officier qui avait été employé à la surveillance de l'impression, a reconnu l'exactitude de l'affirmation de Dreyfus ; sans contredire à la prescription, il a déclaré que lui aussi avait retiré les copies des mains des secrétaires d'état-major.

Saisissant la portée de ce fait, M. le commissaire du gouvernement a fait alors la réflexion suivante :

« Un secrétaire d'état-major n'aurait pas pu écrire « Je vais « partir en manœuvres. »

Je répondis : il aurait pu, en tout cas, donner des renseignements à quelqu'un qui partait en manœuvres.

3° Une note sur une modification aux formations de l'artillerie.

A l'audience, comme à l'instruction, l'accusation a précisé qu'il s'agissait des modifications résultant des suppressions des pontonniers.

Il a été reconnu à l'audience que Dreyfus n'en avait pas eu connaissance officiellement ; mais il lui a été objecté qu'un officier d'artillerie n'avait pas pu se désintéresser de ce changement.

4° Une note relative à Madagascar.

A l'audience, comme à l'instruction, il a été dit que Dreyfus avait pu prendre connaissance d'une note ou plutôt d'un travail rédigé en minute par M. le général de Torcy, alors colonel, et copiée par le caporal Bernollin.

Le caporal Bernollin n'a point été entendu à l'audience ; il a été donné lecture de sa déposition reçue à l'instruction ;

5° Le projet de manuel de tir.

Dreyfus a déclaré à l'audience qu'il n'avait pas eu ce manuel de tir : il a répété, comme il l'avait dit à l'instruction, qu'il y avait eu un malentendu entre M. l'officier de police judiciaire et lui, qu'il reconnaissait bien s'être entretenu, avec le commandant Jeannel, de l'artillerie en général et en particulier de l'artillerie allemande, mais qu'il n'avait jamais parlé, avec cet officier supérieur, du manuel de tir de l'artillerie française. Il a rappelé qu'il avait prié le rapporteur, M. le commandant d'Ormescheville, de citer devant lui, à l'instruction, le commandant Jeannel, ce qui n'a pas été fait; il n'y a pas, en effet, de déposition du commandant Jeannel à l'instruction. Il a insisté à l'audience pour que le commandant Jeannel fût appelé devant le Conseil de guerre si un doute subsistait; il a été simplement passé outre à l'incident, le commandant Jeannel n'a point été appelé à l'audience, et je retrouve cette phrase du réquisitoire du commissaire du gouvernement, s'exprimant ainsi : « Quant au manuel de tir, je ne dis pas que Dreyfus l'ait eu du commandant Jeannel, mais certainement il l'aura eu d'un autre officier. »

II

DEUXIÈME ORDRE DE PREUVES

Déposition des témoins.

Tous les témoins entendus dans l'instruction ont été appelés à l'audience, sauf le caporal Bernollin.

M. l'officier de police judiciaire commandant Du Paty de Clam, qui n'avait point déposé devant le commandant rapporteur, a été cité et entendu à l'audience.

Deux de ces dépositions ont relevé des faits nouveaux à la charge de Dreyfus : celle du commandant Henry, celle du commandant Du Paty de Clam.

1° Déposition du commandant Henry :

Le commandant Henry a été entendu deux fois à l'audience : une première fois, il n'a rien dit de nouveau; puis il a demandé à être entendu une seconde fois; il a déclaré alors, avec un ton solennel, que, dès le mois de février, une personne absolument honorable lui avait affirmé qu'un officier du ministère de la Guerre trahissait, et qu'au mois de mars, la même personne avait renouvelé son affirmation en ajoutant que c'était un officier du deuxième bureau.

Dreyfus, qui dans le premier semestre de 1894 était au deuxième ureau, a demandé avec violence que la personne honorable fût ppelée par le Conseil de guerre; j'ai insisté à mon tour avec nergie réclamant le nom de cette personne honorable, sommant le émoin, au nom du serment qu'il avait prêté, de dire la vérité, oute la vérité. Le commandant Henry m'a répondu : « Quand un fficier a dans sa tête un secret redoutable, il ne le confie pas même son képi », puis, se tournant vers Dreyfus: « J'affirme, moi, que e traître, le voilà! »

2° Déposition du commandant Du Paty de Clam :

Le témoin a d'abord insisté sur la « scène de la dictée », le jour le l'arrestation, déclarant que si Dreyfus était sorti victorieux de 'épreuve, il se serait rendu sur-le-champ chez M. le général Mercier pour lui dire : « Monsieur le ministre, nous nous sommes trompés »; puis il a raconté une seconde épreuve à laquelle il avait soumis Dreyfus, non consignée dans son rapport.

« En interrogeant le capitaine Dreyfus dans sa prison, j'ai attendu « le moment, a dit le commandant Du Paty, où Dreyfus aurait les « jambes croisées; puis, je lui ai posé à brûle-pourpoint une ques- « tion qui devait faire naître l'émotion chez un coupable : j'avais « les yeux fixés sur l'extrémité du pied de la jambe pendante; le « mouvement presque imperceptible auparavant de l'extrémité « du pied s'est trouvé tout à coup, au moment de ma question, « très sensible à mes yeux. Donc le pouls s'accélérait, le cœur « battait plus fort, l'émotion de Dreyfus trahissait sa culpabilité. »

J'ai apporté le lendemain au Conseil de guerre un certificat du docteur Lutaud, que vous trouverez dans mon dossier, pour combattre cette étrange conclusion du commandant Du Paty.

Je rappelle que j'ai indiqué plus haut l'hypothèse formulée à l'audience par le commandant Du Paty, de l'arrivée possible de la lettre missive entre les mains de la puissance étrangère au mois d'août : je ne reviens pas sur ce fait nouveau apporté à l'audience.

Quant à toutes les autres dépositions, elles ne portaient, vous l'avez vu dans l'instruction, que sur les allures de Dreyfus pendant son stage au ministère de la Guerre, sur les conversations échangées entre lui et ses camarades; pour la première fois, à l'audience, elles ont pu recevoir de la part de Dreyfus soit des contradictions, soit des explications, puisqu'il n'y avait pas eu de confrontations pendant l'instruction.

Je puis vous attester que les faits signalés ont été ramenés à leur véritable proportion, et qu'ils ont ainsi perdu, non seulement tout caractère probant d'une trahison, mais même toute apparence de curiosité ou d'indiscrétion blâmable.

Celui des témoins qui avait le plus connu Dreyfus, dont il était le camarade à l'École de guerre d'abord, au ministère ensuite, le capitaine Toquanne, interpellé sur ce qu'il pensait de Dreyfus, n'a pas hésité à répondre : « Je le crois incapable de félonie. »

Je termine enfin cette trop longue note par le dernier mot de l'accusation avant la clôture des débats. Le commissaire du gouvernement a terminé ainsi sa réplique : « Si je ne vous apporte pas un « mobile à ce crime, le plus grave qui se puisse commettre, si je n'ai « pas d'autres preuves que la lettre missive, elle reste, elle, écra- « sante pour l'accusé ; prenez vos loupes, vous serez sûrs que c'est « Dreyfus qui l'a écrite ; s'il l'a écrite, c'est lui qui est le cou- « pable de la plus infâme trahison. »

A l'audience, il n'a été fait l'apport d'aucune pièce saisie, soit chez Dreyfus, soit dans sa table au ministère; ou au moins, s'il y a eu des scellés apportés à mon insu, il n'en a point été fait état.

J'ai fini, mon cher confrère, le résumé que vous m'avez demandé.

EDGAR DEMANGE.

NOTE

Remise par le capitaine Dreyfus à son défenseur, Me Demange, au cours des audiences devant le Conseil de guerre de 1894.

La thèse est nouvelle. La lettre maintenant date du mois d'août. Or, au mois d'août, il ne pouvait y avoir aucun doute sur l'époque de mon stage dans l'infanterie : les stagiaires de première année étaient dans les régiments depuis le 1er juillet; ils devaient y rester jusqu'au 1er octobre, époque à laquelle nous devions les y remplacer pour rester dans les régiments jusqu'au 1er janvier.

La note officielle qui fixait la date de nos stages dans l'infanterie était sans ambiguïté aucune ; il n'y avait pas de doute possible. On n'a pas voulu faire venir cette note, malgré mes demandes réitérées.

C'est au moment où j'écrivais au capitaine Hadamard, c'est-à-dire fin mai ou commencement de juin, que j'ignorais encore si j'irais oui ou non aux manœuvres; il appert en effet de cette lettre que je lui écrivis : « Je vais partir au voyage d'État-major, et serai absent une partie de l'été. »

Il faut donc apporter une mauvaise foi absolue pour prétendre qu'au mois d'août je n'étais pas fixé sur le point de savoir si j'irais ou n'irais pas aux manœuvres, alors que la note officielle, signée du chef d'État-major général, date du mois de juin.

Enfin ces mots : « Je vais partir en manœuvres » sont positifs; ils expriment une certitude.

Maintenant examinons les documents :

1° *Note sur le frein hydr....* — On n'a pu trouver aucun officier d'artillerie m'ayant communiqué des documents à cet égard.

2° *Note sur les troupes de couverture.* — Le capitaine Boullenger ose prétendre qu'il m'aurait donné *une fois* dans la rue, au mois de mai, un renseignement sur cette question, en m'apprenant que le lieu de débarquement d'une division de cavalerie était modifié. D'abord il ne m'a jamais dit cela; ensuite, il n'y a pas là matière à une note sur les troupes de couverture.

Pendant toute l'année 1894, sauf au mois de septembre, époque à laquelle j'ai été chargé de surveiller l'impression de documents relatifs à la couverture, je n'ai jamais rien lu, rien eu entre les mains sur cette question, ainsi qu'il appert du témoignage de M. le commandant Mercier-Milon. Ce dernier a reconnu en effet que je ne m'étais jamais occupé d'aucune question confidentielle.

3° *Note sur une modification aux formations de l'artillerie.* — Je n'ai jamais connu ces modifications. On n'a pu trouver aucun officier du premier bureau m'en ayant parlé. Quant à la note qui a passé dans les bureaux, du 15 au 20 juillet, je ne l'ai pas émargée; M. le commandant Mercier-Milon n'a pu affirmer que je l'aie connue.

4° *Note sur Madagascar.* — Aucune preuve.

5° *Projet de manuel de tir.* — Je n'ai vu aucun officier supérieur, ainsi que le disait le rapport du rapporteur, venant témoigner m'avoir parlé du manuel de tir *du 14 mars* 1894 (ni le commandant Jeannel, ni le commandant d'Astorg).

Personne n'a pu témoigner m'avoir prêté ce manuel. Cependant si les officiers détenteurs en étaient responsables si je l'avais demandé à qui que ce soit, la preuve aurait été faite, péremptoire; elle n'a pu être faite.

NOTE

Après la première déposition du commandant Henry, assez anodine, le commandant Du Paty de Clam l'a fait rappeler à la barre. Le commandant Henry a alors fait une déclaration terrible, mais sans apporter aucune preuve. C'est une infamie que de venir faire une déposition pareille, sans apporter aucun témoignage à l'appui. Accuser un officier à la barre, sans apporter aucune preuve, c'est *monstrueux*.

NOTE

Tous les témoignages s'accordent à reconnaître que je montrais volontiers mes connaissances. Je ne les cachais donc pas, au contraire. Sont-ce là les allures d'un espion qui sait trop bien ce qu'il risque? J'ai toujours agi avec une franchise absolue; tous les témoins entendus l'ont déclaré.

Le commandant Mercier-Milon lui-même a été obligé de déclarer que j'avais été un fidèle serviteur, que je ne m'étais jamais occupé d'une question confidentielle pendant mon séjour au troisième bureau de l'État-major de l'armée.

Sans le commandant Du Paty, toute l'accusation serait déjà tombée. C'est lui qui attise la haine. A-t-il le droit de venir ainsi constamment intervenir dans les débats? On dirait vraiment que c'est lui qui les dirige.

Si je soutiens cette lutte épouvantable dans laquelle on veut m'arracher mon honneur, c'est que je veux défendre l'honneur de mon nom, l'honneur du nom de mes enfants. J'ai un fils et il faut que ce fils sache que le nom qu'il porte est un nom sans tache, le nom d'un homme dont l'honneur n'a jamais failli.

Combien de fois ai-je pensé au suicide, combien de fois ai-je pensé qu'il me serait plus doux de mourir que de supporter ce martyr épouvantable!

J'ai vécu pour mon honneur, mon âme a résisté à cette violente tentation, pour l'honneur de mes enfants. Mon nom ne m'appartient pas à moi seul; il appartient à ma femme, il appartient à mes enfants, et c'est pour ce nom que j'ai voulu vivre.

Lettre de M. G. Moch, capitaine d'artillerie démissionnaire.

Paris, 23 décembre 1898.

Monsieur,

Je m'empresse de répondre à la question que vous m'avez fait l'honneur de me poser, concernant un officier d'artillerie, d'une compétence technique indiscutable, qui puisse vous aider à élucider les questions de métier soulevées par cette malheureuse affaire.

En principe, vous ne sauriez vous adresser mieux qu'au général Sebert (14, rue Brémontier), dont les travaux en artillerie sont classiques dans tous les pays. Il est membre de l'Institut (section de mécanique) et du conseil de quantité de Sociétés savantes, telles que la Société de physique, la Société d'encouragement pour l'industrie nationale. Comme administrateur des Forges et Chantiers de la Méditerranée, il était spécialement chargé là du service de l'artillerie (dirigé par M. Canet), avant que ce service émigrât pour être transporté aux établissements Schneider (Creusot). Seulement, le général sort, non de l'artillerie de terre, mais de l'artillerie de la marine; il peut donc n'être pas au courant de certains détails qui concernent particulièrement la guerre, et en particulier de la question du 120 court, cette pièce n'étant pas en usage dans les troupes de la marine.

Aussi vous engagerais-je plutôt à vous adresser au commandant Hartmann, actuellement chef d'escadron au 22e régiment à Versailles. Le commandant Hartmann, alors qu'il était capitaine, a été, pendant de longues années, adjoint à la section technique. A l'époque où j'y étais adjoint moi-même, il était chargé de l'atelier de précision; mais, si je ne me trompe, il a passé, à la faveur de son long séjour à Saint-Thomas-d'Aquin, par plusieurs des services de l'établissement. Ses travaux techniques, dont plusieurs ont paru dans la *Revue d'Artillerie* (unification des mesures industrielles et, surtout, études sur les déformations des métaux), lui ont valu une grande réputation non seulement dans l'armée, mais dans le monde savant en général.

Il me semble donc que vous trouveriez difficilement, parmi les officiers qui sont à portée (à Paris ou dans les environs), quelqu'un qui aurait plus de compétence pour analyser le bordereau, en quelque sorte comme expert technique.

J'ignore d'ailleurs totalement ce qu'il pourra en penser, car je n'ai plus rencontré le commandant Hartmann depuis que j'ai quitté la section technique et le service militaire, au commencement de juin 1894. Mais je serais bien surpris s'il contredisait, ou si quelque autre camarade, compétent et indépendant, contredisait ce que j'affirme :

1° Il est impossible qu'un artilleur, de quelque grade que ce soit, ait jamais dit *canon de* « 120 » pour *canon de* « *120 court* » ;

2° Il est impossible qu'un artilleur, de quelque grade que ce soit, ait jamais pu confondre le frein *hydraulique* de 120 et le frein *hydropneumatique* de 120 court. (Même les canonniers de 2e classe ne s'y trompent pas ; seulement, ils appellent ce dernier le frein *idiot-peu-pratique*, à tort d'ailleurs, mais cela leur semble plus clair !) ;

3° C'est pourtant bien du 120 court et de son frein qu'il pouvait s'agir à l'époque du bordereau. Le 120 ordinaire était en effet sans intérêt, puisqu'il est modèle *1878* ; le frein hydraulique lui a été appliqué un peu plus tard, mais très peu, car il s'y trouvait déjà, quand je suis entré à l'École d'application en 1880;

4° Jamais un artilleur n'a dit : « La manière dont s'est *conduite* cette pièce. » Dans le jargon du métier, on dit qu'une pièce se *comporte* bien ou mal, mais non qu'elle se *conduit*. Ce sont des hommes qui « se conduisent », non le matériel ;

5° Quant au projet de manuel de tir de l'artillerie de campagne, j'ignore s'il est « extrêmement difficile *à* (*sic*) se procurer », mais il me semble que c'est surtout à un officier étranger à l'arme qu'il a pu paraître tel. Je tiens à votre disposition l'exemplaire qui m'en fut distribué à la section technique. Vous constaterez qu'il n'est *pas numéroté* et ne porte ni la mention *confidentiel* ni la mention *secret*, par laquelle on a jugé bon, il y a quelques années, de renforcer la précédente. Les officiers savaient bien que ce document n'était pas fait pour le public. Mais ce document lithographié et relié a passé par un assez grand nombre de mains, autres que celles des officiers, pour qu'il y ait gros à parier qu'il est connu au dehors. Il ne peut sembler mystérieux qu'à un profane, parce qu'il s'agit de tir d'artillerie, en principe, et pour la raison 7° ci-dessous ;

6° Jamais un artilleur, de quelque grade que se soit, n'a pu confondre les *manœuvres* et les *écoles à feu*. Ce ne peut pourtant être que pour des écoles à feu qu'on a distribué un manuel de tir ; car, aux manœuvres, non seulement on ne tire qu'à blanc, mais on ne fait pas de simulacre de réglage de tir, parce qu'on n'a pas assez de gargousses pour cela ;

7º Enfin, il faut être étranger à l'arme pour parler de distribution de manuels à rendre au retour des écoles à feu On peut bien, en effet, distribuer des manuels aux officiers des autres armes qui suivent les écoles, et le leur redemander ensuite, puisqu'ils n'en ont que faire. Mais ceux qu'on distribue aux officiers d'artillerie sont leurs bréviaires indispensables et leur sont laissés. Tant que le manuel est en service, l'officier d'artillerie en a besoin. Quand il est remplacé par un autre, il est bien inutile de faire rentrer tout ce vieux papier, qui n'a plus aucune valeur. J'en aurais, pour ma part, une collection d'une huitaine (différents, car ces manuels durent peu) si, en quittant le service, je n'avais détruit les anciens. Je les conservais jadis pour mon instruction personnelle, pour faire des études comparatives; mais, quand j'ai quitté l'armée, je n'ai plus conservé que le dernier (justement celui du bordereau), qui était celui que j'aurais eu à appliquer en cas de mobilisation ou de simple convocation pour des écoles à feu.

Encore une fois, je serais singulièrement surpris si le commandant Hartmann, ou tout autre officier d'artillerie, contestait les affirmations que je viens d'émettre.

Veuillez agréer, Monsieur, l'assurance de ma considération la plus distinguée.

Signé : G. Moch.

8º Autre chose : On ne dit pas « manuel de tir **de** l'artillerie de campagne », mais « manuel de tir **d'**artillerie de campagne ». Le titre officiel est bien « Projet de manuel de tir **d'**artillerie de campagne ». Ce n'est pas en effet un manuel destiné à *l* arme qui s'appelle *l'artillerie de campagne*, mais un manuel destiné aux troupes d'artillerie qui peuvent avoir à faire un tir *de campagne* (ce qui peut arriver aux batteries à pied). Je ne dis pas cela pour le plaisir de me livrer à une logomachie, et il est certain qu'un officier écrivant une lettre ne se livrera pas à un semblable épluchage des mots. Seulement, voici : en pratique, un officier d'artillerie dira *toujours* « manuel de **tir de campagne**, manuel de tir de siège », comme on dit « tir de campagne, tir de siège, tir à la mer. » Un profane, au contraire, copie le titre de la brochure et se trompe en le faisant.

Lettre de M. A Spieg, sous-lieutenant de réserve démissionnaire.

Monsieur,

J'ai lu votre article du 22 novembre relatif au manuel de tir et au canon de 120 court.

J'ai eu entre les mains, pendant le mois de mai 1894, un manuel de tir qui m'avait été prêté par un officier de l'armée active ; ce manuel de tir était autographié. Tous les officiers de réserve qui, en 1894, ont comme moi assisté aux écoles à feu, ont eu chez eux ou au régiment, pendant un ou deux mois, ce manuel de tir soi-disant confidentiel.

Des officiers de diverses armes étaient présents au régiment pour faire un stage d'État-major. Je me souviens parfaitement de la présence d'au moins un officier d'infanterie.

Quant au 120 court, tous les officiers, et ils sont nombreux, qui peuvent circuler librement au camp de Châlons, ont dû voir une de ces pièces, dont personne ne défendait l'approche.

Je suis prêt à témoigner des faits ci-dessus rapportés, mais vous serais reconnaissant de ne publier ma lettre qu'avec mon autorisation, que je vous donnerais le cas échéant.

Veuillez agréer, Monsieur, l'assurance de mes sentiments les plus distingués.

Signé : André Spieg,

Sous-lieutenant de réserve, démissionnaire depuis la mise en jugement du colonel Picquart (• d'artillerie).

25, *rue de Lille.*

Louis PARAF
Ingénieur des Arts et manufactures,
15, *Av. Victor Hugo.*

Paris, le 26 novembre 1898.

Lettre de M. Louis Paraf, ingénieur des Arts et manufactures.

Monsieur le Rédacteur,

A la suite de votre article de ce jour, je pourrai peut-être vous donner quelques renseigements utiles au sujet du « Projet de Manuel de tir du 14 mars 1894 ».

J'ai fait, comme ancien élève de l'École centrale, ma quatrième année de service militaire au 10e régiment d'infanterie, à Rennes, comme 2e canonnier conducteur. Nous formions, mes camarades et moi, un peloton spécial d'élèves-officiers.

On nous fit remettre, en même temps qu'aux officiers, dans le courant de mars ou d'avril (il serait facile d'établir la date exacte, la décision ayant paru au rapport), le fameux manuel de tir, et aucune recommandation particulière ne nous fut faite. Vers le 15 mai eut lieu l'inspection générale et nous étions déjà très au courant de la nouvelle méthode de tir, et nous fûmes les premiers à commander les feux au champ de manœuvre suivant les principes du manuel de tir. Et jamais, au grand jamais, on ne nous a fait de recommandation spéciale au sujet de ce manuel, et nous étions loin de nous douter que nous avions en mains un document secret.

Il traînait toujours à côté de notre paquetage et tout le monde pouvait soit le consulter, soit même nous le voler.

Du reste, quand, le 30 septembre, nous avons rendu nos théories, il m'eût été facile de ne pas la remettre, comme je l'ai fait, par exemple, pour les « Bases générales de l'instruction des corps de troupes de l'artillerie », qui se trouve encore en ma possession.

Agréez, monsieur, l'assurance de ma parfaite sympathie.

Louis Paraf.

Nancy, le 6 février 1899.

Eugène NICOLAS
Avocat à la Cour,
80, *Rue St-Georges*.

Lettre de M. E. Nicolas, avocat à la cour d'appel de Nancy.

Monsieur et cher confrère,

Il y a trois mois, je vous écrivais : « Le projet de manuel de tir du 14 mars 1894, malgré ce qu'on a pu dire, était tellement peu considéré comme secret que moi-même, *deuxième canonnier conducteur*, ai eu ce manuel entre les mains, *dès le 2 ou 3 avril* **1894**. A cette époque (2 au 28 avril), j'ai fait une période de vingt-huit jours au 8e d'artillerie, 4e batterie, à Nancy. *Dès mon arrivée au corps*, mon capitaine m'a remis un projet autographié, en me disant qu'il m'intéresserait plus que les corvées. Et il m'a autorisé à l'emporter chez moi et à le faire copier. C'est mon domestique, dans ma salle d'attente (c'est-à-dire devant les clients), qui en a fait une copie que j'ai toujours.

Je ne tiens nullement à être entendu comme témoin par la Chambre criminelle. Mais je suis à votre disposition entière. N'ayant jamais reçu de réponse, je me demande si ma lettre primitive vous est parvenue. Si ce sont vos multiples occupations qui vous absorbent absolument — et je le comprends — considérez ce mot comme non avenu.

Et soyez persuadé, mon cher confrère, que je ne vous adresse pas le plus léger reproche d'une non-réponse qui s'expliquerait. Je ne me le permettrais du reste pas.

J'ai voulu tout bonnement, pour ma conscience, vous dire à nouveau un fait qui m'est personnel.

Croyez-moi, je vous prie, votre très confraternel et dévoué

NICOLAS.

P. MICHON
Saint-Mandé (Seine).

Saint-Mandé (Villa de l'Etape), 4 décembre 1898.

Lettre de M. Paul Michon, lieutenant de réserve au 12e régiment d'artillerie.

Cher monsieur,

J'ai lu votre article d'hier de l'*Aurore : Les faux témoignages*, et, en ce qui concerne le fameux « Manuel de tir », je ne vous surprendrai probablement pas beaucoup en vous disant que j'en ai un entre les mains, lequel m'a été remis en 1894, pendant que je faisais un stage d'un mois comme lieutenant de réserve au 12e régiment d'artillerie à Vincennes (en déplacement pour les écoles à feu à Fontainebleau).

Ce petit opuscule m'a été remis sans aucune recommandation et ne m'a pas été réclamé; il est autographié à la presse. J'étais fort inquiet ces temps derniers ; car je savais avoir ce manuel (projet), et, ne le retrouvant pas, j'étais à me demander s'il ne m'avait pas été détourné pour un mauvais usage contre ma personne. N'y a-t-il pas tout à craindre à notre époque où tout ce qu'il y a de beau, de vrai, de généreux est empoisonné par les dirigeants, incompris par les foules et vendu par les rastaquouères du patriotisme ?

Bref, si vous désirez avoir communication de ce « Projet de manuel de tir d'artillerie de campagne » — tel est le titre exact — dites-le-moi, cela vous inspirera peut-être quelques réflexions pour un prochain article.

En toute fraternité,

PAUL MICHON.

Paul Michon,

Lieutenant au 12e régiment d'artillerie, 57, avenue Daumesnil, Saint-Mandé (Seine).

QUATRIÈME PARTIE

PLAIDOIRIE DE Mᴱ MORNARD

Audience solennelle du 1er juin 1899.

L'audience est ouverte à midi cinq.

M. LE PREMIER PRÉSIDENT. — Maître Mornard, vous avez la parole.

Me MORNARD. — Monsieur le premier Président, Messieurs.

En me levant à votre barre aujourd'hui, j'ai au cœur tout à la fois une grande espérance et une grande ambition. J'ai l'espérance — et à cet égard je ne crains pas de déception, puisque je suis dans votre prétoire — d'arriver enfin aujourd'hui à la réparation d'une lamentable erreur judiciaire, réparation qu'à travers les vicissitudes d'une lutte épuisante, je poursuis depuis si longtemps de toutes les forces de mon âme. J'ai l'ambition, d'autre part, d'arriver du même coup à jeter un peu de paix dans les esprits de ce pays, et à faire pénétrer au cœur même de mes adversaires les plus acharnés une part de la conviction qui m'a soutenu, et de la certitude qu'a fait jaillir votre instruction.

Sans doute, messieurs, la violence même des passions qui se sont déchaînées dans cette affaire et mon peu d'autorité sont bien de nature à faire apparaître une telle ambition comme fort présomptueuse de ma part. Mais j'ai trop le respect du caractère même de mes adversaires pour penser un instant qu'elle puisse avoir rien de chimérique. C'est dire que pas plus aujourd'hui qu'il y a sept mois, je n'apporte à votre barre une parole acerbe et si d'aventure, au cours de la longue route qu'il me faut parcourir, il m'arrivait, ce que je ne crois pas, de laisser échapper de mes lèvres, en l'état d'extrême fatigue où je me trouve, quelque propos qui pût paraître blessant pour l'un quelconque de mes contradicteurs, je le prie d'avance de vouloir bien considérer ce propos comme l'expression insuffisamment surveillée d'une conviction trop ardente.

En l'état actuel, je n'ai plus, du reste, qu'à vous présenter un résumé aussi rapide que possible des débats sur lesquels vous avez à statuer. Après le magistral rapport que vous avez entendu, après ce monument que M. le Président de votre chambre civile a élevé, je puis le dire, à l'honneur de la justice humaine, après les conclusions si remarquables, si éloquentes, si vigoureuses, et si décisives que M. le Procureur général vient de vous faire entendre au nom de la Loi, tout est dit, et la lumière, que nous sollicitions, illumine aujourd'hui jusqu'en ses moindres détails une affaire que tant de passions diverses avaient obscurcie à l'envi.

Je me propose donc de vous retracer sommairement le tableau de ce procès de 1894, dont nous demandons la revision, de rechercher quels en furent les éléments, et d'examiner ensuite comment se comporte chacun de ces éléments à la lumière des faits nouveaux révélés par l'enquête.

Qu'est-ce donc que ce procès de 1894? Au premier coup d'œil jeté sur la procédure suivie contre Alfred Dreyfus, apparaît déjà une singularité bien troublante. Toute accusation, en effet, se compose essentiellement d'éléments moraux et d'éléments matériels. Or, dans le procès suivi en 1894 contre Alfred Dreyfus, les éléments moraux sont remplacés par des simulacres dus à l'imagination romantique de l'agent Guénée; le crime reproché à Dreyfus se montre comme un crime sans mobile et sans but, comme un crime véritablement absurde et psychologiquement inexplicable.

Les éléments moraux, on les a cherchés en 1894, on les a cherchés pendant cinq années, et le crime reste toujours inexpliqué et inexplicable. Ce crime le plus ignoble, le plus vil, ce crime que ne peuvent même excuser les égarements de la passion, ce crime qui ne peut s'expliquer que par les calculs les plus abjects, ce crime dont on accuse un officier français, ce crime demeure toujours un mystère impénétrable : c'est un crime qui paraît aller à l'encontre des intérêts de l'accusé lui-même !

Dreyfus est Alsacien, il appartient à une famille universellement estimée en Alsace; il refuse d'accepter l'annexion de l'Alsace à l'Allemagne; il refuse la situation brillante que lui offre l'établissement paternel, et il se consacre tout entier, il consacre toute sa vie à la défense de ce drapeau français qu'il ne peut plus voir flotter sur la terre d'Alsace.

Il vient en France suivre les cours de nos grandes Écoles militaires qui n'ont jamais, que je sache, formé de traîtres à la patrie. Il suit les cours de l'Ecole polytechnique, de l'Ecole de Fontainebleau, de l'École de guerre : partout, dans sa carrière militaire, les meilleures notes l'accompagnent. On vous a donné lecture de quelques-unes de ces notes. Permettez-moi de les faire passer intégralement sous vos yeux. Vous trouverez là le tableau de toute sa vie militaire; vous suivrez pas à pas ses progrès, vous verrez combien il est universellement estimé de ses chefs. On ne lui reproche qu'une chose : sa déplorable intonation. Je ne sache pas qu'il y ait là un indice précurseur du crime de trahison.

Voici ces notes :

« *Octobre* 1882. — Notes de l'École d'application : Constitution et santé bonnes, légèrement myope ; physique bien ; pourra faire un bon officier ; mais n'a rien qui le signale d'une manière particulière. Sorti 32e sur 97 élèves.

« *Janvier* 1883. — M. Dreyfus vient d'arriver au régiment ; il n'est pas encore assez connu pour être noté.

« *Juillet* 1883. — M. Dreyfus est un homme intelligent, rempli de bonne volonté ; il a, depuis son arrivée au corps, montré du zèle pour le service et de l'application dans les manœuvres ; mais il a encore beaucoup à faire pour compléter son éducation militaire. Son intonation est surtout très mauvaise ; néanmoins, en continuant à servir comme il le fait, il pourra devenir un bon officier.

« *Janvier* 1884. — Le lieutenant Dreyfus a été placé à la 11e batterie détachée à Paris. Il pourra faire un bon officier, mais il a encore beaucoup à faire pour être à hauteur. Il est zélé et consciencieux. »

« *Juillet* 1884. — Officier instruit et intelligent, a beaucoup d'entrain, convient très bien au service des batteries à cheval.

« *Janvier* 1885. — Mêmes notes.

« *Juillet* 1885. — Officier très actif, cavalier hardi, bon lieutenant de section. A besoin de perfectionner son instruction.

« *Janvier* 1886. — Officier plein d'entrain, très hardi cavalier, instruit, intelligent, dirige l'instruction à cheval des recrues de la batterie avec infiniment d'habileté. A malheureusement une déplorable intonation.

« *Juillet* 1886. — Le lieutenant Dreyfus a convenablement dirigé l'instruction des batteries de l'École militaire.

« *Janvier* 1887. — Excellent lieutenant de batterie à cheval. A montré du zèle et de l'intelligence pendant les manœuvres.

« *Juillet* 1887. — Très intelligent, très adroit, commande bien malgré sa mauvaise intonation. Bon lieutenant de batterie malgré quelques manques d'exactitude.

« *Janvier* 1888. — Le meilleur lieutenant du groupe des batteries, sait beaucoup et apprend toujours. Servi par une excellente mémoire et une intelligence très vive, a de grandes qualités d'instruction et de commandement, s'est montré plus exact, dirige bien l'instruction à pied et l'artillerie.

« *Juillet* 1888. — Continue à mériter les meilleures notes.

« *Janvier* 1889. — Toujours excellent lieutenant de batterie. Très bon instructeur; s'est bien montré aux manœuvres, a gagné un peu pour l'intonation.

« *Juillet* 1889. — Excellent lieutenant. Commande sans bruit et conduit très bien son personnel. Sait à fond ses manœuvres, sert très bien quoique préparant ses examens d'admission à l'École supérieure de guerre.

Le 3 octobre 1889. — M. Dreyfus a été nommé capitaine au 24e régiment d'artillerie par décret du 12 septembre et détaché à l'École centrale de pyrotechnie militaire par décision ministérielle du même jour.

« *Janvier* 1890. — Chargé du cours de mathématiques et de dessin aux élèves. Prépare ses examens à l'Ecole supérieure de guerre.

« *Juillet* 1890. — S'acquitte très bien de ses fonctions. A été admis à l'École de guerre.

5 novembre 1890. — Admis, par décision ministérielle du 26 avril 1890, à suivre les cours de l'École supérieure de guerre.

« 1891 *et* 1892. — Ce sont les notes de l'École de guerre; elles sont très bonnes, j'aurai à y revenir dans un instant et je passe.

« *Janvier* 1893. — (Il est alors à l'État-major). Officier très intelligent, rédige très bien, a déjà des connaissances fort étendues et est en mesure de traiter bien des questions avec ses idées personnelles. Veut et doit arriver.

Deuxième semestre 1893. — Nous arrivons, messieurs, à l'unique note qui ne soit pas absolument bonne. Cette note n'est pas en réalité franchement mauvaise : elle est, que la Cour me permette l'expression, d'une malveillance quelque peu tendancieuse.

La voici :

Officier incomplet, très intelligent et très bien doué, mais prétentieux, et ne remplissant pas au point de vue du caractère, de la conscience et de la manière de servir, les conditions nécessaires pour être employé à l'État-major de l'armée.

Cette note, messieurs, est signée Fabre; mais elle n'émane pas, en réalité, du colonel Fabre, et vous avez pu voir, par les documents imprimés qui vous ont été distribués, comment les appréciations consignées dans cette note avaient été émises.

Voici, en effet, comment dépose le colonel Fabre dans l'instruction de 1894.

« Ayant eu à noter cet officier, le capitaine Dreyfus, d'après les renseignements qui m'avaient été fournis sur son compte par le commandant Bertin et le lieutenant-colonel Roget, à cette époque sous-chef de bureau, je l'avais signalé sur son folio du personnel comme ne remplissant pas les conditions voulues pour être employé à l'État-major de l'armée. »

C'est donc, messieurs, sur les renseignements fournis par le lieutenant-colonel Roget, à cette époque sous-chef de bureau, que cette note a été rédigée.

Quel a donc été le fait à raison duquel le lieutenant-colonel Roget s'est montré si sévère appréciateur du caractère de Dreyfus?

Vous pouvez vous reporter, messieurs, à la déposition du lieutenant-colonel, aujourd'hui général Roget, faite devant votre Chambre criminelle.

Voici comment le général Roget s'exprime à cet égard :

« Au 3e bureau, on fait faire aux stagiaires un travail de transport fictif comme exercice fictif, parce qu'on leur donne des corps d'armée quelconques à transporter par une ligne de chemins de fer quelconque sans que ce transport ait aucun rapport avec la réalité.

« J'ai donné, pendant le deuxième semestre 1893, des transports de ce genre à faire aux stagiaires. Dreyfus en particulier est venu m'exposer à deux reprises dans mon bureau les soi-disant difficultés qu'il rencontrait à faire ce travail, et il m'a demandé d'une façon précise à faire le transport réel de deux corps d'armée par leurs lignes de transports réelles, sous prétexte que ce serait plus intéressant.

« J'ai refusé d'accéder à ce désir, et j'ai conservé, je l'avoue, une mauvaise impression de cette demande. C'est, d'ailleurs, tout ce que j'ai eu à lui reprocher, et c'était un officier remarquable sous tous les rapports. »

Ainsi, messieurs, c'est parce que Dreyfus, capitaine d'artillerie breveté d'état-major, est venu demander à son sous-chef de lui faire faire un travail présentant une utilité réelle, de lui permettre d'appliquer ses connaissances et ses facultés à une étude pratique et utile au lieu de lui faire faire des devoirs d'écolier, c'est, dis-je, à raison d'une pareille demande formulée par un capitaine d'État-major, que ce capitaine reçoit la note « officier ne remplissant pas, au point de vue du caractère, de la conscience et de la manière de servir, les conditions nécessaires pour être employé à l'État-major de l'armée ».

Vous voudrez bien vous souvenir, messieurs, que cette note est l'unique note défavorable donnée au capitaine Dreyfus; que, dans toute sa vie militaire, il n'est que cette ombre légère à un tableau particulièrement flatteur; et vous voudrez bien vous rappeler aussi quels motifs avaient inspiré une telle note.

Voilà donc, messieurs, toute la vie militaire de Dreyfus exposée devant vous; car, après cette note du général Roget, il n'y en a plus qu'une et elle est en harmonie avec les précédentes : elle est bonne.

Elle est ainsi conçue : « Officier très intelligent, saisissant vite les affaires, travaillant facilement, est peut-être un peu trop sûr de lui. Sait très bien l'allemand, et a utilisé consciencieusement son stage au deuxième bureau. »

Est peut-être un peu trop sûr de lui!

Est-ce là, messieurs, l'attitude d'un coupable et d'un espion? Bien des témoins vous ont présenté Dreyfus comme éprouvant une satisfaction, d'ailleurs très légitime, à montrer à ses supérieurs hiérarchiques quelle était la somme de connaissances qu'il avait déjà recueillie, se montrant fier même de ces connaissances acquises par son travail. Le général Roget vous l'a montré conférant avec le chef de l'État-major sur les dernières découvertes de l'artillerie, et captivant son attention par l'étendue de son savoir.

D'autres témoins vous l'ont montré au tableau noir indiquant quels étaient, à son avis, les points faibles et les points forts d'un plan de concentration. Est-ce là l'attitude d'un professionnel de l'espionnage? Et cependant ce serait cet officier universellement bien noté, cet officier qui mettait son orgueil à faire montre de ses connaissances techniques devant ses supérieurs hiérarchiques, qui se plaisait à se révéler devant les chefs de l'État-major détenteur des renseignements les plus nouveaux sur les questions d'armement et d'opérations militaires, ce serait cet officier qui aurait trafiqué de ses connaissances et fait de ses renseignements un commerce clandestin et ignoble avec les puissances étrangères!

N'est-ce pas une aberration qu'une accusation semblable? Tout n'exclut-il pas l'espion chez cet homme? Est-ce qu'un espion ne efforce pas de dissimuler tout ce qui concerne sa vie comme tout e qui concerne son caractère intellectuel et moral?

Et combien de témoins vous ont rapporté la satisfaction, la joie ue Dreyfus éprouvait à leur parler de son intérieur, de sa femme, e ses enfants, de ses voyages, de ses relations. C'est toute sa vie u'il montre. Et c'est là un espion! Jamais, messieurs!

Est-ce donc la misère qui a déterminé un coup de folie, qui poussé cet homme à commettre un crime absurde? Voilà un omme qui a tout pour lui, qui veut et doit arriver aux plus hauts rades de l'armée; nécessairement, s'il se livre aux pratiques de l'es-ionnage, il ruine et compromet pour toujours son avenir militaire, ar fatalement ces pratiques l'amèneront à dissimuler précisément ce ui est de nature à le faire bien noter; et sans doute c'est la misère ui l'a poussé à cet acte insensé? Non, Dreyfus est riche. Dreyfus, 'après l'information faite en 1894, avait recueilli une somme d'en-iron 225,000 francs dans la succession maternelle; mais il est tabli d'autre part, par des pièces comptables qui figurent au ossier, que sa fortune personnelle se montait à 600,000 francs. nfin, si les questions de sentiment ont sans doute été considérées vant toutes autres par Dreyfus quand il a contracté mariage, reyfus n'en avait pas moins épousé une femme riche. Il s'était llié, en 1890, à la famille Hadamard, famille de notables négociants le Paris, très honorablement connue, et sur laquelle la calomnie 'a jamais pu d'ailleurs arriver à mordre.

Deux enfants sont venus bénir cette union; voilà un jeune nénage qui avait tout pour lui, les douces joies de la famille, la ortune, un avenir plein de promesses et de sourires!

Dreyfus d'ailleurs avait une vie d'intérieur, — c'est le comman-lant Du Paty de Clam qui dit cela, — le ménage, dit-il, mène une xistence régulière, « il mène un train de vie apparent proportionné ses ressources ».

Et c'est le chef de ce ménage qui vend à l'étranger les secrets le la Patrie dont il est dépositaire. Le bonheur et la fortune l'ont omblé, il n'a aucun souci, il n'a qu'une ambition au cœur : celle le s'élever dans la hiérarchie militaire, de parvenir aux hauts grades de l'armée que ses bonnes notes lui permettent d'espérer; t c'est sur cet homme que tombe une accusation de trahison et l'espionnage. Quels peuvent donc être la raison d'être et le mobile le ce crime?

En 1894, après avoir vainement effectué toute espèce de recherches à cet égard, on eut recours au sieur Guénée.

Le sieur Guénée était un policier attaché au ministère de l Guerre, policier d'ordre quelque peu romantique et dont l'imagi nation fantastique n'est jamais lasse... La Cour connaît ces étrange rapports du sieur Guénée qui note des conversations incohérentes des propos de café bizarres attestant que le public exige de poursuites contre Dreyfus, et qui plus tard va même jusqu'à allégue que les magistrats de la Cour lisent leurs travaux confidentiels che: un pharmacien du quartier! L'imagination de Guénée est d'un large envergure : sollicitée par Henry, elle prit un essor stupé fiant.

Aussi vous avez au dossier toute une série de rapports de Guénée affirmant que Dreyfus avait des relations avec des femmes galantes que, d'autre part, il fréquentait des cercles où l'on joue... Ces rapports, messieurs, sont déjà bien insuffisants par eux-mêmes; car enfin, les relations avec des femmes galantes, la fréquentation des cercles où l'on joue, tout en étant assurément des faits peu recommandables, ne font pas nécessairement de celui qui s'y adonne un homme besogneux, un homme prêt à succomber aux pires suggestions de la misère, si ce joueur, ce débauché a une fortune personnelle suffisante pour donner satisfaction à ses vices.

Or, il n'a jamais été affirmé que Dreyfus ait fait avec des femmes galantes, ou dans les cercles où l'on joue, des dépenses considérables, et M. le commandant d'Ormescheville, qui a fouillé avec soin tous les papiers, les registres de Dreyfus, a relevé comme grosses dépenses de jeu une dépense de cinquante francs. Dreyfus a expliqué qu'il n'avait pas le goût du jeu, mais que, dans une réunion mondaine, il avait été obligé, par décorum, par nécessité en quelque sorte, de prendre part à un jeu organisé où il avait été entraîné à cette grosse perte de cinquante francs. Voilà, messieurs, tout ce que l'on a recueilli dans l'instruction et le procès de 1894, voilà ce qui constitue les éléments moraux de l'accusation relevée alors contre le capitaine Dreyfus.

Si de l'examen des éléments moraux on passe à celui des éléments matériels, que trouve-t-on dans le procès de 1894? Une pièce unique, vous le savez, messieurs, est apparue aux débats, cette pièce, vous la connaissez, c'est le bordereau.

Je n'ai pas à insister sur ce point, la chose a été cent fois établie, le rapport de M. le commandant Du Paty de Clam et le rapport de M. d'Ormescheville sont très catégoriques à cet égard : la seule base de l'accusation portée contre Dreyfus, c'est le bordereau; la seule base ostensible, l'élément matériel seul versé aux débats, c'est le bordereau.

Sur ce bordereau, quelles mesures d'instruction peut-on édifier? Évidemment deux mesures d'instruction s'imposent : une expertise en écriture, et une enquête; l'expertise en écriture d'une part, qui aura pour but de rechercher si l'écriture de ce document peut être attribuée à Dreyfus; et, d'autre part, l'enquête tendant à établir que Dreyfus s'était en effet procuré les documents énumérés dans ce bordereau.

Ce sont effectivement, messieurs, les deux mesures d'instruction auxquelles on a procédé. L'expertise a eu lieu; quatre experts en écriture ont été consultés : deux se sont prononcés en faveur de Dreyfus, deux se sont prononcés contre. Le chef du service anthropométrique, M. Bertillon, est venu les départager en attribuant le bordereau à Dreyfus. Je reviendrai plus tard sur ces divergences.

Puis vient l'enquête que vous connaissez. Elle est imprimée, elle est au dossier; mais si l'on parcourt, si l'on lit même attentivement toutes les dépositions des témoins de 1894, une réflexion surgit et s'impose : ces témoins entendus n'apportent aucun témoignage sur un fait précis relatif à l'accusation; quelques-uns ont bien attesté que Dreyfus se montrait particulièrement curieux des questions nouvelles, que même on l'avait vu dans certains bureaux en dehors des heures réglementaires; mais aucun témoin n'est venu affirmer que Dreyfus ait précisément demandé l'un des renseignements figurant au bordereau, que Dreyfus se soit procuré en 1894 les documents visés par ce bordereau.

On a seulement tenté d'établir quoi? que Dreyfus aurait pu se les procurer. Oh! sur ce point, messieurs, je suis parfaitement d'accord avec l'accusation. Il est manifeste que, si Dreyfus avait voulu se procurer les documents qui sont visés par le bordereau, lui, capitaine d'État-major, les eût certainement obtenus. Mais n'est-il pas singulier que, parmi tous ces témoins entendus, aucun n'ait pu attester qu'un seul des renseignements visés par le bordereau lui ait été demandé, ou qu'il ait été fourni soit normalement soit irrégulièrement à Dreyfus au moment où s'effectuait la livraison de ces documents à la puissance étrangère?

L'enquête, messieurs, paraît, elle aussi, dans ces conditions, avoir donné des résultats quelque peu incertains. Pas plus que l'expertise en écriture, elle n'a été concluante. Mais enfin, c'est toute l'instruction.

En résumé, dans cet examen des éléments de l'accusation de 1894 nous trouvons donc, à côté des éléments moraux représentés par les élucubrations de Guénée, un élément matériel, pièce unique versée aux débats, le bordereau sur lequel on a édifié une expertise et une enquête qui ne sont ni l'une ni l'autre concluantes.

Est-ce tout comme élément de ce procès de 1894? Non, messieurs, à côté des éléments moraux représentés par les rapports de Guénée, à côté des éléments matériels ostensibles versés aux débats, représentés par une pièce unique dite bordereau, il y a eu d'autres éléments matériels, occultes ceux-là et non communiqués à Dreyfus. Et cette révélation d'un dossier secret communiqué au Conseil de guerre en dehors de la défense, cette révélation, messieurs, il est aujourd'hui impossible d'en méconnaître la triste certitude.

Déjà, lorsque j'avais l'honneur de discuter cette affaire devant la Chambre criminelle en octobre dernier, déjà cette révélation était établie par les pièces se trouvant au dossier. Elle résultait d'articles publiés par les journaux officieux de l'État-major, l'*Éclair* du 15 septembre 1896, l'*Écho de Paris* du 16 novembre 1897, le *Gaulois* du 3 novembre 1897. On pouvait, il est vrai, croire alors que ce n'étaient là que de simples articles de journaux. On sait aujourd'hui que ces articles étaient en réalité des communiqués du commandant Du Paty de Clam; et dès lors quelle importance n'ont pas ces articles de journaux apparaissant maintenant comme des révélations de l'officier de police judiciaire du procès de 1894?

A côté de ces révélations faites par la presse officieuse de M. Du Paty de Clam, on trouvait dans le dossier d'octobre 1898 quatre rapports du colonel Picquart adressés au ministère de la Justice sur la demande même du Garde des Sceaux en septembre 1898; et spécialement le rapport du 15 septembre 1898 faisait connaître tous les détails de cette communication aux membres du Conseil de guerre.

Je rappelle encore, comme supplément de preuves et comme déclarations concordantes, les témoignages recueillis au cours du procès Zola, la déclaration de M. Janac qui figure au dossier du Conseil de guerre Esterhazy, pièce nº 69.

Et j'arrive immédiatement, messieurs, aux témoignages reçus par la Cour elle-même au cours de son instruction. Aucun témoin n'a osé nier devant vous la communication aux juges de pièces inconnues de la défense. Certains témoins ont affirmé le fait sous la foi du serment; d'autres se sont dérobés aux questions; ils ont dit ne rien connaître, ne rien savoir; et ceux qui ne pouvaient arguer de leur ignorance, MM. Mercier et de Boisdeffre, ceux-là n'ont osé rien dénier, ils ont catégoriquement refusé de répondre.

Le 24 janvier 1898, le gouvernement était interpellé sur cette question de communication de pièces secrètes, et M. Méline, à la Chambre des députés, déclarait à l'interpellateur, le député Jaurès : « Je n'ai pas à vous répondre. On vous répondra ailleurs. »

Ailleurs ? Où cela ? Au procès Zola, devant la Cour d'assises, où le débat allait alors s'engager. Au procès Zola, devant la Cour d'assises, le général Mercier est harcelé de questions par mes deux vaillants confrères Labori et Clémenceau. La question est formulée : mais M. le président des assises refuse de la poser.

« Nous ne sommes pas ici, fait observer M. le président des assises — ce sont les termes mêmes qu'il emploie — *devant une Cour de revision*. Je ne poserai pas la question. »

En novembre 1898, nous sommes cette fois devant la Cour de revision, et cette fois la question est posée : M. le général Mercier, M. le général de Boisdeffre, refusent formellement de répondre à la question posée. Mais d'autres témoins se sont montrés plus respectueux et de la Cour suprême et de la justice de leur pays, et M. le président de la République Casimir-Perier, lorsque la Justice l'a interrogé, a répondu à la Justice.

M. Casimir-Perier, ancien président de la République, a très nettement affirmé qu'au moins une des pièces visées par le colonel Picquart, et la plus importante de toutes, avait été communiquée au Conseil de guerre de Dreyfus, il a attesté que le fait lui avait été révélé par le général Mercier lui-même. D'autre part, le colonel Picquart a confirmé, sous la foi du serment, les renseignements qu'il avait apportés à M. le Garde des Sceaux, et qui avaient été transmis à la Cour suprême.

Le colonel Picquart, non seulement affirmait que dans cette communication secrète au Conseil de guerre, il y avait des pièces accusatrices qui n'avaient pas été montrées à l'accusé et à son défenseur, mais le colonel Picquart déclarait en outre que ces pièces étaient accompagnées d'un commentaire du commandant Du Paty de Clam, destiné à les mettre en valeur. Ainsi, il y avait dans ce dossier secret communiqué aux juges un véritable acte d'accusation clandestin, si bien que l'accusation forçait en réalité la porte de la salle des délibérations du tribunal inexorablement fermée à la défense !

Enfin, à côté des témoignages si précis du Président de la République, M. Casimir-Perier, et du colonel Picquart, on doit placer encore les déclarations très nettes du capitaine Freystætter, l'un des juges de Dreyfus.

Le capitaine Freystætter a demandé à comparaître devant vous pour libérer sa conscience. Par un scrupule que peut-être je trouverais exagéré, vous avez pensé que le capitaine Freystætter ne devait pas être interrogé sur ce qui s'était passé dans la salle des délibérations.

Mais le capitaine Freystætter ne pensait pas que le secret des délibérations pût porter même sur les objets extrinsèques à la délibération elle-même. Et déjà il avait déclaré devant des témoins qui vous ont rapporté ses propos sous la foi du serment, notamment M. Honnorat, que, effectivement, des pièces avaient été communiquées en dehors des débats aux membres du Conseil de guerre, et que, parmi ces pièces, figurait bien le fameux document où il est question de « ce canaille de D. » Nul doute ne peut donc subsister sur le fait même de cette communication : la preuve est faite, péremptoire. Mais ce n'est pas tout encore. M. Laroche, ancien résident de France à Madagascar, est venu, dans une déposition extrêmement importante, vous signaler l'effet produit par cette communication secrète. Devant la Chambre criminelle, il déposait en ces termes :

« En 1896, alors que j'étais résident général à Madagascar, avant que l'on parlât d'erreur judiciaire dans le procès Dreyfus, au cours d'une conversation, il m'arriva de demander si quelqu'un connaissait la nature de sa trahison. Mon officier d'ordonnance, le capitaine du génie Duprat, actuellement à Grenoble, entendant ma question, répondit aussitôt : « Dreyfus a été condamné pour avoir livré à l'étranger les plans de forteresses de la région de Nice. Il y a ici même un des juges de Dreyfus, le capitaine Freystætter, de l'infanterie de marine ; nous le voyons quelquefois et il nous a dit publiquement : « Cette canaille de Dreyfus a livré à l'étranger « des plans de forteresses de la région de Nice. Voilà pourquoi « nous l'avons condamné. »

« A diverses reprises, depuis cette époque, je suis revenu sur ce sujet avec mon officier d'ordonnance, et il m'a toujours répété dans les mêmes termes la révélation que le capitaine Freystætter avait faite devant lui. J'en ai gardé la conviction que, de toutes les charges qui avaient pu être relevées contre Dreyfus, celle là seule ou celle-là surtout avait frappé l'un de ses juges.

« Pendant longtemps, je n'eus aucune raison de supposer que cette accusation particulière et déterminée n'eût pas été discutée avec l'accusé et le défenseur ; mais depuis que l'on sait qu'il n'en a pas été question au cours des débats contradictoires du Conseil de guerre, j'ai dû conclure qu'elle avait été discutée entre les juges seulement sans que l'accusé ni le défenseur en eussent connaissance. »

Messieurs, M. le président-rapporteur objectait à cette déposition de M Laroche la lettre de M. Honnorat, à laquelle je faisais allusion tout à l'heure; et il disait, en exposant les arguments contraires à la revision, que, d'après M. Honnorat, le capitaine Freystætter n'aurait pas attribué une importance capitale à la pièce : « Ce canaille de D... » en tant que preuve de la culpabilité de Dreyfus.

Sans doute, le capitaine Freystætter avait été convaincu de la culpabilité de Dreyfus par la déposition du colonel Henry, il vous l'a déclaré ; mais il n'en résulte pas moins que la pièce « Ce canaille de D... » était une charge de plus et qu'elle relevait contre Dreyfus un fait très précis d'espionnage, qui, par sa précision même, était de nature à produire une grosse impression sur l'esprit des juges, et à affermir une conviction sans doute assez mal assurée, en présence du seul bordereau.

Quoi qu'il en soit, il n'y a pas de doute à cet égard : il y a eu à côté de l'élément matériel unique versé aux débats, le bordereau, d'autres éléments matériels communiqués au Conseil de guerre à l'insu de la défense.

Et voilà, messieurs, tout le procès de 1894 : des éléments moraux représentés par les rapports de Guénée, un élément matériel unique versé aux débats, le bordereau, et des éléments matériels clandestins communiqués au Conseil de guerre, en chambre du conseil.

Voyons maintenant comment se comporte chacun de ces éléments à la lumière des faits nouveaux. Et d'abord, les éléments moraux.

Sur quoi Guénée basait-il les renseignements transmis au Conseil de guerre? Le ministère de la Guerre ne paraît pas s'être beaucoup inquiété à ce sujet ; les renseignements étaient défavorables, il les a transmis tels quels. La Cour a eu plus de curiosité : elle a interrogé le sieur Guénée. On lui a demandé si, en ce qui concerne les relations de Dreyfus avec des femmes galantes ou ses fréquentations dans des cercles de jeu, il pourrait citer les noms de témoins honorables en état de corroborer ses allégations.

Il répond :

« Je ne puis citer aucun nom. J'ai été mis au courant par des racontars, par les dires de personnes, soit françaises, soit étrangères, qui fréquentaient chez cette femme, c'est-à-dire la Bodson. Je ne saurais citer aucune personne pouvant étayer de sa déposition ma déclaration. »

Et, en ce qui concerne la fréquentation par Dreyfus de cercles où l'on joue :

« C'est un bruit qui courait parmi les habitués des tripots, qui fréquentent les cafés des boulevards et les boulevards.

— Avez-vous pu vérifier par vous-même? — Non, monsieur. »

Et il ajoute enfin, en ce qui concerne les renseignements par lui fournis au ministère de la Guerre d'une manière générale :

« Oh ! ces renseignements peuvent aussi bien se rapporter à Dreyfus qu'à un autre; mais, comme seul Dreyfus était inculpé, tout retombait sur lui. C'était la tête de Turc. »

Une inquiétude surgit, et une question se pose; nous l'avions déjà formulée dans notre instruction écrite. Comment n'a-t-on pas vérifié l'authenticité des renseignements fournis d'une façon si légère par Guénée? En ce qui concerne la fréquentation des cercles où l'on joue, il y a des moyens d'investigation. Ces moyens sont plus ou moins sérieux, mais ils existent; on peut d'abord consulter les annuaires de ces cercles.

Guénée avait prévu l'objection et, dans un rapport, dont la copie figure au dossier, il déclarait que ces annuaires n'existaient pas pour les cercles visés. Nous avons, en réponse, indiqué d'une façon précise dans notre mémoire les maisons dans lesquelles ces annuaires avaient été édités. Ces annuaires, imprimés et édités en 1894, avaient d'ailleurs été communiqués à la Préfecture de police et le dépôt légal en avait été effectué. L'indication donnée par Guénée, sur ce point, était donc fausse.

Mais indépendamment de ces annuaires, il existait bien des témoins dont la parole digne de foi pouvait être recueillie. Les présidents de ces cercles étaient des hommes d'une honorabilité indiscutable. L'un d'entre eux était même un ancien directeur du ministère de la Guerre; c'est là un témoin qui offrait toutes espèces de garanties pour l'instruction. Comment donc, disions-nous, le ministère de la Guerre avait-il pu en ces conditions s'en rapporter sans aucun contrôle aux dires de Guénée?

Eh bien, messieurs, cet étonnement que nous avions manifesté dans notre instruction écrite, nous devons le reconnaître aujourd'hui, était mal fondé. Le ministère de la Guerre avait contrôlé les renseignements de Guénée. La déposition de M. le Conseiller d'État

Lépine, ancien préfet de police, que vous avez entendu postérieurement à la production de notre mémoire, a fait la lumière sur ce point. Le ministère de la Guerre avait cherché à la préfecture de police un contrôle et un supplément de preuves. On avait demandé au préfet de police de vouloir bien se livrer aux vérifications nécessaires. M. le préfet de police s'était, sur cette demande, livré à des investigations sérieuses, minutieuses, et il avait fourni deux rapports, l'un concernant le jeu, l'autre concernant les femmes.

En ce qui concerne la fréquentation des femmes galantes, M. Lépine a déclaré que ses recherches n'avaient pas abouti à un résultat certain : un doute subsistait ; il était possible que Dreyfus eût eu jadis des fréquentations chez les femmes galantes. Mais en ce qui concerne les cercles de jeu, le résultat de l'enquête et des recherches avait été décisif : Dreyfus était totalement inconnu dans ces cercles ; et M. le préfet de police avait mis en pleine lumière la confusion commise entre le capitaine Alfred Dreyfus et une tierce personne dont le nom, figurant au dossier, n'a pas besoin d'être cité à cette barre.

Ainsi, non seulement le rapport Guénée ne reposait sur aucune base sérieuse, et n'était qu'un ramassis de racontars puisés n'importe où, mais ces racontars, quelle qu'en soit la source, étaient démentis par des documents authentiques, par des rapports signés de M. Lépine, alors préfet de police ; et ces rapports, absolument probants, étaient tout en faveur de Dreyfus. Comment ces documents n'avaient-ils pas fait impression sur les juges? La raison en est simple : ces documents n'avaient pas été versés au dossier qui renfermait seulement les faux rapports sortis de l'imagination de Guénée.

Ils avaient été purement et simplement supprimés. Comment? Par qui?... Ici, nous n'avons plus de certitude, nous n'avons plus qu'une présomption grave.

Lorsque, après la déposition de M. le conseiller d'État Lépine, vous avez voulu éclairer votre conscience à cet égard, vous avez fait faire des recherches à la préfecture de police : ces recherches ont amené la découverte ou plutôt la mise au jour du rapport dressé par M. le préfet de police en 1894, et signé de lui ; on en a retrouvé la minute.

Elle ne porte pas d'indication qui permette de savoir par qui le document en question a été communiqué au ministère de la Guerre. Mais, M. le conseiller d'État Lépine vous a dit ici même : « Toutes les communications que je faisais de la préfecture de police au ministère de la Guerre avaient lieu par l'intermédiaire du commandant Henry. »

Il est donc très vraisemblable que l'auteur de cette suppression frauduleuse des pièces à décharge est le commandant Henry.

Quel qu'en soit d'ailleurs l'auteur, le fait même de la suppression est matériellement établi.

En ce qui concerne la première catégorie des éléments du procès de 1894 (éléments moraux), nous devons donc faire aujourd'hui cette constatation : ces éléments n'avaient aucune consistance et les rapports officiels de la préfecture de police en faisaient complètement justice; mais ces rapports ont été dissimulés au Conseil de guerre par l'effet d'un acte inavouable, vraisemblablement imputable au commandant Henry.

Qu'a-t-on trouvé depuis pour réparer cette brèche faite à l'accusation de 1894? Les énergiques protestations d'innocence de Dreyfus, son attitude à l'heure effroyable de la dégradation militaire avaient jeté quelque inquiétude dans les cœurs; et ceux qui, comme le général de Boisdeffre, connaissaient l'inanité du dossier, comprenaient bien la nécessité de rechercher même après la condamnation des preuves sérieuses de la culpabilité de Dreyfus. Lorsque le colonel Picquart fut appelé à la tête du service des renseignements, il fut invité par le général de Boisdeffre à procéder à ces recherches. « L'affaire Dreyfus n'est pas terminée, avait dit le chef d'État-major au chef du service des renseignements, elle ne fait que commencer ». Ce propos vous a été rapporté par le colonel Picquart, et le général de Boisdeffre, interrogé par vous à cet égard, a répondu qu'il n'avait plus présents à la mémoire les termes dont il s'était servi, mais qu'effectivement, il avait demandé au colonel Picquart de compléter le dossier Dreyfus.

Il en donne la raison : « J'ai donné ces instructions pour deux « motifs (déposition du général de Boisdeffre, page 170) : le premier « c'est que mon devoir comme ma préoccupation était de tâcher « de trouver le plus de traces possible des divulgations qui avaient « été faites et de tâcher de découvrir si d'autres fuites que celle que « je connaissais s'étaient produites.

« Le second motif est que, pour des raisons que je n'ai pas à « apprécier, j'ai trouvé, en effet, l'instruction concernant Dreyfus « complètement insuffisante en ce qui concerne sa moralité, ses « relations de femmes, etc. »

Eh bien, messieurs, en présence de cette mise en demeure du général de Boisdeffre, le colonel Picquart s'est efforcé, lui aussi, de rechercher la clef de cette énigme, de découvrir enfin quel était le mobile du crime de Dreyfus, à la culpabilité duquel il croyait et voulait croire.

Il met en campagne, qui? Toujours Guénée. Vous connaissez le résultat de ces recherches : elles n'ont rien donné de plus que ce qu'elles avaient donné précédemment, les racontars de 1894.

Cependant on multiplie à l'infini les efforts pour trouver quelque chose de plus palpable de ce côté, pour essayer de prouver l'immoralité de Dreyfus; et grâce à ces laborieux efforts, on réunit péniblement en cinq années quatre pièces qui figurent aujourd'hui au dossier secret (dossier militaire), quatre pièces que je dois passer en revue :

La première (pièce 96, dossier secret) : *Propos tenus par M. Hadamard, professeur suppléant au Collège de France, à M. Painlevé, maître de conférences à l'École normale supérieure.* M. Hadamard avait déclaré à son collègue M. Painlevé qu'il ne connaissait pas personnellement Dreyfus, son cousin, qu'il ne l'avait vu qu'une fois, que même il courait sur lui dans les journaux certains bruits jetant un jour fâcheux sur sa moralité; que conséquemment, il raisonnait abstraction faite des personnes, mais que, raisonnant uniquement sur les faits, il lui était impossible de reconnaître qu'il y eût une preuve quelconque de la culpabilité de Dreyfus. Telle est la substance des propos tenus par M. Hadamard à M. Painlevé et rappelés par ces deux honorables professeurs dans leurs dépositions devant la Cour.

Ces propos sont rapportés au général Gonse. Ce dernier fait comparaître M. Painlevé auquel il déclare, après explications, qu'il juge ces propos insignifiants et inutiles à noter; mais cependant, après réflexion faite, il les note, et on les trouve alors transformés de la manière suivante (pièce 96) :

M. Hadamard aurait tenu le propos suivant :

« Je n'ai pas voulu vous dire que je croyais Dreyfus innocent; d'ailleurs, depuis son arrestation, nous avons eu dans sa famille connaissance de certains faits de sa conduite qui font que nous ne pouvons pas répondre de lui. »

MM. Painlevé et Hadamard ont protesté énergiquement — et justement — contre ce travestissement de leur pensée. Justice a été faite de cette première pièce, M. le procureur général en a déjà parlé. Je n'y insisterai donc pas davantage; mais je constate que, lorsqu'on veut nourrir le dossier (suivant l'expression du colonel Picquart), lorsqu'on veut enfin mettre dans ce dossier comme preuve de la culpabilité de Dreyfus, autre chose que les élucubrations de l'agent Guénée, on est obligé de dresser un rapport, ou on déforme un propos pour lui prêter une signification contraire à la pensée de son auteur !

Une deuxième attestation, messieurs, figure dans le dossier secret sous le n° 101. C'est une attestation du colonel en retraite Fleur, elle est du 29 janvier 1899, et elle est ainsi conçue :

« Je fus amené à prendre en cours de route le rapide de Mulhouse-Belfort-Paris ; or, dans le compartiment où je montai, se trouvait un monsieur paraissant très bien sous tous les rapports. Ce monsieur m'apprit un fait fort curieux ; il me déclara que Dreyfus, s'étant rendu en permission à Mulhouse, on l'avait vu, à la grande indignation des habitants à cheval, en tenue bourgeoise, à côté du général commandant les troupes allemandes de cette place et aller voir avec ce dernier les manœuvres de la garnison. »

Messieurs, la grande indignation des Mulhousiens, en ce qui concerne Dreyfus, vous la connaissez. Si le monsieur anonyme qui paraissait si bien sous tous les rapports au colonel Fleur prêtait gratuitement aux Mulhousiens un sentiment d'indignation contre la conduite de Dreyfus, il n'y a eu en réalité chez eux, vous le savez, que de l'indignation contre le jugement condamnant Dreyfus, à la loyauté duquel ils n'ont jamais cessé de croire. On s'est efforcé, précisément pour cette cause, de tuer quelques Mulhousiens à coups de calomnie, mais il n'en est pas un seul encore à l'heure qu'il est qui ne proteste de l'innocence de Dreyfus.

A côté de ces deux pièces, nous en trouvons une troisième (pièce 81 du dossier secret). Cette fois, c'est une double attestation délivrée le 25 mai 1898, et pieusement déposée dans le dossier. Il me suffira, messieurs, de vous en donner lecture :

« Un matin — c'est le capitaine Sommer qui parle — au commencement de 1890, j'ai rencontré Dreyfus qui s'est plaint à moi de la façon brutale dont le capitaine Barbier venait de le mettre à la porte de son bureau. Je me suis demandé depuis si cette sortie n'avait pas été motivée par l'attitude suspecte et embarrassée qu'aurait peut-être prise Dreyfus à l'arrivée inopinée du capitaine Barbier dans son bureau.

« Signé Sommer. »

Et au-dessous attestation du chef d'escadron Barbier :

« Le fait relaté ci-dessus est complètement sorti de ma mémoire : cependant il me paraît très possible, étant donné que certaines

:périences devaient demeurer confidentielles, et que le colonel-recteur m'avait ordonné de ne pas divulguer certains documents ont j'avais la garde. »

Je ne voudrais pas, messieurs, déflorer ces deux pièces par le oindre commentaire ; je les livre telles quelles à l'appréciation de Cour. Présenter de telles attestations comme les preuves si per-svéramment poursuivies de la culpabilité et de l'immoralité de reyfus me paraît un symptôme de nature à suggérer de bien mères réflexions.

Enfin, 4e pièce, c'est une attestation du général de Dionne ; elle-ci est plus grave ; elle est du 1er juin 1898 et est ainsi conçue :

« Le sieur Dreyfus, ex-capitaine d'artillerie, a été sous mes rdres pendant les deux années qu'il a passées à l'École de guerre. était un officier intelligent, laborieux et doué d'une prodigieuse némoire, et, quoique entré à l'École dans un très mauvais rang, il e tarda pas à arriver à la tête de sa promotion.

« Sa manière d'être, haineuse et cassante, et ses propos inconsi-érés, — il disait notamment devant ses camarades que les Alsa-iens étaient plus heureux sous la domination allemande que sous domination française, — lui avaient attiré l'antipathie de ses rofesseurs et de ses camarades. Sa conduite privée n'était pas onne ; car, jeune marié, il ne craignait pas de se montrer avec des lles. J'ai eu des reproches à lui faire à ce sujet. J'ai vu beaucoup 'officiers israélites à l'École de guerre ; j'affirme qu'aucun d'eux n'a té l'objet de l'animosité ni de ses chefs, ni de ses camarades, et 'il n'en a pas été de même pour le nommé Dreyfus, cela tenait à on détestable caractère, à l'intempérance de son langage et à une ie privée sans dignité et nullement à sa religion.

« *P.-S.* — J'ajoute qu'au moment des examens de sortie de École de guerre, Dreyfus est venu me demander de relever sa cote l'aptitude, prétendant que pour son examen d'artillerie il avait été ictime d'une injustice. J'ai refusé d'accéder à ce désir pour les aisons exposées ci-dessus.

« 1er juin 1898.

« Signé : DE DIONNE. »

Il serait extraordinaire et tout à fait étrange que ce capitaine Dreyfus, qui a quitté l'Alsace précisément pour éviter la domina-ion allemande, et qui est venu en France consacrer sa vie à notre armée pour essayer de reconquérir nos provinces perdues, il serait extraordinaire, dis-je, que ce capitaine Dreyfus ait tenu à l'École de guerre le propos qu'on lui prête : « Les Alsaciens sont plus heureux sous la domination allemande que sous la domination française. » Il y a là quelque chose qui, déjà *a priori*, paraît bien invraisemblable.

Mais j'ai quelque chose de plus que ces invraisemblances *a priori* à opposer au général de Dionne. Je lui oppose un autre certificat daté de 1892 et concernant la période passée par Dreyfus à l'École de guerre, s'appliquant par conséquent exactement à la conduite de Dreyfus considérée et appréciée dans l'attestation que je viens de lire. Voici comment ce certificat est conçu : C'est la note dont je n'ai pas donné lecture tout à l'heure, la réservant pour cette partie de ma discussion :

« 1891-1892. — Notes de l'Ecole supérieure de guerre :

« Physique, assez bien;

« Santé, assez bonne, myope;

« Caractère, facile;

« Éducation, bonne;

« Intelligence, très ouverte;

« Conduite, très bonne;

« Tenue, très bonne;

« Instruction générale, très étendue;

« Instruction militaire théorique, très bonne;

« Instruction militaire pratique, très bonne.

« Instruction administrative, très bonne; connaît très bien l'allemand, monte très bien à cheval.

« Sert bien. Admis à l'école, 67 sur 81. Sorti, 9 sur 81. A obtenu le brevet d'état-major avec la mention très bien. Très bon officier, esprit vif, saisissant rapidement les questions, ayant le travail facile et l'habitude du travail, très apte au service de l'État-major. »

Ces notes sont signées d'un général dont M. le général de Dionne ne récusera pas l'autorité : elles sont signées... général de Dionne.

Je n'insisterai pas sur la tristesse qui se dégage du rapprochement de ces deux certificats. Je ne veux pas incriminer en quoi que ce soit le général de Dionne, et je suis certain pour ma part qu'il a signé les deux certificats avec la même bonne foi. Mais, pour le général de Dionne, comme pour bien des témoins que vous avez entendus, s'est produit ce phénomène auquel bien peu d'entre nous ont pu échapper, la déformation des souvenirs sous l'influence de l'atmosphère de calomnie créée autour du malheureux Dreyfus.

La Cour se rappelle que bien des témoins (notamment M. Hanoaux, si j'ai bonne mémoire, ainsi que M. le conseiller d'État Lépine), uestionnés sur le point de savoir si tel fait ou tel autre était parenu à leur connaissance, ont répondu : « Nous connaissons bien fait, mais nous ne savons pas s'il s'est placé dans notre souvenir la suite de constatations personnelles, ou bien si nous l'avons etenu à la suite de lectures de journaux. »

Eh bien, très vraisemblablement, le général de Dionne, lorsque e général Gonse lui a demandé son concours pour composer son ossier contre Dreyfus, a négligé de se reporter à ses notes de 1892 : n'a consulté que ses souvenirs, et n'y a recueilli que les alomnies déversées sur Dreyfus pendant cinq années consécuives.

De ces constatations, je ne veux retenir que cette conclusion : c'est qu'il faut accueillir avec bien de la réserve toutes ces attestaions dirigées aujourd'hui contre Dreyfus, parce que dans la pluart d'entre elles, et même dans toutes, on retrouve plus ou moins es traces souvent involontaires de la calomnie qui pendant si longemps s'est acharnée sur cet homme.

Eh bien, les cinq années de recherches faites sur la moralité de Dreyfus n'ont abouti qu'au certificat du général de Dionne, qui est détruit par lui-même, à l'attestation du capitaine Sommer et du chef d'escadron Barbier, à l'attestation du colonel Fleur et aux propos Painlevé et Hadamard rapportés par le général Gonse !

Ainsi 5 années d'efforts prolongés, secondés par des bonnes volontés considérables et peu scrupuleuses, ont donné cela ! Voilà tout ce qu'on a pu réunir pour suppléer aux éléments moraux du procès de 1894; et ces éléments moraux résidaient uniquement dans les rapports de l'agent Guénée, racontars ramassés sur les boulevards, et qui n'ont pu tenir debout devant le Conseil de guerre de 1894 que parce qu'une suppression frauduleuse avait empêché les pièces authentiques d'arriver aux yeux des juges.

Voilà, messieurs, comment se comportent aujourd'hui les éléments moraux du procès de 1894 lorsqu'on les examine à la lumière des faits nouveaux. Déjà ici une conclusion s'impose : c'est que, n'y eût-il que cela dans le procès actuel, il faudrait reviser, puisque déjà est établi un fait nouveau démontrant qu'un des éléments ayant servi à former la conviction des juges est un élément frelaté, un élément inexact, un élément dont le maintien dans l'accusation de 1894 n'a pu avoir lieu que par l'effet d'un dol criminel aujourd'hui révélé.

J'arrive à une seconde catégorie des éléments du procès de 1894. Je parle des éléments matériels et spécialement de ce que j'ai appelé les éléments matériels clandestins, c'est-à-dire les éléments d'accusation qui ont été communiqués au Conseil de guerre à l'insu de la défense et à l'insu de l'accusé lui-même.

En ce qui concerne ces éléments, je soutiens que les faits nouveaux qui se sont révélés nous fournissent deux moyens de revision : l'un tiré de la révélation de leur clandestinité même, l'autre tiré de la révélation de leur inapplicabilité à Dreyfus.

Leur clandestinité : je ne rappellerai pas ici, dans ma discussion orale, les nombreux documents de législation et de jurisprudence que j'ai cités dans mon mémoire écrit, et qui établissent la nécessité d'une communication intégrale et complète à tout accusé de tous les documents de l'accusation.

J'aurais honte de me livrer dans votre prétoire à la démonstration d'un principe placé à la base même de la société humaine, et sans lequel la justice ne serait plus qu'une décevante illusion.

Je ne rappellerai pas davantage les innombrables arrêts qui attestent le soin jaloux avec lequel, même dans les causes les plus infimes de simple police, vous veillez au respect de ce principe fondamental qui est qualifié par vous principe de droit naturel.

J'évoque seulement le souvenir de l'affaire Fabus, l'arrêt rendu par vous, le 26 mars 1842, parce qu'il présente avec l'affaire actuelle de frappantes analogies.

Là aussi il s'agit d'une décision rendue par un Conseil de guerre; là aussi, des pièces ont été communiquées au Conseil de guerre à l'insu de l'accusé et de son défenseur. Mais on est en 1842; le pourvoi en revision pour faits nouveaux n'a été introduit dans notre législation qu'en 1895; et lorsque M. le Garde des Sceaux s'aperçoit que d'autres excès de pouvoir — je dis d'autres excès de pouvoir, car celui-là lui avait échappé — ont été commis par le Conseil de guerre, il introduit devant la Chambre criminelle un pourvoi, qui théoriquement constituait une demande d'annulation, mais qui, en fait, était une véritable demande de revision.

Devant la Chambre criminelle on examine le dossier; on reconnaît qu'en dehors des excès de pouvoir relevés par le Garde des Sceaux, il s'en trouve un autre plus grave encore (la communication de pièces secrètes aux juges à l'insu de la défense); immédiatement le Procureur général Dupin, d'office, relève ce moyen et d'office, messieurs, vous avez à raison de ce moyen cassé l'arrêt rendu contre Fabus.

Je ne rappelle que ce précédent, et simplement pour bien montrer que non seulement il s'agit là d'un moyen topique, mais d'un moyen d'ordre public.

Mais, dit-on, c'est là un moyen d'annulation et non un moyen de revision. J'ai quelque peine à comprendre cette distinction en ce qui concerne spécialement le moyen qui nous occupe en ce moment.

Moyen d'annulation, soit; mais moyen d'annulation d'une nature particulière; car il résulte bien des principes de notre droit public si souvent consacrés par votre jurisprudence, qu'une décision rendue sur des pièces non communiquées à la défense n'a véritablement de judiciaire que le nom; car une condamnation prononcée dans ces conditions ne peut pas être réputée condamnation judiciaire; car l'individu frappé de cette condamnation n'est pas judiciairement condamné, et aux yeux de la loi il demeure toujours un accusé, puisqu'aucune décision judiciaire n'est intervenue contre lui.

Eh bien si, à raison de ce moyen, nous devons voir en Dreyfus, non plus un condamné judiciaire, mais un simple accusé aux yeux de la loi, Dreyfus bénéficie de la présomption légale d'innocence qui couvre tout accusé. Et dès lors ce moyen est bien un moyen de revision au premier chef, puisqu'il vise une présomption (et une présomption légale) de l'innocence du prétendu condamné.

Cependant, M. le procureur général déclare réserver pour une demande d'annulation ce qui est, à proprement parler, un moyen d'annulation, et ce qui ne peut être invoqué comme moyen de revision que par voie de raisonnement.

La cour me permettra, messieurs, d'insister énergiquement sur ce point néanmoins, car j'ai conscience de défendre sur ce terrain plus même que l'honneur et la liberté de Dreyfus, j'ai conscience de défendre ici l'honneur et la liberté de tous nos officiers, et je dirai même de tous les citoyens quels qu'ils soient.

Il n'existe plus, en effet, il ne peut plus exister de sécurité pour aucun de nous, si chaque jour nous sommes exposés aux coups invisibles de ces lois imprécises sur l'espionnage, si chaque jour nous sommes exposés à des accusations secrètes basées sur pièces occultes, si chaque jour nous pouvons être condamnés suivant une formule clandestinement préparée par l'accusateur et soigneusement dérobée à la connaissance de la victime. La lettre de cachet de l'ancien régime avait au moins l'avantage de ne pas déshonorer celui qu'elle frappait. Mais, à notre époque, une accusation clandestine basée sur pièces occultes, plus ou moins frelatées, pourrait venir déshonorer la victime choisie par le maître du jour avant de la faire jeter au bagne. Et Dreyfus dégradé et flétri, Dreyfus avec lequel je n'ai jamais pu moi, son avocat, malgré toutes mes réclamations conférer un instant, Dreyfus après cinq années de bagne et de fers, Dreyfus ne sait pas encore ce dont il fut accusé! La suppression du droit de défense de Dreyfus a été, me dira-t-on, le résultat d'une erreur commise de bonne foi par des hommes qui n'étaient pas jurisconsultes. C'est possible, et je le veux croire. Mais si l'erreur d'hier est peut-être excusable à raison de la bonne foi, qui nous répondra que la même bonne foi présidera encore à l'erreur de demain? En ces temps troublés où les haines de races, de sectes et de religions sont si soigneusement cultivées comme des vertus éminemment nationales, qui nous répondra que cet atroce procédé ne deviendra pas demain le plus redoutable des instruments au service des pires passions?

Eh bien, je dis, messieurs, qu'une décision judiciaire où se révèle une pareille tare ne peut plus conserver son autorité de chose jugée. Moyen de revision ou moyen d'annulation, je dis que quelle que soit votre appréciation à cet égard, le moyen est établi aujourd'hui, et qu'il porte à la base même du jugement de 1894 un si rude coup, que jamais ce jugement ne pourra rester debout.

J'ai articulé, messieurs, que l'examen des faits nouveaux concernant la seconde catégorie d'éléments relevés dans le procès de 1894 (éléments matériels clandestins) faisait apparaître deux moyens de revision. J'ai terminé mes observations relatives au premier de ces moyens, la révélation même de la clandestinité des éléments considérés. J'arrive maintenant au second moyen : la révélation de l'inapplicabilité à Dreyfus de ces éléments d'accusation.

La pièce capitale du dossier secrètement communiqué aux juges, celle qui était destinée à donner corps aux présomptions de culpabilité péniblement déduites des autres pièces par le commentaire de Du Paty, c'est la pièce aujourd'hui désignée par ces mots qui en sont extraits « Ce canaille de D... ». Or, il est aujourd'hui établi avec certitude que cette pièce ne peut s'appliquer à Dreyfus. Tous les témoins entendus sont d'accord à cet égard, même les témoins adverses, le général Roget comme le colonel Picquart, le colonel Picquart comme le commandant Cuignet, et même M. Cavaignac, qu'on ne peut accuser de trop de versatilité dans ses opinions. M. Cavaignac lui-même déclare aujourd'hui que cette pièce, invoquée par lui à la tribune de la Chambre des députés comme une preuve certaine de la culpabilité de Dreyfus, ne saurait être classée dans son dossier qu'avec la plus grande circonspection, et qu'il éprouve au sujet de ce document les doutes les plus graves.

Et, en effet, messieurs, vous savez aujourd'hui, grâce à la production du dossier secret, ce qu'étaient en réalité les fait d'espionnage visés par la pièce « Ce canaille de D... et relatifs aux plans-directeurs de forteresse. Vous savez que ces livraisons de plans-directeurs se sont perpétuées après la condamnation de Dreyfus; vous savez même quel en était le prix, car une pièce du dossier secret vous a révélé que l'agent A... estimait et payait ces plans-directeurs au taux de 10 francs pièce. Et c'étaient là les documents que vendait « ce canaille de D... »; c'étaient là les documents dont cet espion de bas étage suppliait humblement ses correspondants de vouloir bien continuer l'achat. Et « ce canaille de D... » ce serait un capitaine de l'état-major de l'armée! Tous les témoins, messieurs, ont reculé devant cette impossibilité.

Mais en dehors de cette impossibilité morale, il y a, en ce qui concerne l'application d'un tel document à Dreyfus, une impossibilité matérielle.

Vous savez, en effet, d'après la communication qui vous a été faite du dossier militaire, que les agents A... et B..., dans leurs opérations d'espionnage, prenaient grand soin de démarquer leurs correspondants et qu'ils les affublaient de noms de guerre dont l'initiale, nécessairement, pour que le démarquage fût absolu, était différente de l'initiale du nom réel. Dès lors, cette initiale D qui figure dans le document accusateur, loin de désigner Dreyfus, l'excluait nécessairement. C'est parce qu'il y avait l'initiale D dans ce document qu'il fallait résolument exclure la pièce en question, qui est un document d'espionnage, du dossier de l'accusation portée contre Dreyfus.

En fait, vous savez d'ailleurs, grâce aux révélations de M. le comte de Tornielli qui ont été apportées à la Cour, par l'intermédiaire de l'ancien Garde des Sceaux M. Trarieux, que la pièce « Ce canaille de D... » désignait un pauvre hère du nom de Dubois, pauvre hère que le ministère de la Guerre considère comme étant dans l'impossibilité de livrer rien de bien sérieux et de bien compromettant pour la défense nationale; et le dossier secret fournit la preuve que les relations des agents A... et B... avec Dubois ont d'ailleurs continué.

Donc, incontestablement, cette pièce : « Ce canaille de D... » est inapplicable à Dreyfus. L'inapplicabilité à Dreyfus de cette pièce capitale du dossier secrètement communiqué aux juges est certaine.

Je voudrais m'arrêter là, m'en tenir à cette constatation que le dossier dérobé à la connaisssance de la défense contenait des documents authentiques sans doute, mais inapplicables à Dreyfus. Je suis forcé d'aller plus loin, et de dire, en l'état des dernières révélations, qu'à côté de ces pièces authentiques mais inapplicables à Dreyfus, il y avait dans le dossier clandestin des pièces falsifiées et des documents forgés contre Dreyfus. Il est difficile, en effet, de ne pas croire aujourd'hui que ce dossier renfermait également le fameux télégramme chiffré de l'agent B... à son état-major, télégramme si étrangement maquillé, et sans doute aussi les célèbres lettres impériales qui, d'après les dernières dépositions, dorment aujourd'hui leur dernier sommeil dans la forêt de Marly. (*Sourires.*)

Eh bien, messieurs, je dis qu'il y a là un fait nouveau, dans toute la force du terme, qui impose la revision ; en admettant même que vous repoussiez la revision sur le moyen tiré de la clandestinité des éléments matériels que je signalais tout à l'heure, nécessairement vous devez prononcer la revision, parce que, parmi ces éléments clandestins, il en était qui, vrais ou faux, ne s'appliquaient pas à Dreyfus. Le moyen tiré de l'inapplicabilité à Dreyfus des éléments matériels d'accusation clandestinement placés sous les yeux de ses juges est un de ces moyens inéluctables qui s'imposent à toutes les consciences.

M. le président rapporteur disait hier, exposant les arguments adverses : « Mais la communication clandestine, nous n'avons pas à en tenir compte; elle ne compte pas légalement. Qu'importent les pièces communiquées ?

— Vraiment? Mais si, parmi ces pièces, il en est qui ne sont pas applicables, qui même sont des pièces falsifiées et forgées, si la conviction des juges s'est faite de tous ces éléments frelatés, cela ne compte pas légalement? Oui, certes, il est une chose qui en pareil cas ne compte pas légalement, c'est la décision judiciaire qui a été le résultat de pareilles machinations. Voilà ce qui n'a pas de valeur légale; et c'est ce que vous proclamerez, messieurs, dans votre arrêt de revision.

J'en ai terminé ainsi, messieurs, avec l'examen de ce que j'ai appelé les éléments matériels clandestins. Considérée à la lumière des faits nouveaux, cette seconde catégorie des éléments de l'accusation de 1894 fait apparaître la revision comme nécessaire et certaine : l'examen de la première catégorie d'éléments (éléments moraux) nous avait déjà conduits à cette même conclusion.

J'aborde maintenant la troisième et dernière catégorie d'éléments que j'ai relevés dans le procès de 1894; il s'agit cette fois de l'élément matériel qui a été versé aux débats, le bordereau.

En ce qui concerne le bordereau, messieurs, je prétends relever six ordres de faits nouveaux qui tous imposent la revision.

Ce sont les révélations concernant le papier du bordereau, les révélations concernant l'écriture du bordereau, les révélations concernant la date du bordereau, les révélations concernant l'origine des renseignements qu'il vise, les révélations concernant les relations d'espionnage du destinataire du bordereau, et enfin les aveux formels et implicites d'Esterhazy se reconnaissant l'auteur du bordereau.

Tout d'abord il s'agit du papier.

Vous savez, messieurs, combien ont été minutieuses les recherches faites en 1894 pour trouver soit dans les bureaux où travaillait Dreyfus, soit à son domicile personnel, soit même au domicile de ses beaux-parents un papier présentant une analogie quelconque avec le papier du bordereau.

Vous connaissez, messieurs, le résultat absolument infructueux de ces recherches.

Vous savez que ce papier est quelque peu, je ne dirai pas mystérieux, mais du moins difficile à se procurer, qu'il est très rare dans le commerce mais que, cependant, on le débitait encore dans une maison de Paris.

Jamais Dreyfus n'a écrit sur papier calque. Il l'a déclaré, et les déclarations faites par Dreyfus à cet égard doivent, encore aujourd'hui, être considérées comme l'expression exacte de la vérité, puisque toutes les investigations à cet égard, après comme avant 1894, sont restées infructueuses.

Vous savez, d'autre part, que deux lettres ont été saisies portant la signature d'Esterhazy et écrites sur un papier absolument identique à celui du bordereau. Ces deux lettres sont datées l'une du 17 avril 1892, l'autre du 17 août 1894 : cette dernière se place donc à une date absolument concordante avec celle du bordereau. Ces deux lettres ont été authentiquées avec soin dans l'instruction; elles sont d'ailleurs reconnues par Esterhazy lui-même. L'identité du papier de ces lettres et du papier du bordereau a été établie et attestée par l'unanimité des experts. Il est donc avéré aujourd'hui que l'instrument du délit, le papier du bordereau, c'est un papier dont Dreyfus ne s'est jamais servi, et dont Esterhazy se servait, au contraire, à l'époque même de la trahison. Cette révélation constitue à coup sûr un moyen de revision péremptoire.

Mais M. le président rapporteur a exposé ce moyen de revision avec tant de force que j'aurais mauvaise grâce d'insister sur ce point, et d'abuser, à cet égard, des instants de la Cour.

M. le procureur général, à son tour, a mis merveilleusement en relief cette révélation nouvelle qui ébranle jusque dans sa base même l'accusation portée contre Dreyfus en 1894.

Et les défenseurs de l'arrêt de 1894, spécialement M. le général Roget, qui s'est constitué l'avocat adverse (tout en restant témoin!) ont bien senti qu'il y avait là un moyen ruinant radicalement la thèse dont ils s'étaient constitués les défenseurs. Alors, à bout d'arguments, le général Roget a eu recours à des insinuations qu'il décore du nom d'hypothèses, insinuations que j'aurais dédaigné de relever moi-même mais que je remercie M. le procureur général d'avoir bien voulu relever à ma place.

La découverte de ce papier est un fait nouveau, absolument dans les termes de la loi de 1895; et ce fait nous fournit un moyen de revision certain, imposant la cassation du jugement qui a frappé Dreyfus.

J'aborde le deuxième ordre de faits concernant l'élément matériel versé au débat, c'est-à-dire le bordereau. Il s'agit de l'écriture. Ici, encore un fait nouveau considérable. A côté de la découverte du papier se place la découverte d'une écriture non plus similaire mais identique à celle du bordereau, celle d'Esterhazy.

Vous savez, messieurs, que le bordereau a été successivement soumis à trois catégories d'experts; les experts de 1894, qui ont étudié le bordereau en le comparant à l'écriture de Dreyfus; les experts de 1897, qui ont comparé le même document avec l'écriture d'Esterhazy, enfin les experts de 1898 et de 1899, qui ont comparé le bordereau et à l'écriture de Dreyfus et à l'écriture d'Esterhazy. Ces trois catégories d'experts, messieurs, sont unanimes sur un point; ils reconnaissent tous que le bordereau n'est pas de l'écriture normale de Dreyfus.

Ils sont unanimes sur ce point, dis-je, même ceux de 1897. L'un d'eux, M. Belhomme, a cru cependant devoir relever à cet égard ce qu'il appelle une inexactitude dans mes conclusions devant la Chambre criminelle en octobre dernier.

« Nous n'avons pas, déclare-t-il, dit un mot dans notre rapport de l'écriture de Dreyfus. »

Sans doute, je n'en disconviens pas; mais les experts de 1897 déclarent que l'écriture du bordereau est l'écriture d'un faussaire qui imite et calque celle d'Esterhazy. Si c'est l'écriture d'un faussaire qui imite et calque l'écriture d'Esterhazy, l'écriture ainsi imitée et calquée n'est certainement pas l'écriture normale de Dreyfus. Donc, j'avais raison de dire, et je maintiens, que les experts sont unanimes, y compris ceux de 1897, pour reconnaître que le bordereau n'est certainement pas de l'écriture normale de Dreyfus.

Mais si les experts sont unanimes à cet égard, de graves divergences se montrent néanmoins dans leurs conclusions. En 1894, deux experts sur quatre attribuent le bordereau à Dreyfus, deux autres experts refusent de lui en reconnaître la paternité.

Et d'autre part les variations brillantes de M. Bertillon sur un terme kutschique conduisent l'éminent directeur du service de l'anthropométrie à déclarer que le bordereau est un document calqué sans l'être tout en l'étant; que Dreyfus, au moyen d'un décimètre et d'un kutsche, mensurait les lettres de sa propre écriture, de l'écriture de sa femme et de celle de son frère pour les combiner en savants gabarits, afin d'obtenir une écriture telle qu'au premier coup d'œil tous les soupçons dussent inévitablement se porter sur lui.

Postérieurement à 1894, en 1897, le bordereau est comparé à l'écriture d'Esterhazy par les experts Couard, Belhomme et Varinard. Ces experts déclarent en substance que le bordereau est une imitation servile de l'écriture d'Esterhazy. C'est, messieurs, constater qu'il y a une étrange similitude entre les deux écritures, celle du bordereau et celle d'Esterhazy. Quant à la question de savoir si l'écriture du bordereau, identique à celle d'Esterhazy, est, soit l'écriture même d'Esterhazy, soit l'écriture imitée ou calquée d'Esterhazy, il y a là une alternative en présence de laquelle les procédés et les conclusions des experts de 1897 me laissent quelque peu troublé. Ces experts ont, en effet, procédé de la manière suivante : pour ménager la pièce originale, d'après la déclaration faite par M. Belhomme, un expert, M. Varinard, en avait pris un fac-similé; vous pouvez vous reporter à la pièce originale, M. Varinard est, effectivement, le seul expert qui ait émargé le bordereau. C'est donc le décalque fait par M. Varinard sur le bordereau qui sert, d'après le langage des experts, de « pièce de question » pour leur étude et leur comparaison.

Se servant de cette pièce de question, qui n'est que le fac-similé pris sur le bordereau par M. Varinard, les experts en arrivent à conclure que la pièce de question est un calque de l'écriture d'Esterhazy. Mais, messieurs, si la pièce calque du bordereau est considérée par les experts comme un calque de l'écriture d'Esterhazy, on est amené à conclure tout naturellement que le bordereau est l'œuvre personnelle et originale du commandant Esterhazy.

Quoi qu'il en soit. naturelle ou imitée, l'écriture du bordereau est bien l'écriture d'Esterhazy.

Or, si elle est naturelle, pas de doute ; le bordereau est d'Esterhazy. Si elle est imitée, le bordereau est de qui on voudra, mais il n'est certainement pas de Dreyfus. Pourquoi? Parce que — on l'a fait remarquer bien des fois — si l'écriture d'Esterhazy a été calquée sur le bordereau par Dreyfus, c'est évidemment avec l'intention de détourner les soupçons de la justice sur Esterhazy lui-même. C'est afin de pouvoir dénoncer un autre individu comme l'auteur du bordereau, que le faussaire, dans l'hypothèse des experts de 1897, a pris la peine de fabriquer un document avec l'écriture d'un tiers; et si Dreyfus a lui-même calqué et imité l'écriture d'Esterhazy sur le bordereau, cela ne peut être que dans le but de dire à la justice, lorsqu'il sera lui-même poursuivi : « Le document accusateur n'est pas de mon écriture, et il paraît être de l'écriture d'Esterhazy. »

Or, messieurs, M. le Garde des Sceaux le fait remarquer dans la lettre par laquelle il prie M. le procureur général de vous saisir d'une demande de revision, Dreyfus s'est laissé accuser, condamner, dégrader, jeter au bagne, sans que jamais le nom d'Esterhazy soit monté à ses lèvres, sans que jamais il ait dénoncé le commandant Esterhazy comme l'auteur du bordereau.

C'est là une preuve morale, irréfutable que, s'il y a eu imitation de l'écriture d'Esterhazy sur le bordereau, l'auteur de cette imitation, de ce décalque n'est certainement pas Dreyfus. Donc, que l'écriture du bordereau soit l'écriture d'Esterhazy naturelle ou imitée, la même conclusion s'impose dans les deux cas : Dreyfus ne peut être l'auteur du bordereau. Si vraiment les hypothèses des experts de 1897 peuvent être admises, il s'ensuivrait qu'Esterhazy n'est sans doute pas l'auteur du bordereau, mais il s'ensuivrait aussi que l'auteur de ce document n'est certainement pas Dreyfus.

Voyons, maintenant, quel effet la découverte de l'écriture d'Esterhazy a produit sur l'esprit des experts mêmes de 1894. Voici, messieurs, qui est particulièrement intéressant à connaître. Ces experts étaient au nombre de quatre : deux s'étaient prononcés en faveur de Dreyfus et avaient déclaré que l'écriture du bordereau ne paraissait pas émaner de Dreyfus; deux autres avaient déclaré qu'il y avait bien entre l'écriture de Dreyfus et l'écriture du bordereau d'assez nombreuses dissemblances, mais que vraisemblablement Dreyfus n'avait pas pris son écriture normale pour écrire un document de ce genre, et qu'alors on pouvait, avec quelque apparence de raison, lui en attribuer la paternité. Enfin M. Bertillon avait adopté un système tout particulier que j'aurai à examiner tout à l'heure.

Mais, lorsque les experts de 1894 ont été mis en présence de l'écriture d'Esterhazy, et qu'on les a priés de comparer cette écriture d'Esterhazy avec le bordereau, quel a été le résultat de cet examen?

Eh bien! messieurs, il s'est constitué cette fois une majorité en faveur de Dreyfus, car des quatre experts en écriture, il y en a trois aujourd'hui qui déclarent que le bordereau n'est pas de Dreyfus. Et ces trois experts sont également unanimes, à l'heure qu'il est, pour attribuer la paternité du bordereau au commandant Esterhazy.

Et n'est-ce pas une chose remarquable, messieurs, que le revirement d'opinion total opéré chez l'un des experts de 1894? Faire revenir un expert en écriture, sur une opinion par lui émise, lui faire déclarer qu'il a commis une erreur, est un résultat qu'on n'obtient pas sans de puissants arguments; il faut donc que le fait nouveau récemment découvert ait une bien grande force puisqu'il arrive à déterminer de tels résultats.

Seul des experts en écriture, M. Teysonnières persévère superbement dans ses conclusions. Quant à M. Bertillon, le chef du service de l'anthropométrie, il persiste, lui aussi, à attribuer la paternité du bordereau à Dreyfus. Lui aussi, cependant, a examiné l'écriture d'Esterhazy, et lui aussi l'a comparée avec le bordereau. Il n'avait pas été commis comme expert à cet effet, mais il s'est saisi de la question d'office et il a dressé de lui-même un rapport où il compare l'écriture du bordereau avec les pièces émanant d'Esterhazy. Ce rapport officieux a été envoyé au ministère de la Guerre et figure au dossier secret (pièce 8); voici, messieurs, les conclusions de M. Bertillon comparant l'écriture du bordereau avec l'écriture d'Esterhazy.

« Pour rester conforme à la méthode scientifique, nous nous bornons à conclure que les choses se passent comme si Esterhazy avait appris à écrire en prenant pour modèle la photogravure erronée du *Matin!* »

Conception admirable! Conception d'autant plus admirable que les pièces émanant d'Esterhazy remontent pour la plupart à une époque antérieure à la publication faite par le *Matin!* Conception d'autant plus admirable qu'elle concorde chez M. Bertillon avec une idée quelque peu préconçue, puisque, lorsque M. le colonel Picquart mit pour la première fois des pièces émanant d'Esterhazy sous les yeux de M. Bertillon, celui-ci lui exprima son opinion en ces termes (Déposition du colonel Picquart) :

« Cette écriture ne peut émaner que de quelqu'un que les juifs exercent depuis un an à reproduire l'écriture du bordereau. »

Voilà, donc, messieurs, les conséquences tirées par les experts de 1894 de la découverte de l'écriture d'Esterhazy : trois sur quatre innocentent catégoriquement Dreyfus et attribuent formellement le bordereau à Esterhazy. Un quatrième, M. Teysonnières, ancien conducteur des ponts et chaussées, ne veut rien entendre; et, quant à M. Bertillon, il clame scientifiquement du haut de sa forteresse, que les juifs ont payé Esterhazy pour le faire écrire comme l'auteur du bordereau.

Examinons maintenant les appréciations formulées par les nouveaux experts, ceux de 1898 et de 1899, qui ont étudié l'écriture d'Esterhazy et de Dreyfus en la comparant à celle du bordereau.

Ces experts, vous le savez, messieurs, sont les paléographes les plus éminents, des hommes dont le caractère, la conscience, le savoir, sont au-dessus de tout éloge. Ils sont unanimes : « Le bordereau, disent-ils, n'est pas de Dreyfus; il est de l'écriture normale et courante d'Esterhazy et il a été écrit par Esterhazy. »

En somme, messieurs, lorsqu'on compare les différentes conclusions auxquelles ont été amenés les experts tant en 1894 qu'en 1897 et 1898, on arrive à cette constatation, qu'en réalité il n'y a qu'une seule divergence appréciable entre eux, divergence qui se manifeste sur la question de savoir si le bordereau est écrit d'une écriture normale et courante, ou si, au contraire, il s'agit là d'une écriture dissimulée.

S'il s'agit d'une écriture normale, rapide, eh bien, c'est l'écriture d'Esterhazy, c'est Esterhazy qui a écrit le bordereau. L'opinion est unanime. Si, au contraire, il s'agit là d'une écriture imitée, calquée, plus ou moins frauduleusement reproduite, dans cette hypothèse il faut nous résigner à conserver comme adversaires MM. Bertillon et Teyssonnières.

Les théories de M. Bertillon sont, messieurs, fort ingénieuses, mais fort ardues. Je déclare à la Cour que j'ai fait de très consciencieux et très persévérants efforts pour arriver à les pénétrer, et plus d'une fois, je dois l'avouer, j'ai laissé échapper cette exclamation que M. Bertillon place dans la bouche de Dreyfus, tandis que lui-même, au conseil de guerre, exposait ses théories : j'ai été véritablement atterré lorsque, arrivant à la fin de la déposition de M. Bertillon, j'ai vu que cette exclamation en sortant de mes lèvres me désignait scientifiquement moi-même comme l'auteur du bordereau.

M. Bertillon, cependant, messieurs, avec toute sa savante imagination, n'arrive pas à élucider un point qui reste obscur pour moi : comment se fait-il que Dreyfus, imitant sa propre écriture, la combinant avec celle de son frère et avec celle de sa femme, au moyen des avancements et des reculements de réticules, comment se fait-il que, combinant les différents gabarits empruntés à trois écritures différentes, Dreyfus arrive à produire comme résultat l'écriture d'Esterhazy?

Si d'ailleurs l'écriture du bordereau peut être reproduite, comme l'affirme M. Bertillon, au moyen d'une combinaison et d'une déformation scientifique des trois écritures de Dreyfus de son frère et de sa femme, quelle preuve apporte-t-on que l'auteur de cette combinaison d'écritures, si dangereuse pour Dreyfus, soit précisément Dreyfus lui-même?

J'avoue ne pas avoir compris comment M. Bertillon pouvait ainsi arriver à démontrer que Dreyfus était l'auteur du bordereau. Mais il est évident que M. Bertillon est, par profession même, conduit à tout ramener à des questions de mensurations. Il n'est pas expert en écritures, il le reconnaît, mais il a le génie de la mensuration. M. le conseiller d'État Lépine vous disait ici même : « C'est un homme de génie. » Hélas! le génie a une bien triste voisine, et j'ai peur que M. Bertillon ne voisine quelquefois.

M. Bertillon, ramenant tout à des questions de mensuration, a été certainement hypnotisé, possédé en quelque sorte par un souvenir, celui de l'affaire de la Boussinière. Dans cette affaire, un faussaire avait reconstitué après coup le testament de la dame de la Boussinière, et ce faussaire paraissait avoir employé un procédé quelque peu analogue à celui que nous décrit aujourd'hui M. Bertillon; il s'était aussi, dit-on, livré à des mensurations de lettres, et il était arrivé à créer ainsi un document qui rappelait d'une façon frappante les documents originaux supprimés.

Mais ce qui est une hypothèse peut-être admissible lorsqu'il s'agit de créer après coup un document comme un testament, lorsqu'il s'agit de fabriquer un document qui, pour avoir une valeur légale, doit représenter une écriture déterminée, c'est-à-dire l'écriture du testateur, devient une hypothèse qui n'a plus rien de plausible dans une espèce comme la nôtre. Car enfin, il faut bien du temps pour fabriquer une pièce de ce genre, il faut nécessairement avoir grand besoin de cette pièce pour employer à sa fabrication des journées entières.

M. Bertillon se faisait fort devant la Chambre criminelle de reproduire le mot-clef, en se servant d'un décimètre, d'une loupe à pied et d'autres appareils dont le détail m'échappe. Mais il ajoutait qu'il lui faudrait une heure pour écrire ce mot-clef. Et alors combien de temps Dreyfus aurait-il donc passé pour écrire le bordereau? Il faudrait véritablement que le bordereau ainsi fabriqué eût une utilité incontestable, que la fabrication en fut imposée par une nécessité à laquelle on ne pouvait songer à se soustraire. Or, messieurs, j'ai beaucoup cherché quelle pouvait être l'utilité de cette lettre que l'on appelle le bordereau : je ne l'ai pas encore trouvée.

S'agit-il, pour l'expéditeur du bordereau, pour son auteur, de révéler sa personnalité au destinataire? non; les notes qu'il envoie suffiront à cet égard. Le bordereau n'est pas signé; c'est donc l'écriture seule qui révélera au destinataire la personnalité de l'expéditeur, et il suffit dès lors que les documents envoyés soient de l'écriture du correspondant pour indiquer au destinataire la source d'où viennent les renseignements.

D'autre part, nous ne trouvons dans le bordereau, et pour en justifier l'utilité, aucune question formulée par l'expéditeur au destinataire; il n'y en a aucune, si ce n'est peut-être pour le manuel de tir. Mais certainement, lorsque l'auteur du bordereau a pris la plume et s'est mis à écrire, ce n'était pas pour poser une question au destinataire en ce qui concerne le manuel de tir, car il commence par écrire qu'il envoie ce document; et ce n'est qu'après avoir écrit la phrase d'envoi qu'il se ravise et qu'il déclare qu'il enverra le manuel seulement si le destinataire en voit l'utilité. Puis il se ravise encore et il demande quels sont les passages que le destinataire veut faire copier.

Donc, pas d'utilité à ce bordereau. Quand son auteur a pris la résolution de l'écrire, cette résolution n'était motivée par aucune utilité appréciable. Alors, je ne vois pas pourquoi le traître, l'auteur du bordereau, aurait passé tant de temps à écrire cette lettre inutile. Il n'a évidemment pas pris la peine de déguiser son écriture pour écrire une lettre qu'il pouvait si facilement se dispenser d'écrire. Il l'a écrite avec insouciance et c'est son écriture ordinaire, son écriture normale et rapide que nous devons retrouver sur cette lettre-bordereau. Je suis donc amené, par voie de raisonnement, à dire : le bordereau est d'une écriture courante, d'une écriture normale et rapide.

Mais consultez le texte du bordereau et vous arriverez encore à la même conclusion par une autre voie. J'ai rappelé tout à l'heure qu'en ce qui concerne le manuel de tir, l'auteur du bordereau changeait trois fois d'idée. Or, trois fois la plume suit avec la même rapidité la pensée de l'auteur; trois fois, la plume, courant sur le papier, évolue à chaque revirement de la pensée. L'idée n'a pas encore eu le temps de changer que déjà elle est exprimée sur le papier.

Mais si la plume de l'écrivain, du scripteur — pour employer les termes de M. Bertillon, court aussi rapidement que la pensée, c'est que l'écrivain n'est pas obligé de faire suivre péniblement à sa plume les imbrications des gabarits exposés par M. Bertillon; c'est que cet écrivain emploie une écriture normale et rapide.

Nous en venons toujours à la même conclusion par des voies différentes, nous arrivons toujours à constater que nécessairement le document incriminé est un document écrit d'une manière courante par son auteur, qui n'a nullement pensé à déguiser son écriture, son graphisme particulier, suivant l'expression des experts.

J'ajouterai que, sans être expert, j'ai toujours eu, en examinant le bordereau, l'impression qu'il s'agissait là, non seulement d'une écriture normale, mais d'une écriture rapide; et je ne crois pas que n'importe qui, consultant ce document sans idée préconçue, puisse recevoir une autre impression.

Je conclus donc sur ce deuxième ordre de faits relatifs au bordereau : la découverte de l'écriture d'Esterhazy identique à celle du bordereau est un fait nouveau qui, comme la découverte du papier, fournit un moyen de revision absolument irrésistible. La preuve en est d'ailleurs dans le revirement d'opinion que ce fait nouveau a eu la force de produire dans l'esprit de ceux qu'il concernait spécialement et qui s'étaient prononcés contre Dreyfus en 1894.

Ainsi, en ce qui concerne l'unique élément matériel versé aux débats, voici déjà deux faits nouveaux, deux moyens de revision absolument topiques : la découverte du papier du bordereau, la découverte de l'écriture d'Esterhazy.

J'arrive au troisième ordre de faits concernant toujours cet élément matériel du bordereau. Je veux parler de la date qui, en 1894, avait été fixée en mai et qui, aujourd'hui, d'après les dernières révélations, se place fin août. M. le président-rapporteur d'un côté et M. le procureur général de l'autre vous ont exposé ce fait nouveau avec tant de vigueur et de précision que je ne crois pas pouvoir mieux faire que de m'en rapporter à leurs observations.

M. le procureur général a montré, avec une précision remarquable, que toute l'accusation de 1894 s'effondrait par la base, puisqu'on changeait la date du fait criminel, et puisqu'en changeant la date, on était obligé, pour chacun des articles du bordereau, de soutenir aujourd'hui que cet article désignait un document tout autre que celui que l'on prétendait visé par le bordereau en 1894.

Il est évident que l'accusation de 1894 est dans ces conditions complètement bouleversée par ce changement de date. L'espionnage commis portant, d'après la thèse aujourd'hui soutenue, sur des documents et renseignements dont il n'avait pas été question dans le procès de 1894, ce procès est nécessairement à refaire, puisque la base de l'accusation est complètement modifiée.

Donc, en ce qui concerne cet élément matériel du bordereau, voici déjà trois faits nouveaux qui nécessairement commandent la revision.

Voici le quatrième : il concerne les révélations sur l'origine des renseignements visés par le bordereau.

Je ne m'étendrai pas longuement, messieurs, à cet égard, sur la terminologie employée par l'auteur du bordereau. Certains experts techniques ont établi devant vous que l'auteur du bordereau ne pouvait être un officier d'artillerie. Un officier d'artillerie n'aurait pas, vous ont-ils fait remarquer, employé l'expression de frein hydraulique du 120, alors qu'il voulait désigner un tout autre engin, le frein hydropneumatique du 120 court.

Il y a là quelque chose d'étrange, effectivement. Comment un officier d'artillerie, qui envoie des renseignements sur un engin de cette arme, a-t-il une telle impropriété de langage, qu'il désigne à son correspondant un engin existant en réalité, mais tout différent de celui dont il veut parler ? Il n'y a pas là une simple erreur de langage, il y a une confusion d'idées inexplicable chez un homme auquel tous les engins de l'artillerie devaient être familiers.

En dehors de cela, on vous a dit encore qu'un officier d'artillerie ne dirait pas :

La manière dont une pièce se conduit, mais que le langage courant parmi les officiers d'artillerie est : *la manière dont une pièce se comporte.*

En outre, le capitaine Moch vous disait d'autre part :

« Si vous rapprochez le titre donné au manuel de tir par l'auteur du bordereau du titre réel du document, vous y trouverez une dissemblance, très petite sans doute, mais qui montre bien que l'auteur du bordereau ne se doutait même pas qu'il y eût des règles spéciales et des manuels spéciaux pour les différents tirs d'artillerie. »

C'est là une remarque ingénieuse, minime sans doute, mais bien caractéristique. Je ne veux pas y insister cependant.

Je n'insiste pas non plus sur ce qui n'est qu'une faute grammaticale du bordereau, ce que j'ai appelé un solécisme, l'expression : « Je pars en manœuvres. » C'est là encore un idiotisme qui exclut Dreyfus puisqu'on n'a jamais pu retrouver cette expression sous sa plume, et qui paraît désigner Esterhazy, puisqu'on trouve la même locution dans toutes celles de ses lettres où il est question de départ pour les manœuvres.

Sans doute, dans toutes ces petites remarques sur les expressions employées par l'auteur du bordereau, on ne trouve pas une preuve décisive; mais la multiplicité même de ces indices ne finit-elle pas par constituer un commencement de preuve, et une présomption quelque peu inquiétante pour le bien fondé du jugement de 1894?

Mais je ne veux pas discuter longuement sur cette analyse grammaticale et technique des expressions employées par l'auteur du bordereau; je ne veux examiner qu'une question. Je veux rechercher seulement d'où vient le bordereau. Vient-il du ministère de la Guerre comme l'ont affirmé M. Cavaignac, M. Roget et les défenseurs du jugement de 1894? Vient-il, au contraire, d'une autre source? Voilà la question que je veux étudier.

Dieu me garde de vous présenter même sur cette question des raisonnements mathématiques ayant la certitude de l'évidence, comme M. Cavaignac a prétendu vous en fournir lui-même. Je crois que Pascal se fût enfui épouvanté devant cette application de son calcul de probabilités.

Comment ! vous cherchez à déterminer quel est l'auteur des renseignements envoyés; ces renseignements, vous ne savez pas quels ils sont, et vous prétendez que, d'après leur nature même, ils ne peuvent émaner que de telle ou telle personne. Messieurs, que tous les raisonnements sur ce point soient mathématiquement établis, logiquement déduits avec la dernière évidence, vous n'aboutirez jamais à un résultat certain, parce que, à la base même de vos raisonnements se place nécessairement une hypothèse : c'est seulement après avoir déterminé de manière hypothétique quels ont été les renseignements fournis que, sur le caractère ainsi hypothétiquement déterminé des renseignements, vous bâtissez votre démonstration. Mais, votre point de départ étant hypothétique, quelle que soit la rigueur de votre raisonnement, vous aboutirez nécessairement à une conclusion qui, elle aussi, participera du caractère hypothétique de votre point de départ.

M. Cavaignac et M. le général Roget prétendent, autour des articles énumérés par le bordereau, décrire un cercle, déterminer une enceinte ; et ils déclarent que, dans chacun de ces cercles, dans chacune de ces enceintes, ils découvrent Dreyfus. L'auteur du bordereau ne peut être, disent-ils, qu'un officier d'État-major de l'armée, un officier d'artillerie, et un stagiaire : il doit réunir ces trois qualités ; or, Dreyfus réunit ces trois qualités, on le trouve dans chacune des trois enceintes considérées : donc, il est l'auteur du bordereau.

Messieurs, je prends l'Annuaire de 1894 et je constate que dans les trois mêmes enceintes, dans l'enceinte qui renferme les officiers d'État-major de l'armée, dans l'enceinte qui renferme les officiers d'artillerie, dans l'enceinte qui renferme les stagiaires, on trouve à côté de Dreyfus six autres officiers qui peuvent être également soupçonnés. Entendons-nous : « ils peuvent » être soupçonnés, si l'on applique les raisonnements mathématiques de M. Cavaignac.

Ces officiers sont MM. Putz, Souriau, Maumet, de Fonds-Lamothe, Lemonnier et Guillemin. Donc, vous ne pouvez pas arriver à déclarer que l'auteur du bordereau est nécessairement Dreyfus, par ce prétendu raisonnement mathématique.

D'ailleurs, je relève dans ce raisonnement un vice qui paraît manifeste. Pourquoi faut-il que l'auteur du bordereau soit un stagiaire? On nous dit : « Dans le bordereau figurent des renseignements qui ont été puisés dans les archives de chacun des quatre bureaux de l'État-major. »

« Ce n'est donc pas un officier du cadre permanent de l'État-major qui est l'auteur du bordereau, car cet officier n'a à sa disposition que les documents d'un seul et même bureau. Ce ne peut être qu'un stagiaire qui envoie les documents du bordereau, parce que le stagiaire passe successivement par les quatre bureaux de l'État-major, et, que passant successivement par les quatre bureaux, il a pu puiser dans chacun d'eux la partie des renseignements dont l'ensemble est visé par le bordereau. »

Mais, messieurs, ce n'est pas successivement que l'auteur du bordereau doit pouvoir se procurer ces renseignements; c'est simultanément qu'il doit les prendre en puisant dans les quatre bureaux. Les documents figurant sur le bordereau, nous dit M. Cavaignac, représentent toute la vie de l'État-major en 1894. Eh bien, il faut qu'en 1894, l'auteur du bordereau ait pu puiser simultanément dans les quatre bureaux afin d'en extraire ce qui, dans cette année 1894, constituait toute la vie de l'État-major considéré dans son ensemble.

Qui donc peut puiser ainsi dans les quatre bureaux de l'État-major simultanément? Ce ne sont pas les stagiaires; ils passent successivement dans les bureaux; ce ne sont pas les officiers du cadre permanent, ils restent à demeure dans les mêmes bureaux; alors, qui? Ce sont ceux qui, à raison de leur très haute situation, peuvent se faire communiquer en tout temps les archives de n'importe quel bureau. C'est le ministre de la Guerre ou le chef d'État-major général; c'est donc le général Mercier ou le général de Boisdeffre.

Mais, d'autre part, d'après M. Cavaignac, l'auteur du bordereau doit être un artilleur. Or, le général de Boisdeffre ne sort pas de l'artillerie; le général Mercier, lui, appartient à l'artillerie. Manifestement, dès lors, l'auteur du bordereau est le général Mercier.

Voilà, messieurs, où nous conduisent les raisonnements mathématiques de M. Cavaignac.

Faisons, messieurs, un peu moins de mathématiques et un peu plus de critique. Où l'auteur du bordereau a-t-il véritablement puisé ces renseignements? Les pièces envoyées par l'auteur du bordereau, ai-je articulé, ne sont pas des pièces émanant du ministère de la Guerre. Mais qui dit cela? Eh bien, messieurs, c'est le bordereau lui-même.

Notez que le bordereau contient cinq articles. Sur ces cinq articles, il y a un seul document original.

Le document, la perle, le joyau qui est spécialement mis en valeur par l'auteur du bordereau, la pièce originale c'est le manuel de tir. Où se l'est-il procuré?

« Je vous envoie, dit-il, 5°, le projet de manuel de tir de l'artillerie de campagne (14 mars 1894). Ce dernier document est extrêmement difficile à se procurer, et je ne puis l'avoir à ma disposition que très peu de jours. »

Pourquoi l'auteur du bordereau éprouve-t-il tant de difficultés à se procurer le manuel de tir? Il l'explique lui-même :

« Le ministère de la Guerre en a envoyé un nombre fixe dans les corps et ces corps en sont responsables. Chaque officier détenteur doit remettre le sien après les manœuvres. »

Voilà la difficulté.

C'est qu'il n'y a qu'un nombre limité de ces manuels dans les corps, et qu'en outre les officiers détenteurs des exemplaires de ces manuels ne les ont pas pour longtemps entre les mains : ils doivent rendre leur exemplaire après les manœuvres. Voilà pourquoi l'auteur du bordereau éprouve des difficultés à se procurer le manuel, et pourquoi il ne peut l'avoir à sa disposition que durant quelques jours.

Donc, messieurs, il me paraît nécessairement résulter des termes mêmes du bordereau que le manuel de tir n'a pas été pris au ministère de la Guerre, où il était facile de le consulter tous les jours, où par conséquent un officier d'État-major aurait pu le voir quand bon lui aurait semblé et non pas seulement pendant quelques jours, mais qu'il a été puisé dans les corps de troupes où le ministre de la Guerre n'en avait envoyé qu'un nombre restreint d'exemplaires, exemplaires que les officiers devaient même, d'après l'auteur du bordereau restituer après la période des manœuvres. Cette dernière indication montre même que l'auteur du bordereau assistant aux manœuvres n'est pas un artilleur, puisqu'il devra rendre après les manœuvres le manuel qu'il aura pu se faire confier durant ces manœuvres pour en mieux comprendre la portée et l'utilité.

Je suis donc amené à conclure qu'en ce qui concerne le manuel de tir d'artillerie, ce document a été nécessairement pris ailleurs qu'au ministère de la Guerre et que l'auteur du bordereau, officier non artilleur, se l'était procuré dans les corps de troupes pendant une période de manœuvres.

En ce qui concerne les quatre autres articles, il ne s'agit plus de documents originaux, il s'agit de notes, il s'agit, par conséquent, d'articles qui paraissent infiniment moins importants, qui ont infiniment moins de valeur que le document original.

M. Cavaignac est cependant d'un avis très différent. Il dit : « Le manuel de tir est un document intéressant sans doute, mais au fond il n'a pas grande valeur. »

Sur ce premier point, M. Cavaignac est certainement dans le vrai. Ce manuel, en effet, que l'auteur du bordereau offrait à son correspondant, comme un document d'exceptionnelle importance, c'était un document nouveau il est vrai, mais nullement confidentiel. C'était un document qui, vous le savez par les pièces que vous avez recueillies, était tiré aux presses régimentaires, distribué libéralement, moyennant 0 fr. 20 (prix du papier), aux officiers de réserve et de territoriale, et remis même à des canonniers de seconde classe.

Mais si M. Cavaignac est certainement dans le vrai lorsqu'il reconnaît le peu d'importance du seul document dont la nature soit précisée, il devient manifestement fantaisiste, lorsqu'il célèbre l'importance exceptionnelle des quatre notes indéterminées qui constituent les quatre autres articles du bordereau.

M. Cavaignac dit : « Des notes. Voilà qui est intéressant, voilà qui est documentaire. Les notes, c'est le titre spécial des documents les plus précieux et les plus confidentiels du ministère de la Guerre. »

Mais le mot « notes » est employé, ailleurs qu'au ministère de la Guerre, dans le langage courant, où il désigne purement et simplement une réunion d'indications rapides sur un sujet déterminé. Quelle acception l'auteur du bordereau donne-t-il donc au mot *notes*. Il est facile de s'en rendre compte en relisant ce qu'il écrit : « Sans nouvelles m'avisant, etc., je vous adresse cependant, monsieur, *quelques renseignements intéressants.* » Donc, ce ne sont pas des documents extraconfidentiels qu'il envoie à son correspondant.

Lorsqu'il envoie un document et non plus des notes, il met son article en valeur d'une façon merveilleuse. Il est passé maître en l'art de faire valoir sa marchandise. Et, quand il s'agit de ces notes qui, pour M. Cavaignac, auraient une importance autrement grande que le manuel, il ne parle plus que de « quelques renseignements intéressants ». Incontestablement, d'après la teneur même du texte, l'auteur du bordereau désignait, dans les quatre premiers articles, des renseignements qui devaient avoir, aux yeux du destinataire, une importance moins grande que l'article relatif au manuel de tir.

Je dis donc que ces notes ne sont pas des documents ou des copies de documents originaux, mais simplement des sommaires de renseignements rédigés par l'auteur du bordereau lui-même, et d'une valeur bien inférieure à celle déjà fort secondaire du manuel de tir. S'il en est ainsi, il est manifeste que ces notes n'émanent pas du ministère de la Guerre.

Pourquoi ? Parce que l'auteur du bordereau, s'il est un espion du ministère de la Guerre, enverra des pièces bien autrement importantes, et que d'ailleurs il se gardera bien de rédiger des notes, de faire un travail personnel, alors qu'il a à la disposition de son correspondant des documents qu'il peut copier ou faire copier et qui ont une valeur marchande infiniment plus grande que les notes rédigées par lui et dépourvues de tout caractère officiel. Donc, je conclus que les quatre notes figurant dans le bordereau ont, comme le manuel de tir, cinquième article de ce même bordereau, une origine autre que le ministère de la guerre.

L'audience suspendue à deux heures cinq est reprise à deux heures trente.

M. le Président. — Maître Mornard, vous avez la parole pour continuer votre plaidoirie.

Me Mornard. — Messieurs, je viens d'établir d'après l'analyse littérale du bordereau que, très vraisemblablement, pour ne pas dire sûrement, les renseignements qui sont énumérés au bordereau avaient été puisés, non pas au ministère de la Guerre, mais à une autre source. Y a-t-il eu, messieurs, dans votre instruction, des révélations nouvelles qui viennent corroborer les conclusions que nous avons tirées de l'analyse du bordereau? C'est ce que je veux examiner maintenant; et je prétends puiser dans votre instruction quatre faits nouveaux établissant que l'origine des renseignements visés figurant au bordereau se place non pas au ministère de la Guerre, mais au camp de Châlons.

Ces quatre faits nouveaux résident, d'une part, dans la déposition du commandant Hartmann rapprochée des journaux militaires de 1894, d'une seconde part, dans des lettres d'Esterhazy qui se placent à la date d'août 1894; d'une troisième part, dans une pièce d'espionnage en date du 27 septembre 1894, qui vous a été révélée par M. le général Deloye; enfin, d'une quatrième part, dans une décision de M. le chef d'État-major général de Boisdeffre relative à la participation des stagiaires d'État-major aux exercices des corps de troupes. Je reprends ces quatre points.

Les faits nouvellement révélés par le commandant Hartmann, faits qui sont d'ailleurs corroborés par les journaux militaires dont nous avons effectué la production, établissent qu'en ce qui concerne les trois articles du bordereau relatifs à l'artillerie, les renseignements envoyés se réfèrent aux résultats des expériences faites précisément en août 1894 au camp de Châlons, dans ce que l'on appelle techniquement « les manœuvres de masse d'artillerie ».

Si vous consultez, messieurs, la déposition du commandant Hartmann, et si vous la rapprochez des articles des journaux militaires d'août 1894 et notamment des articles de la *France militaire* que nous avons produits, vous constatez qu'aux manœuvres de masse d'artillerie qui ont eu lieu au camp de Châlons du 10 au 22 août 1894, on a étudié tout spécialement en cette année 1894 d'abord la mise en pratique du nouveau projet de manuel de tir d'artillerie. C'est ce projet dont on expérimentait la mise en pratique au camp de Châlons en 1894 que l'auteur du bordereau offre à son correspondant.

En second lieu, on étudie au camp de Châlons, à ces manœuvres de masse d'août 1894, les nouvelles formations de l'artillerie, c'est-à-dire la mise en pratique d'un nouveau règlement qui porte le titre de « Règlement sur les manœuvres de batteries attelées ». C'est ce nouveau règlement sur les manœuvres de batteries attelées qui fixe les règles à adopter par l'artillerie pour les formations sur les champs de manœuvres, en ordre de route et en ordre de bataille.

Et les journaux, la *France militaire* notamment, insistent sur l'extrême importance de ces nouvelles formations, sur l'extrême importance des expériences qui se poursuivent au camp de Châlons tant pour l'application pratique du projet de manuel de tir que pour l'application pratique du projet de règlement sur les manœuvres de batteries attelées.

Le troisième objet d'expérience dans ces manœuvres de masse d'artillerie au camp de Châlons concerne le canon de 120 court, non pas peut-être tant en ce qui concerne le tir de ce canon qu'en ce qui concerne le véhicule, c'est-à-dire l'affût. Car vous n'ignorez pas, messieurs, que le canon de 120 court constitue notre engin le plus lourd comme canon de campagne, et on se préoccupait de la manière dont on arriverait à conduire cette pièce exceptionnellement lourde lorsqu'il faudrait la faire circuler sur les chemins défoncés ou à travers les terres labourées.

On trouve, dans les articles de la *France militaire*, l'expression des préoccupations du correspondant technique de ce journal, qui se demande si les affûts pourront jamais résister à l'effort de traction que devront nécessairement exercer les chevaux, pour conduire par les chemins défoncés et les terres labourées ces pièces d'un poids considérable.

On conçoit alors très bien que l'auteur du bordereau, lorsqu'il visait ces renseignements, ait employé une expression que les artilleurs en général considèrent comme vicieuse. « On ne dit pas, vous a-t-il été expliqué, la manière dont une pièce *s'est conduite;* mais la manière dont une pièce s'est comportée. »

Oui, lorsqu'il s'agit de savoir la manière dont une pièce se comporte pendant les exercices de tir; mais lorsqu'il s'agit d'expérimenter la pièce en tant que véhicule, lorsqu'il s'agit de vérifier comment cette pièce pourra *se conduire* à travers champs, on conçoit alors facilement que l'auteur du bordereau se soit laissé entraîner à écrire : je vous envoie des renseignements intéressants sur la manière dont cette pièce s'est conduite.

Je crois qu'il y a là un ensemble de faits tout à fait concordants qui sont de nature à établir que l'origine des renseignements envoyés par l'auteur du bordereau, tout au moins en ce qui concerne ces trois questions d'artillerie, se place non pas au ministère de la Guerre (où certainement, fin août 1894, on n'avait pas encore de rapports relatifs à ces expériences du camp de Châlons, puisque ces expériences n'ont eu lieu que du 10 au 22 août), mais au camp de Châlons même où se poursuivaient alors lesdites expériences.

J'ajoute que, si l'auteur du bordereau déclare donner des renseignements non seulement sur la pièce de 120 court, et sur la manière dont cette pièce s'est conduite, mais encore sur le frein hydropneumatique, il pouvait alors trouver, au camp de Châlons même, tous les renseignements nécessaires pour une description technique du frein hydropneumatique.

Je dis qu'il pouvait trouver ces renseignements au camp de Châlons. Effectivement, j'ai été nanti hier seulement, trop tard pour en faire une production régulière à la Cour, d'un document particulièrement intéressant à cet égard.

Vous savez qu'en 1895, a paru en librairie un règlement du canon de 120 court, règlement qui donne la description du frein hydropneumatique. Mais ce règlement n'ayant paru qu'en 1895, les officiers qui procédaient au tir des pièces de 120 court en 1894 avaient besoin, et ont été effectivement munis, d'un projet de règlement sur le canon de 120 court. J'ai aujourd'hui entre les mains et je produis à la barre ce projet de règlement qui porte à la page 5 un dessin extrêmement détaillé de tout le système du frein hydropneumatique, avec lettres de renvoi ; et ces lettres de renvoi correspondent à une description très suffisante pour permettre de reconstruire le système en son entier.

Le document que j'ai entre les mains est un projet de règlement autographié à la presse régimentaire, comme le projet de manuel de tir dont la Cour est déjà saisie. Il porte à la quatrième page de sa couverture la mention : *Lithographie du* 26e *d'artillerie. Février* 1894. Je tiens ce document d'un des témoins que vous avez entendus, M. le capitaine Moch, qui me l'a envoyé en me donnant les explications suivantes :

« Monsieur, je vous adresse ci-joint le document original qui a servi à faire l'article que le *Figaro* a signé : *Un vieux général d'artillerie.* Je pense qu'il pourra vous être utile. Vous noterez à la quatrième page de la couverture la mention : « Lithographie du 26e d'artillerie. Février 1894. » Et vous remarquerez combien le dessin du frein est plus soigné que celui qui se trouve dans le règlement définitif. » Voici un point, en outre, intéressant : le 26e régiment d'artillerie, qui est le régiment à la presse duquel on a tiré ce document, est un régiment divisionnaire du 4e corps, et il n'a pas de canon de 120 court. Ce sont les régiments de corps qui en ont deux batteries chacun.

« Au reste, la déposition du commandant Hartmann parle des écoles à feu du 120 court effectuées par le 31e.

« C'est donc uniquement par amour de l'art, pour renseigner les officiers sur un matériel existant en dehors de leurs batteries, qu'on a lithographié ce document, et cela montre combien il est considéré comme peu confidentiel ! »

Voici, messieurs, ce que veut dire le capitaine Moch : Dans chaque brigade d'artillerie, il y a deux régiments, l'un de division, l'autre de corps d'armée ; c'est le régiment de corps d'armée qui est muni de deux batteries de 120 court, et au 4e corps, qui est au Mans, le régiment de corps d'armée muni du 120 court, c'est le 31e.

Or, en février 1894, c'est à la presse, non pas du 31e régiment, mais du 26e, c'est-à-dire du régiment qui n'était pas muni du 120 court, que ce document a été tiré. Et le capitaine Moch fait remarquer combien ceci prouve d'une façon péremptoire que cette description du frein hydropneumatique n'était pas considérée comme confidentielle, puisqu'on en nantissait même les officiers des régiments qui n'étaient pas munis de cet engin nouveau.

Donc messieurs les officiers du camp de Châlons qui, aux manœuvres de masse d'artillerie d'août 1894, ont procédé aux exercices de tir étaient certainement, eux aussi, munis de ce projet de règlement tiré déjà aux presses régimentaires en février 1894.

Dans ce projet de règlement, facile à se procurer en août 1894 au camp de Châlons, l'auteur du bordereau a pu trouver tous les renseignements nécessaires sur le frein hydropneumatique qu'il indique dans sa note. Ainsi il est établi d'une façon certaine qu'au camp de Châlons, du 10 au 22 août 1894, on trouvait tout ce dont il était besoin pour fournir à un correspondant en espionnage : des renseignements sur le frein hydropneumatique, sur la manière dont s'est conduite la pièce du 120 court, sur les nouvelles formations d'artillerie et sur le projet de manuel de tir. Et il ne faut pas oublier qu'on fixe la date d'envoi du bordereau fin août 1894.

En dehors de ces articles du bordereau concernant l'artillerie, il y a encore une note sur les troupes de couverture et une note sur Madagascar. En ce qui concerne ces deux articles, je ne dis plus que les renseignements envoyés par l'auteur du bordereau ont été comme les trois autres, *nécessairement* puisés au camp de Châlons; je dis seulement qu'ils ont pu facilement être recueillis à la même source.

En effet, vous avez entendu, messieurs, le commandant Hartmann. Suivant lui, il n'existe pas en ce qui concerne les renseignements sur les troupes de couverture, de source meilleure, où l'on puisse plus facilement puiser que le camp de Châlons. C'est en effet dans les régiments-frontière et spécialement dans les corps de troupe de l'Est qu'on discute, au cas de changement de plan pour les troupes de couverture, les modifications qui pourraient être utilement apportées au plan primitivement adopté.

Et M. Cavaignac, messieurs, a révélé combien les renseignements du commandant Hartmann étaient exacts sur ce point. En effet, dans sa déposition, M. Cavaignac déclare que, dès le 2 mai 1894, des renseignements avaient été demandés par l'État-major général aux commandants de corps d'armée pour les modifications aux troupes de couverture et que, le 20 juin 1894, on avisait les corps d'armée des intentions de l'État-major général à cet égard.

20 juin 1894 ! Donc, en août 1894, au moment de ces manœuvres de masse, qui ont eu lieu du 10 au 22 août, il est certain que les corps d'armée étaient avertis des modifications relatives aux troupes de couverture; il est certain que dans ces corps de l'Est où ces questions sont toujours à l'ordre du jour, on s'en entretenait tout spécialement; il est certain, par suite, que les officiers assistant au camp de Châlons aux manœuvres de masse d'août 1894 pouvaient puiser là tous les éléments nécessaires pour rédiger, suivant la formule même de l'auteur du bordereau, une note contenant quelques renseignements intéressants sur les troupes de couverture.

Déjà le *Journal militaire* de mai 1894 avait publié un article sur les troupes de couverture et il l'intitulait — ce qui confirme encore ce que vous a dit le commandant Hartmann, et ce que je vous rappelais il y a un instant, à savoir que c'était au 6e corps (le corps du camp de Châlons) qu'on était le mieux renseigné à cet égard — il l'intitulait, dis-je, « le 6e *corps et les troupes de couverture* ».

La question des troupes de couverture se combine donc si intimement avec la question de composition du 6e corps qu'il est pour ainsi dire impossible de séparer les deux questions. N'est-ce donc pas au 6e corps, au camp de Châlons, que, suivant toutes vraisemblances, l'auteur du bordereau a puisé « ses renseignements intéressants sur les troupes de couverture ».

Reste la note sur Madagascar. Tous les journaux militaires de juin à septembre 1894 sont remplis d'études sur Madagascar et l'expédition projetée. Assurément donc on pouvait un peu partout se procurer les renseignements nécessaires pour rédiger une note sur ce sujet. Je ne dis pas que, pour cet article du bordereau, les renseignements provenaient du camp de Châlons : on pouvait les y trouver, mais on pouvait les puiser à bien des sources différentes. Ce que je prétends établir, c'est l'erreur de ceux qui, comme M. Cavaignac, prétendent qu'au ministère de la Guerre seul on pouvait recueillir des renseignements sur l'expédition de Madagascar parce que cette expédition y était alors étudiée. Vous vous rappelez en effet, messieurs, ce que vous a dit à cet égard M. le commandant Hartmann, qui sur ce point ne vous apporte pas des opinions personnelles, mais des renseignements puisés dans le rapport officiel de M. le général Duchesne, le commandant en chef de l'expédition de Madagascar.

Le général Duchesne fait connaître que l'expédition de Madagascar a été préparée par une commission interministérielle qui se réunissait non pas au ministère de la Guerre, mais au ministère des Affaires étrangères, et qui était composée de commissaires délégués par le ministère de la Guerre, le ministère de la Marine, le ministère des Colonies et le ministère des Affaires étrangères. Quatre ministères délibéraient en même temps sur cette question de l'expédition de Madagascar, et les conférences avaient lieu d'ailleurs non pas au ministère de la Guerre, mais au ministère des Affaires étrangères.

Et alors, on conçoit facilement que si quatre ministères étaient intéressés à la rédaction des documents préliminaires, à l'établissement des bases de l'expédition, il se soit produit des fuites en dehors même du ministère de la Guerre. Précisément on vous révélait — c'est le colonel Picquart qui vous apportait ce renseignement et j'ai pu en vérifier l'exactitude — qu'en septembre 1894, un journal d'études maritimes, le *Yacht*, publiait une étude extrêmement documentée sur Madagascar, étude qui donnait presque la substance du rapport du 29 août 1894, c'est-à-dire du rapport préliminaire signalé par le général Duchesne, dans son compte rendu officiel de l'expédition, et visé par M. Cavaignac dans sa déposition comme étant le document livré par l'auteur du bordereau. Cette étude publiée par le *Yacht* et signée d'un officier de marine, M. Weyl, n'avait assurément rien qui fût contraire à la loi de 1886 sur l'espionnage; elle émanait d'un officier des plus honorables qui, assurément, ne croyait pas qu'en publiant un article intéressant d'études maritimes, il pouvait violer les secrets de la patrie concernant l'expédition de Madagascar.

Or, ce que l'on pouvait recueillir dans les conversations des personnes au courant des travaux de la commission interministérielle, on pouvait le recueillir aussi dans les conversations des officiers au camp de Châlons où chacun était à l'affût d'une campagne possible à entreprendre. M. le capitaine Weyl a d'ailleurs déclaré avoir recueilli ces renseignements publiés dans le *Yacht* un peu dans toutes les revues spéciales, comme aussi au ministère de la Marine où on lui avait donné à cet égard nombre d'indications qui n'étaient considérées par personne comme confidentielles.

On peut dire, en ce qui concerne la note sur Madagascar, qu'un officier en contact au camp de Châlons avec d'autres officiers de toutes armes, en même temps qu'il avait sous les yeux les journaux militaires, pouvait facilement réunir tous les éléments nécessaires à la rédaction de cette note.

Je reconnais qu'en ce qui concerne la note sur Madagascar et la note sur les troupes de couverture, les éléments de ces deux notes n'ont pas été nécessairement puisés au camp de Châlons, mais je soutiens qu'ils ont pu l'être, et je crois l'avoir établi.

Donc, sur les cinq articles du bordereau nous en avons, d'après les révélations nouvelles apportées à la Cour, trois qui paraissent nécessairement émaner du camp de Châlons et deux qui peuvent y avoir été puisés.

Un deuxième ordre de faits révélés par votre instruction vient encore, ai-je dit, à l'appui de ma démonstration. Ce second ordre de faits c'est la présence d'Esterhazy à ces manœuvres de masse d'artillerie faites au camp de Châlons du 10 au 22 août 1894. Cette présence non déniée d'ailleurs par Esterhazy est aujourd'hui bien et dûment établie par des lettres d'Esterhazy soigneusement authentiquées. Ce sont les lettres qu'Esterhazy écrivait aux dates du 11 et du 17 août 1894. Je n'insisterai pas longuement sur ce point, je veux seulement constater que dans ces lettres le commandant Esterhazy déclare, le 11 août, qu'il est encore au camp de Châlons pour cinq ou six jours et, le 17 août, qu'il vient de quitter le camp de Châlons. Il y a là une concordance absolue entre les deux lettres, qui établit d'une manière certaine qu'Esterhazy a assisté jusqu'au 17 août à ces manœuvres de masse qui se sont poursuivies du 10 au 22 août.

Quelle était son attitude lorsqu'il suivait ainsi les manœuvres d'artillerie ou les exercices de tir? Vous avez entendu à cet égard le capitaine Lerond, qui s'exprimait en ces termes :

« Parmi les officiers supérieurs se trouvait le commandant Walsin-Esterhazy, appartenant au 3e corps; je l'ai remarqué comme intelligent, d'esprit alerte, très désireux de s'instruire sur une arme qui n'était pas la sienne, et posant pour cela des questions de détails sur le matériel en service dans l'artillerie. »

Mais Esterhazy a bien soin, lui, au contraire de Dreyfus, de dissimuler les renseignements qu'il a pu recueillir et les connaissances qu'il possède sur ce qui touche les engins de guerre et les nouveaux armements. Vous savez en effet qu'il s'efforçait d'affirmer son incompétence, au point qu'il écrivait à ce même capitaine Lerond une absurdité manifeste sur le feu de l'artillerie. Écrivant cette absurdité, dont l'insanité se révélait aux yeux des moins initiés, le commandant Esterhazy demandait au capitaine Lerond, avec une feinte naïveté, si ce n'était pas là une hérésie et... terminait sa lettre en priant le capitaine Lerond de lui indiquer un traité fournissant tous les renseignements sur le feu de l'artillerie et sur les nouveaux obus à la mélinite.

On constate, en résumé, d'après les révélations qui vous ont été apportées (les journaux militaires, la déposition du commandant Hartmann et les lettres d'Esterhazy des 11 et 17 août 1894), d'une part, qu'il y avait au camp de Châlons tous les éléments nécessaires pour rédiger les notes visées dans le bordereau et, d'autre part, qu'Esterhazy était au camp de Châlons et ne demandait pas mieux que de s'y renseigner.

Une troisième révélation se trouve dans votre instruction qui vient encore donner plus de poids à ces constatations. Je veux parler de la note du 27 septembre 1894 citée par le général Deloye et rapportée page 775 de l'instruction imprimée.

« A la date du 27 septembre 1894, dit le général Deloye, la 3e direction a reçu la copie d'une note adressée par un agent dudit gouvernement (gouvernement de l'agent A.) à l'un de ses agents en France. Cette note est ainsi conçue : « Quelle est la composition « des batteries du régiment de corps à Châlons? Combien de bat- « teries de 120? Quels obus tirent-elles? Quels sont les effectifs des « batteries? etc. »

Cela ne confirme-t-il pas ce que nous disions tout à l'heure, que les renseignements de l'auteur du bordereau concernant le 120 court avaient été puisés au camp de Châlons? Cette note paraît bien être une réponse au bordereau, nous allons en avoir la preuve tout à l'heure; et comme complément aux renseignements donnés par l'auteur du bordereau sur la manière dont la pièce de 120 s'est conduite, elle demande combien il y a de ces batteries de 120 à Châlons. N'est-ce pas indiquer que les renseignements envoyés par l'auteur du bordereau provenaient de Châlons?

La note du 27 septembre 1894 poursuit l'énumération des renseignements et documents réclamés. Elle demande le « manuel de tir de l'artillerie de campagne ».

Vous vous rappelez que c'est le 5e article du bordereau. L'auteur du bordereau déclarait d'abord qu'il envoyait le manuel, puis, se ravisant, il déclarait qu'il ne l'enverrait que si son correspondant le jugeait intéressant. Alors, en réponse au bordereau, le correspondant dit : Envoyez le manuel de tir de l'artillerie de campagne.

Mais ce qu'il y a de plus caractéristique dans cette note, c'est qu'en parlant du manuel de tir d'artillerie de campagne, la note reproduit exactement l'erreur de terminologie commise par l'auteur du bordereau. Au lieu de réclamer le manuel spécial pour *le tir d'artillerie de campagne*, la note, comme l'auteur du bordereau, parle d'un manuel à l'usage *de l'artillerie de campagne* en général. C'est l'erreur signalée par le capitaine Moch; et il est extrêmement curieux de voir que cette faute de terminologie se trouve à la fois dans le bordereau et dans cette note du 27 septembre 1894 réclamant précisément le document offert par l'auteur du bordereau.

D'autre part encore, la note du 27 septembre 1894 réclame le projet de règlement sur les manœuvres de batteries attelées. Or vous savez, messieurs, que, précisément, lorsque l'auteur du bordereau envoyait des renseignements sur la formation de l'artillerie, il envoyait en réalité des renseignements concernant l'application pratique du projet de règlement sur les manœuvres de batteries attelées. Et n'est-il pas frappant que le destinataire du bordereau réclame à la date du 27 septembre 1894 un projet de règlement sur l'application duquel l'auteur du bordereau lui a déjà fourni quelques renseignements intéressants à la fin d'août 1894.

Tout semble donc indiquer que l'on se trouve ici en présence d'une note envoyée par le destinataire du bordereau à son informateur habituel, note par laquelle il le prie de compléter les quelques renseignements intéressants accompagnant le bordereau.

Mais quel est le destinataire de cette demande d'information du 27 septembre 1894? A cet égard, nous manquons évidemment de renseignement précis; mais il y a néanmoins à faire des rapprochements curieux, qui vont nous fournir des indices très caractéristiques et des présomptions graves. La note en question du 27 septembre 1894, après avoir formulé les divers *desiderata* que je viens de rappeler, demande en outre à l'informateur une réglette de correspondance. Pratiquement c'est là, paraît-il, un instrument qui sert de complément au Manuel de tir.

Or, messieurs, si vous vous reportez au dossier du Conseil de guerre Esterhazy, vous y trouverez à la date du 26 novembre 1897 la déposition du lieutenant d'artillerie Bernheim, qui déclare avoir remis en 1894 à Esterhazy, en premier lieu, un règlement sur le service des bouches à feu, règlement que d'ailleurs il déclare n'être pas confidentiel; et en second lieu une réglette de correspondance. « Mais, dit le lieutenant Bernheim, ces deux pièces que j'ai remises à Esterhazy je les lui ai vainement réclamées, je n'ai jamais pu me les faire restituer. »

N'est-il pas curieux, messieurs, que la note du 27 septembre 1894 réclame à l'informateur de l'agent A. une réglette de correspondance, qu'à cette date de 1894, une réglette de correspondance soit remise à Esterhazy, et que celui-ci n'ait jamais pu la rendre à qui la lui avait prêtée? N'y a-t-il pas là un fait de nature à donner quelque indication sur la personnalité du correspondant de l'agent A?

Mais il y a autre chose encore dans cette note du 27 septembre 1894: cette note réclame « le nouveau fusil ». Or reportez-vous maintenant, messieurs, aux documents de l'enquête. Reportez-vous à la déposition faite par les sieurs Ecalle fils et Bousquet, vous constaterez que ces deux témoins, étant soldats sous les ordres d'Esterhazy ont été chargés par lui de copier les plans et modèles d'un fusil. Esterhazy leur avait déclaré qu'il s'agissait là d'un fusil autrichien auquel lui, Esterhazy, avait apporté des perfectionnements; il avait ajouté que ce travail était très pressé parce qu'il voulait le soumettre à M. Cavaignac, alors ministre de la Guerre, et que le ministère pourrait bientôt tomber!

Inutile de dire que dans toute cette dernière partie, les déclarations du commandant Esterhazy étaient des plus fantaisistes.

Mais il y a ceci d'étrange, c'est que ces deux témoins, les sieurs Ecalle fils et Bousquet, ont copié pour Esterhazy les plans et modèles du nouveau fusil, et que c'était précisément le nouveau fusil que réclamait la note du 27 septembre 1894.

En résumé, de toutes ces concordances relatives à la note du 27 septembre 1894, il semble bien résulter, d'une part, qu'il s'agit là d'une note envoyée à l'auteur du bordereau en réponse à ce bordereau; et, d'autre part, que cette note du 27 septembre 1894 a été adressée au commandant Esterhazy !

Ainsi, messieurs, en ce qui concerne l'origine du bordereau et des renseignements qu'il vise, nous trouvons tout un ensemble de révélations concordantes : la déposition du commandant Hartmann et les articles des journaux militaires démontrent que les indications du bordereau étaient en quelque sorte un sommaire des expériences faites aux manœuvres de Châlons et des dissertations auxquelles se livraient alors les officiers suivant ces manœuvres; les lettres d'Esterhazy des 11 et 17 août établissent qu'Esterhazy assistait à ces manœuvres du camp de Châlons; la note du 27 septembre 1894, rapprochée des dépositions Bernheim, Ecalle et Bousquet, indique que le destinataire du bordereau demandait à son informateur de compléter ses renseignements relatifs aux manœuvres de Châlons, et qu'il adressait cette demande de renseignements complémentaires au commandant Esterhazy.

Une quatrième révélation, ai-je dit, vient encore corroborer les indications concernant l'origine des renseignements visés par le bordereau et la personnalité de leur expéditeur : cette dernière révélation procède de la décision du chef d'État-major général en date du 17 mai 1894 relative à la participation des stagiaires d'État-major aux exercices des corps de troupes.

Il s'agit ici de la phrase finale du bordereau : « Je vais partir en manœuvres ». Cette phrase s'explique tout naturellement sous la plume d'Esterhazy qu'on retrouve constamment à toute espèce de manœuvres et d'écoles à feu durant cette année 1894. Elle est inexplicable sous la plume de Dreyfus, qui n'a pas fait de manœuvres en 1894.

Les accusateurs du malheureux capitaine disaient bien : « Dreyfus n'a pas fait de manœuvres, cela est vrai ; mais en août 1894 il devait croire qu'il en ferait, car les stagiaires d'État-major étaient d'ordinaire envoyés dans les corps de troupes pendant les manœuvres de septembre. »

Cette objection vient aujourd'hui se briser contre la décision du 17 mai 1894, dont nous avons pu obtenir enfin la production devant la Cour. Vous savez, messieurs, que cette décision fixe pour les stagiaires d'État-major la date de leur envoi dans les corps de troupes. Aux termes de cette décision, les stagiaires de 1re année doivent passer dans les corps de troupes le troisième trimestre (juillet à octobre); ceux de 2e année, dont faisait partie Dreyfus en 1894, doivent, au contraire, faire leur stage dans les corps de troupes pendant le quatrième trimestre (octobre à janvier). Donc Dreyfus savait bien que, pendant les manœuvres de septembre, il resterait à son service de l'État-major au ministère; et il le savait tout au moins depuis le 1er juillet, puisque, depuis le 1er juillet, la décision du 17 mai 1894 était mise en application, et que dès lors elle ne pouvait plus être ignorée.

Je n'insiste pas plus longuement sur cette quatrième révélation dont M. le président rapporteur a parfaitement montré toute l'importance. Cette quatrième révélation donne une telle force aux preuves si graves et si concordantes que nous avons déjà déduites des trois autres concernant l'origine du bordereau, qu'il ne semble plus pouvoir y avoir place au doute.

Successivement, messieurs, j'ai examiné en ce qui concerne l'élément matériel du bordereau quatre ordres de faits nouveaux, ceux qui sont relatifs au papier, à l'écriture, à la date, et à l'origine des renseignements. Il m'en reste encore deux à étudier : ceux qui sont relatifs aux relations d'espionnage du destinataire du bordereau, et ceux qui concernent les aveux formels et implicites d'Esterhazy.

Les relations d'espionnage du destinataire du bordereau (il s'agit des relations d'espionnage de l'agent A.), quelles étaient-elles? Nous trouvons, messieurs, à cet égard, des indications et des preuves parfaitement concordantes dans une déposition du général de Galliffet, dans une communication de notre ambassadeur à Rome, dans une note d'un agent étranger et dans une déclaration formelle d'Esterhazy lui-même. Des relations d'espionnage étaient certainement nouées entre Esterhazy et l'agent A.

Le général de Galliffet, messieurs, s'est exprimé à cet égard, en ces termes :

« Au mois de mai 1898, le général anglais Talbot, qui avait été comme colonel attaché militaire en France pendant six ans, et avec qui j'étais en relation depuis de longues années, est venu me voir à son retour d'Egypte et m'a dit : « Mon général, je ne sais rien de l'affaire Dreyfus. Pendant tout le temps que j'ai été employé en

France, je ne l'ai jamais connu, mais je suis étonné de voir le commandant Esterhazy en liberté; parce que nous tous, attachés militaires en France, nous savions qu'avec un ou deux billets de mille francs Esterhazy nous procurait des renseignements que nous ne pouvions nous procurer directement au ministère. »

Je sais, messieurs, que le général Talbot vous a envoyé une lettre qu'il qualifie de rectificative. Rectificative, oui, mais en quel sens? En ce sens que le général Talbot déclare que, quant à lui, personnellement, il n'a jamais fait usage des bonnes dispositions du commandant Esterhazy; mais le général Talbot affirme à nouveau que la personnalité du commandant Esterhazy était bien connue des attachés militaires, et que ceux-ci savaient parfaitement les services qu'au besoin on en pouvait tirer.

Donc, la déposition du général Galliffet subsiste en substance, et il résulte tant de cette déposition que de la déclaration du général Talbot que certainement Esterhazy proposait son vil trafic aux attachés militaires étrangers.

A côté de la déposition du général de Galliffet je dois placer une note de notre ambassadeur à Rome, révélée par M. Paléologue en sa déposition. (Enquête, pages 270 et 272.)

« — N'avez-vous jamais eu d'autres renseignements sur Esterhazy? est-il demandé à M. Paléologue.

« Réponse. — Le seul document qui existe est un télégramme de l'ambassadeur de la République à Rome, daté du printemps dernier, d'après lequel, selon des informations qui n'ont pu être contrôlées, Esterhazy aurait reçu en ces dernières années d'un gouvernement étranger une somme de 200,000 francs, et tout récemment une somme de 8,000 francs. Je ne puis toutefois préciser mes souvenirs, quant à ces chiffres. Le télégramme en question a été immédiatement transmis au ministère de la Guerre.

« Demande. — M. Paléologue sait-il si des renseignements intéressant la défense nationale ont été envoyés en Allemagne par Esterhazy?

« Réponse. — Un personnage étranger dont je ne crois pas pouvoir donner le nom, ni garantir la loyauté, mais qui semble en situation d'être bien renseigné, a affirmé naguère à un de mes collègues, lequel avait qualité pour recevoir cette confidence, qu'il existerait au ministère de la Guerre, à Berlin, environ 225 documents livrés par Esterhazy. »

Voilà qui vient corroborer singulièrement les déclarations du général de Galliffet.

Enfin, si nous nous reportons aux déclarations faites par Esterhazy lui-même, nous trouvons dans la lettre qu'il a adressée à M. le premier président les révélations suivantes :

« J'ai eu avec un agent étranger, pendant dix-huit mois, de 1894 à 1895, à la demande du colonel Sandherr, chef du service des renseignements, que j'avais connu en Tunisie, des rapports que j'aurais précisés devant vous si j'avais été relevé du secret professionnel. Grâce à ces rapports connus de mes chefs et d'eux autorisés, ainsi que le démontre l'information suivie contre Picquart, j'ai pu fournir au colonel Sandherr des renseignements du plus haut intérêt et combattre utilement des agissements dont l'auteur était bien connu et contre lequel on n'osait pas réagir ouvertement. »

Voilà, messieurs, une déclaration qui confirme absolument l'exactitude des renseignements apportés par le général de Galliffet et par M. Paléologue. Le commandant Esterhazy reconnaît qu'il a été en relations d'espionnage avec l'agent A. ; mais, dit-il, c'étaient des relations d'espionnage utiles pour la France ; je cherchais à contrecarrer les menées d'espionnage de l'agent A. et c'est pour cela que, d'accord avec le colonel Sandherr, je lui ai livré des documents plus ou moins confidentiels.

La Cour sait ce qu'il faut penser de cette explication.

Les chefs hiérarchiques du commandant Esterhazy ont déclaré que jamais ils n'avaient autorisé le commandant Esterhazy à se livrer à de pareilles manœuvres. Il reste donc de cette déclaration, purement et simplement, que si Esterhazy livrait des documents il les livrait *proprio motu* et pour son propre compte.

Donc voici qui est bien établi : l'agent A., le destinataire du bordereau, était un homme en relations d'espionnage avec le commandant Esterhazy.

Et si nous jetons maintenant un coup d'œil sur les cinq ordres de faits nouveaux déjà examinés en ce qui concerne l'élément matériel unique versé dans les débats de l'affaire Dreyfus, en ce qui concerne le bordereau, nous constatons que cet élément matériel de l'accusation portée contre Dreyfus est une feuille de papier identique au papier dont Esterhazy se servait à cette époque pour sa correspondance ; que cet élément matériel est revêtu d'une écriture identique à celle d'Esterhazy ; qu'on lui reconnaît aujourd'hui une date incompatible avec le système d'accusation édifié contre Dreyfus en 1894 ; que les renseignements visés par ce bordereau sont des renseignements obtenus au camp de Châlons où se trouvait Esterhazy, et que la phrase finale de ce bordereau relative aux manœuvres ne peut manifestement s'appliquer à Dreyfus; qu'enfin ce bordereau est envoyé à l'agent A., c'est-à-dire à une personnalité qui se trouvait en relations d'espionnage avec Esterhazy.

Eh bien, messieurs, est-ce que ce faisceau de faits nouveaux, qui viennent en quelque sorte s'abattre sur la base donnée à l'accusation de 1894, n'a pas pour effet de ruiner radicalement le jugement de condamnation, et de faire éclater à tous les yeux l'innocence de Dreyfus ?

M. le conseiller-rapporteur vous disait : « La loi de 1895 peut s'appliquer, la revision peut être accordée lorsqu'on apporte des faits nouveaux établissant des présomptions d'innocence. »

Je fais mieux. Ce ne sont pas des présomptions d'innocence que je vous apporte, c'est la preuve littérale et complète de l'innocence de Dreyfus par la démonstration de la culpabilité d'Esterhazy.

Cette preuve, je l'ai puisée dans les cinq ordres de faits nouveaux concernant le bordereau que j'ai déjà examinés. Je vais la retrouver encore entière et complète dans le sixième et dernier ordre de faits relatifs au bordereau qu'il me faut aborder maintenant : les aveux formels ou implicites d'Esterhazy se reconnaissant l'auteur du bordereau.

Esterhazy, messieurs, a reconnu être l'auteur du bordereau : il l'a déclaré devant certains témoins, M. Chincholle, M. Strong; je n'attache à ses déclarations qu'une importance médiocre. Esterhazy a révoqué ses aveux, c'était son droit. Mais il est quelque chose de plus grave : si Esterhazy a pu révoquer les paroles imprudentes qu'il avait laissé échapper en présence de MM. Strong et Chincholle, il est quelque chose qu'il ne peut pas effacer, ce sont ses propres actes. Or, au moment où, en 1897, Esterhazy est dénoncé comme l'auteur du bordereau, vous savez, par un ensemble de témoignages qui se corroborent mutuellement, qu'Esterhazy, alors affolé, s'est précipité... où ? Précisément à l'ambassade étrangère pour réclamer à l'agent A. sa protection, pour réclamer de cet agent une attestation affirmant que jamais lui, l'agent A., n'avait eu de relations d'espionnage avec Esterhazy.

Il faut bien constater que, d'après les propres déclarations d'Esterhazy, c'était un mensonge qu'il allait solliciter de l'agent A., car Esterhazy reconnaît avoir eu avec cet agent des relations qui, aux yeux de l'agent A., devaient être nécessairement des relations de véritable espionnage. Donc Esterhazy va supplier, puis menacer l'agent A. à l'effet d'obtenir de lui le mensonge sauveur.

Vous savez, messieurs, que ce mensonge n'a jamais pu être obtenu, et que si l'agent A., obéissant aux ordres de sa conscience, a cherché à faire savoir à notre gouvernement par tous les moyens dont il disposait qu'il y avait un innocent à l'île du Diable, il s'est énergiquement refusé à commettre, pour sauver son espion, l'infamie qu'Esterhazy, fort des services rendus, n'avait pas craint d'aller solliciter de lui.

Cette démarche honteuse est plus qu'un aveu : elle est plus accablante pour Esterhazy que toutes les reconnaissances déjà faites par lui de la paternité du bordereau.

Mais si nous trouvons dans les aveux implicites ou formels d'Esterhazy la preuve complète de l'innocence de Dreyfus, nous pouvons encore puiser cette preuve complète à une troisième source.

Cette source, ce sont les déclarations de M. le comte de Tornielli, qui ont été apportées à la Cour par l'ancien Garde des Sceaux, M. Trarieux.

M. le comte de Tornielli a révélé les angoisses de l'agent A. ; il a indiqué que, lors de la publication du bordereau faite par le *Matin*, les attachés militaires, qui avaient bien quelque chose à se reprocher en ce qui concerne les relations internationales, ont été pris de ce qu'on pourrait appeler une véritable panique de conscience, et qu'à ce moment, ils ont tout fait pour révéler à notre gouvernement que Dreyfus était innocent et qu'il avait été condamné pour des faits qui étaient imputables, — oh ! ils ne disaient pas à qui, mais nous le savons maintenant, — qui étaient imputables au commandant Esterhazy.

Les déclarations de M. le comte de Tornielli sont absolument topiques, absolument péremptoires, mais il vous en a déjà été donné lecture et je ne crois pas devoir fatiguer la Cour en les faisant repasser à nouveau sous ses yeux.

Je ne prolongerai donc pas mes observations sur ce point. Mais je constate qu'en portant nos investigations de trois côtés différents nous avons par trois fois rencontré la preuve définitive et complète de l'innocence de Dreyfus et de la culpabilité d'Esterhazy ; nous l'avons rencontrée dans les faits nouveaux se référant à l'élément matériel du bordereau ; nous l'avons rencontrée dans les aveux et reconnaissances d'Esterhazy ; nous l'avons rencontrée enfin dans les révélations dues au destinataire du bordereau, à l'agent A., à celui qui, mieux que personne, connaît la vérité sur cette affaire.

Dois-je m'attarder maintenant à établir que le crime psychologiquement inexplicable de la part de Dreyfus ne s'explique que trop bien de la part d'Esterhazy? Non, vous êtes édifiés sur ce point, et j'aurai la charité de ne pas étaler ici toutes les tares de celui que ses puissants défenseurs reconnaissent aujourd'hui n'être pas défendable au point de vue moral.

J'ai terminé, messieurs, l'examen des éléments du procès de 1894. J'ai établi que ces éléments comprenaient des éléments moraux, des éléments matériels clandestins et un élément matériel unique versé aux débats. J'ai examiné comment se comportaient ces trois catégories d'éléments à la lumière des faits nouveaux. J'ai montré qu'en ce qui concerne les éléments moraux il y avait là un moyen de revision péremptoire, puisque les simulacres d'éléments moraux, les rapports de Guénée figurant au dossier de 1894 se présentaient comme de simples racontars dénués de créance, et qu'ils étaient absolument détruits par les rapports authentiques frauduleusement dérobés aux juges de 1894.

J'ai relevé dans les éléments matériels clandestins deux moyens de revision : la révélation même de leur clandestinité et la révélation de leur inapplicabilité à Dreyfus.

En ce qui concerne l'élément matériel versé aux débats, j'ai montré qu'il y avait là six ordres de faits nouveaux établissant des preuves d'innocence : faits nouveaux, concernant le papier, faits nouveaux concernant l'écriture, faits nouveaux concernant la date, faits nouveaux concernant l'origine des renseignements, et la phrase finale du bordereau relative au départ pour les manœuvres ; faits nouveaux concernant les relations d'espionnage du destinataire du bordereau, faits nouveaux concernant la reconnaissance par Esterhazy de la paternité du bordereau.

Cherchant en dehors du procès de 1894, j'ai trouvé encore de nouvelles preuves d'innocence péremptoires et décisives dans les révélations de M. le comte de Tornielli, et j'ai le droit de dire maintenant avec la force de l'évidence : Dreyfus est innocent, le coupable est Esterhazy.

Ma tâche n'est pas achevée cependant. Il me faut encore examiner les faits concernant le faux Henry : cet examen va nous montrer, messieurs, comment le Conseil de guerre de 1894 a pu être induit à commettre une aussi lamentable erreur. Cette erreur, messieurs, il n'y a pas de doute : elle est imputable et au commandant Du Paty de Clam et au commandant Henry. Quel a été le rôle de ces deux officiers en 1894?

Le commandant Du Paty de Clam, c'est l'officicier de police judiciaire, celui qui a posé en quelque sorte les premières bases de l'accusation, et vous savez à quels singuliers procédés avait recours cet officier de police judiciaire. Vous connaissez cette étrange scène de la dictée, celle qui a amené l'arrestation de Dreyfus, parce que, dit le commandant Du Paty de Clam, Dreyfus aurait manifesté, par un tremblement de son écriture, l'aveu même de sa culpabilité.

Vous avez vu cette dictée : le texte en est sous vos yeux. Je ne sais si la Cour partage mon impression; pour ma part, je n'ai pas pu trouver dans l'écriture du malheureux capitaine la moindre trace de tremblement ou d'émotion.

Vous connaissez aussi ces interrogatoires affolants que le commandant Du Paty de Clam a fait subir à Dreyfus, tout en lui dérobant soigneusement le document base de l'accusation. Vous connaissez ces tourbillons de photographies par lesquels Du Paty de Clam faisait défiler sous les yeux de sa victime des mots empruntés tantôt au bordereau, tantôt aux lettres de Dreyfus, en demandant au capitaine de reconnaître ce qui était sorti de sa plume.

Vous connaissez son intervention dans le prétoire du Conseil de guerre devant lequel, après cette affolante et déprimante instruction, on avait jeté le malheureux Dreyfus, véritable loque humaine que cependant la monstrueuse déposition d'Henry parvint à galvaniser encore. Vous connaissez l'intervention aux débats de Du Paty de Clam, venant encore, après sa folle instruction, peser sur l'esprit des juges. Vous connaissez sa dernière invention devant le Conseil de guerre : l'aveu de Dreyfus résultant d'un mouvement de son pied au cours d'un interrogatoire subi les jambes croisées; et vous savez que, pour combattre ces folies, Me Demange en était réduit à apporter au Conseil des certificats médicaux attestant que les mouvements du pied n'étaient pas en corrélation avec les battements du cœur et ne pouvaient déceler une émotion ni révéler un aveu.

Vous connaissez les procédés de Du Paty et vous connaissez sa moralité.

Passons au commandant Henry. Sitôt Dreyfus arrêté, c'est le commandant Henry qui conduit le capitaine Dreyfus à la prison du Cherche-Midi, et il dresse un procès-verbal d'une conversation qu'il aurait tenue avec Dreyfus.

Ce procès-verbal n'a aucune utilité par lui-même; il est dressé dans un but unique : Henry veut attester et atteste que dès son arrestation le capitaine Dreyfus, lui exposant les soupçons dont il était l'objet, lui avait déguisé sciemment la vérité. Mais vous savez, messieurs, que les réponses de Dreyfus consignées dans ce procès-verbal sont l'expression exacte de la vérité, et qu'il n'y a de mensonge dans ce procès-verbal (plus tard affirmé sous la foi du serment) que l'attestation d'Henry.

Se plaçant au point de vue des adversaires de la revision, M. le président-rapporteur vous disait avant-hier : « Mais n'est-il pas possible que dans ce procès-verbal Henry ait été de bonne foi, qu'il ait été victime de la confusion de ses souvenirs ? »

En admettant même la bonne foi d'Henry, nous ne nous en trouvons pas moins ici en présence d'une pièce à charge dressée par Henry et ne contenant que des articulations fausses. Et si le commandant Henry dresse avec une telle légèreté des documents faux pour accabler Dreyfus, quelle confiance peut-on dès lors avoir dans les dépositions terribles qu'il fit entendre au Conseil de guerre, dépositions où il prétendait rapporter encore les termes d'une autre conversation qu'il aurait eue, non plus avec Dreyfus cette fois, mais avec un personnage, M. de B., qualifié tour à tour d'homme honorable et de rastaquouère par les différents témoins ?

Ce procès-verbal, erroné ou faux, n'est d'ailleurs pas le seul acte qu'on puisse reprocher à Henry au cours du procès de 1894. Vous savez, messieurs, que le général Mercier, ministre de la Guerre, hésitait à poursuivre Dreyfus sur des preuves aussi infimes que celles recueillies par Du Paty de Clam. On craint alors que la proie n'échappe, et pour forcer la main au général Mercier, pour rendre le procès inévitable, on avertit la presse, en vue de faire faire contre le général Mercier lui-même, s'il n'engage pas les poursuites, une campagne de chantage. Qui donc a averti la presse? Dieu me garde de lancer une affirmation téméraire à cet égard. Mais je dois le constater, la lettre qui a averti le journal tout désigné pour une telle besogne est signée Henry.

Cette lettre, messieurs, est particulièrement caractéristique : en voici la teneur :

« 28 octobre 1864.

« Mon cher ami,

« Je vous l'avais bien dit, c'est le capitaine Dreyfus, celui qui habite 6, avenue du Trocadéro, qui a été arrêté le 15 pour espionnage, et qui est en prison au Cherche-Midi. On a dit qu'il était en voyage, mais c'est un mensonge parce qu'on veut étouffer l'affaire. Tout Israël est en mouvement. Faites compléter ma petite enquête au plus vite. »

Eh bien, messieurs, la lettre d'Henry que le commandant Cuignet a généreusement attribuée à Du Paty de Clam, la lettre d'Henry a produit son effet : elle est du 28 octobre et cette arrestation, que le gouvernement français avait tenue si soigneusement secrète, parce qu'elle n'était que provisoire, a été révélée à grand fracas au public par le journal *La Libre Parole*, à un rédacteur duquel la lettre était adressée.

Est-ce tout en ce qui concerne le rôle du commandant Henry au procès de 1894? Non, messieurs, car c'est encore à lui, s'il faut en croire les indications apportées ici par M. Lépine, c'est encore à lui qu'est due la suppression du rapport de M. le préfet de police, rapport qui était favorable à Dreyfus et détruisait les allégations de Guénée.

Mais il est encore un acte plus grave dans la conduite d'Henry au procès de 1894. Henry est dans ce procès le témoin capital : c'est lui qui dépose au nom du ministre de la Guerre et du bureau des renseignements. En cette qualité le commandant Henry avait déposé dans l'instruction, mais il avait fait une déposition qui, conforme aux renseignements apportés depuis par le ministère de la Guerre, n'avait rien d'accablant pour Dreyfus. Il revient au Conseil de guerre pour déposer devant les juges, et il reproduit sa déposition faite dans l'instruction écrite. Mais, lorsqu'il sent l'accusation chancelante, le commandant Henry demande à être rappelé, il revient devant le Conseil de guerre et il fait cette fois une déposition dramatique et écrasante pour l'accusé.

Eh bien, messieurs, pourquoi cette déposition si grave qu'il porte devant le Conseil de guerre n'a-t-elle jamais été révélée auparavant? Comment! voilà Henry qui est détenteur des secrets du bureau des renseignements, qui est désigné par le ministère de la Guerre pour déposer au nom du service des renseignements, au nom du ministre de la Guerre, et le commandant Henry, qui prétendait avoir reçu des confidences si précises et si accusatrices contre Dreyfus, omet dans sa déposition à l'instruction écrite ce qu'il sait de capital et d'essentiel! Il vient déposer devant le Conseil de guerre et cette fois encore sa mémoire a la même étrange défaillance. C'est seulement lorsqu'il voit la partie perdue, lorsqu'il sent sa victime lui échapper que subitement la mémoire lui revient. Il se fait rappeler à la barre. Il se pose en justicier, il prend le Christ à témoin et la croix de la Légion d'honneur sur la poitrine, cet homme affirme qu'il y avait un traître au ministère de la Guerre, et que, de source aussi certaine qu'anonyme, il sait que ce traître était un officier du

2e bureau et que cet officier était Dreyfus. Il refuse, même dans le huis clos, il refuse et pour cause, d'indiquer son informateur. On le connaît aujourd'hui; et il apparaît qu'Henry a fait appel pour sa deuxième déposition non pas à sa mémoire, qui ne lui fournissait plus rien, mais à son imagination. Et en effet, si vous vous reportez à l'instruction, si vous vous reportez aux pièces qui sont au dossier, vous trouvez bien le rapport de l'agent Guénée qui nous donne les renseignements formulés par M. B... mais dans lesquels on ne trouve nulle part la trace que le traître du 2e bureau fût Dreyfus lui-même ainsi que l'attestait le commandant Henry. Bien plus, on ne trouve pas la trace que l'ami des attachés militaires fût au 2e bureau : ceci n'est pas dans le rapport de l'agent Guénée.

Eh bien, où donc a-t-on trouvé ce renseignement? M. le général Zurlinden vous l'a fait connaître. L'agent Guénée n'avait rien su de plus que ce qui est consigné dans ses rapports; et il a même déclaré dans sa déposition devant la Cour que M. de B... n'avait pas pu donner de renseignements complémentaires parce qu'il avait quitté Paris sur ces entrefaites. Et cependant, d'après la lettre de M. le général Zurlinden au ministre de la Justice du 10 septembre 1898, c'est dans une conversation postérieure avec Henry lui-même, que M. de B... aurait indiqué le 2e bureau comme étant le bureau de l'officier suspect. Aucun rapport ou procès-verbal n'a été dressé à cet égard, et cette articulation dénuée de preuve ne s'appuie sur rien d'autre que sur la parole du commandant Henry; et cet homme est un faussaire!

Tel a donc été le rôle de Du Paty et d'Henry dans le procès de 1894; quel fut-il après la condamnation de Dreyfus?

Vous savez qu'après la condamnation obtenue, le commandant Du Paty de Clam est allé interroger Dreyfus dans sa prison, et que, lui faisant miroiter les avantages plus ou moins hypothétiques d'un adoucissement de peine, la douceur possible d'un rapprochement avec sa famille, il s'est efforcé à nouveau d'obtenir des aveux :

— Tout espoir d'acquittement est perdu maintenant, lui a-t-il dit, vous êtes irrévocablement condamné, vous ne pouvez plus espérer que des adoucissements de peine. Avouez donc et il vous en sera tenu compte.

Et Dreyfus de lui répondre :

— Je n'ai rien à avouer, je suis innocent, je ne puis rien vous dire, je suis condamné, je n'ai pas de grâce à demander; moi parti, qu'on cherche toujours, c'est la seule grâce que je sollicite.

Et Dreyfus lui-même, se réservant de chercher en sa prison la solution de cette énigme, prétend emporter ce qu'il connaît de l'accusation, c'est-à-dire la copie du bordereau.

Il cache précieusement cette copie dans ses vêtements. Mais on le fouille et on la lui arrache. Si peu qu'on lui ait fait connaître de l'accusation, on craint peut-être que cette parcelle ne lui suffise à découvrir la vérité! Et cette saisie d'une copie du bordereau dans les vêtements de Dreyfus a été l'origine d'une nouvelle légende forgée encore pour accabler ce malheureux. On a publié partout qu'on avait trouvé dans les effets mêmes de Dreyfus de nouveaux documents affirmant sa trahison et prouvant, d'une façon certaine, une culpabilité au sujet de laquelle le doute et l'inquiétude commençaient à poindre.

Cependant, messieurs, c'est après avoir dissimulé au capitaine Dreyfus tous les éléments, communiqués aux membres du Conseil dans la Chambre de leurs délibérations, c'est après avoir arraché au capitaine Dreyfus cette copie du bordereau, la seule charge qu'il connût, c'est après l'avoir mis ainsi dans l'impossibilité absolue de rechercher les traces possibles de l'erreur commise, qu'on est venu ici s'étonner devant vous que les lettres poignantes par lesquelles il réclame sa réhabilitation ne contiennent pas un seul argument de nature à mettre le gouvernement sur la piste du coupable.

Effectivement, messieurs, il est bien exact que les lettres écrites par Dreyfus pour réclamer sa réhabilitation ne contiennent pas d'arguments.

Hélas! ce sont de purs sanglots! On vous lisait hier les lettres émouvantes que Dreyfus adressait au Président de la République: je ne vous en lirai qu'une, adressée au général de Boisdeffre. La voici:

Iles du Salut, 5 juillet 1897.

« Mon général,

« Le cœur perdu, le cerveau en lambeaux, c'est vers vous, mon général, que je viens encore jeter un nouveau cri de détresse, un cri d'appel plus poignant, plus déchirant que jamais. Je ne vous parlerai ni de mes souffrances ni des coups qui pleuvent sans repos ni trêve sur moi sans jamais rien y comprendre, sans jamais les avoir provoqués ni par un acte ni par une parole. Mais je vous parlerai, oh! mon général, de l'horrible douleur de ma famille, des miens, d'une situation tellement tragique que tous finiraient par y succomber. Je vous parlerai toujours et encore de mes enfants, de mes chers petits qui grandissent déshonorés, qui sont des parias, pour vous supplier de toutes les forces de mon âme, les mains jointes dans une pensée suprême, avec tout mon cœur de Français, de père, de faire tout ce qui est humainement faisable pour mettre le plus tôt possible un terme à cet effroyable martyre de tant d'êtres humains.

« Oh ! mon général, dites-vous bien que depuis deux ans et demi, bientôt trois ans, il n'est pas une minute de ma vie, pas une seconde de mon existence qui ne soit une douleur, et que si j'ai vécu ces minutes, ces secondes épouvantables, oh ! mon général, c'est que j'aurais voulu pouvoir mourir tranquille, apaisé, sachant le nom que portent mes enfants honoré et respecté. Aujourd'hui, mon général, ma situation est devenue trop atroce, les souffrances trop grandes, et... je chavire totalement. C'est pourquoi je viens encore jeter le cri de détresse poignante, le cri d'un père qui vous lègue ce qu'il a de plus précieux au monde, la vie de ses enfants, cette vie qui n'est pas possible tant que leur nom n'aura pas été lavé de cette horrible souillure.

« C'est avec toute mon âme qui s'élance vers vous dans cette épouvantable agonie, c'est avec tout mon cœur saignant et pantelant que je vous écris ces quelques lignes, sûr que vous me comprendrez.

« Et je vous en supplie aussi, mon général, une bonne parole à ma pauvre femme, et l'assurance d'une aide puissante et honorable.

« Veuillez... »

Vous savez, messieurs, comment il fut répondu à ces supplications? A cette date de 1897, la vérité commençait à se faire jour : il n'est pas de manœuvre infâme qui n'ait été employée pour l'étouffer.

Ce fut d'abord, en 1896, le colonel Picquart qui, le premier, démasqua Esterhazy. Ce fut plus tard l'honorable vice-président du Sénat, M. Scheurer-Kestner qui découvrit l'erreur. Ce fut, ensuite, la publication du fac-similé du bordereau ayant eu lieu, nombre de personnes qui constatèrent l'identité de l'écriture du bordereau avec celle du commandant Esterhazy. Cette identité fut révélée à M. Mathieu Dreyfus par un banquier, M. de Castro; et après renseignements pris, la dénonciation d'Esterhazy fut faite par le frère du capitaine Dreyfus.

Deux mots seulement, messieurs, sur l'information du colonel Picquart, chef du service des renseignements.

Picquart, vous le savez, reçut par la voie ordinaire les débris d'un « petit bleu » portant l'adresse d'Esterhazy, mais que son auteur, après réflexion, n'avait pas envoyé. L'origine, le destinataire, le contenu révélaient des relations suspectes entre Esterhazy et un agent étranger.

Le colonel Picquart recueille des renseignements sur Esterhazy. Ces renseignements ne pouvaient être que déplorables. Ils le furent. D'autre part, l'informateur R. C., l'agent de Bâle, donne des indications à notre bureau des renseignements et il révèle que l'officier correspondant de l'agent A. n'est autre qu'un commandant d'infanterie, qui fournit spécialement des renseignements sur l'artillerie.

Comme l'agent étranger avec lequel Esterhazy était en relations, d'après le « petit bleu », se trouve être le même que le destinataire du bordereau, Picquart compare l'écriture du bordereau avec celle d'Esterhazy. Il est effrayé de l'identité des deux écritures.

Picquart, de plus en plus troublé, et pour rassurer sa conscience, examine alors le dossier secret; et, il l'a dit, il resta épouvanté devant son inanité. Picquart fit alors son rapport au général de Boisdeffre et au général Gonse. La réponse de ces généraux, messieurs, est très prudente; elle est de tous points semblable à la réponse, qu'en des circonstances analogues, faisait, en 1854, je crois, un procureur impérial qui a sur la conscience la mort au bagne de deux innocents : Pierre Vaux et Petit.

Ils dirent à Picquart : « Poursuivez votre information, mais prenez bien garde, respectez la chose jugée. Il ne faut pas toucher à la condamnation de Dreyfus. Poursuivez prudemment votre information. » Picquart répondit : « Comme chef du bureau des renseignements, je ne peux rien faire d'autre que ce que j'ai fait déjà.

« Si je fais plus, mon information va devenir forcément publique; pour obtenir davantage, il faut ouvrir une information judiciaire. » Et Picquart a le malheur de laisser entrevoir les soupçons qui l'obsèdent en ce qui concerne le commandant Esterhazy, par ses subordonnés, par le commandant Henry; ce devait être sa perte.

Vous savez, messieurs, par quels atroces procédés le commandant Henry a alors miné Picquart dans l'esprit de ses chefs. Vous savez comment, à la suite de ces manœuvres d'Henry, savamment menées à la façon de l'agent Guénée, le colonel Picquart a été chargé de cette mission ridicule qui l'envoie d'abord dans l'Est, puis dans le Midi de la France, qui lui fait traverser la Méditerranée, le fait passer de l'Algérie en Tunisie. Il n'est pas assez loin encore, on veut l'envoyer sur la frontière tripolitaine, au milieu des assassins du marquis de Morès, et ce n'est que grâce au général Leclerc que le colonel Picquart s'arrêta à Gabès.

Henry, cependant, intercepte la correspondance du colonel Picquart, et au moyen d'éléments puisés dans sa correspondance particulière, la fabrication des faux bat son plein.

Il s'agit de représenter Picquart comme un agent d'un prétendu syndicat fondé, vous le savez, pour substituer au coupable, au traître Dreyfus, un innocent qui personnifiait alors, paraît-il, l'honneur de l'armée française, le commandant Esterhazy. Dans ce but faux télégrammes et fausses lettres sont multipliés.

On viole le domicile de Picquart, on le substitue au véritable accusé dans le procès Esterhazy; on organise contre lui un guet-apens; on machine même une accusation de faux, l'histoire du « petit bleu »; on le met en réforme, on le jette en prison, on le met au secret, on le destine au bagne, et les journaux officieux du commandant Henry, messieurs, n'ont fait depuis que déverser sur le colonel Picquart les calomnies les plus ignobles comme les plus grotesques.

Et, qu'était-ce donc que le colonel Picquart? Les notes du colonel Picquart sont unanimement excellentes, et voici en quels termes le général de Galliffet s'exprimait sur son compte devant la Chambre criminelle :

« En 1890, j'étais membre du Conseil supérieur de la guerre et commandant éventuel d'une armée. En cette qualité je disposais d'un État-major assez nombreux. Un emploi, celui de chef de bureau des renseignements, étant devenu vacant, le commandant Picquart me fut signalé par le général de Miribel, le général de Boisdeffre, le général de Saint-Germain et le général Renouard, comme l'officier supérieur le plus apte à remplir cet emploi. J'ai eu sous mes ordres le colonel Picquart pendant cinq ans. Il méritait mon estime la plus profonde. Les autres chefs qui l'employaient, le général Brault, chef d'État-major général de l'armée, le général Darras, le général Bailloud, le général Millet, avaient pour lui autant d'estime que d'affection et me le signalaient en toutes circonstances comme un officier destiné à arriver aux plus hautes situations de l'armée. »

Et le général de Galliffet termine sa déposition en ces termes : « Je ne sais si le colonel Picquart a commis une faute, mais s'il l'a commise, je suis certain qu'il n'y a été amené que par son amour de la vérité, et certainement pas poussé par un sentiment vil. »

Les appréciations de tous ces généraux, rapportées par le général de Galliffet, concordent avec toutes les notes de Picquart. De n'importe qui elles émanent, toutes sont unanimement élogieuses. Et à côté de ces notes, on trouve encore des ordres de service où le colonel Picquart est toujours représenté comme une nature d'élite. Je n'en veux citer qu'un : Il est daté du 19 février 1888, au moment où Picquart quittait le Tonkin, et il est conçu en ces termes :

« Le général commandant la deuxième brigade ne veut pas laisser partir le capitaine Picquart, qui a rempli pendant plus de deux années avec tant de distinction les fonctions de capitaine-major de la brigade, sans le remercier de toutes les qualités dont il a fait preuve. Infatigable au travail, doué d'une intelligence supérieure, le capitaine Picquart a su, par ses excellents services, par la fermeté de son caractère et la courtoisie de ses relations, se concilier l'estime et l'affection de ses chefs, l'amitié de ses camarades et la sympathie respectueuse de ses subordonnés. C'est avec les regrets les plus vifs que le général commandant la 2e brigade voit partir un collaborateur si précieux. Il lui souhaite, avec un heureux retour en France, l'avancement rapide dont il est digne et que tout le monde approuvera.

« *Signé :* Général Nismes. »

Eh bien, vous vous trompiez, général Nismes ; vous vous trompiez, général de Galliffet et vous vous trompiez tous, généraux de France, qui, pendant un quart de siècle, avez unanimement signalé l'officier Picquart comme une nature d'élite ; cet homme est un faussaire ! C'est un faussaire puisqu'il fut accusé de faux par le colonel Henry : et comment douter, hélas ! de la compétence du colonel Henry en pareille matière ?

Qu'importe vraiment que les experts commis aient déclaré ne pas reconnaître l'écriture du colonel Picquart dans le document incriminé ? Qu'importe que ce document exprime, nous le savons aujourd'hui, la réalité même des faits ; qu'importe qu'on ait pu, par la comparaison de photographies successives, arriver à déterminer que ce document avait été l'objet de grattages et de surcharges alors précisément qu'il se trouvait entre les mains des accusateurs de Picquart ; qu'importe tout cela, Picquart est un faussaire puisqu'après plus de 80 jours de mise au secret pour cette accusation de faux, le colonel Picquart va bientôt avoir accompli toute une année de prison préventive. Que répondrez-vous à cela, vous tous, généraux, qui saluiez en Picquart l'une des meilleures espérances de notre armée française? (Vif mouvement dans l'auditoire.)

Ah! je n'ai pas, messieurs, la belle mission de défendre le colonel Picquart contre de telles accusations, mais j'aurais manqué à un devoir sacré si je n'avais apporté ici, avec mon humble tribut d'admiration personnelle, le témoignage ému de la reconnaissance de ma cliente pour l'homme loyal, généreux et bon, qui n'a pas hésité à sacrifier son merveilleux avenir, à se laisser chasser de cette armée qu'il aime, pour obéir au devoir que lui dictait sa conscience envers son malheureux frère d'armes injustement flétri. (Vive émotion. — Applaudissements.)

Messieurs, ce n'est pas seulement contre le colonel Picquart que la calomnie s'est exercée, car les faux se sont multipliés aussi contre le condamné de 1894.

Tandis qu'on fabriquait contre Picquart les fausses lettres Speranza, les faux télégrammes Blanche et Speranza, qu'on falsifiait le petit bleu, qu'on recrutait contre lui d'inavouables témoins comme le sieur S., qu'on se livrait au jeu des fausses photographies, et qu'on interceptait sa correspondance pour en faire parfois un usage odieux, on n'oubliait assurément pas Dreyfus. Pour lui on fabriquait le faux Weyller, on falsifiait une lettre de l'agent B. où on substituait l'initiale D à un autre nom, on truquait la pièce « ce canaille de D. » qu'on publiait après y avoir intercalé le nom de Dreyfus, on fabriquait une ou plusieurs lettres de l'agent B. (faux Henry), on falsifiait le fameux télégramme chiffré de l'agent B. à son État-major. J'en passe et des meilleurs, comme les fausses lettres impériales, les faux anecdotiques Otto et Bluet, les lettres anonymes pour prévenir Esterhazy ou donner le mot à la presse, les complots agrémentés de fausses barbes et de lunettes bleues, les lettres de chantage dictées à Esterhazy pour le président de la République et le ministère de la Guerre. Que dire encore de la livraison de documents secrets à Esterhazy lui-même, pour lui mettre entre les mains cette arme de chantage dont il a su si merveilleusement faire usage, prenant à son service le président de la République, le président du Conseil des ministres et tous les officiers chargés de l'instruction?

Quel était donc le but de tous ces faux et de toutes ces ignominies sortis plus ou moins directement de l'officine d'Henry et de Du Paty? Le général Gonse, vous a déclaré en substance Du Paty de Clam, m'a fait venir dès qu'Esterhazy fut dénoncé, et il m'a dit:

« Esterhazy est victime d'une odieuse campagne. Il est innocent. Il faut à tout prix le sauver, car, s'il était condamné, ce serait la revision du procès Dreyfus et il ne faut pas que cette revision se fasse.

« Il y a là des intérêts généraux; l'intérêt même du pays exige que cette revision ne se fasse pas, du moins en ce moment; et l'intérêt des grands chefs de l'armée est conforme aux intérêts généraux du pays ; il serait compromis par une revision. »

Je renonce à comprendre pourquoi il était nécessaire de recourir à tant de manœuvres frauduleuses en vue de faire innocenter Esterhazy, alors qu'on avait, disait-on, la preuve de son innocence. Je n'ai pas d'autre part à examiner si les intérêts généraux du pays commandaient alors d'empêcher la revision du procès Dreyfus.

Je n'ai pas à examiner non plus si les intérêts particuliers des grands chefs de l'armée devaient primer l'intérêt de la justice. Mais je constate que toutes les manœuvres que l'on a relevées n'avaient qu'un but : ces manœuvres frauduleuses étaient destinées à empêcher la revision. Eh bien, s'il est aujourd'hui certain — et ce n'est pas contestable — que la revision a été empêchée en 1897 par des manœuvres frauduleuses et scélérates, il faut que Dreyfus soit restitué contre ces manœuvres.

On l'a privé criminellement en 1897 d'une décision de justice qui eût entraîné nécessairement la revision, et dont la conséquence légale eût été l'annulation de sa condamnation. Eh bien, si les procédés employés pour obtenir ce résultat sont frauduleux, il faut annuler le résultat. Et puisque le résultat ne peut plus être annulé légalement à l'égard d'Esterhazy, il faut considérer ce résultat comme sans valeur à l'égard de Dreyfus, il faut en un mot restituer Dreyfus contre cette chose jugée : l'acquittement d'Esterhazy; il faut lui rendre le bénéfice de cette revision dont on l'a criminellement dépouillé en 1897.

Je dis, messieurs, que telle doit être la conséquence légale de la révélation des fraudes qui ont amené l'acquittement d'Esterhazy. Je dis que pour cette première raison la revision s'impose.

Mais il est une deuxième raison à déduire des même faits, qui elle aussi commande la revision. Si en effet les colonels Du Paty de Clam et Henry se sont livrés à de telles manœuvres postérieurement au jugement, s'ils ont été jusqu'à commettre des faux pour affirmer la culpabilité de celui qu'ils avaient fait condamner en 1894, le témoignage qu'ils ont apporté à la justice pour obtenir cette condamnation ne peut plus à l'heure actuelle être réputé un témoignage loyal et légal. Ce témoignage ne peut plus être considéré comme celui du témoin exigé par la loi « parlant sans haine et sans crainte, disant toute la vérité et rien que la vérité ». Ces témoins sont suspects d'avoir édifié par le faux ce qu'ils ont maintenu par le faux; et leurs témoignages frelatés ne peuvent plus servir de base à une décision judiciaire.

Vous avez déjà, messieurs, proclamé et consacré ces principes par votre jurisprudence. J'en ai rappelé les principaux monuments dans mon instruction écrite. J'évoque seulement ici le souvenir de l'arrêt rendu dans l'affaire Vaux et Petit; et je n'insiste que sur un autre arrêt rendu dans une affaire Jamet et Léger, cette affaire ayant avec notre espèce de très grandes analogies. Jamet et Léger avaient été accusés d'un attentat aux mœurs commis sur une fille Laroche, et la principale charge de l'accusation était la déclaration de cette fille Laroche attestant que les auteurs de l'attentat étaient bien Jamet et Léger.

Jamet et Léger sont condamnés.

Postérieurement à leur condamnation, la fille Laroche déclare que l'auteur réel de l'attentat, c'est non pas Jamet et Léger, mais son père naturel; une instruction est ouverte contre le père naturel, et une ordonnance de non-lieu intervient. La raison de ce non-lieu était que la fille Laroche avait été examinée par des médecins légistes, que ces médecins légistes avaient reconnu en elle la maladie de l'hystérie, et que d'après leur avis les dires d'une femme hystérique n'offraient aucune garantie de sincérité.

Et M. le Garde des Sceaux de dire alors : Mais si le témoignage et la déclaration d'une fille hystérique sont peu dignes de foi lorsqu'elle accuse son père naturel, ils sont également peu dignes de croyance lorsqu'elle accuse Jamet et Léger. De tels témoignages, étant nécessairement suspects, ne sont plus les témoignages sincères et loyaux qu'exige notre code d'instruction criminelle; et ils ne peuvent légalement servir de base à un arrêt de condamnation. La révélation du vice de ce témoignage est donc un fait nouveau donnant ouverture à la revision. C'est, messieurs, ce qu'a jugé votre Chambre criminelle, elle a annulé l'arrêt de condamnation qui avait frappé Jamet et Léger; et ceux-ci ont été définitivement acquittés.

Nous sommes, messieurs, dans une situation identique en l'espèce actuelle, à cela près toutefois que l'hystérie des colonels Henry et Du Paty de Clam, c'est l'hystérie du faux.

Ainsi donc, messieurs, les faits qui se sont révélés en ce qui concerne Henry et Du Paty et leurs manœuvres criminelles nous fournissent un double motif de revision. Pour deux raisons également éremptoires ils commandent l'annulation du jugement de condamation qui a frappé Dreyfus. Je me borne à cette conclusion et je asse : car j'ai hâte vraiment de sortir de toutes ces tristesses.

L'audience, suspendue à trois heures cinquante-cinq, est reprise quatre heures quinze.

Me MORNARD. — Messieurs, j'ai établi que la revision s'imposait.

Nous avons examiné le procès de 1894 dans toutes ses parties, t dans chacune d'elles nous avons, à la lumière des faits nouveaux, lécouvert des moyens de revision absolument péremptoires. Nous n avons trouvé dans l'examen des éléments moraux, nous en vons trouvé dans l'examen des éléments matériels clandestins, ious en avons trouvé dans l'examen de l'unique élément matériel ersé aux débats. Considérant ensuite les agissements des deux rincipaux témoins de ce procès, nous avons encore trouvé là deux aisons puissantes qui commandent l'annulation de la condamnaion.

Je n'ai plus maintenant qu'à faire justice de quelques objecions qui vous ont été apportées; et, à cet égard, il me sera permis l'être très bref, car ces objections sont peu sérieuses et déjà elles nt été détruites devant vous par M. le Président rapporteur et I. le Procureur général. Quelles sont donc ces objections?

J'aurais scrupule, messieurs, à discuter encore devant vous le oman des aveux. Je m'en suis occupé dans mon instruction écrite. Mais M. le Président rapporteur a si magistralement exposé la aissance de cette légende dont il a montré toute la fantaisie, et I. le Procureur général en a si supérieurement fait justice, que je dois m'en référer purement et simplement à leurs puissantes démonstrations.

En ce qui concerne l'opinion des cinq ministres de la Guerre, il faut bien reconnaître qu'il ne peut y avoir là d'argument qu'à l'usage des foules. Ce qu'il faut en matière de justice ce sont des preuves et non des opinions. L'opinion des cinq ministres se ramène d'ailleurs à une opinion unique : elle n'est que le reflet successif de l'opinion du bureau du ministère. Cinquante ministres de la Guerre au lieu de cinq se seraient succédé en ces dernières années, que cinquante ministres au lieu de cinq auraient fidèlement reflété l'opinion adoptée une fois pour toutes par le bureau. M. le Procureur général vous faisait d'ailleurs remarquer hier que certains ministres de la Guerre avaient avoué ne pas avoir ouvert le dossier de celui dont ils affirmaient la culpabilité. Quand cette « opinion » du bureau du être présentée par l'un des ministres à la tribune de la Chambre des députés, ce fut M. Cavaignac qui, vous le savez, fut chargé de cette besogne ingrate. Il s'en acquitta, avec son talent habituel et un succès sans précédent, dans son discours du 7 juillet 1898. Mais il y aurait quelque cruauté à insister aujourd'hui sur ce discours. La fameuse « opinion » du ministère était en effet présentée comme inébranlablement assise d'une part sur des aveux dont la légende n'excite plus aujourd'hui que des sourires et quelque tristesse, et d'autre part sur cinq documents dont quatre sont des faux et dont le cinquième est reconnu par tous inapplicable à Dreyfus.

J'arrive au dossier secret. Mais, débarrassé des pièces reconnues fausses ou falsifiées, ce dossier est devenu d'une parfaite insignifiance. On n'y trouve plus que des pièces informes, incomplètes, dont il faut d'abord reconstituer le texte; puis sur ce texte hypothétiquement reconstitué on bâtit de nouvelles hypothèses à l'effet d'établir non même pas une preuve, mais une argumentation contre Dreyfus. Est-il besoin de dire qu'on établit aussi facilement dans les mêmes conditions des hypothèses tout aussi plausibles permettant de retourner l'argumentation contre les accusateurs et d'établir l'innocence de Dreyfus.

J'ai suivi pas à pas dans mon instruction écrite les argumentations hypothétiques de mes adversaires sur le dossier secret et je crois les avoir réfutées. M. le Procureur général a d'autre part fait justice de toutes ces pièces informes, qu'il a si bien commentées. Je n'y reviendrai donc pas. Je veux seulement faire une observation relative à ce dossier secret; cette observation, la voici :

Dans plusieurs pièces de ce dossier, on trouve la confirmation de la déclaration faite par M. le comte de Tornielli relative aux relations des attachés militaires étrangers avec ce pauvre hère de Dubois, auquel s'appliquait la pièce « Ce canaille de D. ». Lors donc qu'en 1894 on a communiqué secrètement aux juges la pièce « Ce canaille de D. » pour leur suggérer l'idée qu'il y avait là un document s'appliquant à Dreyfus, n'eût-il pas été au moins honnête, abstraction faite de toute autre considération, de joindre à cette pièce produite les différents documents du dossier secret révélant les agissements de Dubois? On supprimait la défense : pourquoi le dossier secrètement communiqué aux juges était-il composé de manière à tromper leur bonne foi?

Cette observation faite en ce qui concerne les pièces du dossier secret, je retiens seulement de ce dossier, pour la discussion, les quatre chefs précis d'espionnage que, par des argumentations plus ou moins spécieuses, on s'est efforcé d'imputer à Dreyfus.

Ce sont ces quatre chefs que je veux examiner, non pas que je considère qu'il y ait là le moindre obstacle à la revision, puisque ces chefs n'ont pas été soumis aux juges de 1894. Mais je tiens à établir que, en ce qui concerne le malheureux Dreyfus, il n'y avait pas de chef d'accusation possible; et je veux laver cet homme de toutes les infamies comme de toutes les accusations tendancieuses qu'on a déversées sur sa tête.

Ces quatre chefs d'accusation concernent : l'obus Robin, le chargement des obus à la mélinite, l'attribution de l'artillerie lourde des armées et les cours de l'École de guerre. En ce qui concerne ces quatre objets, il y aurait eu, dit-on, des actes d'espionnage, des livraisons de renseignements faites par un informateur quelconque à l'agent A.; et cet informateur ce devrait être Dreyfus.

L'obus Robin : ah ! ici, messieurs, nous sommes en présence d'une accusation d'espionnage véritablement extraordinaire. On accuse Dreyfus d'avoir livré à une puissance étrangère des secrets concernant l'obus Robin, et on avoue qu'il n'est pas sûr le moins du monde qu'il y ait eu une livraison de renseignements à cet égard. L'obus Robin est un obus à mitraille, et on a constaté qu'en même temps que l'on poursuivait des études en France pour l'adoption de cet obus, on poursuivait des études analogues en Allemagne. On vous a déclaré que l'obus Robin avait de sensibles analogies avec le schrapnell de cette puissance; et M. le général Roget vous disait : « Il y a là une coïncidence étrange, car l'invention caractéristique concernant l'obus Robin est due, non pas à des calculs de savants plus ou moins ingénieux, calculs qui peuvent être poursuivis simultanément par plusieurs puissances, mais à une expérience pratique et fortuite : elle consiste dans un tour de main particulier. Comment se fait-il donc que le schrapnell soit analogue à notre obus Robin? »

Messieurs, en se reportant aux pièces du dossier militaire, on constate d'abord que si réellement l'une des puissances a copié l'autre, ce ne sont pas nos voisins qui nous ont emprunté la découverte, c'est nous qui avons copié nos voisins.

En effet, nous trouvons tant dans la note du général Deloye que dans les pièces 69 et 70 du dossier secret (notes émanant des généraux Gonse et Deloye), que nos voisins ont adopté leur schrapnell en 1891, tandis que nous poursuivions encore nos recherches sur le même sujet : ce n'est que trois ans plus tard que nous avons adopté l'obus Robin. Eh bien, messieurs, en admettant même qu'il y ait similitude entre les deux engins, si une puissance a copié l'autre, n'est-il pas manifeste que cette puissance est la France et non la puissance étrangère?

Mais il y a plus, l'obus Robin et le schrapnell que l'on nous représente comme copiés l'un sur l'autre, comme dérivant l'un de l'autre sont loin d'être identiques. Le commandant Hartmann a déclaré que pour lui il n'y avait pas d'obus à mitraille plus dissemblables. Effectivement l'un, notre obus Robin, est un obus à mitraille chargé de projectiles noyés dans de la poudre comprimée, et c'est précisément dans le moyen d'arriver à cette compression de la poudre que résiderait le secret de l'engin.

L'autre, le schrapnell étranger est un obus à mitraille où les projectiles sont noyés, non pas dans de la poudre comprimée, mais dans une substance fumigène. Ce qu'on cherche avec le schrapnell étranger c'est à faire éclater un obus dégageant un nuage de fumée capable d'indiquer aux artilleurs qui ont lancé le projectile l'endroit où est tombé l'obus. Voilà le projectile allemand. Le nôtre tend uniquement à projeter sur la surface la plus grande possible la mitraille renfermée dans cet obus.

Donc, messieurs, il y a entre les deux engins une dissimilitude profonde. Mais il y a plus encore. La note du général Deloye vous renvoyait, messieurs, à la *Revue d'artillerie*. Je me suis reporté à cette *Revue* (numéros de juillet 1893 et décembre 1894) : on y trouve des extraits du manuel allemand de Vernigk. Ces extraits fournissent des indications absolument conformes à celles qui vous ont été données par le commandant Hartmann et révèlent ce détail de construction qu'il y a dans le schrapnell une sorte de compartiment à l'arrière, séparé par un diaphragme de la partie la plus importante de l'obus.

Or, messieurs, le commandant Hartmann, dans ses explications, fait justement remarquer que l'on ne pourrait pas, avec un dispositif de ce genre, arriver à construire un obus à mitraille renfermant de la poudre comprimée, parce que nécessairement, en comprimant la poudre dans la partie centrale de l'engin, on arriverait à crever le diaphragme.

Donc, messieurs, il y a une dissemblance absolue entre le shrapnell en question et l'obus Robin; et, en admettant que les engins soient semblables, il est certain que, si l'une des puissances a copié l'autre, le plagiaire est la France et non pas l'Allemagne.

Aussi, messieurs, n'a-t-on pas pu relever un acte d'espionnage commis au profit de l'agent A... par un informateur français quelconque. Fait étrange : cette imputation d'espionnage dirigée contre Dreyfus n'a même pas à sa base un acte d'espionnage réellement effectué! Quel indice apporte-t-on? Quel prétexte allègue-t-on pour, je ne dirai pas justifier, mais excuser cette imputation gratuite? Ceci : Dreyfus a écrit au capitaine de Rémusat de vouloir bien lui donner certains renseignements concernant cet obus Robin, dont il avait suivi avec intérêt les études alors qu'il était détaché à l'École de pyrotechnie. Le capitaine de Rémusat a trouvé ces renseignements trop confidentiels pour pouvoir être envoyés par lettre à un collègue, il a refusé de répondre. Et ce sont ces renseignements que le capitaine de Rémusat a refusé d'envoyer à Dreyfus qui auraient été transmis à l'Allemagne! Véritablement, messieurs, c'est étrange!

J'ajoute que la demande de Dreyfus au capitaine de Rémusat, demande dont on lui fait grief, m'apparaît toute naturelle. Dreyfus aurait écrit, nous dit-on, au nom de ses professeurs de l'École de guerre. Je désirerais, pour ma part, avoir connaissance de cette lettre de Dreyfus qui n'est pas produite. Oh! j'admets, sans difficulté aucune, les assertions de M. le capitaine de Rémusat, mais les propos de Dreyfus ont été si souvent involontairement déformés, que pour les discuter il paraît absolument essentiel aujourd'hui d'en avoir sous les yeux la teneur exacte. Admettons cependant que Dreyfus ait demandé les renseignements pour ses professeurs de l'École de guerre. Sans doute, il n'est pas un intermédiaire entre ses professeurs et le capitaine de Rémusat; mais il demande néanmoins ces renseignements pour les communiquer à ses professeurs. C'est là encore un nouveau trait de caractère, semblable à ceux que de nombreux témoins vous ont déjà signalés en ce qui concerne Dreyfus : Dreyfus aimait à se renseigner sur toutes les inventions nouvelles, et lorsqu'il s'était renseigné, il aimait à faire montre de ses connaissances devant ses supérieurs hiérarchiques.

Quoi d'étonnant dès lors que Dreyfus, ayant suivi à l'École de pyrotechnie avec un grand intérêt les études qui se poursuivaient, au sujet de l'obus Robin, demande, lorsqu'il est à l'École de guerre, des renseignements pour ses professeurs? Pourquoi? Parce que, lorsqu'il aura ses renseignements, il s'efforcera d'avoir avec eux une conversation analogue à celle qu'il a eue en 1894, avec le général de Boisdeffre, sur le matériel de l'artillerie au cours du voyage d'état-major, conversation qui le signalait à ses chefs, et qui avait été si remarquée par le général Roget. Dreyfus espère trouver dans les études concernant l'obus Robin l'occasion de se signaler de même à ses professeurs de l'École de guerre, et de se faire bien noter par eux comme un officier travailleur et tenant à se rendre maître des questions nouvelles.

La letttre au capitaine de Résumat dans les termes mêmes où elle est reproduite est donc d'une explication bien aisée et bien naturelle pour tout esprit qui n'a pas sur Dreyfus d'idée préconçue.

Il est d'ailleurs logiquement et juridiquement impossible de relever une accusation d'espionnage contre qui que ce soit au sujet de l'obus Robin, puisqu'aucun acte matériel d'espionnage à cet égard n'a jamais été signalé, et puisque rien de l'obus Robin ne paraît même nous avoir été emprunté par une puissance étrangère.

J'arrive, messieurs, au deuxième chef d'accusation d'espionnage qui est relatif au chargement des obus à la mélinite. Notre service des renseignements a eu effectivement la preuve qu'on avait livré à l'agent A... un document concernant la manière dont on chargeait les obus à la mélinite.

Et on nous dit : Si ce document a été livré à l'agent A..., ce ne peut être que par Dreyfus. Pourquoi? La preuve de la culpabilité de Dreyfus, ce serait, dit-on, que ce document se trouvait à l'École de pyrotechnie à Bourges; et que Dreyfus a été détaché à cette école.

Alors, il n'y avait donc qu'à l'École de pyrotechnie que ce document se trouvait? Non, le commandant Cuignet vous a fait connaître que cette instruction concernant le chargement des obus à la mélinite avait été tirée à 200 exemplaires (pièces 67, 80 à 80 *ter* du dossier secret), que l'autographie avait été tirée le 3 septembre 1899 et qu'on en avait fait des envois dans tous les corps d'armée le 16 septembre.

Ainsi voilà un document qui se trouve non seulement au ministère de la Guerre, où l'autographie a été faite, qui se trouve non seulement à l'École de pyrotechnie de Bourges, mais qui se trouve encore dans tous les corps d'armée. Comment pouvez-vous dire dès lors que l'informateur de l'agent A... se soit nécessairement procuré ce document à l'École de pyrotechnie de Bourges; et comment pouvez-vous dire que même dans cet établissement où tant de personnes devaient nécessairement prendre connaissance de l'instruction dont il s'agit, Dreyfus seul ait pu en faire une copie? Vous n'avez, pour hasarder de telles affirmations, aucune espèce de commencement de preuve.

Bien plus, vous avez des preuves contraires. Le bureau de renseignements a, en effet, des fragments de la copie de cette instruction confidentielle qui fut transmise à l'agent A..., et on a pu la reconstituer en partie, on a examiné l'écriture de cette pièce, on a fait expertiser cette écriture, et on a confié l'expertise à M. Bertillon!...

Certes, s'il est quelqu'un qui se fait fort de retrouver l'écriture de Dreyfus d'une façon certaine partout où elle peut se déguiser, c'est bien cet expert; et cependant, M. Bertillon a fait un rapport où il déclare formellement que l'attribution à Dreyfus du document en question n'est pas fondée en fait.

Eh bien, messieurs, y a-t-il véritablement possibilité dans ces conditions d'attribuer cet acte d'espionnage, réellement commis, au capitaine Dreyfus? On n'avait relevé contre lui qu'une charge, c'est que les fragments de la copie livrée et saisis par notre bureau de renseignements étaient des fragments de papier pelure. Or, messieurs, si c'était là une charge contre Dreyfus, lorqu'en 1894 on affirmait par une pétition de principe que Dreyfus se servait de papier pelure, aujourd'hui il n'y a plus dans ce fait qu'une charge contre Esterhazy, puisqu'il est avéré que, si l'on n'a jamais pu trouver de documents écrits de l'écriture de Dreyfus sur papier pelure, on a, au contraire, trouvé des documents émanant d'Esterhazy écrits sur ce papier.

J'ajouterai cependant qu'il y a là une charge bien légère, car si l'instruction concernant le chargement des obus à la mélinite est écrite sur papier pelure, elle n'est pas écrite sur papier identique à celui du bordereau. Mais, d'autre part, Esterhazy a déclaré qu'il avait toujours eu du papier pelure à sa disposition, qu'il avait toujours eu l'habitude de s'en servir; dans ces conditions, si réellement on veut rechercher l'auteur de cet acte d'espionnage, je crois qu'il vaudrait beaucoup mieux, pour atteindre le véritable coupable, diriger ses recherches du côté d'Esterhazy que du côté de Dreyfus.

Le troisième chef d'espionnage concerne l'attribution de l'artillerie lourde aux armées. Il s'agirait de la communication faite à l'agent A... d'un travail rédigé par le commandant Bayle sur ce sujet : la minute du travail rédigé par ce commandant a disparu. Or, nous dit-on, il y a eu un acte d'espionnage. Qui a pu le commettre? Dreyfus, qui est passé à un moment donné par le bureau où se trouvait le commandant Bayle.

Messieurs, reportez-vous à la date de cet acte d'espionnage;

l'acte d'espionnage a été commis, ou du moins le bureau des renseignements en a reçu la preuve par la voie ordinaire, à la date du 28 décembre 1895 : cette date n'est pas, il est vrai, la date réelle de l'acte d'espionnage. Mais, d'après les explications qui vous ont été données lorsqu'il s'est agi de déterminer la date du bordereau, vous savez qu'on doit faire remonter (au maximum) à deux mois auparavant la date d'un fait d'espionnage révélé par un envoi arrivant par la voie ordinaire.

La réception de cet envoi a eu lieu le 28 décembre 1895; si nous appliquons la règle empirique qui nous a été indiquée pour déterminer la date de l'acte d'espionnage, nous arrivons ainsi à placer approximativement cette date entre fin octobre et fin novembre 1895; et alors je ferai constater, purement et simplement, qu'il y avait, au moment où cet acte d'espionnage se commettait, plus d'un an que Dreyfus était arrêté.

Nous aboutissons alors à cette conclusion inéluctable : ce troisième fait d'espionnage relevé par le bureau des renseignements, non seulement ne prouve rien contre Dreyfus auquel il ne peut être imputé; mais il établit qu'après l'arrestation et la condamnation de Dreyfus, on livrait à l'agent A... des documents confidentiels sortant du ministère de la Guerre (minute du commandant Bayle). Le rapprochement des dates auquel je viens de me livrer en fournit une preuve manifeste. Mais on en trouve une autre preuve dans les pièces mêmes de la procédure suivie contre Dreyfus.

Reportez-vous au rapport du commandant Du Paty de Clam, lorsque Dreyfus a été arrêté. Il est dit au début même du rapport que, les indications contenues dans le bordereau ayant permis de circonscrire le champ des investigations au ministère de la Guerre, on procéda à une enquête discrète parmi le personnel permanent de l'État-major de l'armée. « De cette enquête, dit le colonel Du Paty de Clam, il résulta : 1° Qu'aucun document secret n'avait disparu... »

Ainsi lorsque Du Paty de Clam rédigea son rapport à la date du 31 octobre 1894, il était bien et dûment constaté, par une enquête faite au ministère de la Guerre, qu'à cette époque aucun document secret n'avait disparu du ministère; et, en 1895, on constate d'autre part que la minute du commandant Bayle, considérée comme document secret, a disparu des archives. Il est ainsi établi d'une manière indubitable que postérieurement à l'arrestation de Dreyfus des fuites de documents se sont produites au ministère de la Guerre.

Le quatrième et dernier chef d'accusation d'espionnage est

relatif à certains cours de l'École de guerre qui ont été livrés à une puissance étrangère. Le bureau des renseignements a la preuve qu'une copie littérale de l'un de ces cours a été communiquée à l'agent A...; et il a même des fragments de cette copie.

Le commandant Cuignet a constaté que certains cours de l'École de guerre, se rapportant au même sujet et appartenant à Dreyfus, se trouvaient en désordre et n'avaient pas été reliés, qu'il en manquait même certaines parties. En rapprochant ces constatations du fait de la livraison de ces cours de l'École de guerre à l'agent A..., le commandant Cuignet concluait, comme d'ailleurs le général Roget, qu'il y avait là un acte d'espionnage imputable à Dreyfus.

Messieurs, je dois sur ce point rendre justice à la loyauté du commandant Cuignet. M. le commandant Cuignet est venu déclarer postérieurement que les cours qui avaient été livrés à l'agent A... étaient des cours professés en 1893 et 1894, et que les cours qui avaient été retrouvés en désordre dans la bibliothèque de Dreyfus étaient des cours professés en 1891-1892 alors que Dreyfus était élève de l'Ecole de guerre. M. le commandant Cuignet, et plus tard M. le général Chamoin, ont reconnu que ces cours professés tous les deux ans sur le même sujet et d'après un plan à peu près identique, offraient cependant, suivant l'année, des variantes de détail; et ils ont constaté que les copies livrées étaient des copies littérales non du cours de 1891-1892 mais du cours de 1893-1894. Ainsi tombe nécessairement l'imputation dirigée contre Dreyfus à cet égard.

Je n'ai pas en conséquence à rechercher quel a été l'auteur d'une indiscrétion qu'il est peut-être même excessif de qualifier acte d'espionnage. Mais je dois constater que, d'après les indications qui vous ont été données, ces cours de l'École de guerre se trouvent dans les bibliothèques de cercles militaires, et que les officiers peuvent emporter à domicile les volumes se trouvant dans ces bibliothèques. Il m'a même été dit que les cours dont il s'agit spécialement ici étaient mis en vente pour les officiers au prix de 1 fr. 60; et que d'autre part les élèves admis à l'École de guerre au titre étranger pouvaient suivre ce cours comme nos nationaux. Quoi qu'il en soit, il est certain que la communication illicite de ces cours a pu provenir de bien des côtés différents; il est certain que non seulement rien ne désigne Dreyfus comme en étant l'auteur, mais que même Dreyfus est contre-indiqué à cet égard, puisque manifestement il aurait livré les cours de 1891-1892, s'il avait voulu trafiquer de ces documents confidentiels.

Et c'est tout, messieurs! Voilà tout ce qu'on a pu trouver contre ce prétendu professionnel de l'espionnage, après avoir fouillé avec passion pendant de longues années toutes les arcanes du dossier secret. Quatre chefs d'accusation, qui, dès qu'on les examine, s'évanouissent en tant qu'imputations contre Dreyfus, mais qui laissent entre nos mains la preuve irrécusable que l'agent A... avait à sa solde des espions autres que Dreyfus, lui fournissant des documents du ministère de la Guerre, comme la minute du commandant Bayle.

Vous estimerez sans doute, messieurs, que si le passé du capitaine Dreyfus a pu résister aussi victorieusement aux investigations passionnées et trop souvent haineuses dont il a été pendant si longtemps l'objet, c'est que ce passé est sans tare aucune, c'est que cette vie d'officier est sans tache, c'est que cet officier peut être véritablement proposé comme le modèle de la loyauté et de l'honneur.

Je termine, messieurs, mes observations en parcourant très rapidement le dossier diplomatique, et là je trouve encore la preuve, la preuve péremptoire de l'innocence de Dreyfus, car ce dossier établit que Dreyfus n'a jamais été en relation d'espionnage avec les agents A... et B...

Je sais, messieurs, qu'on a quelques scrupules à scruter ce dossier diplomatique; on a même allégué timidement que nous n'avions pas le droit de rechercher ce qu'il pouvait y avoir de preuves dans ce dossier, que la justice française ne pouvait tenir compte que de preuves et de témoignages purement français.

Messieurs, je veux faire justice de cette extraordinaire subtilité. La vérité ne connaît pas de frontières et, quelles que soient les outrances de notre régime protectionniste, la vérité n'est pas une de ces marchandises qu'on arrête à la douane par des droits prohibitifs.

Je pourrais, d'ailleurs, messieurs, invoquer plus d'un précédent en ce qui concerne la réception d'un témoignage étranger par la justice française en ces matières délicates. Et M. le comte de Tornielli, dans les documents qui vous ont été soumis, a rappelé lui-même un précédent topique, car le juge d'instruction de Marseille, dans une instruction qu'il dirigeait, n'a pas hésité à faire appel au témoignage de l'agent B... pour découvrir la vérité.

Mais je ne veux même pas invoquer tous ces précédents, et m'adressant purement et simplement à la conscience de ceux qui ormulent une si singulière objection, je veux seulement poser une question. Qu'on veuille bien renverser l'hypothèse, qu'on veuille bien supposer qu'un officier étranger ait été condamné pour faits d'espionnage accomplis à notre profit; que nous sachions que cet officier étranger n'est pas coupable et qu'en réalité les faits d'espionnage à lui reprochés émanent d'un autre individu.

Je pose alors la question : Est-il un Français, est-il un officier français, est-il un citoyen quelconque qui ne considère comme son devoir le plus sacré de faire entendre son témoignage pour essayer de libérer du bagne cette malheureuse victime d'une erreur judiciaire? Est-il un Français qui ne s'efforce de franchir les barrières internationales pour faire entendre la voix de la vérité afin d'arriver à la réparation d'une lamentable erreur? Messieurs, je crois que la réponse à cette question n'est pas douteuse et qu'aucun de nos officiers n'hésiterait à la résoudre en faveur de la justice et de la vérité.

Et alors, messieurs, pourquoi, dans une hypothèse inverse, nos officiers voudraient-ils interdire à leurs frères d'armes étrangers l'accomplissement d'un devoir de même nature? Pourquoi les officiers étrangers n'auraient-ils pas comme nous le devoir de conscience de tirer du bagne un malheureux qu'ils savent innocent? Et si c'est là un devoir de la conscience, si nous apprécions que ce soit là un devoir qui s'impose à eux, pourquoi alors ne pas accepter le témoignage qu'ils veulent bien nous faire entendre?

Or, messieurs, vous le savez, les deux puissances étrangères dont il a été question dans l'affaire Dreyfus se sont efforcées de concilier toutes les convenances internationales avec les obligations qui leur incombaient de faire éclater la vérité.

Elles ont procédé par la voie d'une double déclaration, diplomatique d'une part, parlementaire de l'autre. Ces déclarations ont été conçues en des termes à peu près identiques, et absolument formels. Les deux puissances ont déclaré l'une et l'autre que jamais Dreyfus n'avait été en rapports ni directement ni indirectement avec aucun de leurs agents.

Ces déclarations, vous le savez, messieurs, n'ont pas été faites à la légère, elles n'ont été formulées qu'après des enquêtes minutieuses et approfondies. Il n'est humainement pas possible de n'en pas tenir compte.

Eh bien! messieurs, que reste-t-il alors de l'accusation portée contre Dreyfus? Dreyfus a été condamné pour avoir livré des documents aux puissances dont dépendent les agents A... et B..., et ces deux puissances déclarent que ni avec A..., ni avec B..., ni avec aucun autre agent à leur service, Dreyfus n'a été en relation directe ou indirecte.

Et dans ces conditions, messieurs, comment peut-on laisser subsister la condamnation de 1894?

Messieurs, la déclaration formelle faite par ces deux puissances en ce qui concerne Dreyfus ne peut laisser place à aucun doute, et les hauts témoignages sur lesquels elle s'appuie ont fait depuis longtemps jaillir la lumière au delà de nos frontières. Et c'est là l'explication de cet immense mouvement de justice et de pitié qui tient l'Europe et le monde entier attentifs à l'arrêt que vous allez rendre. Nul n'a plus d'ailleurs d'inquiétude à cet égard, et quelle que soit la preuve d'innocence que vous placiez à la base de votre arrêt, chacun sait bien que justice va être rendue, que l'innocence va triompher, puisque la Cour suprême de France va prononcer.

Messieurs, la revision n'est donc plus en discussion aujourd'hui : elle est acquise.

Une seule question se pose : la Cour prononcera-t-elle elle-même, ou chargera-t-elle un nouveau Conseil de guerre de prononcer la réhabilitation de Dreyfus?

Sur l'ordre de ma cliente, messieurs, j'ai dû prendre des conclusions aux fins de renvoi devant un Conseil de guerre, et j'avoue que je ne l'ai pas fait sans un serrement de cœur, car je me demande si, véritablement, ce n'est pas trop sacrifier à certaines susceptibilités que d'imposer à ce malheureux officier quelques semaines encore de martyre.

Je me demande si, véritablement, il n'eût pas été plus humain de conclure à la cassation sans renvoi, comme j'en avais le droit. Mais je veux du moins qu'il soit bien établi que si j'ai conclu à un renvoi devant le Conseil de guerre, c'est que j'ai dû m'incliner devant les sentiments infiniment respectables exprimés dans les lettres du capitaine Dreyfus. L'honneur de Dreyfus lui a été ravi par une erreur de ses frères d'armes : c'est à ses frères d'armes qu'il appartient de le lui rendre; c'est devant eux qu'il veut comparaître. Soit; mais si je n'avais dû respecter cette volonté suprême de Dreyfus, hommage rendu à la justice de ses pairs, les raisons juridiques ne m'eussent pas manqué pour demander et obtenir une cassation sans renvoi.

J'ai reconnu dans mon instruction écrite, et M. le Président rapporteur le faisait remarquer que, d'après les révélations de l'instruction, il n'était pas possible de considérer le bordereau, base de l'accusation, comme une pièce fictive, fabriquée de toutes pièces pour perdre Dreyfus. Je suis pleinement d'accord sur ce point avec M. le Président rapporteur. Mais je suis pleinement d'accord aussi avec lui lorsqu'il déclare en son âme et conscience que le bordereau est l'œuvre d'Esterhazy. L'instruction ne laisse aucun doute à cet égard.

Quelles sont les conséquences juridiques d'une pareille constatation ?

Nous restons en présence d'un élément d'accusation, le bordereau, qui ne peut motiver de poursuite que contre Esterhazy, puisqu'il s'agit là d'une œuvre d'Esterhazy. Or, légalement, aucune poursuite n'est plus possible contre Esterhazy acquitté : l'art. 360 c. inst. crim. oppose à une poursuite de ce genre un obstacle juridique invincible. Dès lors, nous sommes bien dans les termes de l'art. 445 c. inst. crim. De tout le procès de 1894, il ne subsiste qu'un acte d'Esterhazy et, en vertu de l'art. 360, cet acte ne peut plus être qualifié crime ou délit. Une cassation sans renvoi pourrait donc vous être demandée en conformité de la disposition finale de l'art. 445.

D'autre part, M. le Président rapporteur exposait et réfutait, dans son remarquable rapport, une théorie qui tendrait à vous faire une obligation de la cassation sans renvoi.

« J'ai lu, disait M. le Président rapporteur, dans une dissertation récente, émanée d'un savant juriconsulte, une théorie différente sur laquelle je dois appeler votre attention.

« On soutient qu'il y a lieu à cassation sans renvoi dès qu'il ne peut y avoir de débats oraux contradictoires entre le demandeur en revision, seul condamné, et le « vrai coupable possible qui a été acquitté », ou le « faux témoin possible » qui est mort sans avoir été jugé.

« Et l'on s'appuie sur la rédaction de l'article 445 : « lorsqu'il ne « pourra être procédé de nouveau à des débats oraux *contre toutes les* « *parties, notamment... en cas de prescription de l'action*, ou de celle « de la peine. » On ne conçoit, dit-on, la prescription de l'action publique que pour une personne non condamnée; pour celle qui a été condamnée, il ne s'agit que de la prescription de la peine : donc le mot « parties », qu'emploie l'article 445, désigne même ceux qui, étant, bon gré, mal gré, intéressés à l'instance de revision, ne peuvent, pour un motif quelconque, être déférés à un Tribunal de répression, — ce qui se produit, non seulement lorsque l'action publique à leur égard est prescrite, mais aussi lorsqu'ils ont été acquittés ou sont morts avant toutes poursuites.

« Le point de départ de cette argumentation est inadmissible :

« Rien de plus simple à imaginer, en effet, que l'hypothèse d'un « condamné » pouvant encore bénéficier de la prescription de l'action publique : par l'effet de la cassation, si la recevabilité est déclarée, ne redevient-il pas un simple « prévenu » ou accusé? »

Eh bien! messieurs, soit qu'on admette cette théorie, soit qu'on admette les principes par lesquels M. le Président rapporteur la réfute, on pourrait toujours dans l'espèce actuelle vous demander la cassation sans renvoi.

Si l'on adopte la théorie exposée et critiquée dans le rapport, la cassation sans renvoi s'impose avec évidence. Si, au contraire, on admet avec M. le Président rapporteur que le condamné peut encore bénéficier de la prescription de l'action publique, il est manifeste que cette prescription serait acquise en l'espèce actuelle et que, dès lors, l'action publique ne pouvant plus s'exercer, la cassation sans renvoi devrait être prononcée.

Si, en effet, les faits relevés contre Dreyfus en 1894 ont été qualifiés crime de haute trahison, il n'est pas douteux que cette qualification ne soit illégale, et qu'on ne se trouve en réalité en présence du délit d'espionnage prévu par la loi du 18 avril 1886. On ne trouve nulle part dans les faits relevés « la machination destinée à provoquer les puissances étrangères à des hostilités contre la France », machination qui est la caractéristique du crime de haute trahison prévu par l'article 76 du Code pénal.

Qualifier crime de haute trahison des livraisons de documents où ne se retrouve pas cette machination, c'est en réalité absorber le délit d'espionnage dans le crime de haute trahison, et supprimer pratiquement l'application de la loi du 18 avril 1886.

Mais si l'on restitue aux faits de l'espèce leur qualification légale, si l'on onsidère qu'on se trouve en présence, non d'un crime, mais d'un delit commis en 1894, l'action publique qui se prescrit alors non plus par dix ans, mais par trois ans, serait aujourd'hui éteinte, puisque le condamné peut encore bénéficier de la prescription de l'action publique.

Je pourrais donc vous demander aujourd'hui une cassation sans renvoi, comme je vous la demandais il y a quelques semaines en vertu des mêmes principes dans une affaire de revision, Fétis; et, de même que vous me l'avez accordée alors par votre arrêt du 5 mai 1899, de même vous me l'accorderiez aujourd'hui.

Mais je ne donne ces explications qu'à l'effet de bien établir que la loi me fournissait tous les moyens nécessaires pour obtenir une cassation sans renvoi, et que si je n'y ai pas conclu, c'est que le capitaine Dreyfus ne l'a pas voulu.

Je maintiens donc purement et simplement mes conclusions.

Et maintenant, j'ai fini, messieurs.

Il y a sept mois, j'adjurais votre Chambre criminelle de poursuivre la conquête de la vérité, et pour ce faire, de gravir un calvaire dont il n'était que trop facile de prévoir les infinies tristesses. M'adressant au tribunal suprême de la France, je ne doutais pas cependant que pareil appel ne fût entendu, et je salue aujourd'hui l'un des meilleurs et des plus généreux efforts qui aient été réalisés pour rapprocher la justice humaine de l'éternelle justice. La vérité est maintenant conquise ; il ne reste plus qu'à la proclamer, et, pour cet acte de justice final, c'est aux Chambres réunies de la Cour que je m'adresse aujourd'hui.

Certes, messieurs, si comme juriste et comme citoyen j'ai pu souffrir de voir les passions déchaînées arriver à faire brèche dans les principes de notre droit public, du moins, comme avocat et pour la cause que je défends, je ne saurais que m'en réjouir. Plus solennelle est la juridiction, plus éclatante sera la réhabilitation que vous allez prononcer. Et comme moi, messieurs, la noble et malheureuse femme en deuil qui pendant près de cinq années a pu sonder toutes les profondeurs des douleurs humaines, s'adresse, l'âme rassurée, à votre haute justice.

Elle sait qu'outrages, menaces, injures, calomnies ne peuvent avoir d'influence dans votre prétoire, où l'on ne connaît que les satisfactions du devoir et de la conscience. Elle sait que tout cela ne peut ni vous toucher ni même vous atteindre. Et si, placé moins haut que vous, j'ai pu me voir parfois personnellement éclaboussé par toute cette boue que l'on jetait d'en bas, alors que je couvrais de ma robe des malheureux poursuivis par une foule délirante, je ne relève ici toutes ces ignominies que pour déclarer solennellement et une fois pour toutes, à votre barre, que je les excuse et que je les oublie.

Ah ! l'on n'a vu que trop de déraison dans cette affaire où tant de nobles sentiments se sont laissé fourvoyer, où tant d'excellents esprits se sont laissé tromper par des mirages, hypnotisés qu'ils étaient par ce qu'on appelait alors l'honneur de l'armée et la raison d'Etat.

Non, certes, il n'est pas vrai qu'il y ait antinomie entre l'honneur de l'armée et l'honneur de la justice. Non, certes, il n'est pas vrai que l'honneur de l'armée impose à la France aujourd'hui cette maxime barbare qu'un vainqueur impitoyable lui imposait aux heures sombres de l'histoire : la force prime le droit. Et ceux-là qui, par je ne sais quelle raison d'État, paraissent maintenant disposés à imprimer une telle devise sur le drapeau de la patrie, ah! ceux-là oublient que des plis de ce drapeau, la France n'a jamais laissé tomber sur le monde que des idées de générosité, de tolérance et de justice.

Et l'armée, messieurs, cette réunion d'hommes de cœur et d'honneur à qui est plus spécialement confiée la garde de ce drapeau, qui chaque jour va le porter intrépidement au milieu de peuplades sauvages, comme un emblème de civilisation et d'humanité, l'armée, elle aussi, est à l'heure qu'il est assoiffée de vérité et de justice. Comme tous ces savants illustres et ces hommes éminents qui se sont dressés pour crier les angoisses de leur conscience de Français, l'armée, elle aussi, entend maintenir et défendre ce patrimoine d'idées généreuses qui font l'honneur et la gloire de notre pays, qui constituent vraiment nos traditions nationales, et qui sont en quelque sorte la raison d'être de la France elle-même.

J'en ai reçu, messieurs, avec une profonde émotion, je puis le ire aujourd'hui, maints témoignages au cours de cette longue lutte ; nombre d'officiers sont venus, à travers cette tourmente de folie, me faire entendre en faveur de leur malheureux compagnon d'armes cette voix dont parle le poète et que je voudrais moi aussi vous faire entendre à mon tour, « cette voix du cœur qui seule au cœur arrive ». Oui, je le sais, l'armée veut la lumière et la justice, et c'est là précisément qu'est l'honneur de l'armée.

Ce fut certes une étrange folie que de nous représenter cette armée de France comme prétendant à une infaillibilité, hélas chimérique, et comme pouvant s'estimer déshonorée par la reconnaissance d'une erreur. « Il est plus honorable, disait naguère ici même l'un de vos éloquents avocats généraux, de reconnaître une erreur que de ne l'avoir pas commise. » L'armée, messieurs, connaît la grandeur d'une telle maxime, et sait la pratiquer : la Cour ne l'ignore pas puisqu'il y a peu de jours encore, elle entendait ici l'un des juges de Dreyfus libérant sa conscience. Et bientôt, messieurs, j'en ai la certitude, c'est la joie au cœur, que les juges militaires, proclamant eux-mêmes une erreur loyalement commise, déclareront que leur infortuné frère d'armes, si grand au milieu de ses épreuves, n'a jamais forfait à la loi de l'honneur.

Mais je m'arrête, messieurs.

L'heure de la justice a sonné et, plein de confiance, j'attends otre arrêt. Je l'attends votre arrêt, comme un nouvel et éclatant émoignage de votre haute et impartiale justice; je l'attends, votre rrêt, comme la parole de délivrance pour ce loyal soldat qui poursuivi jusque dans sa prison par des haines d'un autre âge, a, sans e dérober, subi les pires tortures, pour sauver l'honneur de son nom, et pour laver de la tache d'infamie ses malheureux enfants, qu'à travers ses sanglots il appelle des parias.

Je l'attends votre arrêt comme la parole de vie pour cette pauvre et noble femme aux vêtements de deuil dont nos colères sauvages ont si souvent broyé le cœur, et dont les yeux épuisés ne trouvent même plus de larmes à pleurer.

Je l'attends votre arrêt, comme la parole de paix pour tous les citoyens, qui, sortis enfin de leurs angoissantes inimitiés d'hier, communieront demain dans l'amour de notre France généreuse; et pour tout dire enfin, messieurs, je l'attends votre arrêt comme l'aurore bénie du jour qui fera luire sur la patrie bien-aimée, la grande lumière de la concorde et de la vérité!... (Vive émotion. — Sensation profonde. — Applaudissements prolongés.)

M. le Premier Président. — La Cour met l'affaire en délibéré pour l'arrêt être rendu à une prochaine audience.

L'audience est levée à cinq heures.

TABLE DES MATIÈRES

Sceaux. — Imp. E. Charaire.

Mais je m'arrête, messieurs.

L'heure de la justice a sonné et, plein de confiance, j'attends votre arrêt. Je l'attends votre arrêt, comme un nouvel et éclatant témoignage de votre haute et impartiale justice; je l'attends, votre arrêt, comme la parole de délivrance pour ce loyal soldat qui poursuivi jusque dans sa prison par des haines d'un autre âge, a, sans se dérober, subi les pires tortures, pour sauver l'honneur de son nom, et pour laver de la tache d'infamie ses malheureux enfants, qu'à travers ses sanglots il appelle des parias.

Je l'attends votre arrêt comme la parole de vie pour cette pauvre et noble femme aux vêtements de deuil dont nos colères sauvages ont si souvent broyé le cœur, et dont les yeux épuisés ne trouvent même plus de larmes à pleurer.

Je l'attends votre arrêt, comme la parole de paix pour tous les citoyens, qui, sortis enfin de leurs angoissantes inimitiés d'hier, communieront demain dans l'amour de notre France généreuse; et pour tout dire enfin, messieurs, je l'attends votre arrêt comme l'aurore bénie du jour qui fera luire sur la patrie bien-aimée, la grande lumière de la concorde et de la vérité!... (Vive émotion. — Sensation profonde. — Applaudissements prolongés.)

M. le Premier Président. — La Cour met l'affaire en délibéré pour l'arrêt être rendu à une prochaine audience.

L'audience est levée à cinq heures.

ARRÊT

RENDU EN AUDIENCE SOLENNELLE

du 3 Juin 1899

AU NOM DU PEUPLE FRANÇAIS,

La Cour de cassation a rendu l'arrêt suivant, sur le réquisitoire du Procureur général, dont la teneur suit :

Le Procureur général près la Cour de cassation expose que, des pièces du dossier et notamment de l'enquête à laquelle il a été procédé par la Chambre criminelle et par les Chambres réunies, résultent les faits suivants qui résument les éléments principaux de la demande en revision du jugement du Conseil de guerre, en date du 22 décembre 1894, condamnant DREYFUS à la déportation et à la dégradation pour crime de trahison.

Ces faits, les voici :

1° Le faux Henry, rendant suspect le témoignage sensationnel fait par Henry devant le Conseil de guerre;

2° La date du mois d'avril assignée au bordereau et à l'envoi des documents, tant dans le procès Dreyfus, que dans celui d'Esterhazy, date qui a servi de fondement à la condamnation de l'un et à l'acquittement de l'autre, tandis que, aujourd'hui, cette date est reportée au mois d'août, ce qui enlève au jugement de 1894 toute base légale;

3° La contradiction manifeste existant entre l'expertise de 1894, dans le procès Dreyfus, et celle de 1897, dans le procès Esterhazy, et de plus le nouvel avis de l'un des experts de 1894, ayant pour résultat de déplacer la majorité de l'expertise de 1894;

4° L'identité absolue avec le papier pelure sur lequel est écrit le bordereau du papier pelure ayant servi à Esterhazy pour écrire deux lettres en 1892 et 1894 reconnues par lui;

5° La preuve absolue, résultant de plusieurs lettres d'Esterhazy, de ce fait qu'il a assisté aux manœuvres d'août à Châlons en 1894, et d'autres documents de la cause que c'est lui seul qui a pu écrire cette phrase du bordereau : « Je vais partir en manœuvres », tandis qu'il résulte d'une circulaire officielle du 17 mai 1894, non produite au procès de 1894, que Dreyfus, non seulement n'est pas allé à ces manœuvres, ni à d'autres postérieures, mais qu'il ne pouvait pas ignorer qu'il ne devait pas y aller et qu'il n'a pu, par suite, écrire cette phrase;

6° Le rapport officiel de la Préfecture de police non produit aux débats de 1894, établissant que, contrairement aux renseignements fournis par Guénée et retenus par l'accusation comme arguments moraux, ce n'était pas Dreyfus qui fréquentait les cercles où l'on jouait et qu'il y avait eu confusion de noms;

7° La scène si dramatique qui s'est produite dans le cabinet de M. Bertulus et qui justifie les présomptions les plus graves sur les agissements coupables d'Henry et d'Esterhazy;

8° La dépêche du 2 novembre 1894, sur le sens de laquelle tout le monde est d'accord aujourd'hui, non produite au procès, et de laquelle il résulte, à l'encontre d'une autre dépêche qu'on avait invoquée contre Dreyfus, que Dreyfus n'avait eu aucune relation avec la puissance étrangère visée dans cette dépêche;

9° Les documents officiels qui établissent que Dreyfus n'a eu aucune relation directe ou indirecte avec aucune puissance étrangère;

10° Enfin, les protestations et les présomptions graves d'innocence résultant des pièces du dossier et de la correspondance de Dreyfus, démontrant que Dreyfus n'a jamais avoué ni pu avouer sa culpabilité;

Et attendu qu'aux termes de l'article 443 du Code d'instruction criminelle, § 4, la revision peut être demandée :

« Lorsque, après une condamnation, un fait viendra à se produire ou à se révéler, ou lorsque des pièces inconnues lors des débats seront représentées, de nature à établir l'innocence du condamné. »

Attendu que tous les faits ci-dessus précisés constituent des faits nouveaux ou des pièces nouvelles, dans le sens de la loi; — que c'est donc le cas de les admettre, et de casser, par suite, le jugement du 22 décembre 1894 :

Par ces motifs,

Le Procureur général,

Vu les pièces du dossier et de l'enquête;

Vu les articles 443, § 4, 444, 445 du Code d'instruction criminelle;

Requiert qu'il plaise à la Cour,

Admettre les faits nouveaux et les pièces nouvelles ci-dessus visés comme étant de nature à établir l'innocence de Dreyfus,

Ce faisant, déclarer recevable au fond comme légalement justifiée la demande en revision du jugement du Conseil de guerre, en date du 22 décembre 1894 :

CASSER et ANNULER ledit jugement, et renvoyer la cause et Dreyfus, en l'état d'accusé, devant tel Conseil de guerre qu'il lui plaira désigner.

Fait au Parquet, le 27 mai 1899.

Le Procureur général :

Signé : J. MANAU.

LA COUR,

Ouï M. le Président Ballot-Beaupré, en son rapport, M. le Procureur général Manau, en ses réquisitions, et Me Mornard, avocat de la dame Dreyfus, ès qualités, intervenante, en ses conclusions ;

Vu l'article 443, § 4, du Code d'instruction criminelle, ainsi conçu : « La revision pourra être demandée... lorsque, après une condamnation, un fait viendra à se produire ou à se révéler ou lorsque des pièces inconnues lors des débats seront représentées, de nature à établir l'innocence du condamné;

Vu l'article 445, modifié par la loi du 1er mars 1899;

Vu l'arrêt du 29 octobre 1897, par lequel la Chambre criminelle, ordonnant une enquête, a déclaré recevable en la forme la demande tendant à la revision du procès d'Alfred Dreyfus, condamné le 22 décembre 1894 à la peine de la déportation dans une enceinte fortifiée et à la dégradation militaire pour crime de haute trahison;

Vu les procès-verbaux de ladite enquête et les pièces jointes;

SUR LE MOYEN TIRE DE CE QUE LA PIÈCE SECRÈTE, DITE « CE CANAILLE DE D... », AURAIT ÉTÉ COMMUNIQUÉE AU CONSEIL DE GUERRE;

Attendu que cette communication est prouvée, à la fois, par la déposition du Président Casimir-Périer et par celles des généraux Mercier et de Boisdeffre eux-mêmes;

Que, d'une part, le Président Casimir-Perier a déclaré tenir du général Mercier que l'on avait mis sous les yeux du Conseil de guerre la pièce contenant les mots « ce canaille de D... », regardée alors comme désignant Dreyfus;

Que, d'autre part, les généraux Mercier et de Boisdeffre, invités à dire s'ils savaient que la communication avait eu lieu, ont refusé de répondre, et qu'ils l'ont ainsi reconnu implicitement;

Attendu que la révélation, postérieure au jugement, de la communication aux juges d'un document qui a pu produire sur leur esprit une impression décisive et qui est aujourd'hui considéré comme inapplicable au condamné, constitue un fait nouveau de nature à établir l'innocence de celui-ci;

SUR LE MOYEN CONCERNANT LE BORDEREAU :

Attendu que le crime reproché à Dreyfus consistait dans le fait d'avoir livré à une puissance étrangère ou à ses agents des documents intéressant la défense nationale, confidentiels ou secrets, dont l'envoi avait été accompagné d'une lettre missive, ou bordereau, non datée, non signée, et écrite sur un papier pelure « filigrané au canevas après fabrication de rayures en quadrillage de quatre millimètres sur chaque sens » ;

Attendu que cette lettre, base de l'accusation dirigée contre lui, avait été successivement soumise à cinq experts chargés d'en comparer l'écriture avec la sienne, et que trois d'entre eux, Charavay, Teyssonnières et Bertillon, la lui avaient attribuée ;

Que l'on n'avait, d'ailleurs, ni découvert en sa possession, ni prouvé qu'il eût employé aucun papier de cette espèce et que les recherches faites pour en trouver de pareil chez un certain nombre de marchands au détail avaient été infructueuses; que, cependant, un échantillon semblable, quoique de format différent, avait été fourni par la maison Marion, marchand en gros, cité Bergère, où l'on avait déclaré que « le modèle n'était plus courant dans le commerce » ;

Attendu qu'en novembre 1898 l'enquête a révélé l'existence et amené la saisie de deux lettres sur papier pelure quadrillé, dont l'authenticité n'est pas douteuse, datées l'une du 17 avril 1892, l'autre du 17 août 1894, celle-ci contemporaine de l'envoi du bordereau, toutes deux émanées d'un autre officier qui, en décembre 1897, avait expressément nié s'être jamais servi de papier calque;

Attendu, d'une part, que trois experts commis par la Chambre criminelle, les professeurs de l'École des chartes Meyer, Giry et Molinier ont été d'accord pour affirmer que le bordereau était écrit de la même main que les deux lettres susvisées, et qu'à leurs conclusions Charavay s'est associé, après examen de cette écriture qu'en 1894 il ne connaissait pas;

Attendu, d'autre part, que trois experts également commis : Putois, président, et Choquet, président honoraire de la Chambre syndicale du papier et des industries qui le transforment, et Marion, marchand en gros, ont constaté que, comme mesures extérieures et mesures du quadrillage, comme nuance, épaisseur, transparence, poids et collage, comme matières premières employées à la fabrication, « le papier du bordereau présentait les caractères de la plus grande similitude » avec celui de la lettre du 17 août 1894;

Attendu que ces faits, inconnus du Conseil de guerre qui a prononcé la condamnation, tendent à démontrer que le bordereau n'aurait pas été écrit par Dreyfus;

Qu'ils sont, par suite, de nature, aussi, à établir l'innocence du condamné;

Qu'ils rentrent, dès lors, dans le cas prévu par le paragraphe 4 de l'article 443;

Et qu'on ne peut les écarter en invoquant des faits également postérieurs au jugement, comme les propos tenus le 5 janvier, par Dreyfus, devant le capitaine Lebrun-Renaud;

Qu'on ne saurait, en effet, voir dans ces propos un aveu de culpabilité, puisque non seulement ils débutent par une protestation d'innocence, mais qu'il

…sible d'en fixer le texte exact et complet …es différences existant entre les déclara… …ccessives du capitaine Lebrun-Renaud et …les autres témoins ;

…t qu'il n'y a pas lieu de s'arrêter davantage …a déposition de Depert, contredite par celle du …irecteur du Dépôt qui, le 5 janvier 1895, était auprès de lui :

Et attendu que, par l'application de l'article 445, il doit être procédé à de nouveaux débats oraux ;

Par ces motifs, et sans qu'il soit besoin de statuer sur les autres moyens :

CASSE et ANNULE le jugement de condamnation, rendu le 22 décembre 1894, contre Alfred Dreyfus par le 1er Conseil de guerre du Gouvernement militaire de Paris;

Et renvoie l'accusé devant le Conseil de guerre de Rennes, à ce désigné par délibération spéciale prise en chambre du Conseil, pour être jugé sur la question suivante : Dreyfus est-il coupable d'avoir, en 1894, pratiqué des machinations ou entretenu des intelligences avec une puissance étrangère, ou un de ses agents, pour l'engager à commettre des hostilités, ou entreprendre la guerre contre la France, ou pour lui en procurer les moyens en lui livrant des notes et documents mentionnés dans le bordereau susénoncé?

Dit que le présent arrêt sera imprimé et transcrit sur les registres du 1er Conseil de guerre du

Gouvernement militaire de Paris, en marge de la décision annulée.

Fait et prononcé par la Cour de cassation, Chambres réunies, à l'audience publique du trois juin mil huit cent quatre-vingt-dix-neuf.

Présents : MM. MAZEAU, Premier Président; BALLOT-BEAUPRÉ, Président rapporteur ; LŒW, TANON, Présidents; PETIT, SALLANTIN, DARESTE, LEPELLETIER, VOISIN, CRÉPON, SEVESTRE, GEORGE-LEMAIRE, CHAMBAREAUD, LARDENOIS, COTELLE, DENIS, FAURE-BIGUET, BERNARD, PAUL DUPRÉ, DURAND, RUBEN DE COUDER, FAYE, ACCARIAS, LOUBERS, MARIGNAN, BARD, LETELLIER, DUMAS, SERRE, CHÉVRIER, REYNAUD, ALPHANDÉRY, ROULLIER, FALCIMAIGNE, FAUCONNEAU-DU-FRESNE, RAU, FOCHER, FABRE-GUETTES, BOULLOCHE, ZEYS, GALARY, MAILLET, ATTHALIN, DUVAL, LASSERRE, DUPONT, LE GRIX, Conseillers; MANAU, Procureur général; MÉRILLON, Avocat général; MÉNARD, Greffier en chef; SAIGE et TOURNIER, Greffiers.

En conséquence, le Président de la République française mande et ordonne à tous huissiers, sur ce requis, de mettre ledit arrêt à exécution ; — Aux Procureurs généraux et aux Procureurs de la République près les Tribunaux de première instance d'y tenir la main; — A tous Commandants et Officiers de la force publique de prêter main forte lorsqu'ils en seront légalement requis.

En foi de quoi, le présent arrêt a été signé par le Premier Président, le Rapporteur et le Greffier en chef.

Signé : MM. MAZEAU, premier président;
BALLOT-BEAUPRÉ, président rapporteur,
et L. MÉNARD, greffier en chef.

Pour expédition conforme :

Le Greffier en chef de la Cour de cassation,

L. MÉNARD.

TABLE DES MATIÈRES

Pages.

Sceaux. — Imp. É. Charaire.